Rumbaugh/Blaha/Premerlani/Eddy/Lorensen
Objektorientiertes Modellieren und Entwerfen

W0171528

James Rumbaugh
Michael Blaha
William Premerlani
Frederick Eddy
William Lorensen

Objektorientiertes Modellieren und Entwerfen

Die deutsche Ausgabe besorgte Doris Märtin

Ein Coedition der Verlage Carl Hanser
und Prentice-Hall International

Titel der amerikanischen Originalausgabe:
»Object-Oriented Modeling and Design«
by James Rumbaugh, Michael Blaha, William Premerlani, Frederick Eddy, William Lorensen
(General Electric Research and Development Center Schenectady, New York)
© 1991 by Prentice-Hall, Inc.
A Division of Simon & Schuster
Englewood Cliffs, New Jersey 07632

Fachliche Beratung für den Carl Hanser Verlag: Prof. Dipl.-Inf. Christian Märtin, Fachhochschule Augsburg

Übersetzung: Dr. phil. Doris Märtin, contec d. & c. märtin, Diedorf-Anhausen

Alle in diesem Buch enthaltenen Programme, Verfahren und Berechnungen wurden nach bestem Wissen erstellt und mit Sorgfalt getestet. Dennoch sind Fehler nicht ganz auszuschließen. Aus diesem Grund ist das im vorliegenden Buch enthaltene Programm-Material mit keiner Verpflichtung oder Garantie irgendeiner Art verbunden. Autor und Verlag übernehmen infolgedessen keine Verantwortung und werden keine daraus folgende oder sonstige Haftung übernehmen, die auf irgendeine Art aus der Benutzung dieses Programm-Materials oder Teilen davon entsteht.

Die Wiedergabe von Gebrauchsnamen, Handelsnamen, Warenbezeichnungen usw. in diesem Buch berechtigt nicht zu der Annahme, daß solche Namen im Sinne der Warenzeichen- und Markenschutz-Gesetzgebung als frei zu betrachten wären und daher von jedermann benützt werden dürften.

Die Deutsche Bibliothek – CIP-Einheitsaufnahme

Objektorientiertes Modellieren und Entwerfen / James
Rumbaugh . . . Die dt. Ausg. besorgte Doris Märtin. [Übers.:
Doris Märtin ; C. Märtin]. – München ; Wien : Hanser ;
London : Prentice-Hall Internat., 1993
    Einheitssacht.: Object-oriented modeling and design <dt.>

    ISBN 3-446-17520-2
NE: Rumbaugh, James; Märtin, Doris [Übers.]; EST

Eine Coedition der Verlage:
Carl Hanser Verlag München Wien
Prentice-Hall International Inc., London
© Prentice-Hall International Inc., London 1993

Umschlaggestaltung unter Verwendung eines Bildes von Lasar M. Lissitzky: Neuer, 1920/21
© VG Bild-Kunst, Bonn 1992
© am Layout: Carl Hanser Verlag München Wien, 1994
Druck und Bindung: Buch- und Offsetdruckerei Wagner GmbH, Nördlingen
Printed in Germany

Inhaltsverzeichnis

Vorwort

Dieses Buch stellt einen objektorientierten Ansatz der Softwareentwicklung vor. Der Ansatz basiert darauf, Objekte der realen Welt zu modellieren, und danach das entstandene Modell zur Entwicklung eines sprachunabhängigen Entwurfs zu verwenden, der sich an die gefundenen Objekte anlehnt. Die objektorientierte Modellierung und der objektorientierte Entwurf erleichtern die Verständigung über Systemanforderungen und führen zu klareren Entwürfen und leichter wartbaren Systemen. Wir beschreiben verschiedene objektorientierte Konzepte und eine sprachunabhängige grafische Notation – die Object Modeling Technique - zur Analyse der Problemanforderungen, entwerfen eine Problemlösung und implementieren die Lösung dann in einer Programmier- oder Datenbanksprache. Mit unserem Ansatz ist es möglich, die gleichen Konzepte und die gleiche Notation während des gesamten Software-Entwicklungsprozesses zu verwenden. Im Gegensatz zu vielen anderen Methodologien bleibt es dem Softwareentwickler erspart, vor jeder neuen Entwicklungsphase in eine neue Notation zu übersetzen.

Wir zeigen, wie objektorientierte Konzepte während des gesamten Software-Lebenszyklus von der Analyse über den Entwurf bis hin zur Implementierung eingesetzt werden können. Dabei stehen nicht objektorientierte Sprachen oder Codierung im Mittelpunkt. Vielmehr geht es uns darum, Codierung als letzte Phase eines Entwicklungsprozesses zu begreifen, bei dem es zunächst darauf ankommt, ein Problem zu beschreiben, seine Implikationen zu erfassen und eine Lösung zu planen. Erst im Anschluß daran wird ein Programm in einer bestimmten Sprache implementiert. Eine gute Entwurfstechnik verschiebt Implementierungsdetails aus Gründen der Flexibilität auf spätere Entwurfsphasen. Fehler am Beginn des Implementierungsprozesses wirken sich sehr stark auf das Endprodukt und den Zeitpunkt der Fertigstellung aus. Wir beschreiben, wie objektorientierte Entwürfe in objektorientierten Sprachen, nicht-objektorientierten Sprachen und relationalen Datenbanken implementiert werden können.

Das Buch betont, daß Objektorientierung mehr ist als eine Art zu programmieren. Objektorientierung ist zunächst einmal eine Möglichkeit, mit Konzepten aus der realen Welt anstelle von Computerkonzepten abstrakt an ein Problem heranzugehen. Weil ältere Programmiersprachen den Programmierer zwingen, computerorientiert statt anwendungsorientiert zu denken, ist der objektorientierte Ansatz für manche Leser möglicherweise mit einer schwierigen Umstellung verbunden. Viele Bücher über objektorientierte Programmierung versäumen es, den Programmierer anzuleiten, ohne Zuhilfenahme von Programmierkonstrukten abstrakt zu denken. Wir haben festgestellt, daß die von uns beschriebene grafische Notation dem Softwareentwickler helfen kann, ein Problem zu visualisieren, ohne vorzeitig zur Implementierung Zuflucht zu nehmen.

Wir zeigen, daß die objektorientierte Technologie eine praxisnahe und produktive Möglichkeit darstellt, Software für die meisten Anwendungen unabhängig von der schließlich gewählten Implementierungssprache zu entwickeln. Unser Ansatz in diesem Buch ist informell, das heißt, es wird keine Beweise oder formalen

Definitionen mit griechischen Buchstaben geben. Wir wollen mit unserem Ansatz der Intuitivität gerecht werden, die der objektorientierten Technologie inhärent ist, und eine Notation und eine Methodologie bereitstellen, die Technologie systematisch auf reale Probleme anzuwenden. Tips und gute und schlechte Entwurfsbeispiele helfen dem Softwareentwickler, Fallstricke zu vermeiden. Um die Anwendbarkeit unserer Konzepte in der Praxis zu illustrieren, beschreiben wir mehrere echte Applikationen, die wir mit objektorientierten Techniken entwickelt haben.

Dieses Buch wendet sich sowohl an erfahrene Softwarespezialisten als auch an Studenten. Der Leser lernt, objektorientierte Konzepte auf alle Phasen des Software-Lebenszyklus anzuwenden. Zur Zeit gibt es, wenn überhaupt, erst wenige Bücher über Objektorientierung, die den gesamten Lebenszyklus behandeln und nicht nur die Programmierung oder Analyse. Obwohl die objektorientierte Technologie derzeit ein brandaktuelles Thema ist, verfügen die meisten Leser erst über begrenzte Erfahrungen darin. Wir setzen daher keine Kenntnisse über objektorientierte Konzepte voraus. Wir gehen davon aus, daß der Leser grundlegende Konzepte der Informatik kennt, ein breiter formaler Hintergrund ist jedoch nicht erforderlich. Programmierer, die bereits objektorientiert arbeiten, lernen Möglichkeiten der systematischen Programmentwicklung kennen und werden vielleicht überrascht feststellen, daß einige weitverbreitete objektorientierte Codierungspraktiken Prinzipien des guten Entwurfs verletzen.

Datenbankentwickler werden ebenfalls viele interessante Informationen finden. Obwohl sich die Aufmerksamkeit bisher am stärksten auf objektorientierte Programmiersprachen gerichtet hat, ist der objektorientierte Entwurf von Datenbanken wegen seiner unmittelbaren Umsetzbarkeit vielleicht noch überzeugender. Ein eigenes Kapitel beschreibt, wie ein objektorientierter Entwurf mit bestehenden relationalen Datenbank-Management-Systemen implementiert werden kann.

Das Buch kann als Lehrbuch für Vorlesungen über Software-Engineering oder objektorientierte Technologien eingesetzt werden. Es eignet sich als Ergänzung zu Vorlesungen über Datenbanken und Programmiersprachen. Vorausgesetzt werden praktische Erfahrungen mit modernen strukturierten Programmiersprachen sowie Kenntnisse über grundlegende Begriffe und Konzepte der Informatik, wie Syntax, Semantik, Rekursion, Menge, Prozedur, Graph und Zustand; ein detaillierter formaler Hintergrund ist jedoch nicht erforderlich. Jedes Kapitel enthält Übungen mit unterschiedlichen Schwierigkeitsgraden; ausgewählte Antworten dazu stehen am Ende des Buches.

Viele Bücher über Objektorientierung diskutieren primär Programmierfragen, meistens aus dem Blickwinkel einer bestimmten Sprache. Die besten unter ihnen gehen auf Entwurfsaspekte ein, die Programmierung steht aber auch hier im Vordergrund. Eine geringere Zahl von Büchern befaßt sich mit der objektorientierten Analyse oder dem objektorientierten Entwurf. Wir werden zeigen, daß objektorientierte Konzepte während des gesamten Software-Lebenszyklus angewendet werden können und sollen. Seit kurzer Zeit gibt es auch Bücher über objektorientierte Methodologien. Unser Buch ist zu anderen Büchern über objektorientierte Analyse und objektorientierten Entwurf kompatibel und bildet unserer Meinung nach eine Ergänzung dazu.

Mehrere Bücher über Software-Methodologien diskutieren den gesamten Lebenszyklus aus prozeduraler Sicht. Die traditionellen Datenfluß-Methodologien von DeMarco, Yourdon und anderen basieren hauptsächlich auf funktionaler Dekomposition, auch wenn neuere Überarbeitungen von objektorientierten Konzepten beeinflußt sind. Sogar die Methodologie von Jackson, die auf den ersten Blick auf Objekten zu basieren scheint, kehrt schnell zu prozeduralen Fragen zurück.

Unser Schwerpunkt unterscheidet sich in einigen Punkten von der herrschenden Meinung innerhalb der objektorientierten Gemeinde, er befindet sich aber im Einklang mit den akzeptierten Ansätzen der Informationsmodellierung und Entwurfsmethodologie. Wir betrachten objektorientierte Konstrukte primär als Modelle realer Gegenstände und Konzepte und weniger als Programmiertechniken. Wir erheben Beziehungen zwischen Objekten auf die gleiche semantische Ebene wie Klassen statt sie als Zeiger in Objekten zu verstecken. Wir messen Vererbung und Methoden etwas weniger Bedeutung bei. Wir spielen die subtileren Details von Vererbungsmechanismen herunter. Wir plädieren für Typbildung, Klassen, Modellierung und Vorausplanung. Wir verwenden, wenn möglich, eine allgemein akzeptierte Terminologie; anderenfalls versuchen wir, die besten Begriffe aus verschiedenen Alternativen zu wählen. Es gibt bis jetzt noch keine allgemein akzeptierte grafische Notation für objektorientierte Konstrukte. Trotz der Gefahr, eine weitere neue Schreibweise einzuführen, verwenden wir deshalb eine eigene Notation für unsere Object Modeling Technique, die sich bei vielen realen Problemen bewährt hat und die von anderen erfolgreich übernommen worden ist. In jedem Fall sind die objektorientierten Konzepte selbst das wichtigste, nicht die Form der Symbole, mit denen sie repräsentiert werden. Wir zeigen auch, wie man objektorientierte Konzepte auf Zustandsmaschinen anwenden kann.

Das Buch besteht aus vier Teilen. Teil 1 präsentiert objektorientierte Konzepte abstrakt und sprachunabhängig. Diese Konzepte bilden die Grundlage für den Rest des Buches, wobei weiterführendes Material zunächst übersprungen werden kann. Die Object-Modeling-Technique-Notation wird in Teil 1 eingeführt und in den Beispielen dieses Buches verwendet. Teil 2 beschreibt eine schrittweise objektorientierte Methodologie für die Softwareentwicklung von der Problembeschreibung über die Analyse bis hin zum Systementwurf und Objektentwurf. Alle Phasen der Methodologie mit Ausnahme der letzten sind sprachunabhängig und selbst beim Objektentwurf geht es hauptsächlich um Fragen, die unabhängig von einer bestimmten Sprache sind. Teil 3 beschreibt die Implementierung von objektorientierten Entwürfen in verschiedenen Zielumgebungen, einschließlich objektorientierten Sprachen, nicht-objektorientierten Sprachen und relationalen Datenbanken. Teil 4 präsentiert Fallstudien konkreter objektorientierter Anwendungen, die wir am General Electric Research and Development Center entwickelt haben. Die Probleme decken eine Vielzahl von Anwendungsdomänen und Implementierungszielen ab.

Wir haben die Object Modeling Technique für Analyse, Entwurf, Programmierung und Datenbankmodellierung jahrelang für ganz unterschiedliche Anwendungen eingesetzt. Wir haben auch eine objektorientierte Sprache implementiert,
eine objektorientierte Notation und Methodologie erarbeitet und objektorientierte
Werkzeuge entwickelt, so daß wir sowohl mit den theoretischen als auch den
praktischen Fragen der objektorientierten Technologie vertraut sind. Wir sind von
der objektorientierten Methode begeistert und haben festgestellt, daß sie sich auf
fast alle Anwendungstypen anwenden läßt. Es hat sich gezeigt, daß die Verwendung objektorientierter Konzepte zusammen mit einer grafischen Notation und
einer Entwicklungsmethodologie die Qualität, Flexibilität und Verständlichkeit
von Software beträchtlich erhöhen kann. Wir hoffen, daß dieses Buch dazu
beiträgt, diese Botschaft zu vermitteln.

Danksagungen

Wir möchten den vielen Menschen danken, die dieses Buch ermöglicht haben.
Wir danken GE und dem Management des Research and Development Center für
seine Unterstützung, seine Ermutigung und die Bereitstellung des technischen
Umfelds, vor allem aber für die Weitsicht, uns durch unsere Arbeit an der
objektorientierten Technologie, als sie noch Neuland darstellte, die Gelegenheit
zu geben, die in diesem Buch beschriebenen Ideen zu entwickeln. Wir möchten
darüber hinaus unseren Kollegen bei GE danken, die mit uns an der Erforschung
dieses aufregenden, neuen Gebiets gearbeitet haben. Unser besonderer Dank gilt
den Beiträgen von Mary Loomis und Ashwin Shah, die bei der Neuentwicklung
der Object-Modeling-Technique-Notation mitgearbeitet haben.

Von den vielen Personen, die beim Korrekturlesen des Manuskripts mitgewirkt
haben, möchten wir vor allem David Hentchel, Mark Kornfein und Marc Laymon
für ihre gründliche Durchsicht und scharfsichtigen Kommentare danken.

Schließlich und an erster Stelle bedanken wir uns bei unseren Frauen und Fami-
lien für ihre Geduld und ihre Ermutigung während der vielen langen Wochenenden und Abende, die in diesem Buch stecken.

Vorwort zur deutschen Ausgabe

In den 25 Jahren, die seit der Begründung des Software-Engineering vergangen sind, hat eine Vielzahl von Lebenszyklus-Modellen und Entwicklungsmethodologien unser Bild vom Software-Prozeß geprägt. Die meisten der heute eingesetzten strukturierten Techniken stellen dabei die Spezifikation der prozeduralen Aspekte von Software in den Vordergrund. Die in diesem Buch vorgestellte Object Modeling Technique (OMT) wendet dagegen die objektorientierte Denkweise konsequent auf alle Phasen der Softwareentwicklung von der Analyse über den Entwurf bis zur Implementierung an. Die OMT-Methodologie wurde von den Autoren aus der Praxis heraus entwickelt. Dies spiegelt sich in der ausdrucksstarken, aber übersichtlichen Notation, den umfassenden Fallbeispielen sowie der ungewöhnlichen Fülle und Originalität des Übungsmaterials wider. OMT-Modelle lassen sich auch unter Nutzung nicht-objektorientierter Programmiersprachen implementieren. Die dafür nötigen Abbildungsregeln werden ebenso ausführlich behandelt wie die Umsetzung von Objektklassen und Assoziationen in relationale Datenbank-Schemata.

Im Mittelpunkt von OMT steht das Objektmodell des Anwendungssystems. Durch die Konzentration auf Objekte und Assoziationen zwischen Objekten wird eine zeitgemäße Sicht auf die Entwicklung von Anwendungssystemen eingenommen. Diese kommt den Anforderungen an Verständlichkeit, Ausdrucksstärke, Wartungsfreundlichkeit und Wiederverwendbarkeit realer Systeme wesentlich näher als Ansätze, die vorwiegend auf funktionale Dekomposition und Datenflüsse ausgerichtet sind. Das Objektmodell wird durch das dynamische Modell und das funktionale Modell ergänzt. Das dynamische Modell ist für die Modellierung von zeitlichen und Reihenfolgeaspekten einer Anwendung zuständig, während das funktionale Modell die vom Anwendungssystem zu bewältigende Verarbeitungsleistung beschreibt.

Die drei Teilmodelle stehen bei OMT nicht isoliert nebeneinander. Die Autoren zeigen vielmehr detailliert auf, wann und wie die Aktionen, Ereignisse und Funktionen aus dem dynamischen bzw. dem funktionalen Modell für die Implementierung auf Operationen und Methoden des Objektmodells abgebildet werden können. Im Gegensatz zu vielen klassischen Methodologien und anderen objektorientierten Analyse- und Entwurfstechniken behält OMT seine Notation über alle Verfeinerungsphasen des Lebenszyklus bei. Dies ist nur konsequent, denn bei realistischen Projekten lassen sich häufig Analyse und Entwurf nicht klar voneinander abgrenzen und nachträgliche Revisionen von Analyse und Entwurf können dadurch leichter ineinander überführt werden.

Zur Steigerung der Klarheit haben wir bei der Übersetzung die im Originaltext verwendeten Begriffe *methodology* und *multiplicity* in analoge deutsche Ausdrücke übertragen. Methodologie bezeichnet dabei eine Softwareentwicklungstechnik wie zum Beispiel OMT. Im deutschen Sprachgebrauch spricht man zwar häufig von Entwicklungsmethode, in der objektorientierten Entwicklung bezeichnet eine Methode aber die Implementierung einer Operation für eine bestimmte

Klasse. Multiplizität beschreibt nach unserer Auffassung den Aspekt mehrfacher Verknüpfungen zwischen Objekten bildlicher als der Ausdruck Kardinalität. Die meisten Modelldiagramme und Programmtexte für die besprochenen Beispielprogramme wurden aus Verständlichkeitsgründen übersetzt. Eine Ausnahme bildet das in den Kapiteln 15 und 16 verwendete Beispiel eines Grafikeditors, das in mehreren Programmiersprachen implementiert wird. Um die Fehleranfälligkeit zu reduzieren, wurden die implementierungsabhängigen Programmfragmente und das dazugehörige Objektdiagramm in der Originalsprache belassen. Bei den ausführlichen Programmbeispielen in den Kapiteln 18 und 19 handelt es sich um bestehende Programmsysteme. Deshalb haben wir auch dort Programmtexte unverändert übernommen.

Anhausen, im September 1993

Doris und Christian Märtin

Einführung

Objektorientierte Modellierung und objektorientierter Entwurf sind eine neue Art der Problemlösung, in deren Mittelpunkt Modelle stehen, die Konzepte der realen Welt übernehmen. Das grundlegende Konstrukt dieser Denkweise ist das Objekt, das sowohl die Datenstruktur als auch das Verhalten in sich vereint. Objektorientierte Modelle sind nützlich, um Probleme zu verstehen, mit Anwendungsexperten zu kommunizieren, Unternehmen zu modellieren, Dokumentation vorzubereiten und Programme und Datenbanken zu entwerfen. Dieses Buch stellt eine objektorientierte Software-Entwicklungsmethodologie vor, die Object Modeling Technique (OMT), die Analyse, Entwurf und Implementierung umfaßt. Zunächst wird ein Analysemodell aufgebaut, um grundlegende Aspekte der Anwendungsdomäne ungeachtet der späteren Implementierung zu abstrahieren. Das Modell enthält Objekte, die in der Anwendungsdomäne gefunden wurden, sowie eine Beschreibung ihrer Eigenschaften und ihres Verhaltens. Anschließend werden Entwurfsentscheidungen getroffen und das Modell wird durch Details zur Beschreibung und Optimierung der Implementierung ergänzt. Die anwendungsspezifischen Objekte bilden den Bezugsrahmen des Entwurfsmodells, sie werden jedoch durch computerspezifische Objekte implementiert. Schließlich wird das Entwurfsmodell mit einer Programmiersprache, mit einer Datenbank oder als Hardware implementiert.

Wir beschreiben eine grafische Notation, mit der sich objektorientierte Modelle ausdrücken lassen. Mit den gleichen objektorientierten Konzepten und der gleichen Notation können sowohl Objekte des Anwendungsbereichs als auch computerspezifische Objekte modelliert, entworfen und implementiert werden. Die Notation wird von der Analyse über den Entwurf bis hin zur Implementierung verwendet, so daß Informationen, die in einer Entwicklungsphase hinzugefügt wurden, in der nächsten Phase nicht verloren gehen oder übersetzt werden müssen.

1.1 Was bedeutet objektorientiert?

Oberflächlich betrachtet meint der Begriff "objektorientiert", daß wir Software als eine Kollektion diskreter Objekte betrachten, die sowohl Datenstruktur als auch Verhalten in sich vereinen. Dies steht im Gegensatz zur konventionellen Programmierung, bei der Datenstruktur und Verhalten nur lose miteinander verbunden sind. Es ist nicht ganz unstrittig, welche Eigenschaften ein objektorientierter Ansatz genau erfordert. Im allgemeinem gehören jedoch vier Aspekte dazu: Identität, Klassifikation, Polymorphismus und Vererbung.

1.1.1 Eigenschaften von Objekten

Identität heißt, daß Daten diskreten, unterscheidbaren Entitäten – *Objekten* – zugeordnet werden. Ein *Absatz in einem Dokument*, ein *Fenster auf meiner Workstation* und die *weiße Dame in einem Schachspiel* sind Beispiele für Objekte. Weitere Objekte sehen Sie in Abbildung 1.1. Objekte können konkret sein, z.B.

eine *Datei* in einem Dateisystem, oder konzeptuell, z.B. eine *Zuteilungsstrategie* in einem Multiprozessor-Betriebssystem. Jedes Objekt besitzt eine eigene inhärente Identität. In anderen Worten, zwei Objekte sind klar voneinander unterscheidbar, selbst wenn alle ihre Attributwerte (wie Name oder Größe) identisch sind.

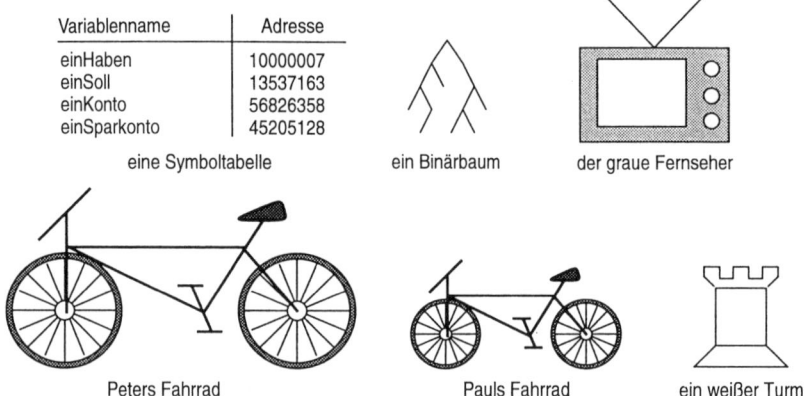

Variablenname	Adresse
einHaben	10000007
einSoll	13537163
einKonto	56826358
einSparkonto	45205128

eine Symboltabelle   ein Binärbaum   der graue Fernseher

Peters Fahrrad   Pauls Fahrrad   ein weißer Turm

Abb. 1.1   Objekte

Während ein Objekt in der realen Welt einfach existiert, hat jedes Objekt in einer Programmiersprache einen eindeutigen *Anfasser*, der einen eindeutigen Zugriff auf das Objekt ermöglicht. Der Anfasser kann auf unterschiedliche Weise implementiert sein, z.B. durch eine Adresse, einen Feldindex oder einen eindeutigen Attributwert. Objektzugriffe sind einheitlich und unabhängig vom Inhalt der Objekte. Sie erlauben es, gemischte Objektkollektionen zu erzeugen, zum Beispiel ein Dateisystem-Verzeichnis, das sowohl Dateien als auch Unterverzeichnisse enthält.

Klassifikation meint, daß Objekte mit der gleichen Datenstruktur (*Attribute*) und dem gleichen Verhalten (*Operationen*) zu einer *Klasse* gruppiert werden. *Absatz, Fenster* und *Schachfigur* sind Beispiele für Klassen. Eine *Klasse* ist eine Abstraktion, die die Eigenschaften beschreibt, die für eine Anwendung wichtig sind, und den Rest ignoriert. Die Wahl von Klassen ist immer beliebig und hängt von der Anwendung ab.

Jede Klasse beschreibt eine möglicherweise unendliche Menge individueller Objekte. Jedes Objekt wird als eine *Instanz* seiner Klasse bezeichnet. Jede Instanz der Klasse besitzt eigene Werte für alle ihre Attribute, während sie die Attributnamen und Operationen mit anderen Instanzen der Klasse teilt. Abbildung 1.2 zeigt zwei Klassen und einige ihrer jeweiligen Instanzenobjekte. Ein Objekt enthält eine implizite Referenz auf seine eigene Klasse, so daß es "weiß", welcher Klasse es angehört.

Polymorphismus meint, daß sich die gleiche Operation in unterschiedlichen Klassen unterschiedlich verhalten kann. Das Verhalten der Operation *verschieben* zum

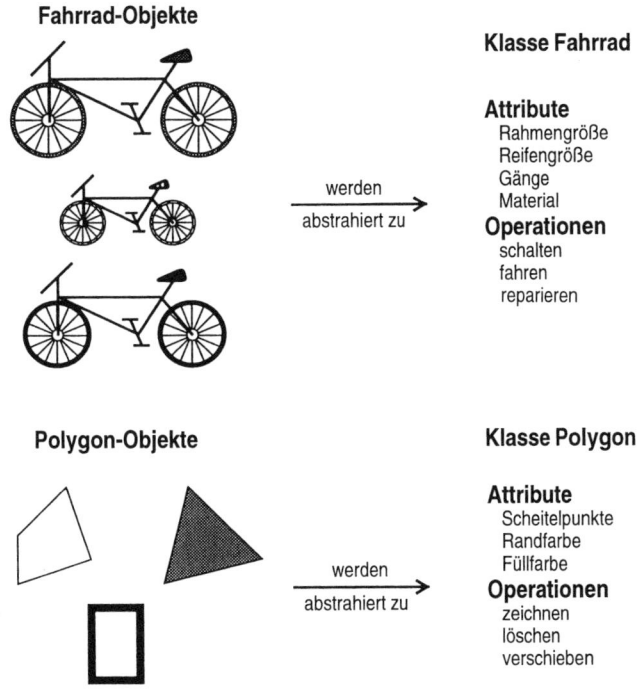

Abb. 1.2 Objekte und Klassen

Beispiel ist in der Klasse *Fenster* ein anderes als in der Klasse *Schachfigur*. Eine *Operation* ist eine Aktion oder Transformation, die ein Objekt ausführt bzw. die auf dem Objekt ausgeführt wird. *Rechtsbündig ausrichten, anzeigen* und *verschieben* sind Beispiele für Operationen. Eine spezifische Implementierung einer Operation innerhalb einer bestimmten Klasse heißt *Methode*. Weil ein objektorientierter Operator polymorph ist, kann es mehr als eine Methode geben, die ihn implementiert.

In der realen Welt ist eine Operation einfach eine Abstraktion analogen Verhaltens über unterschiedliche Arten von Objekten hinweg. Jedes Objekt "weiß", wie es seine eigenen Operationen durchführt. In einer objektorientierten Programmiersprache dagegen wählt die Sprache automatisch die korrekte Methode zur Implementierung einer Operation auf der Grundlage des Namens der Operation und der Klasse des Objekts, auf dem die Operation ausgeführt wird. Der Benutzer einer Operation braucht nicht zu wissen, wieviele Methoden es zur Implementierung einer gegebenen polymorphen Operation gibt. Neue Klassen können hinzugefügt werden, ohne bestehenden Code zu verändern, vorausgesetzt, für alle auf die neuen Klassen anwendbaren Operationen werden Methoden bereitgestellt.

Vererbung bezeichnet die gemeinsame Verwendung von Attributen und Operationen durch verschiedene Klassen auf der Basis einer hierarchischen Relation. Eine Klasse kann sehr allgemein definiert sein und dann in immer detaillierteren *Unterklassen* verfeinert werden. Jede Unterklasse übernimmt oder *erbt* alle Eigen-

schaften ihrer *Oberklasse* und fügt ihre eigenen, individuellen Eigenschaften
hinzu. Die Eigenschaften der Oberklasse müssen nicht in jeder Unterklasse
wiederholt werden. Beispielsweise sind *Bildlauffenster* und *StarresFenster* Unterklassen von *Fenster*. Beide Unterklassen erben die Eigenschaften von *Fenster*,
zum Beispiel einen Arbeitsbereich auf dem Bildschirm. *Bildlauffenster* fügt eine
Bildlaufleiste und ein Bildlauffeld hinzu. Die Fähigkeit, gemeinsame Eigenschaften mehrerer Klassen in eine gemeinsame Oberklasse auszulagern und die
Eigenschaften der Oberklasse zu erben, kann Wiederholungen in Entwürfen und
Programmen erheblich verringern und gehört zu den Hauptvorteilen eines objektorientierten Systems.

1.2 Was ist objektorientierte Entwicklung?

Dieses Buch befaßt sich mit *objektorientierter Entwicklung* als einem neuen
Software-Paradigma, das auf Abstraktionen der realen Welt basiert. In diesem
Kontext bezieht sich *Entwicklung* auf den ersten Teil des Software-Lebenszyklus,
der sich aus Analyse, Entwurf und Implementierung zusammensetzt. Die Essenz
der objektorientierten Entwicklung ist die Identifikation und Organisation von
Konzepten der Anwendungsdomäne, nicht ihre endgültige Repräsentation in einer Programmiersprache, sei sie nun objektorientiert oder nicht. Brooks schreibt,
der schwierige Teil der Softwareentwicklung sei wegen der inhärenten Problem-
komplexität die Manipulation der *Essenz* und nicht die *Zufälligkeit* der Abbildung
in eine bestimmte Sprache, die ihre Ursache in unseren noch nicht perfekten
Werkzeugen hat [Brooks-87].

Dieses Buch geht nicht explizit auf Integration, Wartung und Weiterentwicklung
ein. Ein klarerer Entwurf in einer präzisen Notation erleichtert jedoch diese
Phasen innerhalb des Software-Lebenszyklus. Gleichzeitig dienen die objektorientierten Konzepte und die Notation, mit denen ein Entwurf ausgedrückt wird, als
nützliche Dokumentation.

1.2.1 Konzeptmodellierung statt Implementierung

Die meisten bisherigen Anstrengungen der objektorientierten Gemeinde haben
sich auf Programmiersprachen-Fragen konzentriert. Die aktuelle Literatur befaßt
sich zur Zeit noch schwerpunktmäßig mit der Implementierung und weniger mit
der Analyse und dem Entwurf. Objektorientierte Programmiersprachen können
die Einschränkungen aufheben, die sich aus der Unflexibilität traditioneller Programmiersprachen ergeben. Für das Software Engineering bedeutet diese Gewichtung aber einen Schritt zurück, weil sie Implementierungsmechanismen in
unangemessener Weise Vorrang gegenüber dem zugrundeliegenden Gedanken-
prozeß einräumt, den diese Mechanismen lediglich unterstützen sollen.

Die eigentliche Stärke der objektorientierten Entwicklung liegt darin, daß sie die
konzeptuellen Fragen am Anfang des Lebenszyklusprozesses in den Vordergrund
stellt. Entwurfsfehler, die bei der Implementierung zutage treten, sind kostspieli-
ger zu beseitigen, als Fehler, die schon früher gefunden werden. Eine allzu frühe
Konzentration auf Implementierungsfragen engt Entwurfsmöglichkeiten ein und
führt häufig zu einem weniger guten Produkt. Ein objektorientierter Entwick-

lungsansatz ermutigt Softwareentwickler, fast während des gesamten Software-Engineering-Lebenszyklus von der Anwendungsdomäne her zu denken. Erst wenn die inhärenten Konzepte der Anwendung identifiziert, organisiert und verstanden sind, können die Details der Datenstrukturen und Funktionen effektiv in Angriff genommen werden.

Die objektorientierte Entwicklung ist ein konzeptueller Prozeß, der bis zu den letzten Phasen unabhängig von einer bestimmten Programmiersprache bleibt. Objektorientierte Entwicklung ist im Prinzip eine neue Art zu denken, keine Programmiertechnik. Ihre größten Vorteile liegen darin, Systemanalytiker, Entwickler und Kunden dabei zu unterstützen, abstrakte Konzepte klar auszudrücken und sich darüber zu verständigen. Die objektorientierte Entwicklung kann als Medium sowohl bei der Spezifikation, Analyse, Dokumentation und Schnittstellendefinition als auch beim Programmieren dienen. Sogar als Programmierwerkzeug kann sie für unterschiedliche Zielumgebungen eingesetzt werden, konventionelle Programmiersprachen und Datenbanken ebenso wie objektorientierte Sprachen.

1.2.2 Objektorientierte Methodologie

Wir stellen eine Methodologie für die objektorientierte Entwicklung und eine grafische Notation für die Repräsentation objektorientierter Konzepte vor. Die Methodologie besteht darin, ein *Modell* einer Anwendungsdomäne zu bauen und diesem danach, beim *Entwurf* eines Systems, Implementierungsdetails hinzuzufügen. Wir nennen diesen Ansatz Object Modeling Technique (OMT). Die OMT-Methodologie umfaßt die folgenden Phasen:

1. *Analyse:* Ausgehend von einer Beschreibung des Problems baut der Systemanalytiker ein Modell der Situation der realen Welt mit deren wichtigen Eigenschaften. Weil Problembeschreibungen selten vollständig oder korrekt sind, muß der Systemanalytiker mit dem Auftraggeber zusammenarbeiten, um das Problem zu verstehen. Das Analysemodell ist eine kompakte, präzise Abstraktion dessen, *was* das System tun muß, die nichts darüber aussagt, *wie* dies geschieht. Die Objekte im Modell sollten Konzepte aus der Anwendungsdomäne sein, keine Implementierungskonzepte wie Datenstrukturen. Ein gutes Modell kann von Anwendungsexperten, die keine Programmierer sind, verstanden und kritisiert werden. Das Analysemodell sollte keine Implementierungsentscheidungen enthalten. Beispielsweise würde eine Klasse *Fenster* für das Fenstersystem einer Workstation durch die Attribute und Operationen beschrieben werden, die für einen Benutzer sichtbar sind. Die Analyse wird in Kapitel 8 beschrieben.

2. *Systementwurf:* Der Systemdesigner trifft grundlegende Entscheidungen über die Gesamtarchitektur. Während des Systementwurfs wird das Zielsystem auf der Grundlage der Analysestruktur und der vorgeschlagenen Architektur in Teilsysteme organisiert. Der Systemdesigner muß entscheiden, welche Leistungseigenschaften optimiert werden sollen, eine Strategie wählen, das Problem anzugehen, und versuchsweise Ressourcen zuweisen. Beispielsweise

könnte der Systemdesigner entscheiden, daß Änderungen auf dem Workstation-Bildschirm auch beim Verschieben oder Löschen von Fenstern schnell und reibungslos erfolgen müssen, und ein entsprechendes Kommunikationsprotokoll und eine geeignete Speicherpuffer-Strategie wählen. Der Systementwurf wird in Kapitel 9 beschrieben.

3. *Objektentwurf:* Der Objektdesigner baut ein Entwurfsmodell, das auf dem Analysemodell basiert, aber Implementierungsdetails enthält. Der Designer ergänzt das Entwurfsmodell entsprechend der beim Systementwurf aufgestellten Strategie durch Details. Beim Objektentwurf geht es hauptsächlich um die Datenstrukturen und Algorithmen, die zur Implementierung jeder Klasse benötigt werden. Die Objektklassen aus der Analyse spielen immer noch eine Rolle, sie werden jedoch durch computerspezifische Datenstrukturen und Algorithmen erweitert, die zur Optimierung wichtiger Leistungsmerkmale ausgewählt werden. Sowohl die anwendungsspezifischen Objekte als auch die computerspezifischen Objekte werden mit den gleichen objektorientierten Konzepten und der gleichen Notation beschrieben, obwohl sie auf unterschiedlichen konzeptuellen Ebenen existieren. Beispielsweise werden die Operationen der Klasse *Fenster* jetzt von der zugrundeliegenden Hardware und dem Betriebssystem her spezifiziert. Der Objektentwurf wird in Kapitel 10 beschrieben.

4. *Implementierung:* Die beim Objektentwurf entwickelten Objektklassen und Relationen werden schließlich in eine bestimmte Programmiersprache, Datenbank oder Hardware-Implementierung übersetzt. Die Programmierung sollte ein relativ untergeordneter und mechanischer Teil des Entwicklungszyklus sein, weil alle schwierigen Entscheidungen bereits beim Entwurf getroffen werden. Die Zielsprache beeinflußt Entwurfsentscheidungen bis zu einem gewissen Grade, der Entwurf sollte jedoch nicht von den Einzelheiten einer Programmiersprache abhängen. Während der Implementierung ist es wichtig, einen guten Software-Engineering-Stil zu pflegen, so daß die Rückführbarkeit auf den Entwurf unkompliziert ist und das implementierte System flexibel und erweiterbar bleibt. Beispielsweise würde die Klasse *Fenster* in einer Programmiersprache unter Verwendung von Aufrufen des zugrundliegenden Grafiksystems der Workstation codiert werden. Die Implementierung wird in Teil 3 je nach Zielmedium beschrieben.

Objektorientierte Konzepte können während des gesamten Lebenszyklus der Systementwicklung – von der Analyse über den Entwurf bis hin zur Implementierung – angewendet werden. Die gleichen Klassen können von Phase zu Phase ohne Veränderung der Notation übernommen werden. Sie werden jedoch in den späteren Phasen durch zusätzliche Implementierungsdetails angereichert. Obwohl die Analysesicht und die Implementierungssicht von *Fenster* gleichermaßen korrekt sind, dienen sie unterschiedlichen Zwecken und repräsentieren unterschiedliche Abstraktionsebenen. Die objektorientierten Konzepte Identität, Klassifikation, Polymorphismus und Vererbung gelten während des gesamten Entwicklungszyklus ohne Unterschied.

Einige Klassen sind nicht Teil der Analyse, sondern werden als Teil des Entwurfs oder der Implementierung eingeführt. Beispielsweisen sind Datenstrukturen wie *Bäume, Hash-Tabellen* und *verkettete Listen* selten in der realen Welt vorhanden. Sie werden eingeführt, um bestimmte Algorithmen während des Entwurfs zu unterstützen. Datenstruktur-Objekte dieser Art werden zur Implementierung von Objekten aus der realen Welt auf einem Computer verwendet. Sie leiten ihre Eigenschaften nicht direkt aus der realen Welt ab.

1.2.3 Drei Modelle

Die OMT-Methodologie verwendet zur Beschreibung eines Systems drei unterschiedliche Modelle: das *Objektmodell*, das die Objekte im System und ihre Relationen beschreibt; das *dynamische Modell*, das die Interaktionen zwischen Objekten im System beschreibt; und das *funktionale Modell*, das die Datentransformationen des Systems beschreibt. Jedes Modell ist in allen Entwicklungsphasen anwendbar und erwirbt Implementierungsdetails im Laufe der Entwicklung. Eine vollständige Beschreibung eines Systems erfordert alle drei Modelle.

Das *Objektmodell* beschreibt die statische Struktur der Objekte in einem System und ihre Relationen. Das Objektmodell enthält Objektdiagramme. Ein *Objektdiagramm* ist ein Graph, dessen Knoten Objekt*klassen* sind und dessen Linien (Kanten) *Relationen* zwischen Klassen sind. Das Objektmodell wird in den Kapiteln 3 und 4 beschrieben.

Das *dynamische Modell* beschreibt die Aspekte eines Systems, die sich im Laufe der Zeit verändern. Das dynamische Modell wird zur Spezifizierung und Implementierung der Steuerungsaspekte eines Systems verwendet. Das dynamische Modell enthält Zustandsdiagramme. Ein *Zustandsdiagramm* ist ein Graph, dessen Knoten Zustände und dessen Linien *Transitionen* zwischen Zuständen sind, die durch *Ereignisse* ausgelöst werden. Das dynamische Modell wird in Kapitel 5 beschrieben.

Das *funktionale Modell* beschreibt die Datenwert-Transformationen innerhalb des Systems. Das funktionale Modell enthält Datenflußdiagramme. Ein Datenflußdiagramm repräsentiert eine Berechnung. Ein *Datenflußdiagramm* ist ein Graph, dessen Knoten Prozesse und dessen Linien Datenflüsse sind. Das funktionale Modell wird in Kapitel 6 beschrieben.

Die drei Modelle sind orthogonale Teile der Beschreibung eines vollständigen Systems und durch Querverbindungen vernetzt. Das Objektmodell spielt jedoch die tragende Rolle, weil es beschreibt, *was* sich verändert oder umwandelt. Erst danach kann beschrieben werden, *wann* oder *wie* die Veränderung erfolgt.

1.2.4 Unterschiede zur funktionsorientierten Methodologie

Die objektorientierte Entwicklung ist eine Umkehrung der früheren funktionsorientierten Methodologie. Beispiele dafür sind die Methodologien von Yourdon [Yourdon-89] und DeMarco [DeMarco-79]. In diesen Methodologien liegt der Schwerpunkt primär auf der Spezifikation und Dekomposition der Systemfunktionalität. Ein derartiger Ansatz mag als der direkteste Weg erscheinen, ein gewünschtes Ziel zu implementieren, das daraus resultierende System kann jedoch anfällig sein. Wenn sich die Anforderungen ändern, erfordert ein System, das auf Dekomposition der Funktionalität beruht, möglicherweise eine umfangreiche Restrukturierung. (Fairerweise muß man sagen, daß die Methodologien natürlich komplexer sind als hier beschrieben. Weitere Details finden Sie in Kapitel 12.)

Im Gegensatz dazu konzentriert sich der objektorientierte Ansatz darauf, zuerst die Objekte der Anwendungsdomäne zu identifizieren, und diese anschließend mit passenden Prozeduren auszustatten. Obwohl dies ein Umweg zu sein scheint, hält objektorientierte Software wechselnden Anforderungen besser stand, weil sie auf dem zugrundeliegenden Bezugsrahmen der Anwendungsdomäne selbst aufsetzt, nicht auf den funktionalen Anforderungen eines einzelnen Problems.

1.3   Themen der objektorientierten Technologie

Der objektorientierten Technologie liegen mehrere verwandte Themenbereiche zugrunde. Obwohl diese Themen nicht nur für objektorientierte Systeme interessant sind, werden sie von diesen besonders gut unterstützt.

1.3.1 Abstraktion

Abstraktion ist die Konzentration auf die essentiellen, inhärenten Aspekte einer Entität. Zufällige Eigenschaften werden dabei ignoriert. Bei der Systementwicklung bedeutet dies die Konzentration auf das, was ein Objekt ist und tut, ehe man entscheidet, wie es implementiert werden soll. Abstraktion ermöglicht es, Entscheidungen möglichst lange offen zu halten. Die allzu frühe Festlegung verpflichtender Details läßt sich vermeiden. Die meisten modernen Sprachen stellen Datenabstraktion zur Verfügung; aber die Möglichkeit, Vererbung und Polymorphismus zu verwenden, bewirkt eine zusätzliche Leistungssteigerung. Wenn man Abstraktion bei der Analyse verwendet, genügt es, sich mit Konzepten der Anwendungsdomäne zu befassen. Es brauchen keine Entwurfs- und Implementierungsentscheidungen getroffen zu werden, noch bevor das Problem verstanden ist. Die richtige Verwendung von Abstraktion macht es möglich, das gleiche Modell für die Analyse, den globalen Systementwurf, die Programmstruktur, die Datenbankstruktur und die Dokumentation zu verwenden. Ein sprachunabhängiger Entwurfsstil verschiebt Programmierdetails auf die letzte, relativ mechanische Entwicklungsphase.

1.3.2 Kapselung

Kapselung (oder *Information Hiding*) besteht darin, die externen Aspekte eines Objekts, die für andere Objekte zugänglich sind, von den internen Implementierungsdetails des Objekts zu trennen, die anderen Objekten verborgen sind. Kapselung verhindert, daß ein Programm so viele Abhängigkeiten enthält, daß schon kleinste Veränderungen massive Seiteneffekte auslösen. Die Implementierung eines Objekts kann ohne Auswirkung auf die Anwendungen, die es verwenden, verändert werden. Änderungen der Implementierung eines Objekts können beispielsweise notwendig werden, um die Leistung zu verbessern, einen Fehler zu beheben, Code zu konsolidieren oder eine Portierung vorzubereiten. Kapselung ist nicht ausschließlich objektorientierten Sprachen vorbehalten. Sie ist aber in objektorientierten Sprachen, die Datenstruktur und Verhalten in einer Entität vereinen können, klarer und mächtiger als in konventionellen Sprachen, die Datenstruktur und Verhalten trennen.

1.3.3 Verbindung von Daten und Verhalten

Beim Aufruf einer Operation braucht nicht berücksichtigt zu werden, wie viele Implementierungen einer gegebenen Operation existieren. Operator-Polymorphismus verlagert die Entscheidung für eine bestimmte Implementierung vom aufrufenden Code auf die Klassenhierarchie. Um beispielsweise den Inhalt eines Fensters anzuzeigen, muß nicht-objektorientierter Code den Typ jeder Figur – wie Polygon, Kreis oder Text – feststellen, um die entsprechende Anzeigeprozedur aufrufen zu können. Ein objektorientiertes Programm würde einfach für jede Abbildung die Operation *zeichnen* aufrufen; die Entscheidung, welche Prozedur verwendet wird, wird implizit von jedem Objekt je nach seiner jeweiligen Klasse getroffen. Es ist nicht nötig, die Wahl der Prozedur bei jedem Aufruf der Operation im Anwendungsprogramm zu wiederholen. Die Wartung wird einfacher, weil der aufrufende Code nicht verändert werden muß, wenn eine neue Klasse hinzugefügt wird. In einem objektorientierten System ist die Hierarchie der Datenstruktur identisch mit der Hierarchie der Operationsvererbung (Abbildung 1.3).

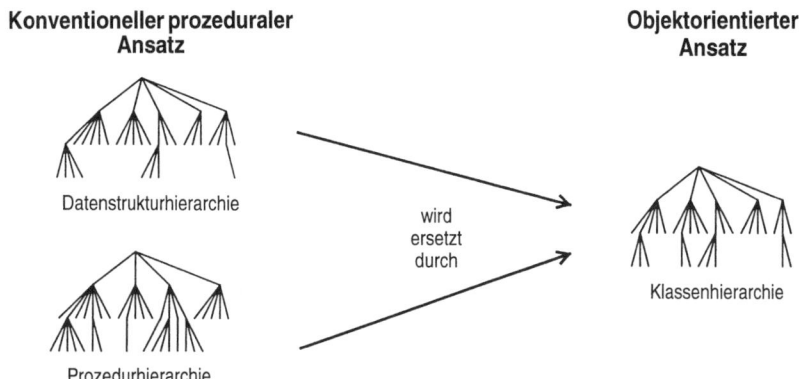

Abb. 1.3   Ein objektorientierter Ansatz kommt mit einer Hierarchie aus

1.3.4 Gemeinsame Nutzung

Objektorientierte Techniken fördern gemeinsame Nutzung auf mehreren unterschiedlichen Ebenen. Durch die Vererbung sowohl der Datenstrukturen als auch des Verhaltens ist es möglich, daß mehrere ähnliche Unterklassen ohne Redundanz eine gemeinsame Struktur nutzen. Die gemeinsame Nutzung von Code über den Vererbungs-Mechanismus ist einer der Hauptvorteile objektorientierter Sprachen. Wichtiger als die Code-Einsparungen ist die konzeptuelle Klarheit, die aus der Erkenntnis resultiert, daß sich hinter verschiedenen Operationen immer wieder das gleiche verbirgt. Dies reduziert die Zahl der Fälle, die verstanden und analysiert werden müssen.

Die objektorientierte Entwicklung läßt nicht nur die gemeinsame Nutzung von Informationen innerhalb einer Anwendung zu, sondern eröffnet auch die Aussicht, Entwürfe und Code für künftige Projekte wiederzuverwenden. Auch wenn diese Möglichkeit als Rechtfertigung der objektorientierten Technologie allzu sehr in den Vordergrund gestellt wurde, so unterstützt die objektorientierte Entwicklung mit Werkzeugen wie Abstraktion, Kapselung und Vererbung zweifellos die Entwicklung von Bibliotheken mit wiederverwendbaren Komponenten. Objektorientiertheit ist jedoch keine Zauberformel zur Gewährleistung von Wiederverwendbarkeit. Wiederverwendung ergibt sich nicht einfach von selbst; sie muß geplant werden, indem man über die unmittelbar anstehende Anwendung hinaus denkt und zusätzlichen Aufwand in einen allgemeineren Entwurf investiert.

1.3.5 Betonung der Objektstruktur, nicht der Prozedurstruktur

Bei der objektorientierten Technologie kommt es darauf an zu spezifizieren, was ein Objekt *ist*, weniger, wie es *verwendet* wird. Die Einsatzmöglichkeiten eines Objekts hängen stark von den Details der Anwendung ab und ändern sich während der Entwicklung häufig. Wenn sich die Anforderungen nach und nach entwickeln, bleiben die Merkmale eines Objekts sehr viel stabiler als die Art seiner Verwendung. Daher sind Softwaresysteme, die auf Objektstrukturen aufbauen, langfristig stabiler [Booch-86]. Die objektorientierte Entwicklung mißt der Datenstruktur ein größeres und der Prozedurstruktur ein kleineres Gewicht bei als traditionelle, auf Funktionsdekomposition basierende Methodologien. In dieser Hinsicht ist die objektorientierte Entwicklung den Informationsmodellierungs-techniken ähnlich, die beim Datenbankentwurf verwendet werden. Allerdings kommt bei der objektorientierten Entwicklung das Konzept des klassenabhängigen Verhaltens hinzu.

1.3.6 Synergie

Identität, Klassifikation, Polymorphismus und Vererbung charakterisieren die gängigen objektorientierten Sprachen. Obwohl jedes dieser Konzepte für sich allein genutzt werden kann, ergänzen sie einander synergetisch. Die Vorteile des objektorientierten Ansatzes werden möglicherweise erst auf den zweiten Blick sichtbar. Die größere Gewichtung der essentiellen Eigenschaften eines Objekts zwingt den Softwareentwickler, sorgfältiger und intensiver darüber nachzudenken, was ein Objekt ist und tut. Dadurch erhält man in der Regel ein klareres, allgemeineres und robusteres System, als dies bei einer ausschließlichen Betonung der Verwendung von Daten und Operationen der Fall wäre. Nach Thomas führen die unterschiedlichen Charakteristiken zusammen zu einem anderen Programmierstil [Thomas-89]. Cox postuliert, Kapselung sei die Grundlage des objektorientierten Ansatzes, da sie den Schwerpunkt von der Codierungstechnik auf die Zusammenstellung von Paketen verlagert, während Vererbung auf Kapselung aufsetzt und damit Wiederverwendung von Code praktikabel macht [Cox-86].

1.4 Beispiele für den Nutzen der objektorientierten Entwicklung

Wir haben objektorientierte Entwicklung aktiv bei internen Anwendungen am General Electric Research and Development Center (GE R&D) eingesetzt. Wir haben objektorientierte Techniken zur Entwicklung von Compilern (Kapitel 18), Grafik-Software (Kapitel 19), Benutzerschnittstellen (Kapitel 20), Datenbanken [Blaha-89], einer objektorientierten Sprache [Shah-89], CAD-Systemen, Simulationen, Metamodellen, Steuerungssystemen und anderen Anwendungen verwendet. Wir haben objektorientierte Modelle eingesetzt, um schlecht strukturierte und schwer verständliche bestehende Programme zu dokumentieren. Unsere Implementierungs-Zielumgebungen reichten von objektorientierten Sprachen über nicht-objektorientierte Sprachen bis hin zu relationalen Datenbanken. Wir haben den Ansatz erfolgreich gelehrt und zur Kommunikation mit Anwendungsexperten genutzt.

Als begeisterte Anhänger der objektorientierten Entwicklung sehen wir keinen Grund, sie nicht bei den meisten Softwareprojekten zu verwenden. Der Hauptvorteil liegt nicht in der geringeren Entwicklungszeit: objektorientierte Entwicklung kann mehr Zeit als konventionelle Entwicklung kosten, weil sie darauf abzielt, Wiederverwendung in der Zukunft zu fördern und mitgeschleppte Fehler ebenso wie die Wartungslast zu verringern. Es vergeht etwa genauso viel oder etwas mehr Zeit wie bei einem konventionellen Ansatz, bis der Code vorliegt. Später erforderliche Überarbeitungen sind bei einer objektorientierten Entwicklung jedoch einfacher und schneller durchzuführen als bei einer konventionellen Entwicklung, weil Revisionen lokal begrenzter bleiben. Darüber hinaus sind meistens weniger Überarbeitungen erforderlich, weil mehr Probleme bei der Entwicklung entdeckt und korrigiert werden.

Die jährlichen Tagungen OOPSLA (Object-Oriented Programming Systems, Languages, and Applications) und ECOOP (European Conference on Object-Oriented Programming) sind die wichtigsten Foren zur Verbreitung neuer objektorientierter Ideen und Anwendungsergebnisse. Die OOPSLA- und ECOOP-Tagungsbände beschreiben viele Anwendungen, denen ein objektorientierter Ansatz zugute gekommen ist. [Russo-88] beschreibt ein Projekt, bei dem C++ als Zielsprache zur Implementierung eines Betriebssystems verwendet wurde. [Kerr-87] präsentiert die Ergebnisse, die bei der Implementierung eines Programms für statistische Analyse mit Flavors erzielt wurden. [Jacky-86] beschreibt eine große medizinische Anwendung, die mit objektorientierten Techniken entworfen und in Pascal implementiert wurde. [Pierson-86] faßt die Ergebnisse zusammen, die bei der Implementierung eines modernen Spreadsheet-Pakets mit Smalltalk-80 erzielt wurden. [Barry-89] beschreibt die Implementierung eines Signalprozessor-Prototyps mit Smalltalk. Dabei sollte beachtet werden, daß ein Großteil der bisherigen Literatur zum Thema Objektorientiertheit mit Implementierung und Sprachen befaßt war. Wir hoffen, daß dieses Buch dazu beiträgt, den Schwerpunkt stärker auf die gesamte objektorientierte Entwicklung zu verlagern.

Die objektorientierte Technologie ist zwar vielen ein Begriff, sie gilt jedoch häufig als ineffizient. Diese Haltung geht auf die frühen objektorientierten Spra-

chen wie Smalltalk zurück, die interpretiert wurden und im Vergleich zu C und
Fortran tatsächlich ineffizient waren. Spätere objektorientierte Sprachen wie C++
können effizient eingesetzt werden und Compilerbauer verbessern sogar die
Effizienz der rein objektorientierten Sprachen [Chambers-89]. Auf jeden Fall ist der
objektorientierte Entwurf breiter angelegt als objektorientierte Programmierung
allein und bietet logische Vorteile, unabhängig von der gewählten Implementierungssprache.

1.5 Aufbau dieses Buches

Dieses Buch gliedert sich in vier Teile: Modellierungskonzepte, Methodologie,
Implementierung und Anwendungs-Fallstudien. Anhänge fassen die OMT-Notation zusammen und bieten ein Glossar objektorientierter Begriffe.

Teil 1 erklärt objektorientierte Konzepte und stellt eine grafische Notation vor,
diese auszudrücken. Er diskutiert nicht den Prozeß, objektorientierte Modelle zu
entwickeln. Dies ist das Thema von Teil 2. Kapitel 2 führt unsere Notation für die
Object Modeling Technique (OMT) ein. OMT besteht aus drei orthogonalen
Sichten: dem Objektmodell, dem dynamischen Modell und dem funktionalen
Modell. Die Kapitel 3 und 4 beschreiben das Objektmodell, das die strukturellen
"Daten"-Aspekte eines Systems behandelt. Kapitel 3 präsentiert grundlegende
Objektmodellierungskonzepte. Auch Leser, die mit der objektorientierten Programmierung vertraut sind, sollten dieses Kapitel lesen, weil wir Modellierungskonzepte einführen, die in den meisten objektorientierten Sprachen nicht vorkommen. Kapitel 4 stellt weiterführende Objektmodellierungskonzepte vor; dieses
Kapitel kann beim ersten Lesen des Buches übersprungen werden. Kapitel 5
beschreibt das dynamische Modell, das Zustände und Ereignisse behandelt und
die Steuerungsaspekte des Systems modelliert. Leser, die mit Zustandsmaschinen
vertraut sind, können den Anfang des Kapitels überfliegen. Der Rest des Kapitels
beschreibt jedoch einige Strukturierungskonzepte für Zustandsmaschinen, die
nur selten gelehrt werden. Kapitel 6 beschreibt das funktionale Modell, das
Funktionen, Werte, Einschränkungen und abgeleitete Informationen aufnimmt.
Leser, die konventionelle, funktionsorientierte Methodologien kennen, werden
mit diesem Material vertraut sein. Teil 1 des Buches beschäftigt sich mit Konzepten, die in allen Phasen des Softwareentwicklungs-Zyklus vorkommen und gleichermaßen für Analyse, Entwurf und Implementierung gelten. Die in Teil 1
beschriebene Notation wird das ganze Buch hindurch verwendet.

Teil 2 zeigt, wie man ein objektorientiertes Modell entwickelt und bei der Entwicklung eines Systems unter Verwendung unserer OMT-Methodologie einsetzt.
Kapitel 7 enthält eine Übersicht über die OMT-Methodologie. Kapitel 8 diskutiert
die Analyse, d.h. den Prozeß, die Anwendungsdomäne zu beschreiben und zu
verstehen, ohne Implementierungsentscheidungen vorwegzunehmen. Die Analyse
beginnt mit einer Problembeschreibung des Auftraggebers. Der Analytiker verbindet Ergebnisse aus Gesprächen mit Kunden mit Anwendungsdomänen-Wissen,
um ein Objektmodell, ein dynamisches Modell und ein funktionales Modell zu
konstruieren. Kapitel 9 geht auf den globalen Systementwurf ein, bei dem es
primär darum geht, ein System in Teilsysteme zu gliedern und Grundsatzentschei-

dungen zu treffen. Kapitel 10 diskutiert den Objektentwurf, also die Anreicherung des Analysemodells mit Entwurfsentscheidungen. Zu diesen Entscheidungen gehören die Spezifikation der Algorithmen, die Zuweisung von Funktionalität an Objekte, die Einführung interner Objekte, um Mehrfachberechnungen zu vermeiden, und die Optimierung. Kapitel 11 faßt die in den Kapiteln 8 bis 10 vorgestellten Methodologien zusammen. Kapitel 12 vergleicht objektorientierte Methodologien mit anderen populären Methodologien, einschließlich konventioneller Software-Engineering-Ansätze und Informationsmodellierungs-Notationen aus der Datenbank-Welt.

Teil 3 beschäftigt sich mit Implementierungsfragen in Abhängigkeit von der Zielsprache. Kapitel 13 gibt einen Überblick zur Implementierung. Kapitel 14 enthält Richtlinien, wie Lesbarkeit, Wiederverwendbarkeit und Wartbarkeit durch die Verwendung eines guten, objektorientierten Programmierstils verbessert werden können. Kapitel 15 diskutiert Probleme bei der Implementierung objektorientierter Entwürfe unter Verwendung von objektorientierten Sprachen, auch inwieweit verschiedene Sprachen unterschiedliche Konzepte unterstützen. Das Kapitel beinhaltet einen kurzen Überblick über mehrere kommerziell verfügbare Sprachen und beschreibt die aktuellen Anstrengungen, objektorientierte Sprachen mit Datenbanken zu integrieren. Kapitel 16 beschreibt, wie ein objektorientierter Entwurf mit einer nicht-objektorientierten Sprache wie C oder Ada implementiert werden kann. Kapitel 17 zeigt, wie ein OMT-Entwurf mit einer relationalen Datenbank implementiert wird. Das Kapitel enthält eine kurze Einführung für Leser, die mit Datenbankkonzepten nicht vertraut sind.

Teil 4 präsentiert mehrere Fallstudien unserer Arbeit am GE R&D Center. Es handelt sich dabei um umfangreiche Anwendungen, die wir mit der OMT-Methodologie entwickelt haben. Kapitel 18 beschreibt einen Compiler für Objektdiagramme. Der Compiler akzeptiert ein Objektdiagramm als Eingabe und generiert ein relationales Datenbank-Schema als Ausgabe. Dieser Compiler war Teil einer Stücklisten-Anwendung und trug dazu bei, ein Nachfolgeprojekt zur Generierung von Deklarationen für objektorientierte Sprachen und Ada zu motivieren. Kapitel 19 beschreibt ein dreidimensionales Computer-Animations-System, das in C implementiert wurde, wobei Konventionen über die Definition und Verwendung von C-Strukturen dazu dienten, objektorientiertes Verhalten zu erzielen. Das Computer-Animations-System produziert qualitativ hochwertige Videosequenzen, die die Ergebnisse wissenschaftlicher Berechnungen und Experimente illustrieren. Kapitel 20 diskutiert ein computerunterstütztes Entwurfswerkzeug zur Stromverteilung. Dieses Kapitel illustriert einige der in diesem Buch vorgestellten Konzepte der dynamischen Modellierung.

Alle Kapitel enthalten Übungen. Antworten zu ausgewählten Übungen stehen am Ende des Buches. Wir schlagen vor, daß Sie versuchen, die Übungen nach jedem Kapitel zu bearbeiten, auch wenn Sie kein Student sind. Die Übungen bringen viele Feinheiten ans Licht, die im Text nur angerissen werden. Durch die Übungen erwerben Sie praktische Erfahrungen in der Verwendung der OMT-Methodologie. Sie dienen als Sprungbrett zur Bearbeitung echter Anwendungen.

1.6 Anmerkungen zur Bibliographie

Dave Thomas und Peter Wegner haben lesbare und informative Artikel über
objektorientierte Konzepte in der BYTE-Ausgabe vom März 1989 veröffentlicht.
Die im folgenden zitierten Veröffentlichungen von Grady Booch, Brad Cox und
Bertrand Meyer sind besonders gute Informationsquellen. Cox und – in geringe-
rem Maße – Meyer legen den Schwerpunkt auf Sprachaspekte; Entwurfsfragen
wird jedoch ein gewisser Raum zugestanden. Shlaer und Mellor diskutieren
objektorientierte Analyse und Datenbank-Implementierung.

Abstraktion	Implementierung	Objektmodell
Analyse	Kapselung	objektorientiert
dynamisches Modell	Klassifikation	Polymorphismus
funktionales Modell	Objektentwurf	Systementwurf
Identität	Object Modeling Technique	Vererbung

Abb. 1.4   Schlüsselbegriffe in Kapitel 1

1.7 Literaturangaben

[Barry-89] Brian M. Barry. Prototyping a real-time embedded system in Smalltalk.
   OOPSLA'89 as *ACM SIGPLAN 24*, 10 (Oct. 1989), 255-265.
[Blaha-89] Michael R. Blaha, Nancy L. Eastman, Malcolm M. Hall. An extensible AE&C
   database model. *Computers and Chemical Engineering 13*, 7 (July 1989) 753-766.
[Booch-86] Grady Booch. Object-oriented development. *IEEE Transactions on Software
   Engineering SE-12*, 2 (Feb. 1986), 211-221.
[Booch-91] Grady Booch. *Object-Oriented Design.* Redwood City, Calif.: Benjamin/
   Cummings, 1991.
[Brooks-87] Frederick P. Brooks. No silver bullet – essence and accidents of software
   engineering. *IEEE Computer* (April 1987), 10-19.
[Chambers-89] Craig Chambers, David Ungar, Elgin Lee. An efficient implementation of
   SELF, a dynamically-typed object-oriented language based on prototypes. *OOPSLA'89*
   as *ACM SIGPLAN 24*, 10 (Oct. 1989), 49-70.
[Cox-86] Brad J. Cox. *Object-Oriented Programming.* Reading, Mass.: Addison-Wesley,
   1986.
[DeMarco-79] Tom DeMarco. *Structured Analysis and Systems Specification.* Englewood
   Cliffs, New Jersey: Prentice Hall, 1979.
[Jacky-86] Jonathan Jacky, Ira Kalet. An object-oriented approach to a large scientific
   application. *OOPSLA'86* as *ACM SIGPLAN 21*, 11 (Nov. 1986), 368-376.
[Kerr-87] R.K. Kerr, D.B. Percival. Use of object-oriented programming in a time series
   analysis system. *OOPSLA'87* as *ACM SIGPLAN 22,* 12 (Dec. 1987), 1-10.
[Meyer-88] Betrand Meyer. *Object-Oriented Software Construction.* Hertfordshire, England:
   Prentice Hall International, 1988.
[Piersol-86] Kurt W. Piersol. Object-oriented spreadsheets: the analytic spreadsheet
   package. *OOPSLA'86* as *ACM SIGPLAN 21*, 11 (Nov. 1986), 385-390.

[Russo-88] Vincent Russo, Gary Johnston, Roy Campbell. Process management and exception handling in multiprocessor operating systems using object-oriented design techniques. *OOPSLA'88* as *ACM SIGPLAN 23*, 11 (Nov. 1988), 248-258.

[Shah-89] Ashwin Shah, James Rumbaugh, Jung Hamel, Renee Borsari. DSM: an object-relationship modeling language. *OOPSLA'89* as *ACM SIGPLAN 24*, 11 (Nov. 1989), 191-202.

[Shlaer-88] Sally Shlaer, Stephen J. Mellor. *Object-Oriented Systems Analysis: Modeling the World in Data*. Englewood Cliffs, New Jersey: Yourdon Press, 1988.

[Thomas-89] Dave Thomas. What's in an object? *BYTE 14, 3* (March 1989), 231-240.

[Wegner-89] Peter Wegner. Learning the language. *BYTE 14, 3* (March 1989), 245-253.

[Yourdon-89] Edward Yourdon. *Modern Structured Analysis*. Englewood Cliffs, New Jersey: Yourdon Press, 1989.

1.8 Übungen

Die eingeklammerte Zahl neben jeder Übung gibt den Schwierigkeitsgrad an, von 1 (leicht) bis 10 (sehr schwer). Das Wort "(Projekt)" vor einer Übung bedeutet, daß die Problembeschreibung der Literatur entnommen wurde oder daß die Übung sehr arbeitsaufwendig ist.

1.1 (2) Auf welche größeren Probleme sind Sie bei früheren Softwareprojekten gestoßen? Schätzen Sie, welchen Prozentsatz Ihrer Zeit Sie für Analyse, Entwurf, Codierung und Testen/Fehlersuche/Fehlerbehebung aufgewendet haben. Wie schätzen Sie den Aufwand ab, den ein Projekt erfordern wird?

1.2 (3) Erinnern Sie sich an ein System, das Sie in der Vergangenheit selbst entwickelt haben. Geben Sie eine kurze Beschreibung des Systems. Auf welche Hindernisse sind Sie beim Entwurf gestoßen? Was waren Ihre Gründe, sich für bzw. gegen eine Methodologie zu entscheiden? Sind Sie mit dem entstandenen System zufrieden? Wie schwierig ist es, dem System neue Eigenschaften hinzuzufügen? Ist es wartbar?

1.3 (4) Beschreiben Sie ein großes Softwaresystem, das in den letzten fünf Jahren entwickelt werden sollte und das hinter dem Zeitplan oder über dem Budget lag oder die Anforderungen nicht erfüllte. Welche Faktoren waren dafür verantwortlich? Wie hätte der Fehlschlag vermieden werden können?

1.4 (3) Kritisieren Sie aus der Sicht eines Benutzers ein Hardware- oder Software-System mit einem Mangel, der Sie besonders nervt. Bei manchen Autos ist es zum Beispiel nötig, die Stoßstange zu entfernen, um ein Rücklicht auszuwechseln. Beschreiben Sie das System, den Mangel, wie er übersehen wurde und wie er mit etwas mehr Planung während des Entwurfs hätte vermieden werden können.

1.5 (5) Alle Objekte besitzen eine Identität und sind voneinander unterscheidbar. Bei großen Objektgruppen ist es jedoch oft nicht trivial, ein Schema für ihre Unterscheidung zu finden. Darüber hinaus kann der Zweck der Unterscheidung das Schema beeinflussen. Finden Sie für jede der folgenden Objektgruppen eine eindeutige Charakterisierung.

a.   Alle Menschen auf der Welt für den Zweck der Postzustellung.

b.   Alle Menschen auf der Welt für kriminalpolizeiliche Zwecke.

c.   Alle Kunden mit Schließfächern bei einer gegebenen Bank.

d. Alle Telefone auf der Welt, um Telefongespräche zu führen.
e. Alle Kunden einer Telefongesellschaft für Abrechnungszwecke.
f. Alle Electronic-Mail-Adressen auf der Welt.
g. Alle Angestellten eines Unternehmens, um den Zugang aus Sicherheitsgründen einzuschränken.

1.6 (4) Erstellen Sie für jedes der folgenden Systeme eine Liste der Objekte, die das System nach Ihrer Meinung handhaben können sollte:
a. Ein Programm für das Layout einer Zeitung.
b. Ein Programm, um Punktezahlen beim Bowling zu berechnen und zu speichern.
c. Ein Anrufbeantworter.
d. Eine Steuerung eines Videorecorders.
e. Ein Auftragseingangssystem eines Versandhauses.

1.7 (6) Im folgenden finden Sie zwei Listen. Die erste ist eine Liste von Klassen, die Implementierungsobjekte beschreiben. Die zweite ist eine Liste von Operationen. Wählen Sie für jede Klasse die Operationen, die für Objekte in dieser Klasse sinnvoll sind. Diskutieren Sie, wie sich die Operationen auf den angegebenen Klassen verhalten.

Klassen:
Feld mit variabler Länge – geordnete Kollektion von Objekten, die durch einen Integerwert indiziert sind, dessen Größe zur Laufzeit variieren kann
Symboltabelle – eine Tabelle, die Text-Schlüsselwörter auf Deskriptoren abbildet
Menge – nicht geordnete Kollektion von Objekten ohne Duplikate

Operationen:
anhängen – fügt ein Objekt an das Ende einer Kollektion an
kopieren – erstellt eine Kopie einer Kollektion
zählen – gibt die Zahl der Elemente in einer Kollektion zurück
löschen – entfernt ein Element aus einer Kollektion
index – holt ein Objekt an einer gegebenen Position aus einer Kollektion
überschneiden – stellt die gemeinsamen Elemente von zwei Kollektionen fest
einfügen – fügt ein Element an einer gegebenen Position in eine Kollektion ein
aktualisieren – fügt ein Element in eine Kollektion ein, wobei bereits Vorhandenes überschrieben wird

1.8 (4) Diskutieren Sie, was die Objekte in jeder der folgenden Listen gemeinsam haben. Jeder Liste können weitere Klassen hinzugefügt werden.
a. Rasterelektronenmikroskop, Brille, Teleskop, Zielsichtgerät, Fernglas
b. Rohrleitung, Absperrventil, Wasserhahn, Filter, Druckmesser
c. Fahrrad, Segelboot, Auto, Lastwagen, Flugzeug, Segelflugzeug, Motorrad, Pferd
d. Nagel, Schraube, Bolzen, Niete
e. Zelt, Höhle, Hütte, Garage, Scheune, Haus, Wolkenkratzer
f. Quadratwurzel, Exponentiation, Sinus, Cosinus.

Teil 1
Modellierungskonzepte

Modellierung als Entwurfstechnik

Ein Modell ist eine Abstraktion, die dazu dient, ein System zu verstehen, bevor es gebaut wird. Weil ein Modell auf unwesentliche Details verzichtet, läßt es sich leichter manipulieren als das Original. Abstraktion ist eine fundamentale menschliche Fähigkeit, die es uns ermöglicht, mit Komplexität fertigzuwerden. Ingenieure, Künstler und Handwerker haben seit Jahrtausenden Modelle gebaut, um Entwürfe vor ihrer Umsetzung auszuprobieren. Die Entwicklung von Hardware- und Softwaresystemen stellt hier keine Ausnahme dar. Um komplexe Systeme zu bauen, muß der Entwickler Abstraktionen der unterschiedlichen Sichten auf das System gewinnen, Modelle unter Verwendung präziser Notationen entwickeln, sich vergewissern, daß die Modelle die Anforderungen an das System erfüllen, und nach und nach Details hinzufügen, um die Modelle in eine Implementierung zu überführen.

Teil 1 dieses Buches beschreibt die Konzepte und Notationen der objektorientierten Modellierung. Diese Konzepte werden in Teil 2 und 3 auf Analyse, Entwurf und Implementierung angewendet. Dieses Kapitel diskutiert Modelle im allgemeinen und führt dann die drei objektorientierten Modelltypen ein, die die Object Modeling Technique ausmachen: das Objektmodell zur Beschreibung der statischen Struktur, das dynamische Modell zur Beschreibung der temporären Relationen und das funktionale Modell zur Beschreibung der funktionalen Relationen zwischen Werten.

2.1 Modellierung

Entwickler bauen Modelle unterschiedlichster Art und für die verschiedensten Zwecke, bevor sie mit der eigentlichen Realisierung beginnen. Beispiele dafür sind Architekturmodelle für Kunden, maßstabsgetreue Flugzeugmodelle für Windkanal-Tests, Bleistiftskizzen für die Komposition von Ölgemälden, Blaupausen für Maschinenteile, Storyboards für Werbespots und Entwürfe für Bücher. Modelle dienen unterschiedlichen Zwecken:

- *Testen einer physikalischen Entität, bevor sie gebaut wird.* Die mittelalterlichen Steinmetzen wußten zwar nichts von moderner Physik, sie bauten jedoch maßstabsgetreue Modelle gotischer Kathedralen, um die auf die Struktur wirkenden Kräfte zu testen. Maßstabsgerechte Modelle von Flugzeugen, Autos und Schiffen wurden in Windkanälen und Wassertanks getestet, um die Aerodynamik zu verbessern. Fortschritte in der Computertechnik lassen die Simulation vieler physikalischer Strukturen zu, so daß sich der Bau physikalischer Modelle erübrigt. Simulation ist nicht nur preiswerter, sie liefert auch Informationen, die zu flüchtig oder unzugänglich sind, um mit Hilfe eines physikalischen Modells meßbar zu sein. Sowohl physikalische Modelle als auch Computermodelle sind in der Regel preiswerter als der Bau eines kompletten Systems und ermöglichen es, Mängel frühzeitig zu beheben.

- *Kommunikation mit Kunden.* Architekten und Produktentwickler bauen Modelle, die sie ihren Kunden zeigen können. Attrappen sind Demonstrationsprodukte, die einige oder alle äußerlichen Verhaltensweisen eines Systems imitieren.

- *Visualisierung.* Mit Hilfe von Storyboards für Filme, Fernsehshows oder Werbespots kann ein Texter besser erkennen, ob seine Ideen praktikabel sind. Ungeschickte Übergänge, offene Enden und unnötige Segmente können verändert werden, ehe das eigentliche Drehbuch geschrieben wird. Maler und Bildhauer stellen Studien an, um ihre Ideen zu skizzieren und zu verändern, ehe sie sie in Öl oder Stein realisieren.

- *Verringerung von Komplexität.* Der vielleicht wichtigste Grund für den Bau von Modellen, der alle vorher aufgeführten Gründe in sich vereint, ist es, Systeme zu erfassen, die zu komplex sind, um sie direkt zu verstehen. Der menschliche Verstand kann nur eine begrenzte Zahl von Informationen zur gleichen Zeit verarbeiten. Modelle verringern die Komplexität, indem sie die für eine bestimmte Aufgabe wichtigen Aspekte herausfiltern.

2.1.1 Abstraktion

Abstraktion ist die selektive Analyse bestimmter Aspekte eines Problems. Ziel der Abstraktion ist es, die für einen bestimmten Zweck wichtigen Aspekte zu isolieren und die unwichtigen Aspekte zu ignorieren. Abstraktion muß immer einem bestimmten Zweck dienen, weil dieser die Trennung in wichtig und unwichtig bestimmt. Für eine Sache sind viele unterschiedliche Abstraktionen möglich, je nach dem Zweck, dem sie dienen.

Alle Abstraktionen sind unvollständig und ungenau. Die Wirklichkeit ist ein nahtloses Gewebe. Jede Aussage darüber, jede Beschreibung davon, stellt eine Verkürzung dar. Alle menschlichen Worte und Sprachen sind Abstraktionen – unvollständige Beschreibungen der realen Welt. Dies ändert jedoch nichts an ihrer Nützlichkeit. Zweck einer Abstraktion ist es, das Universum zu begrenzen, um handeln zu können. Sie müssen deshalb beim Bau von Modellen nicht nach der absoluten Wahrheit suchen, sondern nach Zweckangemessenheit. Es gibt kein einziges "korrektes" Modell einer Situation, nur angemessene und nicht angemessene Modelle.

Ein gutes Modell fängt die entscheidenden Aspekte eines Problems ein und läßt die anderen weg. So sind die meisten Programmiersprachen schlecht für die Modellierung von Algorithmen geeignet, weil sie die Spezifikation von Implementierungsdetails erzwingen, die für den Algorithmus uninteressant sind. Ein Modell, das nicht zum Problem gehörige Details enthält, engt Entwurfsentscheidungen unnötig ein und lenkt die Aufmerksamkeit von den eigentlichen Problemen ab.

2.2 Object Modeling Technique

Es hat sich für uns als nützlich erwiesen, ein System von drei verwandten, aber unterschiedlichen Blickwinkeln her zu modellieren. Jeder dieser Blickwinkel fängt wichtige Aspekte des Systems ein, eine vollständige Beschreibung erfordert jedoch alle zusammen. Wir nennen die Methodologie, die diese drei zur Modellierung von Systemen möglichen Blickwinkel verbindet, Object Modeling Technique (OMT). Das *Objektmodell* repräsentiert die statischen, strukturellen, datenbezogenen Aspekte eines Systems. Das *dynamische Modell* repräsentiert die zeitlichen, verhaltensmäßigen, steuerungsbezogenen Aspekte eines Systems. Das *funktionale Modell* repräsentiert die Übergangs- und Funktionsaspekte eines Systems. Eine typische Softwareprozedur enthält alle drei Aspekte: Sie verwendet Datenstrukturen (Objektmodell), sie bringt Operationen in eine zeitliche Abfolge (dynamisches Modell) und sie transformiert Werte (funktionales Modell). Jedes Modell enthält Verweise auf Entitäten in anderen Modellen. Beispielsweise werden Operationen im Objektmodell an Objekte gebunden und im funktionalen Modell weiter expandiert.

Die drei unterschiedlichen Modelle unterteilen ein System in orthogonale Sichten, die mit einer einheitlichen Notation repräsentiert und manipuliert werden können. Die einzelnen Modelle sind nicht völlig voneinander unabhängig – ein System ist mehr als eine Sammlung unabhängiger Teile – aber jedes Modell kann weitgehend für sich betrachtet und verstanden werden. Die Verknüpfungen zwischen den unterschiedlichen Modellen sind begrenzt und explizit. Natürlich ist es immer möglich, schlechte Entwürfe zu erstellen, in denen die drei Modelle so sehr ineinander verschlungen sind, daß sie nicht getrennt werden können. Ein guter Entwurf isoliert jedoch die unterschiedlichen Aspekte eines Systems und schränkt gegenseitige Kopplungen ein.

Jedes der drei Modelle entwickelt sich im Laufe des Entwicklungszyklus. Während der Analyse wird ein Modell der Anwendungsdomäne ohne Rücksicht auf eine spätere Implementierung gebaut. Beim Entwurf wird das Modell durch Konstrukte des Zielbereichs ergänzt. Bei der Implementierung werden die Konstrukte sowohl der Anwendungsdomäne als auch des Zielbereichs kodiert. Das Wort *Modell* hat zwei Dimensionen und bezieht sich zum einen auf die Sicht auf ein System (Objektmodell, dynamisches Modell, funktionales Modell) und zum anderen auf die Entwicklungsphase (Analyse, Entwurf und Implementierung). Die jeweilige Bedeutung ist normalerweise klar aus dem Kontext ersichtlich.

2.2.1 Objektmodell

Das Objektmodell beschreibt die Struktur von Objekten in einem System – ihre Identität, ihre Relationen zu anderen Objekten, ihre Attribute und ihre Operationen. Das Objektmodell liefert den Bezugsrahmen für das dynamische und das funktionale Modell. Änderungen und Transformationen sind ohne Bedeutung, solange es nichts zu ändern oder zu transformieren gibt. Objekte sind die Einheiten, in die wir die Welt unterteilen, die Moleküle unserer Modelle.

Unser Ziel beim Bau eines Objektmodells besteht darin, die Konzepte der realen Welt einzufangen, die für eine Anwendung wichtig sind. Bei der Modellierung eines Problems aus dem Ingenieurbereich sollte das Objektmodell Begriffe enthalten, die Ingenieuren vertraut sind; bei der Modellierung eines kaufmännischen Problems betriebswirtschaftliche Begriffe; bei der Modellierung einer Benutzerschnittstelle Begriffe aus der Anwendungsdomäne. Ein Analysemodell sollte keine computerspezifischen Konstrukte enthalten, es sei denn, bei der modellierten Anwendung handelt es sich inhärent um ein Computerproblem, z.B. einen Compiler oder ein Betriebssystem. Das Entwurfsmodell beschreibt, wie ein Problem gelöst wird, und kann Computerkonstrukte enthalten.

Das Objektmodell wird grafisch durch Objektdiagramme repräsentiert, die Objektklassen enthalten. Klassen werden in Hierarchien eingeordnet, die eine gemeinsame Struktur und gemeinsames Verhalten teilen und mit anderen Klassen verknüpft sind. Klassen definieren die Attributwerte, die jede Objektinstanz mit sich führt, und die Operationen, die jedes Objekt ausführt oder die auf ihm ausgeführt werden.

2.2.2 Dynamisches Modell

Das *dynamische Modell* beschreibt diejenigen Aspekte eines Systems, die mit Zeit und Sequenzierung von Operationen zu tun haben – Ereignisse, die Veränderungen markieren, Ereignisfolgen, Zustände, die den Kontext für Ereignisse definieren, sowie die Organisation von Ereignissen und Zuständen. Das dynamische Modell modelliert die *Steuerung*, den Aspekt eines Systems, der die auftretenden Operationenfolgen beschreibt, unabhängig davon, was die Operationen tun, worauf sie ausgeführt werden und wie sie implementiert sind.

Das dynamische Modell wird grafisch durch Zustandsdiagramme beschrieben. Jedes Zustandsdiagramm zeigt den Zustand und die Ereignisfolgen, die in einem System für eine Klasse von Objekten zulässig sind. Zustandsdiagramme verweisen auch auf die beiden anderen Modelle. Aktionen in den Zustandsdiagrammen entsprechen Funktionen des funktionalen Modells; Ereignisse in einem Zustandsdiagramm werden im Objektmodell zu Operationen auf Objekten.

2.2.3 Funktionales Modell

Das funktionale Modell beschreibt diejenigen Aspekte eines Systems, die mit der Transformation von Werten zu tun haben – Funktionen, Abbildungen, Einschränkungen und funktionale Abhängigkeiten. Das funktionale Modell erfaßt, was ein System tut, unabhängig davon, wie oder wann es getan wird.

Das funktionale Modell wird durch Datenflußdiagramme repräsentiert. Datenflußdiagramme zeigen die Abhängigkeiten zwischen Werten und die Berechnung von Ausgabewerten aus Eingabewerten und Funktionen, unabhängig davon, wann oder ob die Funktionen ausgeführt werden. Traditionelle Berechnungskonzepte wie Ausdrucksbäume, aber auch neuere Konzepte wie Tabellenkalkulationen, sind Beispiele für funktionale Modelle. Funktionen werden als Aktionen im dynamischen Modell aufgerufen und als Operationen auf Objekten im Objektmodell dargestellt.

2.2.4 Relationen zwischen den Modellen

Jedes Modell beschreibt einen Aspekt des Systems und enthält Verweise auf die anderen Modelle. Das Objektmodell beschreibt Datenstrukturen, auf denen das dynamische und das funktionale Modell arbeiten. Die Operationen im Objektmodell entsprechen den Ereignissen im dynamischen Modell und den Funktionen im funktionalen Modell. Das dynamische Modell beschreibt die Kontrollstrukturen von Objekten. Es stellt Entscheidungen dar, die von Objektwerten abhängen und Aktionen auslösen, die Objektwerte ändern und Funktionen aufrufen. Das funktionale Modell beschreibt Funktionen, die von Operationen im Objektmodell und Aktionen im dynamischen Modell aufgerufen werden. Funktionen operieren auf Datenwerten, die vom Objektmodell spezifiziert werden. Das funktionale Modell stellt auch Einschränkungen für Objektwerte dar.

Es ist gelegentlich nicht eindeutig, welches Modell eine bestimmte Information aufnehmen sollte. Das ist ganz normal, weil alle Abstraktionen nur eine Faustskizze der Realität sind, und unweigerlich Dinge verlorengehen. Möglicherweise werden einige Eigenschaften eines Systems von den Modellen schlecht repräsentiert. Das ist ebenfalls natürlich, weil keine Abstraktion alles erfassen kann; das Ziel besteht darin, die Systembeschreibung zu simplifizieren und das Modell nicht mit so vielen Konstrukten zu überfrachten, daß es zur Last, nicht zur Hilfe wird. Für die Dinge, die das Modell nicht angemessen wiedergibt, ist eine natürlichsprachige oder anwendungsspezifische Notation nach wie vor ein völlig akzeptables Hilfsmittel.

2.3 Zusammenfassung

Modelle sind Abstraktionen, die gebaut werden, um ein Problem zu verstehen, ehe eine Lösung implementiert wird. Alle Abstraktionen sind Untermengen der Realität, die für einen bestimmten Zweck ausgewählt werden.

Die Object Modeling Technique (OMT) besteht aus drei unterschiedlichen Modellen. Das Objektmodell beschreibt die statische Struktur eines Systems durch Objekte und Relationen, die Entitäten der realen Welt entsprechen. Das dynamische Modell beschreibt die Kontrollstruktur eines Systems durch Ereignisse und Zustände. Das funktionale Modell beschreibt die Berechnungsstruktur eines Systems durch Werte und Funktionen. Wenn die Modelle auch bei unterschiedlichen Problemen eine unterschiedlich große Rolle spielen, so sind sie doch alle drei für jedes große System erforderlich.

Abstraktion	Modellierung
dynamisches Modell	Objektmodell
funktionales Modell	Relation zwischen Modellen

Abb. 2.1 Schlüsselbegriffe in Kapitel 2

2.4 Übungen

2.1 (1) Zu den Eigenschaften eines Reifens gehören Größe, Material, interner Aufbau (z.B. Stahlgürtelreifen), Profil, Preis, erwartete Lebensdauer und Gewicht. Welche Faktoren spielen bei der Entscheidung, einen Reifen für Ihr Auto zu kaufen, eine

Rolle? Welche könnten für jemanden relevant sein, der die Leistung eines programmgesteuerten Antiblockiersystems für Autos simulieren will? Welche sind
wichtig für jemanden, der eine Kinderschaukel baut?

2.2 (2) Nehmen Sie an, Ihr Waschbecken ist verstopft und Sie möchten den Abfluß mit
       Hilfe eines Drahtes reinigen. Sie finden in Ihrem Keller unterschiedliche, isolierte
       und nicht-isolierte Drähte. Welche der folgenden Drahteigenschaften müßten Sie bei
       der Auswahl eines geeigneten Drahts beachten? Erklären Sie Ihre Antworten.
a.   Unempfindlichkeit gegenüber elektrischem Rauschen
b.   Farbe der Isolierung
c.   Salzwasserbeständigkeit der Isolierung
d.   Feuerbeständigkeit der Isolierung
e.   Preis
f.   Steifheit
g.   Einfaches Entfernen der Isolierung
h.   Gewicht
i.   Verfügbarkeit
j.   Stärke
k.   Beständigkeit gegenüber hohen Temperaturen
l.   Reißfestigkeit

2.3 (3) Für die folgenden Anwendungen wird Draht verwendet. Erstellen Sie für jede
       Anwendung eine Liste der relevanten Drahteigenschaften. Erklären Sie für jede
       Eigenschaft, warum sie für die Anwendung wichtig ist.
a.   Auswählen eines Drahtes für ein transatlantisches Kabel
b.   Auswählen eines Drahtes für eine Bastelarbeit
c.   Entwerfen des elektrischen Systems für ein Flugzeug
d.   Aufhängen eines Vogelhäuschens an einem Baum
e.   Entwickeln eines Klaviers
f.   Entwickeln der Glühfäden für eine Glühbirne

2.4 (3) Welche der folgenden Details würden Sie als relevant für den Entwurf eines
       Protokolls zur Übertragung von Dateien von einem Computer an einen anderen über
       Telefonleitungen auswählen? Erklären Sie, inwiefern die von Ihnen gewählten De-
       tails relevant sind:
a.   Rauschen in den Kommunikationsleitungen
b.   Die Geschwindigkeit, mit der serielle Daten übertragen werden, typischerweise 300,
       1200, 2400, 4800 oder 9600 Bits pro Sekunde
c.   Verfügbarkeit einer relationalen Datenbank
d.   Verfügbarkeit eines guten Seiteneditors
e.   Puffer und Datenflußkontrolle wie ein XON/XOFF-Protokoll, um den eingehenden
       Datenstrom zu regeln
f.   Zahl der Spuren und Sektoren auf der Festplatte und/oder Diskette
g.   Zeicheninterpretation wie Sonderbehandlung von Steuerzeichen
h.   Dateiorganisation, z.B. linearer Byte-Strom gegenüber datensatzorientiertem
i.   Mathematischer Coprozessor

2.5 (2) Bei der Analyse und dem Entwurf von elektrischen Motoren werden mehrere
       Modelle verwendet. Ein elektrisches Modell behandelt Spannungen, Ströme, elek-
       tromagnetische Felder, Induktion und Widerstand. Ein mechanisches Modell behan-

delt Elastizität, Dichte, Bewegung, Kräfte und Drehmoment. Ein thermisches Modell behandelt Wärmeabgabe und -übertragung. Ein Strömungsmodell beschreibt den Fluß von Kühlungsluft. Welche Modelle sollten zur Beantwortung der folgenden Fragen herangezogen werden? Diskutieren Sie Ihre Schlußfolgerungen:

a. Wieviel elektrische Energie ist nötig, um einen Motor laufen zu lassen? Wieviel geht als Wärme verloren?
b. Welches Gewicht hat ein Motor?
c. Wie heiß wird ein Motor?
d. Wieviel Vibration erzeugt ein Motor?
e. Wie lange dauert es bis zum Verschleiß der Wellenlager eines Motors?

2.6 (3) Legen Sie fest, welches Modell bzw. welche Modelle (Objekt, dynamisch, funktional) für die folgenden Aspekte beim Computerschach wichtig sind. Das Brett und die Figuren werden grafisch auf einem Videodisplay dargestellt. Züge des menschlichen Spielers werden durch einen mausgesteuerten Cursor angezeigt. Natürlich kann in einigen Fällen mehr als eine Modellkategorie zutreffen. Begründen Sie Ihre Antworten:

a. Benutzerschnittstelle, die die Züge des Computers anzeigt und die Züge des menschlichen Spielers akzeptiert.
b. Repräsentation einer Figurenkonfiguration auf dem Brett.
c. Überlegen einer Sequenz möglicher zulässiger Züge.
d. Vom menschlichen Spieler angeforderte Bewertung eines Zuges.

Objektmodellierung

Ein Objektmodell erfaßt die statische Struktur eines Systems. Es zeigt die Objekte im System, die Relationen zwischen den Objekten und die Attribute und Operationen, die jede Klasse von Objekten charakterisieren. Das Objektmodell ist das wichtigste der drei Modelle: Ausgangspunkte für ein System sollten eher die Objekte und weniger die Funktionalität sein, weil ein objektorientiertes Modell die reale Welt besser abbildet und deshalb leichter mit Veränderungen fertig wird. Objektmodelle bieten eine grafische, intuitiv erfaßbare Systemrepräsentation und leisten wertvolle Dienste bei der Kommunikation mit Kunden und der Dokumentation von Systemstrukturen.

Kapitel 3 diskutiert die elementaren Konzepte der Objektmodellierung, die in diesem Buch immer wieder verwendet werden. Wir erörtern die logische Bedeutung jedes Konzepts, stellen die dazugehörige OMT-Notation vor und zeigen Beispiele. Unter anderem werden wir hier die Konzepte Objekt, Klasse, Verknüpfung, Assoziation, Generalisierung und Vererbung vorstellen. Bevor Sie in diesem Buch weiterlesen, sollten Sie den Stoff dieses Kapitels beherrschen.

3.1 Objekte und Klassen

3.1.1 Objekte

Die Objektmodellierung dient der Beschreibung von Objekten. Beispiele für Objekte sind *Hans Müller, Simplex GmbH, Lassie, Prozeßnummer 7648* und *das oberste Fenster*. Ein Objekt ist einfach eine Sache oder ein Konzept, die bzw. das in einem bestimmten Anwendungskontext eine Bedeutung besitzt.

Wir definieren ein Objekt als Konzept, Abstraktion oder einen Gegenstand mit klaren Abgrenzungen und einer präzisen Bedeutung für das anstehende Problem. Objekte dienen zwei Zielen: Sie erleichtern es, die reale Welt zu verstehen, und sie sind ein praktikabler Ausgangspunkt für die Implementierung auf einem Computer. Die Dekomposition eines Problems in Objekte ist Ermessenssache und hängt von der Art des Problems ab. Es gibt niemals nur eine korrekte Repräsentation.

Alle Objekte besitzen eine Identität und sind klar unterscheidbar. Zwei Äpfel mit der gleichen Farbe, Form und Struktur sind dennoch individuelle Äpfel, die man nacheinander essen kann. Oder denken Sie an eineiige Zwillinge: sie sind zwei verschiedene Personen, auch wenn sie gleich aussehen. Der Begriff *Identität* meint, daß sich Objekte aufgrund ihrer inhärenten Existenz unterscheiden, nicht aufgrund ihrer Eigenschaften.

Das Wort *Objekt* wird in der Literatur oft ohne eindeutige Definition verwendet. Manchmal meint Objekt eine einzelne Sache, in anderen Fällen bezieht es sich auf eine Gruppe ähnlicher Dinge. Normalerweise erklären sich etwaige Unklarheiten durch den Kontext. Wir verwenden den Begriff *Objektinstanz*, wenn wir präzise auf genau eine Sache verweisen wollen. Mit dem Begriff *Objektklasse* verweisen wir auf eine Gruppe ähnlicher Dinge.

3.1.2 Klassen

Eine *Objektklasse* beschreibt eine Gruppe von Objekten mit ähnlichen Eigenschaften (Attributen), gemeinsamem Verhalten (Operationen), gemeinsamen Relationen zu anderen Objekten und einer gemeinsamen Semantik. *Person, Firma, Tier, Prozeß* und *Fenster* sind Objektklassen. Jede Person hat ein Alter, einen IQ und möglicherweise einen Beruf. Jeder Prozeß hat einen Besitzer, eine Priorität und eine Liste notwendiger Ressourcen. Objekte und Objektklassen haben in Problembeschreibungen oft die Form von Substantiven.

Häufig wird statt *Objektklasse* die Abkürzung *Klasse* verwendet. Objekte einer Klasse besitzen die gleichen Attribute und Verhaltensmuster. Die Individualität der meisten Objekte ergibt sich aus unterschiedlichen Attributwerten und Relationen zu anderen Objekten. Aber auch Objekte mit identischen Attributwerten und Relationen sind möglich.

Die Objekte einer Klasse besitzen neben gemeinsamen Attributen und Verhaltensmustern einen gemeinsamen semantischen Zweck. Obwohl sowohl eine Scheune als auch ein Pferd einen Preis und ein Alter haben, können sie unterschiedlichen Klassen angehören. Wenn Scheune und Pferd ausschließlich als Finanzvermögen verstanden werden, können sie der gleichen Klasse angehören. Wenn der Entwickler aber berücksichtigt hat, daß eine Person eine Scheune streicht und ein Pferd füttert, würden sie als unterschiedliche Klassen modelliert sein. Die Interpretation der Semantik hängt vom Zweck der jeweiligen Anwendung ab und ist Ermessenssache.

Jedes Objekt "kennt" seine Klasse. Die meisten objektorientierten Programmiersprachen können die Klasse eines Objekts zur Laufzeit feststellen. Die Klasse eines Objekts ist eine implizite Eigenschaft des Objekts.

Wenn Objekte der Angelpunkt der Objektmodellierung sind, wozu sind dann Klassen überhaupt nötig? Hier kommt der Abstraktionsgedanke ins Spiel. Indem wir Objekte zu Klassen gruppieren, abstrahieren wir ein Problem. Modellierung erhält durch Abstraktion ihre Mächtigkeit und Fähigkeit, von wenigen spezifischen Fällen auf eine Fülle ähnlicher Fälle zu generalisieren. Gemeinsame Definitionen (z.B. Attributnamen oder ein Klassenname) werden einmal je Klasse und nicht einmal je Instanz gespeichert. Operationen können einmal für jede Klasse geschrieben werden, so daß Codewiederverwendung für alle Objekte der Klasse möglich ist. Beispielsweise teilen alle Ellipsen die gleichen Prozeduren, um sie zu zeichnen, ihre Fläche zu berechnen oder auf Überschneidung mit einer Geraden zu überprüfen. Polygone würden eine eigene Prozedurmenge dafür besitzen. Sogar Spezialfälle wie Kreise und Quadrate können diese allgemeinen Prozeduren verwenden, obwohl es für sie natürlich effizientere Prozeduren gibt.

3.1.3 Objektdiagramme

Wir haben dieses Kapitel mit der Diskussion der elementaren Modellierungskonzepte *Objekt* und *Klasse* begonnen und diese verbal und durch Beispiele beschrieben. Weil diese Form der Beschreibung für komplexere Themen zu verschwommen ist, brauchen wir einen kohärenten, präzisen und leicht beschreibbaren Formalismus, um Objektmodelle auszudrücken.

Objektdiagramme stellen eine formale grafische Notation für die Modellierung von Objekten, Klassen und ihren Relationen zueinander bereit. Objektdiagramme sind sowohl für die abstrakte Modellierung als auch für den Entwurf tatsächlicher Programme nützlich. Sie sind kompakt, leicht zu verstehen und haben sich in der Praxis bewährt. Sie werden in diesem Buch immer wieder auf Objektdiagramme stoßen. Neue Konzepte werden durch Objektdiagramme illustriert, um die Notation einzuführen und unsere Erklärung der Konzepte zu verdeutlichen. Es gibt zwei Arten von Objektdiagrammen: Klassendiagramme und Instanzendiagramme.

Ein *Klassendiagramm* ist ein Schema, Muster oder Template (Schablone) zur Beschreibung vieler möglicher Dateninstanzen. Ein Klassendiagramm beschreibt Objektklassen.

Ein *Instanzendiagramm* beschreibt, wie eine bestimmte Menge von Objekten zueinander in Relation stehen. Ein Instanzendiagramm beschreibt Objektinstanzen. Instanzendiagramme sind besonders nützlich, um Testfälle (vor allem Szenarios) zu dokumentieren und Beispiele zu diskutieren. Ein gegebenes Klassendiagramm entspricht einer unendlichen Menge von Instanzendiagrammen.

Abbildung 3.1 zeigt ein Klassendiagramm (links) und ein mögliches Instanzendiagramm (rechts), das durch das Klassendiagramm beschrieben wird. Die Objekte *Hans Müller, Maria Meier* und eine anonyme Person sind Instanzen der Klasse *Person*. Das OMT-Symbol für eine Objektinstanz ist ein abgerundetes Rechteck. Der Klassenname steht in fetter Schrift in Klammern oben in der Objektbox. Die Objektnamen sind in normaler Schrift geschrieben. Das OMT-Symbol für eine Klasse ist ein Rechteck mit dem Klassennamen in fetter Schrift.

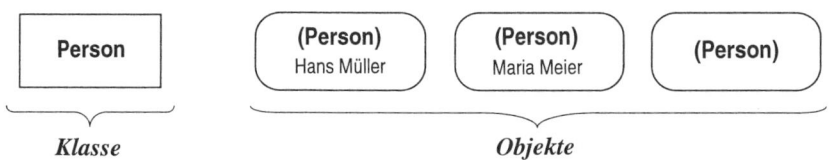

Abb. 3.1 Klassen und Objekte

Klassendiagramme beschreiben bei der Modellierung eines Systems den allgemeinen Fall. Instanzendiagramme werden hauptsächlich verwendet, um Beispiele zu zeigen, die ein komplexes Klassendiagramm verdeutlichen. Die Unterscheidung zwischen Klassendiagrammen und Instanzendiagrammen ist im Grunde artifiziell. Klassen und Instanzen können im gleichen Objektdiagramm erscheinen. Es ist jedoch im allgemeinen nicht sinnvoll, Klassen und Instanzen zu mischen.

3.1.4 Attribute

Ein Attribut ist ein Datenwert, den die Objekte in einer Klasse besitzen. *Name, Alter* und *Gewicht* sind Attribute der Objekte aus der Klasse *Person. Farbe, Gewicht* und *Baujahr* sind Attribute der Objekte aus der Klasse *Auto*. Jedes Attribut besitzt einen Wert für jede Objektinstanz. Beispielsweise hat das Attribut *Alter* im Objekt *Hans Müller* den Wert "24". Das soll heißen, Hans Müller ist 24 Jahre alt. Andere Objektinstanzen können die gleichen oder andere Werte für ein gegebenes Attribut besitzen. Jeder Attributname ist innerhalb einer Klasse eindeutig (im Gegensatz zu Eindeutigkeit über alle Klassen hinweg). Auf diese Weise können die Klasse *Person* und die Klasse *Firma* jeweils ein Attribut *Adresse* besitzen.

Ein Attribut sollte ein reiner Datenwert sein, kein Objekt. Anders als Objekte besitzen reine Datenwerte keine Identität. Daher ist ein Auftreten der Integerzahl "17" oder des Strings "Kanada" nicht von einem anderen Auftreten der gleichen Integerzahl oder des gleichen Strings unterscheidbar. Das Land Kanada ist ein Objekt, dessen *Namens*attribut den Wert "Kanada" (als String) besitzt. Die Hauptstadt von Kanada ist ein Stadtobjekt und sollte nicht als Attribut modelliert werden, sondern lieber als Assoziation (siehe Abschnitt 3.2) zwischen einem Landobjekt und einem Stadtobjekt mit dem Namensattribut "Ottawa" (als String).

Attribute werden im zweiten Teil der Klassenbox aufgeführt. Hinter jedem Attributnamen können optionale Details stehen, z.B. ein Typ oder ein Default-Wert. Vor dem Typ steht ein Doppelpunkt. Vor dem Default-Wert steht ein Ist-gleich-Zeichen. Manchmal werden Sie darauf verzichten wollen, Attribute in Klassenboxen darzustellen. Das hängt von der Detailgenauigkeit ab, die das Objektmodell besitzen soll. In Klassenboxen ist zwischen dem Klassennamen und den Attributen eine Linie gezogen. Objektboxen enthalten diese Linie nicht, um sie noch deutlicher von Klassenboxen zu unterscheiden.

Abbildung 3.2 zeigt die Objektmodellierungsnotation. Die Klasse *Person* besitzt die Attribute *Name* und *Alter. Name* ist ein String, *Alter* eine Integerzahl. Ein Objekt in der Klasse *Person* hat den Wert *Hans Müller* für den Namen und den Wert *24* für das Alter. Ein anderes Objekt hat den Namen *Maria Meier* und das Alter *52*.

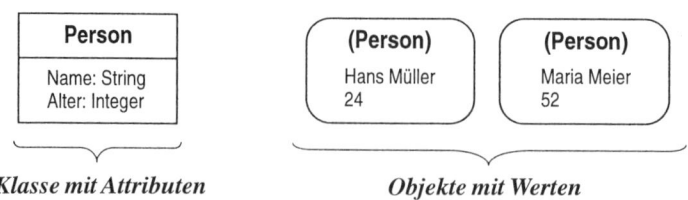

Abb. 3.2 Attribute und Werte

Bei einigen Implementierungsmedien, z.B. vielen Datenbanken, muß ein Objekt einen eindeutigen Bezeichner besitzen, der es identifiziert. Explizite Objektbezeichner sind in einem Objektmodell nicht erforderlich. Jedes Objekt besitzt eine eigene unverwechselbare Identität. Die meisten objektorientierten Sprachen generieren automatisch implizite Bezeichner, mit denen auf Objekte verwiesen wird. Sie müssen und sollen Bezeichner nicht explizit angeben. Abbildung 3.3 unterstreicht diesen Punkt. Bezeichner sind ein Hilfskonstrukt des Rechners und haben keine wirkliche Bedeutung außer der, ein Objekt zu identifizieren.

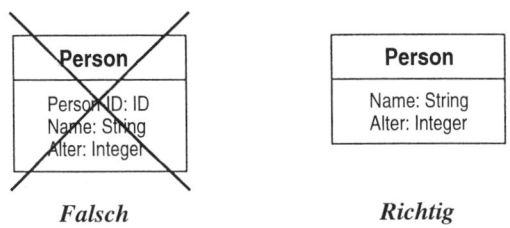

Abb. 3.3   Geben Sie Objektbezeichner nicht explizit an

Achten Sie darauf, interne Bezeichner nicht mit Attributen der realen Welt zu verwechseln. Interne Bezeichner erleichtern nur die Implementierung und haben in der Problemdomäne keine Bedeutung. Beispielsweise sind Sozialversicherungsnummer, Autonummer und Telefonnummer keine internen Bezeichner, weil sie eine Bedeutung in der realen Welt besitzen. Sozialversicherungsnummer, Autonummer und Telefonnummer sind legitime Attribute.

3.1.5 Operationen und Methoden

Eine *Operation* ist eine Funktion oder Transformation, die auf Objekte oder von Objekten einer Klasse angewendet werden kann. *Einstellen, entlassen* und *Dividende-zahlen* sind Operationen auf der Klasse *Firma. Öffnen, schließen, verbergen* und *wieder-anzeigen* sind Operationen auf der Klasse *Fenster.* Alle Objekte in einer Klasse haben die gleichen Operationen.

Jede Operation hat ein Zielobjekt als implizites Argument. Das Verhalten der Operation hängt von der Klasse des Zielobjekts ab. Ein Objekt "kennt" seine Klasse und damit die richtige Implementierung der Operation.

Die gleiche Operation kann für viele unterschiedliche Klassen gelten. Eine Operation dieser Art ist *polymorph*; das heißt, eine Operation nimmt in unterschiedlichen Klassen unterschiedliche Formen an. Eine *Methode* ist die Implementierung einer Operation für eine Klasse. Beispielsweise könnte die Klasse *Datei* eine Operation *drucken* besitzen. Unterschiedliche Methoden könnten implementiert werden, um ASCII-Dateien, Binärdateien und digitalisierte Bilddateien zu drucken. Alle diese Methoden führen logisch die gleiche Aufgabe aus – das Drucken einer Datei. Sie können daher durch die allgemeine Operation *drucken* auf die Methode verweisen. Jede Methode kann jedoch durch ein anderes Codestück implementiert sein.

Eine Operation kann außer ihrem Zielobjekt auch Argumente besitzen. Solche Argumente parametrisieren die Operation, sie wirken sich aber nicht auf die Wahl einer Methode aus. Die Methode hängt ausschließlich von der Klasse des Zielobjekts ab. (Bei einigen objektorientierten Sprachen, insbesondere bei CLOS, kann die Wahl der Methode von beliebig vielen Argumenten abhängig sein, diese Allgemeingültigkeit führt jedoch zu einer erheblichen semantischen Komplexität, auf die wir hier nicht weiter eingehen wollen.)

Wenn eine Operation Methoden für mehrere Klassen besitzt, ist es wichtig, daß die Methoden alle die gleiche *Signatur* aufweisen, d.h. daß die Argumentzahl und -typen und der Typ des Ergebniswerts einheitlich sind. Beispielsweise sollte *drucken* nicht in einer Methode das Argument *Dateiname* und in einer anderen das Argument *Dateizeiger* besitzen. Hinter dem Verhalten aller Methoden für eine Operation sollte eine einheitliche Absicht stecken. Semantisch unterschiedliche Operationen sollten besser nicht mit dem gleichen Namen bezeichnet werden, selbst wenn sie für unterschiedliche Mengen von Klassen gelten. Es wäre zum Beispiel ungeschickt, mit dem Namen *umkehren* sowohl eine Matrixinversion als auch das vertikale Drehen einer geometrischen Figur zu bezeichnen. In einem sehr großen Projekt muß diese Regel möglicherweise großzügiger ausgelegt werden, um mit zufälligen Namenskonfliken fertigwerden zu können, aber es ist am besten, jede Verwechslungsmöglichkeit auszuschließen.

Operationen werden im unteren Drittel der Klassenbox angegeben. Hinter jeder Operation können optionale Details stehen, z.B. eine Argumentliste oder ein Ergebnistyp. Eine Argumentliste steht hinter dem Namen in Klammern und die Argumente werden durch Kommas voneinander getrennt. Außerdem können der Name und Typ jedes Arguments angegeben werden. Vor dem Ergebnistyp steht ein Doppelpunkt. Der Ergebnistyp sollte immer angegeben werden, weil es wichtig ist, Operationen, die Werte zurückliefern, von Operationen, die dies nicht tun, zu unterscheiden. Eine leere Argumentliste in Klammern zeigt explizit, daß es keine Argumente gibt; weitere Schlüsse können daraus nicht gezogen werden. Operationen können in Übersichtsdiagrammen weggelassen werden.

In Abbildung 3.4 hat die Klasse *Person* die Attribute *Name* und *Alter* und die Operationen *Beruf-ändern* und *Adresse-ändern*. *Name, Alter, Beruf-ändern* und *Adresse-ändern* sind *Merkmale* von *Person*. *Merkmal* ist ein Oberbegriff für Attribut oder Operation. *Datei* hat eine Operation *drucken*. *Geometrisches Objekt* hat die Operationen *verschieben, wählen* und *drehen*. *Verschieben* hat das Argument *delta*, bei dem es sich um einen *Vektor* handelt; *wählen* hat ein Argument *p* des Typs *Punkt* und gibt einen *Booleschen*-Wert zurück; *drehen* hat das Argument *Winkel*.

Bei der Modellierung ist es wichtig, Operationen, die Nebenwirkungen auslösen, von Operationen zu unterscheiden, die nur einen Funktionswert berechnen, ohne Objekte zu verändern. Ein Objekt, das lediglich einen Wert berechnet, heißt *Anfrage*. Anfragen, die keine Argumente außer dem Zielobjekt besitzen, können als abgeleitete Attribute angesehen werden. Beispielsweise kann die Breite eines Rechtecks aus den Positionen seiner Seiten berechnet werden. Ein abgeleitetes

Person
Name Alter
Beruf-ändern Adresse-ändern

Datei
Dateiname Größe in Bytes letzte Aktualisierung
drucken

Geometrisches Objekt
Farbe Position
verschieben (delta: Vektor) wählen (p: Punkt): Boole drehen (Winkel)

Abb. 3.4   Operationen

Attribut kann als Attribut angesehen werden, weil es eine Eigenschaft des Objekts selbst ist und seine Berechnung den Zustand des Objekts nicht verändert. In vielen Fällen besitzt ein Objekt eine Menge von Attributen, deren Werte voneinander abhängig sind, so daß nur eine bestimmte Zahl von Werten unabhängig gewählt werden kann. Ein Objektmodell sollte grundsätzlich zwischen unabhängigen *Basisattributen* und abhängigen *abgeleiteten Attributen* unterscheiden. Basisattribute können beliebig festgelegt werden, sie sollten aber so ausgewählt werden, daß eine Überspezifikation des Objektzustands vermieden wird. Die restlichen Attribute können weggelassen oder als abgeleitete Attribute dargestellt werden, wie in Abschnitt 4.7.4 beschrieben.

3.1.6 Zusammenfassung der Notation für Objektklassen

Abbildung 3.5 faßt die Objektmodellierungsnotation für Klassen zusammen. Eine Klasse wird durch ein Rechteck dargestellt, in dem es bis zu drei Bereiche geben kann. Die Bereiche enthalten, von oben nach unten: Klassenname, Liste der Attribute und Liste der Operationen. Hinter jedem Attributnamen können optionale Angaben stehen, z.B. der Typ oder ein Default-Wert. Hinter jedem Operationsnamen können optionale Angaben stehen, z.B. eine Argumentliste oder der Ergebnistyp. Attribute und Operationen können je nach dem gewünschten Detailliertheitsgrad angegeben oder weggelassen werden.

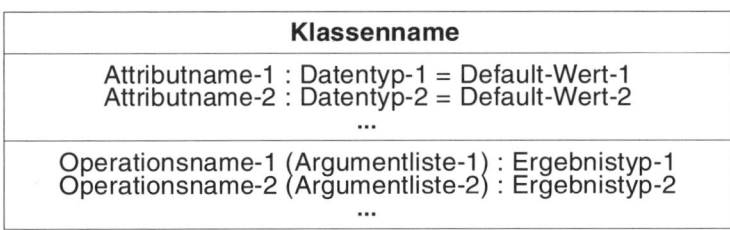

Klassenname
Attributname-1 : Datentyp-1 = Default-Wert-1 Attributname-2 : Datentyp-2 = Default-Wert-2 ...
Operationsname-1 (Argumentliste-1) : Ergebnistyp-1 Operationsname-2 (Argumentliste-2) : Ergebnistyp-2 ...

Abb. 3.5   Zusammenfassung der Objektmodellierungsnotation für Klassen

3.2 Verknüpfungen und Assoziationen

Mit Verknüpfungen und Assoziationen werden Relationen zwischen Objekten und Klassen hergestellt.

3.2.1 Allgemeine Konzepte

Eine *Verknüpfung* ist eine physikalische oder konzeptuelle Verbindung zwischen Objektinstanzen. Hans Müller *Arbeitet-für* Simplex GmbH ist ein Beispiel für eine Verknüpfung. Mathematisch ist eine Verknüpfung als Tupel definiert, das heißt, als geordnete Liste von Objektinstanzen. Eine Verknüpfung ist eine Instanz einer Assoziation.

Eine Assoziation beschreibt eine Gruppe von Verknüpfungen mit einer gemeinsamen Struktur und Semantik. Eine Person *Arbeitet-für* für eine Firma ist ein Beispiel für eine Assoziation. Alle Verknüpfungen in einer Assoziation verbinden Objekte der gleichen Klassen. Assoziationen und Verknüpfungen haben in einer Problembeschreibung oft die Form von Verben. Eine Assoziation beschreibt eine Menge potentieller Verknüpfungen auf die gleiche Weise, in der eine Klasse eine Menge potentieller Objekte beschreibt.

Assoziationen sind inhärent bidirektional. Der Name einer binären Assoziation drückt in der Regel eine bestimmte Richtung aus, die binäre Assoziation kann jedoch in jeder Richtung durchlaufen werden. Die durch den Namen implizierte Richtung ist die *Vorwärts*richtung; die entgegengesetzte Richtung die *Rückwärts*-richtung. Beispielsweise verbindet *Arbeitet-für* eine Person mit einer Firma. Die Umkehrung von *Arbeitet-für* könnte *Beschäftigt* heißen und verbindet eine Firma mit einer Person. In Wirklichkeit sind beide Durchlaufrichtungen gleichermaßen sinnvoll und beziehen sich auf die gleiche zugrundeliegende Assoziation; eine Richtung wird nur durch die Namen begründet.

Assoziationen werden in Programmiersprachen häufig als Zeiger von einem Objekt zu einem anderen implementiert. Ein *Zeiger* ist ein Attribut in einem Objekt, das einen expliziten Verweis auf ein anderes Objekt enthält. So könnte eine Datenstruktur für *Person* ein Attribut *Arbeitgeber* enthalten, das auf ein Objekt *Firma* zeigt, und ein Objekt *Firma* könnte ein Attribut *Mitarbeiter* enthalten, das auf eine Menge von *Mitarbeiter*-Objekten zeigt. Es ist völlig in Ordnung, Assoziationen als Zeiger zu implementieren, sie sollten jedoch nicht auf diese Weise modelliert werden.

Eine Verknüpfung zeigt eine Relation zwischen zwei (oder mehreren) Objekten. Die Modellierung einer Verknüpfung als Zeiger verschleiert die Tatsache, daß die Verknüpfung nicht einem der beiden Objekte allein angehört, sondern von beiden zusammen abhängt. Eine Firma ist nicht Teil einer Person und eine Person ist nicht Teil einer Firma. Darüber hinaus verschleiert die Verwendung eines Zeiger-paares, z.B. des Zeigers von *Person* zu *Firma* und des Zeigers von *Firma* zu einer Menge von *Mitarbeitern* die Tatsache, daß Vorwärts- und Rückwärtszeiger von-einander abhängen. Alle Verknüpfungen zwischen Klassen sollten deshalb als Assoziationen modelliert werden, sogar beim Programmentwurf. Es ist wichtig

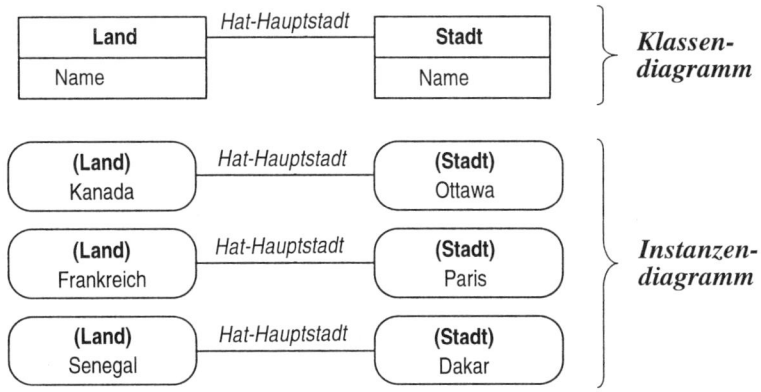

Abb. 3.6 Assoziationen und damit korrespondierende Verknüpfungen

zu beachten, daß Assoziationen nicht nur Datenbankkonstrukte sind, obwohl relationale Datenbanken auf dem Assoziationenkonzept aufbauen.

Obwohl Assoziationen als bidirektional modelliert werden, müssen sie nicht in beide Richtungen implementiert werden. Assoziationen können ganz einfach als Zeiger implementiert werden, wenn sie nur in einer Richtung durchlaufen werden. Kapitel 10 erörtert einige der Kompromisse, die bei der Implementierung von Assoziationen zu beachten sind.

Abbildung 3.6 zeigt eine 1:1-Assoziation und dazugehörende Verknüpfungen. Jeder Assoziation im Klassendiagramm entspricht eine Menge von Verknüpfungen im Instanzendiagramm, genauso wie jeder Klasse eine Menge von Objekten entspricht. Jedes Land hat eine Hauptstadt. *Hat-Hauptstadt* ist der Name der Assoziation. In der OMT-Notation wird eine Assoziation durch eine Linie zwischen Klassen dargestellt; eine Verknüpfung durch eine Linie zwischen Objekten. Assoziationsnamen werden kursiv geschrieben. Ein Assoziationsname kann weggelassen werden, wenn ein Klassenpaar nur eine einzige Assoziation besitzt, deren Bedeutung offensichtlich ist. Es empfiehlt sich, Klassen möglichst so anzuordnen, daß Assoziationen von links nach rechts gelesen werden können.

Abbildung 3.7 ist ein Fragment eines Objektmodells für ein Programm. Eine typische Aufgabe des computerunterstützten Entwurfs (CAD) besteht darin, Konnektivitätsnetze zu finden: Finden Sie für eine gegebene Linie alle Schnittlinien; finden Sie für einen Schnittpunkt alle Linien, die ihn durchlaufen; finden Sie für einen Bereich auf dem Bildschirm alle Schnittpunkte. (Das Wort *Linie* bezeichnet hier ein endliches Liniensegment.)

Im Klassendiagramm gibt jeder Punkt die Überschneidung von zwei oder mehr Linien an; jede Linie hat null oder mehr Schnittpunkte. Das Instanzendiagramm zeigt eine mögliche Menge von Linien. Die Linien *L1, L2* und *L3* überschneiden sich an Punkt *P1*. Die Linien *L3* und *L4* kreuzen an Punkt *P2*. Linie *L5* hat keine Schnittpunkte und daher keine Verknüpfung. Die fetten schwarzen Punkte und "2+" sind Multiplizitätssymbole. Die Multiplizität gibt an, wie viele Instanzen

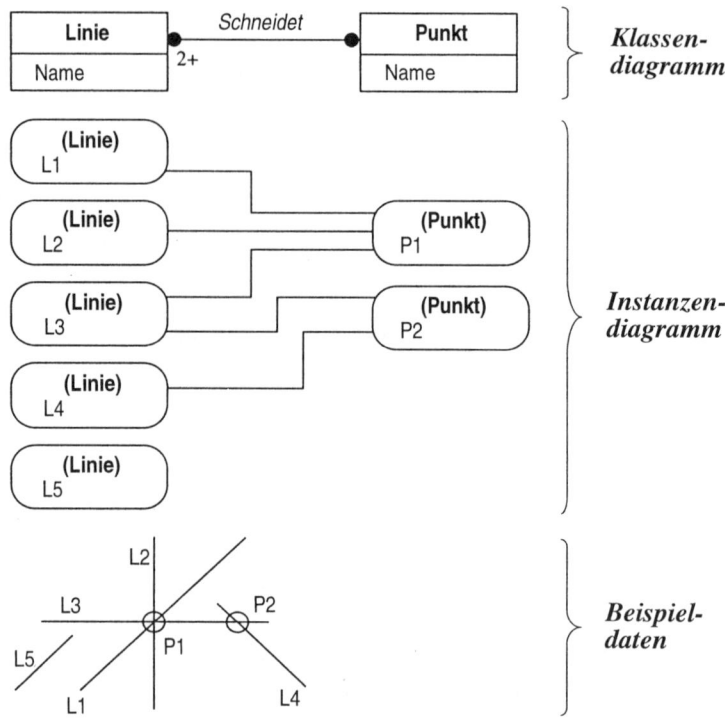

Abb. 3.7 m:m-Assoziationen und damit korrespondierende Verknüpfungen

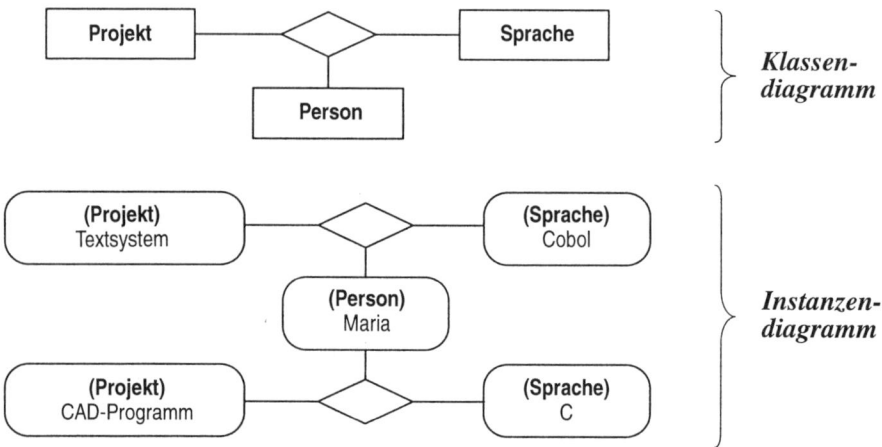

Abb. 3.8 Ternäre Assoziationen und damit korrespondierende Verknüpfungen

einer Klasse zu jeder Instanz einer anderen Klasse in Relation stehen können. Multiplizität wird im nächsten Abschnitt diskutiert.

Assoziation können binärer, ternärer oder höherer Ordnung sein. In der Praxis sind fast alle Assoziationen binär oder qualifiziert (eine Sonderform von ternär, die wir später erörtern werden). Wir sind auf einige allgemeine ternäre Assoziationen und, falls überhaupt, auf sehr wenige Assoziationen der vierten oder einer höheren Ordnung gestoßen. Assoziationen höherer Ordnung sind schwieriger zu zeichnen, zu implementieren und zu verstehen als binäre Assoziationen und sollten, wenn möglich, vermieden werden.

Abbildung 3.8 zeigt eine ternäre Assoziation: Personen, die Programmierer sind, verwenden Programmiersprachen für Projekte. Diese ternäre Assoziation ist eine atomare Einheit und kann nicht ohne Informationsverlust in binäre Assoziationen aufgebrochen werden. Ein Programmierer kann eine Sprache kennen und an einem Projekt arbeiten, aber es kann sein, daß er diese Sprache nicht bei dem Projekt verwendet. Das OMT-Symbol für allgemeine ternäre und n-äre Assoziationen ist eine Raute, von der Linien ausgehen, die die zueinander in Relation stehenden Klassen verbinden. Der Name der Assoziation steht neben der Raute. Sie sehen, daß wir die Assoziation oder die Verknüpfungen in Abbildung 3.8 nicht benannt haben. Assoziationsnamen sind optional und bei der Modellierung Ermessenssache. Assoziationen bleiben oft unbenannt, wenn sie durch ihre Klassen leicht identifiziert werden könnnen. (Diese Konvention funktioniert jedoch nicht, wenn es zwischen den gleichen Klassen mehrere Assoziationen gibt.)

3.2.2 Multiplizität

Multiplizität spezifiziert, wieviele Instanzen einer Klasse mit einer Instanz einer assoziierten Klasse verknüpft sein können. Multiplizität begrenzt die Zahl verknüpfter Objekte. Obwohl die Multiplizität oft mit "eins" oder "m" angegeben wird, wird sie in sehr viel mehr Fällen durch eine (möglicherweise unendliche) Untermenge nicht-negativer ganzer Zahlen beschrieben. Der Multiplizitätswert umfaßt im allgemeinen nur ein Intervall, er kann aber auch aus einer Menge unzusammenhängender Intervalle bestehen. So beläuft sich die Zahl der Türen einer Limousine auf 2 oder 4. Objektdiagramme zeigen Multiplizität durch bestimmte Symbole an den Enden der Assoziationslinien an. Im allgemeinsten Fall kann Multiplizität durch eine Zahl oder eine Intervallmenge angegeben sein, z.B. "1" (genau eins), "1+" (eins oder mehr), "3-5" (drei bis einschließlich fünf) und "2,4,18" (zwei, vier oder achtzehn). Bestimmte häufig vorkommende Multiplizitätswerte werden durch spezielle Linienenden gekennzeichnet. Ein fetter, schwarzer Punkt ist das OMT-Symbol für "m", d.h. null oder mehr. Ein transparenter Punkt steht für "optional", d.h. null oder eins. Eine Linie ohne Multiplizitätssymbole bezeichnet eine 1:1-Assoziation. Im allgemeinen wird die Multiplizität am Linienende angegeben, z.B. "1+" für eins oder mehr.

Kommen wir noch einmal auf die bereits besprochenen Beispiele zurück. Abbildung 3.6 illustriert 1:1-Multiplizität. Jedes Land hat eine Hauptstadt. Eine Hauptstadt verwaltet ein Land. (Tatsächlich haben einige Länder wie die Niederlande, die Schweiz oder seit neuestem auch Deutschland mehr als eine Hauptstadt mit

unterschiedlichen Funktionen. Wenn dies wichtig wäre, könnte das Modell durch
Änderung der Multiplizität oder durch die Einführung einer eigenen Assoziation
für jede Art von Hauptstadt modifiziert werden).

Die Assoziation in Abbildung 3.7 besitzt m:m-(mehrfach-zu-mehrfach)-Multipli-
zität. Eine Linie kann null oder mehr Schnittpunkte besitzen. Ein Schnittpunkt
kann mit zwei oder mehr Linien assoziiert sein. In diesem besonderen Fall
besitzen *L1, L2* und *L4* einen Schnittpunkt; *L3* besitzt zwei Schnittpunkte und *L5*
keinen Schnittpunkt. *P1* wird von drei Linien und *P2* von zwei Linien geschnitten.

Abbildung 3.9 illustriert Multiplizität von null oder eins, d.h. optionale Multiplizität. Bei einer Workstation kann mehr als ein Fenster als Konsolfenster eingerichtet sein, das allgemeine Fehlermeldungen anzeigt. Es ist jedoch möglich, daß
kein Konsolfenster existiert. (Das Wort "Konsole" im Diagramm ist ein Rollenname. Rollen werden in Abschnitt 3.3.3 eingeführt.)

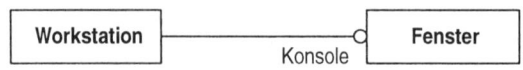

Abb. 3.9   Optionale Multiplizität (null oder eins)

Multiplizität hängt von Annahmen und der Definition der Grenzen eines Problems ab. Vage Anforderungen machen Multiplizität oft zum Glücksspiel. Sie
sollten sich am Anfang der Softwareentwicklung nicht allzu viele Gedanken über
die Multiplizität machen. Legen Sie zuerst Objekte, Klassen und Assoziationen
fest. Erst danach entscheiden Sie Multiplizitätsfragen.

Die Festlegung der Multiplizität legt oft versteckte Annahmen frei, die in das
Modell eingegangen sind. Handelt es sich zum Beispiel bei der *Arbeitet-für*-As-
soziation zwischen *Person* und *Firma* um eine 1:m- oder eine m:m-Assoziation?
Es kommt auf den Kontext an. Ein Steuerantrag würde zulassen, daß eine Person
für mehrere Firmen arbeitet. Dagegen wurde eine Gewerkschaft des metallverar-
beitenden Gewerbes bei der Verwaltung ihrer Mitgliederunterlagen eine zweite
Tätigkeit als irrelevant ansehen. Die explizite Repräsentation eines Modells
durch Objektdiagramme trägt dazu bei, solche versteckten Annahmen ans Tages-
licht zu bringen und zu überprüfen.

Die wichtigste Multiplizitätsentscheidung ist die zwischen "eins" und "m". Ein
Unterschätzen der Multiplizität kann die Flexibilität einer Anwendung beeinträchtigen. So sind zum Beispiel viele Programme zur Verwaltung von Telefonnummern nicht in der Lage, Personen mit mehreren Telefonnummern aufzunehmen.
Andererseits erhöht ein Überschätzen der Multiplizität den Aufwand unnötig und
zwingt die Anwendung, zusätzliche Informationen bereitzustellen, um zwischen
den Mitgliedern einer "m"-Menge unterscheiden zu können. In echten hierarchischen Organisationen ist es deshalb zum Beispiel besser, "Chef" mit einer Multiplizität von "null oder 1" zu repräsentieren, statt eine überhaupt nicht vorhandene
Matrix-Organisation zu berücksichtigen.

Dieses Kapitel beschäftigt sich nur mit der Multiplizität binärer Assoziationen. Der schwarz ausgefüllte und der transparente Punkt können n-äre (n > 2) Assoziationen, deren Multiplizität komplexer ist, nicht eindeutig beschreiben. Abschnitt 4.6 behandelt Multiplizität bei n-ären Assoziationen.

3.2.3 Die Wichtigkeit von Assoziationen

Das Konzept der Assoziation ist sicherlich nicht neu. Assoziationen werden seit Jahren zur Datenbankmodellierung ganz selbstverständlich verwendet. (Einzelheiten dazu finden Sie in Kapitel 12.) Es gibt jedoch nur wenige Programmiersprachen, die Assoziationen explizit unterstützen. Wir möchten trotzdem immer wieder betonen, daß Assoziationen für Programme ebenso wie für Datenbanken und Systeme der realen Welt ein wichtiges Modellierungskonstrukt sind, unabhängig von ihrer Implementierung. Bei der konzeptuellen Modellierung sollten Sie Zeiger und andere Verweise auf Objekte nicht als Attribute in den Objekten vergraben. Besser ist es, Verweise als Assoziationen zu modellieren, um deutlich zu machen, daß die Informationen, die sie enthalten, nicht einer einzelnen Klasse zugeordnet sind, sondern von zwei oder mehr Klassen abhängen [Rumbaugh-87].*

Einige Autoren vertreten die Meinung, jede Informationseinheit sollte einer einzelnen Klasse zugeordnet sein, und begründen dies damit, daß Assoziationen im Widerspruch zur Kapselung von Informationen in Klassen stünden. Wir stimmen dieser Ansicht nicht zu. Einige Informationen gehen wesensmäßig über eine einzelne Klasse hinaus. Wenn Assoziationen nicht auf einer Ebene mit Klassen behandelt werden, so kann dies zu Programmen führen, die versteckte Annahmen und Abhängigkeiten enthalten.

Die meisten objektorientierten Sprachen implementieren Assoziationen mit Objektzeigern. Zeiger können als Optimierung für die Implementierung angesehen werden, die in den späten Phasen des Entwurfs eingeführt wird. Es ist auch möglich, Assoziationsobjekte direkt zu implementieren, die Verwendung von Assoziationsobjekten bei der Implementierung ist aber eigentlich eine Entwurfsentscheidung (siehe Kapitel 10).

3.3 Weiterführende Verknüpfungs- und Assoziationskonzepte

3.3.1 Verknüpfungsattribute

Ein Attribut ist eine Eigenschaft der Objekte einer Klasse. Analog dazu ist ein *Verknüpfungsattribut* eine Eigenschaft der Verknüpfungen einer Assoziation. In Abbildung 3.10 ist *Zugriffsberechtigung* ein Attribut von *Zugänglich-für*. Jedes Verknüpfungsattribut hat einen Wert für jede Verknüpfung, wie die Beispieldaten

---

*Der Begriff *Assoziation* wird in diesem Buch mit der gleichen Bedeutung verwendet wie der Begriff *Relation* bei [Rumbaugh-87] und in der diskreten Mathematik. Wir haben den Begriff *Assoziation* gewählt, um Verwechslungen mit der engeren Verwendung des Begriffs *Relation* im Zusammenhang mit relationalen Datenbanken zu vermeiden, die in der Regel nur Relationen zwischen reinen Werten, nicht zwischen Objekten mit einer eigenen Identität zulassen.

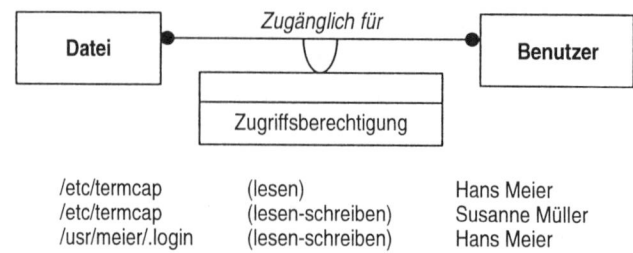

Abb. 3.10   Verknüpfungsattribut für eine m:m-Assoziation

im unteren Teil der Abbildung zeigen. Die OMT-Notation für ein Verknüpfungsattribut ist ein Rechteck, das durch eine Schleife an die Assoziation angehängt ist; der zweite Bereich des Rechtecks kann ein oder mehrere Verknüpfungsattribute enthalten. Diese Notation betont die Ähnlichkeit zwischen Attributen von Objekten und Attributen von Verknüpfungen.

m:m-Assoziationen liefern die überzeugendste Begründung für Verknüpfungsattribute. Ein Verknüpfungattribut ist unzweifelhaft eine Eigenschaft einer Verknüpfung und kann nicht einem der beiden Objekte zugeordnet werden. In Abbildung 3.10 ist *Zugriffsberechtigung* eine gemeinsame Eigenschaft von *Datei* und *Benutzer*, die nicht ohne Informationsverlust *Datei* oder *Benutzer* allein zugeordnet werden kann.

Abbildung 3.11 zeigt Verknüpfungsattribute für zwei m:1-Assoziationen. Jede Person, die für eine Firma arbeitet, erhält ein Gehalt und hat eine Tätigkeitsbezeichnung. Der Chef bewertet die Leistung jedes Mitarbeiters. Verknüpfungsattribute sind auch bei 1:1-Assoziationen möglich.

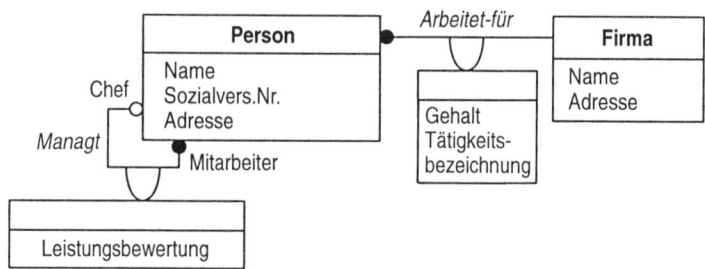

Abb. 3.11   Verknüpfungsattribute für m:m-Assoziationen

Abbildung 3.12 zeigt Verknüpfungsattribute für eine ternäre Assoziation. Ein Werfer kann in einem gegebenen Jahr für viele Mannschaften spielen. Ein Werfer kann aber auch jahrelang für das gleiche Team spielen. In jeder Mannschaft gibt es mehrere Werfer. Für einen Werfer gibt es für jede Kombination von Mannschaft und Jahr eine Sieg-/Niederlagenstatistik. Als zum Beispiel Harry Eisenstat 1939 als Werfer für die Cleveland Indians spielte, hat er 6 Spiele gewonnen und 7 Spiele verloren.

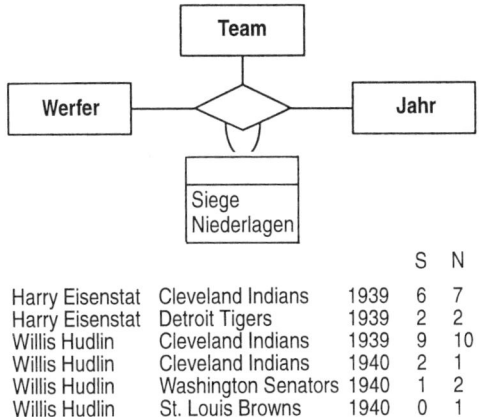

Harry Eisenstat	Cleveland Indians	1939	6	7
Harry Eisenstat	Detroit Tigers	1939	2	2
Willis Hudlin	Cleveland Indians	1939	9	10
Willis Hudlin	Cleveland Indians	1940	2	1
Willis Hudlin	Washington Senators	1940	1	2
Willis Hudlin	St. Louis Browns	1940	0	1

Abb. 3.12   Verknüpfungsattribute für eine ternäre Assoziation

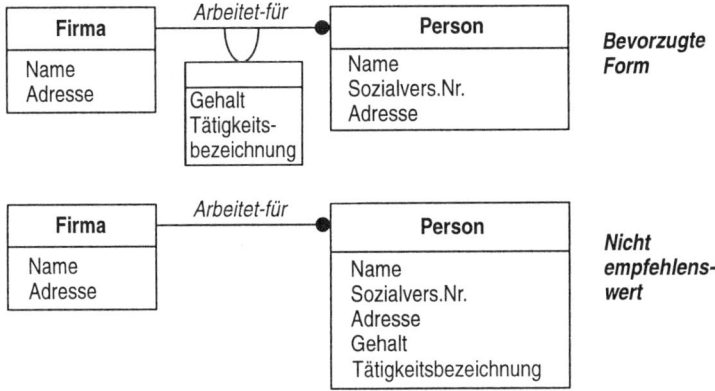

Abb. 3.13   Verknüpfungsattribut im Vergleich zu Objektattribut

Abb. 3.13 zeigt, wie es möglich ist, Verknüpfungsattribute für 1:1- und 1:m-Assoziationen in die Klasse gegenüber der "Einer"-Seite aufzunehmen. Für m:m-Assoziationen ist dies nicht möglich. Grundsätzlich sollten Verknüpfungsattribute nicht in eine Klasse aufgenommen werden, weil die zukünftige Flexibilität verringert wird, falls sich die Multiplizität der Assoziation verändert. Jede der beiden Formen in Abbildung 3.13 kann eine 1:m-Assoziation ausdrücken. Wenn die Multiplizität von *Arbeitet-für* in m:m geändert wird, bleibt jedoch nur die Form, die Verknüpfungsattribute verwendet, korrekt.

3.3.2 Modellieren einer Assoziation als Klasse

Manchmal ist es nützlich, eine Assoziation als Klasse zu modellieren. Jede Verknüpfung wird eine Instanz der Klasse. Tatsächlich ist die im vorigen Ab-

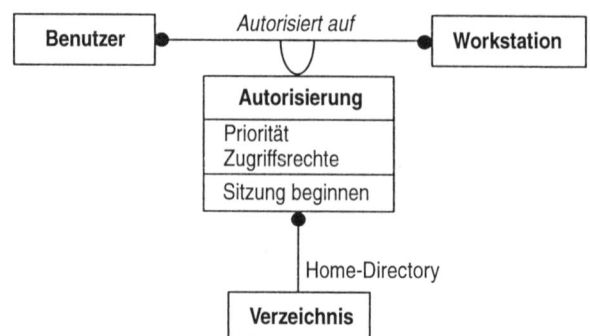

Abb. 3.14 Modellieren einer Assoziation als Klasse

schnitt eingeführte Box für das Verknüpfungsattribut nichts anderes als ein Sonderfall einer Assoziation als Klasse. Die Box kann neben den Attributen auch einen Namen und Operationen enthalten. Abbildung 3.14 zeigt die Autorisierungsinformationen für Benutzer einer Workstation. Jede Autorisierung ist mit einer Priorität und Zugriffsberechtigungen verbunden, die als Verknüpfungsattribute angezeigt werden. Jedem Benutzer ist für jede Workstation, für die er autorisiert ist, ein Home-Directory zugewiesen. Das gleiche Home-Directory kann aber auch von mehreren Workstations oder mehreren Benutzern gemeinsam genutzt werden. Das Home-Directory wird als m:1-Assoziation zwischen der Autorisierungs-Klasse und der Verzeichnis-Klasse dargestellt. Es ist nützlich, eine Assoziation als Klasse zu modellieren, wenn Verknüpfungen in Assoziationen mit anderen Objekten auftreten können oder wenn auf Verknüpfungen Operationen ausgeführt werden.

3.3.3 Rollennamen

Eine *Rolle* ist ein Ende einer Assoziation. Eine binäre Assoziation besitzt zwei Rollen, von denen jede einen *Rollennamen* haben kann. Ein *Rollenname* ist ein Name, der ein Ende einer Assoziation eindeutig identifiziert. Auf diese Weise kann man eine binäre Assoziation so verstehen, daß sie von einem Objekt zu einer Menge assoziierter Objekte durchlaufen wird. Jede Rolle einer binären Assoziation identifiziert ein Objekt oder eine Objektmenge, das bzw. die mit einem Objekt am anderen Ende assoziiert ist. Aus dem Blickwinkel des Objekts ist das Durchlaufen der Assoziation eine Operation, die damit verknüpfte Objekte liefert. Der Rollenname ist ein abgeleitetes Attribut, dessen Wert eine Menge von verknüpften Objekten ist. Durch die Verwendung von Rollennamen ist es möglich, Assoziationen von einem Objekt aus zu durchlaufen, ohne die Assoziation explizit zu benennen. Rollen haben in Problembeschreibungen oft die Form von Substantiven.

Abbildung 3.15 spezifiziert, wie *Person* und *Firma* an der Assoziation *Arbeitet-für* teilnehmen. Eine Person nimmt bezüglich einer Firma die Rolle *Arbeitnehmer* an; eine Firma nimmt bezüglich einer Person die Rolle *Arbeitgeber* an. Ein Rollenname steht an der Assoziationslinie neben der Klasse, die die Rolle spielt

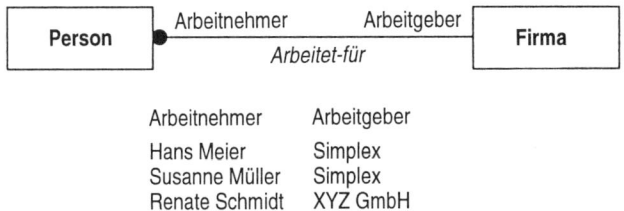

Abb. 3.15   Rollennamen für eine Assoziation

(das heißt, der Rollenname erscheint am Zielende der durchlaufenen Assoziation). Die Verwendung von Rollennamen ist optional, es ist aber oft einfacher und weniger verwirrend, Rollennamen anstelle von oder zusätzlich zu Assoziationsnamen zu verwenden.

Für Assoziationen zwischen zwei Objekten der gleichen Klasse sind Rollennamen zwingend notwendig. Beispielsweise unterscheiden *Chef* und *Mitarbeiter* die beiden Mitarbeiter, die an der Assoziation *Managt* in Abbildung 3.11 beteiligt sind. Rollennamen sind auch nützlich, um zwei Assoziationen eines Klassenpaars voneinander zu unterscheiden. Wenn es dagegen nur eine Assoziation zwischen zwei unterschiedlichen Klassen gibt, drücken die Klassennamen oft schon die Rolle aus und die Rollennamen können im Diagramm weggelassen werden.

Weil Rollennamen dazu dienen, die Objekte zu unterscheiden, die direkt mit einem gegebenen Objekt verbunden sind, müssen alle Rollennamen am anderen Ende einer Klasse zugeordneten Assoziationen eindeutig sein. Obwohl der Rollenname neben dem Zielobjekt einer Assoziation steht, ist er eigentlich ein abgeleitetes Attribut der Quellklasse und muß daher innerhalb dieser Klasse eindeutig sein. Aus dem gleichen Grund sollte kein Rollenname mit einem Attributnamen der Quellklasse identisch sein.

Abbildung 3.16 zeigt beide Verwendungsmöglichkeiten von Rollennamen. Ein Verzeichnis kann viele andere Verzeichnisse enthalten, es kann aber auch seinerseits in einem anderen Verzeichnis enthalten sein. Jedes Verzeichnis hat genau einen Benutzer, der ein Besitzer ist, und viele andere Benutzer, die autorisiert sind, das Verzeichnis zu verwenden.

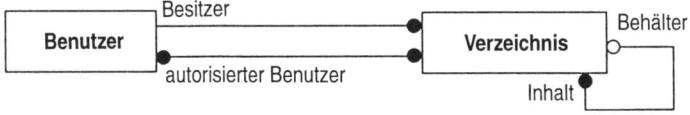

Abb. 3.16   Rollennamen für eine Verzeichnishierarchie

Bei einer n-ären Assoziation gibt es eine Rolle für jedes Ende. Die Rollennamen unterscheiden die Enden der Assoziation und sind nötig, wenn eine Klasse mehr als einmal an einer n-ären Assoziation teilnimmt. Assoziationen dritten oder höheren Grades können nicht einfach wie binäre Assoziationen von einem Ende zum anderen durchlaufen werden. Deshalb repräsentieren die Rollennamen nicht

abgeleitete Attribute der beteiligten Klassen. Beispielsweise sind in Abbildung
3.12 sowohl eine Mannschaft als auch ein Jahr notwendig, um eine Menge von
Werfern zu erhalten.

3.3.4 Ordnung

Normalerweise besitzen die Objekte auf der "m"-Seite einer Assoziation keine
explizite Ordnung und können daher als Menge angesehen werden. Manchmal
sind die Objekte jedoch explizit geordnet. Abbildung 3.17 zum Beispiel zeigt den
Bildschirm einer Workstation, auf dem sich mehrere überlappende Fenster befinden. Die Fenster sind explizit geordnet, so daß nur das oberste Fenster vollständig
auf dem Bildschirm zu sehen ist. Ordnung ist hier ein inhärenter Teil der Assoziation. Eine geordnete Menge von Objekten auf der "m"-Seite einer Assoziation
wird angegeben, indem man "{geordnet}" neben den Multiplizitätspunkt für die
Rolle schreibt. Es handelt sich dabei um eine bestimmte Art von Einschränkung.
(Einschränkungen werden in Abschnitt 4.7 diskutiert.)

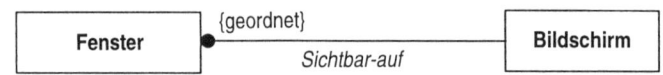

Abb. 3.17   Geordnete Mengen in einer Assoziation

3.3.5 Qualifikation

Eine *qualifizierte Assoziation* verbindet zwei Objektklassen und eine *Qualifikationsangabe*. Die Qualifikationsangabe ist ein besonderes Attribut, das die effektive Multiplizität einer Assoziation herabsetzt. Qualifiziert werden können 1:m-
und m:m-Assoziationen. Die Qualifikationsangabe unterscheidet die Menge von
Objekten auf der m-Seite einer Assoziation. Eine qualifizierte Assoziation kann
auch als eine Form einer ternären Assoziation aufgefaßt werden.

Ein Beispiel: In Abbildung 3.18 hat ein Verzeichnis viele Dateien. Eine Datei
kann nur einem einzigen Verzeichnis angehören.* Im Kontext eines Verzeichnisses bezeichnet der Dateiname genau eine Datei. *Verzeichnis* und *Datei* sind
Objektklassen und *Dateiname* ist die Qualifikationsangabe. Ein Verzeichnis plus
ein Dateiname liefert eine Datei. Eine Datei entspricht einem Verzeichnis und
einem Dateinamen. Durch Qualifikation wird die effektive Multiplizität dieser
Assoziation von 1:m auf 1:1 herabgesetzt. Ein Verzeichnis hat viele Dateien, von
denen jede einen eindeutigen Dateinamen besitzt.

---

*Dies gilt nur für einige Betriebssysteme. Eine PC-DOS-Datei zum Beispiel gehört nur
einem Verzeichnis an. Eine UNIX-Datei kann dagegen mehreren Verzeichnissen angehören. Auch hier hängt das genaue Objektmodell wieder von der Anwendung ab.

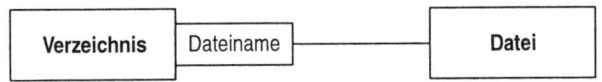

Abb. 3.18 Eine qualifizierte Assoziation

Qualifikation verbessert die semantische Genauigkeit und macht Navigationspfade leichter nachvollziehbar. Es ist wesentlich informativer zu erfahren, daß ein Verzeichnis und ein Dateiname zusammen eine Datei identifizieren, als zu erfahren, daß ein Verzeichnis viele Dateien enthält. Die Qualifikationssyntax gibt auch an, daß jeder Dateiname innerhalb seines Verzeichnisses eindeutig ist. Eine Möglichkeit, eine Datei zu finden, besteht darin, zuerst das Verzeichnis zu suchen und dann die Dateinamen-Verknüpfung zu durchlaufen.

Eine Qualifikationsangabe wird als kleines Rechteck am Ende der Assoziationslinie neben der Klasse, die sie qualifiziert, dargestellt. *Verzeichnis + Dateiname* liefert eine *Datei*, deshalb wird *Dateiname* in einem Rechteck neben *Verzeichnis* angegeben.

Qualifikation tritt bei realen Problemen häufig auf, oft wegen der Notwendigkeit, Namen zu liefern. Es gibt normalerweise einen Kontext, innerhalb dessen ein Name eine Bedeutung besitzt. Zum Beispiel stellt ein Verzeichnis den Kontext für einen Dateinamen bereit.

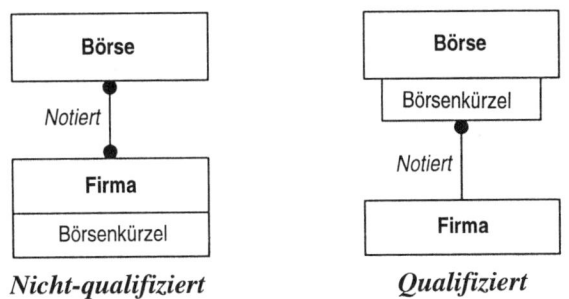

Abb. 3.19 Nicht-qualifizierte und qualifizierte Assoziation

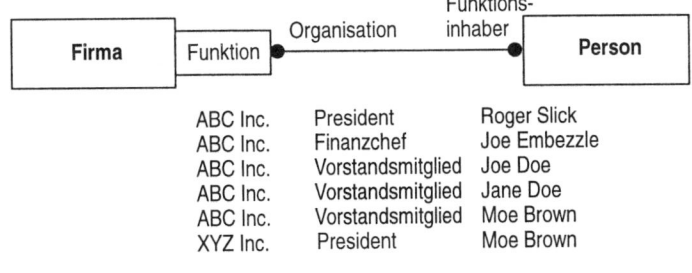

Abb. 3.20 m:m-Qualifikation

Abbildung 3.19 zeigt ein weiteres Beispiel für eine Qualifikationsangabe. Eine
Börse notiert viele Firmen. Eine Börse notiert jedoch nur eine Firma mit einem
gegebenen Börsenkürzel. Eine Firma kann an vielen Börsen notiert sein, möglicherweise unter verschiedenen Symbolen. Die unqualifizierte Notation ist nicht
in der Lage, unterschiedliche Börsensymbole für die gleiche Firma an verschiedenen Börsenplätzen aufzunehmen.

Qualifikation setzt in der Regel, aber nicht immer, die Multiplizität von m auf 1
herab. In Abbildung 3.20 gibt es je Firma einen President und einen Finanzchef,
aber viele Vorstandsmitglieder. Qualifikation spaltet eine Menge verknüpfter
Objekte in disjunkte Teilmengen auf, die Teilmengen können jedoch mehr als ein
Objekt enthalten.

3.3.6 Aggregation

Aggregation bezeichnet die "Teil-Ganzes-" oder "ist-Teil-von"-Relation, in der
Objekte, die die *Komponenten* einer Sache repräsentieren, mit einem Objekt
assoziiert sind, das die *Komponentengruppe* repräsentiert. Ein typisches Beispiel
einer Aggregation ist eine Stückliste oder ein Teileexplosionsbaum. In der Programmiersprache C sind ein Name, eine Argumentliste und eine Verbundanwei-
sung Teile einer Funktionsdefinition, die ihrerseits Teil eines ganzen Programms
ist. Aggregation ist eine eng gekoppelte Form der Assoziation mit zusätzlicher
Semantik. Die wichtigste Eigenschaft einer Aggregation ist die Transitivität, das
heißt, wenn *A* Teil von *B* ist und *B* Teil von *C*, dann ist *A* Teil von *C*. Eine
Aggregation ist darüber hinaus *antisymmetrisch*, das heißt, wenn *A* Teil von *B* ist,
dann ist *B* nicht Teil von *A*. Schließlich pflanzen sich einige Eigenschaften der
Komponentengruppe auf die Teile fort, möglicherweise mit lokalen Änderungen.
So ist zum Beispiel die Umgebung einer Anweisung innerhalb einer Funktionsdefinition die gleiche wie die Umgebung der ganzen Funktion, mit Ausnahme der
in der Funktion vorgenommenen Änderungen. Die Geschwindigkeit und der Ort
eines Türgriffs stammen von der Tür, zu der der Griff gehört; die Tür ihrerseits
erhält ihre Eigenschaften von dem Auto, zu dem sie gehört. Wenn es keine
gemeinsamen Eigenschaften von Komponenten gibt, die an die Komponentengruppe als Ganzes gebunden werden können, ist es wenig sinnvoll, eine Aggregation zu verwenden. Ein Teilebaum ist eindeutig eine Aggregation, es gibt
jedoch Grenzfälle, bei denen die Verwendung von Aggregationen nicht klar
umrissen ist. Wenn Zweifel bestehen, sollten Sie die normale Assoziation verwenden. Abschnitt 4.1 beschäftigt sich eingehender mit der Verwendung der Aggregation.

Wir definieren eine Aggregationsrelation als Beziehung zwischen einer Kompo-
nentengruppenklasse mit *einer* Komponentenklasse. Eine Komponentengruppe
mit vielen verschiedenen Komponenten hat dementsprechend viele Aggregationsrelationen. Wir definieren jede einzelne Paarrelation als Aggregation, damit wir
die Multiplizität jeder Komponente innerhalb der Komponentengruppe spezifizieren können. Diese Definition unterstreicht, daß die Aggregation eine Sonderform der Assoziation ist.

Eine Aggregation wird wie eine Assoziation dargestellt, wobei allerdings eine kleine Raute das Komponentengruppen-Ende der Relation kennzeichnet. Abbildung 3.21 zeigt einen Teil eines Objektmodells für einen Texteditor. Ein Dokument besteht aus vielen Absätzen, die ihrerseits aus vielen Sätzen bestehen.

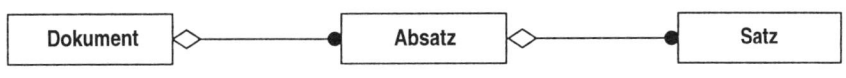

Abb. 3.21 Aggregation

Die Existenz eines Komponentenobjekts kann von der Existenz des Komponentengruppen-Objekts abhängen, zu dem es gehört. Ein Beispiel: Die Leimung ist ein Teil eines Buches und kann nicht unabhängig von einem Buch existieren. In anderen Fällen besitzen Komponentenobjekte eine eigenständige Existenz, zum Beispiel die Teile eines Computersystems.

Abbildung 3.22 verdeutlicht, daß Aggregation über eine beliebige Zahl von Ebenen hinweg möglich ist. Ein Mikrocomputer besteht aus einem oder mehreren Bildschirmen, einer Systemeinheit, einer optionalen Maus und einer Tastatur. Eine Systemeinheit besteht ihrerseits aus einem Gehäuse, einer CPU, mehreren RAM-Chips und einem optionalen Lüfter. Wenn wir es mit einer Kollektion von Komponenten zu tun haben, die alle der gleichen Komponentengruppe angehören, können wir die Linien im Diagramm zu einem Aggregationsbaum verbinden. Der Aggregationsbaum ist eine abgekürzte Notation und übersichtlicher als die vielen Assoziationslinien, die notwendig wären, um Komponenten zu einer Komponentengruppe zu verbinden. Es sollte kein Problem darstellen, die Ebenen in einer Hierarchie von Teilen auf einen Blick zu identifizieren.

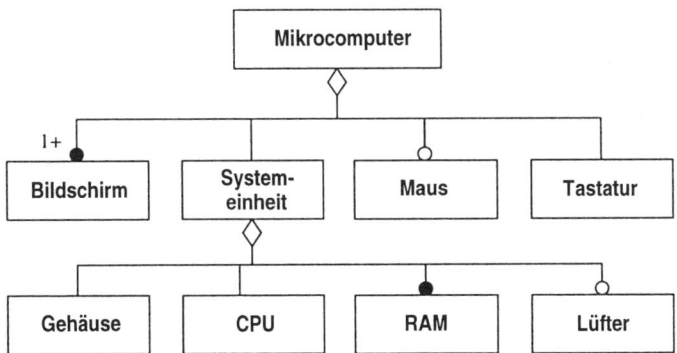

Abb. 3.22 Aggregation über mehrere Ebenen hinweg

3.4 Generalisierung und Vererbung

3.4.1 Allgemeine Konzepte

Generalisierung und Vererbung sind mächtige Abstraktionsmöglichkeiten, die dazu dienen, Ähnlichkeiten zwischen verschiedenen Klassen zu teilen und gleichzeitig ihre Unterschiede zu erhalten. Stellen Sie sich vor, wir wollen die folgende Situation modellieren: Jedes Gerät hat einen Hersteller, ein Gewicht und einen Preis. Pumpen haben darüber hinaus einen Saugdruck und eine Durchflußrate, Tanks ein Volumen und einen Druck. Wir wollen allgemeine Geräteeigenschaften nur einmal definieren und dann Details für die Pumpe, den Tank und die anderen Gerätetypen hinzufügen.

Generalisierung ist die Relation zwischen einer Klasse und einer oder mehrerer verfeinerter Versionen davon. Die Klasse, die verfeinert wird, heißt Oberklasse und jede verfeinerte Version Unterklasse. Beispielsweise ist *Gerät* die Oberklasse von *Pumpe* und *Tank*. Attribute und Operationen, die für eine Gruppe von Unterklassen gelten, werden der Oberklasse zugewiesen und von den einzelnen Unterklassen gemeinsam genutzt. Jede Unterklasse *erbt* die Merkmale ihrer Oberklasse. Demnach erbt *Pumpe* die Attribute *Hersteller, Gewicht* und *Preis* von *Gerät*. Generalisierung wird manchmal als "is-a"-Relation bezeichnet, weil jede Instanz einer Unterklasse auch eine Instanz der dazugehörigen Oberklasse ist.

Generalisierung und Vererbung sind über eine beliebige Zahl von Ebenen hinweg transitiv. Die Begriffe *Vorfahre* und *Nachkomme* beschreiben Generalisierung von Klassen über mehrere Ebenen hinweg. Eine Instanz einer Unterklasse ist gleichzeitig eine Instanz aller ihrer Vorfahrenklassen. Zum Zustand einer Instanz gehört ein Wert für jedes Attribut jeder Vorfahrenklasse. Jede Operation, die für eine der Vorfahrenklassen einer Instanz definiert wurde, kann auch auf die Instanz angewendet werden. Eine Unterklasse erbt nicht nur alle Merkmale ihrer Vorfahren, sondern fügt diesen auch ihre eigenen individuellen Attribute und Operationen hinzu. *Pumpe* zum Beispiel fügt das Attribut *Durchflußrate* hinzu, das die anderen Gerätearten nicht verwenden.

Die Notation für die Generalisierung ist ein Dreieck, das eine Oberklasse mit ihren Unterklassen verbindet. Die Oberklasse wird durch eine Linie mit der Spitze des Dreiecks verbunden. Die Unterklassen werden durch Linien mit einem horizontalen Balken verbunden, der über die Grundlinie des Dreiecks verläuft. Das Dreieck kann aus Gründen der Bequemlichkeit umgedreht werden und Unterklassen können sowohl oberhalb als auch unterhalb des Balkens angefügt werden. Wenn möglich sollten die Oberklasse jedoch oben und die Unterklassen unten stehen.

Abbildung 3.23 zeigt eine Generalisierung für Geräte. Bei den Geräten handelt es sich entweder um eine Pumpe, einen Wärmetauscher, einen Tank oder eine andere Art von Gerät. Es gibt unterschiedliche Pumpen: Zentrifugalpumpen, Membranpumpen und Plungerpumpen. Es gibt unterschiedliche Tanks: Tanks mit beweglicher Abdeckung, Druckbehälter und kugelförmige Tanks. *Pumpentyp* und *Tanktyp* verfeinern beide Generalisierungsklassen der zweiten Ebene zu einer dritten

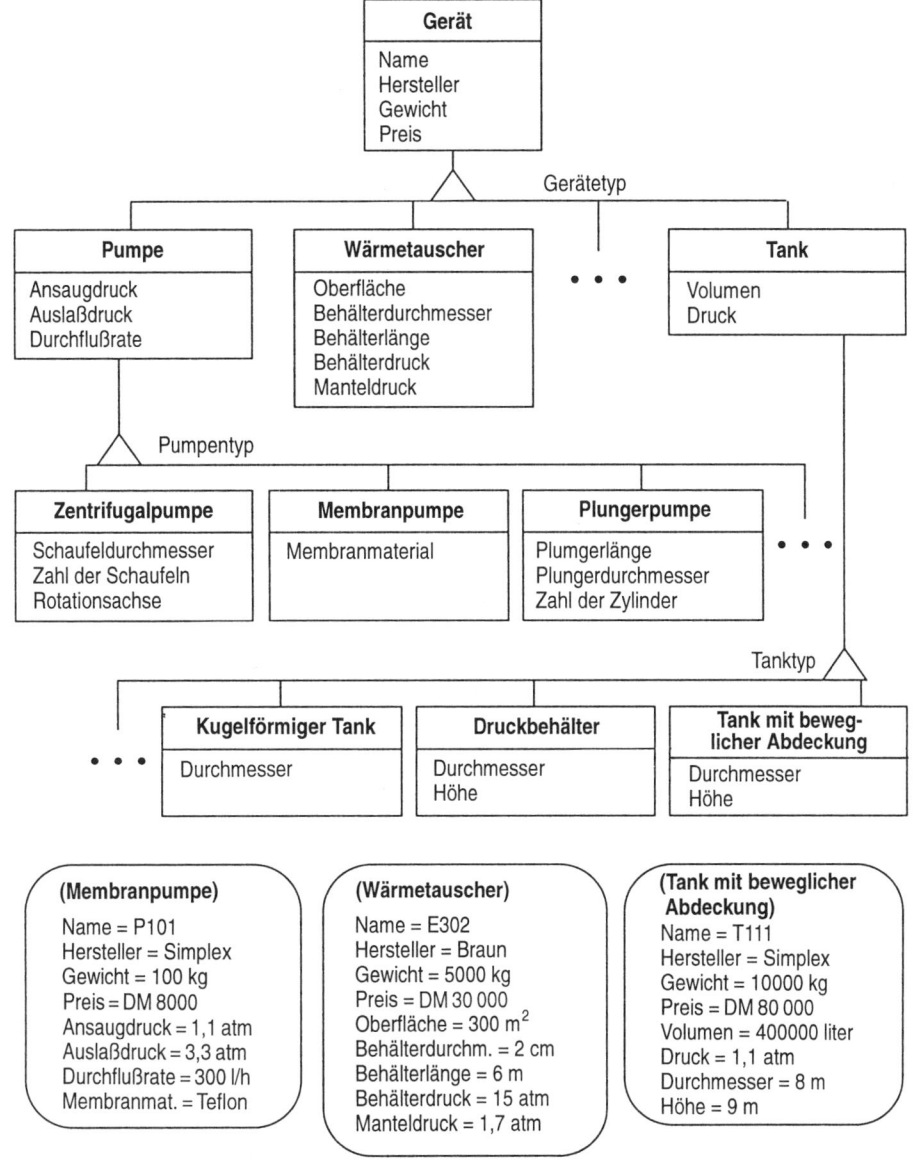

Abb. 3.23 Eine mehrstufige Vererbungshierarchie mit Instanzen

Ebene; die Tatsache, daß das Generalisierungsobjekt für *Tank* tiefer steht als das Generalisierungsobjekt für *Pumpe* ist ohne Bedeutung. Der untere Teil der Abbildung zeigt mehrere Objektinstanzen. Jedes Objekt erbt Merkmale von einer Klasse auf jeder Ebene der Generalisierung. Das heißt, *P101* vereint die Merk-

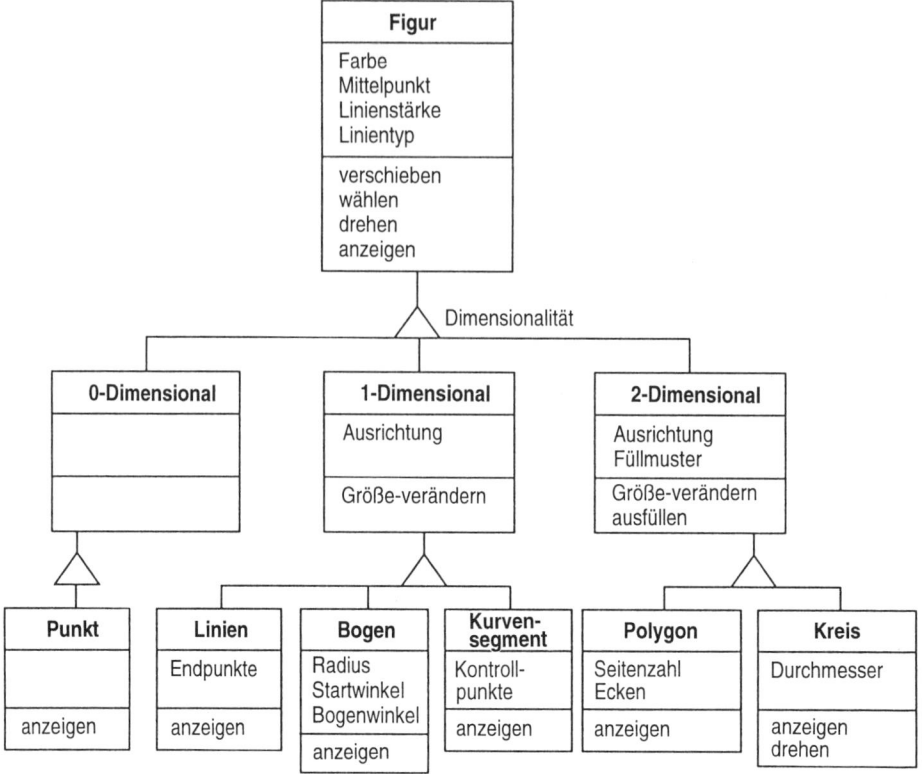

Abb. 3.24   Vererbung bei grafischen Figuren

male von Gerät, Pumpe und Membranpumpe. *E302* übernimmt die Eigenschaften von Gerät und Wärmetauscher.

Die Pünktchen in Abbildung 3.23 deuten jeweils an, daß es weitere Unterklassen gibt, die das Diagramm nicht zeigt, entweder weil auf dem Blatt kein Platz mehr ist und sie an anderer Stelle abgebildet werden, oder weil die Aufzählung der Unterklassen noch unvollständig ist.

Die Wörter, die im Diagramm neben den Dreiecken stehen, z.B. *Gerätetyp*, *Pumpentyp* und *Tanktyp* sind *Diskriminatoren*. Ein Diskriminator ist ein Attribut, das angibt, welche Eigenschaft eines Objekts durch eine bestimmte Generalisierungsrelation abstrahiert wird. Dafür wird ein Aufzählungstyp verwendet. Es sollte jeweils nur nach einer Eigenschaft unterschieden werden. Beispielsweise kann die Klasse *Fahrzeug* sowohl nach Antriebskraft (Wind, Benzin, Kohle, Tier, Schwerkraft) als auch nach Betriebsumgebung (Land, Luft, Wasser, Weltraum) unterschieden werden. Der Diskriminator bezeichnet einfach die Generalisierungsgrundlage. Diskriminatoren stehen in einer 1:1-Entsprechung mit den Unterklassen einer Generalisierung. Der Betriebsumgebungs-Diskriminator für *Boot* zum Beispiel ist *Wasser*. Der Diskriminator ist ein optionaler Teil einer

Generalisierungsrelation; wenn ein Diskriminator verwendet wird, sollte er neben dem Generalisierungsdreieck stehen.

Abbildung 3.24 zeigt Klassen von grafisch darzustellenden geometrischen Figuren. Dieses Beispiel ist eine typische Programmieraufgabe, bei der es vor allem auf die Vererbung von Operationen ankommt. *Verschieben, wählen, drehen* und *anzeigen* sind Operationen, die alle Unterklassen erben. *Größe-verändern* ist für ein- und zweidimensionale Figuren relevant, *ausfüllen* nur für zweidimensionale Figuren.

Vermeiden Sie eine allzu tiefe Verschachtelung von Unterklassen. Tief verschachtelte Unterklassen sind oft schwer zu verstehen, ähnlich wie tiefverschachtelte Codeblöcke bei einer prozeduralen Sprache. Mit etwas Überlegung und kleineren Umstrukturierungen können Sie die Tiefe einer übertrieben umfangreichen Vererbungshierarchie meistens reduzieren. In der Praxis hängt es von Ihrem Ermessen und den Besonderheiten eines Problems ab, ob eine Unterklasse zu tief verschachtelt ist oder nicht. Die folgenden Richtlinien werden Ihnen vielleicht helfen: Eine Vererbungshierarchie mit zwei oder drei Ebenen ist ganz sicher akzeptabel; zehn Ebenen sind aller Wahrscheinlichkeit nach zu viel; fünf oder sechs Ebenen können angemessen sein oder auch nicht.

3.4.2 Verwendung von Generalisierung

Generalisierung ist sowohl für die konzeptuelle Modellierung als auch für die Implementierung ein nützliches Konstrukt. Generalisierung vereinfacht die Modellierung, weil sie Klassen strukturiert und präzise erfaßt, inwiefern sich Klassen ähneln und wo sie sich unterscheiden. Die Vererbung von Operationen wirkt sich positiv auf die Implementierung aus, weil sie die Wiederverwendung von Code unterstützt.

Objektorientierte Sprachen unterstützen das Vererbungskonzept in hohem Maße. (Tatsächlich ist dieses Konzept schon sehr lange bekannt, seine Popularität gewann es aber erst durch objektorientierte Sprachen.) Im Gegensatz dazu unterstützen die aktuellen Datenbank-Systeme Vererbung kaum oder überhaupt nicht. Objektorientierte Datenbank-Programmiersprachen (Abschnitt 15.8.5) und erweiterte relationale Datenbank-Systeme (Abschnitt 17.4) versprechen, diese Situation zu korrigieren.

Innerhalb der objektorientierten Gemeinde wurde Vererbung zum Synonym für Code-Wiederverwendung. Nach der Modellierung eines Systems sieht sich der Entwickler die gewonnenen Klassen an und versucht, ähnliche Klassen zu gruppieren und gemeinsamen Code wiederzuverwenden. Häufig steht Code aus früheren Projekten (z.B. in einer Klassenbibliothek) zur Verfügung, den der Entwickler wiederverwenden und, wenn nötig, verändern kann, um exakt das gewünschte Verhalten zu erzielen. Der wichtigste Nutzen von Vererbung ist jedoch die konzeptuelle Vereinfachung, die sich daraus ergibt, daß die Zahl unabhängiger Merkmale in einem System verringert wird.

Die Begriffe Vererbung, Generalisierung und Spezialisierung beschreiben Aspekte der gleichen Idee und werden oft austauschbar verwendet. Wir meinen mit *Gene-*

ralisierung die Relation zwischen Klassen und mit *Vererbung* den Mechanismus, Attribute und Operationen mit Hilfe der Generalisierungsrelation mehrfach zu nutzen. Generalisierung und Spezialisierung beschreiben die gleiche Relation von unterschiedlichen Blickwinkeln aus – aus der Sicht der Oberklasse bzw. aus der Sicht der Unterklassen. Der Begriff *Generalisierung* leitet sich aus der Tatsache ab, daß die Oberklasse die Unterklassen verallgemeinert oder generalisiert. *Spezialisierung* verweist auf die Tatsache, daß die Unterklassen die Oberklasse verfeinern oder spezialisieren. In der Praxis ist die Verwechslungsgefahr gering.

3.4.3 Merkmale überschreiben

Eine Unterklasse kann ein Oberklassen-Merkmal *überschreiben*, indem sie ein Merkmal mit dem gleichen Namen definiert. Das überschreibende Merkmal (das Unterklassen-Merkmal) verfeinert und ersetzt das überschriebene Merkmal (das Oberklassen-Merkmal). Das Überschreiben eines Merkmals kann aus verschiedenen Gründen sinnvoll sein: um das Verhalten zu spezifizieren, das von der Unterklasse abhängt, um die Spezifikation eines Merkmals zu präzisieren oder um eine bessere Leistung zu erreichen. So muß zum Beispiel *anzeigen* in Abbildung 3.24 für jede der geometrischen Figuren getrennt implementiert werden, obwohl es in der Oberklasse *Figur* definiert ist. Die Operation *drehen* wird in der Klasse *Kreis* aus Effizienzgründen überschrieben und als leere Operation implementiert. Eine eingehendere Diskussion über das Überschreiben von Merkmalen finden Sie in Kapitel 4.

Sie können Default-Werte von Attributen und Methoden für Operationen überschreiben. Sie sollten jedoch niemals die *Signatur*, d.h. die Form, eines Merkmals überschreiben. Beim Überschreiben sollten der Attributtyp, die Anzahl und der Typ der Argumente einer Operation sowie der Rückgabetyp einer Operation immer beibehalten werden. Die Festlegung, der Typ eines Attributs oder eines Operationsarguments müsse eine Unterklasse des ursprünglichen Typs sein, stellt eine Form der Begrenzung dar (Abschnitt 4.3) und muß vorsichtig gehandhabt werden. Es ist allgemein üblich, die Leistung zu steigern, indem man eine allgemeine Methode durch eine spezielle Methode überschreibt, die besondere Informationen zur Effizienzsteigerung nutzt, aber die Semantik der Operation nicht verändert (wie *Kreis-drehen* in Abbildung 3.24).

Ein Merkmal sollte niemals so überschrieben werden, daß eine Inkonsistenz mit der Signatur oder der Semantik des ursprünglich geerbten Merkmals entsteht. Eine Unterklasse *ist* ein Spezialfall ihrer Oberklasse und sollte in jeder Hinsicht mit ihr kompatibel sein. Leider ist in der objektorientierten Programmierung die Praxis weit verbreitet, eine Klasse "auszuleihen", die einer gewünschten Klasse ähnelt, und diese durch Veränderung oder Weglassen einiger ihrer Merkmale zu modifizieren, obwohl die neue Klasse keinen wirklichen Spezialfall der ursprünglichen Klasse darstellt. Diese Praxis kann dazu führen, daß Konzepte schwammig werden und versteckte Annahmen in ein Programm eingebaut werden. (Weitere Informationen zum Überschreiben finden Sie in Abschnitt 4.3).

3.5 Gruppierungskonstrukte

3.5.1 Modul

Ein *Modul* ist ein logisches Konstrukt, das zur Gruppierung von Klassen, Assoziationen und Generalisierungen dient. Ein Modul erfaßt eine Perspektive oder Sicht auf eine Situation. So sind Moduln, die die Elektroinstallation, die Sanitärinstallation und die Luftzufuhr beschreiben, unterschiedliche Sichten auf ein Gebäude. Die Grenzen eines Moduls sind relativ beliebig und daher Ermessenssache.

Ein Objektmodell besteht aus einem oder mehreren Moduln. Moduln ermöglichen es Ihnen, ein Objektmodell in handhabbare Teile zu zerlegen. Moduln stellen den Zwischenschritt zwischen einem ganzen Objektmodell und den Grundbausteinen Klasse und Assoziation dar. Klassen- und Assoziationsnamen müssen innerhalb eines Moduls eindeutig sein. Soweit möglich sollten Sie auch über Modulgrenzen hinweg konsistente Klassen- und Assoziationsnamen verwenden. Der Modulname steht normalerweise oben auf jedem Blatt. Es gibt keine eigene Notation für Moduln.

Unterschiedliche Moduln können auf die gleiche Klasse verweisen. Tatsächlich sind Verweise mehrerer Moduln auf die gleiche Klasse der Mechanismus, Moduln zusammenzubinden. Zwischen Moduln (externes Binden) sollten weniger Verknüpfungen bestehen als innerhalb von Moduln (internes Binden).

3.5.2 Blatt

Ein komplexes Modul paßt nicht auf einen Bogen Papier. Ein *Blatt* ist der Mechanismus, ein großes Objektmodul auf mehrere Seiten zu verteilen. Ein Blatt ist eine gedruckte Seite. Jedes Modul besteht aus einem oder mehreren Blättern. Wir haben es uns zur Regel gemacht, nie mehr als ein Modul auf ein Blatt zu schreiben. Ein Blatt ist nur eine Notierungskonvention, kein logisches Konstrukt.

Jedes Blatt hat einen Titel und einen Namen oder eine Nummer. Für jede Assoziation und Generalisierung wird jeweils ein neues Blatt angelegt. Klassen können auf mehreren Blättern vorkommen. Mehrfachkopien der gleichen Klasse sind die Brücke, die die Blätter eines Objektmodells verbinden. Eingekreiste Nummern oder Namen neben einer Klassenbox geben andere Blätter an, die auf eine Klasse verweisen. Es bleibt Ihnen überlassen, ob Sie Querverweise auf andere Blätter verwenden wollen.

3.6 Beispiel für ein Objektmodell

Abbildung 3.25 zeigt ein Objektmodell für ein Workstation-Fenstersystem wie X Window System oder SunView. Das Modell ist stark vereinfacht – ein echtes Modell eines Fenstersystems würde mehrere Seiten umfassen – es illustriert jedoch viele Konstrukte der Objektmodellierung und zeigt, wie sie zu einem großen Modell verknüpft werden.

Die Klasse *Fenster* definiert Parameter, die für alle Fensterarten gelten, einschließlich eines rechteckigen Rahmens, der durch die Attribute *x1, y1, x2, y2*

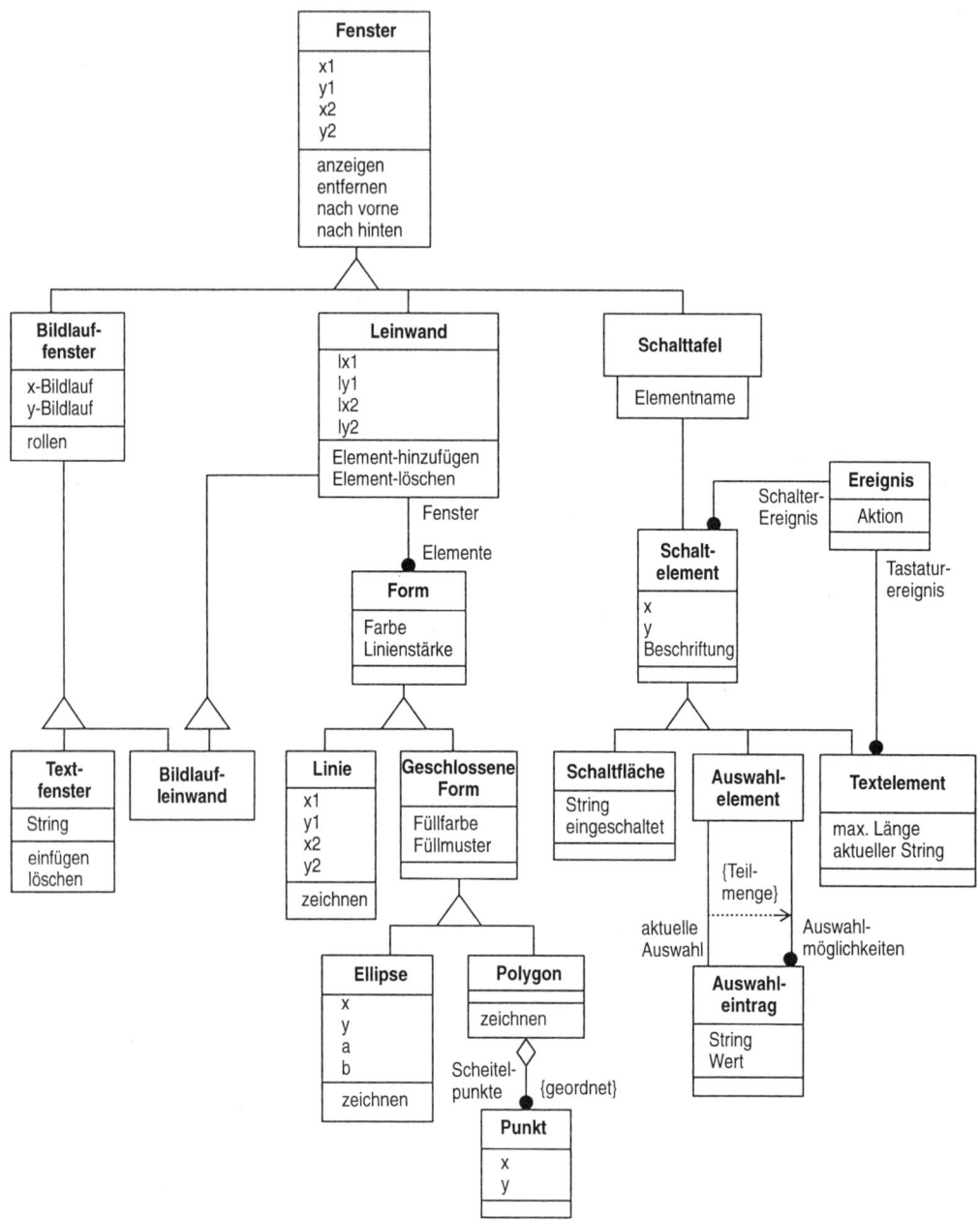

Abb. 3.25 Objektmodell eines Fenstersystems

definiert wird, sowie Operationen, ein Fenster anzuzeigen, zu schließen, nach
vorne zu stellen (Vordergrund) oder hinter alle anderen Fenster zu stellen (Hintergrund). *Schalttafel, Leinwand* und *Textfenster* sind unterschiedliche Fensterar-

ten. Eine Leinwand ist ein Arbeitsbereich, auf dem gezeichnet werden kann. Sie erbt den Fensterrahmen von *Fenster* und fügt die Abmessungen des darunterliegenden Leinwandbereichs hinzu, die durch die Attribute *lx1, ly1, lx2, ly2* definiert werden. Eine Leinwand enthält, wie die Assoziation zu der Klasse *Form* zeigt, eine Menge von Elementen. Alle Formen haben eine Farbe und eine Linienstärke. Formen können Linien, Ellipsen oder Polygone mit jeweils eigenen Parametern sein. Ein Polygon besteht aus einer geordneten Liste von Scheitelpunkten, die als Aggregation von Punkten gezeigt werden. Sowohl Ellipsen als auch Polygone sind geschlossene Formen mit einer Füllfarbe und einem Füllmuster. Linien sind eindimensional und können nicht gefüllt werden. Leinwandfenster haben Operationen für das Hinzufügen und Löschen von Elementen.

Textfenster ist eine Art von *Bildlauffenster. Bildlauffenster* besitzt innerhalb des Fensters Bildlaufleisten in zwei Richtungen, die durch *x-Bildlauf* und *y-Bildlauf* spezifiziert werden, sowie eine Operation *rollen*, um den Rollwert zu ändern. Ein Textfenster enthält einen String und hat Operationen, um Zeichen einzufügen und zu löschen. *Bildlauf-Leinwand* ist eine Leinwand, in der ein Bildlauf durchgeführt werden kann, und ist sowohl eine *Leinwand* als auch ein *Bildlauffenster.* Sie sehen hier ein Beispiel für Mehrfachvererbung. Mehrfachvererbung wird in Abschnitt 4.4 genauer erklärt.

Eine *Schalttafel* enthält eine Menge von *Schaltelement*-Objekten, von denen jedes, wie die qualifizierte Assoziation zeigt, durch einen eindeutigen *Elementnamen* innerhalb einer gegebenen Schalttafel identifiziert wird. Jedes Schaltelement gehört nur einer Schalttafel an. Ein Schaltelement ist ein vordefiniertes Piktogramm, mit dem der Benutzer Aktionen auf dem Bildschirm auslösen kann. Es gibt drei Arten von Schaltelementen: Schaltflächen, Auswahlelemente und Textelemente. Eine Schaltfläche ist mit einem String beschriftet, der auf dem Bildschirm angezeigt wird, sie kann vom Benutzer gedrückt werden und hat ein Attribut *eingeschaltet.* Über ein Auswahlelement kann der Benutzer eine aus einer Menge von vordefinierten *Auswahlmöglichkeiten* wählen, von denen jede ein *Auswahleintrag* ist. Ein *Auswahleintrag* enthält einen String, der auf dem Bildschirm angezeigt wird, und einen Wert, der zurückgeliefert wird, wenn der Eintrag gewählt wird. Zwischen *Auswahlelement* und *Auswahleintrag* gibt es zwei Assoziationen; eine 1:m-Assoziation definiert die Menge der zulässigen Wahlmöglichkeiten, eine 1:1-Assoziation identifiziert die aktuelle Auswahl. Die aktuelle Auswahl muß eine der zulässigen Auswahlmöglichkeiten sein, so daß eine der beiden Assoziationen eine Untermenge der anderen ist. Dies deutet der mit "{Untermenge}" beschriftete Pfeil zwischen den Assoziationen an. Sie sehen hier ein Beispiel für eine Einschränkung. Einschränkungen werden in Abschnitt 4.7 besprochen.

Wenn ein Schaltelement vom Benutzer ausgewählt wird, generiert es ein *Ereignis,* d.h. ein Signal, daß etwas geschehen ist, und eine auszuführende Aktion. Alle Arten von Schaltelementen besitzen *Schalter-Ereignis*-Assoziationen. Jedes Schaltelement hat genau ein Ereignis, aber mehrere Schaltelemente können ein Ereignis teilen. Für Textelemente gibt es eine zweite Art von Ereignis, das generiert wird, wenn ein Zeichen über die Tastatur eingegeben wird, während das

Textelement ausgewählt ist. Die Assoziation *Tastaturereignis* zeigt diese Ereignisse. Textelemente erben auch das *Schalter-Ereignis* von der Oberklasse *Schaltelement*; das *Schalter-Ereignis* wird generiert, wenn das ganze Textelement mit der Maus markiert ist.

Dieses Modell weist eine Reihe von Unzulänglichkeiten auf. Beispielsweise verwenden sowohl *Fenster* als auch *Leinwand* eine Menge von vier Positionsattributen. Besser wäre es, statt dessen einen Typ *Rechteck* zu definieren, der für die Fenster- und Leinwandgrenzen gleichermaßen verwendet werden kann. Vielleicht sollte eine Linie ein Sonderfall eines Polygonzugs (einer Reihe verbundener Liniensegmente) sein. In diesem Fall könnten sowohl *Polygonzug* als auch *Polygon* Unterklassen einer neuen gemeinsamen Oberklasse sein, die eine geordnete Liste von Punkten definiert. Viele Attribute, Operationen und Klassen, die eine Beschreibung eines realistischen Fenstersystems enthalten müßte, fehlen in unserem Modell. So müßte es natürlich Assoziationen der Fenster untereinander geben, um beispielsweise Überlappungen zu beschreiben. Trotzdem gibt dieses einfache Modell eine Vorstellung von den Einsatzmöglichkeiten der Objektmodellierung. Wir können seine Details kritisieren, weil es eine präzise Aussage trifft. Somit könnte es als Grundlage für ein umfangreicheres System dienen.

3.7 Praktische Hinweise

Die folgenden Hinweise zur Konstruktion von Objektdiagrammen verdanken wir unserer Arbeit mit realen Anwendungen. Viele der Hinweise wurden im Laufe dieses Kapitels schon angesprochen.

- Ihr erster Schritt beim Bau eines Objektmodells sollte nicht darin bestehen, Klassen, Assoziationen und Vererbung zu Papier zu bringen. Es kommt vielmehr darauf an, das anstehende Problem zunächst überhaupt zu verstehen. Der Inhalt eines Objektmodells richtet sich ausschließlich nach seiner Relevanz für die angestrebte Lösung.

- Bemühen Sie sich, Ihr Modell einfach zu halten. Vermeiden Sie unnötige Komplikationen.

- Wählen Sie Namen sorgfältig aus. Namen sind wichtig. Sie können eine Fülle von Konnotationen in sich bergen. Namen sollten aussagekräftig, knapp und eindeutig sein. Sie sollten nicht einen einzelnen Aspekt eines Objekts in den Vordergrund stellen. Die Wahl guter Namen ist einer der wichtigsten Aspekte der Objektmodellierung.

- Vergraben Sie Zeiger und andere Verweise auf Objekte nicht als Attribute in den Objekten. Modellieren Sie sie statt dessen als Assoziationen. Dies ist klarer und erfaßt die eigentliche Absicht besser als ein implementierungsnaher Ansatz.

- Versuchen Sie, allgemeine ternäre und n-äre Assoziationen zu vermeiden. Die meisten dieser Assoziationen können in binäre Assoziationen aufgelöst werden, möglicherweise unter Zuhilfenahme von Qualifikationsangaben und Verknüpfungsattributen.

- Versuchen Sie nicht, alle Multiplizitätsfragen schon in einem sehr frühen Stadium der Softwareentwicklung perfekt zu lösen.

- Bauen Sie Verknüpfungsattribute nicht in eine Klasse ein.

- Verwenden Sie, wenn möglich, qualifizierte Assoziationen.

- Versuchen Sie, tiefverschachtelte Generalisierungen zu vermeiden.

- Prüfen Sie 1:1-Assoziationen. Oft ist eine 0-oder-1-Multiplizität besser geeignet, weil das Objekt an einem der beiden Enden optional ist. In anderen Fällen ist eine m-Multiplizität erforderlich.

- Seien Sie nicht überrascht, wenn Sie Ihr Modell überarbeiten müssen. Objektmodelle erfordern häufig mehrere Durchgänge, um Namen zu klären, Fehler zu beheben, Details hinzuzufügen und strukturelle Einschränkungen korrekt zu erfassen (Abschnitt 4.7). Einige unserer komplexesten Modelle umfassen zwar nur ein paar Seiten, haben aber ein halbes Dutzend Durchgänge erfordert.

- Lassen Sie Ihr Modell möglichst von anderen Leuten überprüfen. Objektmodelle sind häufig der entscheidende Motivationsfaktor, andere in ein Projekt einzubinden.

- Sie sollten Ihre Objektmodelle immer dokumentieren. Das Diagramm spezifiziert die Struktur eines Modells, ohne die Überlegungen zu beschreiben, die dahinterstehen. Der erklärende Text führt den Leser durch das Modell und erklärt die tieferen Gründe, warum das Modell so und nicht anders strukturiert wurde. Der erklärende Text verdeutlicht die Bedeutung von Namen im Modell und sollte den Grund für die Existenz jeder Klasse und jeder Relation vermitteln.

- Fühlen Sie sich nicht verpflichtet, alle Konstrukte der Objektmodellierung einzusetzen. Die OMT-Notation stellt eine Idealisierung dar. Nicht alle Konstrukte sind für jedes Problem erforderlich. Viele Konstrukte sind optional und eine Frage des persönlichen Geschmacks. Verwenden Sie nur Konstrukte, die Sie wirklich für das anstehende Problem benötigen.

3.8 Zusammenfassung

Objektmodelle beschreiben die statische Datenstruktur von Objekten, Klassen und ihren Relationen zueinander. Der Inhalt eines Objektmodells ist Ermessenssache und wird von der Relevanz für eine Anwendung bestimmt. Ein Objekt ist ein Konzept, eine Abstraktion oder eine Sache mit präzisen Abgrenzungen und einer klaren Bedeutung für eine Anwendung. Alle Objekte besitzen eine Identität und sind voneinander unterscheidbar. Eine Objektklasse beschreibt eine Gruppe von Objekten mit gemeinsamen Attributen und Operationen und einer gemeinsamen Semantik. Ein Attribut ist eine Eigenschaft der Objekte in einer Klasse; eine Operation ist eine Aktion, die auf Objekte in einer Klasse angewendet werden kann.

Verknüpfungen und Assoziationen stellen Relationen zwischen Objekten und Klassen her. Eine Verknüpfung verbindet zwei oder mehr Objekte. Eine Assoziation beschreibt eine Gruppe von Verknüpfungen mit gemeinsamer Struktur und Semantik. Multiplizität spezifiziert, wie viele Instanzen einer Klasse mit jeder der Instanzen einer anderen Klasse in Relation stehen können. Eine Assoziation ist ein logisches Konstrukt. Eine von mehreren Implementierungsalternativen dafür sind Zeiger.

Weitere Konstrukte zur Modellierung von Assoziationen sind: Verknüpfungsattribut, Rolle, Qualifikationsangabe und Aggregation. Ein Verknüpfungsattribut ist eine Eigenschaft der Verknüpfungen in einer Assoziation. m:m-Assoziationen liefern die zwingendste Begründung, Attribute zu verknüpfen. Ein Verknüpfungsattribut ist unzweifelhaft eine Eigenschaft der Verknüpfung und kann nicht an eines der beiden Objekte angebunden sein. Eine Rolle gibt die Richtung einer Assoziation an. Rollen sind besonders nützlich bei Assoziationen zwischen Objekten der gleichen Klasse. Eine Qualifikationsangabe setzt die effektive Multiplizität einer Assoziation herab, indem sie innerhalb der Menge von Objekten am m-Ende auswählt. Oft sind Namen bereits Qualifikationsangaben. Aggregation ist eine eng gekoppelte Form der Assoziation mit einigen zusätzlichen semantischen Möglichkeiten wie transitive Abgeschlossenheit und Fortpflanzung von Attributwerten. Aggregation findet sich häufig bei Problemen, in denen es um Stücklisten oder Teileexplosion geht.

Generalisierung und Vererbung sind fundamentale Konzepte objektorientierter Sprachen, die in konventionellen Sprachen und Datenbanken fehlen. Generalisierung ist ein nützliches Konstrukt sowohl für die konzeptuelle Modellierung als auch für die Implementierung. Bei der konzeptuellen Modellierung versetzt Generalisierung den Programmierer in die Lage, Klassen aufgrund ihrer Ähnlichkeiten und Unterschiede in einer hierarchischen Struktur zu organisieren. Bei der Implementierung erleichtert Vererbung die Wiederverwendung von Code. Der Begriff *Generalisierung* bezieht sich auf die Relation zwischen Klassen; der Begriff *Vererbung* bezieht sich auf den Mechanismus, Attribute und Operationen über eine Generalisierungsstruktur zu gewinnen. Generalisierung bietet die Möglichkeit, eine Oberklasse zu einer oder mehreren Unterklassen zu verfeinern. Die Oberklasse enthält Merkmale, die allen Klassen gemeinsam sind; die Unterklassen enthalten Merkmale, die nur für die jeweilige Klasse gelten. Vererbung ist über eine beliebige Zahl von Ebenen hinweg möglich. Dabei repräsentiert jede Ebene einen Aspekt eines Objekts. Ein Objekt nimmt Merkmale aus jeder Generalisierungsebene in sich auf.

Moduln und Blätter sind Konstrukte, die der Gruppierung dienen. Ein Objektmodell besteht aus einem oder mehreren Moduln. Ein Modul ist ein logisches Konstrukt, das eine Perspektive oder Sicht auf eine Situation erfaßt. Die meisten Verweise auf Klassen finden sich innerhalb von Moduln; manche Verweise sind modulübergreifend. Jedes Modul besteht aus einem oder mehreren Blättern. Ein Blatt ist nur eine Notierungskonvention, um Objektmodelle auf Papierbögen, deren Größe begrenzt ist, unterzubringen.

Wie unser Beispielmodell für ein Fenstersystem zeigt, wirken die verschiedenen Konstrukte der Objektmodellierung bei der präzisen Beschreibung eines komplexen Systems zusammen. Sobald ein Objektmodell, selbst ein vereinfachtes, zur Verfügung steht, kann das Modell mit der realen Welt oder der gewünschten Anwendung verglichen, kritisiert und verbessert werden.

Aggregation	Identität	Multiplizität	Signatur
Assoziation	Instanz	Objekt	Spezialisierung
Attribut	Klasse	Operation	Überschreiben
Blatt	Merkmal	Ordnung	Vererbung
Diskriminator	Methode	Qualifikation	Verknüpfung
Generalisierung	Modul	Rolle	Verknüpfungsattribut

Abb. 3.26   Schlüsselbegriffe in Kapitel 3

3.9   Anmerkungen zur Bibliographie

Der in diesem Buch beschriebene Objektmodellierungsansatz baut auf der OMT-Notation auf, die erstmals in [Loomis-87] vorgestellt wurde. [Blaha-88] erweitert die OMT-Notation für die Zwecke des Datenbankentwurfs. Dieses Buch definiert den Begriff *OMT* neu, denn in diesem Buch bezeichnet OMT nicht nur eine Notation, sondern unsere gesamte Methodologie. Unser *Objektmodell* steht zu der in den genannten Aufsätzen diskutierten *OMT-Notation* in Analogie. Dieses Buch verfeinert die Objektmodellierungsnotation gegenüber der in den Aufsätzen beschriebenen und schlägt eine komplette Methodologie für ihre Verwendung vor.

Die Objektmodellierungsnotation ist einer von vielen Ansätzen, die auf das wegweisende Entity-Relationship-(ER)-Modell von [Chen-76] zurückgehen. Alle späteren Modelle haben versucht, den ER-Ansatz zu verbessern. Dafür sprachen mehrere Gründe. Die ER-Technik hat sich bei der Datenbank-Modellierung erfolgreich bewährt und daraus resultierte der weitverbreitete Wunsch nach größerer Mächtigkeit. Darüber hinaus zielt die ER-Modellierung nur auf den Datenbankentwurf und nicht auf die Programmierung ab. Es gibt zu viele Erweiterungen zu ER, um sie hier alle zu diskutieren. (Einige davon behandelt Kapitel 12.)

Ein beachtenswerter Aspekt unseres Objektmodellierungsansatzes ist der Schwerpunkt, den wir auf Assoziationen legen. Wie das Konzept der Vererbung ist auch das Konzept der Assoziationen sowohl für die konzeptuelle Modellierung als auch für die Implementierung nützlich. Die meisten bestehenden objektorientierten Programmiersprachen ([Cox-86], [Goldberg-83] und [Meyer-88]) kennen das Konzept der Assoziation nicht und erfordern die Verwendung von Zeigern. Die meisten Datenbank-Entwurfstechniken erkennen die Wichtigkeit von Assoziationen an. Unsere Ideen zu Assoziationen setzen auf [Rumbaugh-87] auf. Die Verwendung des Begriffs *Relation* bei [Rumbaugh-87] entspricht unserer Verwendung des Begriffs *Assoziation* in diesem Buch.

[Khoshafian-86] definiert das Konzept der Objektidentität und seine Bedeutung für Programmiersprachen und Datenbank-Systeme.

3.10 Literaturangaben

[Blaha-88] Michael Blaha, William Premerlani, James Rumbaugh. Relational database design using an object-oriented methodology. *Communications of the ACM 31*, 4 (April 1988) 414-427.

[Chen-76] P.P.S. Chen. The Entity-Relationship model — toward a unified view of data. *ACM Transactions on Database Systems 1*, (March 1976).

[Cox-86] Brad J. Cox. *Object-Oriented Programming*. Reading, Mass.: Addison-Wesley, 1986.

[Goldberg-83] Adele Goldberg, David Robson. *Smalltalk-80: The Language and its Implementation*. Reading, Mass.: Addison-Wesley, 1983.

[Khoshafian-86] S.N. Khoshafian, G.P. Copeland. Object identity. *OOPLSA'86* as *ACM SIGPLAN 21*, 11 (Nov. 1986), 406-416.

[Loomis-87] Mary E.S. Loomis, Ashwin V. Shah, James E. Rumbaugh. An object modeling technique for conceptual design. *European Conference on Object-Oriented Programming*. Paris, France, June 15-17, 1987, published as *Lecture Notes in Computer Science*, 276, Springer-Verlag.

[Meyer-88] Betrand Meyer. *Object-Oriented Software Construction*. Hertfordshire, England: Prentice Hall International, 1988.

[Rumbaugh-87] James E. Rumbaugh. Relations as semantic constructs in an object-oriented language. *OOPSLA'87* as *ACM SIGPLAN 22*, 12 (Dec. 1987), 466-481.

3.11 Übungen

3.1   (2) Zeichnen Sie ein Klassendiagramm aus dem Instanzendiagramm in Abbildung Ü3.1

Abb. Ü3.1   Instanzendiagramm für einen Teil Europas

3.2   (2) Entwickeln Sie ein Klassendiagramm aus dem Instanzendiagramm in Abbildung Ü3.2. Begründen Sie Ihre Multiplizitätsentscheidungen. Jeder Punkt hat eine x-Ko-ordinate und eine y-Koordinate. Welche Zahl von Punkten ist mindestens erforderlich, um ein Polygon zu konstruieren? Macht es einen Unterschied, ob ein gegebener Punkt von mehreren Polygonen gemeinsam genutzt wird? Wie können Sie die Tatsache ausdrücken, daß Punkte sich in einer Reihenfolge befinden?

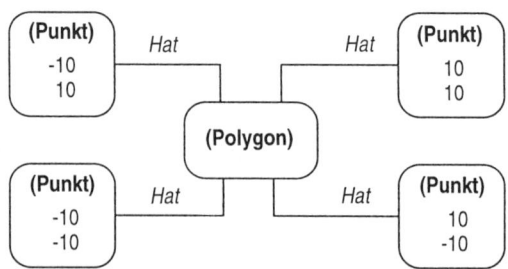

Abb. Ü3.2   Instanzendiagramm für ein Polygon, das zufällig ein Quadrat ist

3.3 (3) Schreiben Sie im Einklang mit dem Objektdiagramm, das Sie in Übung 3.2 erarbeitet haben, ein Instanzendiagramm für zwei Dreiecke, die unter den folgenden Bedingungen eine gemeinsamen Seite besitzen:

a. Ein Punkt gehört zu genau einem Polygon.

b. Ein Punkt gehört zu einem oder mehreren Polygonen.

3.4 (3) Entwickeln Sie ein Klassendiagramm aus dem Instanzendiagramm in Abbildung Ü3.3. Begründen Sie Ihre Multiplizitätsentscheidungen. Wie drückt Ihr Diagramm die Tatsache aus, daß Punkte sich in einer Reihenfolge befinden?

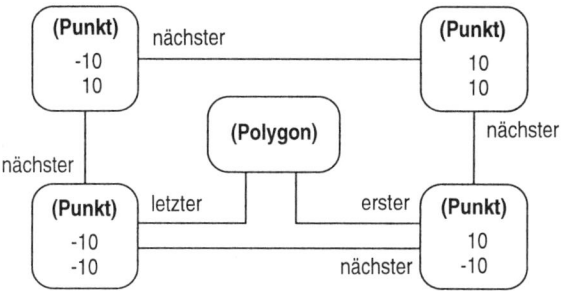

Abb. Ü3.3 Noch ein Instanzendiagramm für ein Polygon, das zufällig ein Quadrat ist

3.5 (5) Beschreiben Sie in Ihren eigenen Worten die Objektdiagramme in Übung 3.2 und 3.4.

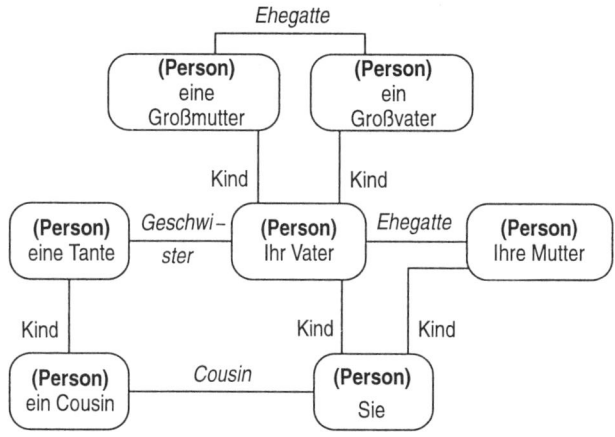

Abb. Ü3.4 Instanzendiagramm für einen Teil Ihres Familienstammbaums

3.6 (5) Entwickeln Sie ein Klassendiagramm aus dem Instanzendiagramm in Abbildung Ü3.4.

3.7 (3) Entwickeln Sie ein Klassendiagramm aus dem in Abbildung Ü3.5 gezeigten Instanzendiagramm eines geometrischen Dokuments. Das abgebildete Dokument

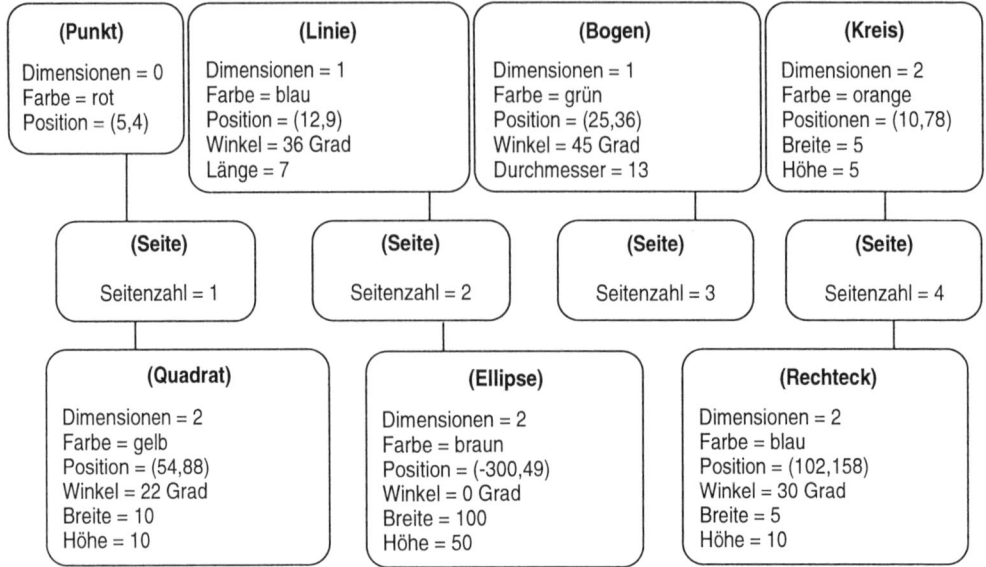

Abb. Ü3.5 Instanzendiagramm für ein geometrisches Dokument

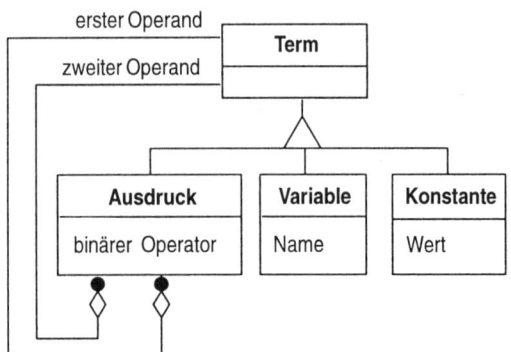

Abb. Ü3.6 Klassendiagramm für einfache arithmetische Ausdrücke

besteht aus 4 Seiten. Die erste Seite zeigt einen roten Punkt und ein gelbes Quadrat. Die zweite Seite enthält eine Linie und eine Ellipse. Auf den beiden letzten Seiten befinden sich ein Bogen, ein Kreis und ein Rechteck. Beim Skizzieren Ihres Diagramms sollten Sie genau eine Aggregationsrelation und eine oder mehrere Generalisierungsrelationen verwenden.

3.8a. (6) Entwickeln Sie ein Instanzendiagramm für das Klassendiagramm in Abbildung Ü3.6 für den Ausdruck (X + Y / 2) / (X / 3 + Y). Die Klammern in diesem Ausdruck dienen der Gruppierung, sie werden im Diagramm jedoch nicht benötigt. Die m-Multiplizität besagt, daß ein Term in mehr als einem Ausdruck verwendet werden kann.

b. Modifizieren Sie das Klassendiagramm so, daß Terme nicht gemeinsam genutzt werden und unäre Minusvorzeichen möglich sind.

3.9 (3) Abbildung Ü3.7 ist ein erst teilweise fertiggestelltes Objektdiagramm für ein Flugreisesystem. Ergänzen Sie die fehlenden Multiplizitätspunkte. Begründen Sie Ihre Entscheidungen. Zeigen Sie, inwiefern Multiplizität von Ihrer persönlichen Wahrnehmung der Welt abhängt.

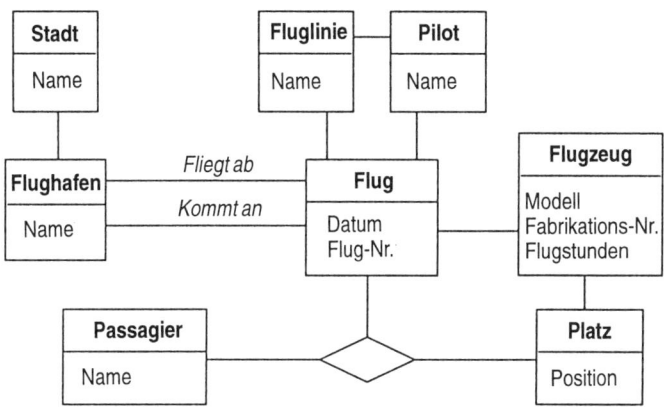

Abb. Ü3.7 Teilweise fertiges Modell eines Flugreisesystems

3.10 (4) Verändern Sie Abbildung Ü3.7 so, daß Sitzplatz als Qualifikationsangabe erscheint.

3.11 (3) Fügen Sie den unbenannten Assoziationen in Abbildung Ü3.7 Assoziationsnamen hinzu.

3.12 (3) Fügen Sie den unbenannten Assoziationen in Abbildung Ü3.7 Rollennamen hinzu.

3.13 (4) Zeichnen Sie ein Instanzendiagramm für einen imaginären Hin-und Rückflug nach London am letzten Wochenende: Verwenden Sie mindestens eine Instanz jeder Objektklasse. Glücklicherweise gab es noch Direktflüge mit einem Überschallflugzeug. Ein Freund hat Sie begleitet, entschloß sich jedoch, fürs erste in London zu bleiben, wo er immer noch ist. Flugkapitän Johnson war beim Hinflug wie beim Rückflug Ihr Pilot. Sie saßen jeweils an unterschiedlichen Plätzen, aber wegen einer unverkennbaren Delle am Leitwerk wissen Sie, daß das Flugzeug beide Male das gleiche war.

3.14 (1) Fügen Sie dem Objektdiagramm in Abbildung Ü3.7 die folgenden Operationen hinzu: heizen, einstellen, entlassen, tanken, reservieren, reinigen, enteisen, starten, landen, reparieren, stornieren, Verspätung haben. Es ist zulässig, eine Operation zu mehr als einer Objektklasse hinzuzufügen.

3.15 Zeichnen Sie Objektdiagramme, die mindestens 10 Relationen zwischen den folgenden Objektklassen zeigen. Fügen Sie Assoziationen, Aggregationen und Generalisierungen hinzu. Verwenden Sie qualifizierte Assoziationen und fügen Sie Multiplizitätspunkte ein. Die Diagramme brauchen keine Attribute oder Operationen zu enthalten. Verwenden Sie Assoziationsnamen, wo sie gebraucht werden. Beim Zeichnen der Diagramme können Sie weitere Objektklassen hinzufügen.

a. (4) Schule, Spielplatz, Direktor, Elternbeirat, Klassenzimmer, Buch, Schüler, Lehrer, Cafeteria, Pausenraum, Computer, Pult, Stuhl, Lineal, Tür, Schaukel.

b. (4) Burg, Burggraben, Zugbrücke, Turm, Geist, Treppe, Kerker, Boden, Korridor, Zimmer, Fenster, Stein, Schloßherr, Burgfräulein, Köchin.

c. (7) Ausdruck, Konstante, Variable, Funktion, Argumentliste, Vergleichsoperator, Term, Faktor, arithmetischer Operator, Anweisung, Programm.

d. (6) Dateisystem, Datei, Verzeichnis, Dateiname, ASCII-Datei, ausführbare Datei, Verzeichnisdatei, Platte, Laufwerk, Spur, Sektor.

e. (4) Auto, Motor, Rad, Bremse, Bremslicht, Tür, Batterie, Stoßdämpfer, Auspuffrohr.

f. (6) Gasofen, Gebläse, Gebläsemotor, Raumthermostat, Ofenthermostat, Luftbefeuchter, Luftfeuchtigkeitsmesser, Gaszufuhrkontrolle, Gebläsesteuerung, Heißluftschlitze.

g. (5) Schachfigur, waagrechte Reihe, senkrechte Reihe, Feld, Schachbrett, Zug, Position, Folge von Zügen.

h. (5) Becken, Gefrierschrank, Kühlschrank, Tisch, Licht, Schalter, Fenster, Rauchalarm, Diebstahlsicherung, Küchenschrank, Brot, Käse, Eis, Tür, Küche.

3.16 (5) Fügen Sie jedem der Objektdiagramme aus der vorhergehenden Übung mindestens 15 Attribute und 5 Operationen hinzu.

3.17 (5) Abbildung Ü3.8 zeigt einen Teil eines Objektdiagramms für ein Computerprogramm, mit dem man verschiedene Kartenspiele spielen kann. Spiel, Blatt, Ablegestapel und Nehmen-Stapel sind Kollektionen von Karten. Die anfängliche Größe eines Blatts hängt vom jeweiligen Spiel ab. Jede Karte besitzt eine Farbe und einen Wert. Fügen Sie dem Diagramm die folgenden Operationen hinzu: aufdecken, mischen, austeilen, initialisieren, sortieren, einfügen, erster-im-Stapel, letzter-im-Stapel, ziehen und ablegen. Einige Operationen können in mehr als einer Objektklasse vorkommen. Beschreiben Sie für jede Klasse, in der eine Operation auftritt, die Argumente der Operation und die Auswirkung einer Operation auf eine Klasseninstanz.

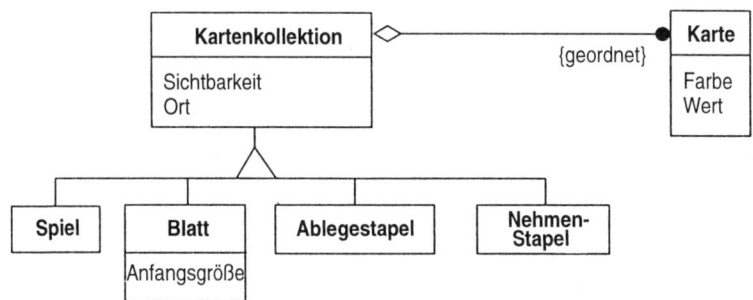

Abb. Ü3.8   Teil eines Objektdiagramms für ein Kartenspiel-System

3.18 (5) Abbildung Ü3.9 zeigt einen Teil eines Objektdiagramms für ein Computersystem zur Gestaltung eines Zeitungslayouts. Das System verwaltet mehrere Seiten, die unter anderem Textspalten enthalten können. Der Benutzer kann die Breite und die Länge einer Textspalte editieren, sie innerhalb einer Seite verschieben oder sie von einer Seite zu einer anderen schieben. Wie das Diagramm zeigt, wird eine Spalte auf genau einer Seite angezeigt. Das System soll so verändert werden, daß eine Spalte über mehrere Seiten verteilt werden kann. Wenn der Benutzer den Text auf einer Seite editiert, werden die anderen Seiten automatisch geändert. Ändern Sie das Objektdiagramm so, daß es diese Verbesserung ermöglicht. x-Ausrichtung und y-Ausrichtung sollten dabei als Verknüpfungsattribute erscheinen.

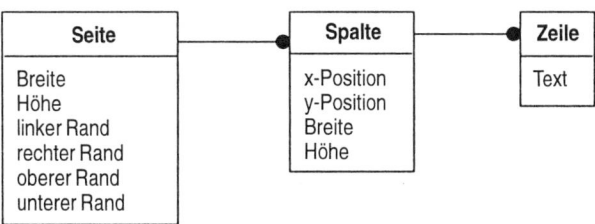

Abb. Ü3.9   Teil eines Objektdiagramms für ein Zeitungslayout-System

3.19   (4) Abbildung Ü3.10 zeigt ein Objektdiagramm, das beim Entwurf eines Systems zur Vereinfachung der Planung und Bewertung von Sportwettkämpfen wie Gymnastik, Kunstspringen und Eiskunstlauf eingesetzt werden könnte. Dabei gibt es mehrere Durchgänge und Wettbewerbsteilnehmer. Jeder Teilnehmer kann in mehreren Durchgängen antreten und für jeden Durchgang gibt es viele Teilnehmer. Für jeden Durchgang gibt es mehrere Kampfrichter, die die Leistung der Teilnehmer in diesem Durchgang subjektiv bewerten. Ein Kampfrichter bewertet jeden Teilnehmer an einem Durchgang. In einigen Fällen punktet ein Kampfrichter mehr als einen Durchgang. Der Angelpunkt des Wettbewerbs sind die Starts. Jeder Start ist ein Versuch eines Teilnehmers, bei einem Durchgang die bestmögliche Leistung zu erbringen. Ein Start wird durch eine Jury von Richtern für diesen Durchgang gepunktet und die Endpunktezahl wird ermittelt. Fügen Sie den Assoziationen Rollennamen und Multiplizitätspunkte hinzu.

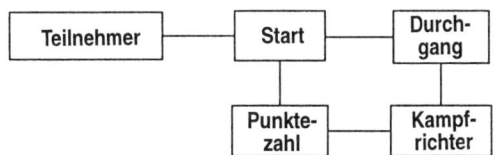

Abb. Ü3.10   Teil eines Objektdiagramms für ein Wettkampf-Bewertungssystem

3.20   (3) Fügen Sie Abbildung Ü3.10 die folgenden Attribute hinzu: Adresse, Alter, Datum, Schwierigkeitsgrad, Name. In einigen Fällen möchten Sie die gleichen Attribute möglicherweise in mehr als einer Klasse verwenden.

3.21   (2) Fügen Sie Abbildung Ü3.10 eine Assoziation hinzu, mit der es möglich ist, direkt und ohne Verwendung der Klasse *Start* festzustellen, in welchen Durchgängen ein Teilnehmer antreten wird.

3.22   (6) Zeichnen Sie ein Objektdiagramm für das Fünf-Philosophen-Problem. 5 Philosophen sitzen an einem runden Tisch, auf dem sich 5 Gabeln befinden. Jeder Philosoph hat Zugriff auf 2 Gabeln, eine auf der linken und eine auf der rechten Seite. Jede Gabel wird von 2 Philosophen geteilt. Jede Gabel kann sich entweder auf dem Tisch befinden oder von einem der Philosophen benutzt werden. Ein Philosoph braucht 2 Gabeln, um essen zu können.

3.23   (5) Zeichnen Sie ein Objektmodell, das nicht-gerichtete Graphen beschreibt. Ein nicht-gerichteter Graph besteht aus einer Menge von Ecken und einer Menge von Kanten. Kanten verknüpfen ein Eckenpaar. Ihr Modell sollte nur die Struktur der Graphen (d.h. Konnektivität) erfassen, nicht geometrische Details wie die Position der Ecken oder die Länge der Kanten. Abbildung Ü3.11 zeigt einen typischen Graphen.

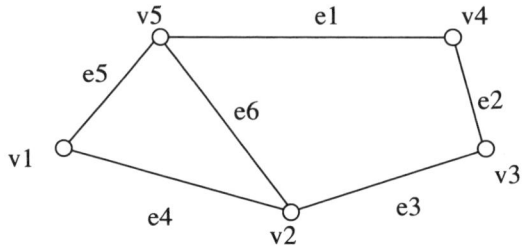

Abb. Ü3.11   Beispiel für einen nicht gerichteten Graphen

3.24   (3) Zeichnen Sie ein Instanzendiagramm für Abbildung Ü3.11.

3.25   (4) Erweitern Sie das Objektdiagramm, das Sie für die Übung 3.23 erstellt haben, so daß es geometrische Details aufnehmen kann, auch Positionen von Ecken und Namen von Ecken und Kanten.

3.26   (5) Zeichnen Sie ein Objektmodell zur Beschreibung gerichteter Graphen. Ein gerichteter Graph ähnelt einem ungerichteten Graphen, die Kanten sind jedoch gerichtet. Abbildung Ü3.12 zeigt ein Beispiel für einen gerichteten Graphen. Geben Sie die Richtung in Ihrem Diagramm durch eine Qualifikationsangabe an, so daß es möglich ist, die Ecke festzustellen, die mit dem Anfang oder dem Ende jeder Kante verbunden ist.

3.27   (3) Zeichnen Sie ein Instanzendiagramm für Abbildung Ü3.12.

3.28   (6) Mehrere der Objektklassen in Abbildung Ü3.13 besitzen Attribute, die eigentlich Zeiger auf andere Objektklassen sind und durch Assoziationen ersetzt werden könnten. Eine Person kann bis zu drei Firmen als Arbeitgeber haben. Jede Person hat eine ID. Einem Auto ist eine ID zugewiesen. Autos können sich im Besitz von Personen, Firmen und Banken befinden. Die ID eines Autobesitzers ist die ID der Person, Firma oder Bank, die das Auto besitzt. Mit dem Kauf eines Autos kann ein Autokredit verbunden sein.

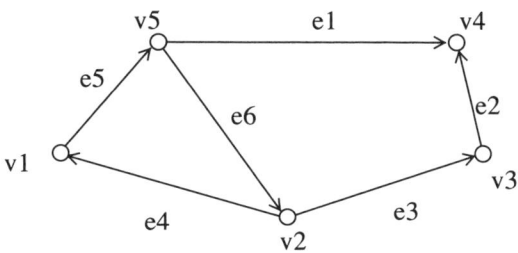

Abb. Ü3.12 Beispiel für einen gerichteten Graphen

Person	Auto	Autokredit	Firma	Bank
Name Alter Arbeitgeber 1 ID Arbeitgeber 2 ID Arbeitgeber 3 ID Person-ID Adresse	Besitzer-ID Fahrzeug-ID Besitzertyp Modell Jahr	Fahrzeug-ID Kunden-ID Kundenart Kontonummer Bank-ID Zinssatz aktueller Kontostand	Name Firma-ID	Name Bank-ID

Abb. Ü3.13 Objektklassen mit mehreren Attributen, die eigentlich Zeiger sind

Es wäre falsch, ein Objektmodell zu konstruieren, indem man Zeiger in Objekten versteckt. Zeichnen Sie ein Objektdiagramm, in dem die Zeiger durch Relationen ersetzt werden. Versuchen Sie, die Multiplizitäten korrekt festzulegen. Es kann sein, daß Sie eine oder mehrere Objektklassen neu hinzufügen müssen. Entfernen Sie alle IDs. Einige Attribute können zu Diskriminatoren umgewandelt werden.

3.29 (3) Ein Problem entsteht, wenn mehrere unabhängige Systeme das gleiche Objekt identifizieren wollen. Nehmen wir zum Beispiel an, die Kfz-Abteilung, eine Versicherungsgesellschaft, eine Bank und die Polizei wollen ein gegebenes Kraftfahrzeug identifizieren. Wägen Sie die Vor- und Nachteile der folgenden Identifizierungsmethoden gegeneinander ab:

a. Identifizierung nach Besitzer.
b. Identifizierung nach Attributen wie Hersteller, Modell und Jahr.
c. Identifizierung nach der Fahrgestellnummer, die der Hersteller dem Auto zugewiesen hat.
d. Identifizierung nach den intern vergebenen IDs der jeweils interessierten Stelle.

3.30 (7) Zeichnen Sie ein Objektmodell, das dazu dienen kann, Fehler in einem 4-Takt-Motor für einen Rasenmäher zu finden. Verwenden Sie drei Blätter für das Modell und stellen Sie jeden der folgenden Absätze auf einem Blatt dar:

Leistung wird in einem Motor dieser Art durch Verbrennung eines Luft-/Benzin-Gemisches gegen einen Kolben erzeugt. Der Kolben ist durch eine Kurbelstange mit einer Kurbelwelle verbunden und bewegt sich, während die Welle rotiert, in einem Zylinder auf und ab. Wenn sich der Kolben nach unten bewegt, öffnet sich ein Einlaßventil, so daß der Kolben ein Luft-/Benzin-Gemisch in den Zylinder ansaugen kann. Am Ende des Kolbenhubs schließt sich das Einlaßventil. Während sich der

Kolben nach oben bewegt, komprimiert und erhitzt er das Gemisch. Um den Kolben verlaufende Ringe reiben gegen die Zylinderwand und erzeugen eine Abdichtung, die für die Verdichtung und die Verteilung von Schmieröl nötig ist. Am Anfang des Hubs bringt ein elektrischer Funke einer Zündkerze das Gemisch zur Explosion. Die sich ausbreitenden Gase entwickeln beim Hub nach unten Leistung. Am Ende wird ein Auslaßventil geöffnet. Beim nächsten Hub nach oben können die Abgase entweichen.

In einem Vergaser wird Kraftstoff mit Luft gemischt. Ein Luftfilter entfernt Staub und Schmutz in der Luft, um einem Verschleiß vorzubeugen. Das optimale Kraftstoff-/Luft-Verhältnis wird durch Anpassen einer Gemisch-Schraube eingestellt. Eine Drosselklappe steuert, welche Gemischmenge in den Zylinder angesaugt wird. Die Drosselklappe wird ihrerseits durch Federn des Bedienergashebels und einen Regler gesteuert, eine mechanische Vorrichtung, die die Motorgeschwindigkeit bei variierenden mechanischen Belastungen stabilisiert. Die Einlaß- und Abgasventile werden normalerweise durch Federn geschlossen gehalten und im richtigen Moment durch eine Nockenwelle geöffnet, die von einem Kurbelwellengetriebe gesteuert wird.

Die elektrische Energie für die Zündung wird durch einen Magnet, eine Spule, einen Verdichter und einen normalerweise geschlossenen Schalter, den sogenannten Kontaktpunkten, erzeugt und getaktet. Die Spule hat einen Niederspannungs-Primärschaltkreis, der mit den Kontaktpunkten verbunden ist, und einen Hochspannungs-Sekundärschaltkreis, der mit der Zündkerze verbunden ist. Der Magnet befindet sich auf einem Schwungrad. Wenn er an der Spule vorbeirotiert, induziert er einen Strom im kurzgeschlossenen Primärschaltkreis. Die Kontaktpunkte werden im richtigen Moment durch eine Nocke auf einer Kurbelwelle geöffnet. Mit Hilfe des Verdichters unterbrechen sie den Strom im Primärschaltkreis und induzieren einen Hochspannungsimpuls im Sekundärschaltkreis.

3.31   (5) Das Problem der Türme von Hanoi wird häufig verwendet, um in die Techniken der rekursiven Programmierung einzuführen. Ziel ist es, einen Stapel von Scheiben, der sich auf einem von drei Pfeilern befindet, auf einen anderen Pfeiler umzuschichten. Dabei wird der dritte Pfeiler als Hilfspfeiler benutzt. Jede Scheibe hat eine andere Größe. Die oberste Scheibe des Stapels auf einem Pfeiler darf oben auf den Stapel eines der beiden anderen Pfeiler gelegt werden, wobei nur eine Scheibe auf einmal bewegt und eine Scheibe niemals auf eine Scheibe gelegt werden darf, die kleiner ist als sie selbst. Die Einzelheiten des Algorithmus, der die Folge der erforderlichen Züge auflistet, hängen von der Struktur des verwendeten Objektdiagramms ab. Zeichnen Sie Objektdiagramme für jede der folgenden Beschreibungen. Zeigen Sie die Objektklassen und Assoziationen, nicht aber die Attribute oder Operationen:

a.   Ein Turm besteht aus mehreren (3) Pfeilern. Auf jedem Pfeiler befinden sich mehrere Scheiben, in einer bestimmten Reihenfolge.

b.   Ein Turm besteht aus mehreren (3) Pfeilern. Die Scheiben auf den Pfeilern sind in Untermengen aufgeteilt, die als Stapel bezeichnet werden. Ein Stapel ist eine geordnete Menge von Scheiben. Jede Scheibe befindet sich in genau einem Stapel. Auf einem Pfeiler können sich mehrere Stapel befinden, die der Größe nach geordnet sind.

c.   Ein Turm besteht aus mehreren (3) Pfeilern. Die Scheiben auf den Pfeilern sind in Untermengen aufgeteilt, die als Stapel bezeichnet werden, wobei sich, wie in (b), mehrere Stapel auf einem Pfeiler befinden können. Die Struktur eines Stapels ist jetzt jedoch rekursiv. Ein Stapel besteht aus einer Scheibe (der untersten Scheibe des physikalischen Stapels) und, je nach Höhe des Stapels, null oder einem Stapel.

d.   Ähnlich wie (c), außer daß nur ein Stapel mit einem Pfeiler assoziiert ist. Andere Stapel auf dem Pfeiler werden in einer verketteten Liste assoziiert.

3.32   (7) Angelpunkt des in Übung 3.31 beschriebenen, rekursiven Algorithmus, der die Folge von Zügen generiert, ist ein Stapel Scheiben. Um einen Stapel der Höhe N umzuschichten, wobei N>1 ist, setzen Sie unter Verwendung eines rekursiven Aufrufs zuerst den Stapel der Höhe N − 1 auf den freien Pfeiler. Danach setzen Sie die unterste Scheibe auf den gewünschten Pfeiler. Schließlich setzen Sie den Stapel auf dem freien Pfeiler auf den gewünschten Pfeiler. Die Rekursion terminiert, weil das Umschichten eines Stapels der Höhe 1 trivial ist. Welches der in Übung 3.31 erstellten Objektdiagramme eignet sich für diesen Algorithmus am besten? Erörtern Sie, warum. Fügen Sie diesem Diagramm dann Attribute und Operationen hinzu. Wie sehen die Argumente der einzelnen Operationen aus? Beschreiben Sie, wie die einzelnen Operationen die Klassen, für die sie beschrieben sind, manipulieren sollen.

Weiterführende Konzepte der Objektmodellierung

In Kapitel 4 setzen wir unsere Diskussion über Objektmodellierungskonzepte mit der Behandlung fortgeschrittener Themen wie Aggregation, Vererbung, Metadaten und Einschränkungen fort. Dieses Kapitel beschreibt Feinheiten, die die Modellierung verbessern können und die Sie, wenn Sie das Buch zum ersten Mal lesen, überspringen können.

4.1 Aggregation

Die Aggregation ist eine stärkere Form der Assoziation, bei der aus Komponenten ein aggregiertes Objekt gebildet wird. Komponenten sind *Teil von* einem aggregierten Objekt. Ein aggregiertes Objekt ist semantisch ein erweitertes Objekt, das in vielen Operationen als Einheit behandelt wird, obwohl es physikalisch aus mehreren kleineren Objekten besteht. Ein aggregiertes Objekt kann mehrere Teile besitzen; jede besitzt-Relation wird als eigene Aggregation behandelt, um die Ähnlichkeit zur Assoziation zu betonen. Teile können eine eigenständige Existenz außerhalb des aggregierten Objekts besitzen oder in verschiedenen aggregierten Objekten auftreten. Die Aggregation ist ihrem Wesen nach transitiv; d.h. ein aggregiertes Objekt besitzt Teile, die ihrerseits Teile besitzen können. Viele Operationen auf aggregierten Objekten implizieren transitive Abgeschlossenheit* und arbeiten sowohl auf den direkten als auch auf den indirekten Teilen. Die rekursive Aggregation ist ein häufig auftretendes Phänomen.

4.1.1 Aggregation und Assoziation im Vergleich

Die Aggregation ist eine Sonderform der Assoziation, kein selbständiges Konzept. Aggregation fügt in bestimmten Fällen semantische Konnotationen hinzu. Wenn zwei Objekte durch eine besitzt-Relation eng aneinander gekoppelt sind, liegt eine Aggregation vor. Wenn die beiden Objekte trotz ihrer engen Verknüpfung im Normalfall als unabhängig angesehen werden, handelt es sich um eine Assoziation. Die folgenden Testfragen erleichtern die Zuordnung:

- Ist die Beschreibung *Teil von* zutreffend?
- Werden manche Operationen auf das Ganze automatisch auch auf die Teile angewandt?
- Pflanzen sich manche Attribute vom Ganzen auf alle oder einige Teile fort?
- Ist die Assoziation durch eine innere Asymmetrie gekennzeichnet, bei der eine Objektklasse der anderen untergeordnet ist?

---

*Transitive Abgeschlossenheit ist ein Begriff aus der Graphentheorie. Wenn K eine Kante und E eine Ecke bezeichnet und M die Menge aller durch eine Kante verbundenen Eckenpaare, dann ist M^+ (die transitive Hülle von M) die Menge aller Eckenpaare, die durch eine Folge von Kanten direkt oder indirekt verbunden sind. M^+ umfaßt damit alle Ecken, die direkt verknüpft sind, Ecken, die durch zwei Kanten verknüpft sind, Ecken, die durch drei Kanten verknüpft sind, usw.

Typische Aggregationen sind Teile-Explosionen und Auffächerungen eines Objekts in seine Bestandteile. In Abbildung 4.1 ist eine Firma eine Aggregation ihrer Bereiche, die ihrerseits Aggregationen ihrer Abteilungen sind; eine Firma ist also indirekt eine Aggregation von Abteilungen. Dagegen ist eine Firma keine Aggregation ihrer Mitarbeiter, weil Firma und Person gleichberechtigte, voneinander unabhängige Objekte sind.

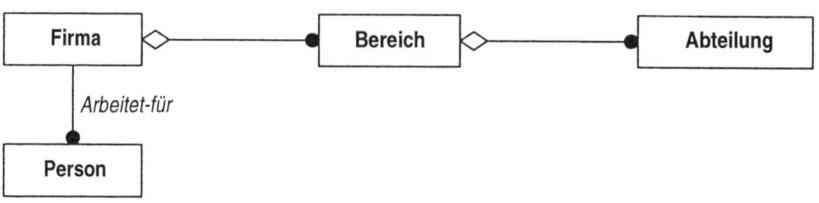

Abb. 4.1   Aggregation und Assoziation

Die Entscheidung, eine Aggregation zu verwenden, ist Ermessenssache und häufig willkürlich. Oft ist es nicht offensichtlich, ob eine Assoziation als Aggregation modelliert werden sollte. Diese Art von Unsicherheit ist typisch für Modellierungsaufgaben; Modellierung erfordert ein geschultes Urteilsvermögen und es gibt nur wenige Faustregeln. Solange Sie sorgfältig abwägen und konsistent bleiben, verursacht die ungenaue Unterscheidung zwischen Aggregation und ganz normaler Assoziation nach unserer Erfahrung in der Praxis keine Probleme.

4.1.2 Aggregation und Generalisierung im Vergleich

Aggregation ist nicht das gleiche wie Generalisierung. Die Aggregation stellt eine Relation zwischen Instanzen her. Beteiligt sind zwei unterschiedliche Objekte, von denen eines ein Teil des anderen ist. Die Generalisierung stellt dagegen eine Relation zwischen Klassen her. Sie ist eine Möglichkeit, die Beschreibung eines einzelnen Objekts zu strukturieren. Sowohl die Oberklasse als auch die Unterklasse beschreiben Eigenschaften eines einzelnen Objekts. Bei der Generalisierung ist ein Objekt gleichzeitig eine Instanz der Oberklasse und eine Instanz der Unterklasse. Verwechslungen zwischen Aggregation und Generalisierung können entstehen, weil beide aufgrund ihrer transitiven Abgeschlossenheit als Bäume dargestellt werden. Ein Aggregationsbaum setzt sich aus Objektinstanzen zusammen, die alle Teil eines zusammengesetzten Objekts sind; ein Generalisierungsbaum setzt sich aus Klassen zusammen, die ein Objekt beschreiben. Aggregation wird häufig als "Teil-von"-Relation bezeichnet, Generalisierung als "vom-Typ"- oder "is-a"-Relation.

Abbildung 4.2 illustriert Aggregation und Generalisierung am Beispiel einer Schreibtischlampe. Die Aggregation läßt sich am besten am Beispiel von Teile-Explosionen erklären. Sockel, Schirm, Schalter und Verdrahtung sind Teile einer Lampe. Lampen können unterschiedlichen Unterklassen zugeordnet werden, zum Beispiel Leuchtstofflampen oder Glühlampen. Jede Unterklasse kann eigene, voneinander verschiedene Teile besitzen. So besitzt eine Leuchtstofflampe einen

Ballastwiderstand, ein Gewinde und ein Vorschaltgerät; eine Glühlampe besitzt eine Fassung.

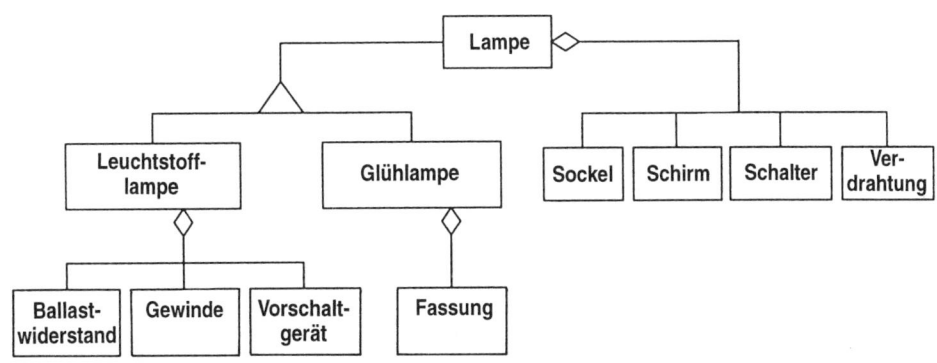

Abb. 4.2 Aggregation und Generalisierung

Die Aggregation wird manchmal als "und"-Relation bezeichnet und die Generalisierung als "oder"-Relation. Eine Lampe besteht aus einem Gestell und einem Schirm und einem Schalter und Verdrahtung usw. Eine Lampe kann eine Leuchtstofflampe oder eine Glühlampe sein.

4.1.3 Rekursive aggregierte Objekte

Eine Aggregation kann unveränderlich, variabel oder rekursiv sein. Ein unveränderliches aggregiertes Objekt hat eine feststehende Struktur; die Anzahl und die Typen der Bestandteile sind vordefiniert. Die Lampe in Abbildung 4.2 besitzt eine unveränderliche Aggregationsstruktur.

Ein variables aggregiertes Objekt besitzt eine endliche Zahl von Ebenen, die Anzahl der Teile kann jedoch variieren. Die Firma in Abbildung 4.1 ist ein variables aggregiertes Objekt mit einer zweistufigen Baumstruktur. Es gibt viele Bereiche je Firma und viele Abteilungen je Bereich.

Ein rekursives aggregiertes Objekt enhält, direkt oder indirekt, eine Instanz eines gleichartigen aggregierten Objekts; die Zahl der möglichen Ebenen ist unbegrenzt. Abbildung 4.3 zeigt das Beispiel eines Computerprogramms. Ein Computerprogramm ist eine Aggregation von Blöcken, mit optional rekursiven Verbundanweisungen; die Rekursion terminiert bei einfachen Anweisungen. Blöcke können beliebig tief verschachtelt werden.

Abbildung 4.3 illustriert die übliche Form eines rekursiven aggregierten Objekts: eine Oberklasse und zwei Unterklassen, von denen eine ein Zwischenknoten des aggregierten Objekts ist und eine ein Endknoten des aggregierten Objekts. Der Zwischenknoten ist eine Gruppe von Instanzen der abstrakten Oberklasse.

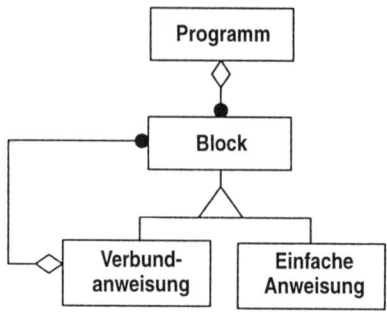

Abb. 4.3 Rekursives aggregiertes Objekt

4.1.4 Fortpflanzung von Operationen

Fortpflanzung oder *Triggering* ist die automatische Anwendung einer Operation auf ein Netz von Objekten, sobald die Operation auf ein Anfangsobjekt angewendet wird [Rumbaugh-88].* Zum Beispiel werden beim Verschieben eines aggregierten Objekts auch seine Teile verschoben; die Operation Verschieben pflanzt sich auf die Teile fort. Die Fortpflanzung von Operationen in Teilen kann ein guter Hinweis auf das Vorhandensein einer Aggregation sein.

Abbildung 4.4 zeigt ein Beispiel für Fortpflanzung. Eine Person besitzt verschiedene Dokumente. Jedes Dokument besteht aus Absätzen, die ihrerseits aus Zeichen bestehen. Die Operation Kopieren pflanzt sich von Dokumenten zu Absätzen zu Zeichen fort. Beim Kopieren eines Absatzes werden alle darin befindlichen Zeichen kopiert. Die Operation pflanzt sich nicht in die Gegenrichtung fort; ein Absatz kann kopiert werden, ohne daß das ganze Dokument kopiert wird. Ähnlich wird beim Kopieren eines Dokuments die Besitzer-Verknüpfung kopiert, ohne daß eine Kopie der Person des Besitzers erzeugt wird.

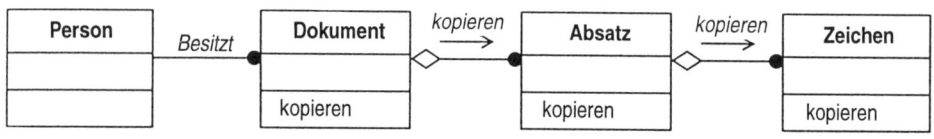

Abb. 4.4 Fortpflanzung von Operationen

Die meisten anderen Ansätze bieten nur die Option alles oder nichts: Kopiert werden kann entweder ein ganzes Netzwerk oder nur das Anfangsobjekt allein, nicht aber die damit verbundenen Objekte. Das Konzept der Fortpflanzung von Operationen bietet eine prägnante und mächtige Möglichkeit, kontinuierliches Verhalten zu spezifizieren. Man kann sich vorstellen, daß eine Operation an einem Anfangsobjekt ausgelöst wird und sich dann nach bestimmten Fortpflanzungsregeln über Verknüpfungen von Objekt zu Objekt fortsetzt. Fortpflanzung ist auch für andere Operationen möglich, einschließlich Sichern/Wiederherstellen, Zerstören, Drucken, Sperren und Anzeigen.

---

*Der Begriff *Assoziation* wird in diesem Buch synonym zu dem Begriff *Relation* in [Rumbaugh-88] verwendet.

Fortpflanzung wird in Objektmodellen mit einer besonderen Notation gekennzeichnet. Das Fortpflanzungsverhalten ist an eine Assoziation (oder Aggregation), eine Richtung und eine Operation geknüpft. Die Fortpflanzung wird neben
der betroffenen Assoziation durch einen kleinen Pfeil und den Operationsnamen
angezeigt. Der Pfeil gibt die Richtung der Fortpflanzung an.

4.2 Abstrakte Klassen

Eine *abstrakte Klasse* ist eine Klasse, die selbst keine direkten Instanzen hat,
deren Nachkommen aber direkte Instanzen besitzen. Eine *konkrete Klasse* ist eine
instantiierbare Klasse, d.h. sie kann direkte Instanzen besitzen. Eine konkrete
Klasse kann abstrakte Unterklassen haben (die ihrerseits jedoch konkrete Nachkommen besitzen müssen). Eine konkrete Klasse kann eine Blattklasse im Vererbungsbaum sein; nur konkrete Klassen können Blattklassen im Vererbungsbaum
sein. Abbildung 4.5 zeigt eine Definition für abstrakte und konkrete Klasse. (Die
gepunktete Linie ist die Objektmodellierungsnotation für die Instantiierung und
wird in Abschnitt 4.5.1 diskutiert.)

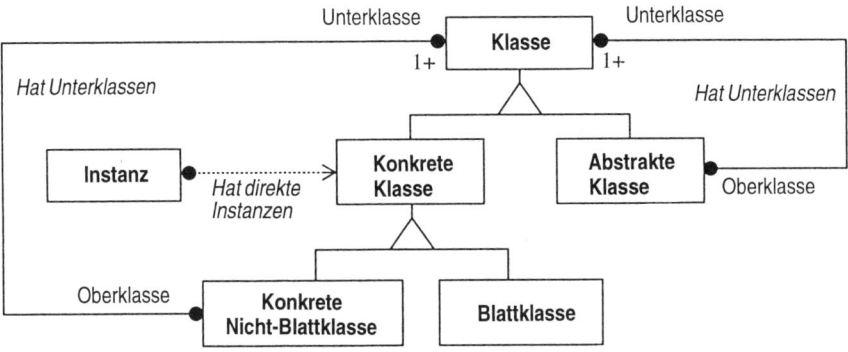

Abb. 4.5 Objektmodell zur Definition von abstrakten und konkreten Klassen

Alle in Abbildung 4.6 gezeigten Berufe sind konkrete Klassen. *Metzger, Bäcker*
und *Kerzenzieher* sind konkrete Klassen, weil sie direkte Instanzen besitzen. Die
Auslassungspunkte (...) geben an, daß weitere Unterklassen existieren, die in
diesem Diagramm jedoch nicht gezeigt werden, vielleicht aus Platzmangel oder
weil sie für das anstehende Problem nicht relevant sind. *Handwerker* ist ebenfalls
eine konkrete Klasse, weil manche Berufe möglicherweise nicht weiter spezifiziert sind.

Die Klasse *Mitarbeiter* in Abbildung 4.7 ist ein Beispiel für eine abstrakte Klasse.
Alle Mitarbeiter sind entweder Stundenlöhner, Gehaltsempfänger oder außerta-
rifliche Mitarbeiter.

Abstrakte Klassen organisieren Merkmale, die mehreren Klassen gemeinsam
sind. Es ist oft nützlich, eine abstrakte Oberklasse zu schaffen, um Klassen
zusammenzufassen, die an der gleichen Assoziation oder Aggregation beteiligt

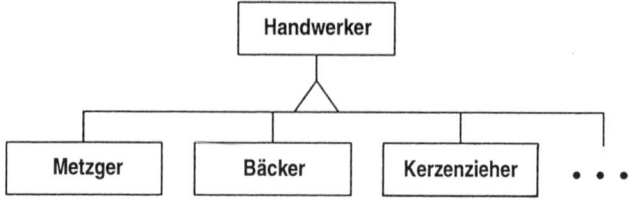

Abb. 4.6   Konkrete Klassen

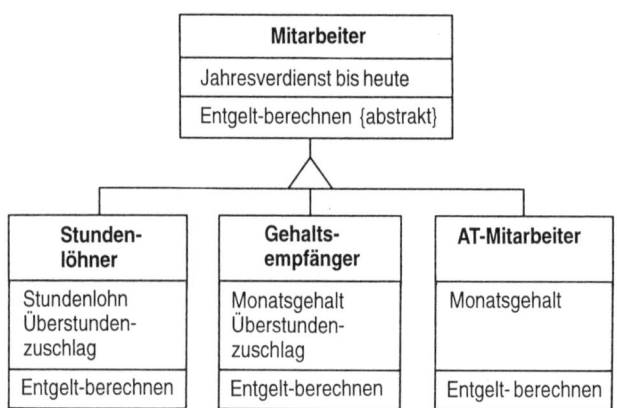

Abb. 4.7   Abstrakte Klasse und abstrakte Operation

sind. Einige abstrakte Klassen existieren bereits in der Anwendungsdomäne. Andere abstrakte Klassen werden künstlich als Mechanismus zur Förderung von Code-Wiederverwendung eingeführt.

Abstrakte Klassen werden häufig zur Definition von Methoden verwendet, die an Unterklassen vererbt werden. Eine abstrakte Klasse kann aber auch nur das Protokoll für eine Operation definieren, ohne eine entsprechende Methode zur Verfügung zu stellen. In diesem Fall haben wir es mit einer abstrakten Operation zu tun. (Sie erinnern sich, daß wir in Kapitel 3 eine Operation als das Protokoll für eine Aktion definiert haben, die auf die Objekte in einer Klasse angewendet werden kann. Die eigentliche Implementierung einer Operation heißt Methode.) Eine abstrakte Operation definiert die Form einer Operation, für die jede konkrete Unterklasse ihre eigene Implementierung zur Verfügung stellen muß. Eine konkrete Klasse darf keine abstrakten Operationen enthalten, weil Objekte der konkreten Klasse sonst undefinierte Operationen enthalten würden.

Abbildung 4.7 zeigt eine abstrakte Operation. Eine abstrakte Operation wird als Kommentar in geschweiften Klammern angegeben. *Entgelt-berechnen* ist eine abstrakte Operation der Klasse *Mitarbeiter*; d.h. die Form der Operation ist definiert, nicht aber ihre Implementierung. Jede Unterklasse muß eine Methode für diese Operation zur Verfügung stellen.

Die *Ursprungsklasse* eines Merkmals ist die oberste definierende Klasse. Die Ursprungsklasse definiert das *Protokoll* des Merkmals, das heißt, den Typ eines Attributs oder die Anzahl und den Typ der Argumente und den Ergebnistyp für eine Operation sowie den semantischen Zweck. Nachkommenklassen können das Protokoll verfeinern, indem sie die Typen weiter einschränken oder die Initialisierung oder den Code einer Methode überschreiben. Sie dürfen das Protokoll jedoch nicht erweitern oder verändern.

Beachten Sie, daß die abstrakte Natur einer Klasse immer nur vorläufig ist, je nach der Sicht darauf. Eine konkrete Klasse kann in der Regel zu mehreren Unterklassen verfeinert werden und dadurch abstrakt werden. Umgekehrt kann eine abstrakte Klasse in einer Anwendung, in der der Unterschied zwischen ihren Unterklassen unwichtig ist, konkret werden.

4.3 Generalisierung als Erweiterung und Begrenzung

Eine Instanz einer Klasse ist eine Instanz aller Vorfahren der Klasse. Dies ist ein Teil der Definition für Generalisierung. Deshalb müssen alle Merkmale einer Vorfahrenklasse für die Instanzen einer Unterklasse gelten. Eine Nachkommenklasse kann ein Attribut einer Vorfahrenklasse nicht weglassen oder unterdrücken, da es sich sonst nicht um eine echte Vorfahreninstanz handeln würde. Ähnlich müssen Operationen auf einer Vorfahrenklasse für alle Nachkommenklassen gelten. Eine Unterklasse kann eine Operation aus Effizienzgründen zwar anders implementieren, sie kann aber nicht das externe Protokoll ändern.

Eine Unterklasse kann neue Merkmale hinzufügen. Dies heißt *Erweiterung*. In Abbildung 4.7 beispielsweise wird die Klasse *Mitarbeiter* durch drei Unterklassen erweitert, die alle *Mitarbeiter*-Merkmale erben und neue, eigene Merkmale hinzufügen.

Eine Unterklasse kann darüber hinaus Vorfahrenattribute auch einschränken. Dies heißt *Begrenzung*, weil die Werte, die Instanzen annehmen können, eingegrenzt werden. Ein Kreis zum Beispiel ist eine Ellipse mit gleich langen Achsen. Willkürliche Veränderungen der Attributwerte einer begrenzten Unterklasse können dazu führen, daß die Unterklasse ihre Einschränkungen verletzt und das Ergebnis nicht mehr zu der ursprünglichen Unterklasse paßt. Dies ist aus der Sicht der Oberklasse kein Problem, weil das Ergebnis immer noch eine gültige Oberklassen-Instanz ist. So bleibt ein Kreis, dessen x- und y-Dimensionen nicht maßstabsgerecht verändert werden, eine Ellipse, während er seine Kreiseigenschaft verliert. Die Klasse *Ellipse* ist bezüglich der Größenveränderung abgeschlossen, die Klasse *Kreis* jedoch nicht.

Geerbte Merkmale können, wenn eine Begrenzung definiert wird, umbenannt werden. Die geerbten Achsen eines Kreises müssen gleich lang sein und könnten in *Durchmesser* umbenannt werden.

Es gibt zwei Möglichkeiten, die Klassenmitgliedschaft eines Objekts zu definieren: implizit durch Regeln oder explizit durch Aufzählung. Eine Regel definiert eine Bedingung für die Mitgliedschaft in einer Klasse; alle Objekte, deren Werte die Regel erfüllen, gehören der Klasse an. Regeln sind vor allem für mathematische Probleme geeignet. Polygone, Dreiecke, Ellipsen, Kreise und andere mathematische Objekte werden durch Regeln definiert. Das funktioniert gut bei unveränderlichen Objekten, aber weniger gut bei Objekten, die sich verändern. Die meisten objektorientierten Sprachen betrachten ein Objekt als diskrete Einheit mit expliziten Eigenschaften, von denen eine die Klasse des Objekts ist. Wenn die Klassenmitgliedschaft eines Objekts explizit definiert ist, werden seine Attribute durch seine Klasse bestimmt. Dagegen wird bei regelbasierten Definitionen die Mitgliedschaft in einer Klasse durch die Attributwerte des Objekts bestimmt.

Bei einer expliziten Definition der Klassenmitgliedschaft dürfen Operationen, die Einschränkungen einer Mitgliedsklasse verletzen würden, aus semantischen Gründen nicht zugelassen werden. Begrenzung impliziert, daß eine Unterklasse unter Umständen nicht alle Operationen ihrer Vorfahren erben kann. Weil der Idealfall, daß Hilfssysteme solche Operationen automatisch entdecken, noch nicht gegeben ist, müssen diese vom Objektdesigner spezifiziert werden. Die Klasse *Kreis* zum Beispiel muß die Operation für die nicht maßstabsgetreue Größenveränderung ausschließen. Andererseits gilt für ein Objekt, das als Ellipse deklariert ist, nicht die Begrenzung, ein Kreis zu bleiben, selbst wenn seine Achsen vorübergehend gleich lang sein sollten.

Das Versäumnis, einen Unterschied zwischen Begrenzung und Erweiterung zu machen, hat in der Vergangenheit zu Verwirrung geführt. Einige Autoren haben sich daran gestört, daß Unterklassen manche Operationen unterdrücken müssen. Nach [Meyer-88], Kapitel 10, können Unterklassen so verstanden werden, daß sie Oberklassen-Merkmale sowohl spezialisieren als auch erweitern. Diese Bedeutungen seien komplementär. Einige Operationen seien nur für eine Untermenge von Instanzen von Bedeutung; ein Einengen der Instanzenmenge vergrößere die Zahl der anwendbaren Operationen. Meyer schreibt darüber hinaus, daß die interne Implementierung einer Operation überschrieben werden könne, vorausgesetzt, das externe Protokoll bleibt dasselbe.

4.3.1 Operationen überschreiben

Es liegt ein gewisser Widerspruch darin, bei abstrakten Datentypen Vererbung zu verwenden und Implementierungen gemeinsam zu nutzen. Dieser Konflikt hat zum großen Teil mit dem Überschreiben von Methoden zu tun. Die Schwierigkeit entsteht, wenn eine überschreibende Methode sich sehr stark von der überschriebenen Methode unterscheidet, statt sie einfach nur zu verfeinern. Überschrieben wird aus folgenden Gründen:

- *Überschreiben zur Erweiterung.* Die neue Operation ist die gleiche wie die geerbte, sie fügt jedoch zusätzliches Verhalten hinzu, das sich meistens auf neue Attribute der Unterklasse auswirkt. Eiffel (redefine) und Smalltalk (SUPER) unterstützen dieses Konzept. Beispielsweise könnte *Fenster* eine Operation *darstellen* haben, die die Fenstergrenzen und den Fensterinhalt darstellt. Angenommen, *Fenster* besitzt eine Unterklasse *Titelfenster*, die ebenfalls eine Operation *darstellen* aufweist. Die Methode *Titelfenster-darstellen* könnte implementiert werden, indem man zunächst die Methode für das Darstellen von *Fenster* aufruft und diese durch Code für das Darstellen des Titels ergänzt.

- *Überschreiben zur Begrenzung.* Die neue Operation begrenzt das Protokoll, indem sie zum Beispiel die Argumenttypen enger faßt. Dies kann nötig sein, um die vererbte Operation auf die Unterklasse zu beschränken. So kann die Oberklasse *Menge* die Operation *hinzufügen(Objekt)* aufweisen. Für die Unterklasse *Integermenge* würde dann die engere Operation *hinzufügen(Integer)* gelten.

- *Überschreiben zur Optimierung.* Eine Implementierung kann die Einschränkungen, die eine Begrenzung auferlegt, dazu nutzen, den Code für eine Operation zu verbessern. Optimierung ist ein guter Grund für das Überschreiben. Die neue Methode muß das gleiche externe Protokoll besitzen wie die alte und die gleichen Ergebnisse liefern, ihre interne Repräsentation und ihr Algorithmus können jedoch völlig anders sein. Angenommen, die Oberklasse *Integermenge* verfügt über eine Operation für das Auffinden der höchsten Integerzahl. Die Methode, das Maximum einer *Integermenge* zu finden, kann als sequentielle Suche implementiert sein. Die Unterklasse *SortierteIntegermenge* könnte eine effizientere Implementierung der *maximum*-Operation bereitstellen, weil der Inhalt der Menge bereits sortiert ist.

- *Überschreiben aus Bequemlichkeit.* Bei der Entwicklung neuer Klassen ist die Unsitte weitverbreitet, nach einer Klasse zu suchen, die der gewünschten Klasse ähnlich ist. Die neue Klasse wird als Unterklasse der bestehenden Klasse angelegt und unpassende Methoden werden überschrieben. Diese Ad-hoc-Verwendung der Vererbung ist semantisch falsch und führt zu Wartungsproblemen, weil zwischen der Eltern- und der Kindklasse keine inhärente Relation besteht. Besser wäre es, die gemeinsamen Aspekte der ursprünglichen und der neuen Klasse zu einer dritten Klasse zu generalisieren, von der die ersten beiden Klassen erben.

Wir schlagen vor, bei der Vererbung die folgenden semantischen Regeln zu beachten. Wenn Sie diese Prinzipien einhalten, wird Ihre Software einfacher zu verstehen, einfacher zu erweitern und weniger anfällig für Flüchtigkeitsfehler sein.

- Alle Anfrageoperationen (Operationen, die Attributwerte lesen, aber nicht verändern) werden von allen Unterklassen geerbt.

- Alle Aktualisierungsoperationen (Operationen, die Attributwerte verändern) werden über alle Erweiterungen hinweg geerbt.

- Aktualisierungsoperationen, die eingeschränkte Attribute oder Operationen verändern, werden über eine Begrenzung blockiert. Beispielsweise ist die Operation *Größe-verändern-x* für die Klasse *Ellipse* erlaubt, sie muß aber für die Unterklasse *Kreis* blockiert werden.

- Operationen dürfen nicht überschrieben werden, damit sie sich anders verhalten (nach außen sichtbar) als vererbte Operationen. Alle Methoden, die eine Operation implementieren, müssen das gleiche Protokoll besitzen.

- Vererbte Operationen können verfeinert werden, indem man zusätzliches Verhalten hinzufügt.

Die Implementierung und Verwendung vieler bestehender objektorientierter Sprachen verletzt diese Prinzipien.

4.4 Mehrfachvererbung

Durch **Mehrfachvererbung** ist es möglich, daß eine Klasse mehr als eine Oberklasse hat und Merkmale von allen Eltern erbt. Auf diese Weise können Informationen aus zwei oder mehr Quellen miteinander gemischt werden. Die Mehrfachvererbung stellt eine kompliziertere Form der Generalisierung dar als die Einfachvererbung, bei der die Klassenhierarchie auf einen Baum begrenzt ist. Der Vorteil der Mehrfachvererbung liegt in der höheren Flexibilität bei der Spezifikation von Klassen und den größeren Wiederverwendungsmöglichkeiten. Mehrfachvererbung rückt Objektmodellierung näher an das menschliche Denken heran. Allerdings ist der Preis dafür ein Verlust an konzeptueller Übersichtlichkeit und Einfachheit der Implementierung. Im Prinzip können alle möglichen, unterschiedlichen Mischregeln definiert werden, um Konflikte zwischen Merkmalen aufzulösen, die in unterschiedlichen Pfaden definiert sind.

4.4.1 Definition

Eine Klasse kann Merkmale von mehr als einer Oberklasse erben. Eine Klasse mit mehr als einer Oberklasse heißt *Vereinigungsklasse*. Ein Merkmal aus der gleichen Vorfahrenklasse, das in mehr als einem Pfad gefunden wird, wird nur einmal geerbt, weil es sich um jeweils das gleiche Merkmal handelt. Konflikte zwischen parallelen Definitionen führen zu Mehrdeutigkeiten, die bei der Implementierung gelöst werden müssen. In der Praxis sollten solche Konflike vermieden oder explizit gelöst werden, um Mehrdeutigkeiten oder Mißverständlichkeiten zu vermeiden. Das gilt auch, wenn eine bestimmte Sprache über Prioritätsregeln zur Lösung solcher Konflikte verfügt.

Das *Amphibienfahrzeug* in Abbildung 4.8 ist sowohl ein *Landfahrzeug* als auch ein *Wasserfahrzeug*. In Abbildung 4.9 ist ein Stundenlöhner mit Anspruch auf Betriebsrente (*BetrRentStundenlöhner*) sowohl ein *BetrRentMitarbeiter* als auch ein *Stundenlöhner*. *Amphibienfahrzeug* und *BetrRentStundenlöhner* sind Vereinigungsklassen.

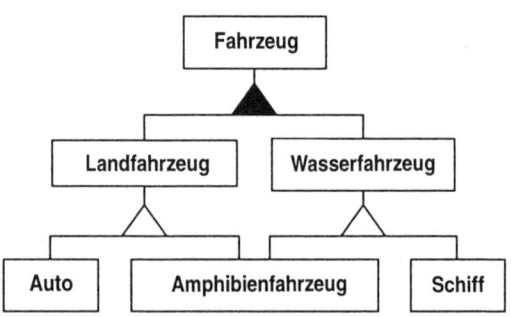

Abb. 4.8   Mehrfachvererbung aus überlappenden Klassen

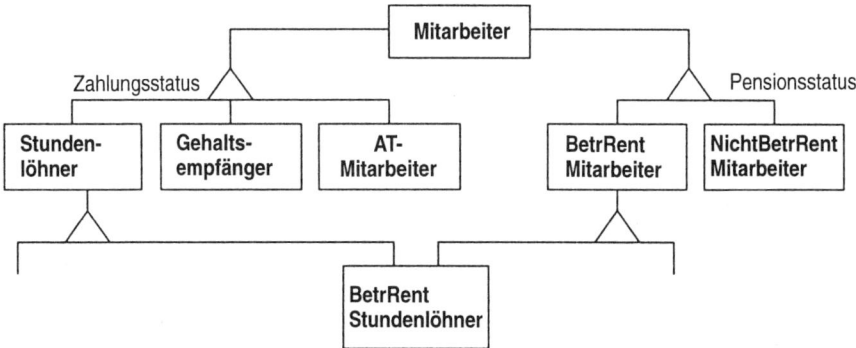

Abb. 4.9   Mehrfachvererbung aus disjunkten Klassen

Jede Generalisierung sollte eine einzige Eigenschaft abdecken, z.B. den Einsatzort eines Fahrzeugs. Wenn die Verfeinerung einer Klasse in mehrere unterschiedliche und unabhängige Richtungen möglich ist, sollten Sie grundsätzlich mehrere Generalisierungen verwenden. Erinnern Sie sich daran, daß der Inhalt eines Objektmodells von seiner Relevanz für eine Zielanwendung bestimmt wird. Sie sollten deshalb nicht alle in Frage kommenden Generalisierungen auflisten, sondern nur die tatsächlich benötigten. In Abbildung 4.9 wird die Klasse *Mitarbeiter* getrennt nach Zahlungsstatus und Pensionsstatus spezialisiert. Es gibt daher zwei voneinander unabhängige Generalisierungen.

Die Unterklassen einer Generalisierung können disjunkt sein oder nicht. Beispielsweise überlappen sich *Landfahrzeug* und *Wasserfahrzeug*, weil manche Fahrzeuge sowohl auf dem Land als auch zu Wasser betrieben werden können. Dagegen sind *Stundenlöhner, Gehaltsempfänger* und *AT-Mitarbeiter* disjunkt, weil jeder Mitarbeiter nur genau einer dieser Klassen angehören kann. Ein nicht ausgefülltes Dreieck gibt disjunkte Unterklassen an; ein gefülltes Dreieck gibt überlappende Klassen an. Eine Klasse kann mehrfach erben von unterschiedlichen Generalisierungen oder von unterschiedlichen Klassen einer überlappenden Generalisierung, niemals aber von zwei Klassen der gleichen disjunkten Generalisierung.

Die Verwendung des Begriffs *Mehrfachvererbung* ist oft nicht ganz eindeutig: Mehrfachvererbung kann entweder die konzeptuelle Relation zwischen Klassen oder den Sprachmechanismus bezeichnen, der diese Relation durch die gemeinsame Nutzung von Verhalten und Daten implementiert. Wir versuchen in diesem Buch, wo immer es möglich ist, zwischen *Generalisierung* (der konzeptuellen Relation) und *Vererbung* (dem Sprachmechanismus) zu unterscheiden. Allerdings hat sich bei der Mehrfachvererbung der Begriff so sehr eingebürgert, daß schon die Verwendung des Begriffs "Mehrfachgeneralisierung" verwirrend wäre.

4.4.2 Zufällige Mehrfachvererbung

Eine Instanz einer Vereinigungsklasse ist ihrem Wesen nach eine Instanz aller Vorfahren der Vereinigungsklasse. Beispielsweise ist ein Tutor seinem Wesen nach sowohl Student als auch Fakultätsmitglied. Aber was ist mit einem Harvard-Professor, der Vorlesungen am MIT hört? Es gibt keine Klasse, um diese Kombination zu beschreiben (und es wäre verkrampft, eine zu bilden). Dies ist ein Beispiel für "zufällige" Mehrfachvererbung, bei der eine Instanz zufällig an zwei überlappenden Klassen teilhat. Die meisten objektorientierten Sprachen kommen damit schlecht zurecht. Wie Abbildung 4.10 zeigt, ist es bei konventionellen Sprachen am besten, *Person* als ein Objekt zu behandeln, das sich aus mehreren *Universitätsmitglied*-Objekten zusammensetzt. Durch diesen Kunstgriff wird Vererbung durch Delegation (Einzelheiten dazu im nächsten Abschnitt) ersetzt. Diese Vorgehensweise ist nicht ganz zufriedenstellend, weil die Identität der verschiedenen Rollen verlorengeht, die Alternativen würden jedoch radikale Veränderungen des OO-Gefüges erfordern [McAllester-86].

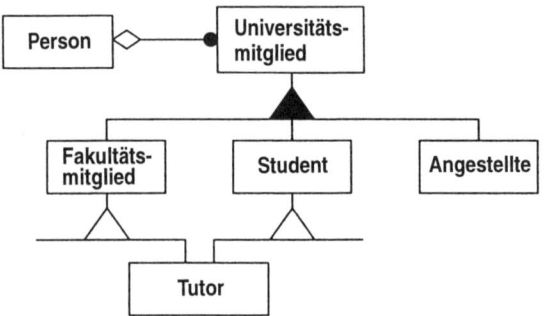

Abb. 4.10   Eine Möglichkeit, zufällige Mehrfachvererbung zu umgehen

4.4.3 Möglichkeiten, fehlende Mehrfachvererbung zu umgehen

Es ist eigentlich eine Implementierungsfrage, das Problem der fehlenden Mehrfachvererbung zu lösen. Der einfachste Weg, damit fertigzuwerden, besteht jedoch oft darin, ein Modell frühzeitig zu restrukturieren. Einige Restrukturierungstechniken beschreiben wir in diesem Abschnitt. Zwei dieser Ansätze verwenden die *Delegation*, einen Implementierungsmechanismus, mit dessen Hilfe ein Objekt eine Operation an ein anderes Objekt zur Ausführung sendet. Einzelheiten zur Delegation finden Sie in Abschnitt 10.6.3.

Delegation durch Verwendung von Rollenaggregation. Eine Oberklasse mit mehreren unabhängigen Generalisierungen kann zu einem Aggregat umgeformt werden, in dem jede Komponente eine Generalisierung ersetzt. Dieser Ansatz ähnelt dem in Abschnitt 4.4.2 beschriebenen Ansatz der zufälligen Mehrfachvererbung. Dabei wird ein Objekt mit einer eindeutigen ID durch eine Gruppe verbundener Objekte ersetzt, die zusammen ein erweitertes Objekt bilden. Operationen werden nicht automatisch über die Aggregation hinweg vererbt. Sie müssen von der Vereinigungsklasse aufgefangen und an die geeignete Komponente delegiert werden.

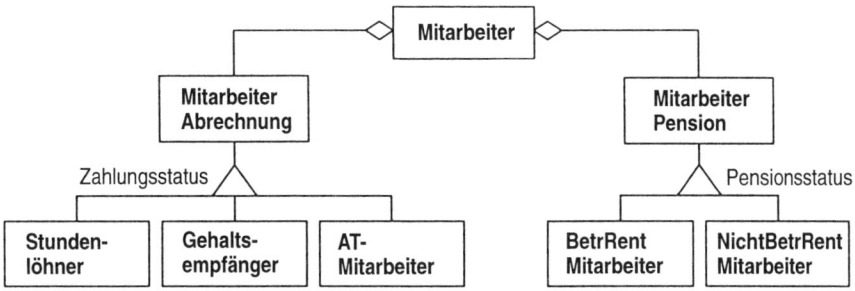

Abb. 4.11   Mehrfachvererbung durch Delegation

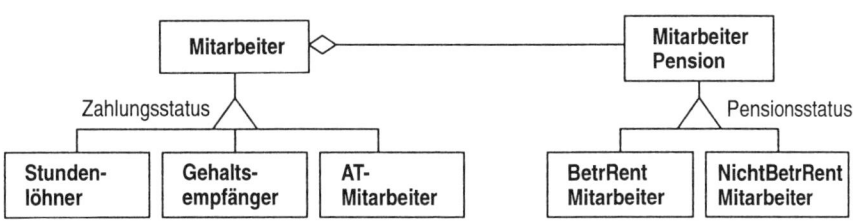

Abb. 4.12   Mehrfachvererbung durch Vererbung und Delegation

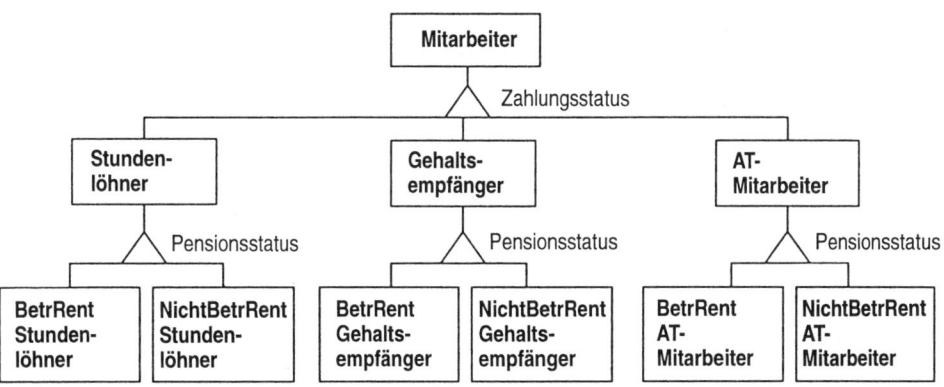

Abb. 4.13   Mehrfachvererbung durch verschachtelte Generalisierung

So wird in Abbildung 4.11 *MitarbeiterAbrechnung* eine Oberklasse von *Stunden-löhner, Gehaltsempfänger* und *AT-Mitarbeiter. MitarbeiterPension* wird eine Oberklasse von *BetrRentMitarbeiter* und *NichtBetrRentMitarbeiter*. Auf diese Weise kann *Mitarbeiter* als eine Aggregation von *MitarbeiterAbrechnung* und *MitarbeiterPension* modelliert werden. Eine Operation wie *Entgelt-berechnen*, die an ein *Mitarbeiter*-Objekt gesendet wird, müßte von der Klasse *Mitarbeiter* an die Komponente *MitarbeiterAbrechnung* umgeleitet werden.

Bei diesem Ansatz brauchen die verschiedenen Vereinigungsklassen eigentlich nicht als explizite Klassen erzeugt zu werden. Alle Unterklassenkombinationen aus den unterschiedlichen Generalisierungen sind möglich.

Vererbung der wichtigsten Klasse und Delegation des Rests. In Abbildung 4.12 wird eine Vereinigungsklasse als eine Unterklasse ihrer wichtigsten Oberklasse dargestellt. Die Vereinigungsklasse wird als Aggregation der verbleibenden Oberklassen behandelt und ihre Operationen werden wie in der vorhergehenden Alternative delegiert. Dieser Ansatz erhält die Identität und Vererbung über eine Generalisierung hinweg.

Verschachtelte Generalisierung. Konzentrieren Sie sich zuerst auf die eine Generalisierung, dann auf die andere. Dieser Ansatz stellt alle möglichen Kombinationen direkt dar. Ein Beispiel dafür zeigt Abbildung 4.13: Unter jede der Klassen *Stundenlöhner, Gehaltsempfänger* und *AT-Mitarbeiter* werden zwei Unterklassen für betriebsrentenberechtigte und nicht betriebsrentenberechtigte Mitarbeiter hinzugefügt. Dies erhält zwar die Vererbung, dupliziert aber Deklarationen und Code und verletzt somit einen Grundgedanken der objektorientierten Programmierung.

Jede dieser Möglichkeiten ist im Prinzip geeignet, fehlende Mehrfachvererbung zu umgehen. Dennoch setzen alle drei die logische Struktur und die Wartbarkeit aufs Spiel. Um die jeweils beste der drei Methoden zu wählen, sollten Sie folgendes bedenken:

- Wenn eine Unterklasse mehrere gleich wichtige Oberklassen hat, empfiehlt es sich, Delegation (Abbildung 4.11) zu verwenden und die Symmetrie des Modells zu erhalten.

- Wenn eine Oberklasse klar gegenüber anderen dominiert, empfiehlt es sich, Mehrfachvererbung durch Einfachvererbung und Delegation zu implementieren (Abbildung 4.12).

- Wenn die Zahl der Kombinationen klein ist, sollten Sie eine verschachtelte Generalisierung (Abbildung 4.13) in Betracht ziehen. Wenn die Zahl der Kombinationen groß ist, sollten Sie sie vermeiden.

- Wenn eine Oberklasse deutlich mehr Merkmale besitzt als die anderen Oberklassen oder wenn eine Oberklasse eindeutig der Leistungsengpaß ist, sollten Sie die Vererbung über diesen Pfad hinweg erhalten (Abbildung 4.12 oder Abbildung 4.13).

- Wenn Sie sich für verschachtelte Generalisierung (Abbildung 4.13) entscheiden, befassen Sie sich zuerst mit dem wichtigsten Kriterium, dann mit dem zweitwichtigsten, usw.

- Versuchen Sie, verschachtelte Generalisierung (Abbildung 4.13) zu vermeiden, wenn große Codemengen dupliziert werden müssen.

- Denken Sie an die Wichtigkeit, strikte Identität zu erhalten. Dies ist nur mit der verschachtelten Generalisierung (Abbildung 4.13) möglich.

4.5 Metadaten

Metadaten sind Daten, die andere Daten beschreiben. Beispielsweise sind Klassendefinitionen Metadaten. Modelle sind ihrem Wesen nach Metadaten, weil sie die Dinge beschreiben, die modelliert werden (und nicht die Dinge *sind*).Viele Anwendungen der realen Welt besitzen Metadaten, zum Beispiel Teilekataloge, Tekturpläne und Wörterbücher. Programmiersprachen-Implementierungen verwenden Metadaten in großem Umfang. Abbildung 4.5 zeigt ein weiteres Beispiel für Metadaten. Bei der Einführung der Modellierungskonzepte für konkrete und abstrakte Klassen in Abschnitt 4.2 haben wir ein Objektmodell verwendet, um Objektmodellierungskonstrukte zu erklären. Die Fallstudie in Kapitel 18 beschreibt eine tatsächliche Anwendung, für die ein Modell aus Metadaten (ein Metamodell) erstellt werden mußte.

Relationale Datenbank-Management-Systeme (siehe Kapitel 17) verwenden ebenfalls Metadaten. Eine Person kann Datenbanktabellen definieren, die Informationen speichern sollen. Analog dazu verfügt ein relationales DBMS über mehrere Metatabellen, die Tabellendefinitionen speichern. So kann eine Datentabelle die Tatsache speichern, daß die Hauptstadt von Japan Tokio ist, die Hauptstadt von Thailand Bangkok und die Hauptstadt von Indien Neu-Delhi. Eine Metatabelle würde die Tatsache speichern, daß ein Land eine Hauptstadt hat.

Metadaten sind häufig verwirrend, weil sie die gewöhnlich vorhandene Trennung zwischen dem Modell und der realen Welt verwischen. Bei normalen Anwendungen kann mit den gleichen Begriffen sowohl auf das Modell als auch auf die reale Welt verwiesen werden; was jeweils gemeint ist, ergibt sich aus dem Verwendungskontext. Bei Metadaten reicht der Kontext nicht aus, um die Beschreibung vom beschriebenen Sachverhalt zu unterscheiden. Deshalb ist eine präzisere Unterscheidung erforderlich.

4.5.1 Muster und Metadaten

Eine Klasse beschreibt eine Menge von Objektinstanzen einer gegebenen Form. *Instantiierung* verbindet eine Klasse mit ihren Instanzen. Im weiteren Sinne beschreibt jedes Muster Beispiele möglicher Muster; die Relation zwischen Muster und Beispiel kann als eine Erweiterung der Instantiierung aufgefaßt werden.

Abbildung 4.14 zeigt ein Beispiel für Instantiierung. *Hans Müller* und *Maria Winter* sind Instanzen der Klasse *Person*. Die gepunkteten Pfeile verbinden die Instanzen mit der Klasse. Es ist nützlich, die Instantiierungsrelation explizit zu zeigen, wenn sowohl Instanzen und Klassen als Objekte manipuliert werden müssen, zum Beispiel in Interpretern, Modellierungswerkzeugen und Sprachunterstützungsmechanismen. Instantiierung ist auch bei der Dokumentation von Beispielen und Testfällen hilfreich. Bei der Mehrzahl der Probleme ist es jedoch nicht erforderlich, Klassen und ihre Instanzen gleichzeitig zu zeigen.

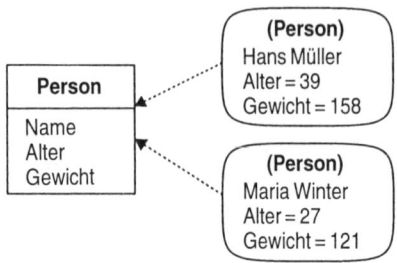

Abb. 4.14   Notation für die Instantiierung

Gegenstände aus der realen Welt können Metadaten sein, wenn sie andere Gegenstände der realen Welt beschreiben. Eine Teilebeschreibung beschreibt produzierte Teile, ein Tekturplan ein Haus, eine Konstruktionszeichnung ein System.

Denken Sie zum Beispiel an Automodelle verschiedener Hersteller, zum Beispiel einen 1969er Ford Mustang oder einen 1975er VW Golf. Jedes *Automodell* in Abbildung 4.15 beschreibt eine bestimmte Art von Auto; jedes *Automodell* hat seine eigenen Attribute und Assoziationen. Beispielsweise könnte Hans Müller einen blauen Ford mit der Seriennummer *1FABP* und einen roten VW mit der Seriennummer *7E81F* besitzen. Jedes Auto übernimmt die allgemeingültigen Attribute von *Automodell*, es fügt aber darüber hinaus seine eigenen individuellen Attribute wie Seriennummer, Farbe und Sonderausstattung hinzu. Es wäre möglich, eine Klasse zu erzeugen, um jede Art von Auto zu beschreiben, aber die Liste der Modelle wird immer größer. Es ist besser, das Objekt *Automodell* als Muster aufzufassen, das *Auto*-Objekte in Form von Metadaten beschreibt.

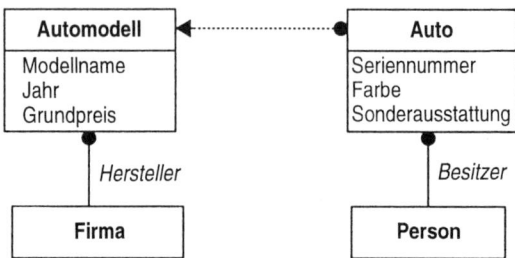

Abb. 4.15   Muster und individuelle Merkmale

4.5.2 Klassendeskriptoren

Klassen können auch als Objekte angesehen werden – aber als Metaobjekte und nicht als Objekte der realen Welt. Klassendeskriptoren-Objekte haben Merkmale und besitzen ihrerseits eigene Klassen, sogenannte *Metaklassen*. Alles als Klassen zu behandeln, führt zu einer einheitlicheren Implementierung und größeren Funktionalität bei der Lösung komplexer Probleme.

Ein *Klassenattribut* beschreibt einen Wert, der für eine ganze Klasse von Objekten gilt (im Gegensatz zu für jede Instanz individuellen Werten). Klassenattribute sind nützlich, um Default-Informationen für neu erzeugte Objekte zu speichern oder Beschreibungsinformationen für Instanzen der Klasse zu erzeugen.

Eine *Klassenoperation* ist eine Operation auf der Klasse selbst. Die häufigste Art von Klassenoperationen sind Operationen, die neue Klasseninstanzen erzeugen. Operationen zur Erzeugung von Instanzen müssen Klassenoperationen sein, weil die Instanz, auf der die Operation angewendet wird, zuerst noch nicht existiert. Eine Anfrage, die Beschreibungsinformationen über Instanzen in einer Klasse liefert, ist ebenfalls eine Klassenoperation. Operationen auf der Klassenstruktur, zum Beispiel Einsehen der Liste der Attribute und Methoden, sind ebenfalls Klassenoperationen.

Abbildung 4.16 zeigt eine Klasse *Fenster*, deren Klassenmerkmale durch führende Dollar-Zeichen gekennzeichnet sind. *Fenster* besitzt Klassenattribute für die Menge aller Fenster, die Menge der sichtbaren Fenster, die voreingestellte Fenstergröße und die maximale Fenstergröße. *Fenster* enthält Klassenoperationen, um ein neues Fensterobjekt zu erzeugen und das bestehende Fenster mit der höchsten Priorität zu finden.

Fenster
Größe: Rechteck Sichtbarkeit: Boolean $alle Fenster: Menge[Fenster] $sichtbare-Fenster: Menge[Fenster] $Standardgröße: Rechteck $Maximalgröße: Rechteck
anzeigen $neues-Fenster $hole-Fenster-mit-der-höchsten-Priorität

Abb. 4.16   Klasse mit Klassenmerkmalen

4.6 Kandidatenschlüssel

Die in Kapitel 3 vorgestellte Punktenotation eignet sich gut dazu, die Multiplizität binärer Assoziationen zu diskutieren. Sie ist die beliebteste Notation für binäre Assoziationen. Bei n-ären (n > 2) Assoziationen sind Multiplizitätspunkte jedoch nicht eindeutig. Bei n-ären Assoziationen ist es am besten, Kandidatenschlüssel zu spezifizieren.

Ein *Kandidatenschlüssel* ist eine minimale Menge von Attributen, die ein Objekt oder eine Verknüpfung eindeutig identifiziert. Mit minimal meinen wir, daß es nicht möglich ist, ein Attribut aus dem Kandidatenschlüssel zu entfernen, und weiterhin alle Objekte und Verknüpfungen zu unterscheiden. Eine Klasse oder Assoziation kann einen oder mehrere Kandidatenschlüssel besitzen, von denen jeder andere Attributkombinationen und eine andere Zahl von Attributen besitzen kann. Die Objekt-ID ist immer ein Kandidatenschlüssel für eine Klasse. Eine oder mehrere Kombinationen miteinander verbundener Objekte sind Kandidatenschlüssel für Assoziationen.

Der Begriff Kandidatenschlüssel ist in der Datenbankwelt ein Standardbegriff. Dennoch ist ein Kandidatenschlüssel eigentlich kein Datenbankkonzept, sondern ein logisches Konzept. Jeder Kandidatenschlüssel schränkt die Instanzen einer Klasse oder die Multiplizität einer Assoziation ein. Die meisten Programmiersprachen kennen das Kandidatenschlüssel-Konzept nicht. Ein Kandidatenschlüssel wird in einem Objektmodell in geschweiften Klammern angegeben. (Dies entspricht der Objektmodellierungsnotation für Einschränkungen, die im nächsten Abschnitt diskutiert werden.)

Abbildung 4.17 zeigt einen Vergleich zwischen Multiplizität und Kandidatenschlüsseln für binäre Assoziationen. Multiplizität und Kandidatenschlüssel haben bezogen auf binäre Assoziationen eine ähnliche Ausdruckskraft. (Multiplizität umfaßt auch den Gedanken der Existenzabhängigkeit – ob ein Objekt an einer Assoziation beteiligt sein muß.) Bei einer m:m-Assoziation sind beide beteiligten Objekte notwendig, um jede Verknüpfung eindeutig zu identifizieren. Eine 1:m-Assoziation besitzt nur einen Kandidatenschlüssel: das Objekt am m-Ende. Eine 1:1-Assoziation besitzt zwei Kandidatenschlüssel: entweder das eine oder das andere beteiligte Objekt. Es gibt keine Mehrdeutigkeit, gleichgültig, ob wir das Land oder die Hauptstadt spezifizieren. Beachten Sie bitte, daß ein Kandidatenschlüssel auch dann spezifiziert werden kann, wenn eine oder beide Klassen optional sind. Beispielsweise braucht eine Stadt keine Hauptstadt zu sein, aber eine Stadt ist Hauptstadt von höchstens einem Land.

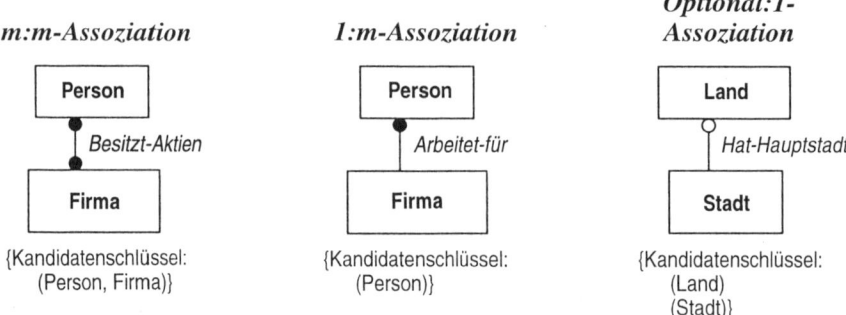

Abb. 4.17   Vergleich von Multiplizität und Kandidatenschlüsseln für binäre Assoziationen

Abbildung 4.18 zeigt eine ternäre Assoziation mit einem Kandidatenschlüssel, der aus allen drei Objekten besteht. Personen, die Programmierer sind, verwenden Programmiersprachen für Projekte. Im unteren Teil der Abbildung sehen Sie mehrere Verknüpfungen. Keine der Verknüpfungen könnte durch eine Kombination aus nur einem oder zwei Objekten eindeutig identifiziert werden.

Abbildung 4.19 zeigt eine weitere ternäre Assoziation. Ein Student hat an einer Universität einen Studienberater. Ein Student kann an mehr als einer Universität

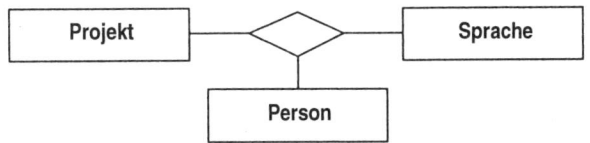

{Kandidatenschlüssel:(Projekt, Person, Sprache)}

Projekt	Person	Sprache
CAD-Programm	Maria	C
Steuerungssoftware	Susanne	Ada
C++-Compiler	Michael	C
CAD-Programm	Robert	Assembler
CAD-Programm	Michael	C
CAD-Programm	Michael	Assembler

Abb. 4.18   Ternäre Assoziation

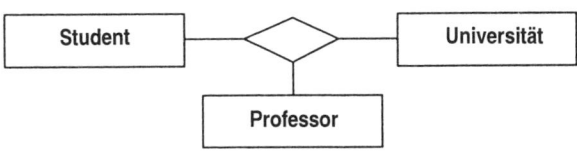

{Kandidatenschlüssel: (Student, Universität)}

Student	Professor	Universität
Mary	Prof Weaver	Cambridge
Mary	Prof Rumrow	MIT
Susan	Prof Weaver	MIT
Susan	Prof Weaver	Cambridge
Bob	Prof Shapiro	Oxford

Abb. 4.19   Ternäre Assoziation

eingeschrieben sein. Ein Professor kann an mehr als einer Universität Studienberater sein. Hier geht aus den Instanzen hervor, daß (Student, Universität) der einzige Kandidatenschlüssel ist. Der Kandidatenschlüssel beinhaltet nur zwei der drei beteiligten Objekte.

Wir leiten den Kandidatenschlüssel ab, indem wir uns alle Möglichkeiten ansehen. *Student* ist kein Kandidatenschlüssel, weil zwei Verknüpfungen den Wert *Mary* haben. *Professor* und *Universität* sind keine Kandidatenschlüssel. *Student + Professor* und *Professor + Universität* sind ebenfalls keine Kandidatenschlüssel; da *Susan + Weaver* und *Weaver + Cambridge* zweimal vorkommen. *Student + Universität* könnten ein Kandidatenschlüssel sein, weil es keine Verknüpfungen zwischen Student und Universität mit den gleichen Werten gibt. Auf der Grundlage der Problembeschreibung kommen wir zu dem Schluß, daß *Student + Universität* tatsächlich ein Kandidatenschlüssel ist, der auch andere Verknüpfungen als die fünf in Abbildung 4.19 unterscheiden würde. *Student + Professor +*

Universität ist kein Kandidatenschlüssel, weil es sich dabei nicht um eine minimale Menge von Attributen handelt.

4.7 Einschränkungen

4.7.1 Definition

Einschränkungen sind funktionale Beziehungen zwischen Entitäten eines Objektmodells. Der Begriff *Entität* umfaßt Objekte, Klassen, Attribute, Verknüpfungen und Assoziationen. Eine Einschränkung begrenzt die Werte, die Entitäten annehmen können. Beispiele dafür sind: Das Gehalt eines Mitarbeiters kann niemals das Gehalt des Chefs dieses Mitarbeiters überschreiten (eine Einschränkung für zwei Dinge zur selben Zeit). Kein Fenster hat ein Seitenverhältnis (Länge/Breite) kleiner als 0,8 oder größer als 1,5 (eine Einschränkung für Eigenschaften eines einzelnen Objekts). Die Priorität eines Jobs darf nicht ansteigen (zeitbezogene Einschränkung für das immer gleiche Objekt). Abbildung 4.20 illustriert diese Beispiele. Einfache Einschränkungen können in Objektmodellen angegeben werden. Komplexe Einschränkungen sollten im funktionalen Modell (siehe Kapitel 6) angegeben werden.

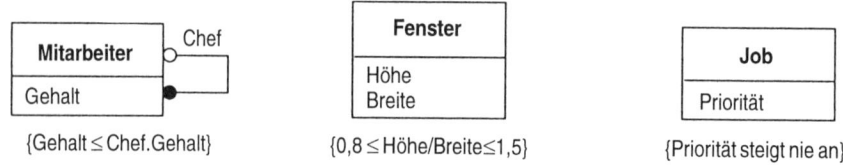

Abb. 4.20   Einschränkungen auf Objekten

Wir bevorzugen es, Einschränkungen deklarativ auszudrücken. Normalerweise müssen Einschränkungen in eine prozedurale Form umgewandelt werden, bevor sie in einer Programmiersprache ausgedrückt werden können. Idealerweise sollte die Umwandlung automatisch erfolgen, dies läßt sich jedoch oft nur schwierig oder überhaupt nicht realisieren. Objektmodelle erfassen einige Einschränkungen schon durch ihre Struktur. Beispielsweise impliziert Einfachvererbung, daß Unterklassen sich gegenseitig ausschließen.

Einschränkungen sind ein Kriterium, die Qualität eines Objektmodells zu messen: ein "gutes" Objektmodell erfaßt viele Einschränkungen durch seine Struktur. Häufig sind mehrere Iterationen nötig, um die Struktur eine Modells in Hinblick auf die Einschränkungen korrekt zu erfassen. Im Prinzip könnten wir die Objektmodellierungsnotation durch alle möglichen Sonderkonstrukte erweitern, um immer mehr strukturelle Einschränkungen zu erfassen. Wahrscheinlich wäre dies jedoch keine gute Idee. Die in diesem Buch beschriebene Objektmodellierungsnotation stellt einen Kompromiß zwischen Ausdrucksstärke und Einfachheit dar. Es wird immer Einschränkungen geben, die in natürlicher Sprache formuliert werden müssen.

Die Objektmodellierungssyntax für Einschränkungen sieht so aus: Einschränkungen werden in geschweiften Klammern angegeben und stehen neben der eingeschränkten Entität. Eine gepunktete Linie verbindet mehrere eingeschränkte Entitäten. Mit einem Pfeil kann eine eingeschränkte Entität mit der Entität verbunden werden, von der sie abhängt. Instantiierung ist eine Art Einschränkung und verwendet deshalb die gleiche Notation.

4.7.2 Einschränkungen auf Verknüpfungen

Multiplizität schränkt eine Assoziation ein. Sie begrenzt die Zahl der Objekte, die zu einem gegebenen Objekt in Relation stehen. Die Objektmodellierungsnotation verfügt über eine eigene Syntax, um gemeinsame Multiplizitätswerte zu zeigen ([0,1], genau 1 und 0+). Andere Multiplizitätswerte können durch ein numerisches Intervall neben einer Assoziationsrolle angegeben werden. So spezifiziert Abbildung 4.5 für zwei Assoziationsrollen "1+" als Multiplizitätswert.

Die Notation "{geordnet}" zeigt, daß die Elemente am m-Ende einer Assoziation eine explizite Ordnung oder Reihenfolge besitzen, die eingehalten werden muß. Abbildung 4.21 zeigt ein Objektmodell für die Amtsträger eines Landes. Für jedes Amt (z.B. Präsident, Oberster Richter, König) in jedem Land gibt es eine chronologisch geordnete Menge von Personen, die dieses Amt innehatten.

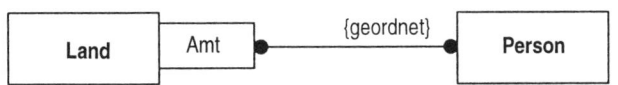

Abb. 4.21   Einschränkungen für Assoziationsverknüpfungen

4.7.3 Allgemeine Einschränkungen

Allgemeine Einschränkungen müssen in natürlicher Sprache oder durch Gleichungen ausgedrückt werden. Sie sollten zwischen Klassen, die an der Einschränkung beteiligt sind, eine gepunktete Linie ziehen und die Details durch Kommentare in geschweiften Klammern beschreiben. In Fällen, in denen es unpraktisch ist, Linien zu allen Klassen zu ziehen, kann es besser sein, lieber eine nicht angebundene Einschränkung in Kauf zu nehmen als das Diagramm mit Linien zu überfrachten.

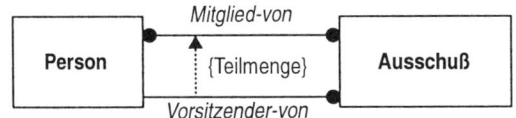

Abb. 4.22   Einschränkung, daß eine Assoziation Teilmenge der anderen ist

Abbildung 4.22 zeigt eine Assoziation, die eine Teilmenge einer anderen Assoziation ist. In diesem Beispiel muß der Vorsitzende eines Ausschusses gleichzeitig ein Auschußmitglied sein; die Assoziation *Vorsitzender-von* ist eine Teilmenge der Assoziation *Mitglied-von*.

4.7.4 Abgeleitete Objekte, Verknüpfungen und Attribute

Ein *abgeleitetes Objekt* ist als eine Funktion von einem oder mehreren Objekten definiert, die ihrerseits abgeleitet sein können. Das abgeleitete Objekt wird ausschließlich durch die anderen Objekte bestimmt. Am Ende des Ableitungsbaums steht ein ganz normales Basisobjekt. Ein abgeleitetes Objekt ist damit redundant, es kann aber aus Verständlichkeitsgründen in ein Objektmodell aufgenommen werden. Häufig repräsentiert ein abgeleitetes Objekt ein sinnvolles Konzept der realen Welt. Analog dazu gibt es auch *abgeleitete Verknüpfungen* und *abgeleitete Attribute*.

Die Notation für eine abgeleitete Entität ist ein Schrägstrich bzw. eine diagonale Linie (in der Ecke einer Klassenbox, auf einer Assoziationslinie oder vor einem Attribut). Sie sollten die Einschränkung zeigen, die den abgeleiteten Wert bestimmt. Wie die Objektmodellierungsnotation ist auch die Notation für abgeleitete Werte optional.

Alter in Abbildung 4.23 ist ein gutes Beispiel für ein abgeleitetes Attribut. Es kann aus dem Geburtsdatum und dem Tagesdatum abgeleitet werden.

{Alter = Tagesdatum - Geburtsdatum}

Abb. 4.23   Abgeleitetes Attribut

In Abbildung 4.24 besteht eine Maschine aus verschiedenen Komponentengruppen, die ihrerseits aus Teilen bestehen. Eine Komponentengruppe hat einen geometrischen Anfangspunkt bezüglich der Maschinenkoordinaten; jedes Teil hat

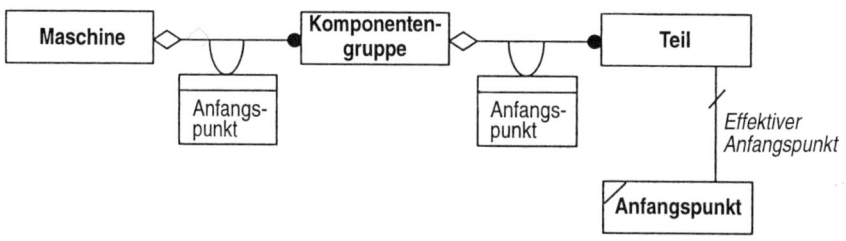

{Anfangspunkt = Komponentengruppe-
       Maschine.Anfangspunkt ×
       Teil-Komponentengruppe.Anfangspunkt}

Abb. 4.24   Abgeleitetes Attribut und abgeleitete Assoziation

einen Anfangspunkt bezüglich der Komponentengruppen-Koordinaten. Wir können ein Koordinatensystem für jedes Teil definieren, das aus den Maschinenkoordinaten, dem Komponentengruppen-Anfangspunkt und dem Teile-Anfangspunkt abgeleitet wird. Dieses Koordinatensystem kann als abgeleitete Objektklasse *Anfangspunkt* repräsentiert werden, die mit jedem Teil durch eine abgeleitete Assoziation *EffektiverAnfangspunkt* verbunden ist.

Konzepte der realen Welt sind in hohem Maße redundant. Es steht deshalb zu erwarten, daß Modelle viele abgeleitete Entitäten enthalten. Dabei ist es wünschenswert, Konzepte zu verwenden, die in der Anwendungsdomäne vorkommen. Gleichzeitig ist es jedoch wichtig, unabhängige und abhängige Entitäten in einem Modell zu unterscheiden, so daß die wahre Komplexität zu erkennen ist. Abgeleitete Entitäten werden durch die Entitäten, die ihnen zugrunde liegen, und ihre Ableitungsregel eingeschränkt.

4.7.5 Homomorphismen

Ein *Homomorphismus* bildet, wie Abbildung 4.25 zeigt, zwei Assoziationen aufeinander ab. So kann in einem Teilekatalog für ein Auto ein Katalogelement andere Katalogelemente enthalten. Jedes Katalogelement wird durch eine Modellnummer spezifiziert, die für tausende oder Millionen von tatsächlich hergestellten Elementen steht, von denen jedes wieder eine eigene Seriennummer hat. Die hergestellten Elemente setzen sich aus Teilelementen zusammen. Der Explosionsbaum jedes physikalischen Elements hat die gleiche Form wie der Explosi-

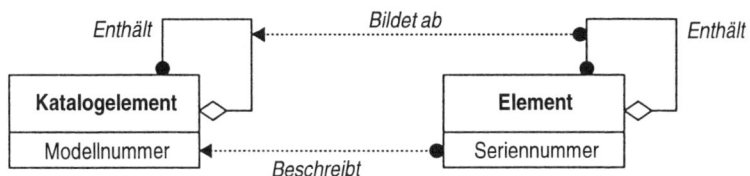

Abb. 4.25   Homomorphismus für einen Teilekatalog

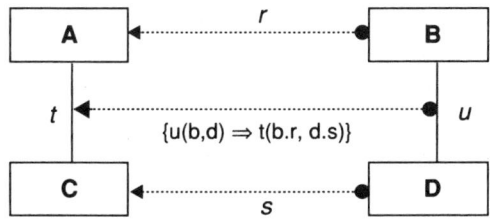

Abb. 4.26   Allgemeiner Homomorphismus

onsbaum des Katalogelements. Die Aggregation *Enthält* auf Katalogelementen ist ein Homomorphismus der Aggregation *Enhält* auf physikalischen Elementen. Diese Form von Homomorphismus zwischen zwei Bäumen tritt häufig auf.

Im allgemeinen umfaßt ein Homomorphismus vier Relationen zwischen vier Klassen (siehe Abbildung 4.26). Der Homomorphismus bildet Verknüpfungen einer allgemeinen Assoziation (*u*) auf Verknüpfungen einer anderen allgemeinen Assoziation (*t*) als m:1-Abbbildung ab. Zwei Instantiierungsrelationen bilden Elemente einer Klasse in eine andere ab: *r* ist eine m:1-Abbildung von Klasse *B* auf Klasse *A* und *s* ist eine m:1-Abbildung von Klasse *D* auf Klasse *C*. In dem häufig auftretenden Fall, daß *t* eine Assoziation auf einer einzelnen Klasse ist und *u* eine Assoziation auf einer einzelnen Klasse ist, gilt $A = C$, $B = D$ und $r = s$, wie in Abbildung 4.25.

Homomorphismus mag auf den ersten Blick als esoterisches Konzept erscheinen. Unserer Erfahrung nach treten Homomorphismen jedoch durchaus in der Praxis auf, insbesondere, wenn es sich um komplexe Anwendungen handelt, die Metadaten verwenden. Homomorphismus ist im Grunde nur eine Analogie – eine besondere Art einer Relation zwischen Relationen. Richtig verwendet schränken Homomorphismen die Struktur eines Objektmodells ein und verbessern die Übereinstimmung des Modells mit der realen Welt.

4.8 Zusammenfassung

Alle in diesem Kapitel behandelten Konzepte gehen auf Feinheiten der Objektmodellierung ein. Sie werden in einfachen Modellen nicht benötigt, können aber für komplexe Anwendungen wichtig sein. Sie wissen, daß der Inhalt jedes Objektmodells von seiner Relevanz für eine Anwendung bestimmt sein sollte. Verwenden Sie daher die weiterführenden Konzepte aus diesem Kapitel nur, wenn dies wirklich gewinnbringend für Ihre Anwendung ist und beispielsweise zu mehr Klarheit führt oder eine Präzisierung struktureller Einschränkungen oder die Beschreibung eines schwierigen Konzeptes ermöglicht.

Die Aggregation ist eine Spezialform der transitiven Assoziation, bei der eine Gruppe von Komponenten zusammen eine semantische Entität bildet. Operationen auf einem aggregierten Objekt pflanzen sich häufig auf die Komponenten fort. Rekursive aggregierte Objekte machen es möglich, daß eine Komponente gleichzeitig auch ein aggregiertes Objekt ist. Die Aggregation darf nicht mit der Generalisierung verwechselt werden, auch wenn beide Konstrukte Bäume bilden; die Aggregation ist ein Baum von Instanzen, die Generalisierung ein Baum von Klassen.

Abstrakt und *konkret* sind nützliche Begriffe, um auf Klassen in einer Vererbungshierarchie zu verweisen. Abstrakte Klassen tragen zur Organisation der Klassenhierarchie bei und haben keine direkten Instanzen. Konkrete Klassen können direkte Instanzen besitzen. Abstrakte Klassen werden häufig dazu verwendet, Methoden, die von mehreren Unterklassen genutzt werden können, an einer Stelle zu definieren. Abstrakte Klassen können auch verwendet werden, um die Form oder das Protokoll einer Operation zu definieren und die Implementierung den einzelnen Unterklassen zu überlassen.

Vererbung hat zwei unterschiedliche Aspekte, die jedoch einander ergänzen. Erweiterung meint, daß eine Unterklasse neue Merkmale hinzufügen kann. Begrenzung meint, daß eine Unterklasse geerbte Merkmale einschränken kann. Aus semantischen Gründen sollte eine Unterklasse niemals ein Oberklassen-Attribut unterdrücken oder das externe Protokoll einer Oberklassen-Operation verändern. Eine Instanz einer Unterklasse ist zugleich eine Instanz einer Oberklasse; daher ist es für eine Unterklasse nicht zulässig, Oberklassen-Verhalten zu ändern. Leider lassen bestehende objektorientierte Sprachen die Unsitte zu, Vererbung auf diese Weise zu mißbrauchen. Dies kann zu undurchschaubarem Code und schlechter Wartbarkeit führen.

Durch Mehrfachvererbung kann eine Unterklasse Merkmale von mehr als einer Oberklasse erben. Eine Klasse mit mehr als einer Oberklasse heißt Vereinigungsklasse. Jede Generalisierung sollte nur aufgrund einer einzigen semantischen Eigenschaft erfolgen. Die Unterklassen einer gegebenen Oberklasse sollten in mehreren Generalisierungen angeordnet werden, wenn die Oberklasse durch mehr als einen Diskriminator spezialisiert werden kann. Eine Vereinigungsklasse kann Klassen aus verschiedenen Generalisierungen oder aus überlappenden Generalisierungen kombinieren, nicht aber Klassen aus der gleichen disjunkten Generalisierung. Zufällige Vererbung ist eine Eigenschaft von Instanzen und muß durch Delegation repräsentiert werden.

Metadaten sind Daten, die andere Daten beschreiben. Objektklassen sind Metadaten, weil sie Objekte beschreiben. Die Instantiierungsrelation verknüpft Klassendeskriptoren-Objekte mit Klasseninstanzen. Das Metadaten-Konzept ist aus zwei Gründen nützlich: Es kommt in der realen Welt vor und es ist ein mächtiges Hilfsmittel bei der Implementierung komplexer Systeme. Die Modellierung von Metadaten kann unter Umständen verwirrend sein, weil sie die klare Unterscheidung zwischen der Beschreibung und dem Beschriebenen verwischt.

Ein Kandidatenschlüssel ist eine minimale Attributmenge, die ein Objekt oder eine Verknüpfung eindeutig identifiziert. Kandidatenschlüssel schränken die Multiplizität einer Assoziation ein. Multiplizitätspunkte dienen der schnellen Notation; Kandidatenschlüssel drücken die zugrundeliegende Abstraktion aus. Multiplizitätspunkte sind für binäre Assoziationen gut geeignet, aber bei n-ären Assoziationen mehrdeutig. Es ist deshalb am besten, bei n-ären Assoziationen Kandidatenschlüssel zu verwenden.

Manchmal sind explizite Einschränkungen zwischen Objekten, Verknüpfungen und Attributen erforderlich, um die Anwendungssemantik auszudrücken. Die Notation für eine Einschränkung ist ein Kommentar in geschweiften Klammern neben der eingeschränkten Entität; eine gepunktete Linie kann hinzugefügt werden, um eingeschränkte Entitäten zu verbinden. Generalisierung und Multiplizität sind Beispiele für Einschränkungen, die bereits im System der Objektmodellierung vorgesehen sind. Homomorphismen sind Abbildungen zwischen Assoziationen und werden häufig verwendet, um einen Beschreibungsbaum und einen

Teilebaum aufeinander abzubilden. Abgeleitete Entitäten können in einem Modell aus Organisations- oder Benennungsgründen enthalten sein, sie fügen jedoch keine grundlegenden Informationen hinzu.

abgeleitete Entität	Instantiierung	Protokoll
abstrakte Klasse	Kandidatenschlüssel	Überschreiben
Aggregation	Klassenmerkmal	Ursprungsklasse
Einschränkung	konkrete Klasse	Vereinigungsklasse
Fortpflanzung	Mehrfachvererbung	Vererbung
Generalisierung	Metadaten	
Homomorphismus	Metaklasse	

Abb. 4.27   Schlüsselbegriffe in Kapitel 4

4.9   Anmerkungen zur Bibliographie

Es gab eine Reihe von Versuchen, die Natur von Typen zu verstehen, die zum Teil erheblich über das Paradigma der Objektorientierung hinausgehen. [Cardelli-85] beschreibt ein Geflecht von Typdefinitionsmodellen, in dem objektorientierte Modelle nur als ein Fall von vielen (und nicht als der allgemeinste) angesehen werden. Extrem mächtige Typdefinitionssysteme sind in der Regel schwer zu verstehen und zu implementieren, so daß die meisten Sprachimplementierer eher Zurückhaltung walten lassen.

[Teorey-89] stellt einen interessanten Ansatz zur Verbesserung der Verständlichkeit großer, komplexer Modelle vor. Die grundlegende Idee ist, daß ein Modell auf verschiedenen Detailebenen betrachtet werden kann. Globale Sichten verbergen Details in Clustern. Ein Cluster ist eine Gruppe von Klassen, Assoziationen, Generalisierungen und möglicherweise anderen Clustern, die bei globaleren Darstellungen zu einer Entität abstrahiert werden. Cluster können rekursiv konstruiert werden, bis die richtige Abstraktionsebene erreicht ist. Teorey zeigt Clusterbildung durch ein fett umrandetes Rechteck an, das zu unserer OMT-Notation kompatibel ist.

Wir haben der Clusterbildung keinen eigenen Abschnitt in diesem Buch gewidmet, weil sie einige Fragen offen läßt. Teoreys Ansatz, Assoziationen zwischen der externen Welt und einer Entität in einem Cluster zu handhaben, bereitet uns Schwierigkeiten. Ein Cluster verbirgt die Tatsache, daß eine ganze Entität in ihm steckt. Dies steht im Widerspruch zu der Sichtbarkeit, die erforderlich ist, um die Assoziation herzustellen. Zudem erscheinen uns die Prioritätsregeln für die Clusterbildung als vage und verwirrend. Wir empfehlen trotzdem, Teoreys Aufsatz zu lesen, weil er einen bedeutenden Fortschritt in einem wichtigen Bereich darstellt.

Viele der grundlegenden Prämissen und Details der objektorientierten Technologie sind umstritten. Die jährlichen Tagungen OOPSLA (Object-Oriented Programming Systems, Languages, and Applications) und ECOOP (European Conference on Object-Oriented Programming) sind die wichtigsten Foren für den Austausch innovativer Konzepte, neuer Implementierungen und philosophischer Argumente auf dem Gebiet der Objektorientierung. Zu den theoretischen Kontroversen der Vergangenheit gehören die Rolle der Vererbung (Einfachvererbung gegenüber Mehrfachvererbung, Vererbung gegenüber Delegation, die Notwendigkeit von Metaklassen), allgemeinere Formen von Typensystemen sowie die Behandlung von Metadaten, Einschränkungen und Aggregation.

4.10 Literaturangaben

[Atwood-85] Thomas M. Atwood. An object-oriented DBMS for design support applications. *IEEE COMPINT' 85*. 299-307.

[Cardelli-85] Luca Cardelli, Peter Wegner. On understanding types, data abstraction, and polymorphism. *ACM Computing Surveys 17*, 4, 471-522.

[McAllester-86] David McAllester, Ramin Zabih. Boolean classes. *OOPSLA'87* as *SIGPLAN 22*, 12 (Dec. 1987), 417-424.

[Meyer-88] Bertrand Meyer. *Object-Oriented Software Construction*. Hertfordshire, England: Prentice Hall International, 1988.

[Rumbaugh-88] James E. Rumbaugh. Controlling propagation of operations using attributes on relations. *OOPSLA'88* as *ACM SIGPLAN 23*, 11 (Nov. 1988), 285-296.

[Teorey-89] Toby J. Teorey, Guangping Wei, Deborah L. Bolton, John A. Koenig. ER model clustering as an aid for user communication and documentation in database design. *Communications of the ACM 32*, 8 (August 1989), 975-987.

4.11 Übungen

4.1   (4) Das Objektdiagramm in Abbildung Ü4.1 ist ein Ausschnitt aus einer Repräsentationsstruktur für ein Auto. Verbessern Sie das Objektdiagramm, indem Sie einige der Assoziationen in Aggregationen umwandeln.

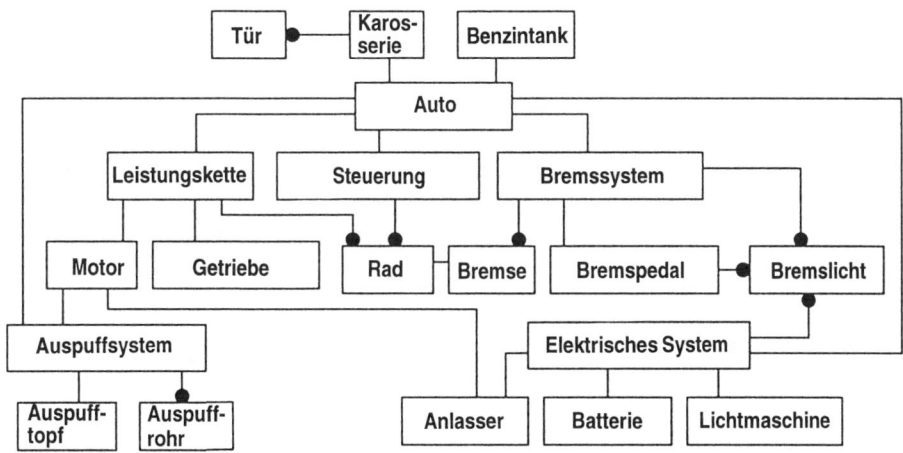

Abb. Ü4.1   Teil eines Objektdiagramms, das die Komponentengruppenhierarchie eines Autos zeigt

4.2   (4) Abbildung Ü4.2 zeigt ein teilweise fertiggestelltes Objektdiagramm für einen interaktiven Diagrammeditor. Ein Blatt ist eine Kollektion von Verknüpfungen und Rechtecken. Eine Verknüpfung ist eine Folge von Liniensegmenten, die zwei Boxen verbinden. Jedes Liniensegment ist durch zwei Punkte spezifiziert. Ein vertikales und ein horizontales Liniensegment können einen Punkt innerhalb der gleichen Verknüpfung gemeinsam nutzen. Eine Auswahl ist eine Kollektion von Verknüpfungen und Boxen, die als Vorbereitung auf eine Bearbeitungsoperation markiert worden sind. Ein Puffer ist eine Kollektion von Verknüpfungen und Boxen, die aus dem Blatt ausgeschnitten oder kopiert wurden. In seinem jetzigen Zustand drückt das Diagramm nicht die Einschränkung aus, daß eine Verknüpfung oder eine Box jeweils zu genau einem Puffer, einer Auswahl oder einem Blatt gehört. Überarbeiten Sie das Objektdiagramm und drücken Sie die Einschränkung mit Hilfe einer Generalisierung aus, indem Sie eine Oberklasse für die Klassen *Puffer, Auswahl* und *Blatt* erzeugen. Erörtern Sie die Vorteile der Änderung.

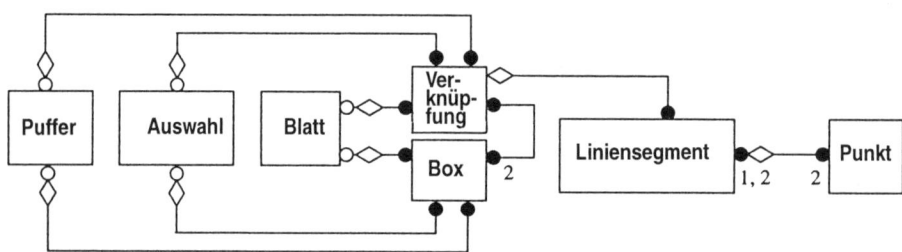

Abb. Ü4.2   Teil eines Objektdiagramms für einen einfachen Diagrammeditor

4.3   (3) Geben Sie jeweils an, ob es sich bei den folgenden Relationen um eine Generalisierung, eine Aggregation oder eine Assoziation handelt. In der Liste können sich ternäre oder n-äre Assoziationen befinden, so daß Sie nicht davon ausgehen sollten, daß jede Relation mit drei oder mehr Objektklassen eine Generalisierung ist. Begründen Sie Ihre Antworten.

a.   Eine Land hat eine Hauptstadt.
b.   Ein Philosoph (aus dem 5-Philosophen-Problem) verwendet eine Gabel.
c.   Eine Datei ist eine normale Datei oder eine Verzeichnisdatei.
d.   Dateien enthalten Datensätze.
e.   Ein Polygon ist durch eine geordnete Menge von Punkten definiert.
f.   Ein Grafikobjekt ist Text, ein geometrisches Objekt oder eine Gruppe.
g.   Eine Person verwendet eine Programmiersprache für ein Projekt.
h.   Modems und Tastaturen sind Eingabe-/Ausgabegeräte.
i.   Objektklassen können mehrere Attribute haben.
j.   Eine Person spielt in einem bestimmten Jahr für eine Mannschaft.
k.   Eine Strecke verbindet zwei Städte.
l.   Ein Student hört eine Vorlesung bei einem Professor.

4.4   (7) Zeichnen Sie ein Objektdiagramm für einen Grafikeditor, der das Konzept der Gruppierung unterstützt. Angenommen, ein Dokument besteht aus mehreren Blättern. Jedes Blatt enthält Grafikobjekte, z.B. Text, geometrische Objekte und Gruppen. Eine Gruppe ist einfach eine Menge von Grafikobjekten, die ihrerseits Gruppen enthalten kann. Eine Gruppe muß mindestens zwei Grafikobjekte enthalten. Ein

Grafikobjekt kann ein direktes Mitglied von höchstens einer Gruppe sein. Geometrische Objekte sind unter anderem Kreise, Ellipsen, Rechtecke, Linien und Quadrate.

4.5 (6) Eine Verzeichnisdatei enthält Informationen über Dateien in einem Verzeichnis und zwar sowohl über normale Dateien als auch über andere Verzeichnisdateien. Zeichnen Sie ein Objektdiagramm, das Verzeichnisdateien und normale Dateien modelliert. Da ein Verzeichnis plus ein Dateiname eine Datei eindeutig identifiziert, empfiehlt es sich, Dateiname als Qualifikationsangabe zu verwenden.

4.6 (6) Beschreiben Sie verbal eine selbstgewählte Situation, bei der, ähnlich wie in den beiden letzten Übungen, Rekursion eine Rolle spielt, und zeichnen Sie das entsprechende Objektdiagramm. Begründen Sie in Ihrer Beschreibung die Notwendigkeit der Rekursion.

4.7 (8) Im folgenden finden Sie eine Beschreibung der Operationen auf einigen der Objektklassen aus Übung 4.2. Die Notation ist Klasse::Operation(Argumente). Überlegen Sie sich, wie Operationen auf einigen Klassen über Assoziationen Operationen auf anderen Klassen auslösen. Erstellen Sie für jede Operation auf jeder Klasse eine Liste der sich fortpflanzenden Operationen. Die Liste sollte Paare von Klassenoperationen enthalten, die durch Assoziation ausgelöst werden.

Puffer::einfügen(Anfangspunkt) – Kopiert und positioniert den Inhalt des Puffers auf das Blatt. *Anfangspunkt* spezifiziert die x- und y-Position (die Versetzung um x und y)

Auswahl::ausschneiden() – Versetzt den ausgewählten Blattinhalt in den Puffer. Verknüpfungen zwischen einer ausgewählten Box und einer nicht ausgewählten Box werden gelöscht. Ein eventuell vorhandener früherer Pufferinhalt wird gelöscht.

Auswahl::kopieren() – Schreibt eines Kopie des ausgewählten Blattinhalts in den Puffer. Verknüpfungen zwischen einer ausgewählten Box und einer nicht ausgewählten Box werden nicht kopiert. Ein eventuell vorhandener früherer Pufferinhalt wird gelöscht.

Auswahl::verschieben(Anfangspunkt) – Versetzt den ausgewählten Blattinhalt um den spezifizierten Anfangspunkt. Verknüpfungen zwischen einer ausgewählten und einer nicht ausgewählten Box werden angepaßt.

Verknüpfung::auswählen() – Markiert die Verknüpfung und fügt sie, falls sie noch nicht ausgewählt worden ist, den ausgewählten Verknüpfungen hinzu.

Verknüpfung::deaktivieren() – Schaltet die Markierung der Verknüpfung ab und entfernt die Verknüpfung aus der Auswahlliste, wenn sie noch nicht deaktiviert worden ist.

Verknüpfung::Auswahl ein/ausschalten() – Wählt die Verknüpfung, wenn sie nicht gewählt ist; andernfalls wird die Verknüpfung deaktiviert.

Box::auswählen() – Markiert die Box und fügt sie, falls sie noch nicht ausgewählt worden ist, den ausgewählten Boxen hinzu.

Box::deaktivieren() – Schaltet die Markierung der Box ab und entfernt die Box aus der Auswahlliste, wenn sie noch nicht deaktiviert worden ist.

Box::Auswahl ein/ausschalten() – Wählt die Box, wenn sie nicht gewählt ist; andernfalls wird die Box deaktiviert.

4.8 (6) Im folgenden finden Sie eine teilweise Taxonomie für rotierende elektrische Maschinen. Elektrische Maschinen können zu Analysezwecken in Wechselstrom (AC) oder Gleichstrom (DC) kategorisiert werden. Manche Maschinen laufen mit Wechselstrom, manche mit Gleichstrom und manche mit beiden. Eine Wechselstrom-Maschine kann synchron oder induktiv sein. Beispiele für elektrische Maschinen sind zum Beispiel große Synchronmotoren, kleine Induktionsmotoren, Universalmotoren und Dauermagnetmotoren. Die meisten Motoren in Haushaltsgeräten sind Induktionsmaschinen oder Universalmotoren. Universalmotoren werden normalerweise verwendet, wenn eine hohe Geschwindigkeit erforderlich ist, zum Beispiel in Mixern oder Staubsaugern. Sie laufen entweder mit Wechselstrom oder mit Gleichstrom. Dauermagnetmotoren finden sich häufig in Spielsachen und arbeiten nur mit Gleichstrom. Zeichnen Sie ein Objektdiagramm, aus dem hervorgeht, wie die gerade beschriebenen Kategorien und Maschinen zueinander in Relation stehen. Verwenden Sie Mehrfachvererbung, wo sich dies anbietet.

4.9 (6) Entfernen Sie aus dem Objektdiagramm, das Sie für Übung 4.8 erstellt haben, alle Fälle von Mehrfachvererbung. Möglicherweise wollen Sie Delegation und/oder verschachtelte Generalisierungen verwenden.

4.10 (7) Bereiten Sie ein Metamodell vor, das die folgende Teilmenge der OMT-Notation unterstützt: Objektklassen, Attribute und binäre Assoziationen, einschließlich Multiplizität und Rollen. Verwenden Sie nur Objektklassen, Attribute und binäre Assoziationen, um das Metamodell zu bauen.

4.11 (8) Zeichnen Sie ein Instanzendiagramm des Metamodells, das Sie für die vorhergehende Übung erstellt haben. Behandeln Sie das Metamodell als ein Objektdiagramm, das durch Instanzen der Metamodellklassen repräsentiert werden kann. Ihr Instanzendiagramm sollte mindestens eine Instanz für jede Klasse, jedes Attribut und jede binäre Assoziation im Metamodell enthalten.

4.12a (10) Zeichnen Sie ein Objektdiagramm für nicht-gerichtete Graphen. Beziehen Sie sich dabei auf Übung 3.23.

b. Zwei nicht-gerichtete Graphen G und H sind zueinander isomorph, wenn zwischen den Kanten von G und H eine 1:1-Entsprechung besteht, so daß die Inzidenzrelationen erhalten bleiben. Erweitern Sie Ihr Objektdiagramm und verwenden Sie einen Homomorphismus, um die Bedingungen auszudrücken, unter denen zwei nicht-gerichtete Graphen zueinander isomorph sind.

4.13 (5) Abbildung Ü4.3 zeigt einen Ausschnitt aus einem Metamodell, das Generalisierungen beschreibt. Eine Generalisierung ist mit mehreren Generalisierungsrollen assoziiert, die die Rollen beschreiben, die Objektklassen in Generalisierungsrelationen spielen. Der Rollentyp ist entweder Unterklasse oder Oberklasse. Unterstützt dieses Modell Mehrfachvererbung? Begründen Sie Ihre Antwort.

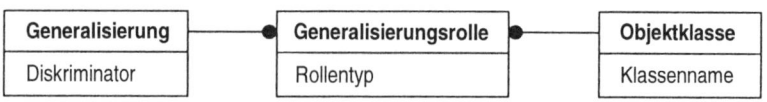

Abb. Ü4.3 Metamodell für Generalisierungsrelationen

4.14 (7) Beschreiben Sie, wie sich mit dem Metamodell aus Abbildung Ü4.3 feststellen läßt, welche Klasse die Oberklasse einer Generalisierung ist. Überarbeiten Sie das Metamodell, um die Anfrage zu vereinfachen. Beschreiben Sie, wie man die Oberklasse einer Generalisierung mit Hilfe Ihres überarbeiteten Metamodells ermittelt. Stellen Sie sicher, daß Ihr überarbeitetes Metamodell Mehrfachvererbung unterstützt.

4.15 (7) Wie gut erzwingt das Metamodell in Abbildung Ü4.3 die Einschränkung, daß jede Generalisierung genau eine Oberklasse besitzt? Erörtern Sie, wie exakt das Metamodell in seiner jetzigen Form die logische Struktur von Generalisierungsrelationen widerspiegelt. Überarbeiten Sie das Metamodell so, daß es die Einschränkung besser realisiert.

4.16 (9) Abbildung Ü4.3 zeigt ein Metamodell, das Objektmodelle wie das in Abbildung Ü4.4 beschreibt. Zeichnen Sie unter Verwendung der Objektklassen aus dem Metamodell ein Instanzendiagramm, das das Modell in Abbildung Ü4.4 beschreibt. Um es Ihnen zu erleichtern, Instanzen in Ihrem Diagramm zu identifizieren, haben wir die Generalisierungen beschriftet. Verwenden Sie die Beschriftungen in Ihrer Antwort.

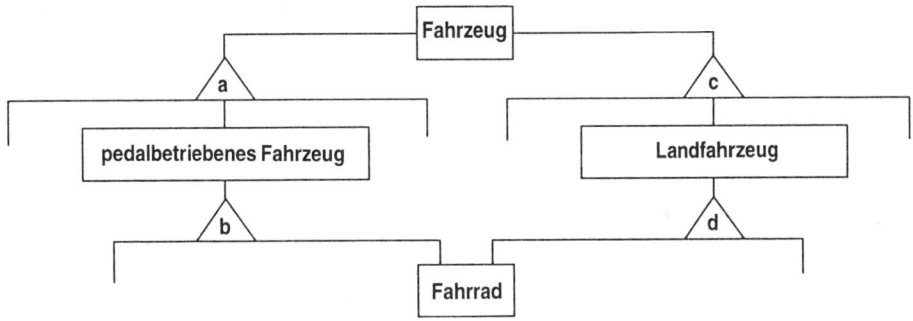

Abb. Ü4.4   Objektdiagramm mit Mehrfachvererbung

4.17 (7) Zeichnen Sie den Ausschnitt eines Objektdiagramms für ein Bibliotheksverleihsystem, das das Fälligkeitsdatum eines Buches und die Verzugsgebühren für ein nicht rechtzeitig zurückgegebenes Buch als abgeleitete Objekte darstellt.

4.18 (10) Zeichnen Sie ein Metamodell der Backus-Naur-(BNF)-Repräsentation für Programmiersprachen. Das Modell könnte als Compiler-Compiler (wie das UNIX-Programm YACC) verwendet werden, der die Repräsentationen in grafischer Form als Eingabe akzeptiert und einen Compiler für die repräsentierte Sprache erzeugt. Ein Beispiel für eine Backus-Naur-Form, die der Compiler-Compiler akzeptieren würde, zeigt Abbildung Ü4.5. Nicht-terminale Symbole werden in Rechtecken dargestellt, terminale Symbole in Kreisen oder abgerundeten Rechtecken. Kreise werden für einzelne Zeichen verwendet. Abgerundete Rechtecke werden für eine Folge von mehreren Zeichen verwendet. Pfeile geben die Richtung des Flusses durch das Diagramm an. Wenn mehrere gerichtete Pfade auseinanderlaufen, kann jeder beliebige davon weiter verfolgt werden. Der Name des beschriebenen nicht-terminalen Symbols steht am Anfang seiner Repräsentation.

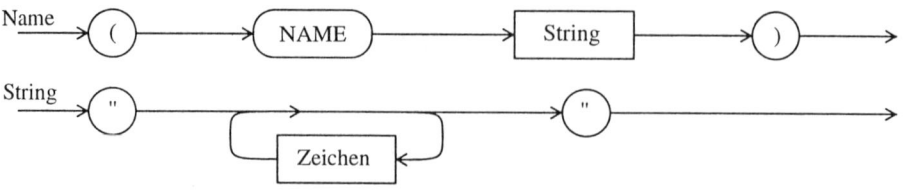

Abb. Ü4.5 Teil eines BNF-Diagramms

Dynamische Modellierung

Zeitliche Beziehungen sind schwer zu verstehen. Ein System läßt sich am leichtesten erfassen, wenn man zunächst seine statische Struktur untersucht, das heißt, die Struktur seiner Objekte und ihrer Relationen zueinander zu einem bestimmten Zeitpunkt. Danach kann man die Veränderungen von Objekten und ihren Relationen untersuchen, die sich im Laufe der Zeit ergeben. Die Aspekte eines Systems, die mit Zeit und Veränderungen zu tun haben, bilden das *dynamische Modell* im Gegensatz zum statischen oder Objektmodell. *Steuerung* ist ein Aspekt eines Systems und beschreibt die Reihenfolge von Operationen, die durch externe Reize ausgelöst werden. Dabei bleibt außer acht, was die Operationen tun, worauf sie ausgeführt werden oder wie sie implementiert sind.

Dieses Kapitel beschreibt Konzepte zur Regelung des Kontrollflusses, der Interaktionen und der Ausführungsreihenfolge von Operationen in einem System parallel zueinander aktiver Objekte. Die wichtigsten Konzepte der dynamischen Modellierung sind *Ereignisse*, die externe Reize repräsentieren, und *Zustände*, die Werte von Objekten repräsentieren. Das *Zustandsdiagramm* ist ein Standardkonzept der Informatik (eine grafische Repräsentation von endlichen Zustandsmaschinen), das in der Literatur je nach Verwendungszweck unterschiedlich gehandhabt wird. Wir wollen Ereignisse und Zustände primär zur Spezifikation von Steuerungsfunktionalität verwenden, nicht als algebraische Konstrukte. Wir zeigen, daß Zustände und Ereignisse in Generalisierungshierarchien gepackt werden können, um Strukturen und Verhalten gemeinsam zu benutzen.

Die in diesem Kapitel abgebildeten strukturierten Zustandsdiagramme entsprechen weitgehend der Notation von David Harel [Harel-87], die Strukturierung durch sogenannte verschachtelte Konturen darstellt.

5.1 Ereignisse und Zustände

Ein Objektmodell beschreibt, welche Geflechte aus Objekten, Attributen und Verknüpfungen in einem System existieren können. Die Attributwerte und Verknüpfungen, die ein Objekt besitzt, machen seinen *Zustand* aus. Im Laufe der Zeit stimulieren die Objekte einander. Dies führt zu einer Reihe von Zustandsveränderungen. Ein einzelner Reiz eines Objekts auf ein anderes Objekt heißt *Ereignis*. Die Reaktion auf ein Ereignis hängt vom Zustand des Objekts ab, das das Ereignis empfängt, und kann eine Zustandsveränderung oder das Senden eines anderen Ereignisses an den ursprünglichen Sender oder an ein drittes Objekt beinhalten. Das Geflecht der Ereignisse, Zustände und Zustandsübergänge für eine gegebene Klasse kann abstrahiert und als *Zustandsdiagramm* repräsentiert werden. Ein Zustandsdiagramm ist ein Netz von Zuständen und Ereignissen, so wie ein Objektdiagramm ein Netz aus Klassen und Relationen ist. Das *dynamische Modell* besteht aus mehreren Zustandsdiagrammen – einem für jede Klasse mit wichtigem dynamischen Verhalten – und zeigt das Geflecht der Aktivitäten für ein ganzes System. Alle Zustandsmaschinen sind parallel aktiv und können ihre

Zustände unabhängig voneinander ändern. Die Zustandsdiagramme für die verschiedenen Klassen werden durch gemeinsam genutzte Ereignisse zu einem einzigen dynamischen Modell kombiniert.

5.1.1 Ereignisse

Ein *Ereignis* ist etwas, das in einem bestimmten Augenblick passiert, z.B. *Benutzer drückt linke Taste* oder *Flug 123 fliegt in Chicago ab*. Ein Ereignis hat keine Dauer. Damit ist gemeint, daß ein Ereignis ein Vorgang ist, der gemessen an der Zeitskala einer gegebenen Abstraktion vernachlässigbar ist, denn natürlich ist nichts ganz und gar zeitlos.

Ein Ereignis kann logisch vor oder nach einem anderen stattfinden oder die beiden Ereignisse können ohne Bezug zueinander sein. Flug 123 muß in Chicago abfliegen, bevor er in San Francisco ankommen kann; die beiden Ereignisse stehen in einem Kausalzusammenhang. Flug 123 kann abfliegen, bevor oder nachdem Flug 456 nach Rom abfliegt; die beiden Ereignisse stehen in keinem Kausalzusammenhang. Die beiden Ereignisse ohne Kausalzusammenhang werden als *parallel* bezeichnet; sie wirken sich nicht aufeinander aus. Wenn die Kommunikationsverzögerung zwischen zwei Orten größer als die Differenz der Ereigniszeiten ist, müssen die Ereignisse parallel sein, weil sie sich gegenseitig nicht beeinflussen können. Sogar wenn die physikalischen Orte von zwei Ereignissen nahe beieinander liegen, betrachten wir die Ereignisse als parallel, wenn sie sich nicht aufeinander auswirken. Weil parallele Ereignisse in beliebiger Reihenfolge auftreten können, ist es nicht sinnvoll, bei der Systemmodellierung eine Reihenfolge für parallele Ereignisse aufzustellen. Jedes realistische Modell eines verteilten Systems muß parallele Ereignisse und Aktivitäten enthalten.

Ein Ereignis ist eine Übertragung von Informationen (in einer Richtung) von einem Objekt zu einem anderen. Ein Ereignis ist nicht mit dem Aufruf eines Unterprogramms zu vergleichen, das einen Wert zurückgibt. In der realen Welt existieren alle Objekte parallel zueinander. Möglicherweise erwartet ein Objekt, das ein Ereignis zu einem anderen Objekt sendet, eine Antwort. Diese stellt jedoch ein eigenes Ereignis dar, das von dem zweiten Objekt gesteuert wird. Dabei steht es dem zweiten Objekt frei, die Antwort zu senden oder nicht.

Wenn auch jedes Ereignis ein einmaliger Vorfall ist, so gruppieren wir doch Ereignisse in *Ereignisklassen* und geben jeder Ereignisklasse einen Namen, um gemeinsame Strukturen und Verhaltensweisen anzudeuten. Diese Struktur ist wie die Objektklassen-Struktur hierarchisch. Beispielsweise sind *Flug 123 fliegt in Chicago ab* und *Flug 456 fliegt in Rom ab* Instanzen der Ereignisklasse *Flug fliegt ab*. Einige Ereignisse sind einfache Signale, die meisten Ereignisklassen haben jedoch Attribute, in denen die Informationen, die sie übermitteln, abgelegt sind. So hat *Flug fliegt ab* die Attribute *Fluglinie, Flugnummer* und *Stadt*. Die Zeit, zu der ein Ereignis stattfindet, ist ein implizites Attribut aller Ereignisse.

Ein Ereignis übermittelt Informationen von einem Objekt zu einem anderen. Einige Ereignisklassen können einfach nur signalisieren, daß etwas geschehen ist, während andere Klassen Datenwerte übermitteln. Die Datenwerte, die ein

Ereignis übermittelt, sind – wie die Datenwerte von Objekten – Attribute. Attribute werden in Klammern nach dem Namen der Ereignisklasse angegeben. Abbildung 5.1 zeigt Beispiele für Ereignisklassen mit Attributen. Die Angabe von Attributen ist optional.

Flug fliegt ab (Fluglinie, Flugnummer, Stadt)
Maustaste gedrückt (Taste, Ort)
Eingabestring eingegeben (Text)
Telefonhörer abgehoben
Ziffer gewählt (Ziffer)
Motordrehzahl nähert sich kritischem Bereich

Abb. 5.1   Ereignisklassen und Attribute

Der Begriff *Ereignis* wird nicht immer eindeutig verwendet. Manchmal bezieht sich Ereignis auf eine Ereignisinstanz, in anderen Fällen auf eine Ereignisklasse. In der Praxis stellt diese Ungenauigkeit normalerweise kein Problem dar und die exakte Bedeutung geht aus dem Kontext hervor.

Fehlerbedingungen können ebenso wie normale Vorkommnisse Ereignisse sein. *Motor blockiert, Transaktion abgebrochen* und *Zeit abgelaufen* sind typische Fehlerereignisse. Ein Fehlerereignis unterscheidet sich durch nichts von normalen Vorfällen; es wird nur durch unsere Interpretation zum "Fehler".

Anrufer hebt Hörer ab
Wählton beginnt
Anrufer wählt Ziffer (5)
Wählton endet
Anrufer wählt Ziffer (5)
Anrufer wählt Ziffer (5)
Anrufer wählt Ziffer (1)
Anrufer wählt Ziffer (2)
Anrufer wählt Ziffer (3)
Anrufer wählt Ziffer (4)
Angerufenes Telefon beginnt zu klingeln
Anrufendes Telefon signalisiert Rufton
Angerufener Teilnehmer meldet sich
Angerufenes Telefon hört auf zu klingeln
Anrufendes Telefon signalisiert Rufton nicht mehr
Telefone werden verbunden
Angerufener Teilnehmer hängt ein
Telefone werden getrennt
Anrufer hängt ein

Abb. 5.2   Szenario für einen Telefonanruf

5.1.2 Szenarios und Ereignispfad

Ein *Szenario* ist eine Folge von Ereignissen, die bei einer ganz bestimmten Ausführung eines Systems auftritt. Der Umfang eines Szenarios kann unterschiedlich sein; das heißt, das Szenario kann alle Ereignisse im System umfassen oder aber nur die Ereignisse, die bestimmte Objekte des Systems beeinflussen oder von bestimmten Objekten erzeugt werden. Ein Szenario erhält man, indem man entweder ein bereits existierendes System ausführt und die Ausführungsschritte aufzeichnet oder indem man die Ausführung eines geplanten Systems gedanklich durchspielt.

Abbildung 5.2 zeigt ein Szenario für die Verwendung einer Telefonleitung. Dieses Szenario enthält nur die Ereignisse, die sich auf die Telefonleitung auswirken.

Jedes Ereignis übermittelt Informationen von einem Objekt zu einem anderen. Beispielsweise übermittelt *Wählton beginnt* ein Signal von der Telefonleitung zum Anrufer. Nachdem das Szenario feststeht, werden die Sender- und Empfängerobjekte für jedes Ereignis identifiziert. Sowohl die Ereignisreihenfolge als auch die Objekte, die Ereignisse austauschen, können in einem erweiterten Szenario, einem sogenannten *Ereignispfad*-Diagramm, dargestellt werden. In diesem Diagramm ist jedes Objekt als vertikale Linie und jedes Ereignis als horizontaler

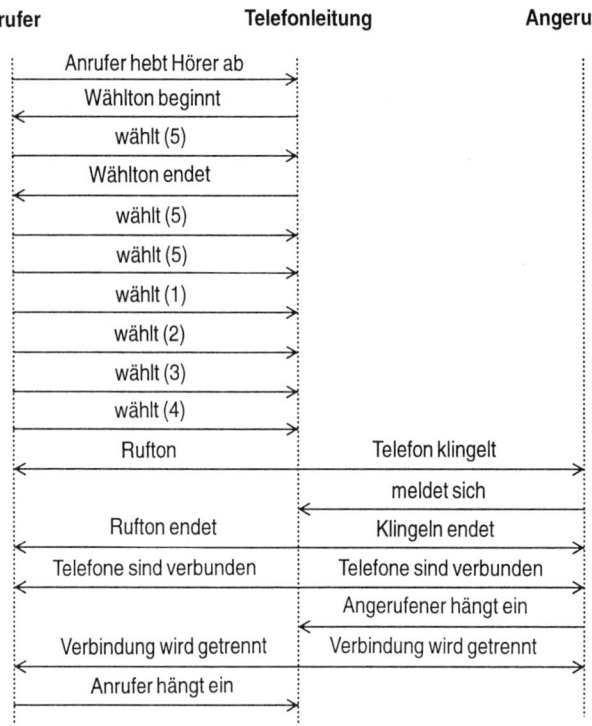

Abb. 5.3   Ereignispfad für einen Telefonanruf

Pfeil vom Senderobjekt zum Empfängerobjekt abgebildet. Die Zeit schreitet von oben nach unten fort. Dabei spielen die Abstände keine Rolle, denn es wird nur die Folge, nicht die genaue zeitliche Abstimmung, der Ereignisse dargestellt. (Dagegen erlegen Echtzeitsysteme Ereignisreihenfolgen zeitliche Beschränkungen auf. Dies erfordert jedoch eine besondere Notation.) Abbildung 5.3 zeigt einen Ereignispfad für einen Telefonanruf. Beachten Sie, daß parallele Ereignisse gesendet werden können (*Telefonleitung* sendet gleichzeitig Ereignisse an *Anrufer* und *Angerufener*) und daß Ereignisse nicht zwischen den Objekten alternieren müssen (*Anrufer* wählt mehrere Ziffern nacheinander).

5.1.3 Zustände

Ein *Zustand* ist eine Abstraktion der Attributwerte und Verknüpfungen eines Objekts. Wertemengen werden nach den Eigenschaften, die für das Objektverhalten entscheidend sind, zu einem Zustand gruppiert. So ist der Zustand einer Bank entweder solvent oder insolvent, je nachdem, ob ihr Vermögen ihre Verpflichtungen überschreitet oder nicht. Ein Zustand spezifiziert die Reaktion des Objekts auf ankommende Ereignisse. Die Reaktion auf ein Ereignis, das ein Objekt empfangen hat, kann in Abhängigkeit von den genauen Werten seiner Attribute quantitativ variieren. Qualitativ ist die Reaktion für alle Werte innerhalb des gleichen Zustands die gleiche, für Werte in unterschiedlichen Zuständen kann die qualitative Reaktion unterschiedlich sein. Die Reaktion eines Objekts auf ein Ereignis kann unter anderem eine Aktion oder eine Zustandsänderung durch das Objekt sein. Wenn beispielsweise im Zustand *Wählton* eine Ziffer gewählt wird, stellt die Telefonleitung den Wählton ab und geht in den Zustand *Wählend* über; wenn der Hörer im Zustand *Wählton* aufgelegt wird, wird die Leitung tot und geht in den Zustand *Bereit* über.

Ein Zustand entspricht der Zeitspanne zwischen zwei von einem Objekt empfangenen Ereignissen. Ereignisse repräsentieren Zeitpunkte, Zustände repräsentieren Zeitspannen. Nachdem zum Beispiel der Hörer abgehoben wurde und bevor die erste Ziffer gewählt wird, befindet sich die Telefonleitung im Zustand *Wählton*. Der Zustand eines Objekts hängt von der vergangenen Ereignisreihenfolge ab, die das Objekt empfangen hat, in den meisten Fällen werden weiter zurückliegende Ereignisse letztendlich jedoch durch nachfolgende Ereignisse überdeckt. So wirken sich Ereignisse, die sich vor dem Aufhängen des Telefons ereignet haben, nicht auf das künftige Verhalten aus; der Zustand *Bereit* "vergißt" Ereignisse, die vor dem Ereignis *aufhängen* empfangen wurden.

Ein Zustand nimmt eine Zeitspanne in Anspruch und besitzt daher eine Dauer. Ein Zustand wird oft mit einer anhaltenden Aktivität assoziiert, zum Beispiel dem Klingeln eines Telefons, oder einer Aktivität, deren Vollendung Zeit erfordert, zum Beispiel das Fliegen von Chicago nach San Francisco. Ereignisse und Zustände sind zwei Seiten einer Münze; ein Ereignis trennt zwei Zustände, ein Zustand zwei Ereignisse.

Ein Zustand wird häufig mit einem Objektwert assoziiert, der eine Bedingung erfüllt. Beispielsweise ist *Wasser ist flüssig* gleichbedeutend mit der Aussage "Die Wassertemperatur ist höher als 0° C und niedriger als 100° C." Im einfachsten Fall definiert jeder Aufzählwert eines Attributs einen eigenen Zustand. So könnte sich das Getriebe eines Autos in den Zuständen *Rückwärts, Leer, Erster, Zweiter* oder *Dritter* befinden.

Bei der Definition von Zuständen lassen wir diejenigen Attribute außer acht, die das Verhalten des Objekts nicht beeinflussen, und wir fassen alle Kombinationen von Attributwerten und Verknüpfungen, die die gleiche Reaktion auf Ereignisse zeigen, zu einem Zustand zusammen. Natürlich wirkt sich jedes Attribut, wenn es nicht nutzlos ist, auf die eine oder andere Weise auf das Verhalten aus; es gibt aber häufig Attribute, die das Steuerungsmuster nicht beeinflussen, und daher als einfache Parameterwerte innerhalb eines gegebenen Zustands betrachtet werden können. Sie erinnern sich daran, daß der Zweck einer Modellierung darin besteht, sich auf die Eigenschaften einer Entität zu konzentrieren, die für die Lösung eines Anwendungsproblems relevant sind, und die nicht relevanten Eigenschaften weg-zuabstrahieren. Die drei OMT-Modelle (Objektmodell, dynamisches Modell und funktionales Modell) eröffnen unterschiedliche Sichten auf ein System; die Wahl von Attributen und Werten ist nicht in allen drei Sichten gleich wichtig. Weil beispielsweise die gewählten Ziffern – die führenden Nullen und Einsen ausge-nommen – nicht die Steuerung der Telefonleitung beeinflussen, können wir sie unter dem Zustand *Wählend* subsumieren und die Telefonnummer als Parameter behandeln. Manchmal sind alle möglichen Werte eines Attributs wichtig. Das ist jedoch meistens nur dann der Fall, wenn die Zahl der möglichen Werte klein ist.

Sowohl Ereignisse als auch Zustände hängen vom verwendeten Abstraktionsgrad ab. So würde ein Reiseveranstalter beim Planen einer Reiseroute jede Etappe der Reise als ein Ereignis behandeln; eine Fluganzeigetafel eines Flughafens würde nach Ankunft und Abflug unterscheiden; ein System zur Überwachung des Flug-verkehrs würde jeden Flug in viele geographische Abschnitte unterteilen.

Zustand: Alarmsignal ertönt

Beschreibung: Alarmsignal der Armbanduhr ertönt, um die Zielzeit anzuzeigen

Ereignisfolge, die den Zustand produziert:
Alarmsignal einstellen (Zielzeit)
jede Folge, die nicht *Alarmsignal löschen* enthält
Aktuelle Zeit = Zielzeit

Bedingung, die den Zustand charakterisiert:
Alarmsignal = ein, und Zielzeit ≤ akuelle Zeit ≤ Zielzeit + 20 Sekunden, und seit
der Zielzeit wurde kein Knopf gedrückt

Ereignisse, die während des Zustands akzeptiert werden:

Ereignis	Aktion	Nächster Zustand
aktuelle Zeit = Zielzeit + 20	Alarmsignal neu einstellen	*normal*
Knopf gedrückt (beliebiger Knopf)	Alarmsignal neu einstellen	*normal*

Abb. 5.4   Verschiedene Charakterisierungen eines Zustands

Ein Zustand kann unterschiedlich charakterisiert sein. Abbildung 5.4 zeigt unterschiedliche Charakterisierungen des Zustands *Alarmsignal ertönt* einer Armbanduhr. Der Zustand hat einen aussagefähigen Namen und sein Zweck wird in natürlicher Sprache beschrieben. Die Ereignisreihenfolge, die den Zustand herbeiführt, setzt sich aus Einstellen des Alarmsignals, beliebigen Ereignissen, die das Alarmsignal nicht löschen, und Erreichen der Zielzeit zusammen. Eine deklarative Bedingung für den Zustand wird durch Parameter wie *Alarmsignal* und *Zielzeit* angegeben; der Alarmton endet nach 20 Sekunden. Schließlich zeigt eine Reiz-Reaktion-Tabelle die Wirkung der Ereignisse *Aktuelle Zeit* und *Knopf gedrückt*, die Aktion, die ausgelöst wird, und den nächsten Zustand. Die unterschiedlichen Beschreibungen eines Zustands können einander überlappen.

Können Verknüpfungen Zustände besitzen? Ja, soweit sie als Objekte angesehen werden können. In der Praxis reicht es in der Regel aus, Zustände nur mit Objekten zu assoziieren. Der Zustand eines Objekts kann auch die Werte seiner Verknüpfungen beinhalten.

5.1.4 Zustandsdiagramme

Ein *Zustandsdiagramm* bringt Ereignisse und Zustände zueinander in Relation. Wenn ein Ereignis empfangen wird, hängt der nächste Zustand sowohl vom aktuellen Zustand als auch vom Ereignis ab; eine Zustandsveränderung, die durch ein Ereignis verursacht wird, heißt *Transition*. Ein Zustandsdiagramm ist ein Graph, dessen Knoten Zustände und dessen gerichtete Kanten mit Ereignisnamen beschriftete Transitionen sind. Ein Zustand wird durch ein abgerundetes Rechteck dargestellt, das einen optionalen Namen enthält. Eine Transition wird als Pfeil vom empfangenden Zustand zum Zielzustand gezeichnet. Der Pfeil ist mit dem Namen des Ereignisses beschriftet, das die Transition verursacht. Alle von einem Zustand ausgehenden Transitionen müssen unterschiedlichen Ereignissen entsprechen.

Das Zustandsdiagramm spezifiziert die von einer Ereignisfolge verursachte Zustandsfolge. Wenn ein Objekt sich in einem Zustand befindet und ein Ereignis auftritt, mit dem eine seiner Transitionen beschriftet ist, tritt das Objekt in den Zustand am Zielende der Transition ein. Wir sagen, die Transition *feuert*. Wenn von einem Zustand mehr als eine Transition ausgeht, veranlaßt das erste auftretende Ereignis, daß die zugehörige Transition feuert. Wenn ein Ereignis auftritt, für das es keine vom aktuellen Zustand ausgehende Transition gibt, wird das Ereignis ignoriert. Eine Ereignisfolge kann als ein möglicher Pfad durch den Graphen verstanden werden.

Abbildung 5.5 zeigt ein Zustandsdiagramm, das das Verhalten einer Telefonleitung beschreibt. Das Diagramm ist für eine Telefonleitung gezeichnet, nicht für den Anrufer oder den Angerufenen. Das Diagramm enthält sowohl Folgen, wie sie bei normalen Anrufen vorkommen, als auch Folgen, wie *Zeit abgelaufen,* während man wählt oder wenn die Leitung besetzt ist. Das Ereignis *einhängen* verursacht eine Transition von jedem beliebigen Zustand zum Zustand *Bereit*. Später werden wir eine allgemeinere Notation zur Repräsentation von Ereignis-

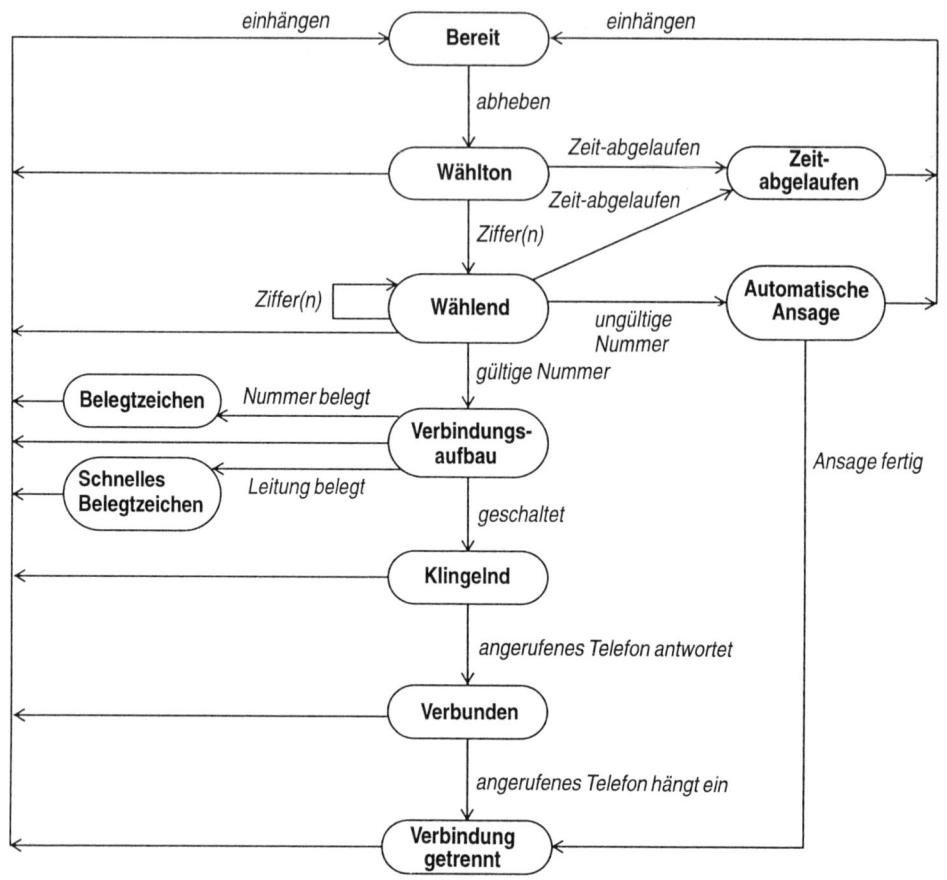

Abb. 5.5 Zustandsdiagramm für eine Telefonleitung

sen zeigen, die mit Hilfe einer einzigen Transition auf Gruppen von Zuständen angewendet werden können.

Beachten Sie bitte, daß die Zustände nicht alle Werte des Objekts umfassend definieren. Beispielsweise umfaßt der Zustand *Wählend* alle Folgen unvollständiger Telefonnummern. Da alle Nummern das gleiche Verhalten an den Tag legen, ist es nicht nötig, unterschiedliche Nummern als eigene Zustände zu definieren. Die tatsächlich gewählte Nummer muß aber natürlich als Attribut gespeichert werden.

Ein Zustandsdiagramm beschreibt das Verhalten einer einzelnen Objektklasse. Weil alle Instanzen einer Klasse (per Definition) das gleiche Verhalten zeigen, nutzen sie alle das gleiche Zustandsdiagramm – so wie sie alle die gleichen Klassenmerkmale nutzen. Aber so wie jedes Objekt eigene Attributwerte besitzt, besitzt jedes Objekt auch seinen eigenen Zustand als Ergebnis der einmaligen

Ereignisfolge, die es empfangen hat. Jedes Objekt ist von anderen Objekten unabhängig und folgt seinem eigenen Rhythmus.

Zustandsdiagramme können Einweg-Lebenszyklen oder Mehrweg-Systeme repräsentieren. Bei dem Diagramm für die Telefonleitung handelt es sich um ein Mehrweg-System. Wenn wir die normale Verwendung des Telefons beschreiben, wissen wir nicht oder interessiert es uns nicht, wie die Schleife beginnt. (Wenn wir die Installation neuer Leitungen beschreiben würden, wäre dagegen der Anfangszustand wichtig.) Einweg-Diagramme repräsentieren Objekte mit einer endlichen Lebenszeit. Ein Einweg-Diagramm hat Anfangs- und Schlußzustände. Ein Objekt tritt bei seiner Erzeugung automatisch in den Anfangszustand ein; das Eintreten in den Endzustand impliziert die Zerstörung des Objekts. Ein Anfangszustand wird durch einen gefüllten Kreis dargestellt. Der Kreis kann beschriftet werden, um unterschiedliche Anfangsbedingungen anzugeben. Ein Schlußzustand wird durch ein Bullauge angegeben. Das Bullauge kann beschriftet werden, um unterschiedliche Endebedingungen anzugeben. Abbildung 5.6 zeigt den Lebenszyklus eines Schachspiels (mit einigen Vereinfachungen). Ein Einweg-Diagramm kann als "Unterprogramm" eines Zustandsdiagramms angesehen werden, das von verschiedenen Stellen eines globaleren Diagramms aus ausgerufen werden kann. Später werden wir zeigen, wie sich die Erzeugung und die Terminierung eines Objekts in das Gesamtsystem einfügen.

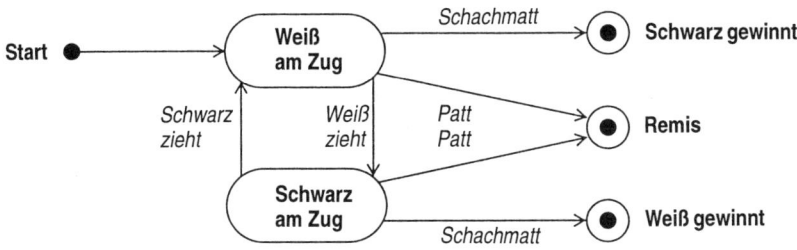

Abb. 5.6   Einweg-Zustandsdiagramm für ein Schachspiel

Das *dynamische Modell* ist eine Kollektion von Zustandsdiagrammen, die über gemeinsam genutzte Ereignisse interagieren. Ein Objektmodell repräsentiert die statische Struktur, ein dynamisches Modell die Kontrollstruktur eines Systems. Ein Zustandsdiagramm ist wie eine Objektklasse ein Muster; es beschreibt eine vollständige, möglicherweise unendliche, Skala von Folgen. Ein Szenario ist für ein dynamisches Modell das gleiche wie ein Instanzendiagramm für ein Objektmodell.

5.1.5 Bedingungen

Eine *Bedingung* ist eine Boolesche Funktion von Objektwerten, zum Beispiel "die Temperatur liegt unter dem Gefrierpunkt." Eine Bedingung ist innerhalb einer Zeitspanne gültig – "die Temperatur lag vom 15. November 1921 bis 3.

März 1922 unter dem Gefrierpunkt." Es ist wichtig, Bedingungen von Ereignissen ohne Zeitdauer zu unterscheiden. Ein Zustand kann durch eine Bedingung definiert werden; umgekehrt stellt es eine Bedingung dar, sich in einem Zustand zu befinden.

Bedingungen können als *Wächter* für Transitionen verwendet werden. Eine bewachte Transition feuert, wenn das zugehörige Ereignis auftritt; dies setzt jedoch voraus, daß die Wächterbedingung erfüllt ist. Ein Beispiel: "Wenn Sie morgens das Haus verlassen (*Ereignis*), wenn die Temperatur unter dem Gefrierpunkt liegt (*Bedingung*), ziehen Sie Handschuhe an (*nächster Zustand*)." Eine Wächterbedingung einer Transition steht als Boolescher Ausdruck in Klammern hinter dem Ereignisnamen.

Abbildung 5.7 zeigt ein Zustandsdiagramm mit bewachten Transitionen für Verkehrsampeln an einer Kreuzung. Zwei Kameras überwachen die Nord-Süd-Linksabbiegespuren; zwei andere die Ost-West-Spuren. Wenn sich auf den Nord-Süd- und/oder Ost-West-Abbiegespuren kein Auto befindet, überspringt die Steuerungslogik der Ampel den Teil des Zyklus, der das Linksabbiegen regelt.

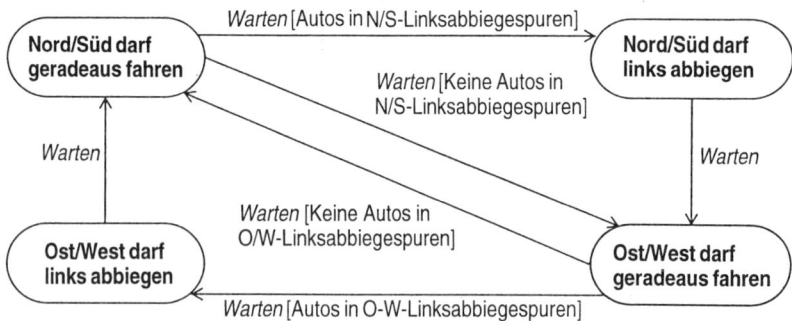

Abb. 5.7   Zustandsdiagramm mit bewachten Transitionen

5.2   Operationen

Die bisher vorgestellten Zustandsdiagramme beschreiben die Ereignisse und Zustände für eine einzige Objektklasse. In diesem Abschnitt zeigen wir, wie Ereignisse Operationen auslösen.

5.2.1   Steuern von Operationen

Zustandsdiagramme wären wenig nützlich, wenn sie nur ein Ereignismuster beschreiben würden. Eine Beschreibung des Objektverhaltens muß spezifizieren, was ein Objekt als Reaktion auf Ereignisse tut. Operationen, die an Zustände oder Transitionen gebunden sind, werden als Reaktion auf die zugehörigen Zustände oder Ereignisse ausgeführt.

Eine *Aktivität* ist eine Operation, deren Ausführung Zeit in Anspruch nimmt. Eine Aktivität ist mit einem Zustand assoziiert. Aktivitäten sind unter anderem fortdauernde Operationen, wie das Darstellen eines Bildes auf einem Fernsehschirm, und sequentielle Operationen, die nach einer bestimmten Zeitspanne selbständig terminieren, wie das Schließen eines Ventils oder die Durchführung einer Berechnung. Ein Zustand kann eine fortdauernde Aktivität (wie das Klingeln einer Telefonklingel) steuern, die andauert, bis sie durch ein Ereignis terminiert wird, das eine Transition aus dem Zustand verursacht. Die Notation *"do:A"* in einer Zustandsbox gibt an, daß eine Aktivität *A* beim Eintritt in den Zustand beginnt und beim Verlassen des Zustands endet. Ein Zustand kann auch eine sequentielle Aktivität (wie das Bewegen eines Teils durch einen Roboter) steuern, die andauert, bis sie abgeschlossen ist oder durch ein Ereignis unterbrochen wird, das die Aktivität vorzeitig abbricht. In diesem Fall gibt die Notation *"do:A"* an, daß eine sequentielle Aktivität *A* beim Eintritt in den Zustand beginnt und endet, sobald sie abgeschlossen ist. Wenn ein Ereignis eine Transition in einen anderen Zustand vor Abschluß der Aktivität verursacht, wird die Aktivität vorzeitig abgebrochen. Beispielsweise könnte ein Roboter auf ein Hindernis treffen, das ihn veranlaßt, sich nicht weiter zu bewegen. Eigentlich besteht kein Unterschied zwischen den beiden Verwendungsarten: eine fortdauernde Aktivität kann als sequentielle Aktivität betrachtet werden, die unendlich lange andauert.

Eine *Aktion* ist eine auf einen Moment beschränkte Operation ohne Zeitdauer. Eine Aktion ist mit einem Ereignis assoziiert. Eine Aktion repräsentiert eine Operation, deren Dauer gemessen an der zeitlichen Rasterung des Zustandsdiagramms unbedeutend ist. So könnte zum Beispiel bei der Telefonleitung in Abbildung 5.5 eine Aktion *Telefonverbindung trennen* als Reaktion auf ein Ereignis *einhängen* erfolgen. Eine Operation in der realen Welt ist natürlich nicht wirklich zeitlos, ihre Modellierung als Aktion zeigt jedoch an, daß ihre interne Struktur irrelevant für Steuerungszwecke ist. Anderenfalls sollte eine Operation als Aktivität modelliert werden, d.h. mit einem Anfangsereignis, einem Schlußereignis und möglicherweise mehreren dazwischenliegenden Ereignissen.

Aktionen können auch interne Steuerungsoperationen repräsentieren, zum Beispiel das Festlegen von Attributen oder das Generieren anderer Ereignisse. Solche Aktionen haben keine Entsprechungen in der realen Welt, sondern sind Mechanismen zur Steuerungsstrukturierung innerhalb einer Implementierung. Beispielsweise könnte ein interner Zähler jedesmal inkrementiert werden, wenn ein bestimmtes Ereignis auftritt. In einem Rechner erfordern selbst einfache Operationen eine gewisse Zeit, sie können jedoch bezogen auf die Zeitdauer der realen Ereignisse, um die es geht, als zeitlos angesehen werden.

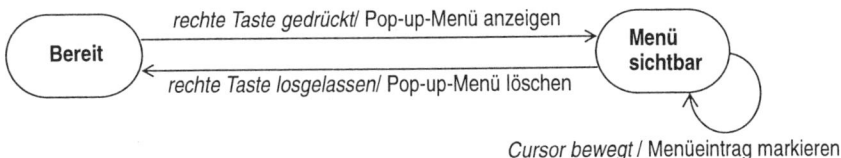

Abb. 5.8   Aktionen für ein Pop-Up-Menü

Die Notation für eine Aktion auf einer Transition besteht aus einem Schrägstrich ("/") und dem Namen (oder der Beschreibung) der Aktion hinter dem Namen des Ereignisses, das die Aktion verursacht. Abbildung 5.8 zeigt das Zustandsdiagramm für ein Pop-Up-Menü auf einer Workstation. Wenn die rechte Taste gedrückt wird, wird das Menü angezeigt; wenn die rechte Taste losgelassen wird, wird das Menü gelöscht. Während das Menü sichtbar ist, wird der markierte Menüeintrag bei jeder Cursorbewegung aktualisiert.

5.2.2 Zusammenfassung: Notation für Zustandsdiagramme mit Operationen

Abbildung 5.9 faßt die Notation zusammen, die in den Abschnitten 5.1 und 5.2 für unstrukturierte Zustandsdiagramme vorgestellt wurde. Abschnitt 5.3 diskutiert Erweiterungen für strukturierte Zustandsdiagramme.

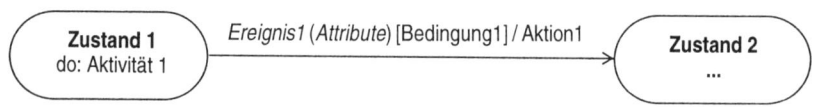

Abb. 5.9   Zusammenfassung der Notation für unstrukturierte Zustandsdiagramme

Wie Abbildung 5.9 zeigt, steht der Zustandsname fett in einem abgerundeten Rechteck. Der Ereignisname wird über einen Transitionspfeil geschrieben. Dahinter können optional ein oder mehrere Attribute in Klammern angegeben werden. Eine Bedingung kann in eckigen Klammern nach dem Ereignisnamen angegeben werden. Eine Aktivität wird in einer Zustandsbox durch das Schlüsselwort "*do:*" angezeigt, gefolgt vom Namen oder der Beschreibung der Aktivität. Eine Aktion auf einer Transition wird angegeben, indem man das Zeichen "/" und den Aktionsnamen hinter den Ereignisnamen schreibt. Alle diese Konstrukte sind in Zustandsdiagrammen optional.

Abbildung 5.10 zeigt das durch Aktionen und Aktivitäten erweiterte Zustandsdiagramm für die Telefonverbindung, die Sie schon aus Abbildung 5.5 kennen.

5.3 Verschachtelte Zustandsdiagramme

Zustandsdiagramme können strukturiert werden, so daß sich auch komplexe Systeme präzise beschreiben lassen. Die Möglichkeiten, Zustandsmaschinen zu strukturieren, ähneln den Möglichkeiten, Objekte zu strukturieren: Generalisierung und Aggregation. Generalisierung ist gleichbedeutend mit der Auffächerung verschachtelter Aktivitäten. Auf diese Weise ist es möglich, eine Aktivität global zu beschreiben und sie auf einer niedrigeren Ebene, ähnlich wie einen verschachtelten Proceduraufruf, durch Hinzufügen von Einzelheiten aufzufächern. Darüber hinaus können Zustände und Ereignisse zu Generalisierungshierarchien angeordnet werden, in denen die Vererbung gemeinsamer Strukturen und Verhaltensweisen möglich ist (ähnlich der Vererbung von Attributen und Operationen in Klassen). Mit Hilfe von Aggregation kann ein Zustand in orthogonale Komponenten unterteilt werden, zwischen denen begrenzte Interaktionen möglich sind (ähnlich wie bei einer Aggregationshierarchie für Objekte). Aggregation ist gleichbedeu-

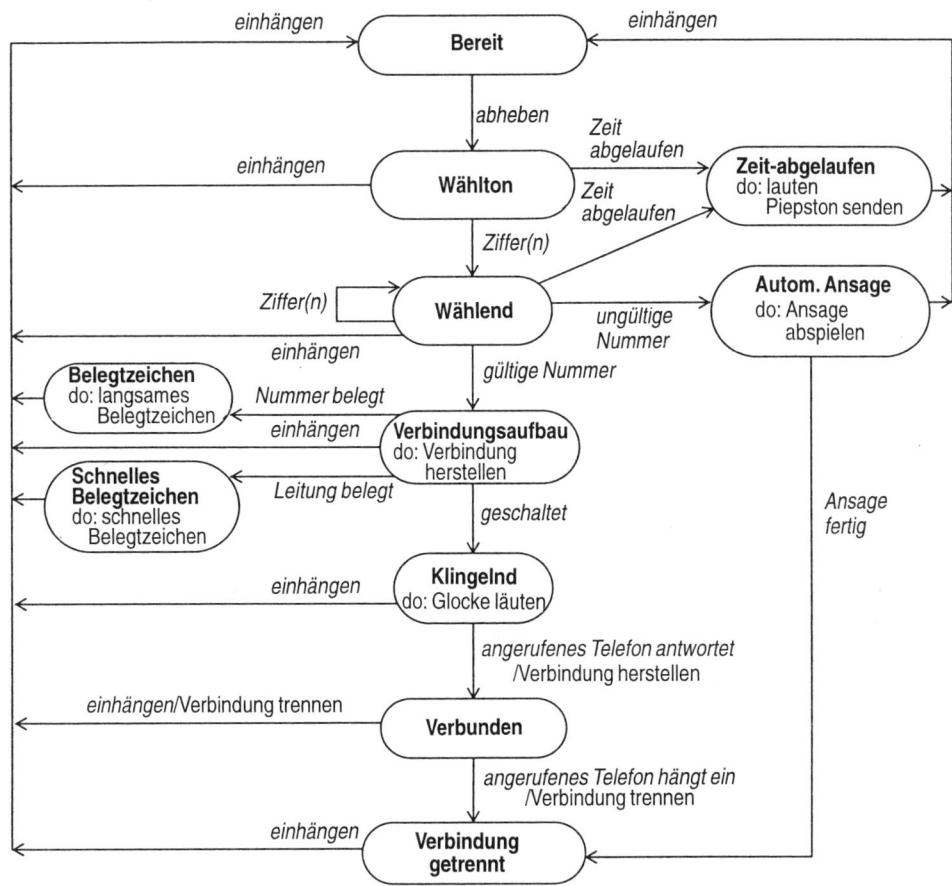

Abb. 5.10 Zustandsdiagramm für eine Telefonleitung

tend mit Parallelität von Zuständen. Parallele Zustände entsprechen im allgemeinen Objektaggregationen (möglicherweise einem ganzen System) mit interagierenden Teilen.

5.3.1 Probleme mit flachen Zustandsdiagrammen

Zustandsdiagramme wurden oft kritisiert: es fehle ihnen an Ausdruckskraft und sie seien unpraktisch bei großen Problemen. Für flache, unstrukturierte Zustandsdiagramme trifft dies in der Tat zu. Stellen Sie sich ein Objekt mit n unabhängigen Booleschen Attributen vor, die sich auf die Steuerung auswirken. Die Repräsentation eines derartigen Objekts durch ein einziges flaches Zustandsdiagramm würde 2^n Zustände erfordern. Wenn man den Zustand in n unabhängige Zustandsmaschinen unterteilt, kommt man dagegen mit $2n$ Zuständen aus. Oder betrachten Sie das Zustandsdiagramm in Abbildung 5.11, in dem n^2 Transitionen benötigt werden, um jeden Zustand mit jedem anderen Zustand zu verbinden. Wenn dieses Modell durch Strukturierung umformuliert werden kann, könnte die Zahl der

Transitionen bis auf *n* reduziert werden. Alle komplexen Systeme enthalten sehr viel Redundanz. Sie kann dazu verwendet werden, Zustandsdiagramme zu vereinfachen, sofern geeignete Strukturierungsmechanismen vorhanden sind.

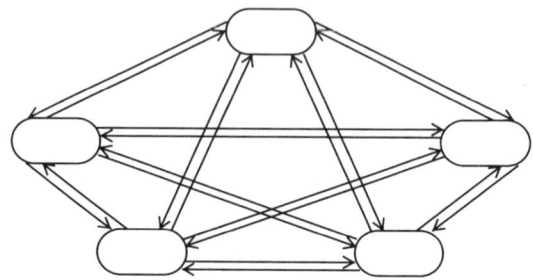

Abb. 5.11 Kombinatorische Explosion von Transitionen in einem flachen Zustandsdiagramm

5.3.2 Schachtelung von Zustandsdiagrammen

Eine für einen Zustand definierte Aktivität kann zu einem detaillierteren Zustandsdiagramm aufgefächert werden, wobei jeder Zustand einen Schritt der Aktivität repräsentiert. Verschachtelte Aktivitäten sind Einweg-Zustandsdiagramme, die ähnlich wie Unterprogramme Eingabe- und Ausgabe-Transitionen enthalten. Die Menge der verschachtelten Zustandsdiagramme ergibt ein Gittermuster. (Es ist ein Baum, wenn wir verschiedene Kopien des gleichen verschachtelten Zustandsdiagramms auffächern.)

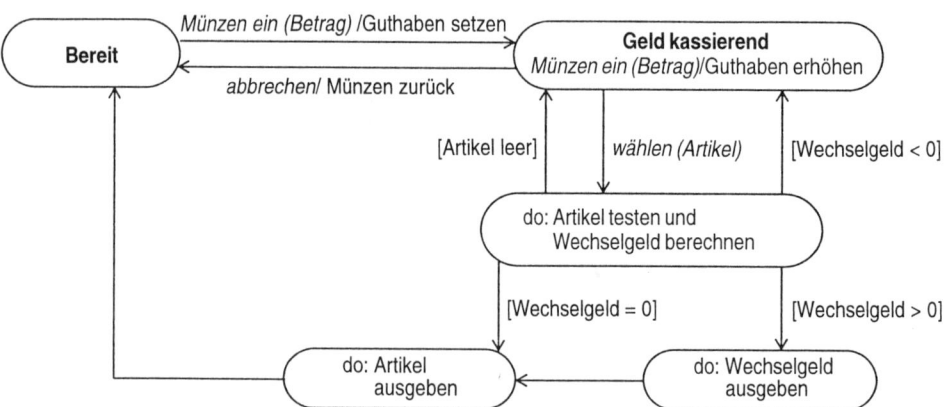

Abb. 5.12 Modell für einen Verkaufsautomaten

Abbildung 5.12 zeigt ein globales Modell für einen Verkaufsautomaten. Das Diagramm enthält eine Aktivität *Artikel ausgeben* und ein Ereignis *wählen(Artikel)*, die in verschachtelten Zustandsdiagrammen detaillierter aufgefächert werden. Das Diagramm zeigt darüber hinaus einige neue Notationsformen. Das Ereignis *Münzen ein(Betrag)* steht in der Zustandsbox *Geld kassierend*. Dies zeigt eine Transition innerhalb eines Zustands an. Weiter ist die Transition von dem unbenannten Zustand, in dem "do: Artikel ausgeben" steht, in den Zustand *Bereit* nicht mit einem Ereignisnamen beschriftet. Aus der fehlenden Ereignisbeschriftung geht hervor, daß die Transition automatisch feuert, wenn die Aktivität in der Zustandsbox abgeschlossen ist.

Abbildung 5.13 zeigt ein Unterdiagramm für die Aktivität *Artikel ausgeben* aus Abbildung 5.12. Diese Aktivität entspricht einer Folge von Zuständen und Ereignissen auf einer niedrigeren Ebene, die im ursprünglichen globalen Zustandsdiagramm unsichtbar waren.

Abb. 5.13   Aktivität *Artikel ausgeben* eines Verkaufsautomaten

Ereignisse können ebenfalls in untergeordnete Zustandsdiagrammen aufgefächert werden. Abbildung 5.14 zeigt das Ereignis *Artikel wählen* aus Abbildung 5.12, das – wenn man es weiter auffächert – eigentlich aus mehreren Ereignissen besteht. Der Kunde gibt eine Artikelnummer ein; eine erneute Eingabe der Artikelnummer ist möglich, wenn der Kunde auf *Löschen* drückt; die Auswahl wird durch Drücken von *Eingabe* bestätigt. Die Beschriftung des Bullauges gibt das Ereignis an, das im globalen Zustandsdiagramm generiert wird.

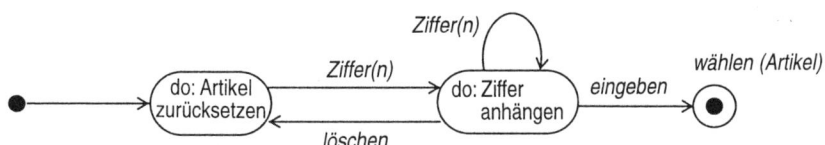

Abb. 5.14   Transition *Artikel wählen* eines Verkaufsautomaten

5.3.3 Zustandsgeneralisierung

Ein verschachteltes Zustandsdiagramm ist eigentlich eine Form der Generalisierung für Zustände. Generalisierung ist die "oder-Relation". Ein Objekt in einem Zustand im globalen Diagramm muß sich in genau einem Zustand im verschachtelten Diagramm befinden. Es muß sich im ersten Zustand *oder* im zweiten *oder* in einem der anderen Zustände befinden. Die Zustände im verschachtelten Diagramm sind alle Verfeinerungen des Zustands im globalen Diagramm. Im vorhergehenden Abschnitt blieben die Zustände im verschachtelten Diagramm von Transitionen im globalen Diagramm unberührt, im allgemeinen können jedoch die Zustände in einem verschachtelten Diagramm mit anderen Zuständen interagieren.

Zustände können Unterzustände haben, die die Transitionen ihrer Oberzustände erben, so wie Klassen Unterklassen haben, die die Attribute und Operationen ihrer Oberklassen erben. Alle für einen Zustand geltenden Transitionen oder

Aktionen gelten auch für alle seine Unterzustände, sofern sie nicht durch eine äquivalente Transition auf dem Unterzustand überschrieben werden. Beispielsweise ließe sich das Modell für eine Telefonleitung in Abbildung 5.5 vereinfachen, indem man die Transitionen von jedem Zustand zu *Bereit* auf dem Ereignis *einhängen* durch eine Transition von einem Oberzustand *Aktiv* zu *Bereit* ersetzt. Alle ursprünglichen Zustände mit Ausnahme von *Bereit* sind Unterzustände von *Aktiv*. Das Auftreten des Ereignisses *einhängen* in jedem aktiven Unterzustand verursacht eine Transition in den Zustand *Bereit*.

Abbildung 5.15 zeigt ein Zustandsdiagramm für ein Automatikgetriebe. Das Getriebe kann sich in den Zuständen *Rückwärts, Leerlauf* oder *Vorwärts* befinden; im Zustand *Vorwärts* kann es sich im ersten, zweiten oder dritten Gang befinden. Die Zustände *Erster, Zweiter* und *Dritter* sind Unterzustände des Zustands *Vorwärts*. Die Generalisierungsnotation für Zustände unterscheidet sich von der Generalisierungsnotation für Klassen. Damit sollen die vielen Linien vermieden werden, die leicht mit Transitionen verwechselt werden könnten. Ein Oberzustand wird als großes abgerundetes Rechteck gezeichnet und umfaßt alle seine Unterzustände. Unterzustände können ihrerseits weitere Unterzustände einschließen. Harel bezeichnet die verschachtelten Zustandsboxen, die die verschiedenen Zustände repräsentieren, als *Konturen*.

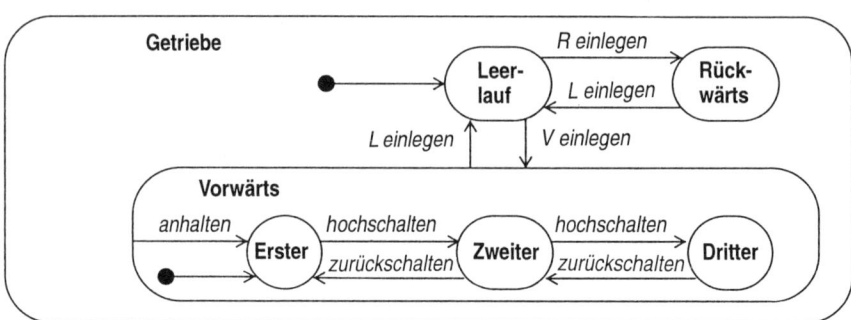

Abb. 5.15   Zustandsdiagramm eines Getriebes mit Generalisierung

Die Transitionen eines Oberzustands werden von jedem seiner Unterzustände geerbt. Wenn in einem der Vorwärtsgänge "L" gewählt wird, erfolgt eine Transition in den Leerlauf. Die Transition von Vorwärts zu *Leerlauf* impliziert drei geerbte Transitionen, eine von jedem Vorwärtsgang in den Leerlauf. Wenn im Leerlauf "V" gewählt wird, wird eine Transition in den Vorwärtsgang verursacht. Im Zustand *Vorwärts* ist der Unterzustand *Erster* der vordefinierte Anfangszustand. Dies erkennt man an der unbeschrifteten Transition, die von dem gefüllten Kreis in der *Vorwärts*-Kontur ausgeht. *Vorwärts* ist nur ein abstrakter Zustand; die Steuerung muß sich in einem realen Zustand wie *Erster* befinden.

Die Transition auf dem Ereignis *anhalten* von der *Vorwärts*-Kontur zum Zustand *Erster* repräsentiert eine Transition, die alle drei Unterzustände erben. In jedem Vorwärtsgang verursacht ein Anhalten des Autos eine Transition zu *Erster*.

Es ist möglich, kompliziertere Situationen zu repräsentieren, zum Beispiel eine explizite Transition von einem Unterzustand zu einem Zustand außerhalb der Kontur oder eine explizite Transition in die Kontur hinein. In solchen Fällen müssen alle Zustände auf einem Diagramm in der Kontur-Notation dargestellt werden. In einfacheren Fällen, in denen es außer der Initialisierung und Terminierung keine Interaktion gibt, können die verschachtelten Zustände einfach als eigenes Diagramm gezeichnet werden. Der Verweis auf diese Zustände erfolgt über eine "do"-Anweisung, wie im Beispiel des Verkaufsautomaten in Abbildung 5.12.

5.3.4 Ereignisgeneralisierung

Ereignisse können in einer Generalisierungshierarchie angeordnet werden, in der Ereignisattribute vererbt werden. Abbildung 5.16 zeigt einen Ausschnitt aus einem Baum für Eingabeereignisse an einer Workstation. Die Ereignisse *Maustaste unten* und *Tastaturzeichen* sind zwei Möglichkeiten der Benutzereingabe. Beide Ereignisse erben vom Ereignis *Ereignis* (der Wurzel der Hierarchie) das Attribut *Zeit* und vom Ereignis *Benutzereingabe* das Attribut *Gerät*. *Maustaste unten* und *Maustaste oben* erben *Stellung* von *Maustaste*. *Tastaturzeichen* lassen sich in Steuerzeichen und grafische Zeichen aufteilen. Letztendlich kann jedes tatsächliche Ereignis als Blatt eines Generalisierungsbaums gesehen werden. Ereignisattribute, die vererbt werden, sind im zweiten Teil einer Box dargestellt. Ein Eingabeereignis löst Transitionen für jedes Vorfahrenereignis aus. Beispielsweise

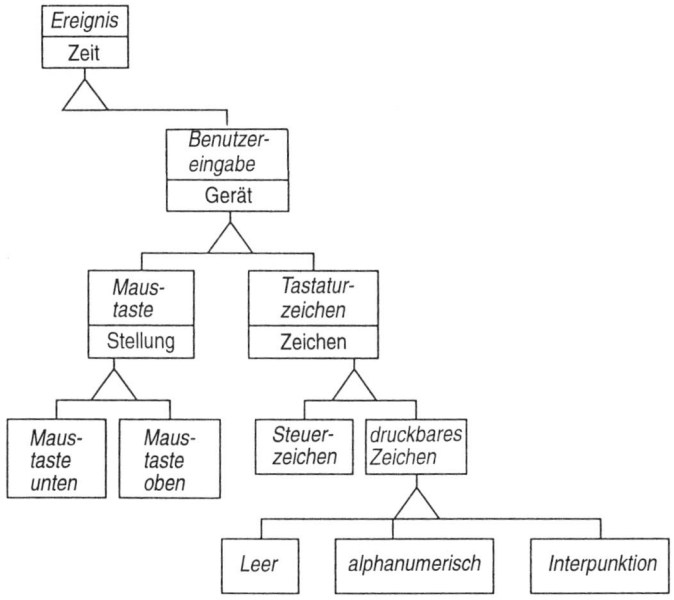

Abb. 5.16 Ausschnitt aus einer Hierarchie für Eingabeereignisse

würde die Eingabe eines 'a' sowohl für das Ereignis *alphanumerisch* als auch für das Ereignis *Tastaturzeichen* eine Transition auslösen.

Die Bereitstellung einer Ereignishierarchie ermöglicht unterschiedliche Abstraktionsebenen, die an unterschiedlichen Stellen eines Modells zum Einsatz kommen. Ein Beispiel: In einigen Zuständen könnten alle Eingabezeichen gleich behandelt werden und zum gleichen nächsten Zustand führen; in anderen Zuständen könnten Steuerzeichen anders als druckbare Zeichen behandelt werden; in wieder anderen Zuständen könnte es unterschiedliche Aktionen für einzelne Zeichen geben.

5.4 Parallelität

5.4.1 Aggregationsparallelität

Ein dynamisches Modell beschreibt eine Menge paralleler Objekte, von denen jedes einen eigenen Zustand und ein eigenes Zustandsdiagramm besitzt. Die Objekte in einem System sind inhärent parallel und können ihren Zustand unabhängig voneinander ändern. Der Zustand des Gesamtsystems kann nicht durch einen einzelnen Zustand eines einzelnen Objekts repräsentiert werden, sondern ist das Produkt der Zustände aller seiner Objekte. In vielen Systemen kann sich auch die Zahl der Objekte dynamisch verändern.

Ein Zustandsdiagramm für eine Komponentengruppe ist eine Kollektion von Zustandsdiagrammen, eines für jede Komponente. Aggregation impliziert Parallelität. Der aggregierte Zustand entspricht den kombinierten Zuständen aller Komponentendiagramme. Aggregation ist die "und-Relation". Der aggregierte Zustand ist ein Zustand aus dem ersten Diagramm *und* ein Zustand aus dem zweiten Diagramm *und* ein Zustand aus jedem anderen Diagramm. In den interessanteren Fällen findet eine Interaktion zwischen den Komponentenzuständen statt. Bewachte Transitionen für ein Objekt können davon abhängen, ob sich ein anderes Objekt in einem gegebenen Zustand befindet. Dies ermöglicht Interaktionen zwischen den Zustandsdiagrammen bei gleichzeitiger Erhaltung der Modularität.

Abbildung 5.17 zeigt den Zustand von *Auto* als Aggregation der Zustände der Komponenten *Zündung, Getriebe, Gaspedal* und *Bremse* (plus einigen anderen, nicht genannten Objekten). Jeder Komponentenzustand hat auch Unterzustände. Der Zustand des Autos umfaßt einen Unterzustand aus jeder Komponente. Die Transitionen der Komponenten verlaufen parallel. Die Zustandsdiagramme der Komponenten sind fast, aber nicht ganz, unabhängig voneinander: Das Auto springt nicht an, wenn das Getriebe sich nicht im Leerlauf befindet. Dies geht aus dem Wächterausdruck *Getriebe in Leerlauf* auf der Transition von *Zündung-Aus* zu *Zündung-Startend* hervor.

5.4.2 Parallelität innerhalb eines Objekts

Parallelität im Zustand eines einzelnen Objekts liegt vor, wenn ein Objekt in Teilmengen von Attributen oder Verknüpfungen unterteilt werden kann, von denen jede ein eigenes Unterdiagramm besitzt. Der Zustand des Objekts umfaßt

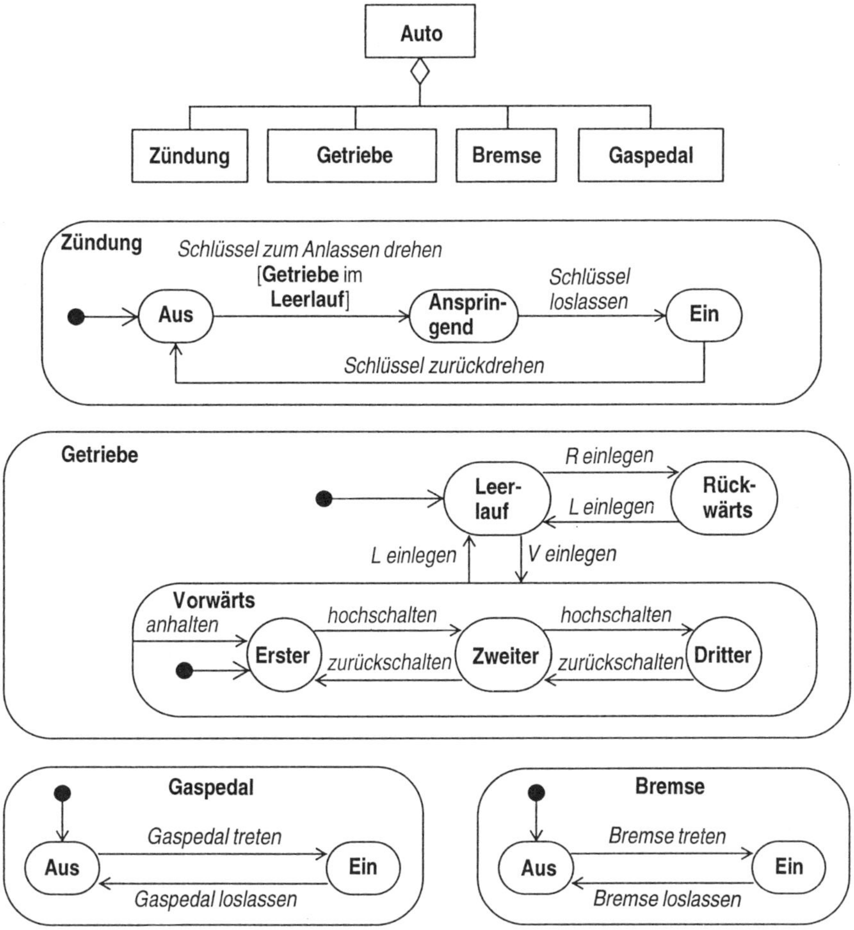

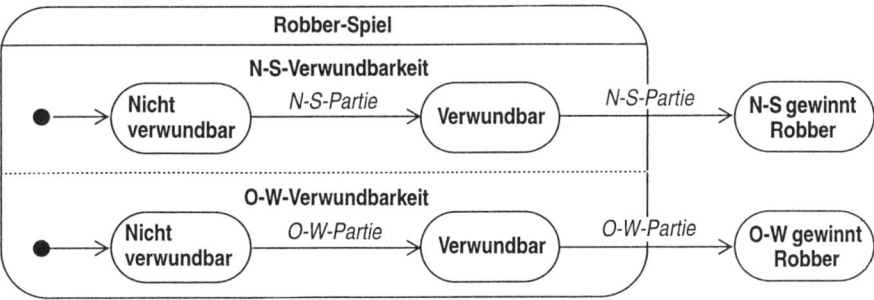

Abb. 5.17   Eine Aggregation und ihre parallelen Zustandsdiagramme

Abb. 5.18   Bridgespiel mit parallelen Zuständen

einen Zustand aus jedem Unterdiagramm. Die Unterdiagramme brauchen nicht voneinander unabhängig zu sein; das gleiche Ereignis kann Transitionen in mehr als einem Unterdiagramm verursachen. Parallelität in einem zusammengesetzten Zustand eines Objekts wird angegeben, indem man den zusammengesetzten Zustand durch gepunktete Linien in Unterdiagramme zerlegt. Der Name des zusammengesetzten Zustands kann in einem eigenen Bereich der Box stehen und wird durch eine durchgehende Linie von den parallelen Unterdiagrammen getrennt. Abbildung 5.18 zeigt das Zustandsdiagramm für den Robber, die ausschlaggebende Partie im Bridge. Wenn eine Seite eine Partie gewinnt, wird sie "verwundbar"; die erste Seite, die zwei Partien gewinnt, gewinnt den Robber. Während des Robberspiels setzt sich der Zustand des Robber aus je einem Zustand aus jedem Unterdiagramm zusammen. Nach dem Eintritt in den zusammengesetzten Zustand *Robber-Spiel* befinden sich zunächst beide Unterdiagramme in ihren jeweiligen vordefinierten Zuständen *Nicht verwundbar*. Die beiden Unterprogramme können unabhängig voneinander in den Zustand *Verwundbar* übergehen, wenn ihre Seite eine Partie gewinnt. Wenn eine Seite eine zweite Partie gewinnt, erfolgt in dem dazugehörigen Unterdiagramm eine Transition in den Zustand *Gewinnt Robber*. Diese Transition terminiert beide parallelen Unterdiagramme, weil sie Teil des gleichen zusammengesetzten Zustands *Robber-Spiel* sind und nur aktiv sind, wenn sich das globale Zustandsdiagramm in diesem Zustand befindet.

5.5 Weiterführende Konzepte der dynamischen Modellierung

In diesem Abschnitt stellen wir weiterführende Konzepte der dynamischen Modellierung sowie einige Notationsverfeinerungen vor.

5.5.1 Eingangs- und Ausgangsaktionen

Statt Aktionen auf Transitionen darzustellen, können wir Aktionen auch mit dem Eintritt in einen Zustand oder mit dem Verlassen eines Zustands assoziieren. Beide Notationen sind gleich ausdrucksstark. Allerdings führen oft alle Transitionen in einen Zustand die gleiche Aktion aus, so daß es präziser ist, die Aktion dem Zustand zuzuordnen.

Ein Beispiel: Abbildung 5.19 zeigt die Steuerung eines Garagentoröffners. Der Benutzer generiert mit einer Drucktaste *niederdrücken*-Ereignisse, um das Tor zu öffnen und zu schließen. Jedes Ereignis bewegt das Tor in die jeweils andere Richtung als das vorhergehende Ereignis. Aus Sicherheitsgründen muß das Tor jedoch ganz offen sein, bevor es geschlossen werden kann. Die Steuerung generiert die Aktionen *Motor nach oben* und *Motor nach unten* für den Motor. Der Motor generiert die Ereignisse *Tor offen* und *Tor geschlossen,* sobald die Torbewegung abgeschlossen ist. Beide Transitionen veranlassen beim Eintritt in den Zustand *Öffnen* das Öffnen des Tors.

Abbildung 5.20 zeigt das gleiche Modell, wobei jetzt jedoch Aktionen mit dem Eintritt in Zustände assoziiert werden. Eine Eingangsaktion wird in der Zustandsbox hinter dem Schlüsselwort *entry* und einem "/"-Zeichen eingegeben. Jedesmal wenn eine Transition in den Zustand eintritt, wird die Eingangsaktion durchgeführt. Eine Eingangsaktion entspricht dem Anbinden der Aktion an jede eingehen-

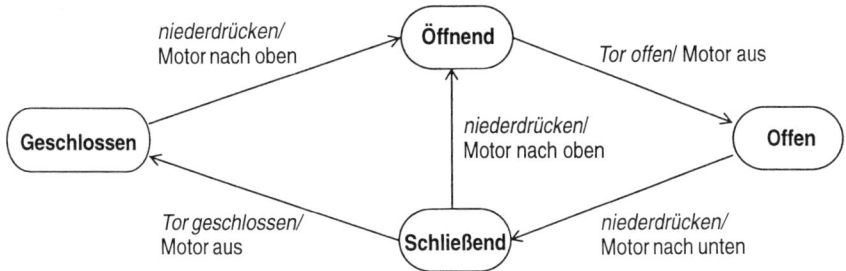

Abb. 5.19 Aktionen auf Transitionen

de Transition. Wenn an eine eingehende Transition bereits eine Aktion gebunden ist, so wird zuerst diese Aktion ausgeführt.

Ausgangsaktionen kommen seltener vor als Eingangsaktionen, sie sind jedoch gelegentlich nützlich. Eine Ausgangsaktion wird in der Zustandsbox hinter dem Schlüsselwort *exit* und einem "/"-Zeichen angegeben. Jedesmal wenn eine abgehende Transition den Zustand verläßt, wird zuerst die Ausgangsaktion durchgeführt.

Wenn für einen Zustand mehrere Operationen spezifiziert sind, werden sie in der folgenden Reihenfolge ausgeführt: Aktionen auf den eingehenden Transitionen, Eingangsaktionen, *do*-Aktivitäten, Ausgangsaktionen, Aktionen auf den abgehenden Transitionen. Ereignisse, die Transitionen aus dem Zustand hinaus veranlassen, können *do*-Aktivitäten unterbrechen, nicht aber Eingangs- und Ausgangsaktionen, da diese als zeitlose Aktionen angesehen werden. Wenn eine *do*-Aktivität unterbrochen wird, wird die Ausgangsaktion trotzdem durchgeführt.

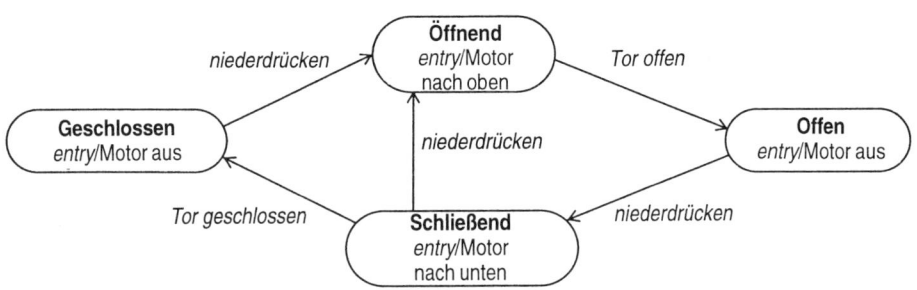

Abb. 5.20 Eingangsaktionen

Eingangs- und Ausgangsaktionen sind in verschachtelten Zustandsdiagrammen besonders nützlich, weil sie es ermöglichen, einen Zustand (möglicherweise ein ganzes Unterdiagramm) durch aufeinander abgestimmte Ein-/Ausgangsaktionen auszudrücken, ohne Rücksicht auf das, was passiert, bevor oder nachdem der Zustand aktiv ist. In einem Diagramm können sowohl an Transitionen angebundene Aktionen als auch Eingangs- und Ausgangsaktionen verwendet werden.

In einem verschachtelten Diagramm kann eine Transition in einen Unterzustand hinein bzw. aus einem Unterzustand heraus die Ausführung mehrerer Eingangs- oder Ausgangsaktionen verursachen, wenn die Transition über mehrere Generalisierungsebenen reicht. Die Eingangsaktionen werden von außen nach innen ausgeführt, die Ausgangsaktionen von innen nach außen. Dadurch wird Verhalten möglich, das dem von verschachtelten Unterprogrammaufrufen ähnelt.

5.5.2 Interne Aktionen

Ein Ereignis kann die Ausführung einer Aktion veranlassen, ohne eine Zustandsänderung zu verursachen. Der Ereignisname steht in der Zustandsbox, gefolgt von einem "/" und dem Namen der Aktion. (Die Schlüsselwörter *entry, exit* und *do* sind in der Zustandsbox reservierte Wörter.) Wenn ein Ereignis dieser Art auftritt, wird seine Aktion ausgeführt, nicht jedoch die Ein- oder Ausgangsaktionen für den Zustand. Es besteht deshalb ein Unterschied zwischen einer internen Aktion und einer selbstbezüglichen Transition; die selbstbezügliche Transition veranlaßt, daß die Ein- und Ausgangsaktionen für den Zustand ausgeführt werden. Abbildung 5.12 zeigt eine interne Aktion im Zustand *Geld kassierend*.

Abbildung 5.21 faßt die für Eingangs-, Ausgangs- und interne Aktionen neu hinzugekommenen Notationen zusammen.

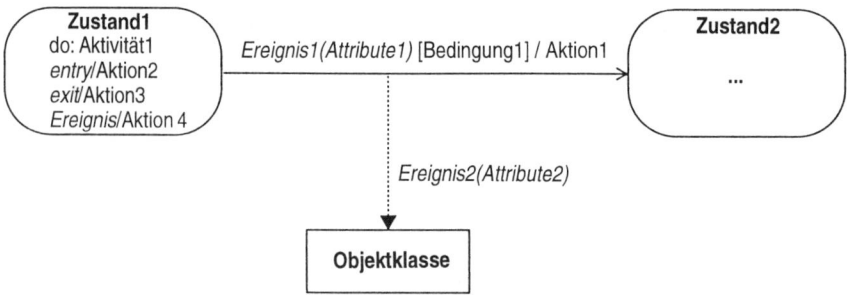

Abb. 5.21 Zusammenfassung der erweiterten Notation für Zustandsdiagramme

5.5.3 Automatische Transition

Häufig dient ein Zustand nur dazu, eine sequentielle Aktivität auszuführen. Wenn die Aktivität abgeschlossen ist, feuert eine Transition zu einem anderen Zustand. Ein Pfeil ohne Ereignisnamen gibt eine automatische Transition an, die feuert, wenn die mit dem Quellzustand verbundene Aktivität abgeschlossen ist. Wenn keine Aktivität vorhanden ist, feuert die unbeschriftete Transition beim Eintritt in den Zustand (die Eingangs- und Ausgangsaktionen werden jedoch immer durchgeführt). Unbeschriftete Transitionen dieser Art werden manchmal *Lambda-Transitionen* genannt, nach dem griechischen Buchstaben, mit dem manche Lehrbücher sie bezeichnen. Abbildung 5.12 zeigt vier unbeschriftete Transitionen, die von dem Zustand mit der Aktivität "Artikel testen und Wechselgeld berechnen" abgehen. Für jede Transition gibt es eine Wächterbedingung. Sobald die Aktivität abgeschlossen ist, feuert die Transition mit der gültigen Wächterbedingung.

Wenn ein Zustand eine oder mehrere automatische Transitionen hat, aber keine der Wächterbedingungen erfüllt ist, bleibt der Zustand aktiv, bis eine der Bedingungen erfüllt ist oder bis ein Ereignis eine andere Transition veranlaßt zu feuern. Die Wertveränderung einer Bedingung ist ein implizites Ereignis. "Die Temperatur liegt unter dem Gefrierpunkt" ist ein Beispiel für eine Bedingung. "Die Temperatur sinkt unter den Gefrierpunkt" ist das implizit mit der Bedingung verbundene Ereignis.

5.5.4 Senden von Ereignissen

Ein Objekt kann die Aktion durchführen, ein Ereignis an ein anderes Objekt zu senden. Das Zusammenspiel eines Systems von Objekten erfolgt über den Austausch von Ereignissen.

Die Aktion *"senden E(Attribute)"* sendet das Ereignis *E* mit den gegebenen Attributen an das empfangende Objekt bzw. die empfangenden Objekte. So sendet zum Beispiel die Telefonleitung ein Ereignis *verbinden(Telefonnummer)* an die Zentrale, sobald eine vollständige Telefonnummer gewählt worden ist. Ein Ereignis kann sich an eine Menge von Objekten oder an ein einzelnes Objekt richten. Alle Objekte mit Transitionen auf dem Ereignis können das Ereignis parallel akzeptieren. Das Wort "senden" kann weggelassen werden, wenn eindeutig ist, daß *E* ein Ereignisname ist. In unseren Diagrammen zeigen wir Ereignisnamen kursiv und Aktionsnamen in normaler Schrift an, um Verwechslungen zu verhindern.

Abbildung 5.21 zeigt eine andere Notation, die ausdrückt, daß ein Ereignis von einem Objekt zu einem anderen gesendet wird. Die gepunktete Linie von einer Transition zu einem Objekt besagt, daß ein Ereignis zu dem Objekt gesendet wird, sobald die Transition feuert. Der Pfeil könnte direkt mit einer Transition innerhalb des Zustandsdiagramms des Zielobjekts verbunden sein, um deutlich zu machen, daß die Zieltransition von dem Ereignis abhängt.

Wenn ein Zustand Ereignisse von mehr als einem Objekt akzeptieren kann, beeinflußt die Reihenfolge, in der parallele Ereignisse empfangen werden, möglicherweise den Endzustand; dies heißt Wettlaufbedingung (Race Condition). Beispielsweise kann in Abbildung 5.20 das Tor offen bleiben oder nicht, wenn die Taste etwa zu dem Zeitpunkt gedrückt wird, zu dem sich das Tor voll öffnet. Eine Wettlaufbedingung muß kein Entwurfsfehler sein. Allerdings enthalten parallele Systeme häufig unerwünschte Wettlaufbedingungen, die ein sorgfältiger Entwurf vermeiden sollte. Eine Bedingung, die fordert, daß zwei Ereignisse parallel empfangen werden, ist in der realen Welt niemals sinnvoll, weil kleine Variationen in der Übertragungsgeschwindigkeit alle verteilten Systeme kennzeichnen.

Wenn ein Objekt mit einem externen Objekt interagiert, zum Beispiel einer Person oder einem Gerät, ist das Senden eines Ereignisses oft nicht von einer Aktion zu unterscheiden. So sind im Ereignispfad von Abbildung 5.3 die Aktio-

nen *Wählton beginnt* und *Rufton* eigentlich Ereignisse zwischen der Telefonleitung und dem Anrufer.

5.5.5 Synchronisation paralleler Aktivitäten

Manchmal muß ein Objekt zwei (oder mehr) Aktivitäten parallel ausführen. Wenn
auch der innere Ablauf solcher Aktivitäten nicht synchronisiert wird, so müssen
doch beide Aktivitäten abgeschlossen sein, bevor das Objekt in seinen nächsten
Zustand übergehen kann. Stellen Sie sich zum Beispiel einen Geldautomaten vor,
der Bargeld ausgibt und am Ende der Transaktion die Scheckkarte des Benutzers
zurückgibt. Der Geldautomat darf erst in die Anfangsposition zurückgehen, wenn
der Benutzer sowohl das Geld als auch die Karte an sich genommen hat; dies kann
in beliebiger Reihenfolge oder sogar gleichzeitig geschehen. Nur die Tatsache,
daß der Benutzer Geld und Karte an sich nimmt, spielt eine Rolle, nicht die
Reihenfolge, in der er das tut. Die Steuerung wird hier zunächst in zwei parallele
Aktivitäten *aufgespalten* und später wieder *zusammengeführt*.

Abbildung 5.22 zeigt ein paralleles Zustandsdiagramm für die Aktivität der
Geldausgabe. Simultane Aktivitäten innerhalb einer zusammengesetzten Aktivität werden angegeben, indem man – wie schon früher besprochen – einen Zustand
durch gepunktete Linien in Bereiche aufteilt. Jeder Bereich ist ein Unterdiagramm, das eine parallele Aktivität innerhalb der zusammengesetzten Aktivität
repräsentiert. Die zusammengesetzte Aktivität übernimmt genau einen Zustand
aus jedem Unterdiagramm.

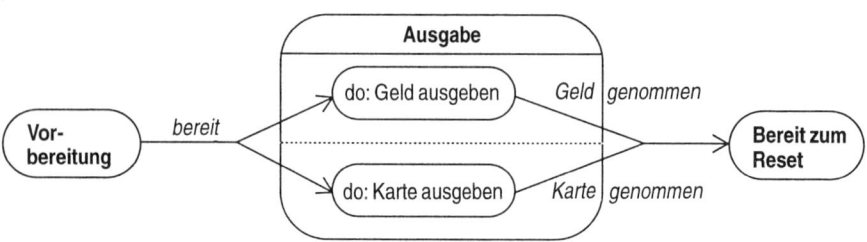

Abb. 5.22   Steuerungssynchronisation

Die Aufspaltung der Steuerung in parallele Teile wird durch einen sich verzwei-
genden Pfeil dargestellt. Der Pfeil wählt einen Zustand aus jedem parallelen
Unterdiagramm. In unserem Beispiel spaltet sich die Transition auf dem Ereignis
bereit in zwei parallele Teile, einen zu jedem parallelen Unterdiagramm. Wenn
die Transition feuert, werden die beiden parallelen Unterzustände aktiv und
führen unabhängig voneinander aus. Jeder parallele Unterzustand kann unter
Umständen ein ganzes Zustandsdiagramm sein.

Jede Transition in einen Zustand mit parallelen Unterdiagrammen aktiviert jedes
der Unterdiagramme. Wenn die Transition eines der Unterdiagramme nicht berücksichtigt, beginnt es die Ausführung mit seinem vordefinierten Anfangszustand. In diesem Beispiel wäre es eigentlich nicht nötig gewesen, einen verzweig-

ten Pfeil zu verwenden. Es würde ausreichen, eine Transition zum Zustand *Ausgabe* zu zeichnen und in jedem Unterdiagramm einen vordefinierten Anfangszustand anzugeben.

Die Zusammenführung einer parallelen Steuerung wird durch einen Pfeil mit einem verzweigten Ende angegeben. Der Zielzustand wird aktiv, wenn beide Ereignisse in beliebiger Reihenfolge auftreten. Die Ereignisse brauchen nicht gleichzeitig zu erfolgen. Jedes Unterdiagramm terminiert, sobald sein Teil der Transition feuert. Damit die ganze Transition feuert und der zusammengesetzte Zustand terminiert, müssen alle Teile der Transition feuern. Wenn der zusammengesetzte Zustand Unterdiagramme enthält, die nicht Teil der Zusammenführung sind, so werden diese automatisch terminiert, wenn die zusammengeführte Transition feuert. Die Ausgangsaktionen aller Unterdiagramme werden (falls vorhanden) ausgeführt, wenn die zusammengeführte Transition feuert. In unserem Beispiel sind die Transitionen *Geld genommen* und *Karte genommen* Teil einer zusammengeführten Transition. Wenn beide Teile der zusammengeführten Transition feuern, wird der Zustand *Bereit zum Reset* aktiv. Eine eigene Transition von jedem Unterzustand zum Zielzustand würde etwas anderes bedeuten: eine der beiden Transitionen würde das andere Unterdiagramm terminieren, ohne auf die jeweils andere Transition zu warten.

In diesem Beispiel variiert die Zahl der parallel aktiven Zustände während der Ausführung: zunächst ist ein Zustand aktiv, dann zwei und danach wieder einer.

5.6 Beispiel für ein dynamisches Modell

Im folgenden Abschnitt stellen wir Ihnen ein echtes Produkt – den programmierbaren Thermostat "Weekender" der Firma Sears – als Beispiel für ein dynamisches Modell vor, um zu zeigen, wie die verschiedenen Modellierungskonstrukte zusammenarbeiten. Wir haben dieses Modell konstruiert, nachdem wir die Bedienungsanleitung gelesen und das Gerät ausprobiert haben. Das Gerät steuert einen Heizkessel und eine Klimaanlage nach zeitabhängigen Attributen, die der Besitzer über ein Schaltfeld eingibt.

Der eingeschaltete Thermostat regelt den Heizkessel oder die Klimaanlage und stellt sicher, daß die aktuelle Temperatur der Zieltemperatur entspricht. Die Zieltemperatur wird einer Tabelle mit Programmwerten entnommen, die der Benutzer eingegeben hat. Die Tabelle spezifiziert die Zieltemperatur für 8 unterschiedliche Zeitperioden – 4 für die Wochentage und 4 für die Wochenenden – mit vom Benutzer festgelegten Anfangszeiten. Die Zieltemperatur wird am Anfang jeder Programmperiode entsprechend dem Tabellenwert eingestellt. Der Benutzer kann die Zieltemperatur für die restliche Dauer der Periode oder unbegrenzt überschreiben. Der Benutzer programmiert den Thermostat über ein Schaltfeld mit 10 Knöpfen und 3 Schaltern. Der Benutzer sieht die Parameter auf einer alphanumerischen Anzeige. Durch einen Schalter wird ein Nachtlicht eingeschaltet. Der Thermostat hat einen Temperaturfühler, der die Lufttemperatur liest. Der Thermostat steuert die Leistungsrelais eines Heizkessels und einer

Klimaanlage. Ein Anzeigelämpchen leuchtet auf, wenn der Heizkessel oder die Klimaanlage in Betrieb sind.

Beim Drücken eines Knopfes wird ein Ereignis generiert. Jedem Knopf ist ein Eingabeereignis zugewiesen:

TEMP HOCH	erhöht die Ziel- oder Programmtemperatur
TEMP NIEDRIGER	senkt die Ziel- oder Programmtemperatur ab
ZEIT VOR	stellt die Uhr- oder Programmzeit vor
ZEIT ZURÜCK	stellt die Uhr- oder Programmzeit zurück
UHR EINSTELLEN	stellt die aktuelle Tageszeit ein
TAG EINSTELLEN	stellt den aktuellen Wochentag ein
PROG AUSFÜHREN	verläßt den Einstell- oder Programmiermodus und führt das Programm aus
PROG ANZEIGEN	geht in den Programmodus, in dem 8 Programmzeiten und Programmtemperatur-Einstellungen angezeigt und verändert werden können
TEMP BEIBEHALTEN	behält die aktuelle Zieltemperatur unabhängig vom Programm bei
F-C-KNOPF	schaltet die Temperaturanzeige zwischen Fahrenheit und Celsius um

Jeder Schalter liefert einen Parameterwert, der aus zwei oder drei Möglichkeiten gewählt werden kann. Wir modellieren jeden Schalter als unabhängiges, paralleles Unterdiagramm mit einem Zustand je Schaltereinstellung. Obwohl wir einer Zustandsveränderung Ereignisnamen zuweisen, gilt unser eigentliches Interesse dem Zustand jedes Schalters. Die Schalter und ihre Einstellungen sind:

Lichtschalter:	Beleuchtet die alphanumerische Anzeige. Werte: Licht aus, Licht an.
Jahreszeitenschalter:	Spezifiziert, welches Gerät der Thermostat regelt. Werte: heizen (Heizkessel), kühlen (Klimaanlage), aus (keines).
Gebläseschalter	Spezifiziert, wann das Ventilationsgebläse arbeitet. Werte: Gebläse an (Gebläse läuft immer), Gebläse auto (Gebläse läuft nur, wenn der Heizkessel oder die Klimaanlage arbeiten).

Der Thermostat regelt den Heizkessel, die Klimaanlage und das Gebläserelais. Wir modellieren diese Regelung durch die Aktivitäten "Heizkessel regeln", "Klimaanlage regeln" und "Gebläse regeln".

Der Thermostat besitzt einen Temperaturfühler, den er laufend abliest, und den wir durch einen externen Parameter *Temp* modellieren. Der Thermostat besitzt darüber hinaus eine interne Uhr, die er laufend abliest und anzeigt. Wir modellieren die Uhr als weiteren externen Parameter *Zeit*, weil wir kein Zustandsmodell einer Uhr bauen wollen. Beim Erzeugen eines dynamischen Modells ist es wichtig, nur Zustände einzubeziehen, die sich auf den Kontrollfluß auswirken, und andere Informationen als Parameter oder Variable zu modellieren. Wir führen eine interne Zustandsvariable *Zieltemp* ein, die die aktuelle Temperatur repräsentiert, die das Thermostat zu halten versucht. Diese Zustandsvariable wird von einigen Aktionen gelesen und von anderen Aktionen gesetzt; sie ermöglicht die Kommunikation zwischen den verschiedenen Teilen des dynamischen Modells.

Abbildung 5.23 zeigt das globale Zustandsdiagramm für den programmierbaren Thermostat. Es besteht aus 7 parallelen Unterdiagrammen. Die Benutzerschnittstelle ist zu umfangreich, als daß wir sie hier zeigen können, und wird in einem eigenen Unterdiagramm aufgefächert. Das Diagramm enthält triviale Unterdiagramme für den Jahreszeitenschalter und den Gebläseschalter. Die anderen 4 Unterdiagramme zeigen die Ausgabe des Thermostats: die Relais für den Heizkessel, die Klimaanlage und das Gebläse sowie die Betriebsanzeige. In allen Unterdiagrammen gibt es einen Unterzustand *Ein* und einen Unterzustand *Aus*. Der Zustand jedes Unterdiagramms ergibt sich vollständig aus den Bedingungen auf den Eingabeparametern und dem Zustand anderer Unterdiagramme wie dem Jahreszeitenschalter oder dem Gebläseschalter. Der Zustand der 4 Unterdiagramme auf der rechten Seite ist abgeleitet und enthält keine zusätzlichen Informationen.

Abbildung 5.24 zeigt das Unterdiagramm für die Benutzerschnittstelle. Das Diagramm enthält 3 parallele Unterdiagramme – eines für die interaktive Anzeige, eines für den Temperaturmodus und eines für das Nachtlicht. Das Nachtlicht wird durch einen physikalischen Schalter gesteuert, so daß der voreingestellte Anfangszustand irrelevant ist; sein Wert kann direkt festgelegt werden. Den Temperaturanzeigemodus steuert ein Knopf, der die Temperatureinheiten zwischen Fahrenheit und Celsius hin- und herschaltet. Hier ist der voreingestellte Anfangszustand notwendig; wenn das Gerät in Betrieb genommen wird, ist Fahrenheit der Anfangsanzeigemodus.

Das Unterdiagramm für die interaktive Anzeige ist interessanter. Das Gerät ist entweder in Betrieb oder im Setup-Modus. Der Unterzustand *In Betrieb* enthält zwei Unterzustände *Läuft* und *Beibehalten*. Daneben gibt es zwei parallele Unterzustände, von denen einer die Zieltemperaturanzeige steuert und einer die Anzeige der aktuellen Zeit und der Temperatur. Die Anzeige wechselt alle 2 Sekunden zwischen der aktuellen Zeit und der aktuellen Temperatur.

Die Zieltemperatur wird laufend angezeigt und durch die Knöpfe *Temp hoch* und *Temp niedriger* sowie das Ereignis *Ziel einstellen* modifiziert, das nur im Zustand *Läuft* generiert wird. Beachten Sie bitte, daß der Parameter *Ziel einstellen*, der durch dieses Unterdiagramm voreingestellt wird, der gleiche Parameter ist, der auch die Ausgaberelais steuert.

Während das Gerät im Zustand *In Betrieb* ist, befindet es sich entweder im Unterzustand *Läuft* oder im Unterzustand *Beibehalten*. Im Zustand *Läuft* wird die

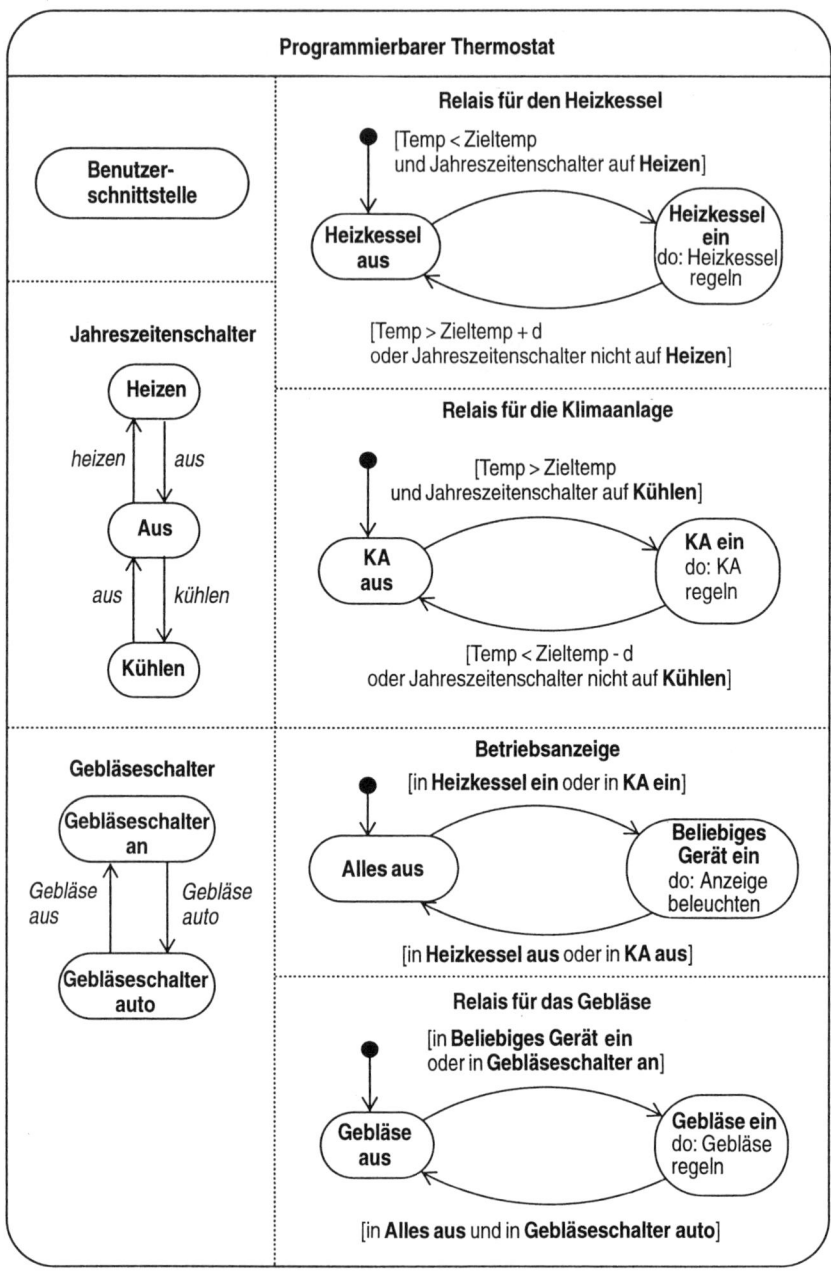

Abb. 5.23 Zustandsdiagramm für einen programmierbaren Thermostat

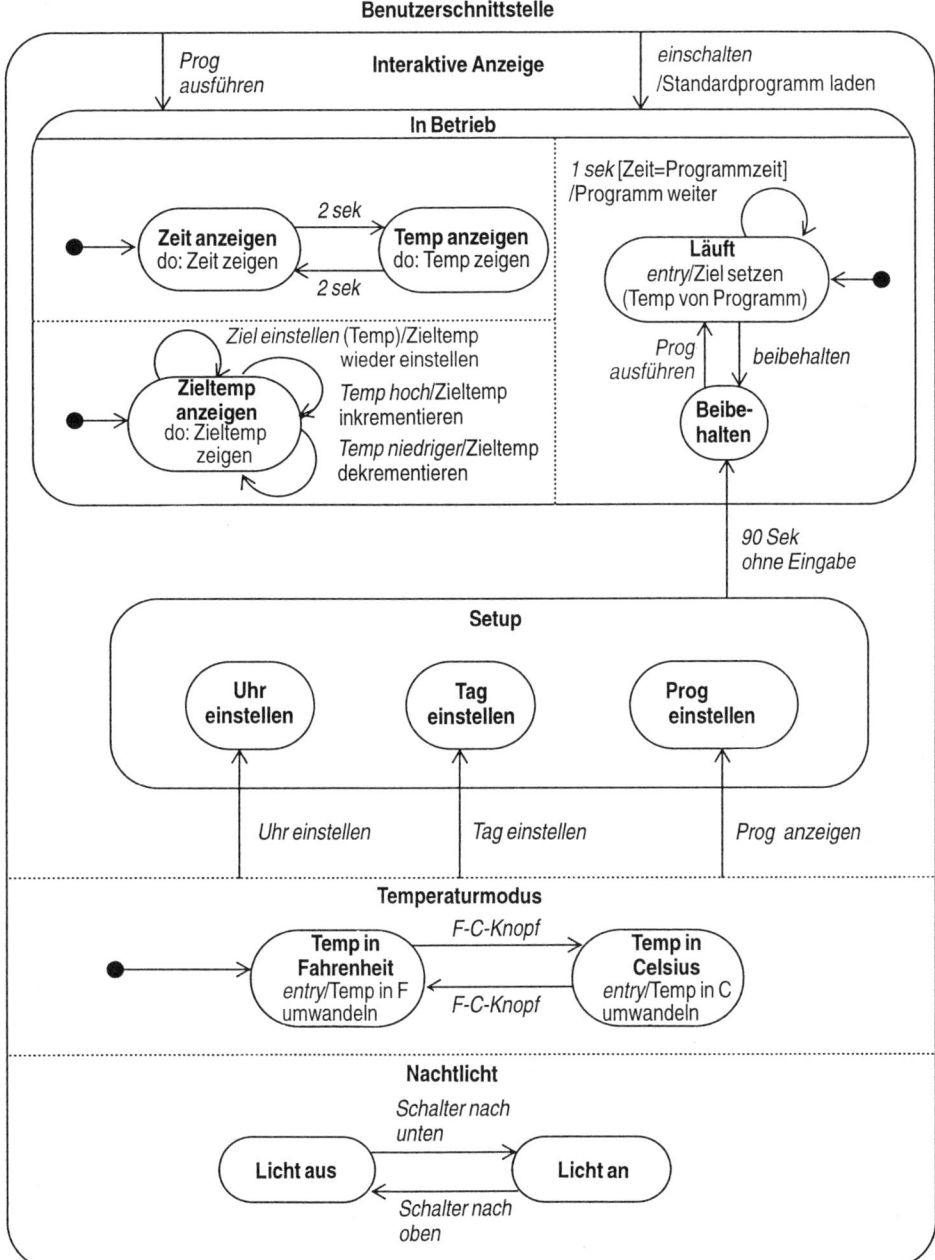

Abb. 5.24   Unterdiagramm für die Benutzerschnittstelle des Thermostats

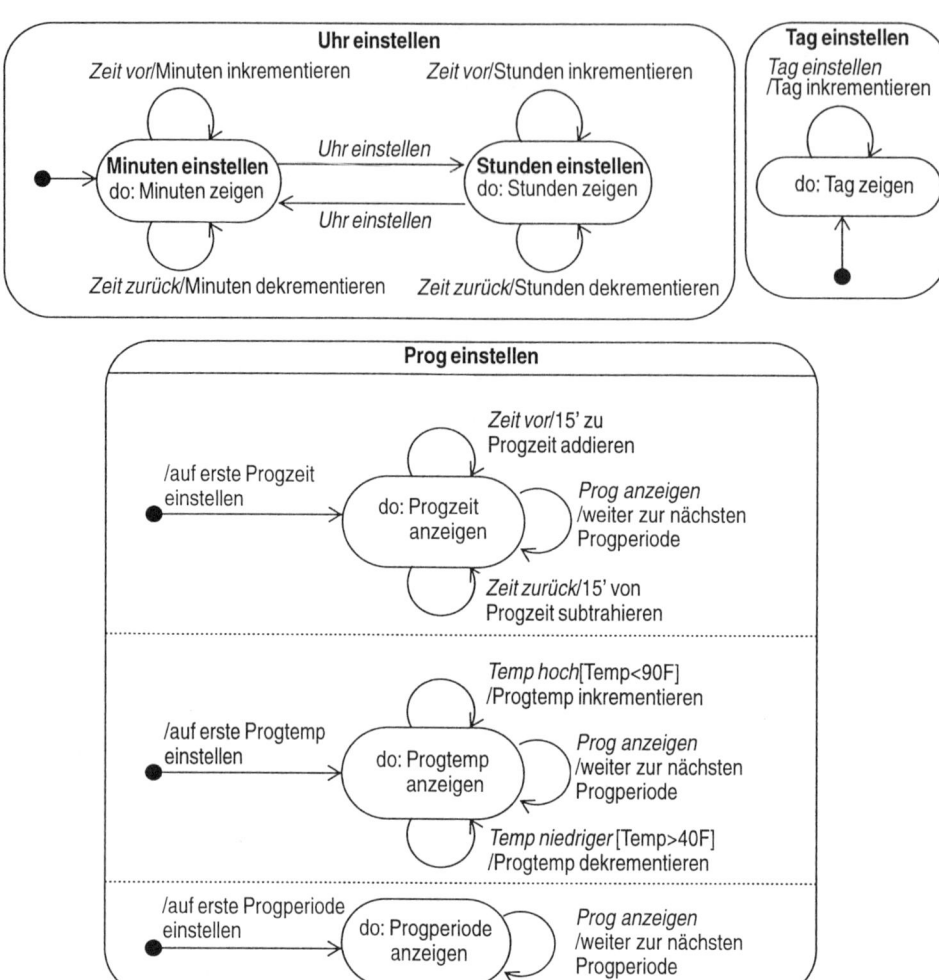

Abb. 5.25   Unterdiagramme für die Voreinstellung der Benutzerschnittstelle

aktuelle Zeit einmal je Sekunde mit den in der Programmtabelle gespeicherten Programmzeiten verglichen; wenn beide Zeiten gleich sind, rückt das Programm zur nächsten Programmperiode vor und tritt von neuem in den Zustand *Läuft* ein. Der Eintritt in den Zustand *Läuft* erfolgt auch, wenn in einem beliebigen Zustand der Knopf *Prog ausführen* gedrückt wird. Dies geht aus der Transition von der Kontur zum Zustand *In Betrieb* und der voreingestellten Anfangstransition zu *Läuft* hervor. Bei jedem Eintritt in den Zustand *Läuft* setzt die Eingangsaktion auf dem Zustand die Zieltemperatur entsprechend der Programmtabelle zurück. Während sich das Programm im Zustand *Beibehalten* befindet, kann die Programmtemperatur nicht automatisch angepaßt werden, mit den Knöpfen *Temp hoch* und *Temp niedriger* läßt sie sich jedoch direkt verändern. Der voreingestellte Unterzustand für *einschalten* ist *Läuft*. Wenn sich die Schnittstelle 90 Sekunden lang ohne Eingabe in einem der Setup-Zustände befindet, tritt das System in den Zustand *Beibehalten* ein. Diese Transition wird als direkter Pfeil von der Kontur *Setup* zum Unterzustand *Beibehalten* dargestellt. Der Eintritt in den Unterzustand *Beibehalten* erzwingt auch den Eintritt in die Default-Anfangszustände der beiden anderen parallelen Unterdiagramme von *In Betrieb*. Der Zustand *Setup* wurde nur in das Modell aufgenommen, um die drei Setup-Unterzustände für die Transition *90 Sek ohne Eingabe* zu gruppieren. Beachten Sie eine kleine Anomalie des Geräts: Der Knopf *Beibehalten* hat im Zustand *Setup* keine Wirkung, obwohl der Eintritt in den Zustand *Beibehalten* möglich ist, indem man 90 Sekunden wartet.

Die drei Unterdiagramme für den Setup sehen Sie in Abbildung 5.25. Durch Drücken von *Uhr einstellen* tritt der Zustand *Minuten einstellen* als Default-Anfangszustand ein. Nachfolgendes Drücken von *Uhr einstellen* schaltet zwischen den Unterzuständen *Stunden einstellen* und *Minuten einstellen* hin und her. Die Knöpfe *Zeit vor* und *Zeit zurück* verändern die Programmzeit. Durch Drücken von *Tag einstellen* tritt der Unterzustand *Tag einstellen* ein und der Wochentag wird angezeigt. Durch nachfolgendes Drücken kommt man jeweils zum nächsten Wochentag. Wenn *Prog anzeigen* gedrückt wird, tritt der Unterzustand *Prog einstellen* ein, der sich aus drei parallelen Unterdiagrammen zusammensetzt, die die Anzeige der Programmzeit, der Programmtemperatur und der Programmperiode steuern. Der Zustand *Prog einstellen* beginnt immer mit der ersten Programmperiode. Dagegen durchlaufen nachfolgende *Prog anzeigen*-Ereignisse die 8 Programmperioden. Das Ereignis *Prog anzeigen* findet sich in allen drei Unterdiagrammen. Dabei rückt jedes Diagramm die Einstellung, die es steuert, weiter. Beachten Sie, daß die Ereignisse *Zeit vor* und *Zeit zurück* die Zeit um jeweils 15 Minuten verändern, im Gegensatz zu den gleichen Ereignissen im Zustand *Uhr einstellen*. Außerdem sollten Sie beachten, daß die Transitionen *Temp hoch* und *Temp niedriger* Wächterbedingungen haben, damit sich die Temperatur immer innerhalb eines festgelegten Bereichs bewegt.

Keiner der Unterzustände *Interaktive Anzeige* besitzt eine explizite Ausgangstransition. Jeder Unterzustand wird implizit durch eine Transition von der Hauptkontur *Interaktive Anzeige* in einen anderen Unterzustand terminiert.

5.7 Beziehung von Objektmodellen und dynamischen Modellen

Das dynamische Modell spezifiziert für die Objekte des Objektmodells zulässige Folgen von Veränderungen. Ein Zustandsdiagramm beschreibt ganz oder teilweise das Verhalten eines Objekts einer gegebenen Klasse. Zustände sind Äquivalenzklassen von Attribut- und Verknüpfungswerten für das Objekt. Ereignisse können im Objektmodell als Operationen repräsentiert werden.

Die Struktur des dynamischen Modells ist mit der Struktur des Objektmodells verbunden und durch diese eingeschränkt. Ein Unterzustand verfeinert die Attribut- und Verknüpfungswerte, die das Objekt besitzen kann. Jeder Unterzustand begrenzt die Werte, die das Objekt annehmen kann. Diese Verfeinerung von Objektwerten entspricht der Generalisierung durch Begrenzung, die in Abschnitt

4.3 diskutiert wurde. Eine Hierarchie von Objektzuständen ist mit einer Begrenzungshierarchie der Objektklasse äquivalent. Objektorientierte Modelle und Sprachen unterstützen eine Begrenzung in der Generalisierungshierarchie in der Regel nicht. Deshalb repräsentiert man Begrenzungen am besten im dynamischen Modell. Sowohl eine Generalisierung von Klassen als auch die Generalisierung von Zuständen unterteilt die Menge der möglichen Objektwerte. Ein einzelnes Objekt kann im Laufe der Zeit unterschiedliche Zustände annehmen – und dabei seine Identität behalten – es kann aber nicht unterschiedlichen Klassen angehören. Inhärente Unterschiede zwischen Objekten werden daher durch unterschiedliche Klassen korrekt modelliert, zeitabhängige Unterschiede dagegen als unterschiedliche Zustände der gleichen Klasse.

Ein zusammengesetzer Zustand ist die Aggregation von mehr als einem parallelen Unterzustand. Parallelität ergibt sich aus drei Konstellationen innerhalb des Objektmodells. Die erste Konstellation ist die Aggregation von Objekten: Jede Komponente einer Aggregation besitzt ihren eigenen unabhängigen Zustand, so daß sich der Zustand einer Komponentengruppe aus den Zuständen ihrer Teile zusammensetzt. Die zweite Konstellation ist die Aggregation innerhalb eines Objekts: Die Attribute und Verknüpfungen eines Objekts bilden die Teile des Objekts und Gruppen davon definieren parallele Unterzustände des zusammengesetzten Objektzustands. Die dritte Konstellation ist paralleles Verhalten eines Objekts, wie in Abbildung 5.22. Die drei Konstellationen, die Parallelität in sich bergen, sind in der Regel austauschbar. So könnte ein Objekt ein Attribut enthalten, aus dem hervorgeht, daß es eine bestimmte Aktivität durchführt.

Das dynamische Modell einer Klasse wird an ihre Unterklassen vererbt. Die Unterklassen erben sowohl die Zustände der Vorfahren als auch die Transitionen. Die Unterklassen können eigene Zustandsdiagramme besitzen. Daraus ergibt sich die Frage, wie die Zustandsdiagramme der Oberklasse und der Unterklasse interagieren. Wir haben festgestellt, daß Zustände zu Begrenzungen auf Klassen äquivalent sind. Wenn die Zustandsdiagramme der Oberklasse und die Zustandsdiagramme der Unterklasse mit disjunkten Attributmengen arbeiten, gibt es kein Problem. Die Unterklasse hat einen zusammengesetzten Zustand, der sich aus parallelen Zustandsdiagrammen ergibt. Wenn jedoch im Zustandsdiagramm der Unterklasse Attribute vorkommen, die sich auch im Zustandsdiagramm der Oberklasse finden, so kann daraus möglicherweise ein Konflikt entstehen. Das Zustandsdiagramm der Unterklasse muß eine Verfeinerung des Zustandsdiagramms der Oberklasse sein. Jeder Zustand aus dem Elterndiagramm kann generalisiert oder in parallele Teile aufgespalten werden. Dagegen können keine neuen Zustände oder Transitionen direkt in das Elterndiagramm aufgenommen werden, weil dieses eine Projektion des Kinddiagramms sein muß. Obwohl eine Verfeinerung von geerbten Zustandsdiagrammen möglich ist, sollte das Zustandsdiagramm einer Unterklasse normalerweise eine unabhängige, orthogonale, parallele Ergänzung des von einer Oberklasse geerbten Zustandsdiagramms sein und für eine unterschiedliche Attributmenge definiert sein (in der Regel für die Attribute, die in der Unterklasse hinzugefügt wurden).

Die Ereignishierarchie ist von der Klassenhierarchie praktisch, wenn auch nicht theoretisch, unabhängig. Ereignisse können über verschiedenen Objektklassen definiert werden. Ereignisse sind fundamentaler als Zustände und bilden eher eine Parallele zu Klassen. Zustände werden durch die Interaktion von Objekten und Ereignissen definiert. Transitionen können häufig als Operationen auf Objekten definiert werden. Der Operationsname entspricht dem Ereignisnamen. Ereignisse sind jedoch ausdrucksstärker als Operationen, weil die Wirkung eines Ereignisses nicht nur von der Klasse, sondern auch vom Zustand eines Objekts abhängt.

5.8 Praktische Tips

Der genaue Inhalt aller OMT-Modelle hängt von den Erfordernissen der Anwendung ab. Dies gilt für Objektmodelle ebenso wie für dynamische und funktionale Modelle. Die Beispiele in diesem Kapitel illustrieren die verschiedenen Modellierungskonstrukte, ohne den vorausgehenden Konstruktionsprozeß zu zeigen. Teil 2 und 3 dieses Buchs zeigen, wie die hier vorgestellten Prinzipien angewendet werden können; Teil 4 stellt mehrere reale Applikationen vor.

Die folgenden praktischen Hinweise wurden bereits an der einen oder anderen Stelle in diesem Kapitel angesprochen. Der Übersichtlichkeit halber fassen wir sie hier noch einmal zusammen.

- Konstruieren Sie Zustandsdiagramme nur für Objektklassen mit sinnvollem dynamischen Verhalten. Nicht alle Objektklassen erfordern ein Zustandsmodell.

- Prüfen Sie die Konsistenz gemeinsam genutzter Ereignisse in den verschiedenen Zustandsdiagrammen, um sicherzustellen, daß das dynamische Modell als Ganzes korrekt ist.

- Verwenden Sie Szenarios, wenn Sie mit der Konstruktion von Zustandsdiagrammen beginnen. (Kapitel 8 beschreibt diesen Prozeß im Detail.)

- Berücksichtigen Sie bei der Definition eines Zustands nur *relevante* Attribute. Es ist nicht nötig, alle in einem Objektmodell auftretenden Attribute in Zustandsdiagrammen zu verwenden.

- Berücksichtigen Sie die Besonderheiten der Anwendung, wenn Sie Entscheidungen über die zeitliche Rasterung von Ereignissen und Zuständen treffen.

- Lassen Sie die Anwendung zwischen Aktivitäten und Aktionen unterscheiden. Aktivitäten erfordern eine gewisse Zeitdauer; Aktionen sind gemessen an der Zeitskala einer Anwendung zeitlos.

- Wenn es für einen Zustand mehrere eingehende Transitionen gibt und alle Transitionen die gleiche Aktion auslösen, sollten Sie die Aktionen hinter einem *entry*-Ereignis in die Zustandsboxen schreiben, nicht über die Transitionspfeile. Für *exit*-Ereignisse gilt das gleiche.

- Verwenden Sie verschachtelte Zustände, wenn die gleiche Transaktion für viele Zustände gilt.

• Parallelität ergibt sich zum Großteil aus Objektaggregationen und muß im Zustandsdiagramm nicht explizit ausgedrückt werden. Verwenden Sie zusammengesetzte Zustände, um unabhängige Verhaltensfacetten eines einzelnen Objekts zu zeigen.

• Versuchen Sie, die Zustandsdiagramme von Unterklassen unabhängig von den Zustandsdiagrammen ihrer Oberklassen zu halten. Die Unterklassen-Zustandsdiagramme sollten sich auf Attribute konzentrieren, die nur in den jeweiligen Unterklassen vorkommen.

• Hüten Sie sich vor unerwünschten Wettlaufbedingungen in Zustandsdiagrammen. Wettlaufbedingungen können auftreten, wenn ein Zustand Ereignisse von mehr als einem Objekt akzeptieren kann.

5.9 Zusammenfassung

Das dynamische Modell repräsentiert Steuerungsinformationen: die Folgen von Ereignissen, Zuständen und Operationen, die in einem Objektsystem auftreten. Wie das Objektmodell ist auch das dynamische Modell ein Geflecht, das die Szenarios spezifiziert, die zulässigerweise ablaufen können. Die Notation für das dynamische Modell stellt einen Kompromiß zwischen Einfachheit und Ausdrucksstärke dar; es gibt einige Einschränkungen, die die hier vorgestellte Notation nicht ausdrücken kann. Wie beim Objektmodell müssen diese Einschränkungen in natürlicher Sprache beschrieben werden.

Ein Ereignis ist ein Signal dafür, daß etwas geschehen ist. Ein Zustand repräsentiert die Zeitspanne zwischen Ereignissen und spezifiziert den Kontext, in dem Ereignisse interpretiert werden. Eine Transition zwischen Ereignissen repräsentiert die Reaktion auf ein Ereignis, einschließlich des nächsten Zustands und mögliche Aktionen und Ereignisse, die an andere Objekte gesendet werden. Eine Bedingung ist eine Boolesche Funktion, die steuert, ob eine Transition eintreten darf. Ein Zustandsdiagramm ist ein Graph aus Zuständen und mit Ereignissen beschrifteten Transitionen.

Eine Aktion ist eine "zeitlose" und häufig rein formale oder interne Operation als Reaktion auf ein Ereignis. Eine Art von Aktion ist das Senden eines Ereignisses an ein anderes Objekt. Aktionen können an Transitionen oder an den Eintritt in einen Zustand bzw. das Verlassen eines Zustands gebunden sein. Eine Aktivität ist eine Folge von Aktionen, deren Ausführung Zeit in Anspruch nimmt. Eine Aktivität kann mit einem Zustand oder einem ganzen Zustandsdiagramm gleichgesetzt werden. Das Ergebnis einer Aktivität kann als Entscheidungsgrundlage für die Auswahl des nächsten Zustands verwendet werden.

Sowohl Zustände als auch Ereignisse können in verschachtelte Zustandsdiagramme aufgefächert werden, um eine größere Detailliertheit zu erreichen. Ereignisse wie Zustände können in Vererbungshierarchien organisiert werden. Unterzustände erben die Transitionen ihrer Oberzustände. Unterereignisse lösen die gleichen Transitionen aus wie ihre Oberereignisse.

Objekte sind ihrem Wesen nach parallel. Jedes Objekt ist eine Kollektion mit einem eigenen Zustand. Zustandsdiagramme zeigen Parallelität als eine Aggregation paralleler Zustände, die alle unabhängig voneinander operieren. Simultane Objekte interagieren durch den Austausch von Ereignissen und durch Testen von Bedingungen anderer Objekte, einschließlich Zuständen. Transitionen können den Kontrollfluß aufspalten und wieder zusammenführen.

Eingangs- und Ausgangsaktionen machen es möglich, Aktionen mit einem Zustand zu assoziieren, um alle Transitionen anzugeben, die in den Zustand eintreten oder ihn verlassen. Auf diese Weise können in sich geschlossene Zustandsdiagramme in mehreren Kontexten verwendet werden. Interne Aktionen repräsentieren Transitionen, die den Zustand nicht verlassen. Automatische Transitionen feuern, wenn ihre Bedingungen erfüllt sind und alle Aktivitäten im Quellzustand terminiert haben.

Zustände sind eigentlich Begrenzungsgeneralisierungen auf einer Klasse und ergänzen normale Erweiterungsgeneralisierungen. Eine Unterklasse erbt die Zustandsdiagramme ihrer Vorfahren. Diese sind zu den Zustandsdiagrammen parallel, die die Unterklasse selbst definiert. Es ist auch möglich, ein geerbtes Zustandsdiagramm zu verfeinern, indem man Zustände in Unterzustände oder parallele Unterdiagramme auffächert.

Ein realistisches Modell eines programmierbaren Thermostats umfaßt drei Seiten und verdeutlicht Feinheiten des Verhaltens, die aus der Bedienungsanleitung oder dem alltäglichen Betrieb des Geräts nicht hervorgehen.

Aggregation	Generalisierung	verschachteltes Diagramm
Aktion	Kontur	Wächter
Aktivität	Operation	Wettlaufbedingung
Bedingung	Parallelität	Zustand
dynamisches Modell	Steuerung	Zustandsdiagramm
Ereignis	Szenario	
Ereignispfad	Transition	

Abb. 5.26 Schlüsselbegriffe in Kapitel 5

5.10 Anmerkungen zur Bibliographie

Ein Vergleich mehrerer Techniken zur Spezifikation dynamischen Systemverhaltens findet sich in [Davis-88].

Ein Großteil dieses Kapitels lehnt sich an die Arbeit von David Harel an, der seine Konzepte in einer eigenen Notation, sogenannten Statecharts, formalisiert hat [Harel-87]. Harels Ansatz ist der bisher erfolgreichste Versuch, endliche Zustandsmaschinen zu strukturieren und ihre problematische kombinatorische Explosion zu vermeiden. Harels Statecharts sind Teil einer größeren Entwicklungsmethodologie, die als Produkt (STATEMATE) implementiert wurde [Harel-88a].

Harel beschreibt für Zustandsdiagramme und Objektdiagramme eine auf Konturen basierende Notation als Sonderfall einer allgemeinen Diagrammnotation, die er *Higraphs* nennt [Harel-88b].

Wir haben für Objektdiagramme eine Baum-Notation und für Zustandsdiagramme eine Kontur-Notation verwendet, obwohl die Notationen logisch äquivalent sind. Wie Harel deutlich macht, könnte die Kontur-Notation auch für Objektdiagramme verwendet werden. Verschachtelte Konturen eigenen sich gut dazu, intuitiv deutlich zu machen, daß der allgemeine Fall alle seine spezialisierteren Varianten umfaßt. Konturen haben den Nachteil, daß sie sich schlecht zeichnen lassen, wenn die Verschachtelung mehr als zwei oder drei Ebenen tief ist. Es ist besonders unbequem, Top-down-Diagramme zu entwickeln, weil die anfänglichen äußeren Konturen meistens zu klein geraten und neu gezeichnet werden müssen. Andererseits lassen sich Bäume problemlos bis auf jede beliebige Ebene darstellen und Knoten können auf allen Ebenen in der gleichen Größe dargestellt werden. Wir haben uns entschieden, Konturen zur Beschreibung von Zuständen zu verwenden, weil diese wenig Textinhalt erfordern, und Bäume von Objektklassen-Boxen zur Beschreibung von Klassen, weil diese sehr inhaltsreich sind. In einer früheren Arbeit haben wir eine baumähnliche Notation für Zustände entwickelt, sogenannte Zustandsbäume [Rumbaugh-88], Harels Notation erscheint uns jedoch in den meisten Fällen als die überlegene.

Endliche Zustandsmaschinen sind ein Grundkonzept der Informatik und werden in vielen Standardwerken zur Automatentheorie wie [Hopcroft-79] beschrieben, häufig als Spracherkenner oder -generatoren. Die Ausdrucksfähigkeit einfacher endlicher Zustandsmaschinen ist begrenzt. Sie wurden durch lokale Variable und Rekursion zu Augmented Transition Networks [Woods-70] und Recursive Transition Networks erweitert. Diese Erweiterungen erhöhen zwar die Zahl der formalen Sprachen, die ausgedrückt werden können, sie ändern jedoch wenig am Problem der kombinatorischen Explosion, aufgrund derer Zustandsmaschinen zu schwerfällig bei praktischen Steuerungsproblemen sind.

[Shlaer-90] bindet an jede Objektklasse eine endliche Zustandsmaschine. Aktionen, die an den Eintritt in einen Zustand gebunden sind, werden in natürlicher Sprache ausgedrückt. Ein Objekt interagiert mit einem anderen Objekt, indem es ihm ein Ereignis als Teil einer Aktion sendet. Zustandsmaschinen haben keine mehrstufige Struktur und die Interaktionen zwischen Objekten gehen leicht im Code für die Aktionen unter.

Traditionelle endliche Automaten wurden vor dem Hintergrund synchroner Systeme entwickelt. Petrinetze [Reisig-85] formalisieren die Parallelität und Synchronisation von Systemen mit verteilter Aktivität, ohne sich jedoch auf globale Zeitaspekte zu beziehen. Obwohl sie als abstraktes konzeptuelles Modell erfolgreich sind, sind sie zu elementar und zu wenig ausdrucksstark, als daß sie bei der Spezifikation großer Systeme nützlich sein könnten.

Endliche Zustandsmaschinen werden sehr häufig bei der Steuerungsspezifkation von Rechnerarchitekturen und Programmen eingesetzt. Typischerweise wird das Problem in Datenfluß- und Steuerteile untergliedert, wobei der Steuerteil durch endliche Zustandsmaschinen spezifiziert wird. Frühere Forschungen zielen zu einem großen Teil darauf ab, die endlichen Zustandsmaschinen so umzuwandeln, daß die Größe der Hardware minimiert wird. Einzelheiten dazu finden Sie in Standardtexten über Schalttheorie oder logischen Entwurf, zum Beispiel [Comer-84] oder [Miller-79].

Die Notwendigkeit, interaktive Benutzerschnittstellen zu spezifizieren, hat zu mehreren neuen Techniken zur Steuerungsspezifikation geführt. Die Forschungsarbeit in diesem Bereich ist darauf ausgerichtet, Notationen zu finden, die mächtige Interaktionsarten klar ausdrücken und gleichzeitig einfach zu implementieren sind. Einen Vergleich einiger dieser Techniken finden Sie bei [Green-86].

5.11 Literaturangaben

[Comer-84] David J. Comer. *Digital Logic and State Machine Design*. New York: Holt, Rinehart, 1984.

[Davis-88] Alan M. Davis. A comparison of techniques for the specification of external system behavior. *Communications of ACM 31*, 9 (September 1988), 1098-1115.

[Green-86] Mark Green. A survey of three dialogue models. *ACM Transactions on Graphics 5*, 3 (July 1986), 244-275.

[Harel-87] David Harel. Statecharts: a visual formalism for complex systems. *Science of Computer Programming 8* (1987), 231-274.

[Harel-88a] D. Harel, H. Lachover, A. Naamad, A. Pnueli, M. Politi, R. Sherman. A. Shtul-Trauring. STATEMATE: A working environment for the development of complex reactive systems. *Proceedings of 10th IEEE International Conference on Software Engineering*, Singapore, April 1988.

[Harel-88b] David Harel. On visual formalisms. *Communications of ACM 31*, 5 (May 1988), 514-530.

[Hopcroft-79] J.E. Hopcroft, J.D. Ullman. *Introduction to Automata Theory, Languages, and Computation*. Reading, Mass.: Addison-Wesley, 1979.

[Miller-79] Raymond A. Miller. *Switching Theory*. Huntington, New York: Robert E. Krieger, 1979.

[Reisig-85] W. Reisig. *Petri Nets: An Introduction*. Berlin: Springer-Verlag, 1985.

[Rumbaugh-88] James Rumbaugh. State trees as structured finite state machines for user interfaces. *ACM SIGGRAPH Symposium on User Interface Software*. Banff, Alberta, October 17-19, 1988.

[Shlaer-90] Sally Shlaer, Stephen J. Mellor. *Object Life Cycles: Modeling the World in States*. Englewood Cliffs, New Jersey: Yourdon Press, 1990.

[Woods-70] W.A. Woods. Transition network grammars for natural language analysis. *Communications of ACM 13*, 10 (Oct. 1970), 591-606.

5.12 Übungen

5.1 (3) Schreiben Sie Szenarios für die folgenden Aktivitäten:

a. Einen Sack Mais, eine Gans und einen Fuchs in einem Boot über einen Fluß zu befördern. Dabei kann das Boot nur jeweils eine Sache tragen. Wenn die Gans mit dem Mais allein bleibt, wird der Mais gefressen. Wenn die Gans mit dem Fuchs allein bleibt, wird die Gans gefressen. Schreiben Sie zwei Szenarios auf, eines, in dem etwas aufgefressen wird, und eines, in dem alles unbeschadet über den Fluß befördert wird.

b. Sich für eine Autofahrt fertigzumachen. Gehen Sie von einem Automatikgetriebe aus. Vergessen Sie nicht den Sicherheitsgurt und die Handbremse.

c. Mit einem Aufzug in den obersten Stock zu fahren.

d. Betrieb eines Tempomats. Berücksichtigen Sie dabei auch langsameren Verkehr, der erfordert, daß Sie abbremsen und dann wieder selbst übernehmen.

5.2 (4) Kombinierte Duschen/Badewannen haben oft zwei Hähne und einen Hebel zur Steuerung des Wasserdurchlaufs. Der Hebel steuert, ob das Wasser aus dem Duschkopf kommt oder direkt in die Wanne fließt. Wenn das Wasser aufgedreht wird, fließt es zunächst direkt in die Wanne. Wenn der Hebel nach oben gedrückt wird und einrastet, schließt sich ein Ventil, und das Wasser wird zum Duschkopf umgeleitet. Um bei laufendem Wasser vom Duschkopf zum Wanneneinlauf umzuschalten, muß man den Hebel nach unten drücken. Wenn man das Wasser abdreht, geht der Hebel in seine Ausgangsposition zurück – wenn das Wasser das nächste Mal aufgedreht wird, fließt es direkt in die Wanne. Schreiben Sie ein Szenario für ein Duschbad, das durch einen Telefonanruf unterbrochen wird.

5.3 (3) Die Fahrtrichtung der ersten elektrischen Spielzeugeisenbahnen wurde früher häufig durch Stromunterbrechung gesteuert. Zeichnen Sie aufgrund des folgenden Szenarios Zustandsdiagramme für den Scheinwerfer und die Räder des Zuges:

Strom ist ausgeschaltet, Zug fährt nicht.
Strom wird eingeschaltet, Zug fährt vorwärts und Scheinwerfer geht an.
Strom wird ausgeschaltet, Zug hält an und Scheinwerfer geht aus.
Strom wird eingeschaltet, Scheinwerfer geht an und Zug fährt nicht.
Strom wird ausgeschaltet, Scheinwerfer geht aus.
Strom wird eingeschaltet, Zug fährt rückwärts und Scheinwerfer geht an.
Strom wird ausgeschaltet, Zug hält an und Scheinwerfer geht aus.
Strom wird eingeschaltet, Scheinwerfer geht an und Zug fährt nicht.
Strom wird ausgeschaltet, Scheinwerfer geht aus.
Strom wird eingeschaltet, Zug fährt vorwärts und Scheinwerfer geht an.

5.4 (4) Eine Ausziehleiter besteht aus einem Seil, einem Flaschenzug und einem Schnappriegel, mit denen das Verlängerungsstück ausgefahren, eingefahren und festgestellt wird. Bei eingerastetem Schnappriegel wird das Verlängerungsstück mechanisch gestützt und man kann gefahrlos auf die Leiter steigen. Um den Schnappriegel zu entriegeln, fahren Sie das Verlängerungsstück mit Hilfe des Seils ein kleines Stück aus. Danach können Sie das Verlängerungsstück beliebig weit aus- oder einfahren. Jedesmal, wenn der Schnappriegel eine Leitersprosse streift, hören Sie ein klapperndes Geräusch. Der Schnappriegel kann beim Ausfahren des Verlängerungsstücks eingerastet werden, indem man in dem Moment, in dem der Schnappriegel eine Leitersprosse streift, die Richtung ändert. Zeichnen Sie ein Zustandsdiagramm einer Ausziehleiter.

5.5 (4) Eine einfache digitale Armbanduhr hat eine Anzeige und zwei Knöpfe, um die Uhr zu stellen, Knopf A und Knopf B. Die Armbanduhr hat zwei Betriebsarten: Zeit anzeigen und Zeit einstellen. Im Modus Zeit anzeigen werden die Stunden und Minuten angezeigt. Sie sind durch einen blinkenden Doppelpunkt voneinander getrennt. Im Modus Zeit einstellen gibt es die Untermodi Stunden einstellen und Minuten einstellen. Mit Knopf A werden die Modi gewählt. Bei jedem Drücken des Knopfes wird der nächste Modus eingeschaltet. Dabei gilt die Reihenfolge: anzeigen, Stunden einstellen, Minuten einstellen, anzeigen, usw. In den Untermodi werden durch Drücken von Knopf B die Stunden oder Minuten um jeweils eine Einheit vorgestellt. Die Knöpfe müssen losgelassen werden, bevor sie ein anderes Ereignis veranlassen können. Zeichnen Sie ein Zustandsdiagramm der Uhr.

5.6 (5) Überarbeiten Sie das dynamische Modell aus der vorhergehenden Übung so, daß die Zeit durch Drücken und Festhalten von Knopf B schneller eingestellt werden kann. Wenn Knopf B im Modus Zeit einstellen länger als 5 Sekunden gedrückt und festgehalten wird, werden die Stunden oder Minuten (je nach Untermodus) jede halbe Sekunde um eine Einheit inkrementiert.

5.7 (6) Abbildung Ü5.1 ist ein teilweise fertiggestelltes, vereinfachtes Zustandsdiagramm für die Steuerung eines Anrufbeantworters. Anrufe werden automatisch wie folgt behandelt: Ein eingehender Anruf wird beim ersten Klingeln erkannt und der Anrufbeantworter beantwortet den Anruf mit einer vorher aufgenommenen Ansage. Wenn die Ansage zu Ende ist, wird die Nachricht des Anrufers aufgenommen. Wenn der Anrufer aufhängt, hängt das Gerät auf und schaltet sich ab. Ergänzen Sie das Diagramm durch: Anruf erkannt, Anruf beantworten, Ansage abspielen, Nachricht aufnehmen, Anrufer hängt auf, Ansage zu Ende.

Abb. Ü5.1 Teilweise fertiges Zustandsdiagramm für einen Anrufbeantworter

5.8 (7) Der Anrufbeantworter aus der vorhergehenden Übung wird beim ersten Klingeln aktiviert. Überarbeiten Sie das Zustandsdiagramm so, daß das Gerät erst nach fünfmaligem Klingeln reagiert. Wenn jemand ans Telefon geht, ehe es fünf Mal geklingelt hat, sollte der Anrufbeantworter nichts tun. Achten Sie darauf, zwischen fünf Anrufen, bei denen jemand beim ersten Klingeln ans Telefon geht, und einem Anruf, bei dem es fünf Mal klingelt, zu unterscheiden.

5.9 (3) Ein Platten-Controller auf einem PC dient dazu, mit Hilfe eines Hosts wie einer CPU oder einem DMA-Controller einen Byte-Strom von einem Diskettenlaufwerk in einen Speicherpuffer zu übertragen. Abbildung Ü5.2 zeigt ein erst teilweise fertiges, vereinfachtes Zustandsdiagramm für die Steuerung der Datenübertragung. Der Controller gibt jedes Mal, wenn ein neues Byte bereitsteht, ein Signal an den Host. Die Daten müssen dann gelesen und gespeichert werden, bevor ein weiteres Byte bereitsteht. Wenn der Platten-Controller merkt, daß die Daten gelesen sind, zeigt er als Vorbereitung auf das nächste Byte an, daß keine Daten verfügbar sind.

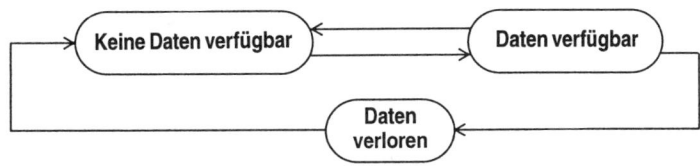

Abb. Ü5.2 Teilweise fertiges Zustandsdiagramm eines Datenübertragungsprotokolls

Wenn ein Byte nicht fertig gelesen ist, bevor das nächste kommt, zeigt der Platten-Controller durch ein Fehlersignal solange einen Datenverlust an, bis der Platten-Controller zurückgesetzt wird. Ergänzen Sie das Diagramm durch: zurücksetzen; anzeigen, daß keine Daten bereit sind; anzeigen, daß Daten bereit sind; Daten vom Host gelesen; neue Daten bereit; Datenverlust anzeigen.

5.10 (6) Abbildung Ü5.3 ist ein erst teilweise fertiges Zustandsdiagramm für die Art von Motorsteuerung, die man häufig in Haushaltsgeräten antrifft. Eine eigene Gerätesteuerung bestimmt, wann der Motor eingeschaltet werden soll und gibt laufend "ein" als Eingabe an die Motorsteuerung, wenn der Motor laufen soll.

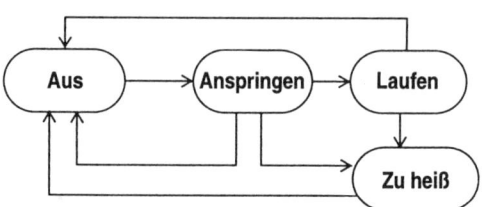

Abb. Ü5.3 Teilweise fertiges Zustandsdiagramm für eine Motorsteuerung

Bei Angabe von "ein" soll die Motorsteuerung anspringen und den Motor zum Laufen bringen. Die Aktivierung erfolgt, indem Strom auf die Spulen "Anspringen" und "Laufen" gelegt wird. Ein Sensor, den wir "Anspringrelais" nennen, stellt fest, daß der Motor angesprungen ist. An diesem Punkt wird der Strom von der Spule "Anspringen" weggenommen und nur die Spule "Laufen" erhält Strom. Wenn "ein" nicht mehr aufrechterhalten wird, wird der Strom von beiden Spulen weggenommen.

Motoren von Haushaltsgeräten können Schaden durch Überhitzung nehmen, wenn sie zu stark beansprucht werden oder nicht anspringen. Um Schaden durch Überhitzung zu vermeiden, enthält die Motorsteuerung häufig einen Überhitzungsfühler. Wenn der Motor zu heiß wird, nimmt die Motorsteuerung Strom von beiden Spulen weg und ignoriert die "ein"-Angabe der Gerätesteuerung solange, bis ein Knopf zum Zurücksetzen der Motorsteuerung gedrückt wird und der Motor abgekühlt ist.

Ergänzen Sie das Diagramm durch die folgenden Aktivitäten, Bedingungen und Ereignisse. Aktivitäten: Strom auf die Spule "Anspringen" legen, Strom auf die Spule "Laufen" legen. Bedingungen: Motor ist überhitzt, "ein" wird angegeben, Motor läuft. Ereignisse: zurücksetzen.

5.11 (8) Wandeln Sie das Zustandsdiagramm, das Sie für die vorhergehende Übung gezeichnet haben, in ein verschachteltes Zustandsdiagramm um, um Gemeinsamkeiten der Zustände "Anspringen" und "Laufen" zu nutzen. Vom Zustand *Anspringen* oder vom Zustand *Laufen* aus besteht eine Transition zum Zustand *Aus*, wenn "ein" nicht erwünscht ist.

5.12 (8) Die Motorsteuerung in Übung 5.10 erhielt eine einzige, ständig aktive Eingabe. Bei einer anderen häufig eingesetzten Motorsteuerung hat der Benutzer zwei Knöpfe: einen für "Anspringen" und einen für "Anhalten". Um den Motor anzulassen, drückt der Benutzer den Knopf "Anlassen". Wenn der Knopf "Anlassen" losgelassen wird, läuft der Motor weiter. Um den Motor anzuhalten, wird der Knopf "Anhalten" gedrückt. Der Knopf "Anhalten" hat Vorrang gegenüber dem Knopf "Anspringen", so daß der Motor nicht läuft, wenn beide Knöpfe gedrückt sind. Wenn beide Knöpfe gedrückt und wieder losgelassen werden, hängt es von der Reihenfolge ab, in der die Knöpfe losgelassen werden, ob der Motor anspringt oder nicht. Wenn der Knopf "Anhalten" zuerst losgelassen wird, springt der Motor an. Anderenfalls springt der Motor nicht an. Binden Sie die Knöpfe "Anspringen" und "Anhalten" in das Zustandsdiagramm ein, das Sie in Übung 5.10 gezeichnet haben.

5.13 (8) Abbildung Ü5.4 zeigt ein erst teilweise fertiges, vereinfachtes Zustandsdiagramm für den Empfänger eines UART. Ein UART dient dazu, digitale Informationen zeichenweise über eine serielle Kommunikationsschnittstelle zu übertragen. Um die Übung zu vereinfachen, haben wir einige der Eigenschaften eines echten UART außer acht gelassen, z.B. Erkennen der Parität oder Überlauffehler.

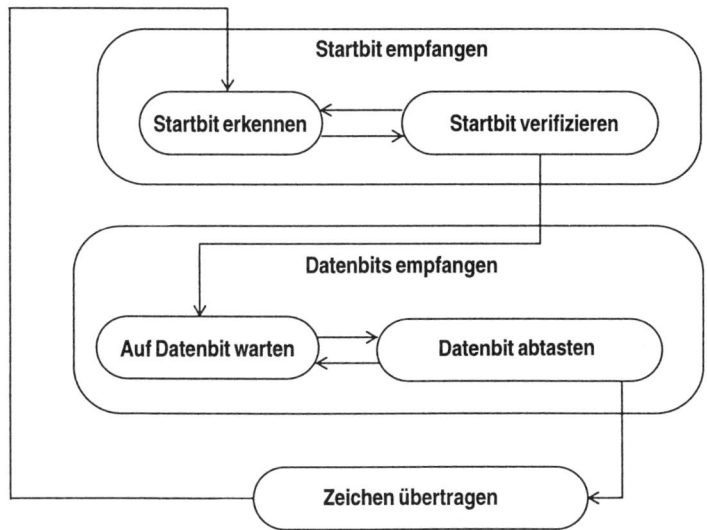

Abb. Ü5.4 Teilweise fertiges Zustandsdiagramm für einen asynchronen Empfänger

Zeichen werden als Bitfolge mit einer bestimmten, vordefinierten Übertragungsrate übertragen. Ein Zeichen besteht aus einem Startbit, mehreren Datenbits und einem Stopbit. Die Zahl der Datenbits in einem Zeichen variiert zwischen 5 und 8 und kann vom Benutzer eingestellt werden. Innerhalb eines Zeichens werden Bits genaue Zeitslots zugewiesen. Ein Transmitter sendet ein 1- oder 0-Bit, indem er die Polarität seiner Ausgabe während des Zeitslots für dieses Bit festlegt. Der Empfänger stellt fest, ob es sich um das Bit 1 oder 0 handelt, indem er das Bit in der Mitte seines Zeitslots abtastet. Der Transmitter sendet ein Startbit am Beginn jedes Zeichens, um den Empfänger wieder zu synchronisieren. Die Flanke des Startbits aktiviert den Empfänger, der dann das Startbit in der Mitte des Zeitslots verifiziert. Wenn zu diesem Zeitpunkt nicht die richtige Polarität festgestellt wird, wird angenommen, daß ein kurzer Störimpuls den Empfänger fälschlicherweise aktiviert hat. Der Empfänger wird zurückgesetzt und wartet auf ein gültiges Startbit. Ein 0-Stopbit am Ende eines Zeichens dient dazu, Zeichen voneinander zu trennen. Dadurch wird verhindert, daß ein 1-Bit am Ende eines Zeichens dem Erkennen des nächsten Startbit im Weg stehen könnte.

Sobald ein gültiges Startbit gefunden worden ist, beginnt der Empfänger damit, Bits zu einem Zeichen zusammenzusetzen, indem er sie in der Mitte ihrer Zeitslots abtastet. Wenn alle Bits zu einem Zeichen zusammengesetzt worden sind, überträgt der Empfänger das Zeichen zu einer Schnittstelle.

Vervollständigen Sie das Zustandsdiagramm in Abbildung Ü5.4 durch Ereignisse, Aktionen, Aktivitäten, usw. Der Zustand *Zeichen übertragen* dient dazu, ein Zeichen vom Schieberegister in ein festes Register zu übertragen.

5.14 (9) Zeichnen Sie parallele Zustandsdiagramme, um das gepufferte Kopieren einer ASCII-Datei von einem Ferncomputer auf einen PC über einen UART zu steuern (Eine Beschreibung eines UART finden Sie in Übung 5.13). Gehen Sie davon aus, daß ein Programm bereits die Übertragung vom Fernrechner in Gang gesetzt hat und auf Daten wartet. Das Programm muß Unterbrechungen, die vom UART und vom Platten-Controller kommen, verarbeiten. Der UART und der Platten-Controller arbeiten unabhängig voneinander.

Jedesmal, wenn der UART ein Byte erhält, gibt es eine Unterbrechung. Um die Unterbrechung zu verarbeiten, muß das Programm mögliche UART-Fehler überprüfen und das Byte zu einem Puffer hinzufügen. Bei einem UART-Fehler muß das Programm die Datei schließen, die Übertragung beenden und eine Fehlermeldung anzeigen.

Der Platten-Controller generiert eine Unterbrechung, wenn er bereit ist, weitere Daten zu empfangen. Jedesmal, wenn der Plattentreiber bereit ist und sich Daten im Puffer befinden, schreiben Sie ein Byte in die Datei.

Das Ende der Übertragung wird durch ein bestimmtes Sonderzeichen angezeigt. Wenn der UART dieses Zeichen empfängt, sollte das Programm die Datei schließen, die Übertragung beenden und eine Meldung anzeigen, daß die Übertragung abgeschlossen ist.

Weil der Fernrechner die Daten möglicherweise schneller sendet, als sie die Platte aufnehmen kann, muß das Programm den Puffer steuern können. Jedesmal, wenn der Puffer fast voll ist, muß das Programm einen Befehl an den Fernrechner senden, mit der Übertragung auszusetzen. Wenn der Puffer fast leer ist, wird ein Befehl zur Wiederaufnahme der Übertragung gesendet.

5.15 (2) Plazieren Sie die folgenden Ereignisklassen in eine Generalisierungshierarchie mit Vererbung der Ereignisattribute: Operation auswählen, Zeicheneingabe, Linie nehmen, Kreis nehmen, Box nehmen, Text nehmen, Ereignis.

5.16 (6) Zeichnen Sie ein Zustandsdiagramm, um mit dem in den Übungen 4.2 und 4.7 beschriebenen Diagrammeditor Elemente zu wählen und zu verschieben.

Ein Cursor auf dem Diagramm zeigt die Bewegungen einer Maus mit zwei Tasten an. Wenn der linke Mausknopf gedrückt wird, während sich der Cursor auf einem Element (einer Box oder Verknüpfung) befindet, wird das Element markiert, anderenfalls werden bereits markierte Elemente deaktiviert. Wenn die Maus bei gedrückter linker Taste bewegt wird, werden alle markierten Elemente verschoben.

5.17 (9) Eine Heißluft-Gasheizung für ein Einfamilienhaus erhält unter Verwendung von verteilten Regelungen im Winter die Raumtemperatur und Luftfeuchtigkeit aufrecht. Unterschiedliche Räume können bis zu einem gewissen Grad unabhängig voneinander geregelt werden. Für jeden Raum wird auf der Grundlage der gemessenen Temperatur und der gewünschten Temperatur für diesen Raum Wärme vom Heizkessel angefordert. Wenn ein oder mehrere Räume Wärme anfordern, schaltet sich der Heizkessel ein. Wenn die Temperatur im Heizkessel ausreichend hoch ist, wird ein Gebläse am Heizkessel eingeschaltet, um heiße Luft durch Heizrohre zu schicken. Wenn die Temperatur im Heizkessel eine Sicherheitsgrenze übersteigt, wird der Heizkessel ausgeschaltet und das Gebläse läuft weiter. Das System steuert die Klappen in den Rohren so, daß nur in den Räumen Wärme abgegeben wird, in denen sie benötigt wird. Wenn der Raum bzw. die Räume keine Wärme mehr benötigen, wird der Heizkessel ausgeschaltet. Das Gebläse verteilt jedoch weiterhin heiße Luft, bis der Heizkessel abgekühlt ist.

Gleichzeitig wird auf der Grundlage der gewünschten Luftfeuchtigkeit, der gemessenen Luftfeuchtigkeit und der Außentemperatur die Luftfeuchtigkeit aufrechterhalten. Der Benutzer legt die für das ganze Haus gewünschte Luftfeuchtigkeit fest. Die Feuchtigkeit der kalten Luft, die zum Gebläse zurückkehrt, wird gemessen. Wenn das System feststellt, daß die Luftfeuchtigkeit zu niedrig ist, und das Gebläse eingeschaltet ist, wird der Luftbefeuchter im Heizkessel eingeschaltet, um der Luft, die das Gebläse verläßt, Feuchtigkeit beizumischen.

Unterteilen Sie die Steuerung dieses Systems in parallele Zustandsmaschinen. Beschreiben Sie die Funktionsweise jeder Zustandsmaschine, ohne aber die Details von Zuständen, Aktionen oder Aktivitäten anzugeben.

5.18 (7) Beim Erforschen eines alten Schlosses haben Sie und ein Freund ein Bücherregal entdeckt, das Sie für den Eingang zu einem Geheimgang halten. Während Sie das Bücherregal untersuchen, nimmt Ihr Freund eine Kerze aus ihrem Halter – und stellt fest, daß der Kerzenhalter die Eingangssteuerung ist. Das Bücherregal dreht sich um 180°, schiebt Sie mit und trennt Sie von Ihrem Freund. Ihr Freund stellt die Kerze zurück. Dieses Mal dreht sich das Regal um 360°, so daß Sie immer noch hinter dem Regal stehen. Ihr Freund nimmt die Kerze wieder aus dem Halter. Das Regal beginnt, sich wieder um 360° zu drehen, dieses Mal blockieren Sie die Drehung jedoch mit Ihrem Körper, kurz bevor sich das Regal ganz gedreht hat. Ihr Freund reicht Ihnen die Kerze und zusammen gelingt es Ihnen, das Regal um 180° zurückzudrehen, so daß jetzt Ihr Freund hinter und Sie vor dem Regal stehen. Sie stellen die Kerze wieder in den Halter zurück. Als das Regal zu rotieren beginnt, nehmen Sie die Kerze heraus und das Regal kommt nach einer Vierteldrehung zum Stehen. Sie und Ihr Freund betreten den Geheimgang, um sich weiter umzusehen.

Zeichnen Sie ein Zustandsdiagramm für die Steuerung des Bücherregals, das dem beschriebenen Szenario entspricht. Was hätten Sie als erstes tun sollen, um den Geheimgang problemlos betreten zu können?

5.19 (10) Abbildung Ü5.6 ist ein Teil eines Zustandsdiagramms für die Steuerung eines Videorecorders. Der Videorecorder hat verschiedene Tasten: unter anderem *wählen, ein/aus* und *stellen*, um die Uhr und die Start-/Stop-Zeiten einzustellen; *auto* für die automatische Aufnahme; *vcr*, um den Videorecorder zu umgehen; *programmiert*, um eine bestimmte Zeitspanne aufzunehmen. Viele der Ereignisse in Abbildung Ü5.5 entsprechen dem Drücken des Knopfes mit dem gleichen Namen. Einige der Tasten verhalten sich wie Schalter. So wird durch Drücken von *vcr* zwischen dem VCR-

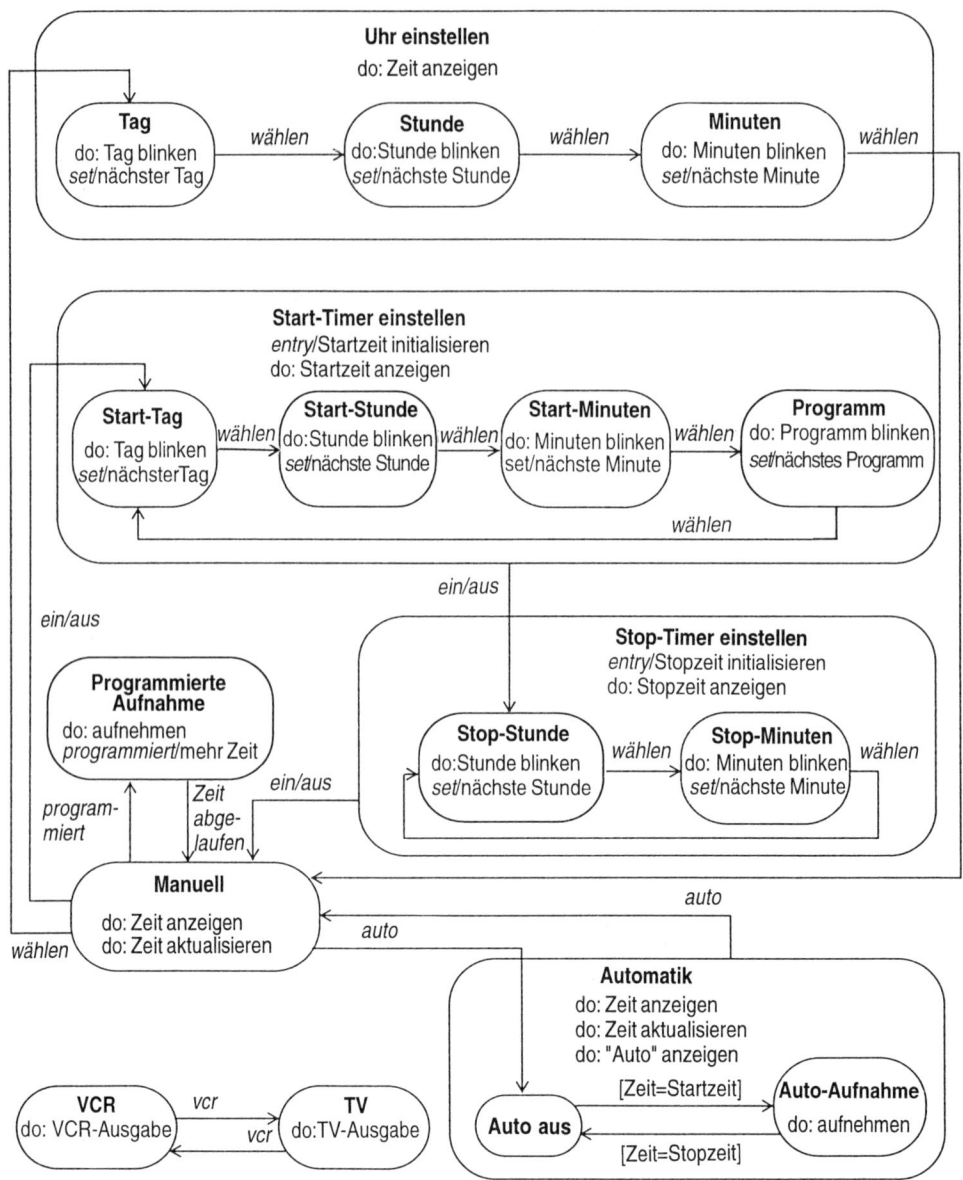

Abb. Ü5.5 Ausschnitt aus einem Zustandsdiagramm für einen Videorecorder

und dem TV-Modus umgeschaltet. Einige Tasten zur manuellen Steuerung des Videorecorders werden in Abbildung Ü5.5 nicht berücksichtigt, z.B. *abspielen, aufnehmen, schneller Vorlauf, zurückspulen, pausieren* und *ausgeben*. Diese Tasten können nur im Zustand *Manuell* genutzt werden. Ihre Aufgabe ist es:

a. Listen von Ereignissen, Aktionen und Aktivitäten zu erstellen.

b. Eine Bedienungsanleitung zu erstellen, aus der hervorgeht, wie der Videorecorder arbeitet.

c. Das Zustandsdiagramm durch Hinzufügen von Zuständen so zu erweitern, daß die Start-/Stopzeiten für einen zweiten Kanal eingestellt werden können.

d. Die Zustände in Ihrer Antwort auf die vorangegangene Teilaufgabe weisen sehr viele Gemeinsamkeiten auf. Beispielsweise bewirkt das Einstellen der Stunde in mehreren Kontexten ähnliche Ergebnisse. Diskutieren Sie, wie doppelter Aufwand reduziert werden könnte.

Funktionale Modellierung

Das funktionale Modell beschreibt Berechnungen innerhalb eines Systems. Es ist neben dem Objektmodell und dem dynamischen Modell das dritte Standbein unserer Modellierungstrias. Das funktionale Modell spezifiziert, was geschieht, das dynamische Modell spezifiziert, wann etwas geschieht, und das Objektmodell spezifiziert, in bezug auf wen oder was etwas geschieht.

Das funktionale Modell zeigt, wie bei einer Berechnung die Ausgabewerte aus den Eingabewerten abgeleitet werden. Die Berechnungsreihenfolge bleibt dabei außer acht. Das funktionale Modell besteht aus mehreren Datenflußdiagrammen, die den Wertefluß von externen Eingaben über Operationen und interne Datenspeicher bis hin zu externen Ausgaben zeigen. Das funktionale Modell beinhaltet auch Einschränkungen für Werte innerhalb eines Objektmodells. Datenflußdiagramme enthalten keine Informationen zur Steuerung oder zur Objektstruktur; diese gehören in dynamische Modelle und Objektmodelle. Wir folgen im wesentlichen dem traditionellen Aufbau von Datenflußdiagrammen.

6.1 Funktionale Modelle

Das funktionale Modell spezifiziert die Ergebnisse einer Berechnung, ohne anzugeben, wie oder wann diese Ergebnisse berechnet werden. Es spezifiziert die Bedeutung der Operationen und gegebenenfalls der Einschränkungen im Objektmodell sowie der Aktionen im dynamischen Modell. Bei nicht-interaktiven Programmen wie Compilern ist das dynamische Modell trivial. Programme dieser Art haben die Aufgabe, eine Funktion zu berechnen, so daß es hauptsächlich auf das funktionale Modell und — wie bei jedem Problem mit nicht-trivialen Datenstrukturen — auf das Objektmodell ankommt. Das funktionale Modell ist aber auch für viele interaktive Programme relevant. Dagegen ist das funktionale Modell von Datenbanken häufig trivial, weil ihre Aufgabe darin besteht, Daten zu speichern und zu organisieren, nicht sie umzuwandeln.

Eine Tabellenkalkulation ist eine Art funktionales Modell. In den meisten Fällen sind die Werte in der Tabellenkalkulation trivial und können nicht weiter strukturiert werden. Die einzigen interessanten Objektstrukturen sind die Zellen der Tabellenkalkulation. Der Zweck einer Tabellenkalkulation besteht darin, Werte durch andere Werte zu spezifizieren.

Beim Compiler haben wir es mit Berechnung in Reinform zu tun. Eingegeben wird ein Programmtext in einer bestimmten Sprache; ausgegeben wird eine Objektdatei, die das Programm in einer anderen Sprache, häufig der Maschinensprache eines speziellen Computers, implementiert. Der Mechanismus der Compilierung ist für die Anwendung irrelevant.

Das Einkommensteuergesetz ist eine große funktionale Beschreibung. Es spezifiziert Formeln zur Berechnung von Steuern, die auf Einkommen, Ausgaben, Spenden, Familienstand, usw. basieren. Das Einkommensteuergesetz definiert

Objekte (Einkommen, Abzüge) und enthält dynamische Informationen (wann Steuern fällig sind, wann Steuervorauszahlungen fällig sind, wann Formulare zur Einkommensteuererklärung zu versenden sind). Ein Satz von Steuerformularen und -erläuterungen ist ein Algorithmus, der das funktionale Modell implementiert. Steuerformulare spezifizieren, wie Steuern aus einer Menge von Eingabewerten wie Einkommen, Ausgaben, Abzügen und Lohnsteuer berechnet werden. Beachten Sie, daß Steuerformulare nur einen Algorithmus zur Steuerberechnung bereitstellen; sie definieren nicht die eigentliche Funktion zur Berechnung der fälligen Steuer. Dagegen definiert das Einkommensteuergesetz in der Regel die Funktion zur Berechnung der fälligen Steuer, ohne den Berechnungsalgorithmus zu spezifizieren. Ein Steuerzahler braucht das Formular nicht in der vorgegebenen Reihenfolge auszufüllen, um die richtige Antwort zu erhalten.

6.2 Datenflußdiagramme

Das funktionale Modell besteht aus mehreren Datenflußdiagrammen, die die Bedeutung von Operationen und Einschränkungen spezifizieren. Ein Datenflußdiagramm (DFD) zeigt die funktionalen Beziehungen der von einem System berechneten Werte, einschließlich der Eingabewerte, Ausgabewerte und internen Datenspeicher. Ein Datenflußdiagramm ist ein Graph, der den Fluß von Datenwerten von ihren Quellen in Objekten über *Prozesse,* die sie transformieren, hin zu ihren Zielen in anderen Objekten zeigt. Ein Datenflußdiagramm beschreibt keine Kontrollinformationen, etwa die Zeit, zu der Prozesse ausgeführt werden, oder Entscheidungen zwischen alternativen Datenpfaden; diese Informationen gehören in das dynamische Modell. (Manche Autoren nehmen Steuerungsinformationen in Datenflußdiagramme auf, hauptsächlich, um alles in einem Diagramm darzustellen. Wir haben jedoch die Steuerungsinformationen in einem eigenen Diagramm dargestellt, dem Zustandsdiagramm.) Ein Datenflußdiagramm zeigt nicht die Zuordnung von Werten zu Objekten; diese Informationen gehören in das Objektmodell.

Ein Datenflußdiagramm enthält *Prozesse,* die Daten transformieren, *Datenflüsse,* die Daten bewegen, *Handlungsobjekte,* die Daten produzieren und konsumieren, und *Datenspeicherobjekte,* die Daten passiv speichern. Abbildung 6.1 zeigt ein Datenflußdiagramm zur Anzeige eines Symbols in einem Fenstersystem. Der Symbolname und die Plazierung des Symbols sind Eingaben in das Diagramm aus einer nicht spezifizierten Quelle. Das Symbol wird zu Vektoren im Anwendungskoordinatensystem expandiert. Dazu werden bestehende Symboldefinitionen verwendet. Die Vektoren werden an die Fenstergröße angepaßt und entsprechend der Plazierung des Fensters auf dem Bildschirm versetzt – das Ergebnis sind Vektoren im Bildschirmkoordinatensystem. Schließlich werden die Vektoren in Pixeloperationen konvertiert, die an den Bildschirmspeicher zur Anzeige gesendet werden. Das Datenflußdiagramm zeigt die Folge der durchgeführten Transformationen sowie die externen Werte und Objekte, die sich auf die Berechnung auswirken.

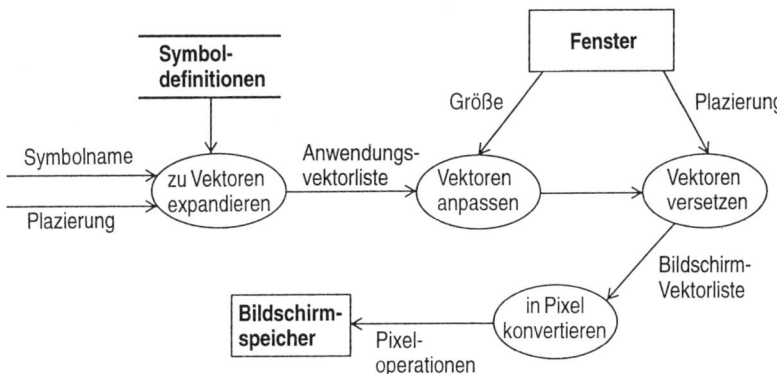

Abb. 6.1 Datenflußdiagramm für die Grafikanzeige eines Fenstersystems

6.2.1 Prozesse

Ein *Prozeß* transformiert Datenwerte. Prozesse auf der untersten Ebene sind reine
Funktionen ohne Seiteneffekte. Typische Funktionen sind beispielsweise die
Summe zweier Zahlen, die Gebühr für mehrere Kreditkartentransaktionen oder
eine Näherungskurve, die durch eine Liste von Punkten bestimmt wird. Ein
vollständiges Datenflußdiagramm beschreibt einen globalen Prozeß. Ein Prozeß
kann Seiteneffekte auslösen, wenn er nicht-funktionale Komponenten wie Datenspeicher oder externe Objekte enthält. Das funktionale Modell spezifiziert die
Ergebnisse eines Prozesses mit Seiteneffekten nicht eindeutig. Es gibt nur die
möglichen funktionalen Pfade an und zeigt nicht, welcher Pfad tatsächlich eintreten wird. Die Ergebnisse eines solchen Prozesses hängen vom Verhalten des
Systems ab, das im dynamischen Modell beschrieben ist. Beispiele für nicht-
funktionale Prozesse sind das Lesen und Schreiben von Dateien, ein Algorithmus
zur Spracherkennung, der aus Erfahrung lernt, und das Anzeigen von Bildern im
Fenstersystem einer Workstation.

Ein Prozeß wird als Ellipse gezeichnet, in der eine Beschreibung – meistens der
Name – der Transformation steht. Jeder Prozeß hat eine feste Anzahl von Einga-
be- und Ausgabedatenpfeilen, von denen jeder einen Wert eines bestimmten Typs
befördert. Die Ein- und Ausgaben können beschriftet werden, um ihre Rolle bei
der Berechnung zu zeigen, oft genügt jedoch der Wertetyp des Datenflusses.
Abbildung 6.2 zeigt zwei Prozesse. Beachten Sie, daß ein Prozeß mehr als eine
Ausgabe haben kann. Der Prozeß *Symbol anzeigen* repräsentiert das komplette
Datenflußdiagramm aus Abbildung 6.1 auf einer höheren Abstraktionsebene.

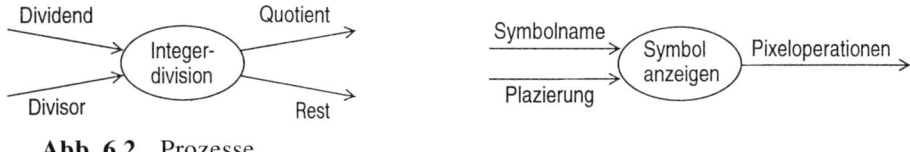

Abb. 6.2 Prozesse

Das Diagramm zeigt nur das Geflecht der Ein- und Ausgaben. Die Berechnung der Ausgabewerte aus den Eingabewerten muß ebenfalls spezifiziert werden. Ein globaler Prozeß kann zu einem vollständigen Datenflußdiagramm aufgefächert werden, ähnlich wie ein Unterprogramm in maschinennähere Unterprogramme. Irgendwann muß die Rekursion terminieren und der atomare Prozeß direkt beschrieben werden: in natürlicher Sprache, durch mathematische Gleichungen oder auf andere Weise. "Integerdivision" könnte zum Beispiel mathematisch definiert werden, "Symbol anzeigen" durch Abbildung 6.1. Häufig sind die atomaren Prozesse trivial, etwa wenn sie einfach auf einen Wert in einem Objekt zugreifen.

Prozesse werden als Methoden (oder Methodenfragmente) von Operationen auf Objektklassen implementiert. Das Zielobjekt ist normalerweise einer der Eingabeflüsse, besonders, wenn die gleiche Objektklasse auch ein Ausgabefluß ist. In einigen Fällen ist das Zielobjekt jedoch implizit. So ist in Abbildung 6.2 das Ziel von *Symbol anzeigen* das Fenster, das die Pixeloperationen erhält.

6.2.2 Datenflüsse

Ein *Datenfluß* verbindet die Ausgabe eines Objekts oder Prozesses mit der Eingabe eines anderen Objekts oder Prozesses. Er repräsentiert den Zwischenwert innerhalb einer Berechnung. Der Wert wird durch den Datenfluß nicht verändert.

Ein Datenfluß wird als Pfeil zwischen dem Produzenten und dem Konsumenten des Datenwerts gezeichnet. Der Pfeil wird mit einer Beschreibung der Daten beschriftet, normalerweise dem Datennamen oder -typ. Der gleiche Wert kann an unterschiedliche Stellen gesendet werden; dies wird durch eine Gabelung, von der mehrere Pfeile abzweigen, deutlich gemacht. Die abzweigenden Pfeile sind im allgemeinen nicht beschriftet, weil sie den gleichen Wert repräsentieren wie die Eingabe. Abbildung 6.3 zeigt verschiedene Datenflüsse.

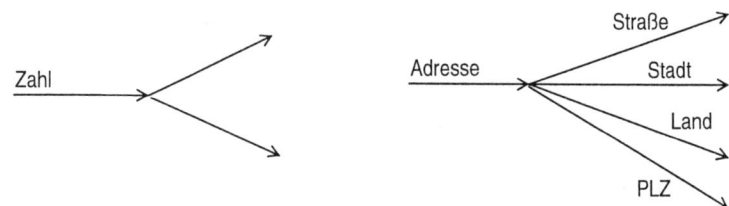

Abb. 6.3 Datenflüsse, um einen Wert zu kopieren bzw. einen Aggregationswert aufzuspalten

Manchmal wird ein aggregierter Datenwert in seine Komponenten aufgespalten und jede Komponente an einen anderen Prozeß gesendet. Dies wird durch eine Gabelung des Pfades angezeigt. In diesem Fall ist jeder abzweigende Pfeil mit dem Namen seiner Komponente beschriftet. Das Gegenstück dazu ist die Kombination mehrerer Komponenten zu einem Aggregationswert.

Jeder Datenfluß repräsentiert einen Wert zu einem Zeitpunkt der Berechnung. Die Datenflüsse im Diagramm repräsentieren Zwischenwerte innerhalb einer Berechnung und sind in der realen Welt nicht notwendigerweise von Bedeutung.

Flüsse am Rand eines Datenflußdiagramms repräsentieren seine Ein- und Ausgaben. Diese Flüsse können unverbunden sein (wenn das Diagramm ein Ausschnitt aus einem vollständigen System ist) oder sie können mit Objekten verbunden sein. Die Eingaben in Abbildung 6.1 sind *Symbolname* und *Plazierung*; ihre Quellen müssen im größeren Kontext, in dem das Diagramm verwendet wird, spezifiziert werden. Die Ausgaben in Abbildung 6.1 sind *Pixeloperationen*, die zum Bildschirmspeicher-Objekt gesendet werden. Die gleichen Ein- und Ausgaben finden sich im linken Teil von Abbildung 6.2 wieder, wo das Datenflußdiagramm aus Abbildung 6.1 zu einem Prozeß abstrahiert wurde.

6.2.3 Handlungsobjekte

Ein *Handlungsobjekt* ist ein Objekt, das den Datenflußgraphen aktiviert, indem es Werte erzeugt oder verbraucht. Handlungsobjekte sind an die Ein- und Ausgaben eines Datenflußgraphen gebunden. Handlungsobjekte liegen gewissermaßen am Rand des Datenflußgraphen. Sie terminieren den Datenfluß als Quellen und Senken von Daten und werden deshalb auch *Terminatoren* genannt. Handlungsobjekte können zum Beispiel der Programmanwender, ein Thermostat oder ein computergesteuerter Motor sein. Die Aktionen des Handlungsobjekts liegen außerhalb des Datenflußdiagramms, sie sollten jedoch Teil des dynamischen Modells sein.

Ein Handlungsobjekt wird wie andere Objekte als Rechteck gezeichnet. Pfeile zwischen den Handlungsobjekten und dem Diagramm sind Ein- und Ausgaben des Diagramms. Der Bildschirmspeicher in Abbildung 6.1 ist ein Handlungsobjekt, das Pixeloperationen verbraucht.

6.2.4 Datenspeicher

Ein *Datenspeicher* ist ein passives Objekt in einem Datenflußdiagramm, das Daten für den späteren Zugriff speichert. Anders als ein Handlungsobjekt generiert ein Datenspeicher Operationen nicht selbständig, sondern reagiert nur auf Anforderungen, Daten zu speichern und auf Daten zuzugreifen. Durch einen Datenspeicher ist es möglich, in einer anderen als der Reihenfolge ihrer Generierung auf Werte zuzugreifen. Aggregierte Datenspeicher wie Listen und Tabellen ermöglichen den Zugriff auf Daten über die Eingabereihenfolge oder über Indexschlüssel. Datenspeicher sind zum Beispiel eine Datenbank für Flugreservierungen, ein Bankkonto oder eine Liste der gestern abgelesenen Temperaturen.

Ein Datenspeicher wird durch zwei parallele Linien dargestellt, zwischen denen der Name des Speichers steht. Eingabepfeile zeigen Informationen oder Operationen an, die die gespeicherten Daten verändern; zum Beispiel Elemente hinzufügen, Werte verändern und Elemente löschen. Ausgabepfeile zeigen Informationen an, die aus dem Speicher geholt werden. Das können entweder ganze Werte oder Komponenten davon sein. Die eigentliche Struktur des Objekts sowie die zulässigen Aktualisierungs- und Zugriffsoperationen müssen im Objektmodell beschrieben werden.

Abbildung 6.4a zeigt einen Datenspeicher für abgelesene Temperaturen. Jede Stunde wird eine neue abgelesene Temperatur in den Speicher eingegeben. Am Ende des Tages werden die höchste und die niedrigste abgelesene Temperatur aus dem Speicher geholt. Mit Datenspeichern ist es möglich, die Verwendung von Daten auf einen späteren Zeitpunkt hinauszuschieben oder viele verschiedene Daten anzusammeln und dann gleichzeitig zu verwenden.

Abbildung 6.4b zeigt einen Datenspeicher für ein Bankkonto. Der Doppelpfeil gibt an, daß *Saldo* sowohl eine Eingabe als auch eine Ausgabe der Subtraktionsoperation ist. Dies könnte auch durch zwei einzelne Pfeile angegeben werden. Das Holen und Aktualisieren eines Datenspeicherwerts ist eine häufig vorkommende Operation.

Abbildung 6.4c zeigt eine Artikelpreisliste. Die Eingabe in den Speicher besteht aus zwei Werten für den Artikelnamen und den Preis. Später wird ein Artikel angegeben und der entsprechende Preis gefunden. Der unbeschriftete Pfeil vom Datenspeicher zum Prozeß gibt an, daß die ganze Preisliste Eingabe für die Auswahloperation ist. Beachten Sie, daß der Artikelname während der Auswahloperation nicht eine Eingabe in den Datenspeicher ist (weil er den Speicher nicht verändert), sondern nur die Eingabe für den Auswahlprozeß liefert.

Abbildung 6.4d zeigt das Periodensystem, auf das zugegriffen wird, um das Atomgewicht eines Elements zu finden. Die Eigenschaften chemischer Elemente sind offensichtlich konstant und keine Programmvariablen. Es ist praktisch, die

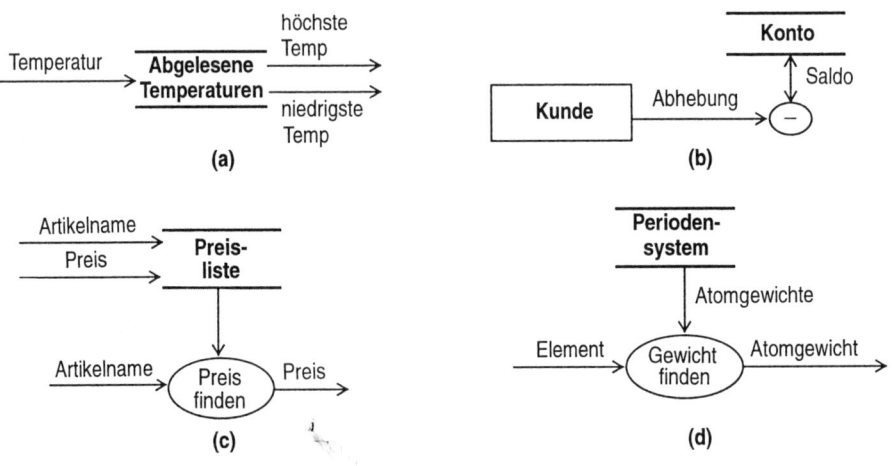

Abb. 6.4 Datenspeicher

Operation als einfachen Zugriff auf ein konstantes Datenspeicherobjekt zu repräsentieren. Ein Datenspeicher dieser Art hat keine Eingaben.

Sowohl Handlungsobjekte als auch Datenspeicher sind Objekte. Wir unterscheiden sie, weil Unterschiede in ihrer Verwendung und ihrem Verhalten bestehen,
auch wenn in einer objektorientierten Sprache möglicherweise beide als Objekte
implementiert sind. Andererseits kann ein Datenspeicher als Datei und ein Handlungsobjekt als externes Gerät implementiert sein. Manche Datenflüsse sind
ebenfalls Objekte. In vielen Fällen sind Datenflüsse jedoch reine Werte, z.B.
Integerzahlen, und besitzen keine eigene Identität. (In einer objektorientierten
Sprache sind Objekte und reine Werte aber auch oft auf die gleiche Weise
implementiert.)

Es liegt ein Unterschied darin, ob man ein Objekt als einzelnen Wert oder als
Datenspeicher mit vielen Werten ansieht. In Abbildung 6.5 wird über den Kun-
dennamen ein Bankkonto ausgewählt. Das Ergebnis dieser Operation ist das
Objekt *Konto* selbst, das dann in der Aktualisierungsoperation als Datenspeicher
verwendet wird. Ein Datenfluß, der ein Objekt generiert, das als Ziel einer
anderen Operation verwendet wird, wird durch ein leeres Dreieck am Ende des
Datenflusses angegeben. Im Gegensatz dazu verändert die Aktualisierungsoperation den Saldo im Objekt *Konto*. Dies geht aus der kleinen Pfeilspitze hervor. Das
leere Dreieck gibt einen Datenflußwert an, der später als Objekt – meistens als
Datenspeicher – behandelt wird. (Dieses Konstrukt wurde von uns neu eingeführt. Die traditionelle Datenfluß-Notation repräsentiert das dynamische Erzeugen oder Auswählen eines Objekts zur späteren Verwendung im Diagramm als
Aggregationsobjekt nur unzureichend.)

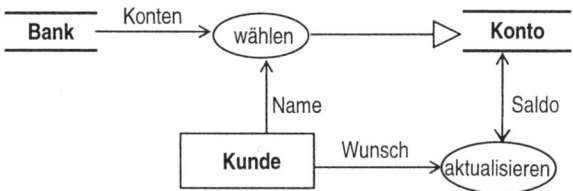

Abb. 6.5   Auswahl, die ein Objekt liefert

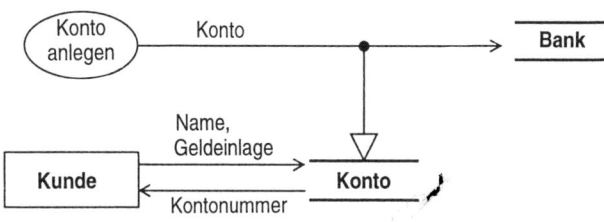

Abb. 6.6   Erzeugen eines neuen Objekts

Abbildung 6.6 zeigt das Eröffnen eines neuen Bankkontos. Das Ergebnis des Prozesses *Konto anlegen* ist ein neues Konto, das in der Bank gespeichert wird. Der Name und die Geldeinlage des Kunden werden im Konto gespeichert. Der Kunde erhält die Kontonummer des neuen Kontos. In diesem Beispiel wird das Objekt *Konto* sowohl als Datenwert (der in der Bank gespeichert ist) und als Datenspeicher (der verwendet wird, um Werte zu speichern und zu holen) angesehen.

6.2.5 Verschachtelte Datenflußdiagramme

Ein Datenflußdiagramm eignet sich besonders gut zur Darstellung der globalen Funktionalität eines Systems und seiner Aufgliederung in kleinere Funktionseinheiten. Ein Prozeß kann zu einem verfeinerten Datenflußdiagramm aufgefächert werden. Jede Ein- und Ausgabe des Prozesses ist eine Ein- oder Ausgabe des neuen Diagramms. Das neue Diagramm kann Datenspeicher enthalten, die das abstraktere Diagramm nicht zeigt. Der Prozeß *Symbol anzeigen* in Abbildung 6.2 entspricht dem Datenflußdiagramm in Abbildung 6.1. Diagramme können beliebig tief geschachtelt werden und alle geschachtelten Diagramme zusammen bilden einen Baum. Das Schachteln eines Datenflußdiagramms macht es möglich, daß auch bei einer sehr komplexen Gesamtfunktionalität jede Ebene für sich schlüssig und verständlich ist. Ein Diagramm, das auf sich selbst verweist, repräsentiert eine rekursive Berechnung. (Verschachtelte Diagramme werden auch als *Ebenenschema* bezeichnet, weil die Diagramme in verschiedenen Ebenen organisiert sind.)

Verschachtelte Diagramme terminieren mit einfachen Funktionen. Diese Funktionen müssen als Operationen spezifiziert sein (siehe dazu Abschnitt 6.3).

6.2.6 Kontrollflüsse

Ein Datenflußdiagramm zeigt alle möglichen Berechnungspfade für Werte; es zeigt jedoch nicht, welche Pfade in welcher Reihenfolge ausgeführt werden. Entscheidungen und Reihenfolgen sind Steuerungsfragen, die Teil des dynamischen Modells sind. Eine Entscheidung liefert nicht den Wert einer Funktion, sondern bestimmt, ob eine oder mehrere Funktionen überhaupt ausgeführt werden. Obwohl die Funktionen keine Eingabewerte von diesen Entscheidungsfunktionen erhalten, ist es manchmal nützlich, sie in das funktionale Modell aufzunehmen, damit sie nicht vergessen werden und ihre Datenabhängigkeiten gezeigt werden können. Dies wird durch die Aufnahme von *Kontrollflüssen* in das Datenflußdiagramm realisiert.

Ein Kontrollfluß ist ein Boolescher Wert, der bestimmt, ob ein Prozeß evaluiert wird. Der Kontrollfluß ist kein Eingabewert an den Prozeß selbst. Ein Kontrollfluß wird durch eine gepunktete Linie dargestellt, die von einem Prozeß, der einen Booleschen Wert erzeugt, zu dem kontrollierten Prozeß verläuft.

Abbildung 6.7 zeigt ein Datenflußdiagramm für eine Abhebung von einem Bankkonto. Der Kunde liefert ein Paßwort und einen Betrag. Die Abhebung erfolgt nur, wenn das Paßwort erfolgreich überprüft wurde. Der Aktualisierungsprozeß könnte durch einen ähnlichen Kontrollfluß erweitert werden, um zu vermeiden, daß das Konto überzogen wird.

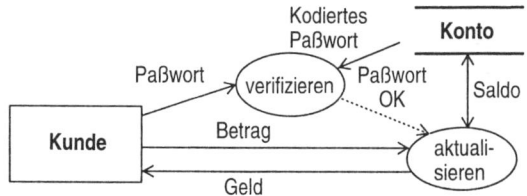

Abb. 6.7   Kontrollfluß

Kontrollflüsse können gelegentlich nützlich sein, sie duplizieren jedoch Informationen im dynamischen Modell und sollten daher sparsam eingesetzt werden.

6.3   Spezifikation von Operationen

Prozesse in Datenflußdiagrammen müssen letztendlich als Operationen auf Objekten implementiert werden. Jeder atomare Prozeß auf der untersten Ebene ist eine Operation. Abstraktere Prozesse können ebenfalls als Operationen angesehen werden, obwohl ihre Implementierung aus Optimierungsgründen anders als im Datenflußdiagramm dargestellt organisiert sein kann. Operationen können unterschiedlich spezifiziert sein, zum Beispiel als

- mathematische Funktionen, z.B. trigonometrische Funktionen;

- Tabellen von Eingabe- und Ausgabewerten (Aufzählung) für kleine endliche Mengen;

- Gleichungen, die Ausgaben durch Eingaben ausdrücken;

- Eingangs- und Ausgangsbedingungen (axiomatische Definition);

- Entscheidungstabellen;

- Pseudocode;

- natürliche Sprache.

Die Spezifikation einer Operation enthält eine Signatur und eine Transformation. Die Signatur definiert die Schnittstelle zur Operation: die Argumente, die sie erfordert (Zahl, Reihenfolge und Typen), und die Werte, die sie zurückgibt (Zahl, Reihenfolge und Typen). Die Operation wird normalerweise im Objektmodell aufgelistet, um das Vererbungsmuster zu zeigen; alle Methoden, die eine Operation implementieren, müssen die gleiche Signatur aufweisen. Die Transformation definiert die Wirkung einer Operation: die Ausgabewerte als Funktionen der Eingabewerte und die Seiteneffekte der Operation auf ihre Operandenobjekte.

Die externe Spezifikation einer Operation beschreibt nur nach außen sichtbare Änderungen. Während der Implementierung einer Operation werden möglicherweise interne Werte erzeugt, zum Beispiel aus Optimierungsgründen. Einige Werte können sogar Teil des inneren Zustands eines Objekts sein. Beispielsweise kann eine sortierte Werteliste durch verschiedene Datenstrukturen implementiert werden, z.B. eine lineare Liste oder einen ausgeglichenen Baum, deren interne Organisation beliebig modifiziert werden kann, solange die externe Ordnung der Liste nicht verändert wird. Solche internen Details gehören zum Privatbereich einer Operation (und möglicherweise einer Objektklasse) und erscheinen in der externen Spezifikation nicht. Eine Spezifikation hat die Aufgabe, anzugeben, was eine Operation logisch leisten muß, nicht wie sie implementiert werden muß. Deshalb muß der Zustand des Objekts aus nach außen sichtbaren Informationen und privaten internen Informationen bestehen. Veränderungen des internen Objektzustands, die nicht nach außen sichtbar sind, ändern den Wert des Objekts nicht.

Zugriffsoperationen sind Operationen, die Attribute oder Verknüpfungen eines Objekts lesen oder schreiben. Es ist nicht notwendig, Zugriffsoperationen bei der Analyse aufzuführen oder zu spezifizieren, weil sie trivial sind. Während des Entwurfs muß vermerkt werden, welche Zugriffsoperationen öffentlich und welche nur dem Objekt bekannt sind. (Eine Abgrenzung der Begriffe Analyse und Entwurf finden Sie in Abschnitt 1.2.2). Zugriffsbeschränkungen zielen nicht darauf ab, die logische Korrektheit sicherzustellen, sondern darauf, Klassen zu kapseln, um sie gegen Fehler zu schützen und künftige Veränderungen der Implementierung zu ermöglichen. Zugriffsoperationen werden direkt von den Attributen und Assoziationen einer Klasse im Objektmodell abgeleitet.

Nicht-triviale Operationen können in drei Kategorien eingeteilt werden: Anfragen, Aktionen und Aktivitäten. Eine *Anfrage* ist eine Operation, die keine Seiteneffekte auf den äußerlich sichtbaren Zustand eines Objekts hat; sie ist eine reine Funktion. Eine Anfrage ohne Parameter (außer für das Zielobjekt) ist ein *abgeleitetes Attribut*; sie hat die Form (aber nicht notwendigerweise die Implementierung) eines Attributs. Wenn zum Beispiel ein Punkt in kartesischen Koordinaten definiert ist, sind der Radius und der Winkel abgeleitete Attribute. Im Objektmodell können Anfrageoperationen in die gleiche Gruppe wie Attribute eingeordnet werden. Allerdings sollte ihr abgeleiteter Status deutlich gemacht werden, weil sie keine zusätzlichen Informationen über den Zustand des Objekts liefern. Häufig ist die Entscheidung, welche Attribute Basisattribute und welche abgeleitete Attribute sein sollen, willkürlich. So kann zum Beispiel ein Punkt sowohl durch kartesische als auch durch Polarkoordinaten ausgedrückt werden; beides ist gleichermaßen richtig. Weil Anfrageoperationen keine Außenwirkung haben, sind sie bei der Analyse und beim Entwurf eines Systems weniger wichtig als Basisattribute und Aktionen. Sie können oft durch Gleichungen spezifiziert werden, die durch andere Attribute ausgedrückt werden, und erfordern keine Steuerungskomponente. Anfrageoperationen werden von Pfaden des Objektmodells oder durch Neukombination der Daten aus dem Objektmodell abgeleitet.

Eine *Aktion* ist eine Transformation, die Seiteneffekte auf das Zielobjekt oder andere, vom Zielobjekt sichtbare Objekte im System bewirkt. Eine Aktion besitzt keine Zeitdauer, ist logisch zeitlos (obwohl natürlich jede tatsächliche Implementierung eine Zeit erfordert). Weil der Zustand eines Objekts durch seine Attribute und Verknüpfungen definiert ist, müssen alle Aktionen durch Aktualisierungen von Basisattributen und Verknüpfungen definiert werden können. Eine Aktion kann durch den Zustand des Systems vor und nach der Aktion definiert werden; eine Steuerungskomponente ist daher nicht erforderlich. Beispielsweise umfaßt die Aktion, ein Fenster einer Workstation maßstabsgerecht zu verkleinern, das Verkleinern der Fenstergrenze und des gesamten Fensterinhalts um einen festen Faktor. Die Reihenfolge, in der die Verkleinerung durchgeführt wird, spielt bei der Spezifikation der Aktion keine Rolle; es kommt nur auf das Endergebnis an. Aktionen werden normalerweise von Prozessen im funktionalen Modell abgeleitet.

Aktionen können unter anderem durch mathematische Gleichungen, Entscheidungsbäume, Entscheidungstabellen, Aufzählung aller möglichen Eingaben, Prädikatenlogik und natürliche Sprache beschrieben werden. Eine Spezifikation muß klar und eindeutig sein, nicht unbedingt formal. Abbildung 6.8 zeigt die Spezifikation für eine Nebenstellenanlage zur Vermittlung von Telefonanrufen. Eine Spezifikation umfaßt mehrere Elemente: den Funktionsnamen, die Ein- und Ausgaben, die Wertetransformationen und die einzuhaltenden Einschränkungen. Beachten Sie, daß die Spezifikation keinen Algorithmus zur Bestimmung von konkreten Verbindungen enthält. Die Spezifikation ist informell und momentan noch mehrdeutig. Beispielsweise muß die Netzwerktopologie detaillierter spezifiziert werden. Als erste globale Spezifikation ist der Ansatz jedoch ausreichend.

Eine Möglichkeit, eine Aktion zu spezifizieren, besteht darin, einen Berechnungsalgorithmus (textuell, Pseudocode oder Code) für sie anzugeben. Ein einfacher, aber ineffizienter Algorithmus für eine Funktion läßt sich oft leicht definieren. Das heißt nicht, daß das Programm den gleichen Algorithmus verwenden muß, sondern nur, daß identische Ergebnisse erzielt werden müssen. Allerdings

---

Funktion: Anruf verbinden

Eingaben: Telefonleitung, gewählte Nummer, aktuelle Schaltereinstellungen

Ausgaben: neue Schaltereinstellungen, Verbindungsstatus

Transformation: Das anrufende Telefon mit dem angewählten Telefon durch Schließen von Verbindungen in der Nebenstellenanlage verbinden. Dabei gelten die folgenden Einschränkungen:

Einschränkungen: In jeder Schaltung dürfen nur zwei Leitungen gleichzeitig verbunden sein.

Frühere Verbindungen dürfen nicht gestört werden.

Wenn die angerufene Leitung bereits benutzt wird, werden keine Schalter geschlossen und der Status "Belegt" wird gemeldet.

Wenn eine Verbindung nicht hergestellt werden kann, weil zu viele Schalter genutzt werden, werden keine Schalter geschlossen und der Status "Nebenstellenanlage belegt" wird gemeldet.

Abb. 6.8   Aktion für das Schalten von Telefonverbindungen

kann es schwierig sein zu beweisen, daß zwei Algorithmen das gleiche Ergebnis liefern. Andere Möglichkeiten, Funktionen zu spezifizieren, stellen grundsätzlich keine Grundlage für einen Algorithmus dar. Beispielsweise ist die invertierte Matrix von Matrix A definiert als: "Diejenige Matrix B, für die gilt, daß A mal B die Einheitsmatrix liefert." Matrixmultiplikation ist einfach zu definieren. Um jedoch einen Algorithmus zur Berechnung der Inversion abzuleiten, sind gute Kenntnisse der linearen Algebra notwendig. Einen Algorithmus zu liefern ist Teil des Entwurfs.

Eine *Aktivität* ist eine Operation auf oder durch ein Objekt, die eine Zeitdauer besitzt. Sie unterscheidet sich damit von Anfragen und Aktionen, die als zeitlos angesehen werden (zumindest logisch, wenn auch nicht tatsächlich). Eine Aktivität hat wegen ihrer Zeitdauer ihrem Wesen nach Seiteneffekte zur Folge. Weil passive Objekte reine Datenspeicher sind, sind Aktivitäten nur im Zusammenhang mit Handlungsobjekten sinnvoll, die eigene Operationen generieren. Ein Betriebssystem-Dämon, zum Beispiel ein Ausgabe-Spooler, wird als Handlungsobjekt angesehen, weil er bei der Steuerung des Informationsflusses eine aktive Rolle spielt. Die Einzelheiten einer Aktivität werden im dynamischen und im funktionalen Modell spezifiziert und können nicht einfach als Transformation angesehen werden. In den meisten Fällen entspricht eine Aktivität einem Zustandsdiagramm im dynamischen Modell.

6.4 Einschränkungen

Eine *Einschränkung* zeigt die Beziehung zwischen zwei Objekten zur gleichen Zeit (wie Frequenz und Wellenlänge) oder zwischen unterschiedlichen Werten des gleichen Objekts zu unterschiedlichen Zeiten (wie die Zahl der Aktien einer Investmentgesellschaft, die sich im Publikumsbesitz befinden). Eine Einschränkung kann als totale Funktion (ein Wert wird vollständig durch einen anderen spezifiziert) oder als partielle Funktion (ein Wert wird durch einen anderen begrenzt, aber nicht vollständig spezifiziert) ausgedrückt werden. Beispielsweise könnte eine Koordinatentransformation spezifizieren, daß die x-Koordinate und die y-Koordinate den gleichen Skalenfaktor besitzen; diese Einschränkung definiert den einen Wert vollständig durch den anderen. Das zweite Gesetz der Thermodynamik drückt eine partielle Einschränkung aus; es besagt, daß die Entropie (Unordnung) des Universums nie kleiner werden kann.

Einschränkungen können in jedem der drei Modelle vorkommen. Objekteinschränkungen spezifizieren, daß einige Objekte ganz oder teilweise von anderen Objekten abhängen. Dynamische Einschränkungen spezifizieren Relationen zwischen den Zuständen oder Ereignissen unterschiedlicher Objekte. Funktionale Einschränkungen spezifizieren Begrenzungen auf Operationen wie die weiter oben beschriebene Skalentransformation.

Eine Einschränkung auf den Werten, die ein Objekt im Laufe der Zeit annehmen kann, heißt oft Invariante. Die Erhaltungssätze aus der Physik sind Invarianten: Die Gesamtenergie oder die Ladung oder das Drehmoment eines Systems bleibt konstant. Invarianten sind nützlich, um das Verhalten von Operationen zu spezifizieren.

6.5 Ein Beispiel für ein funktionales Modell

In diesem Abschnitt beschreiben wir das funktionale Modell eines Flugsimulators. Der Simulator ist dafür verantwortlich, Eingabesteuerungen des Piloten zu verarbeiten, die Bewegungen des Flugzeugs zu berechnen, das Sichtfeld zu berechnen und anzuzeigen und die Cockpit-Instrumente anzuzeigen. Der Simulator soll ein exaktes, aber vereinfachtes Modell für das Fliegen eines Flugzeugs sein, das Details vernachlässigt und von verschiedenen vereinfachten Annahmen ausgeht. Beispielsweise lassen wir das Seitenruder weg und setzen voraus, daß es so ausgerichtet ist, daß das Flugzeug in die Bewegungsrichtung zeigt. Abbildung 6.9 zeigt das globale Datenflußdiagramm für den Flugsimulator. Es gibt zwei Eingabe-Handlungsobjekte: den *Piloten*, der die Flugzeugsteuerungselemente bedient, und das *Wetter*, das nach einem spezifizierten Muster variiert. Es gibt ein Ausgabe-Handlungsobjekt: den *Bildschirm*, der das Sichtfeld des Piloten anzeigt. Weiter gibt es zwei Nur-Lese-Datenspeicher: die *Gelände-Datenbank*, die die Geometrie des umgebenden Geländes als eine Menge farbiger Oberflächenpolygone spezifiziert, und die *Cockpit-Datenbank*, die Form und Position des Cockpit-Fensters sowie die Position der verschiedenen Instrumente spezifiziert. Es gibt drei interne Datenspeicher: *Raumparameter* für die 3D-Position, Geschwindigkeit, Richtung und Rotation des Flugzeugs; *Treibstoff* für die noch vorhandene Treibstoffmenge; und *Gewicht* für das Gesamtgewicht des Flugzeugs (durch den Treibstoffverbrauch sinkt das Gewicht). Die Initialisierung der internen Datenspeicher ist erforderlich, wird aber nicht im Datenflußdiagramm gezeigt.

Das Diagramm enthält drei Prozeßarten: Steuerungshandhabung, Bewegungsberechnung und Display-Generierung. Die Prozesse für die Steuerungshandhabung sind *Leitwerke anpassen* zur Transformation der Position der Bedienungselemente des Piloten (z.B. Joysticks) in die Positionen der Leitruder und in die Triebwerksgeschwindigkeit des Flugzeugs; *Treibstoff verbrauchen* zur Berechnung des Treibstoffverbrauchs als einer Funktion der Triebwerksgeschwindigkeit; und *Gewicht berechnen* zur Berechnung des Flugzeuggewichts als Summe aus dem Grundgewicht und dem Gewicht des verbleibenden Treibstoffs. Der Prozeß *Leitwerke anpassen* wird in Abbildung 6.10 aufgefächert. Dabei wird deutlich, daß der Prozeß drei verschiedene Leitwerke umfaßt: das Höhenruder, die Querruder und den Schubregler. Es ist nicht notwendig, diese Prozesse weiter aufzufächern, weil sie durch Ein-/Ausgabefunktionen beschrieben werden können (wir versuchen nicht, diese hier zu spezifizieren).

Die Prozesse zur Bewegungsberechnung umfassen den Prozeß *Kräfte berechnen*, der die verschiedenen Kräfte und Drehmomente, die auf das Flugzeug wirken, berechnet und sie aufsummiert, um die tatsächliche Beschleunigung und die Drehmomente festzustellen, sowie den Prozeß *Bewegung integrieren*, der die Differentialgleichungen für die Bewegung integriert. Der Prozeß *Kräfte berechnen* umfaßt sowohl geometrische als auch aeronautische Berechnungen. Er wird in Abbildung 6.11 aufgefächert. Die tatsächliche Kraft wird als die Vektorsumme

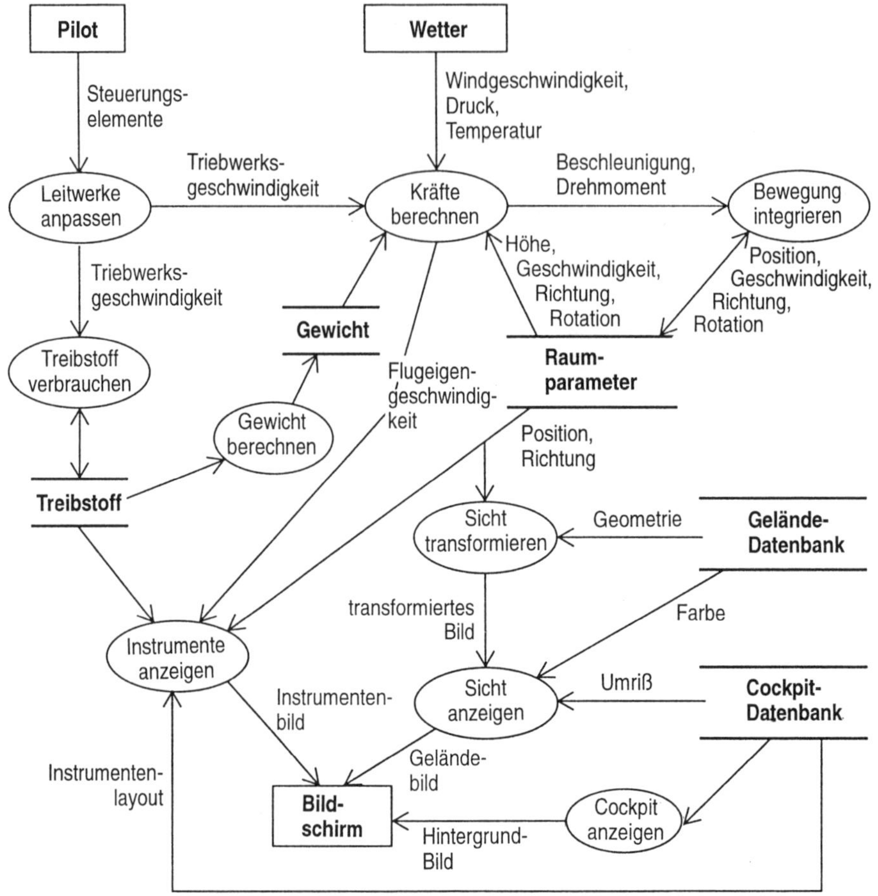

Abb. 6.9   Funktionales Modell für einen Flugsimulator

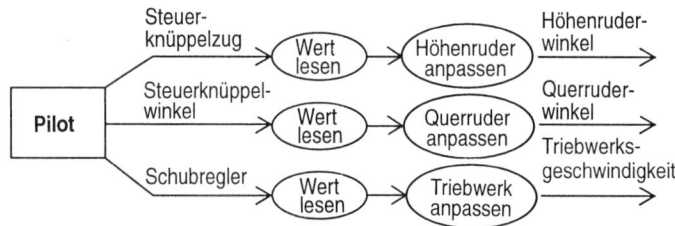

Abb. 6.10   Auffächerung des Prozesses *Leitwerke anpassen*

von Luftwiderstand, Auftrieb, Schubkraft und Gewicht berechnet. Diese Kräfte hängen ihrerseits von Zwischenparametern wie Flugeigengeschwindigkeit, Anstellwinkel und Luftdichte ab. Die aerodynamischen Berechnungen müssen rela-

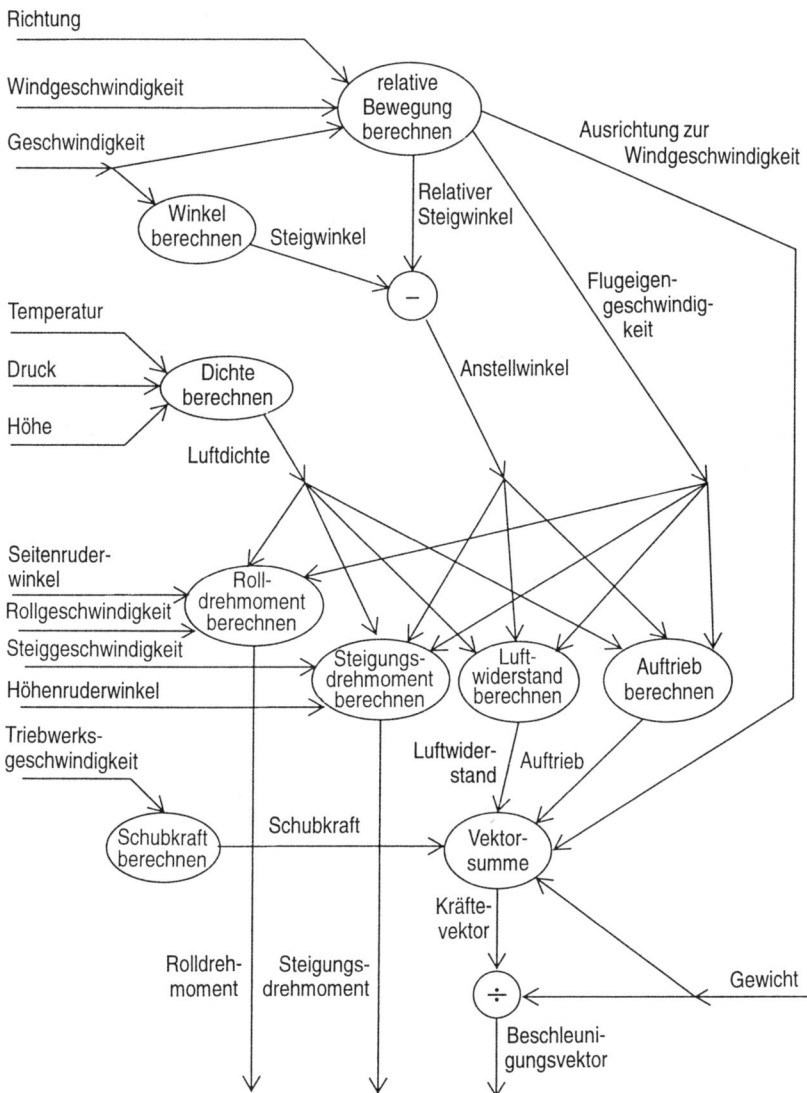

Abb. 6.11   Auffächerung des Prozesses *Kräfte berechnen*

tiv zur Luftmasse vorgenommen werden. Deshalb wird die Windgeschwindigkeit von der Geschwindigkeit des Flugzeugs abgezogen, um die Flugeigengeschwindigkeit relativ zur Luftmasse zu erhalten; die Richtung des Flugzeugs muß ebenfalls transformiert werden. Darüber hinaus wird die Luftdichte berechnet und in späteren Prozessen verwendet. Die Zwischenparameter werden aus Datenspeicherparametern (z.B. Flugzeuggeschwindigkeit, Richtung, Rotations-, Roll-

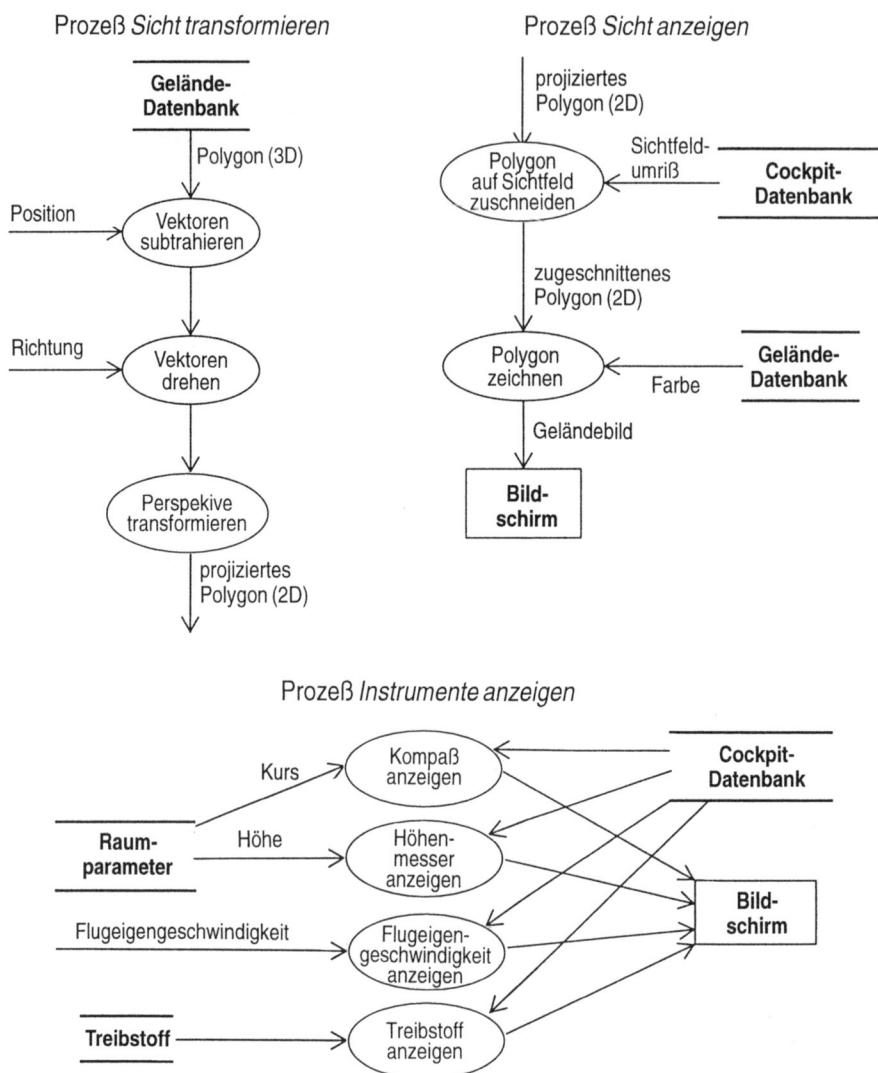

Prozeß *Sicht transformieren*

Prozeß *Sicht anzeigen*

Prozeß *Instrumente anzeigen*

Abb. 6.12 Auffächerung der Anzeigeprozesse

und Steiggeschwindigkeit sowie Höhe aus *Raumparameter*; Windgeschwindigkeit, Temperatur und Druck aus *Wetter*; Gewicht aus *Gewicht*) und Ausgabedaten-
flüssen aus anderen Prozessen berechnet (z.B. Höhenruderwinkel, Seitenruder-
winkel und Triebwerksgeschwindigkeit aus dem Prozeß *Leitwerke anpassen*).
Die internen Prozesse wie *Luftwiderstand berechnen, Auftrieb berechnen* und
Dichte berechnen werden durch aeronautische Formeln und Nachschlagetabellen
für das jeweilige Flugzeug spezifiziert. *Auftrieb berechnen* wird zum Beispiel

durch die Gleichung L = C(α)SρV^2/2 spezifiziert, wobei L der Auftrieb, α der Anstellwinkel, S die Tragfläche, ρ die Luftdichte, V die Flugeigengeschwindigkeit und C der Koeffizient von Auftrieb als einer Funktion von Anstellwinkel ist, der durch eine Tabelle für die jeweilige Tragfläche spezifiziert wird. Der Prozeß *Bewegung integrieren* beinhaltet die Lösung der Differentialgleichungen für die Bewegung. Er ist einfach zu implementieren, bei der Implementierung wollen allerdings numerische Aspekte gut überlegt sein.

Die Anzeigeprozesse sind *Sicht transformieren, Sicht anzeigen, Instrumente anzeigen* und *Cockpit anzeigen*. Diese Prozesse wandeln die Flugzeugparameter und das Gelände in eine simulierte Bildschirmsicht um. Sie werden in Abbildung 6.12 aufgefächert. Der Prozeß *Sicht transformieren* transformiert die Koordinaten einer Menge von Polygonen in der *Gelände-Datenbank* in das Koordinatensystem des Piloten: die Polygone werden dazu zunächst um die Flugzeugposition versetzt und entsprechend der Richtung des Flugzeugs gedreht. Anschließend wird die Perspektive der Polygone auf die Sichtebene abgebildet, so daß sich ein 2-D-Bild der Sicht des Piloten ergibt. Die Position und die Richtung des Flugzeugs sind Eingabeparameter. Der Prozeß *Sicht anzeigen* schneidet das Bild der transformierten Polygone auf die Form des Cockpit-Fensters zu. Die Fensterform ist in einer *Cockpit-Datenbank* spezifiziert. Die abgeschnittenen 2-D-Polygone werden in den Farben, die in der *Gelände-Datenbank* spezifiziert sind, auf dem Bildschirm dargestellt. Der Prozeß *Instrumente anzeigen* zeigt verschiedene Flugzeugparameter als Instrumente an den in der *Cockpit-Datenbank* spezifizierten Stellen an. Der Prozeß *Cockpit anzeigen* zeigt ein festes Bild der unveränderlichen Teile des Cockpits an und muß nicht aufgefächert werden.

Beachten Sie, daß das funktionale Modell nicht spezifiziert, wann, warum und wie oft Werte berechnet werden. In einer Simulation wie dieser kann es sein, daß häufiger eine Bewegungsintegration als eine Sichtberechnung durchgeführt wird, weil die Integration anfällig für Kumulierungsfehler ist, wenn ein zu langes Intervall gewählt wird. Andere Berechnungen sind bei einer geschickten Datensortierung überflüssig. Ein intelligenter Algorithmus zur Sichtabbildung würde mit Hilfe grober Richtungs- oder Entfernungsprüfungen die meisten der Geländepolygone schnell aussortieren, so daß nur wenige Polygone übrigbleiben, für die aufwendige volle Transformationen und Sichtbarkeitsprüfungen erforderlich sind. Die Menge der aktiven Polygone müßte gelegentlich entsprechend der Flugbewegung aktualisiert werden. Überlegungen dieser Art sind Teil des Implementierungsalgorithmus. Sie sind jedoch nicht im Datenflußdiagramm enthalten, das die zugrundeliegenden Datenflüsse und Berechnungen zeigt, nicht aber die Steuerungsentscheidungen, die die Implementierung hinzufügt.

6.6 Relation des funktionalen Modells zu den anderen Modellen

Das funktionale Modell zeigt, was ein System zu tun hat. Die Prozesse an den Blättern sind die Operationen auf Objekten. Das Objektmodell zeigt die "ausführenden Organe" – die Objekte. Jeder Prozeß wird durch eine Methode auf einem Zielobjekt implementiert. Das dynamische Modell zeigt die Reihenfolgen, in denen die Operationen durchgeführt werden. Jede Reihenfolge ist als Folge,

Schleife oder Fallunterscheidung in einer Methode implementiert. Die drei Modelle werden bei der Methodenimplementierung vereint. Das funktionale Modell weist den Weg zu den Methoden.

Die Prozesse im funktionalen Modell entsprechen Operationen im Objektmodell. Häufig besteht eine direkte Entsprechung auf jeder Schachtelungsebene. Ein globaler Prozeß entspricht einer Operation auf einem komplexen Objekt und maschinennähere Prozesse entsprechen Operationen auf einfacheren Objekten, die Teile von komplexeren Objekten sind oder diese implementieren. Manchmal entspricht ein Prozeß mehreren Operationen und manchmal entspricht eine Operation mehreren Prozessen.

Prozesse im funktionalen Modell zeigen Objekte, die zueinander in funktionaler Beziehung stehen. Oft kann eine der Eingaben an einen Prozeß als das Zielobjekt identifiziert werden, während alle anderen Eingaben Parameter der Operation sind. Das Zielobjekt ist ein *Client* der anderen Objekte (den sogenannten *Versorgern*), weil es diese zur Durchführung der Operation benutzt. Das Zielobjekt kennt die Versorger, während die Versorger das Zielobjekt nicht notwendigerweise zu kennen brauchen. Die Operationen der Zielobjektklasse sind von den Argumentklassen abhängig. Die Beziehung zwischen Clients und Versorgern stellt Implementierungsabhängigkeiten zwischen Klassen her; die Clients werden durch die Versorgerklassen implementiert und sind daher von diesen abhängig.

Ein Prozeß wird normalerweise als Methode implementiert. Wenn die gleiche Objektklasse sowohl eine Ein- als auch eine Ausgabe ist, ist das Objekt in der Regel das Ziel und die anderen Eingaben sind die Argumente. Wenn die Ausgabe eines Prozesses ein Datenspeicher ist, so ist der Datenspeicher das Zielobjekt. Wenn die Eingabe eines Prozesses ein Datenspeicher ist, so ist ebenfalls der Datenspeicher das Zielobjekt. Häufig entspricht ein Prozeß mit einer Eingabe von einem Datenspeicher oder einer Ausgabe an einen Datenspeicher zwei Methoden, von denen eine eine implizite Auswahl oder Aktualisierung eines Datenspeichers darstellt. Wenn eine Eingabe oder Ausgabe ein Handlungsobjekt ist, so ist sie das Zielobjekt. Wenn eine Eingabe ein Objekt und eine Ausgabe ein Teil oder ein Nachbar des Objekts im Objektmodell ist, so ist das Objekt das Ziel. Wenn ein Ausgabeobjekt aus Eingabe-Bestandteilen erzeugt wird, so repräsentiert der Prozeß eine Klassenmethode. Wenn keine dieser Regeln gilt, ist das Ziel oft implizit und nicht in den Eingaben oder Ausgaben enthalten. Häufig ist das Ziel eines Prozesses das Ziel des ganzen Unterdiagramms. In Abbildung 6.9 beispielsweise ist das Ziel von *Kräfte berechnen* eigentlich das Flugzeug selbst. Die Datenspeicher *Gewicht* und *Raumparameter* sind einfach Komponenten des Flugzeugs, auf die während des Prozesses zugegriffen wird.

Handlungsobjekte sind explizite Objekte im Objektmodell. Datenflüsse zu oder von Handlungsobjekten repräsentieren Operationen auf den Objekten oder von Objekten. Die Datenflußwerte sind die Argumente oder Ergebnisse der Operationen. Weil Handlungsobjekte selbstmotivierte Objekte sind, kann der Zeitpunkt ihres Handelns nicht im funktionalen Modell dargestellt werden. Das dynamische Modell für ein Handlungsobjekt spezifiziert, wann das Objekt handelt.

Datenspeicher sind ebenfalls Objekte im Objektmodell, mindestens aber Fragmente von Objekten, zum Beispiel Attribute. Jeder Fluß in einen Datenspeicher ist eine Aktualisierungsoperation. Jeder Fluß aus einem Datenspeicher ist eine Anfrageoperation, die keine Nebenwirkungen auf das Datenspeicherobjekt hat. Datenspeicher sind passive Objekte, die auf Anfragen und Aktualisierungen reagieren, so daß das dynamische Modell eines Datenspeichers für sein Verhalten irrelevant ist. Für die Handlungsobjekte in einem Diagramm ist ein dynamisches Modell notwendig, um die Reihenfolge der Operationen festzulegen.

Datenflüsse sind Werte im Objektmodell. Viele Datenflüsse sind einfach reine Werte, zum Beispiel Zahlen, Zeichenketten oder Listen reiner Werte. Reine Werte können in den meisten Sprachen als Klassen modelliert und als Objekte implementiert werden, sie besitzen jedoch keine Identität. Ein reiner Wert ist kein Behälter, dessen Wert sich ändern kann, sondern einfach nur der Wert an sich. Ein reiner Wert besitzt daher keinen Zustand und kein dynamisches Modell. Operationen auf reinen Werten liefern andere reine Werte und haben keine Nebenwirkungen. Beispiele für Operationen dieser Art sind arithmetische Operationen.

Andere Datenflüsse repräsentieren normale Objekte. Die Datenfluß-Notation für das Auswählen eines Objekts in Abbildung 6.5 liefert explizit ein Datenspeicherobjekt, das andere Flüsse verwenden können. Einige Eingabedatenflüsse an Prozesse repräsentieren Objekte, die die Zielobjekte der Prozesse sind. Beispielsweise sind die Polygone in der oberen Hälfte von Abbildung 6.12 die Ziele mehrerer Operationen. Im Objektmodell würde die Klasse *Polygon* die Operationen *Position subtrahieren, drehen, Perspektive transformieren* und *zum Cockpit-Fenster passend abschneiden* besitzen. In wieder anderen Fällen repräsentiert ein Datenfluß ein Objekt, das eingekapselt bleibt; es wird durch einen Prozeß erzeugt und unverändert an einen anderen weitergeleitet. Datenflüsse dieser Art repräsentieren Argumente für Operationen, keine Ziele. Beispielsweise ist in Abbildung 6.6 die Eingabe *Konto* an das Objekt *Bank* ein Objekt, das in *Bank* gespeichert wird, ohne daß Operationen darauf ausgeführt werden; das gleiche Objekt wird in bezug auf Kundeneinzahlungen als Zielobjekt behandelt.

Bezüge zum funktionalen Modell: Das Objektmodell zeigt die Struktur der Handlungsobjekte, Datenspeicher und Flüsse im funktionalen Modell. Das dynamische Modell zeigt die Reihenfolge, in der Prozesse durchgeführt werden.

Bezüge zum Objektmodell: Das funktionale Modell zeigt die Operationen auf den Klassen und die Argumente jeder Operation. Es stellt daher die Versorger-Client-Relation zwischen Klassen dar. Das dynamische Modell zeigt die Zustände aller Objekte und die Operationen, die durchgeführt werden, wenn ein Objekt Ereignisse empfängt und seinen Zustand ändert.

Bezüge zum dynamischen Modell: Das funktionale Modell zeigt die Definitionen der Aktionen und Aktivitäten an den Blättern, die im dynamischen Modell undefiniert bleiben. Das Objektmodell macht deutlich, welche Objekte ihren Zustand verändern und auf welchen Objekten Operationen durchgeführt werden.

6.7 Zusammenfassung

Das funktionale Modell zeigt eine Berechnung und die funktionale Ableitung ihrer Datenwerte, ohne anzugeben, wie, wann oder warum die Werte berechnet werden. Das dynamische Modell steuert, welche Operationen in welcher Reihenfolge ausgeführt werden. Das Objektmodell definiert die Struktur der Werte, die die Operationen verwenden. Für Batch-ähnliche Berechnungen wie Compiler oder numerische Berechnungen ist das funktionale Modell das wichtigste Modell, in großen Systemen sind jedoch alle drei Modelle von Bedeutung.

Datenflußdiagramme zeigen die Beziehung zwischen Werten in einer Berechnung. Ein Datenflußdiagramm ist ein Graph von Prozessen, Datenflüssen, Datenspeichern und Handlungsobjekten. Prozesse transformieren Datenwerte. Maschinennahe Prozesse sind einfache Operationen auf einzelnen Objekten; globalere Prozesse können interne Datenspeicher enthalten, die Seiteneffekten unterliegen. Ein Datenflußdiagramm ist ein Prozeß. Datenflüsse bringen Werte in Prozessen, Datenspeichern und Handlungsobjekten zueinander in Beziehung. Handlungsobjekte sind unabhängige Objekte, die Werte erzeugen und verbrauchen. Datenspeicher sind passive Objekte, die den Kontrollfluß durch Verzögerungen zwischen der Generierung und der Verwendung von Daten unterbrechen. In der Regel sollten Steuerungsinformationen im dynamischen, nicht im funktionalen Modell gezeigt werden, auch wenn Kontrollflüsse in Datenflußdiagrammen gelegentlich nützlich sind.

Datenflußdiagramme können hierarchisch geschachtelt sein, letztendlich müssen jedoch die Prozesse an den Blättern direkt als Operationen spezifiziert werden. Operationen können unterschiedlich spezifiziert werden, zum Beispiel durch mathematische Gleichungen, Tabellen und Einschränkungen der Ein- und Ausgaben. Eine Operation kann durch Pseudocode spezifiziert werden, eine Spezifikation impliziert jedoch keine bestimmte Implementierung; sie kann durch einen anderen Algorithmus implementiert werden, sofern er äquivalente Ergebnisse liefert. Signaturen spezifizieren die externe Schnittstelle von Operationen, Transformationen spezifizieren ihre Wirkungen. Anfragen sind Operationen ohne Seiteneffekte; sie können als reine Funktionen implementiert werden. Aktionen sind Operationen mit Seiteneffekten, aber ohne eine Zeitdauer; sie können als Prozeduren implementiert werden. Aktivitäten sind Operationen mit Nebenwirkungen und einer Zeitdauer; sie müssen als Tasks implementiert werden. Operationen können an Klassen im Objektmodell angebunden und als Methoden implementiert werden.

Einschränkungen spezifizieren zusätzliche Relationen, die zwischen Werten im Objektmodell eingehalten werden müssen. Invarianten spezifizieren, daß manche Funktionen von Werten über einen Zeitraum hinweg konstant bleiben.

Die Konzepte Daten, Sequenzierung und Operationen gelten sowohl für das Objektmodell als auch für das dynamische und das funktionale Modell. Allerdings konzentriert sich jedes Modell auf einen bestimmten Aspekt und läßt die anderen Aspekte offen. Alle drei Modelle sind notwendig, um ein Problem ganz verstehen zu können; die relative Bedeutung der drei Modelle ist jedoch von

Anwendung zu Anwendung verschieden. Die drei Modelle werden in der Methodenimplementierung vereint, bei der sowohl Daten (Zielobjekt, Argumente und Variable) als auch Steuerung (Sequenzierungskonstrukte) als auch Operationen (Aufrufe, Ausdrücke und Datenzugriff) eine Rolle spielen. Datenflußdiagramme eignen sich besonders gut dazu, die globale Funktionalität eines Systems zu zeigen und komplexe Transformationen mit mehreren Eingaben, Ausgaben und Zwischenwerten darzustellen.

geschachteltes DFD	Datenflußdiagramm	Kontrollfluß
abgeleitetes Attribut	Datenspeicher	Operation
Aktion	Einschränkung	Prozeß
Aktivität	Funktion	Signatur
Anfrage	funktionales Modell	Terminator
Client	Handlungsobjekt	
Datenfluß	Invariante	

Abb. 6.13   Schlüsselbegriffe in Kapitel 6

6.8   Anmerkungen zur Bibliographie

Zahlreiche traditionelle Software-Entwicklungsmethodologien verwenden Datenflußdiagramme als primäres Modellierungskonstrukt. Viele Leser kennen diese Konzepte und setzen sie bei ihren Projekten ein. Eine klassische Darlegung der führenden traditionellen Methodologie, einschließlich einer Erläuterung von Datenflußdiagrammen, finden Sie in [Yourdon-89]. [DeMarco-79] und [Gane-78] sind frühere, wegbereitende Bücher zu diesem Thema. [Ward-86] ergänzt die Standardnotation für Datenflußdiagramme durch Kontrollkonzepte. Ingenieure verwenden meistens verschiedene äquivalente Datenflußnotationen, zum Beispiel Signalverarbeitungsdiagramme. PERT-Charts sind ein weiteres bekanntes, wenn auch mit zusätzlicher Semantik ausgestattetes Beispiel.

6.9   Literaturangaben

[DeMarco-79] Tom DeMarco. *Structured Analysis and Systems Specification.* Englewood Cliffs, New Jersey: Prentice Hall, 1979.
[Gane-78] Chris Gane and Trish Sarson. *Structured Systems Analysis: Tools and Techniques.* Englewood Cliffs, New Jersey: Prentice Hall, 1978.
[Ward-86] Paul Ward and Steve Mellor. *Structured Development of Real-Time Systems.* Englewood Cliffs, New Jersey: Yourdon Press, 1986.
[Yourdon-89] Edward Yourdon. *Modern Structured Analysis.* Englewood Cliffs, New Jersey: Yourdon Press, 1989.

6.10 Übungen

6.1   (2) Beschreiben Sie die Bedeutung des Datenflußdiagramms in Abbildung Ü6.1.

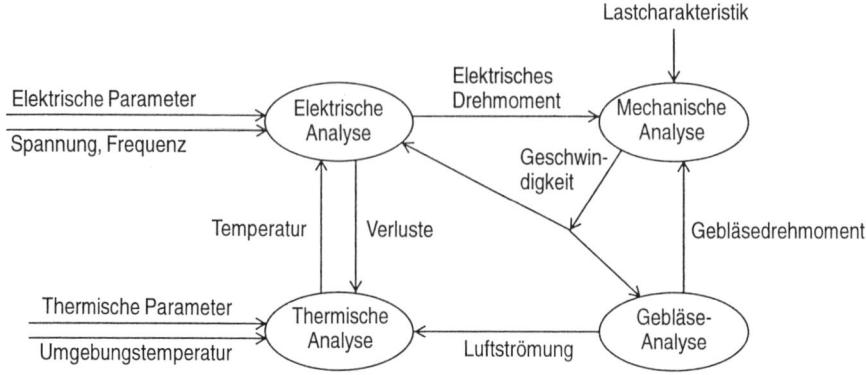

Abb. Ü6.1 Datenflußdiagramm einer Motoranalyse

6.2 (6) Abbildung Ü6.1 beschreibt nicht, wie die Leistung eines Motors tatsächlich berechnet werden kann, weil das Datenflußdiagramm zirkuläre Abhängigkeiten enthält. Beispielsweise verwendet die elektrische Analyse Geschwindigkeit als Eingabe zur Berechnung des elektrischen Drehmoments. Die mechanische Analyse verwendet das elektrische Drehmoment als Eingabe zur Berechnung der Geschwindigkeit. Angenommen, es sind vier Unterprogramme gegeben, die die Berechnungen für jeden der vier Prozesse durchführen. Jedes Unterprogramm berechnet die Ausgaben des dazugehörigen Prozesses aus den Eingaben. Erörtern Sie, wie sich die Motortemperatur angesichts der zirkulären Abhängigkeiten berechnen läßt.

6.3 (6) Zeichnen Sie ein Datenflußdiagramm zur Berechnung der bei einem Sportwettkampf erzielten Endpunkte eines Teilnehmers nach der folgenden Methode. Jeder Start eines Wettkampfteilnehmers in einer Disziplin wird von mehreren Punktrichtern verfolgt. Jeder Punktrichter bewertet den Versuch und hält eine Karte mit der vergebenen Punktezahl hoch. Ein der Jury zugeordneter Ableser gibt die Punktezahlen nacheinander an eine Gruppe von Protokollführern weiter. Drei Protokollführer notieren die Punktezahlen, streichen die höchste und die niedrigste Punktezahl und addieren den Rest. Sie prüfen ihre gegenseitigen Summen auf Aufzeichnungs- und/oder Rechenfehler. Manchmal bitten sie den Ableser, die Punktezahlen nochmals vorzulesen. Wenn sie mit dem Ergebnis zufrieden sind, geben sie ihre Zahlen an drei andere Protokollführer weiter, die die Summe der Punkte mit einem Schwierigkeitsfaktor für die Disziplin multiplizieren und den Durchschnitt berechnen, um eine Endpunktzahl zu bestimmen. Die Endpunktezahlen werden verglichen, um Bewertungsfehler zu finden und zu korrigieren.

6.4 (3) Zeichnen Sie ein Datenflußdiagramm zur Berechnung des Volumens und der Oberfläche eines Zylinders. Eingaben sind die Höhe und der Radius des Zylinders. Ausgaben sind das Volumen und die Oberfläche. Erörtern Sie unterschiedliche Implementierungsmöglichkeiten für das Datenflußdiagramm.

6.5 (6) Zeichnen Sie ein Datenflußdiagramm, um den Mittelwert aus einer Folge von Eingabewerten zu berechnen. Durch eine zusätzliche, spezielle Eingabe kann die Berechnung zurückgesetzt werden. Jedesmal, wenn ein neuer Wert eingegeben wird, soll der Mittelwert aller seit dem letzten Zurücksetzen eingegebenen Werte ausgegeben werden. Weil Sie nicht wissen können, wieviele Werte zwischen zwei Resets eingegeben werden, sollte die Größe des verwendeten Datenspeichers nicht von der Zahl der Eingabewerte abhängen. Vertiefen Sie Ihr Diagramm bis auf die Ebene der Multiplikationen, Divisionen und Additionen.

6.6 (3) Verwenden Sie die Formel zur Lösung quadratischer Gleichungen als Ausgangspunkt und zeichnen Sie ein Datenflußdiagramm zur Berechnung der Wurzeln der quadratischen Gleichung $ax^2 + bx + c = 0$. Die reellen Zahlen a, b und c sind Eingaben. Ausgaben sind Werte von x = R1 und x = R2, die die Gleichung erfüllen. Denken Sie daran, daß R1 und R2 reell oder komplex sein können, je nach den Werten von a, b und c. Die Lösungsformel für quadratische Gleichungen lautet $(-b \pm QUADRATWURZEL\ (b^2 - 4ac))\ /\ (2a)$.

6.7 (6) Manche Rechnerarchitekturen führen arithmetische Berechnungen schnell durch, sind aber langsam bei der Durchführung von Programmverzweigungen. Auf Rechnern dieser Art läßt sich die Berechnungszeit in einigen Fällen verkürzen, indem man die Verwendung von Bedingungen vermeidet. Bedingungen lassen sich entfernen, indem man sie in Berechnungen umwandelt. Nehmen wir zum Beispiel an, daß die Funktion y = Y(x) ohne Verwendung einer Bedingung berechnet werden soll. Dabei ist Y(x) bei positivem x bedingt als Y(x) = F(x) und anderenfalls als Y(x) = G(x) definiert, wobei F(x) und G(x) gegeben sind. Die beiden Anweisungen können zu einer Berechnung kombiniert werden, $Y(x) = SIGNUM(x) \times F(x) + (1 - SIGNUM(x)) \times G(x)$, wobei $SIGNUM(x) = 1$, wenn $x > 0$, anderenfalls gilt $SIGNUM(x) = 0$. ($SIGNUM(x)$ könnte seinerseits berechnet oder durch die Hardware bereitgestellt werden.)

a. Schreiben Sie unter Verwendung von if-Anweisungen einen Algorithmus zur Berechnung der folgenden reellen periodischen Funktion T(x) für alle reellen Werte von x: Für einen Teil des Bereichs von T(x), $-3 < x \leq 3$, kann T(x) als $3 + x$ für $-3 < x \leq -2$, als $-x-1$ für $-2 < x \leq -1$, als $1+x$ für $-1 < x \leq 0$, als $1- x$ für $0 < x \leq 1$, als $x - 1$ für $1 < x \leq 2$ und als $3 - x$ für $2 < x \leq 3$ beschrieben werden.

b. Skizzieren Sie die Funktion T(x) für $-5 < x < 5$.

c. Zeichnen Sie unter Verwendung der Funktion SIGNUM(x) ein Datenflußdiagramm für T(x), *das nur Funktionen und Arithmetik verwendet.*

6.8 (8) Abbildung Ü6.2 ist ein Objektdiagramm für einen einfachen Diagrammeditor. Zeichnen Sie ein Datenflußdiagramm, das zeigt, wie Ausschneiden und Einfügen funktionieren. Eine kurze Beschreibung dieser und anderer Operationen finden Sie in Übung 4.7.

6.9 (7) Ein Datenflußdiagramm drückt funktionale Abhängigkeiten aus. Die Ausgaben jedes Prozesses sind funktional von den Eingaben an den Prozeß abhängig. Beispielsweise hängen in Abbildung Ü6.1 Verluste von elektrischen Parametern, Spannung, Frequenz, Temperatur und Geschwindigkeit ab. Der Luftstrom hängt nur von der Geschwindigkeit ab.

a. Zeichnen Sie ein Objektdiagramm (Metamodell), das zur Darstellung funktionaler Abhängigkeiten verwendet werden kann.

b. Ein Graph von Prozessen und Datenflüssen repräsentiert eine partielle Ordnung der Prozesse. Beschreiben Sie eine Operation, die Prozesse und Datenflüsse als Eingaben erhält und eine geordnete Liste von Prozessen ausgibt. Jeder Prozeß in der Liste kommt ohne die Ausgaben von Prozessen nach ihm in der Liste aus.

c. Bringen Sie die folgenden Prozesse in eine partielle Ordnung und zeichnen Sie ein Datenflußdiagramm. Wenn eine Eingabe an einen Prozeß nicht als Ausgabe eines anderen Prozesses genannt wird, können Sie davon ausgehen, daß die Eingabe von einem Handlungsobjekt oder Datenspeicher kommt.
Prozeß: p1; Eingaben: ein1, ein2; Ausgaben: d1, d2;
Prozeß: p2; Eingaben: d1, d3, d4; Ausgaben: d7;
Prozeß: p3; Eingaben: ein3, ein4; Ausgaben: d4, d5;
Prozeß: p4; Eingaben: d2, d5; Ausgaben: d6;
Prozeß: p5; Eingaben: d6, d7; Ausgaben: aus;
Prozeß: p6; Eingaben: ein5, ein6; Ausgaben: d3;

6.10 (3) Zwischen der Definition und der Implementierung einer Funktion besteht ein klarer Unterschied. Die Definition beschreibt das Verhalten der Funktion, während die Implementierung die Funktion tatsächlich berechnet. Die Definition einer Funktion kann dazu verwendet werden, die Exaktheit der Implementierung zu testen. Definieren Sie die folgenden Funktionen mathematisch, durch Diagramme oder durch Vor- oder Nachbedingungen (Pre- oder Post-Conditions).

a. absoluter Wert
b. trigonometrischer Sinus
c. natürlicher Logarithmus
d. Quadratwurzel

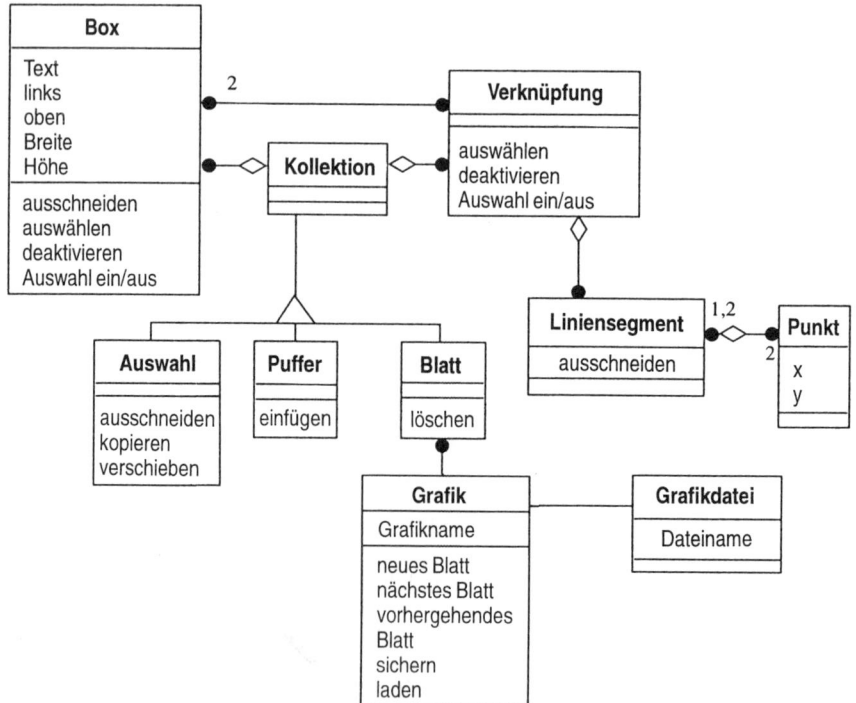

Abb. Ü6.2 Objektdiagramm eines interaktiven Editors für einfache Diagramme

6.11 (4) Schreiben Sie Pseudocode, um die Funktionen aus der vorherigen Übung zu implementieren. Ein Buch über numerische Analysis kann Ihnen dabei helfen. Erörtern Sie die Exaktheit Ihrer Implementierungen.

Teil 2
Entwurfsmethodologie

Einführung in die Entwurfsmethodologie

Teil 1 dieses Buches stellt die OMT-*Konzepte* und die OMT-Notation für das Objektmodell, das dynamische Modell und das funktionale Modell vor. In Teil 2 verlagern wir den Schwerpunkt auf den Entwurfs*prozeß* für die drei OMT-Modelle. Teil 1 diskutiert, *woraus ein Modell besteht*; Teil 2 erklärt, *wie* Sie ein Modell formulieren. Unsere Darstellungen in Teil 2 dieses Buches sind sprachunabhängig und gelten gleichermaßen für objektorientierte Sprachen, traditionelle prozedurale Sprachen und Datenbanken. Teil 3 zeigt, wie dieser allgemeine Entwurf in bestimmten Zielumgebungen implementiert werden kann.

7.1 OMT als Software-Engineering-Methodologie

Eine *Software-Engineering-Methodologie* ist ein Prozeß zur organisierten Softwareproduktion mit Hilfe einer Reihe vordefinierter Techniken und Notationskonventionen. Eine Methodologie wird normalerweise als Schrittfolge dargestellt, wobei jeder Schritt mit bestimmten Techniken und Notationen verbunden ist. Die Konzepte und Notationen, die die OMT-Methodologie unterstützen, wurden in Teil 1 dieses Buches vorgestellt. Die Schritte der Softwareproduktion sind normalerweise als Lebenszyklus organisiert, der aus mehreren Entwicklungsphasen besteht. Der vollständige Software-Lebenszyklus reicht von der anfänglichen Problemformulierung über die Analyse, den Entwurf, die Implementierung und das Testen der Software hin zu einer operationellen Phase, in der Wartung und Verbesserungen durchgeführt werden.

Die OMT-Methodologie unterstützt den gesamten Software-Lebenszyklus. Dieses Buch behandelt die Lebenszyklusphasen von der Problemformulierung über die Anforderungsanalyse und den Entwurf hin zur Implementierung. Die Phasen Testen und Wartung werden in diesem Buch nicht abgedeckt, weil auch ein objektorientierter Ansatz die traditionellen Methoden, die in diesen Phasen angewendet werden, nicht grundlegend verändert. Allerdings erhält man mit einem objektorientierten Ansatz klare und gut verständliche Entwürfe, die sich einfacher testen, warten und erweitern lassen als nicht-objektorientierte Entwürfe, weil durch die Objektklassen eine natürliche Modularität gegeben ist.

Manche Softwareentwickler ziehen einen Rapid-Prototyping-Ansatz vor, bei dem zunächst ein kleiner Teil der Software entwickelt und durch Verwendung evaluiert wird. Die Software wird durch inkrementelle Spezifikations-, Entwurfs- und Implementierungsverbesserungen nach und nach robuster. Dagegen werden beim Lebenszyklus-Ansatz die Phasen Spezifikation, Entwurf und Implementierung jeweils vollständig abgeschlossen, ehe eine neue Phase in Angriff genommen wird.

In der Literatur finden sich vielfältige Argumente für und gegen das Rapid Prototyping. Diese Argumente interessieren hier nicht, weil die OMT-Methodologie für beide Ansätze gleich gut geeignet ist. Der Objektbegriff bietet sowohl für die Spezifikation, den Entwurf und die Implementierung von Software in einem Durchgang als auch für den allmählichen Ausbau von Software im Verlauf mehrerer Durchgänge eine solide Basis. Objektorientierte Softwareentwicklung hakt an Objekten der realen Welt ein; Softwareobjekte können problemlos durch zusätzliches Verhalten erweitert werden, da dieses in den Objekten der realen Welt vorkommt. Die funktionsorientierte Softwareentwicklung erschwert dagegen das Rapid Prototyping, weil die funktionale Untergliederung, die für den Prototyp gewählt wurde, möglicherweise nicht für die vollständige Implementierung geeignet ist.

7.2 Die OMT-Methodologie

Die OMT-Methodologie besteht aus mehreren Phasen:

Bei der *Analyse* (Kapitel 8) geht es darum, die Anwendung und die Domäne, in der sie zum Einsatz kommt, zu verstehen und zu modellieren. Die erste Eingabe für die Analysephase ist eine Problembeschreibung, die das zu lösende Problem beschreibt und eine konzeptuelle Übersicht über das vorgeschlagene System enthält. Nachfolgende Gespräche mit dem Auftraggeber und Hintergrundwissen über die reale Welt sind weitere Eingaben für die Analyse. Die Ausgabe der Analyse ist ein formales Modell, das die drei essentiellen Aspekte des Systems einfängt: die Objekte und ihre Relationen, den dynamischen Kontrollfluß und die funktionale Transformation von Daten einschließlich der dabei geltenden Einschränkungen.

Die Gesamtarchitektur des Systems wird während des *Systementwurfs* (Kapitel 9) festgelegt. Ausgehend vom Objektmodell als Richtschnur wird das System durch Teilsysteme organisiert. Parallelität wird durch die Gruppierung von Objekten zu parallelen Tasks organisiert. Grundsatzentscheidungen über die Inter-Prozeß-Kommunikation, die Datenspeicherung und die Implementierung des dynamischen Modells werden getroffen. Prioritäten werden festgelegt, aufgrund derer Kompromisse beim Entwurf geschlossen werden können.

Während der Phase des *Objektentwurfs* (Kapitel 10) werden die Analysemodelle erweitert, verfeinert und dann optimiert, um zu einem praktisch umsetzbaren Entwurf zu gelangen. Während des Objektentwurfs findet eine Verlagerung von Anwendungskonzepten hin zu Computerkonzepten statt. Zunächst werden die grundlegenden Algorithmen zur Implementierung aller wichtigen Systemfunktionen gewählt. Danach wird auf der Basis dieser Algorithmen die Struktur des Objektmodells so optimiert, daß sie sich effizient implementieren läßt. Weiter muß der Objektentwurf die Parallelitäts- und Kontrollflußentscheidungen berücksichtigen, die beim Systementwurf vereinbart wurden. Die Implementierung aller Assoziationen und Attribute wird festgelegt. Schließlich werden die Teilsysteme in Moduln gepackt.

Kapitel 11 faßt die in den Kapiteln 8, 9 und 10 vorgestellte OMT-Methodologie zusammen. Kapitel 12 vergleicht die OMT-Methodologie mit anderen Software-Methodologien.

7.3 Auswirkungen eines objektorientierten Ansatzes

Die OMT-Methodologie ist ein objektorientierter Ansatz zur Softwarekonstruktion, der sich von traditionellen Software-Entwicklungsansätzen grundsätzlich unterscheidet. Diese Unterschiede wirken sich auf den Prozeß der Softwareentwicklung und letztendlich auf das Softwareprodukt selbst aus.

Vorverlagerung des Entwicklungsaufwands. Ein objektorientierter Ansatz zieht einen großen Teil des Software-Entwicklungsaufwands in die Analysephase des Lebenszyklus vor. Es mag ungewohnt erscheinen, mehr Zeit auf die Analyse und den Entwurf zu verwenden, der zusätzliche Aufwand wird aber durch eine schnellere und einfachere Implementierung mehr als wettgemacht. Weil das Entwurfsergebnis klarer und anpassungsfähiger ist, lassen sich Änderungen in der Zukunft wesentlich einfacher realisieren.

Datenstruktur vor Funktion. Ein objektorientierter Ansatz legt das Schwergewicht auf die Datenstruktur statt auf die auszuführenden Funktionen. Diese Verlagerung des Schwerpunkts gibt dem Entwicklungsprozeß eine stabilere Grundlage und ermöglicht die Verwendung eines einheitlichen Softwarekonzepts über den ganzen Prozeß hinweg: das Objektkonzept. Alle anderen Konzepte wie Funktionen, Relationen und Ereignisse werden um Objekte herum organisiert, so daß bei der Analyse aufgenommene Informationen in der Entwurfs- und Implementierungsphase nicht verlorengehen oder umgewandelt werden.

Die Datenstrukturen einer Anwendung und ihre Relationen reagieren weniger sensibel auf veränderte Anforderungen als die Operationen, die auf den Daten ausgeführt werden. Wenn Objekte anstelle von Funktionen das Kernstück eines Systems bilden, erhält der Entwicklungsprozeß eine Stabilität, die bei funktionsorientierten Ansätzen fehlt. Gekapselte Objekte, die ihre interne Implementierung verbergen und Schnittstellen nach außen besitzen, sind zusätzlich gegen Nebenwirkungen und Änderungsauswirkungen geschützt.

Nahtloser Entwicklungsprozeß. Weil ein objektorientierter Ansatz frühzeitig problemorientierte Objekte definiert und diese auch während des Entwicklungszyklus nutzt und erweitert, sind die Lebenszyklusphasen sehr viel weniger scharf voneinander getrennt. In der Object Modeling Technique wird das Objektmodell, das während der Analyse entwickelt wurde, beim Entwurf und bei der Implementierung verwendet. Der Arbeitsaufwand wird auf diese Weise in die Verfeinerung des Modells zu immer detaillierteren Ebenen gesteckt, nicht in die Umwandlung einer Repräsentation in eine andere. Der Prozeß ist nahtlos, weil es keine Schwellen gibt, an denen die Notation einer Phase durch die Notation einer anderen Phase ersetzt wird.

Iteration anstelle von Sequenz. Obwohl die Beschreibung der Object Modeling Technique notwendigerweise linear ist, ist der eigentliche Entwicklungsprozeß iterativ. Die Nahtlosigkeit der objektorientierten Entwicklung erleichtert es, die Entwicklungsschritte auf immer ausgefeilteren Detailebenen zu wiederholen. Jede Iteration ergänzt und erhellt Eigenschaften, statt bereits erledigte Arbeiten zu verändern. Auf diese Weise ist die Gefahr geringer, daß sich Fehler und Inkonsistenzen einschleichen.

7.4 Zusammenfassung

Eine Software-Engineering-Methodologie stellt einen Prozeß zur organisierten Softwareentwicklung auf der Basis einer Menge aufeinander abgestimmter Techniken dar. Die OMT-Methodologie basiert auf der Entwicklung eines dreiteiligen Systemmodells, das anschließend zu einem Entwurf verfeinert und optimiert wird. Das Objektmodell beschreibt die Objekte des Systems und ihre Beziehungen zueinander. Das dynamische Modell beschreibt die Reaktionen von Objekten im System auf Ereignisse sowie die Interaktion zwischen Objekten. Das funktionale Modell spezifiziert die Transformationen von Objektwerten sowie die für die Transformationen geltenden Einschränkungen. Die Object Modeling Technique produziert Systeme, die stabiler auf veränderte Anforderungen reagieren als herkömmliche funktionsorientierte Ansätze.

Analyse	OMT-Methodologie
Lebenszyklus	Systementwurf
Objektentwurf	Wirkung der OO-Methodologie

Abb. 7.1   Schlüsselbegriffe in Kapitel 7

7.5 Übungen

7.1   (2) "Die Zeit reicht nie, einen Job auf Anhieb richtig zu erledigen, sie reicht aber immer, ihn noch einmal zu machen." Diskutieren Sie, wie die in diesem Kapitel vorgestellte Methodologie diese menschliche Schwäche überwindet. Welche Art von Fehler machen Sie, wenn Sie allzu schnell mit der Implementierung eines Softwareprojekts beginnen? Vergleichen Sie den relativen Aufwand, der nötig ist, Fehler von vornherein auszuschließen, mit dem Aufwand, Fehler zu suchen und zu beheben.

7.2   (5) Dieses Buch erklärt die Verwendung objektorientierter Techniken bei der Implementierung von Programmen und Datenbanken. Erörtern Sie, wie objektorientierte Techniken in anderen Bereichen (zum Beispiel Sprachentwurf, Wissensrepräsentation und Hardwareentwurf) angewendet werden können.

Analyse

Bei der *Analyse*, dem ersten Schritt der OMT-Methodologie, geht es darum, ein präzises, kompaktes, verständliches und korrektes Modell der realen Welt zu entwickeln. Jeder Konstrukteur muß, ehe er eine komplexe Sache wie ein Haus, ein Computerprogramm oder ein Hardware-/Softwaresystem realisiert, die Anforderungen und die reale Umgebung, in der das fertige Produkt existieren soll, verstehen.

Es ist die Aufgabe der objektorientierten Analyse, das in der realen Welt existierende System verständlich zu modellieren. Dazu ist es notwendig, Anforderungen zu untersuchen, ihre Implikationen zu analysieren und sie rigoros neu zu formulieren. Sie müssen die in der realen Welt wichtigen Eigenschaften abstrahieren und kleinere Details zunächst außer acht lassen. Das erfolgreiche Analysemodell formuliert, was getan werden muß, ohne einzuschränken, wie dies geschehen soll, und vermeidet Implementierungsentscheidungen. Das Analyseergebnis sollte darin bestehen, das Problem in Vorbereitung auf den Entwurf zu verstehen.

In diesem Kapitel lernen Sie, wie Sie die in Teil 1 dieses Buches diskutierten Konzepte anwenden, um ein formales und exaktes Modell des realweltlichen Problems zu konstruieren. Dieses Analysemodell besteht aus dem Objektmodell, dem dynamischen Modell und dem funktionalen Modell. Es dient mehreren Zwecken: Es klärt die Anforderungen ab, dient dem Auftraggeber und dem Softwareentwickler als Verständigungsgrundlage und wird der Bezugsrahmen für den späteren Entwurf und die Implementierung sein.

8.1 Analyse im Überblick

Wie Abbildung 8.1 zeigt, beginnt die Analyse mit einer Problembeschreibung, die der Kunde und möglicherweise die Entwickler erstellen. Die Problembeschreibung kann unvollständig oder informell sein; die Analyse wird sie präzisieren und Mehrdeutigkeiten und Inkonsistenzen aufdecken. Die Problembeschreibung sollte nicht als statische Größe angesehen werden, sondern als Grundlage zur Erarbeitung der eigentlichen Anforderungen dienen.

Als nächstes gilt es, das in der Problembeschreibung beschriebene, realweltliche System zu verstehen und seine wesentlichen Merkmale zu einem Modell zu abstrahieren. Textuelle Beschreibungen sind oft mehrdeutig, unvollständig und inkonsistent. Das Analysemodell stellt eine präzise, kompakte Repräsentation des Problems dar, auf deren Basis sich Fragen abklären und Lösungen erarbeiten lassen. Spätere Entwurfsschritte nehmen auf das Analysemodell Bezug, nicht auf die ursprüngliche, vage Problembeschreibung. Noch wichtiger ist es vielleicht, daß der Prozeß, ein exaktes Modell der Problemdomäne zu konstruieren, den Entwickler zwingt, Unklarheiten schon sehr früh im Entwicklungsprozeß auszuräumen, zu einem Zeitpunkt also, zu dem sie noch einfach korrigiert werden können.

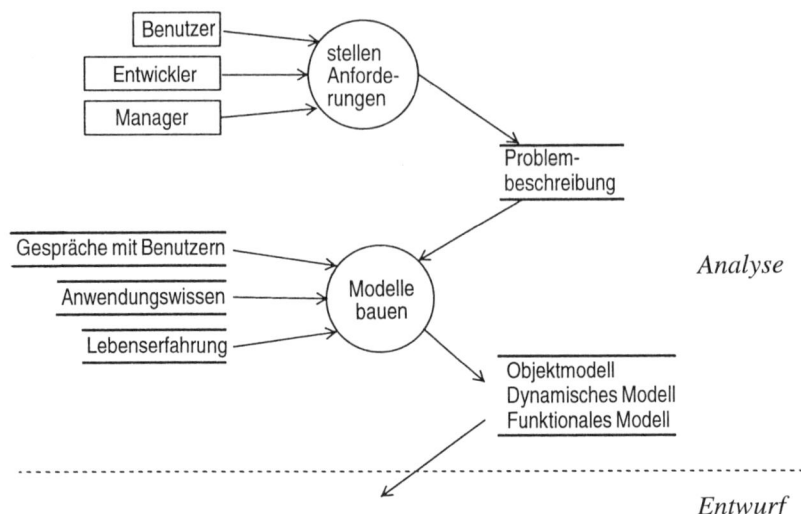

Abb. 8.1 Überblick über den Analyseprozeß

Das Analysemodell geht auf die drei Aspekte von Objekten ein: ihre statische Struktur (Objektmodell), die Reihenfolge von Interaktionen (dynamisches Modell) und Datentransformationen (funktionales Modell). Nicht alle drei Teilmodelle sind für jedes Problem gleich wichtig. Fast alle Probleme besitzen nützliche Objektmodelle, die sich aus Entitäten der realen Welt herleiten lassen. Probleme, bei denen es um Interaktionen und zeitliche Abläufe geht, zum Beispiel Benutzerschnittstellen und Prozeßsteuerung, besitzen umfangreiche dynamische Modelle. Bei Problemen, die einen hohen Verarbeitungsanteil beinhalten, zum Beispiel Compiler und technische Berechnungen, kommt es besonders auf die funktionalen Modelle an. Alle drei Teilmodelle steuern Operationen bei, die im Objektmodell zusammengefaßt werden.

Die Analyse kann nicht immer in einer genau festgelegten Reihenfolge durchgeführt werden. Große Modelle werden iterativ aufgebaut. Zunächst wird eine Untermenge des Modells konstruiert, die später erweitert wird, bis das ganze Problem verstanden ist.

Die Analyse ist kein mechanischer Prozeß. Die meisten Problembeschreibungen lassen grundlegende Informationen vermissen, die der Kunde oder der Systemanalytiker aufgrund seines Wissens über die realweltliche Problemdomäne beisteuern muß. Der Systemanalytiker muß mit dem Kunden kommunizieren, um Mehrdeutigkeiten und Mißverständnisse aufzukären. Die Analysemodelle erleichtern die präzise Kommunikation.

8.2 Problembeschreibung

Bei jeder Entwicklung besteht der erste Schritt darin, sich über die Anforderungen klar zu werden. Dies gilt für innovative Forschungsprojekte ebenso wie für einfache oder private Programme oder für Projekte in einem großen Team. Mit vagen Zielvorstellungen verschieben Sie Entscheidungen lediglich auf ein späteres Stadium, in dem Änderungen wesentlich aufwendiger sind.

Wie die Gegenüberstellung in Abbildung 8.2 zeigt, sollte die Problembeschreibung festlegen, was zu tun ist, nicht wie es zu tun ist. Die Problembeschreibung sollte die Erfordernisse beschreiben und nicht Lösungen vorschlagen. Ein Benutzerhandbuch für das gewünschte System stellt eine gute Problembeschreibung dar. Der Kunde sollte angeben, welche Eigenschaften obligatorisch und welche optional sind, so daß die Entwurfsentscheidungen nicht allzu sehr eingeengt werden. Er sollte die Beschreibung von Systeminternas vermeiden, weil dadurch die Implementierungsflexibilität eigeschränkt wird. Leistungsspezifikationen und Protokolle für Interaktionen mit externen Systemen sind zulässige Anforderungen. Es ist auch legitim, Software-Engineering-Standards, wie modularen Aufbau, gute Testbarkeit und Vorkehrungen für künftige Erweiterungen, vorzugeben.

Anforderungsbeschreibung	Entwurf & Implementierung
Problemumfang Was benötigt wird Umfeld der Anwendung Annahmen Leistungsanforderungen	Allgemeiner Ansatz Algorithmen Datenstrukturen Architektur Optimierung

Abb. 8.2   Überblick über den Analyseprozeß

Viele Problembeschreibungen von Einzelpersonen, Firmen und Behörden verwechseln echte Anforderungen mit Entwurfsentscheidungen. Es kann manchmal einen zwingenden Grund geben, einen speziellen Computer oder eine bestimmte Sprache zu fordern; die Spezifikation eines bestimmten Algorithmus läßt sich jedoch nur selten rechtfertigen. Der Systemanalytiker muß die echten Anforderungen von Entwurfs- und Implementierungsentscheidungen trennen, die als Anforderungen verkleidet sind. Er sollte solche Pseudoanforderungen in Frage stellen, weil sie die Flexibilität einengen. Es mag politische oder organisatorische Gründe für Pseudoanforderungen geben. Der Systemanalytiker sollte sich aber zumindest darüber bewußt sein, daß von außen aufgezwungene Entwurfsentscheidungen dieser Art keine grundlegenden Merkmale des Problembereichs sind.

Eine Problembeschreibung kann mehr oder weniger detailliert sein. Eine Anforderung für ein konventionelles Produkt wie ein Programm zur Gehaltsabrechnung oder ein Fakturierungssystem geht unter Umständen sehr stark ins Detail. Eine Anforderung für eine Forschungsarbeit auf einem neuen Gebiet wird dagegen kaum Einzelheiten enthalten; zumindest sollte jedoch das Ziel klar definiert sein.

Die meisten Problembeschreibungen sind mehrdeutig, unvollständig oder sogar inkonsistent. Einige Anforderungen sind ganz einfach falsch. Manche Anforderungen wirken sich, obwohl sie präzise beschrieben sind, unerfreulich auf das Systemverhalten aus oder ziehen übermäßige Implementierungskosten nach sich. Wieder andere Anforderungen sehen zunächst ganz vernünftig aus, lassen sich aber nicht so einfach realisieren, wie der Auftraggeber gedacht hat. Die Problembeschreibung dient nur als Ansatzpunkt für das Problemverständnis und ist kein unveränderliches Dokument. Ziel der nachfolgenden Analyse ist es, das Problem und seine Implikationen vollständig zu verstehen. Es wäre naiv anzunehmen, daß eine Problembeschreibung, die ohne vollständige Analyse erstellt wurde, korrekt sein könnte.

Der Systemanalytiker muß mit dem Auftraggeber zusammenarbeiten, um die Anforderungen so zu verfeinern, daß sie die wirkliche Absicht des Auftraggebers widerspiegeln. Dazu gehört es, die Anforderungen in Frage zu stellen und auf fehlende Informationen abzuklopfen. Psychologische, organisatorische und politische Erwägungen, die dabei eine Rolle spielen, sind nicht Thema dieses Buches. Wir wollen es deshalb bei einem Rat belassen: Wenn Sie genau das tun, was der Kunde will, ohne daß das Ergebnis den eigentlichen Bedürfnissen Ihres Kunden entspricht, wird er wahrscheinlich Ihnen die Schuld geben.

8.3   Beispielanalyse für einen Geldautomaten

Die in Abbildung 8.3 gezeigte Problembeschreibung für ein Netzwerk von Bankautomaten (ATM – Automatic Teller Machine) dient während des ganzen Kapitels als Beispiel:

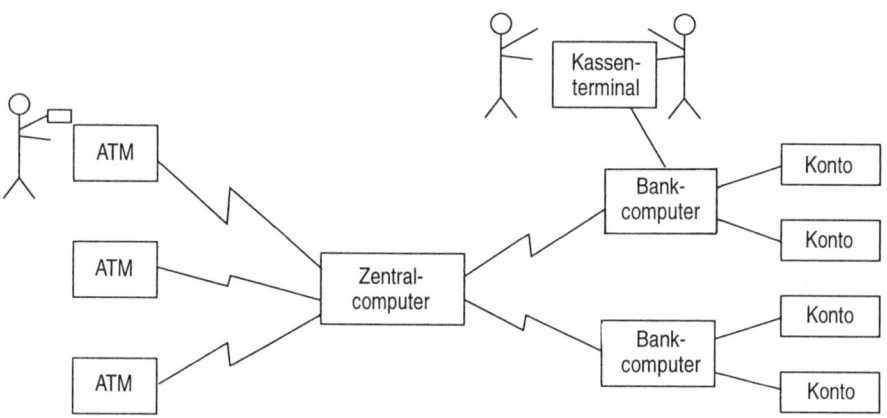

Abb. 8.3   ATM-Netzwerk

Entwickelt werden soll Software zur Unterstützung eines rechnergesteuerten Bankennetzwerks einschließlich Kassierern und Geldautomaten (ATMs), das sich ein Bankenkonsortium teilt. Jede Bank besitzt einen eigenen Computer, auf dem sie ihre Konten verwaltet und die Transaktionen auf Konten durchführt. Die Banken besitzen Kassenterminals, die direkt mit dem bankeigenen Computer kommunizieren. Kassierer geben Konto- und Transaktionsdaten ein. ATMs kommunizieren mit einem Zentralrechner, der Transaktionen mit den jeweiligen Banken abklärt. Ein ATM akzeptiert eine Scheckkarte, interagiert mit dem Benutzer, kommuniziert mit dem zentralen System, um die Transaktion auszuführen, gibt Bargeld aus und druckt Belege. Das System erfordert geeignete Aufzeichnungsmöglichkeiten und Sicherheitsmaßnahmen. Das System muß parallele Zugriffe auf das gleiche Konto korrekt abwickeln. Die Banken stellen die Software für ihre eigenen Computer selbst bereit; Sie sollen die Software für die ATMs und das Netzwerk entwickeln. Die Kosten des gemeinsamen Systems werden nach der Zahl der Scheckkarteninhaber auf die Banken umgelegt.

8.4 Objektmodellierung

Die Anforderungsanalyse beginnt mit der Entwicklung eines Objektmodells. Das Objektmodell zeigt die statische Datenstruktur des realweltlichen Systems und organisiert es in handhabbare Teile. Das Objektmodell beschreibt Objektklassen aus der realen Welt und ihre Relationen zueinander. Der entscheidende Punkt dabei ist die globale Organisation des Systems in durch Assoziationen verbundene Klassen; detailliertere Untergliederungen innerhalb von Klassen (Generalisierungen) sind weniger problematisch. Das Objektmodell wird vor dem dynamischen und dem funktionalen Modell entwickelt, weil die statische Struktur normalerweise besser definiert, weniger abhängig von Anwendungsdetails, stabiler in bezug auf Weiterentwicklungen und für den Menschen leichter zu verstehen ist.

Die Problembeschreibung, Expertenwissen über den Anwendungsbereich und Allgemeinwissen über die reale Welt liefern die Informationen für das Objektmodell. Wenn der Designer kein Kenner der Anwendungsdomäne ist, müssen die Informationen beim Anwendungsexperten eingeholt und immer wieder mit dem Modell verglichen werden. Objektmodelldiagramme fördern die Kommunikation zwischen Computerspezialisten und Anwendungsexperten.

Identifizieren Sie zunächst die Klassen und Assoziationen, weil sie die Gesamtstruktur betreffen und entscheidend sind für das Herangehen an das Problem. Als nächstes fügen Sie Attribute hinzu, um das elementare Netz der Klassen und Assoziationen näher zu beschreiben. Danach kombinieren und organisieren Sie die Klassen mit Hilfe von Vererbung. Versuche, Vererbung direkt zu spezifizieren, ohne vorher die detaillierteren Klassen und ihre Attribute zu beschreiben, führen oft zu einer Verzerrung der Klassenstruktur, weil sie vorgefaßten Konzepten angepaßt wird. Fügen Sie Klassenoperationen erst später hinzu – als Nebenprodukt des dynamischen und des funktionalen Modells. Operationen verändern Objekte und können daher erst vollständig spezifiziert werden, wenn Dynamik und Funktionalität ganz verstanden wurden.

Es ist am besten, Ideen – auch wenn sie vielleicht redundant oder inkonsistent sind – vor der Strukturierung zu notieren, damit keine wichtigen Details verlorengehen. Ein erstes Analysemodell wird wahrscheinlich Unzulänglichkeiten aufweisen, die in späteren Durchgängen korrigiert werden müssen. Es ist nicht nötig, das ganze Modell gleichzeitig zu konstruieren. Einige Aspekte des Problems können in mehreren Durchgängen gründlich analysiert werden, während andere Aspekte erst flüchtig skizziert sind. Analyse und Entwurf verlaufen selten völlig linear.

Der Bau eines Objektmodells erfordert folgende Schritte:

- Objekte und Klassen identifizieren [8.4.1 – 8.4.2]
- Ein Data Dictionary vorbereiten [8.4.3]
- Assoziationen (einschließlich Aggregationen) zwischen Objekten identifizieren [8.4.4 – 8.4.5]
- Attribute von Objekten und Verknüpfungen identifizieren [8.4.6 – 8.4.7]
- Objektklassen mit Hilfe von Vererbung organisieren und vereinfachen [8.4.8]
- Sicherstellen, daß für wahrscheinliche Anfragen Zugriffspfade existieren [8.4.9]
- Das Modell überarbeiten und verfeinern [8.4.10]
- Klassen zu Moduln gruppieren [8.4.11]

8.4.1 Objektklassen identifizieren

Die Konstruktion eines Objektmodells beginnt mit der Identifizierung relevanter Objektklassen des Anwendungsbereichs. Objekte sind physikalische Entitäten wie Häuser, Mitarbeiter und Maschinen ebenso wie Konzepte wie Flugbahnen, Platzzuweisungen und Zahlungsregelungen. Alle Klassen müssen in der Anwendungsdomäne eine Bedeutung haben; vermeiden Sie Implementierungskonstrukte wie verkettete Listen und Unterprogramme. Nicht alle Klassen sind in der Problembeschreibung explizit aufgeführt; manche ergeben sich implizit aus der Anwendungsdomäne oder dem Allgemeinwissen.

Wie Abbildung 8.4 zeigt, beginnen Sie damit, potentielle Objektklassen aufzulisten, die Sie in der Problembeschreibung finden. Seien Sie dabei nicht zu wählerisch; schreiben Sie jede Klasse auf, die Ihnen einfällt. Häufig liefern Substantive geeignete Klassen. In der Beschreibung "ein Reservierungssystem, um Karten für Vorstellungen verschiedener Theater zu verkaufen" kämen zum Beispiel *Reservierung, System, Karte, Vorstellung* und *Theater* als Klassen in Frage.

Abb. 8.4 Objektklassen identifizieren

Denken Sie jetzt noch nicht an Vererbung oder globale Klassen; finden Sie zunächst die konkreten Klassen und erliegen Sie nicht der Versuchung, unbewußt Details zu unterdrücken, um eine bestimmte Struktur zu erhalten. Angenommen, Sie entwickeln ein Katalog- und Ausleihesystem für eine Bibliothek: Identifizieren Sie unterschiedliche Materialien wie Bücher, Zeitschriften, Zeitungen, Schallplatten, Videos usw. Sie können diese später zu Kategorien zusammenfassen, indem Sie die elementaren Klassen auf Ähnlichkeiten und Unterschiede prüfen.

ATM-Beispiel. Aus den Substantiven (einschließlich der zusammengesetzten Substantive) in der in Abbildung 8.3 gezeigten Problembeschreibung erhalten wir die in Abbildung 8.5 aufgelisteten potentiellen Objektklassen. Weitere Klassen, die nicht direkt in der Beschreibung vorkommen, die wir aber aufgrund unseres Wissens über den Problembereich identifizieren können, sind in Abbildung 8.6 aufgeführt.

8.4.2 Die geeigneten Klassen beibehalten

Als nächstes verwerfen Sie unnötige und unkorrekte Klassen. Dabei helfen Ihnen die folgenden Kriterien. Abbildung 8.7 zeigt die Klassen, die für das Beispiel Geldautomat herausgefiltert wurden.

- *Redundante Klassen.* Wenn zwei Klassen die gleiche Information ausdrücken, sollte der aussagefähigere Name beibehalten werden. Ein Beispiel: Obwohl Kunde eine Person beschreiben könnte, die einen Flug gebucht hat, ist Passagier aussagefähiger. Wenn das Problem dagegen eine Charterflug-Gesellschaft betrifft, ist auch Kunde ein geeigneter Begriff, weil ein Vertrag für mehrere Passagiere gelten kann.

Im ATM-Beispiel sind *Kunde* und *Benutzer* redundant; *Kunde* wird als der aussagefähigere Begriff beibehalten.

- *Irrelevante Klassen.* Eine Klasse, die nichts oder wenig mit dem Problem zu tun hat, sollte entfernt werden. Dies erfordert Urteilsvermögen, weil die Klasse in einem anderen Kontext wichtig sein könnte. Beispielsweise ist für ein System zur Reservierung von Theaterkarten der Beruf des Kartenbesitzers ohne Bedeutung, während die Berufe des Theaterpersonals relevant sein könnten.

Im ATM-Beispiel liegt die Umlage der *Kosten* nicht im Bereich der Software für ATM-Transaktionen.

- *Vage Klassen.* Eine Klasse sollte konkret sein. Einige potentielle Klassen sind vielleicht nicht klar abgegrenzt oder sie sind zu umfangreich. *Aufzeichnungsmöglichkeit* zum Beispiel ist als Klasse zu vage. Beim ATM-Problem gehören Aufzeichnungsmöglichkeiten zu *Transaktion.* In anderen Anwendungen könnten sie in anderen Klassen enthalten sein, zum Beispiel *Aktienverkäufe, Telefonanrufe* oder *Maschinenfehler.*

- *Attribute.* Begriffe, die in erster Linie einzelne Objekte beschreiben, sollten als Attribute formuliert werden. Beispielsweise sind Name, Alter, Gewicht und Adresse in der Regel Attribute. Definieren Sie eine Eigenschaft nur dann als Klasse, wenn ihre unabhängige Existenz wichtig ist. So wäre in einer Anwendung, die die Raumzuweisung nach einer Umorganisation regelt, der Büroraum eines Mitarbeiters eine Klasse.

Das ATM-Beispiel enthält mehrere Namen, die am besten als Attribute modelliert werden. Der Begriff *Kontodaten* ist zu wenig genau spezifiziert, es ist aber davon auszugehen, daß er ein Konto beschreibt. Ein ATM gibt Bargeld und

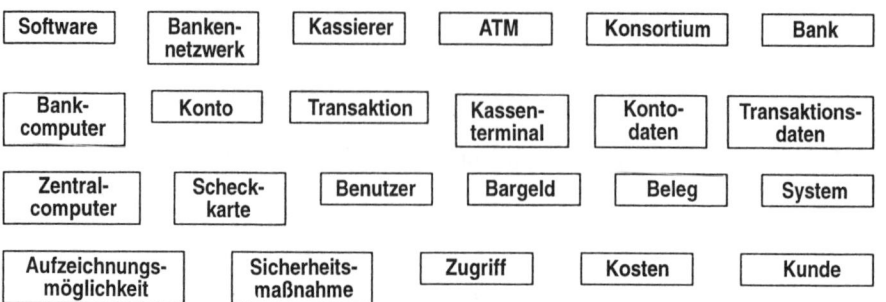

Abb. 8.5   Klassen des ATM-Problems, die aus den Substantiven der Problembeschreibung gewonnen wurden

Abb. 8.6   Klassen des ATM-Problems, die aus dem Wissen über den Anwendungsbereich identifiziert wurden

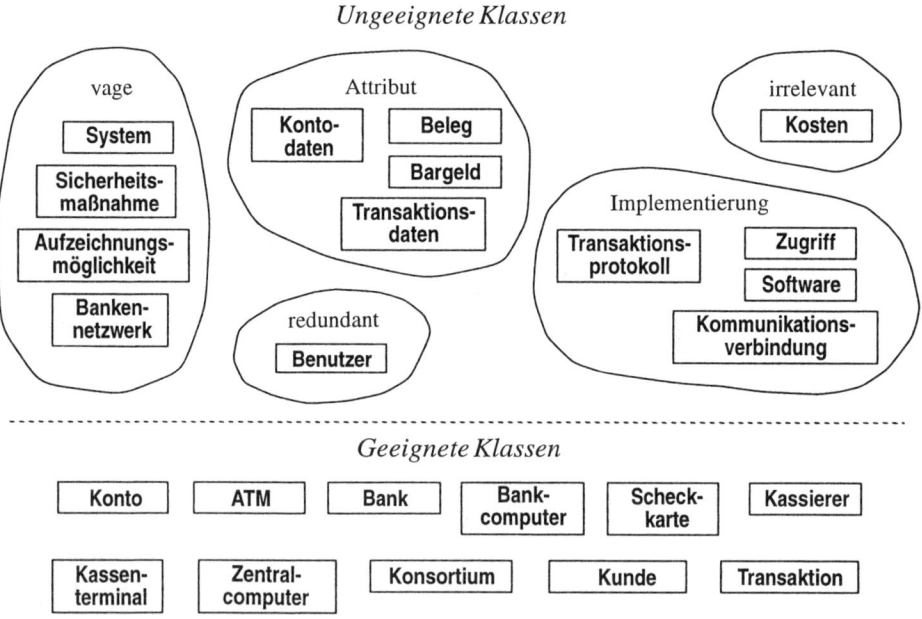

Abb. 8.7   Entfernen unnötiger Klassen aus dem ATM-Problem

Belege aus. Weil diese sich jedoch letztlich nicht auf das Problem auswirken, sollten sie als ATM-Attribute behandelt werden.

- *Operationen.* Wenn ein Name eine Operation beschreibt, die auf Objekte angewendet und nicht für sich allein manipuliert wird, handelt es sich nicht um eine Klasse. Ein Telefonanruf zum Beispiel ist eine Folge von Aktionen, die einen Anrufer und ein Telefonnetz involviert. Bei der Modellierung eines Telefonapparats wäre *Anruf* daher Teil des dynamischen Modells und keine Objektklasse.

  Eine Operation mit eigenen Merkmalen sollte jedoch als Klasse modelliert werden. Beispielsweise wäre *Anruf* in einem Fakturierungssystem für Telefonanrufe eine wichtige Klasse mit Attributen wie Datum, Zeit und Bestimmungsort.

- *Rollen.* Der Name einer Klasse sollte ihr inhärentes Wesen ausdrücken, nicht eine Rolle, die die Klasse in einer Assoziation spielt. So wäre *Besitzer* in der Datenbank eines Autoherstellers ein schlechtgewählter Klassenname. Was, wenn später eine Liste von Fahrern hinzugefügt werden soll? Wie werden Personen erfaßt, die Autos leasen? Die richtige Klasse wäre *Person* (oder möglicherweise *Kunde*), die unterschiedliche Rollen wie *Besitzer, Fahrer* und *Leasing-Nehmer* annimmt.

  Eine physikalische Entität entspricht manchmal mehreren Klassen. So können zum Beispiel *Person* und *Mitarbeiter* in manchen Fällen eigene Klassen sein, während in anderen Fällen eine der beiden Klassen redundant ist. In einer Mitarbeiterdatenbank eines Unternehmens können die beiden Klassen identisch sein. In einer Steuerdatenbank einer Behörde kann eine Person mehr als einer Beschäftigung nachgehen, so daß es wichtig ist, *Person* von *Mitarbeiter* zu unterscheiden; jede Person kann null oder mehreren Instanzen von *Mitarbeiter* entsprechen.

- *Implementierungskonstrukte.* Konstrukte, die nichts mit der realen Welt zu tun haben, sollten aus dem Analysemodell entfernt werden. Auch wenn sie in der Entwurfsphase nötig werden können, haben sie bei der Analyse nichts zu suchen. Bei den meisten Anwendungen sind CPU, Unterprogramm, Prozeß, Algorithmus oder Interrupt Implementierungskonstrukte – aber zulässige Klassen bei einem Betriebssystem. Datenstrukturen wie verkettete Listen, Bäume, Arrays und Tabellen sind fast immer Implementierungskonstrukte.

  Einige angedachte ATM-Klassen sind eigentlich Implementierungskonstrukte. *Transaktionsprotokoll* ist einfach eine Menge von Transaktionen, deren exakte Repräsentation beim Entwurf geklärt werden muß. Kommunikationsverbindungen können als Assoziationen dargestellt werden; *Kommunikationsverbindung* ist einfach die physikalische Implementierung einer solchen Verknüpfung.

8.4.3 Ein Data Dictionary vorbereiten

Isolierte Begriffe lassen sich unterschiedlich interpretieren. Deshalb sollten Sie für alle Modellierungsentitäten ein Data Dictionary erstellen. Beschreiben Sie jede Objektklasse in einem Absatz. Beschreiben Sie den Bedeutungsumfang der Klasse innerhalb des aktuellen Problems, auch etwaige Annahmen oder Ein-

ATM – Ein automatischer Schalter, an dem Kunden ihre Transaktionen selbst eingeben können, wenn sie sich mit einer Scheckkarte identifizieren. Das ATM interagiert mit dem Kunden, um Transaktionsinformationen zu erhalten, sendet die Transaktionsinformationen zur Überprüfung und Verarbeitung an den Zentralcomputer und gibt Bargeld an den Benutzer aus. Wir gehen davon aus, daß ein ATM nicht unabhängig vom Netzwerk arbeiten muß.

Bank – Ein Finanzinstitut, das Konten für Kunden führt und Scheckkarten ausgibt, die den Zugriff auf Konten über ein ATM-Netzwerk erlauben.

Bankcomputer – Der Computer einer Bank mit Schnittstellen zum ATM-Netzwerk und den Kassenterminals der Bank. Eine Bank kann natürlich ein eigenes internes Computernetzwerk zur Kontenverwaltung besitzen, hier interessiert jedoch nur der Computer, der mit dem ATM-Netzwerk kommuniziert.

Kassenterminal – Ein Schalterterminal, an dem Kassierer Transaktionen für Kunden eingeben. Kassierer geben Bargeld und Schecks aus bzw. nehmen sie in Empfang; das Terminal druckt Belege. Das Kassenterminal kommuniziert mit dem Bankcomputer, um die Transaktionen zu validieren und zu verarbeiten.

Kassierer – Ein Mitarbeiter einer Bank, der ermächtigt ist, Transaktionen an Kassenterminals einzugeben und Bargeld und Schecks an Kunden auszugeben bzw. von Kunden entgegenzunehmen. Über die von einem Kassierer bearbeiteten Transaktionen, Gelder und Schecks muß Protokoll geführt und Rechenschaft abgelegt werden.

Konsortium – Eine Bankenorganisation, die das ATM-Netzwerk in Auftrag gibt und betreibt. Das Netzwerk handhabt nur Transaktionen für Banken, die dem Konsortium angehören.

Konto – Ein Konto in einer Bank, für das Transaktionen durchgeführt werden können. Es gibt unterschiedliche Arten von Konten, mindestens aber Giro- und Sparkonten. Ein Kunde kann mehr als ein Konto unterhalten.

Kunde – Der Inhaber eines oder mehrerer Konten bei einer Bank. Kunde können eine oder mehrere Personen oder Firmen sein; die Zuordnung ist jedoch für das vorliegende Problem ohne Bedeutung. Wenn die gleiche Person ein Konto bei einer anderen Bank hat, so wird sie dort als anderer Kunde angesehen.

Scheckkarte – Eine Karte, die ein Bankkunde erhält und die den Zugriff auf Konten über einen ATM-Automaten ermächtigt. Jede Karte enthält eine Bankleitzahl und eine Kartennummer, die wahrscheinlich entsprechend nationaler Standards für Kredit- und Scheckkarten kodiert sind. Die Bankleitzahl dient der eindeutigen Identifizierung der Bank innerhalb des Bankenkonsortiums. Die Kartennummer legt fest, auf welche Konten die Karte zugreifen kann. Eine Karte greift nicht notwendigerweise auf alle Konten eines Kunden zu. Jede Scheckkarte gehört genau einem Kunden, es kann jedoch mehrere Kopien einer Karte geben, so daß die Möglichkeit in Betracht gezogen werden muß, daß die gleiche Karte gleichzeitig an verschiedenen Geldautomaten eingesetzt wird.

Abb. 8.8 Data Dictionary für ATM-Klassen

Transaktion – Eine in sich geschlossene Anforderung von Operationen auf die Konten eines einzelnen Kunden. Wir haben bisher nur spezifiziert, daß ATMs Bargeld ausgeben müssen. Wir sollten aber nicht die Möglichkeit ausschließen, Schecks zu drucken oder Bargeld oder Schecks zu akzeptieren. Vielleicht sollten wir auch die Möglichkeit offenhalten, Operationen auf Konten verschiedener Kunden durchzuführen, auch wenn dies bis jetzt noch nicht gefordert ist. Die verschiedenen Operationen müssen vernünftig aufeinander abgestimmt sein.

Zentralcomputer – Ein Computer, den das Konsortium betreibt und der Transaktionen zwischen den ATMs und den Bankencomputern verteilt. Der Zentralcomputer überprüft Bankleitzahlen, ohne aber Transaktionen direkt zu verarbeiten.

Abb. 8.8   Fortsetzung — Data Dictionary für ATM-Klassen

schränkungen in Hinblick auf ihre Mitgliedschaft oder Verwendung. Das Data Dictionary beschreibt auch Assoziationen, Attribute und Operationen. Abbildung 8.8 zeigt ein Data Dictionary für die Klassen des ATM-Problems.

8.4.4 Assoziationen identifizieren

Als nächstes identifizieren Sie Assoziationen zwischen Klassen. Jede Abhängigkeit zwischen zwei oder mehr Klassen ist eine Assoziation. Ein Verweis von einer Klasse auf eine andere wird als Assoziation modelliert. Wie in Kapitel 3 erörtert, sollten nicht Attribute auf Klassen verweisen, sondern statt dessen Assoziationen verwendet werden. So sollte für die Klasse *Person* nicht das Attribut *Arbeitgeber* definiert sein; verbinden Sie die Klasse *Person* und die Klasse *Firma* durch die Assoziation *Arbeitet-für*. Assoziationen zeigen die Abhängigkeiten, die zwischen Klassen der gleichen Abstraktionsebene bestehen, während Attribute mit Objekten als Werten Abhängigkeiten verbergen und verschleiern, daß diese auf Gegenseitigkeit beruhen. Es gibt verschiedene Möglichkeiten, Assoziationen zu implementieren. Diese Implementierungsentscheidungen sollten jedoch aus dem Analysemodell herausgehalten werden, um die Entwurfsfreiheit nicht zu beeinträchtigen.

Assoziationen entsprechen oft Verben oder Verbalphrasen. Dazu gehören Ortsbeschreibungen (*neben, Teil von, enthalten in*), gerichtete Aktionen (*fährt*), Kommunikation (*spricht mit*), Besitz (*hat, Teil von*) oder die Erfüllung einer Bedingung (*arbeitet für, verheiratet mit, managt*). Ziehen Sie alle potentiellen Assoziationen aus der Problembeschreibung heraus und schreiben Sie sie auf; vermeiden Sie es aber, allzu früh ins Detail zu gehen.

Sie brauchen zunächst nicht zwischen Assoziation und Aggregation zu unterscheiden. Die Aggregation ist nur eine Assoziation mit zusätzlichen Konnotationen. Verwenden Sie fürs erste die Möglichkeit, die Sie spontan für richtig halten.

Abbildung 8.9 zeigt Assoziationen für das ATM-Beispiel. Die meisten davon gehen direkt auf Verben in der Problembeschreibung zurück. In einigen Fällen ist das Verb implizit in der Problembeschreibung enthalten. Ein Teil der gewählten Assoziationen schließlich hängt von Wissen oder Annahmen über die reale Welt

Verben:

Konsortium teilt sich ATMs
Bank besitzt Bankcomputer
Bankcomputer verwaltet Konten
Bankcomputer führt Transaktion auf Konto durch
Bank besitzt Kassenterminal
Kassenterminals kommunizieren mit Bankcomputer
Kassierer gibt Transaktion für Konto ein
ATMs kommunizieren mit Zentralcomputer bezüglich Transaktion
Zentralcomputer klärt Transaktion mit Bank ab
ATM akzeptiert Scheckkarte
ATM interagiert mit Benutzer
ATM gibt Bargeld aus
ATM druckt Belege
System wickelt parallelen Zugriff ab
Banken stellen Software bereit
Kosten werden auf Banken umgelegt

Implizite Verben:

Bankennetzwerk umfaßt Kassierer und ATMs
Konsortium besteht aus Banken
Bank führt Konto
Konsortium besitzt Zentralcomputer
System stellt Aufzeichnungsmöglichkeit bereit
System stellt Sicherheitsmaßnahmen bereit
Kunden haben Scheckkarten

Wissen über den Problembereich:

Scheckkarte greift auf Konten zu
Bank beschäftigt Kassierer

Abb. 8.9   Assoziationen, die der Problembeschreibung entnommen wurden

ab. Assoziationen dieser Art müssen mit dem Kunden abgestimmt werden, weil
sie nicht in der Problembeschreibung enthalten sind.

8.4.5   Die geeigneten Assoziationen beibehalten

Als nächstes verwerfen Sie unnötige und falsche Assoziationen. Dabei wenden
Sie die folgenden Kriterien an:

- *Assoziationen zwischen eliminierten Klassen.* Wenn eine der Klassen in der
  Assoziation gestrichen wurde, muß auch die Assoziation gestrichen oder durch
  andere Klassen ausgedrückt werden. Im ATM-Beispiel können wir *Kosten
  werden auf Banken umgelegt, ATM druckt Belege, ATM gibt Bargeld aus,*

System stellt Aufzeichnungsmöglichkeit bereit, System stellt Sicherheits-maßnahmen bereit und *Banken stellen Software bereit* aus diesem Grund streichen.

- *Irrelevante oder Implementierungsassoziationen.* Streichen Sie alle Assoziationen, die nicht dem eigentlichen Problembereich angehören oder mit Implementierungskonstrukten zusammenhängen. Beispielsweise ist *System wickelt parallelen Zugriff ab* ein Implementierungskonzept. Objekte der realen Welt sind ihrem Wesen nach parallel; die Anforderung nach Parallelität bezieht sich daher auf die Implementierung des Zugriffsalgorithmus.

- *Aktionen.* Eine Assoziation sollte eine strukturelle Eigenschaft des Anwendungsbereichs beschreiben, kein vorübergehendes Ereignis. So beschreibt *ATM akzeptiert Scheckkarte* einen Teil des Interaktionszyklus zwischen einem ATM und einem Kunden, keine permanente Relation zwischen ATMs und Scheckkarten. Wir können auch *ATM interagiert mit Benutzer* streichen.

  Manchmal impliziert eine Anforderung, die als Aktion ausgedrückt wurde, eine zugrundeliegende strukturelle Beziehung und sollte daher umformuliert werden. Beispielsweise beschreibt *Zentralcomputer klärt Transaktion mit Bank ab* eine Aktion, die die strukturelle Relation *Zentralcomputer kommuniziert mit Bank* impliziert.

- *Ternäre Assoziationen.* Viele Assoziationen zwischen drei oder mehr Klassen können zu binären Assoziationen aufgelöst oder als qualifizierte Assoziationen ausgedrückt werden. So kann *Kassierer gibt Transaktionen für Konto ein* aufgebrochen werden in *Kassierer gibt Transaktion ein* und *Transaktion betrifft Konto*. Auf die gleiche Weise läßt sich *Bankcomputer führt Transaktion auf Konto durch* auflösen. *ATMs kommunizieren mit Zentralcomputer über Transaktion* setzt sich eigentlich aus den binären Assoziationen *ATMs kommunizieren mit Zentralcomputer* und *Transaktion wird an ATM eingegeben* zusammen

  Wenn ein Begriff in einer ternären Assoziation rein deskriptiv ist und keine eigenständigen Merkmale besitzt, so handelt es sich dabei um ein Verknüpfungsattribut auf einer binären Assoziation. Die Assoziation *Firma zahlt Gehalt an Person* läßt sich als binäre Assoziation ausdrücken: *Firma beschäftigt Person* mit dem Wert *Gehalt* für jede *Firma-Person*-Verknüpfung.

  Gelegentlich ist jedoch eine allgemeine ternäre Assoziation erforderlich. *Professor hält Vorlesung in Raum* kann nicht ohne Informationsverlust aufgelöst werden. Bei unserer Arbeit sind uns bisher keine Assoziationen mit vier oder mehr Klassen begegnet.

- *Abgeleitete Assoziationen.* Verwenden Sie keine Assoziationen, die durch andere Assoziationen definiert werden können: sie sind redundant. Beispielsweise kann *Großvater von* durch zwei *Vater von*-Assoziationen definiert werden. Lassen Sie auch Assoziationen weg, die durch Bedingungen auf Objektattributen definiert sind. Beispielsweise drückt *jünger als* eine Bedingung auf den Geburtsdaten von zwei Personen aus, keine zusätzliche Information.

Klassen, Attribute und Assoziationen im Objektmodell sollten soweit wie möglich unabhängige Informationen repräsentieren. Mehrfachpfade zwischen Klassen weisen oft auf abgeleitete Assoziationen hin, bei denen es sich um eine Zusammensetzung aus einfachen Assoziationen handelt. *Konsortium teilt sich ATMs* ist eine Zusammensetzung der Assoziationen *Konsortium besitzt Zentralcomputer* und *Zentralcomputer kommuniziert mit ATMs*.

Allerdings sollten Sie daran denken, daß nicht alle Assoziationen, die Mehrfachpfade zwischen Klassen bilden, ein Zeichen für Redundanz sind. Manchmal kann zwar die Existenz einer Assoziation von zwei oder mehr einfachen Assoziationen abgeleitet werden, nicht aber die Multiplizität. Behalten Sie die "überflüssige" Assoziation bei, wenn die zusätzliche Multiplizitätseinschränkung wichtig ist. Ein Beispiel: In Abbildung 8.10 beschäftigt eine Firma viele Personen und sie besitzt viele Computer. Jedem Mitarbeiter sind null oder mehr Computer persönlich zugeordnet; manche Computer sind öffentlich zugänglich und niemandem zugeordnet. Die Multiplizität der Assoziation *Zugeordnet-zu* kann nicht aus den Assoziationen *Beschäftigt* und *Besitzt* gefolgert werden.

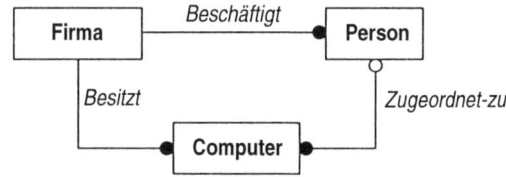

Abb. 8.10   Nicht-redundante Assoziationen

Obwohl abgeleitete Assoziationen keine zusätzlichen Informationen liefern, sind sie in der realen Welt und beim Entwurf nützlich. Begriffe für Verwandtschaftsbeziehungen wie *Onkel, Schwiegermutter* oder *Cousin* existieren, weil sie vertraute Relationen beschreiben, die in unserer Gesellschaft als wichtig angesehen werden. Sie können abgeleitete Assoziationen in Objektdiagramme aufnehmen. Allerdings sollten sie durch gepunktete Linien dargestellt werden, um ihren abhängigen Status deutlich zu machen und sie von fundamentalen Assoziationen zu unterscheiden.

Bei der näheren semantischen Spezifikation von Assoziationen sollten Sie die folgenden Regeln beachten:

- *Falsch benannte Assoziationen.* Beschreiben Sie, welche Situation besteht, nicht wie oder warum sie entstanden ist. Namen sind wichtig für das Verständnis und sollten sehr sorgfältig gewählt werden. *Bankcomputer verwaltet Konten* beschreibt eine Aktion; formulieren Sie deshalb besser *Bank führt Konto*.

- *Rollennamen.* Fügen Sie Rollennamen hinzu, wo dies geboten ist. Die Rollennamen beschreiben die Rolle, die die Klasse von der anderen Klasse aus gesehen in der Assoziation spielt. Beispielsweise hat *Firma* in der Assoziation *Arbeitet-für* die Rolle *Arbeitgeber* und *Person* die Rolle *Mitarbeiter*. Wenn zwischen zwei Klassen nur eine Assoziation besteht und der Name einer Klasse ihre Rolle in geeigneter Weise beschreibt, können Sie die Rollennamen weglassen. Die Rollen in der Assoziation *Zentralcomputer kommuniziert mit ATM* gehen zum Beispiel aus den Klassennamen hervor. Eine Assoziation zwischen zwei Instanzen der gleichen Klasse (reflexive Assoziation) erfordert Rollennamen, um die Instanzen voneinander zu unterscheiden. Die Assoziation *Person managt Person* hätte zum Beispiel die Rollen *Chef* und *Arbeiter*.

- *Qualifizierte Assoziationen.* Normalerweise identifiziert ein Name ein Objekt innerhalb eines bestimmten Kontexts; die meisten Namen sind nicht global eindeutig. Erst der Kontext und der Name zusammen identifizieren ein Objekt eindeutig. Beispielsweise muß der Name einer Firma innerhalb des US-Bundesstaates, in dem die Firma zugelassen ist, einmalig sein. Der Name kann sich aber in anderen Bundesstaaten wiederholen (es gab sowohl in Ohio als auch in Indiana, Kalifornien und New Jersey eine Standard Oil Company). Der Name einer Firma qualifiziert die Assoziation. *Staat konzessioniert Firma*; *Staat* und *Firmenname* identifizieren *Firma* eindeutig.

  Eine Qualifikationsangabe unterscheidet Objekte auf der "m"-Seite einer Assoziation. Beispielsweise unterscheidet die Qualifikationsangabe *Bankleitzahl* die unterschiedlichen Banken in einem Konsortium. Auf jeder Scheckkarte muß eine Bankleitzahl stehen, so daß Transaktionen der entsprechenden Bank zugewiesen werden können.

- *Multiplizität.* Spezifizieren Sie die Multiplizität, aber verwenden Sie zunächst nicht allzu viel Zeit darauf: die Multiplizität kann sich während der Analyse oft ändern. Überprüfen Sie Multiplizitätswerte von "eins" kritisch. Beispielsweise würde die Assoziation *ein Manager managt m Mitarbeiter* Matrixorganisationen oder Mitarbeiter, die an mehrere Vorgesetzte berichten, von vornherein ausschließen. Bei Multiplizitäten mit dem Wert *m* sollten Sie prüfen, ob eine Qualifikationsangabe erforderlich ist; klären Sie auch, ob eine bestimmte Reihenfolge der Objekte notwendig ist.

- *Fehlende Assoziationen.* Wenn Sie merken, daß Assoziationen fehlen, so fügen Sie diese jetzt hinzu. Wir haben zum Beispiel die Assoziationen *Transaktion an Kassenterminal eingegeben, Kunden haben Konten* und *Transaktion durch Scheckkarte zugelassen* übersehen. Wenn Kassierer nur zu bestimmten Schaltern Zugang haben, müßten Sie die Assoziation *Kassierer an Kassenterminal zugelassen* einführen.

ATM-Beispiel. Abbildung 8.11 zeigt ein Objektdiagramm mit den verbleibenden Assoziationen. *Transaktion* wurde in *Außentransaktion* und *Kassierertransaktion* aufgeteilt, um die unterschiedlichen Assoziationen der beiden Transaktionsarten besser handhaben zu können. Das Diagramm zeigt Multiplizitätswerte. Einige Analyseentscheidungen hätte man anders treffen können. Lassen Sie sich davon nicht irritieren: es gibt viele mögliche, korrekte Modelle für ein Problem. Wir haben den Analyseprozeß in kleinen Schritten gezeigt; mit etwas Erfahrung werden Sie einen Teil dieser Schritte nur noch "im Kopf" durchspielen.

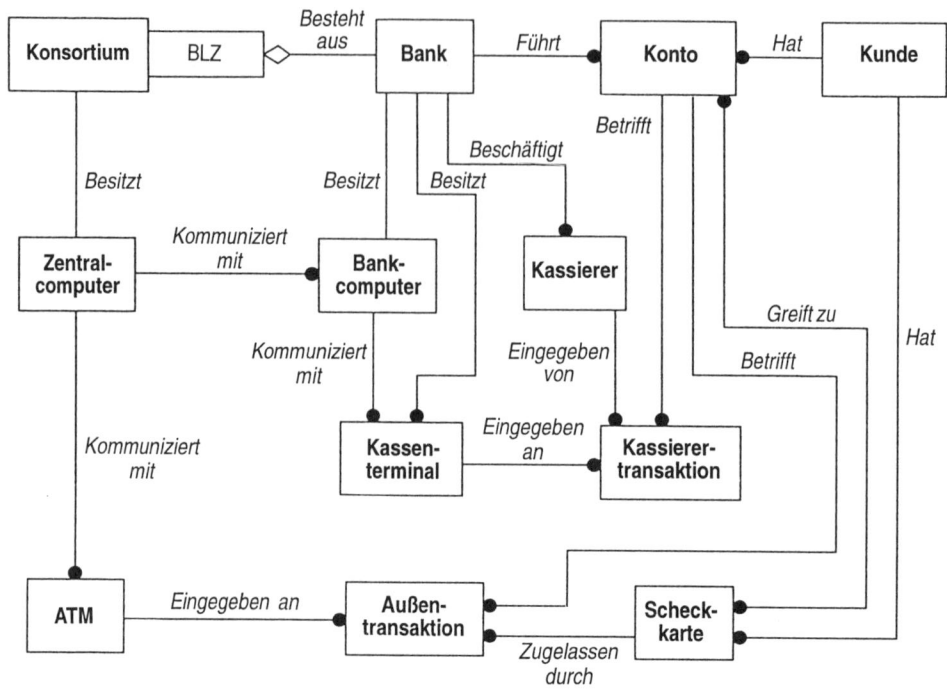

Abb. 8.11   Erstes Objektdiagramm für das ATM-System

8.4.6 Attribute identifizieren

Als nächstes identifizieren Sie die Objektattribute. Attribute sind Eigenschaften eines einzelnen Objekts wie Name, Gewicht, Geschwindigkeit oder Farbe. Attribute sollten keine Objekte sein; verwenden Sie Assoziationen, um Relationen zwischen zwei Objekten darzustellen.

Attribute entsprechen normalerweise Substantiven, an die sich ein Genitiv anschließt, zum Beispiel "die Farbe des Autos" oder "die Position des Cursors". Adjektive repräsentieren häufig konkrete Aufzählwerte von Attributen wie *rot, ein* oder *abgelaufen*. Anders als Klassen und Assoziationen sind Attribute selten vollständig in der Problembeschreibung beschrieben. Sie müssen auf Ihr Wissen über den Anwendungsbereich und die reale Welt zurückgreifen, um sie zu finden. Glücklicherweise wirken sich Attribute meistens nicht auf die Grundstruktur des Problems aus.

Verfallen Sie nicht in den Fehler, Unmengen von Attributen zu definieren. Berücksichtigen Sie nur Attribute, die direkt für die jeweilige Anwendung relevant sind. Suchen Sie zuerst nach den wichtigsten Attributen; Feinheiten können Sie später immer noch hinzufügen. Vermeiden Sie in der Analysephase Attribute, die nur für die Implementierung erforderlich sind. Achten Sie darauf, jedem Attribut einen aussagefähigen Namen zu geben.

Abgeleitete Attribute sollten weggelassen oder klar benannt werden. *Alter* beispielsweise ist von *Geburtsdatum* und *aktuelles Datum* (einer Eigenschaft der Umgebung) abgeleitet. Abgeleitete Attribute können wie abgeleitete Objekte und Assoziationen dazu dienen, aussagefähige Eigenschaften einer Anwendung zu abstrahieren, sie sollten jedoch klar von Basisattributen unterschieden werden, die den Zustand des Objekts definieren. Abgeleitete Attribute sollten nicht als Operationen wie *Alter-holen* ausgedrückt werden, auch wenn sie später auf diese Weise implementiert werden sollten.

Verknüpfungsattribute sollten ebenfalls identifiziert werden. Ein Verknüpfungsattribut ist eine Eigenschaft der Verknüpfung zwischen zwei Objekten, nicht eine Eigenschaft eines einzelnen Objekts. Beispielsweise hat die m:m-Assoziation zwischen *Aktionär* und *Firma* ein Verknüpfungsattribut *Zahl der Aktien*. Verknüpfungsattribute werden gerne mit Objektattributen verwechselt.

8.4.7 Geeignete Attribute beibehalten

Streichen Sie unnötige und unkorrekte Attribute. Gehen Sie dabei nach den folgenden Kriterien vor:

- *Objekte.* Wenn die unabhängige Existenz einer Entität und nicht nur ihr Wert wichtig ist, ist sie ein Objekt. Beispielsweise ist *Chef* ein Objekt und *Gehalt* ein Attribut. Die Unterscheidung hängt oft von der Anwendung ab. In einer Adreßliste könnte *Stadt* als Attribut angesehen werden, bei einer Volkszählung dagegen als Objekt. Eine Entität, die innerhalb der gegebenen Anwendung selbst Merkmale besitzt, ist ein Objekt.

- *Qualifikationsangaben.* Wenn der Wert eines Attributs von einem bestimmten Kontext abhängt, sollten Sie überlegen, ob Sie das Attribut nicht besser als Qualifikationsangabe formulieren. Beispielsweise ist *Personalnummer* keine einmalige Eigenschaft einer Person mit zwei Jobs, sondern qualifiziert die Assoziation *Firma beschäftigt Person*.

- *Namen.* Es ist oft besser, Namen als Qualifikationsangaben statt als Objektattribute zu modellieren. Prüfen Sie: Werden Objekte in einer Menge über den Namen ausgewählt? Kann ein Objekt in einer Menge mehr als einen Namen haben? Wenn ja, qualifiziert der Name eine Assoziation. Wenn ein Name eindeutig zu sein scheint, ist es möglich, daß Sie die Objektklasse übersehen haben, die qualifiziert wird. Ein Beispiel: Auch wenn *Abteilungsname* innerhalb einer Firma eindeutig sein mag, könnte es eines Tages erforderlich sein, daß das Programm mehr als eine Firma behandeln kann.

Ein Name ist ein Objektattribut, wenn er nicht kontextabhängig ist und vor allem nicht eindeutig zu sein braucht. Namen von Personen können anders als Namen von Firmen mehrfach auftreten und sind daher Objektattribute.

- *Identifikatoren.* Objektorientierte Sprachen kennen das Konzept von Objektidentifikatoren. Identifikatoren ermöglichen es, eindeutig auf ein Objekt zu verweisen. Führen Sie diese Objektidentifikatoren nicht in Objektmodellen auf – sie sind implizit dort vorhanden. Listen Sie nur Attribute auf, die innerhalb des Anwendungsbereichs existieren. Beispielsweise ist *Kontonummer* ein echtes Attribut; *Banken* weisen *Kontonummern* zu. Dagegen sollte *Transaktions-ID* nicht als Attribut aufgeführt werden, obwohl es sinnvoll sein kann, ein derartiges Attribut bei der Implementierung zu generieren.

- *Verknüpfungsattribute.* Wenn eine Eigenschaft vom Vorhandensein einer Verknüpfung abhängt, so ist sie ein Attribut der Verknüpfung, nicht ein Attribut eines der an der Verknüpfung beteiligten Objekte. Verknüpfungsattribute sind bei m:m-Assoziationen normalerweise offensichtlich; sie können wegen ihrer Multiplizität nicht an eine der Klassen angebunden sein. Bei m:1-Assoziationen lassen sich Verknüpfungsattribute weniger leicht erkennen, weil sie ohne Informationsverlust an das m-Objekt angebunden werden könnten. Auch bei 1:1-Assoziationen sind Verknüpfungsattribute nicht immer offensichtlich.

- *Interne Werte.* Wenn ein Attribut den internen Zustand eines Objekts beschreibt, der nach außen nicht sichtbar ist, sollten Sie es aus der Analyse streichen.

- *Details.* Lassen Sie unwichtige Attribute weg, die sich auf die Mehrzahl der Operationen wahrscheinlich nicht auswirken werden.

- *Einander widersprechende Attribute.* Ein Attribut, das aus dem Rahmen fällt und ohne jeden Bezug zu allen anderen Attributen zu sein scheint, kann ein Hinweis auf eine Klasse sein, die in zwei getrennte Klassen unterteilt werden sollte. Eine Klasse sollte einfach und kohärent sein. Unscharfe Klassen entstehen oft dadurch, daß Implementierungsentscheidungen in der Analyse vorweggenommen werden.

Wir haben diese Kriterien angewendet, um Attribute für die Klassen des ATM-Problems zu finden (Abbildung 8.12). Einige der angedachten Attribute sind eigentlich Qualifikationsangaben auf Assoziationen. Bei der Wahl der Attribute haben unter anderem die folgenden Überlegungen eine Rolle gespielt:

- *Bankleitzahl* und *Kartennummer* sind auf der Karte vorhanden. Ihr Format ist ein Implementierungsdetail, wir müssen jedoch eine neue Assoziation *Bank gibt Scheckkarte aus* hinzufügen. *Kartennummer* ist eine Qualifikationsangabe auf dieser Assoziation; *Bankleitzahl* ist die Qualifikationsangabe von *Bank* in bezug auf *Konsortium*.

- Der Zustand der Computer ist bei diesem Problem nicht relevant. Ob ein Rechner ein- oder ausgeschaltet ist, ist ein vorübergehendes Attribut, das Teil der Implementierung ist.

- Entgehen Sie der Versuchung, *Konsortium* wegzulassen, auch wenn es momentan eindeutig ist. *Konsortium* stellt den Kontext für die Qualifikationsangabe *Bankleitzahl* bereit und kann bei einer späteren Erweiterung nützlich sein.

Denken Sie daran, daß das ATM-Problem nur eine Beispielanwendung ist. Reale Anwendungen haben, sobald sie an Substanz gewinnen, in der Regel sehr viel mehr Attribute je Klasse als in Abbildung 8.12 gezeigt.

8.4.8 Verfeinern durch Vererbung

Der nächste Schritt besteht darin, Klassen durch Vererbung so zu organisieren, daß gemeinsame Strukturen genutzt werden können. Vererbung kann in zwei

Richtungen hinzugefügt werden: durch Generalisierung gemeinsamer Aspekte
bestehender Klassen in eine Oberklasse (bottom up) oder durch Verfeinerung
bestehender Klassen in spezialisiertere Unterklassen (top down).

Vererbungsmöglichkeiten erkennen Sie, indem Sie von unten nach oben nach
Klassen mit ähnlichen Attributen, Assoziationen oder Operationen suchen. Definieren Sie für jede Generalisierung eine Oberklasse, die gemeinsame Merkmale
aufnimmt. Beispielsweise sind *Außentransaktion* und *Kassierertransaktion* abge-
sehen von ihrer Initiierung ähnlich und können zu *Transaktion* generalisiert
werden. Dagegen haben *Zentralcomputer* und *Bankcomputer* in bezug auf das
ATM-Beispiel wenig gemeinsam. Es kann notwendig sein, manche Attribute oder
sogar Klassen etwas umzudefinieren, damit sie in das Vererbungsschema passen.
Dies ist akzeptabel, sollte aber nicht auf Biegen und Brechen versucht werden,
weil dabei leicht falsche Generalisierungen entstehen können. Manche Generali-

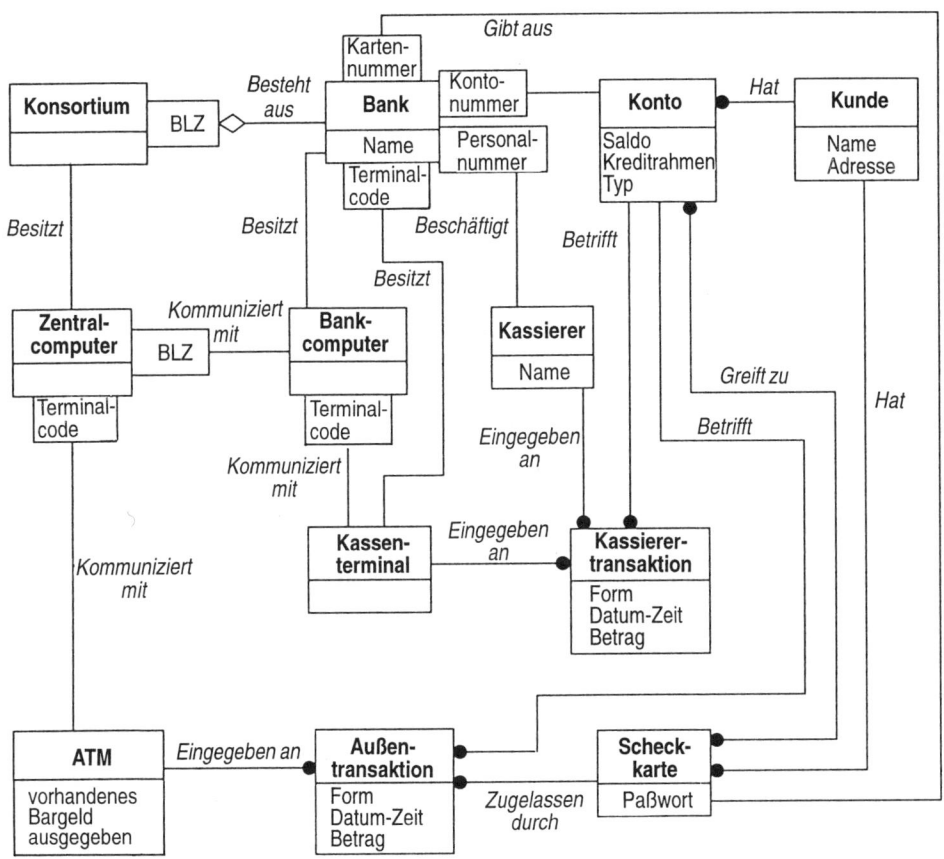

Abb. 8.12   ATM-Objektmodell mit Attributen

sierungen drängen sich aufgrund der Taxonomie in der realen Welt auf; verwenden Sie, wo immer dies möglich ist, bestehende Konzepte. Aus Symmetriegründen werden sich Klassen ergeben, die in manchen Generalisierungen zunächst noch fehlen.

Top-down-Spezialisierungen ergeben sich häufig aus dem Anwendungsbereich. Suchen Sie nach zusammengesetzten Wörtern, in denen der Klassenname enthalten ist: *Glüh*lampe, *Halogen*lampe; *Pull-down*-Menü, *Pop-up*-Menü, *Balken*menü. Vermeiden Sie übertriebene Verfeinerungen. Wenn angedachte Spezialisierungen nicht mit einer bestehenden Klasse kompatibel sind, so ist die bestehende Klasse möglicherweise nicht richtig formuliert. Aufgeführte Teilfälle im Anwendungsbereich sind die häufigste Quelle für Spezialisierungen. Häufig genügt es darauf hinzuweisen, daß eine Menge unterschiedlicher Teilfälle existiert, ohne sie einzeln aufzuführen. So könnte ein ATM-Konto zu *Girokonto* und *Sparkonto* verfeinert werden. Während diese Unterscheidung in manchen Bankanwendungen zweifellos nützlich ist, wirkt sie sich nicht auf das Verhalten der ATM-Anwendung aus; *Kontotyp* kann daher ein einfaches Attribut von *Konto* sein.

Mehrfachvererbung erlaubt es, mehr Informationen gemeinsam zu nutzen. Mehrfachvererbung sollte aber nur eingesetzt werden, wenn dies wirklich erforderlich ist, weil sie sowohl die konzeptuelle als auch die Implementierungskomplexität erhöht. Bei der Verwendung von Mehrfachvererbung ist es oft möglich, eine primäre Oberklasse zu schaffen, die einen Großteil der Erbstruktur und des Erbverhaltens liefert. Sekundäre Oberklassen fügen orthogonale Details hinzu.

Wenn der gleiche Assoziationsname mehr als einmal auftaucht und seine Bedeutung im wesentlichen die gleiche ist, sollten Sie versuchen, die assoziierten Klassen zu generalisieren. Beispielsweise wird eine *Transaktion* sowohl an einem *Kassenterminal* als auch an einem *ATM* eingegeben; *Eingabeterminal* generalisiert *Kassenterminal* und *ATM*. Manchmal haben die Klassen außer der Assoziation nichts gemeinsam; häufig werden Sie jedoch ein zugrundeliegendes gemeinsames Prinzip entdecken, das Sie bisher übersehen haben.

Attribute und Assoziationen müssen konkreten Klassen in der Klassenhierarchie zugewiesen werden. Sie sollten jeweils der allgemeinsten Klasse der in Frage kommenden Klassen zugewiesen werden. Um zum richtigen Ergebnis zu kommen, kann die eine oder andere Nachbearbeitung nötig sein. Aus Symmetriegründen können sich zusätzliche Attribute ergeben, die eine klarere Unterscheidung zwischen Unterklassen ermöglichen.

Abbildung 8.13 zeigt das ATM-Objektmodell, nachdem Vererbung hinzugefügt wurde.

8.4.9 Zugriffspfade testen

Verfolgen Sie die Zugriffspfade im Objektmodelldiagramm, um zu sehen, ob sie sinnvolle Ergebnisse liefern. Gibt es für einen erwarteten eindeutigen Wert einen Pfad, der ein eindeutiges Ergebnis liefert? Gibt es bei m-Multiplizitäten eine Möglichkeit, falls nötig, eindeutige Werte herauszugreifen? Überlegen Sie sich Fragen, die Sie stellen würden. Gibt es sinnvolle Fragen, die nicht beantwortet

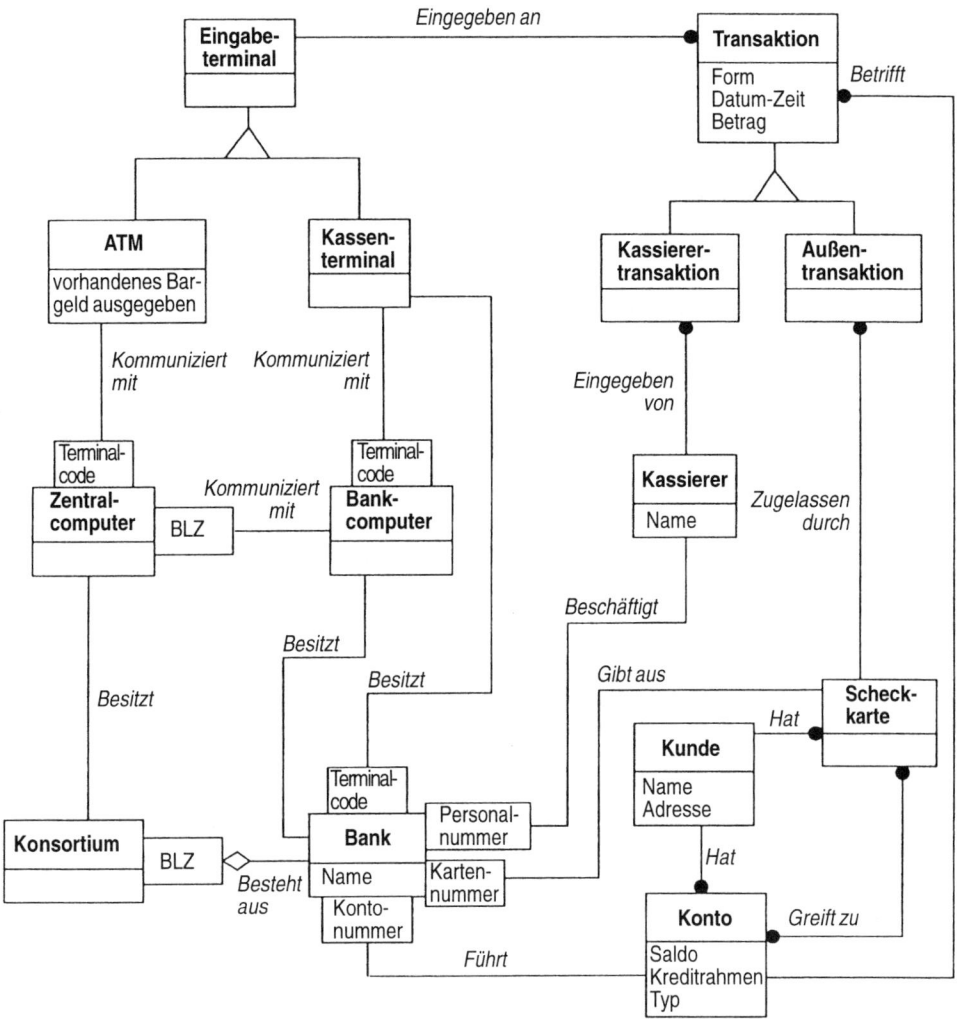

Abb. 8.13   ATM-Objektmodell mit Attributen und Vererbung

werden können? Sie deuten auf fehlende Informationen hin. Wenn etwas, das in
der realen Welt einfach wirkt, im Modell komplex aussieht, kann es sein, daß Sie
etwas übersehen haben (aber vergewissern Sie sich, daß die Komplexität nicht
doch ein Wesensmerkmal der realen Welt ist).

ATM-Beispiel. Eine Scheckkarte allein identifiziert ein Konto nicht eindeutig,
deshalb muß der Benutzer ein Konto irgendwie auswählen. Wenn der Kunde
einen Kontotyp angibt (Spar- oder Girokonto), kann jede Karte maximal auf ein
Spar- und ein Girokonto zugreifen. Dies ist wahrscheinlich sinnvoll – die meisten

Scheckkarten in den USA basieren auf diesem Prinzip –, schränkt aber das System ein. Die Alternative besteht darin, vom Kunden zu verlangen, sich Kontonummern zu merken. Wenn eine Scheckkarte auf ein einzelnes Konto zugreift, sind Überweisungen zwischen Konten nicht möglich.

Wir haben vorausgesetzt, daß das ATM-Netzwerk nur von einem Bankenkonsortium verwendet wird. Reale Geldautomaten werden heute häufig von überlappenden Bankennetzwerken genutzt und akzeptieren nicht nur Scheckkarten, sondern auch Kreditkarten. Um diese Situation zu bewältigen, müßte das Modell erweitert werden. Wir gehen davon aus, daß der Auftraggeber mit den Begrenzungen unseres Systems einverstanden ist.

8.4.10 Objektmodellierung überarbeiten

Ein Objektmodell ist selten nach nur einem Durchgang korrekt. Der gesamte Software-Entwicklungsprozeß erfordert immer neue Iterationen; unterschiedliche Teile eines Modells befinden sich häufig in unterschiedlichen Phasen der Fertigstellung. Wenn Sie auf eine Unzulänglichkeit stoßen, gehen Sie nötigenfalls auf eine frühere Stufe zurück, um sie zu korrigieren. Manche Verfeinerungen sind erst möglich, wenn das dynamische und das funktionale Modell fertiggestellt sind.

Auf fehlende Objekte deuten unter anderem hin:

- Asymmetrien bei den Assoziationen und Generalisierungen: Fügen Sie neue Klassen per Analogie hinzu.
- Einander widersprechende Attribute und Operationen auf einer Klasse: Spalten Sie die Klasse auf, so daß jeder Teil kohärent ist.
- Schwierigkeiten, saubere Generalisierungen zu finden: Eine Klasse kann zwei Rollen einnehmen. Spalten Sie die Klasse, so daß dann zumindest ein Teil in die Generalisierung paßt.
- Eine Operation ohne geeignete Zielklasse: Fügen Sie die fehlende Zielklasse hinzu.
- Doppelte Assoziationen mit dem gleichen Namen und der gleichen Bedeutung: Generalisieren Sie die Assoziationen durch Hinzufügen der fehlenden Oberklasse, die die Assoziationen zusammenfaßt.
- Die Semantik einer Klasse wird substantiell durch eine Rolle bestimmt: Vielleicht sollten Sie die Rolle als eigene Klasse definieren. Das bedeutet oft das Umwandeln einer Assoziation in eine Klasse. Beispielsweise kann eine Person bei mehreren Firmen zu jeweils unterschiedlichen Konditionen beschäftigt sein; in diesem Fall gibt es neben den Klassen *Person* und *Firma* die Klasse *Mitarbeiter*, die eine bei einer bestimmten Firma beschäftigte Person bezeichnet.

Hinweise auf eine unnötige Klasse sind unter anderem:

- Fehlende Attribute, Operationen und Assoziationen auf einer Klasse: Wozu wird die Klasse benötigt?

Hinweise auf eine fehlende Assoziation sind unter anderem:

- Fehlende Zugriffspfade für Operationen: Fügen Sie neue Assoziationen hinzu, so daß Anfragen beantwortet werden können.

Zeichen für unnötige Assoziationen sind unter anderem:

- Redundante Informationen in den Assoziationen: Entfernen Sie Assoziationen, die keine neuen Informationen hinzufügen, oder kennzeichnen Sie sie als abgeleitet.

- Fehlende Operationen, die eine Assoziation durchlaufen: Wenn ein Pfad von keiner Operation verwendet wird, ist die Information möglicherweise überflüssig. Dieser Test muß warten, bis Operationen spezifiziert sind [Siehe Abschnitt 8.7].

Zeichen für eine falsche Plazierung von Assoziationen sind unter anderem:

- Rollennamen, die für ihre Klassen zu weit- oder zu enggefaßt sind: Verschieben Sie die Assoziation in der Klassenhierarchie nach oben oder nach unten.

Ein Zeichen für eine falsche Plazierung von Attributen ist unter anderem:

- Die Notwendigkeit, auf ein Objekt über einen seiner Attributwerte zuzugreifen: Ziehen Sie eine qualifizierte Assoziation in Erwägung.

In der Praxis wird das hier beschriebene Modellierungsverfahren weniger streng eingehalten als in unserem Beispiel. Mit mehr Erfahrung können Sie mehrere Schritte zusammenfassen. Beispielsweise können Sie in einem Arbeitsgang Klassen identifizieren, ungeeignete Klassen streichen und die Klassen mit ihren Assoziationen in das Objektdiagramm einfügen. Sie können Teile des Modells detailliert entwickeln, während andere Teile erst grob skizziert sind. Die Reihenfolge der Schritte kann je nach Problemstellung wechseln. Wenn Sie sich erst in die Objektmodellierung einarbeiten, empfehlen wir jedoch, daß Sie die ersten Male alle Schritte exakt nachvollziehen.

ATM-Beispiel. Eine Scheckkarte besitzt eigentlich eine gespaltene Persönlichkeit – sie ist sowohl ein Berechtigungsausweis, der innerhalb der Bank Zugriff auf die Konten des Kunden erlaubt, als auch ein Datenspeicher aus Plastik, den das ATM liest, um kodierte IDs zu erhalten. In diesem Fall sind die Codes tatsächlich Teil der realen Welt, nicht nur Kunstprodukte für den Computer; die Codes, nicht die Scheckkarte, werden dem Zentralcomputer mitgeteilt. Wir sollten deshalb das bisherige Objekt *Scheckkarte* in zwei Objekte aufteilen: *Kartenberechtigung*, ein Zugriffsrecht auf ein oder mehrere Kundenkonten, und *Scheckkarte*, ein Stück Plastik mit einer Bankleitzahl und einer Scheckkartennummer, die für die Bank von Bedeutung sind. Für jede Kartenberechtigung sind mehrere Scheckkarten möglich – die aus Sicherheitsgründen jeweils eine eigene Seriennummer tragen. Die Kartennummer auf der physikalischen Karte identifiziert die Kartenberechtigung innerhalb der Bank. Jede Kartenberechtigung identifiziert ein oder mehrere Konten, zum Beispiel ein Giro- und ein Sparkonto.

Die Klasse *Transaktion* ist nicht allgemein genug, um Überweisungen zwischen Konten zu ermöglichen, weil sie sich nur auf ein Konto bezieht. Im allgemeinen besteht eine *Transaktion* aus einer oder mehreren *Aktualisierungen* eines einzelnen Kontos. Eine *Aktualisierung* ist eine einzelne Aktion (Abhebung, Einzahlung oder Anfrage) auf ein einzelnes Konto. Alle Aktualisierungen während einer Transaktion müssen zusammen als unteilbare Einheit verarbeitet werden; wenn eine Aktualisierung scheitert, werden auch alle anderen zurückgenommen.

Die Unterscheidung zwischen *Bank* und *Bankcomputer* und zwischen *Konsortium* und *Zentralcomputer* scheint sich nicht auf die Analyse auszuwirken. Die Tatsache, daß die Kommunikation über Computer erfolgt, ist eigentlich ein Implementierungskonzept. Lassen Sie *Bankcomputer* in *Bank* und *Zentralcomputer* in *Konsortium* aufgehen.

Kunde schien bei der bisherigen Analyse keine Rolle zu spielen. Allerdings könnte sich *Kunde* bei der Analyse der Operationen zur Eröffnung neuer Konten

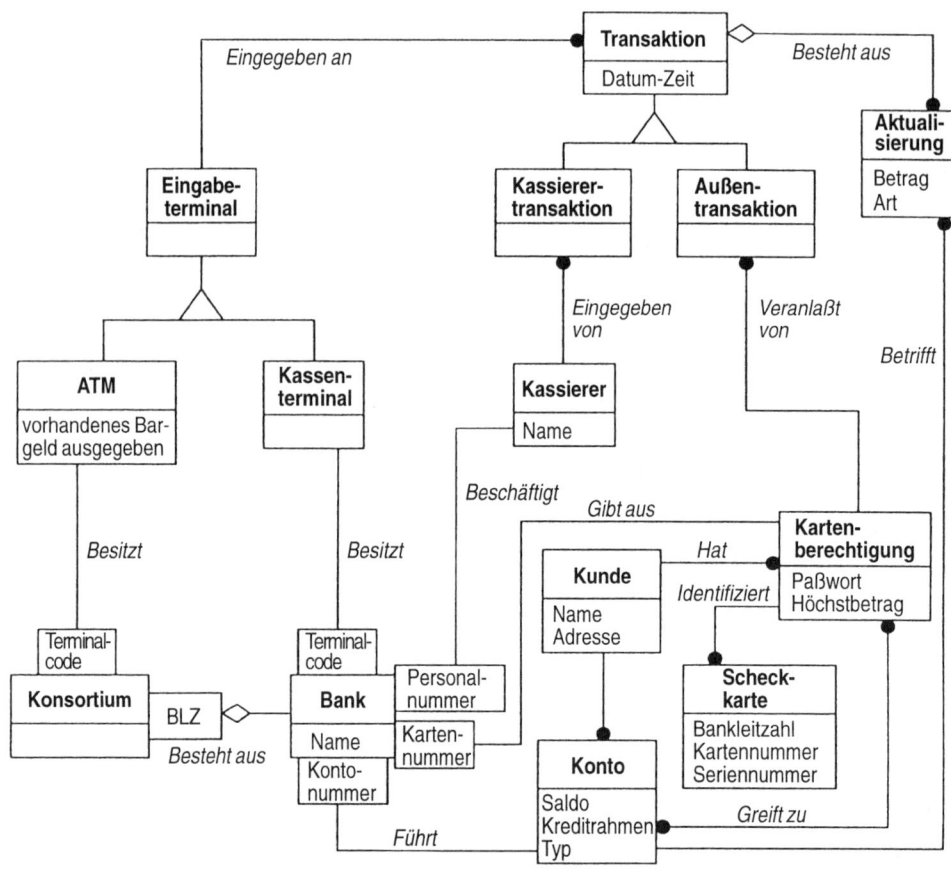

Abb. 8.14 ATM-Objektmodell nach einer weiteren Überarbeitung

als wichtiges Konzept herausstellen. Wir wollen das Objekt deshalb vorerst beibehalten.

Abbildung 8.14 zeigt ein überarbeitetes Objektmodelldiagramm, das einfacher und klarer ist.

8.4.11 Klassen zu Moduln gruppieren

Der letzte Schritt der Objektmodellierung besteht darin, Klassen zu Blättern und Moduln zu gruppieren. Sie können Diagramme in Blätter gleicher Größe unterteilen, um sie bequemer zeichnen, drucken und ansehen zu können. Enggekoppelte Klassen sollten zusammen gruppiert werden. Weil ein Blatt nur eine begrenzte Menge an Informationen aufnehmen kann, werden sich willkürliche Untergliederungen jedoch nicht immer vermeiden lassen. Ein Modul ist eine Menge von Klassen (ein oder mehrere Blätter), die eine logische Untermenge des Gesamtmodells beschreibt. Beispielsweise könnte sich ein Modell eines Betriebssystems aus Moduln für die Prozeßsteuerung, die Gerätesteuerung, die Dateiverwaltung und die Speicherverwaltung zusammensetzen. Moduln können unterschiedlich groß sein.

Jede Assoziation sollte auf einem eigenen Blatt dargestellt werden. Um die verschiedenen Blätter miteinander zu verbinden, müssen manche Klassen allerdings mehr als einmal gezeigt werden. Halten Sie nach geeigneten Schnittpunkten zwischen den Klassen Ausschau, d.h. nach einer Klasse, die die einzige Verbindung zwischen zwei ansonsten nicht miteinander verbundenen Teilen des Objektnetzwerks darstellt. Eine solche Klasse bildet die Brücke zwischen zwei Blättern oder Moduln. In einem Dateiverwaltungssystem ist zum Beispiel eine Datei der Schnittpunkt zwischen der Verzeichnisstruktur und dem Dateiinhalt. Wenn kein einzelner Schnittpunkt gefunden werden kann, versuchen Sie die Zahl der Brücken-Klassen möglichst klein zu halten. Versuchen Sie, Moduln so zu wählen, daß die Zahl der Überschneidungen im Objektdiagramm auf ein Minimum beschränkt bleibt. Mit etwas Sorgfalt können die meisten Objektdiagramme als planare Graphen ohne Überschneidungen gezeichnet werden.

Häufig empfiehlt es sich, zur Organisation von Moduln ein "Sternmuster" zu verwenden: ein Kernmodul enthält die Globalstruktur der Klassen auf der obersten Ebene. Andere Moduln fächern die Klassen der obersten Ebene zu einer Generalisierungshierarchie auf und fügen Assoziationen zu zusätzlichen nachrangigen Klassen hinzu.

Verwenden Sie, wenn möglich, Moduln aus früheren Entwürfen – allerdings nicht um jeden Preis. Eine Wiederverwendung ist am einfachsten, wenn ein Teil der Problemdomäne einem früheren Problem entspricht. Wenn das neue Problem zwar einem früheren Problem ähnelt, aber doch Unterschiede dazu bestehen, so muß möglicherweise der ursprüngliche Entwurf erweitert werden, um beide Probleme zu umfassen. Beurteilen Sie von Fall zu Fall, ob dies dem Bau eines neuen Modells vorzuziehen ist.

ATM-Beispiel. Das von uns vorgestellte Modell ist klein und erfordert keine Unterteilung in Moduln, es könnte jedoch als Kern für ein detaillierteres Modell dienen. Folgende Moduln wären denkbar:

- Schalter – Kassierer, Eingabeterminal, Kassenterminal, ATM

- Konten – Konto, Scheckkarte, Kartenberechtigung, Kunde, Transaktion, Aktualisierung, Kassierertransaktion, Außentransaktion

- Banken – Konsortium, Banken

Jedes Modul könnte weitere Details hinzufügen: Das Kontenmodul könnte verschiedene Transaktionen, Informationen über Kunden, Zinszahlungen und Gebühren enthalten; das Bankenmodul Informationen über Filialen, Adressen und Kostenumlage.

8.5 Dynamische Modellierung

Das dynamische Modell zeigt das zeitabhängige Verhalten des Systems und seiner Objekte. Sie beginnen die dynamische Analyse mit der Suche nach Ereignissen – nach außen hin sichtbaren Reizen und Reaktionen. Danach fassen Sie zulässige Ereignisfolgen für jedes Objekt innerhalb des Zustandsdiagramms zusammen. Die Ausführung des Algorithmus ist während der Analyse nicht relevant, wenn es keine äußerlich sichtbaren Manifestationen gibt; Algorithmen sind Teil der Implementierung.

Das dynamische Modell ist für ein rein statisches Daten-Repository wie eine Datenbank unbedeutend. Für interaktive Systeme ist das dynamische Modell dagegen sehr wichtig. Bei den meisten Problemen ist die Reihenfolge der Interaktionen und nicht ihr genauer zeitlicher Ablauf entscheidend für die logische Korrektheit. Bei Echtzeit-Systemen bestehen allerdings bestimmte zeitliche Anforderungen für Interaktionen, die bei der Analyse berücksichtigt werden müssen. Wir behandeln die Echtzeit-Analyse in diesem Buch nicht.

Schreiben Sie als erstes Szenarios für typische Dialoge. Auch wenn diese Szenarios nicht jede Eventualität abdecken, so stellen sie doch sicher, daß häufige Interaktionen nicht übersehen werden. Ziehen Sie die Ereignisse aus den Szenarios heraus. Es ist normalerweise am besten, Ereignisse zuerst zu identifizieren und dann jedes Ereignis seinem Zielobjekt zuzuweisen. Legen Sie die Organisation der Ereignisfolgen und Zustände in einem Zustandsdiagramm fest. Schließlich vergleichen Sie Zustandsdiagramme für verschiedene Objekte, um sicherzustellen, daß die Ereignisse, die zwischen den Objekten ausgetauscht werden, zusammenpassen. Die sich daraus ergebende Menge von Zustandsdiagrammen bildet das dynamische Modell.

Die folgende Aufstellung faßt zusammen, welche Schritte bei der Konstruktion eines dynamischen Modells durchgeführt werden:

- Szenarios von typischen Interaktionssequenzen vorbereiten [8.5.1]

- Ereignisse zwischen Objekten identifizieren [8.5.3]

- Einen Ereignispfad für jedes Szenario vorbereiten [8.5.3]

- Ein Zustandsdiagramm entwickeln[8.5.4]

- Ereignisse zwischen den Objekten vergleichen, um die Konsistenz zu verifizieren [8.5.5]

8.5.1 Ein Szenario vorbereiten

Schreiben Sie einen oder mehrere typische Dialoge zwischen Benutzer und System, um ein Gefühl für das zu erwartende Systemverhalten zu bekommen. Aus den Szenarios gehen die wichtigsten Interaktionen, externen Anzeigeformate und der Austausch von Informationen hervor. Um sicherzustellen, daß Sie keine wichtigen Schritte übersehen und daß der allgemeine Interaktionsfluß reibungslos und richtig abläuft, sollten Sie sich dem dynamischen Modell über Szenarios nähern statt gleich das allgemeine Modell niederzuschreiben.

Manchmal beschreibt die Problembeschreibung die volle Interaktionsfolge, meistens werden Sie das Interaktionsformat jedoch selbst entwickeln (oder zumindest mit Leben erfüllen) müssen. Beispielsweise weist die ATM-Problembeschreibung auf die Notwendigkeit hin, Transaktionsdaten vom Benutzer zu erhalten, ohne jedoch näher zu spezifizieren, welche Parameter genau gebraucht werden und in welcher Reihenfolge sie abgefragt werden sollen. Oder die Problembeschreibung spezifiziert benötigte Informationen, läßt aber offen, auf welche Weise sie beschafft werden sollen. Bei vielen Anwendungen ist das Sammeln von Eingaben eine größere oder manchmal sogar die einzige größere Aufgabe. Das dynamische Modell ist bei Anwendungen dieser Art von entscheidender Bedeutung.

Schreiben Sie zuerst Szenarios für "normale" Fälle, d.h. Interaktionen ohne ungewöhnliche Eingaben oder Fehlerbedingungen. Danach wenden Sie sich den "Sonderfällen" wie ausgelassenen Eingabefolgen, Maximum- und Minimumwerten oder wiederholten Werten zu. Als nächstes überlegen Sie sich Fälle von Benutzerfehlern wie zum Beispiel ungültige Werte oder fehlende Benutzerreaktionen. Bei vielen interaktiven Anwendungen ist die Behandlung von Fehlern der schwierigste Teil der Implementierung. Wenn möglich, erlauben Sie dem Benutzer, eine Operation abzubrechen oder zu einem wohldefinierten Anfangspunkt eines Ausführungsschrittes zurückzufahren. Am Schluß überlegen Sie sich verschiedene zusätzliche Interaktionsarten, die über elementare Interaktionen gelegt werden können, zum Beispiel Hilfeanforderungen oder Statusanfragen.

Ein *Szenario* ist eine Folge von Ereignissen. Ein Ereignis tritt immer dann auf, wenn Informationen zwischen einem Objekt im System und einem äußeren Agenten wie einem Benutzer, einem Sensor oder einer anderen Task ausgetauscht werden. Die ausgetauschten Informationswerte sind Parameter des Ereignisses. Zum Beispiel hat das Ereignis *Paßwort eingegeben* den Wert Paßwort als Parameter. Ereignisse ohne Parameter sind ebenfalls wichtig und kommen sehr häufig vor. Ein Ereignis ohne Parameter übermittelt als Information die Tatsache, daß es aufgetreten ist – also einfach nur ein Signal. Jedesmal, wenn eine Information in das System eingegeben oder vom System ausgegeben wird, tritt ein Ereignis auf.

Identifizieren Sie für jedes Ereignis das Handlungsobjekt (System, Benutzer oder anderer externer Agent), das das Ereignis verursacht hat, sowie die Parameter des Ereignisses. Das Bildschirmlayout oder Ausgabeformat wirkt sich im allgemeinen nicht auf die Logik der Interaktion oder die ausgetauschten Werte aus. Lassen Sie die Ausgabeformate im ersten dynamischen Modell außer acht und beschreiben Sie diese erst bei der Verfeinerung des Modells.

ATM-Beispiel. Abbildung 8.15 zeigt ein normales ATM-Szenario. Abbildung 8.16 zeigt ein Szenario mit Ausnahmen.

Das ATM fordert den Benutzer auf, eine Karte einzulesen; der Benutzer schiebt eine Scheckkarte ein.

Das ATM akzeptiert die Scheckkarte und liest die Seriennummer.

Das ATM fordert das Paßwort an; der Benutzer gibt "1234" ein.

Das ATM überprüft die Seriennummer und das Paßwort beim Konsortium; das Konsortium gleicht es mit Bank "39" ab und gibt dem ATM sein OK.

Das ATM fordert den Benutzer auf, die Transaktionsform (Abhebung, Einzahlung, Überweisung, Anfrage) zu wählen; der Benutzer wählt Abhebung.

Das ATM erfragt die Summe; der Benutzer gibt $100 ein.

Das ATM überprüft, daß die Summe innerhalb vordefinierter Grenzen liegt, und fordert das Konsortium auf, die Transaktion zu verarbeiten; das Konsortium leitet die Aufforderung an die Bank weiter, die die Ausführung bestätigt und den neuen Kontostand zurückgibt.

Das ATM gibt Bargeld aus und fordert den Benutzer auf, es zu entnehmen; der Benutzer entnimmt das Bargeld.

Das ATM fragt, ob der Benutzer weitermachen will; der Benutzer verneint.

Das ATM druckt einen Beleg, gibt die Karte aus und fordert den Benutzer auf, sie zu entnehmen; der Benutzer entnimmt den Beleg und die Karte.

Das ATM fordert einen Benutzer auf, eine Karte einzuschieben.

Abb. 8.15 Normales ATM-Szenario

Viele andere Variationen sind denkbar: Der Benutzer versäumt es, die Karte rechtzeitig einzulesen, das ATM kann die Karte nicht lesen, die Karte ist abgelaufen, die Transaktion ist für das Konto nicht möglich, die Summe ist ungültig, im Geldautomaten befindet sich kein Geld oder Papier mehr, die Transaktion wird wegen verdächtiger Gebrauchsspuren auf der Karte zurückgewiesen oder das Kommunikationsnetzwerk ist unterbrochen.

Für die administrativen Teile des ATM-Systems sollten ebenfalls Szenarios geschrieben werden: z.B. neue Karten ausgeben, Konto eröffnen, dem Konsortium Banken hinzufügen. Wir werden diese Aspekte nicht weiter vertiefen.

8.5.2 Schnittstellenformate

Die meisten Interaktionen können nach Anwendungslogik und Benutzerschnittstelle zweigeteilt werden. Die Analyse sollte sich zunächst auf den Informationsfluß und die Informationssteuerung und nicht auf das Format der Anwendungs-

Das ATM fordert den Benutzer auf, eine Karte einzuschieben; der Benutzer schiebt eine Scheckkarte ein.

Das ATM schluckt die Karte und liest die Seriennummer darauf.

Das ATM fordert das Paßwort an; der Benutzer gibt "9999" ein.

Das ATM überprüft die Seriennummer und das Paßwort beim Konsortium; das Konsortium weist es nach Anfrage bei der entsprechenden Bank zurück.

Das ATM zeigt an, daß das Paßwort falsch ist, und fordert den Benutzer auf, ein neues Paßwort einzugeben; der Benutzer gibt "1234" ein; das ATM überprüft das Paßwort erfolgreich beim Konsortium.

Das ATM fordert den Benutzer auf, eine Transaktionsform zu wählen; der Benutzer wählt Abhebung.

Das ATM erfragt die Summe; der Benutzer besinnt sich anders und drückt auf "Abbrechen".

Das ATM wirft die Karte aus und fordert den Benutzer auf, sie zu entnehmen; der Benutzer entnimmt sie.

Das ATM fordert einen Benutzer auf, eine Karte einzuschieben.

Abb. 8.16   ATM-Szenario mit Ausnahmen

oberfläche konzentrieren. Die gleiche Programmlogik kann Eingaben von Befehlszeilen, Dateien, Mausaktionen, berührungssensitiven Flächen, Tasten oder Fernverbindungen akzeptieren, wenn die Oberflächendetails sorgfältig von der Logik isoliert sind. Das dynamische Modell beschreibt die Steuerungslogik der Anwendung.

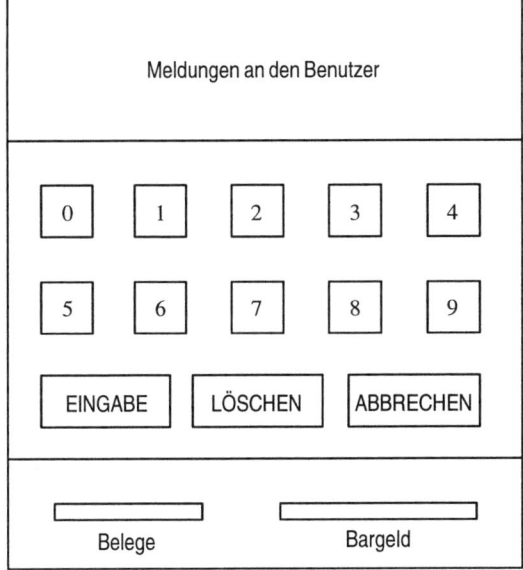

Abb. 8.17   ATM-Schnittstellenformat

Es ist schwierig, eine Benutzerschnittstelle zu evaluieren, ohne sie wirklich zu testen. Oft ist es möglich, die Benutzeroberfläche zu simulieren, um sie vom Benutzer ausprobieren zu lassen. Platzhalterprozeduren simulieren die Anwendungslogik. Durch Entkopplung der Anwendungslogik von der Benutzerschnittstelle ist es möglich, Aussehen und Bedienung der Benutzeroberfläche zu evaluieren, während die Anwendung noch entwickelt wird.

Abbildung 8.17 zeigt ein mögliches ATM-Layout. Seine genauen Details oder gar der Wortlaut der Meldungen sind in der jetzigen Phase nicht wichtig. Wichtig sind die ausgetauschten Informationen, in welcher Form auch immer. Machen Sie sich zum Beispiel keine Gedanken über die Tastenfolge, die für die Eingabe eines Paßworts erforderlich ist; behandeln Sie "Paßwort eingeben" als unzerlegbares Ereignis. Trotzdem empfiehlt es sich, jedes Interaktionsformat mindestens einmal bildlich darzustellen, um sicherzustellen, daß nichts vergessen wird.

8.5.3 Ereignisse identifizieren

Analysieren Sie die Szenarios, um alle externen Ereignisse zu identifizieren. Ereignisse sind unter anderem Signale, Eingaben, Entscheidungen, Unterbrechungen, Transitionen und Aktionen an oder durch Benutzer oder externe Geräte. Interne Berechnungsschritte sind keine Ereignisse, Entscheidungspunkte ausgenommen, die mit der externen Welt interagieren. Verwenden Sie Szenarios, um normale Ereignisse zu finden. Denken Sie darüber hinaus aber auch an Fehlerbedingungen und ungewöhnliche Ereignisse.

Eine Aktion eines Objekts, die Informationen übermittelt, ist ein Ereignis. *Paßwort eingeben* ist ein Ereignis, das der externe Agent *Benutzer* an das Anwendungsobjekt *ATM* sendet. Die meisten Interaktionen und Operationen von Objekt zu Objekt entsprechen Ereignissen. *Karte einschieben* ist ein Ereignis, das *Benutzer* an *ATM* sendet. Manche Informationsflüsse sind implizit. *Bargeld ausgeben* ist ein Ereignis von *ATM* an *Benutzer*.

Gruppieren Sie Ereignisse, die die gleiche Wirkung auf den Kontrollfluß haben, unter einem Namen, auch wenn sich ihre Parameterwerte unterscheiden. Beispielsweise sollte *Paßwort eingeben* eine Ereignisklasse sein, weil der Paßwortwert den Kontrollfluß nicht beeinflußt. Ähnlich ist auch *Bargeld ausgeben* eine Ereignisklasse, weil der ausgegebene Geldbetrag den Kontrollfluß nicht beeinflußt. Ereignisse, die sich auf den Kontrollfluß auswirken, müssen voneinander unterschieden werden. *Konto OK, falsches Konto* oder *falsches Paßwort* sind unterschiedliche Ereignisse und dürfen nicht unter *Kartenstatus* gruppiert werden.

Sie entscheiden, wann die Unterschiede zwischen quantitativen Werten wichtig genug sind, um sie voneinander zu unterscheiden. Beispielsweise würde man die Eingabe verschiedener Ziffern über eine Tastatur normalerweise als das immer wieder gleiche Ereignis ansehen, weil die globale Steuerung nicht von numerischen Werten abhängt. Das Drücken der Eingabetaste würde man dagegen eher als eigenes Ereignis ansehen, weil die Anwendung darauf anders reagieren würde. Die Unterscheidung hängt also von der jeweiligen Anwendung ab. Möglicherwei-

se müssen Sie das Zustandsdiagramm konstruieren, bevor Sie alle Ereignisse
klassifizieren können; manche Unterscheidungen von Ereignissen wirken sich
unter Umständen nicht auf das Verhalten aus und können ignoriert werden.

Weisen Sie alle Ereignistypen den Objektklassen zu, die sie senden und empfangen. Ein Ereignis ist für den Sender ein Ausgabeereignis und für den Empfänger
ein Eingabeereignis. Manchmal sendet ein Objekt ein Ereignis an sich selbst; in
diesem Fall ist das Ereignis sowohl ein Ausgabe- als auch ein Eingabeereignis der
Klasse.

Stellen Sie jedes Szenario als *Ereignispfad* dar, d.h. als eine geordnete Liste
tabellarisch angeordneter Ereignisse zwischen verschiedenen Objekten. Abbildung 8.18 zeigt einen Ereignispfad für ein ATM-Szenario. Wenn mehr als ein
Objekt der gleichen Klasse am Szenario beteiligt ist, weisen Sie jedem Objekt
eine eigene Spalte zu. Wenn Sie eine Spalte des Ereignispfades überfliegen, sehen
Sie die Ereignisse, die das entsprechende Objekt direkt beeinflussen. Das Zustandsdiagramm für das Objekt kann nur diese Ereignisse enthalten.

Zeigen Sie die Ereignisse zwischen einer Gruppe von Klassen (zum Beispiel
einem Modul) in einem *Ereignisflußdiagramm* (siehe Abbildung 8.19). Dieses
Diagramm faßt die Ereignisse zwischen Klassen ohne Berücksichtigung ihrer
Reihenfolge zusammen. Nehmen Sie Ereignisse aus allen Szenarios, auch Fehlerereignisse, in das Ereignisflußdiagramm auf. Das Ereignisflußdiagramm ist in der
dynamischen Modellierung das Gegenstück zum Objektdiagramm. Pfade im Objektdiagramm zeigen mögliche Informationsflüsse; Pfade im Ereignisflußdiagramm zeigen mögliche Kontrollflüsse.

8.5.4 Zustandsdiagramm entwickeln

Zeichnen Sie für jede Objektklasse mit nicht-trivialem dynamischen Verhalten
ein Zustandsdiagramm, das die Ereignisse zeigt, die das Objekt empfängt und
sendet. Jedes Szenario bzw. jeder Ereignispfad entspricht einem Pfad durch das
Zustandsdiagramm. Jeder Zweig des Kontrollflusses wird durch einen Zustand
mit mehr als einer Ausgangstransition repräsentiert.

Beginnen Sie mit den Ereignispfaddiagrammen, die sich auf die gerade model-
lierte Klasse auswirken. Wählen Sie einen Ereignispfad, der eine typische Interaktion zeigt, und beschränken Sie Ihre Überlegungen auf die Ereignisse, die ein
bestimmtes Objekt beeinflussen. Ordnen Sie die Ereignisse zu einem Pfad an,
dessen Kanten mit den Ein- und Ausgabeereignissen aus einer Spalte des Ereig-
nispfads beschriftet werden. Das Intervall zwischen jeweils zwei Ereignissen ist
ein Zustand. Geben Sie jedem Zustand einen möglichst aussagekräftigen Namen.
Das erste Diagramm wird eine Folge aus Ereignissen und Zuständen sein. Wenn
das Szenario unendlich oft wiederholt werden kann, schließen Sie den Pfad im
Zustandsdiagramm.

Als nächstes durchsuchen Sie das Diagramm nach Schleifen. Wenn eine Folge
von Ereignissen unendlich oft wiederholt werden kann, bilden die Ereignisse eine
Schleife. Ersetzen Sie endliche Ereignisfolgen, soweit möglich, durch Schleifen.
In einer Schleife sind der erste und der letzte Zustand identisch. Wenn sich das

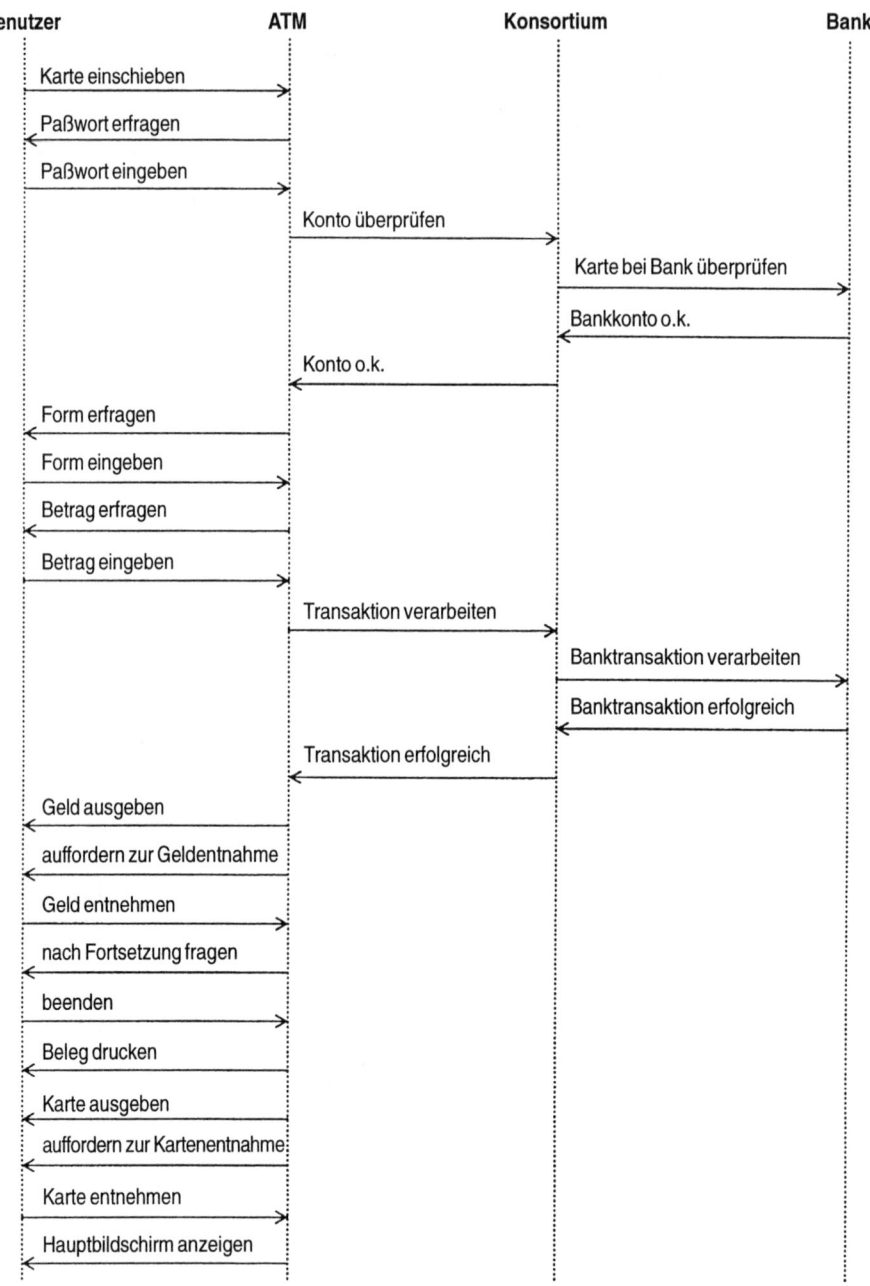

Abb. 8.18   Ereignispfad für ein ATM-Szenario

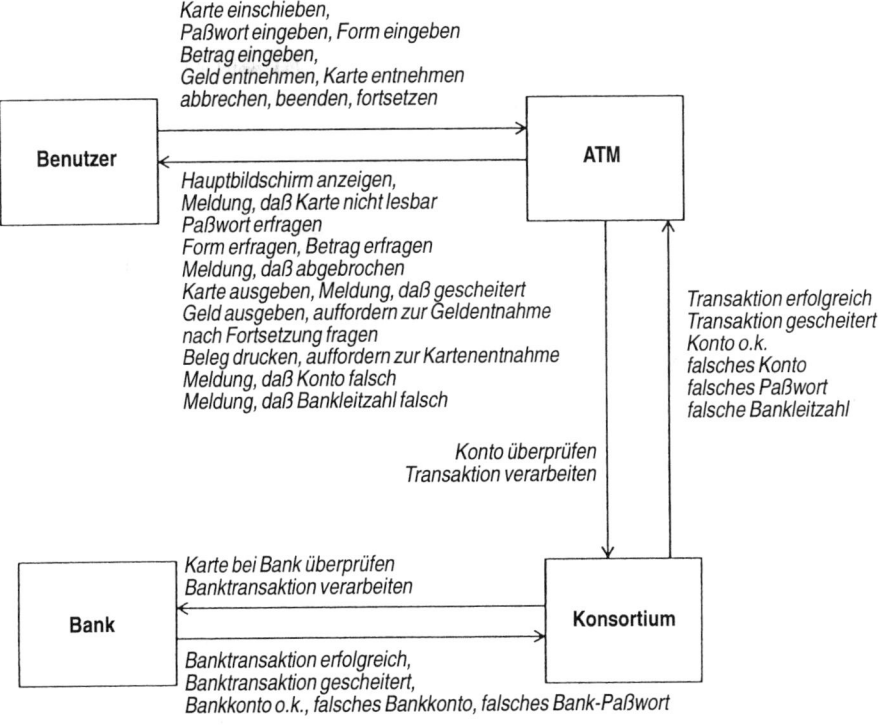

Abb. 8.19 Ereignisflußdiagramm für das ATM-Beispiel

Objekt "erinnert", daß es eine Schleife durchlaufen hat, sind die beiden Zustände nicht wirklich identisch und eine einfache Schleife ist nicht korrekt. Mindestens ein Zustand in einer Schleife muß mehrere Transitionen haben, die ihn verlassen; anderenfalls kann die Schleife nie terminieren.

Binden Sie jetzt weitere Szenarios in das Zustandsdiagramm ein. Finden Sie in jedem Szenario die Stelle, an der es von vorhergehenden Szenarios abweicht. Diese Stelle entspricht einem bestehenden Zustand im Diagramm. Hängen Sie die neue Ereignisfolge als alternativen Pfad an den bestehenden Zustand an. Bei der Analyse von Zuständen und Szenarios fallen Ihnen vielleicht weitere mögliche Ereignisse ein, die in einem Zustand auftreten können; fügen Sie diese ebenfalls dem Zustandsdiagramm hinzu.

Die größte Schwierigkeit liegt darin, den Zustand festzustellen, in dem ein alternativer Pfad wieder mit dem bestehenden Diagramm vereinigt wird. Zwei Pfade vereinigen sich in einem Zustand, wenn das Objekt "vergißt", welchen Pfad es genommen hat. In vielen Fällen sagt Ihnen Ihr Wissen über die Anwendung, daß zwei Zustände identisch sind. Beispielsweise ist die Eingabe von zwei 50-Pfennig-Stücken in eine Parkuhr äquivalent mit der Eingabe eines 1-Mark-Stücks.

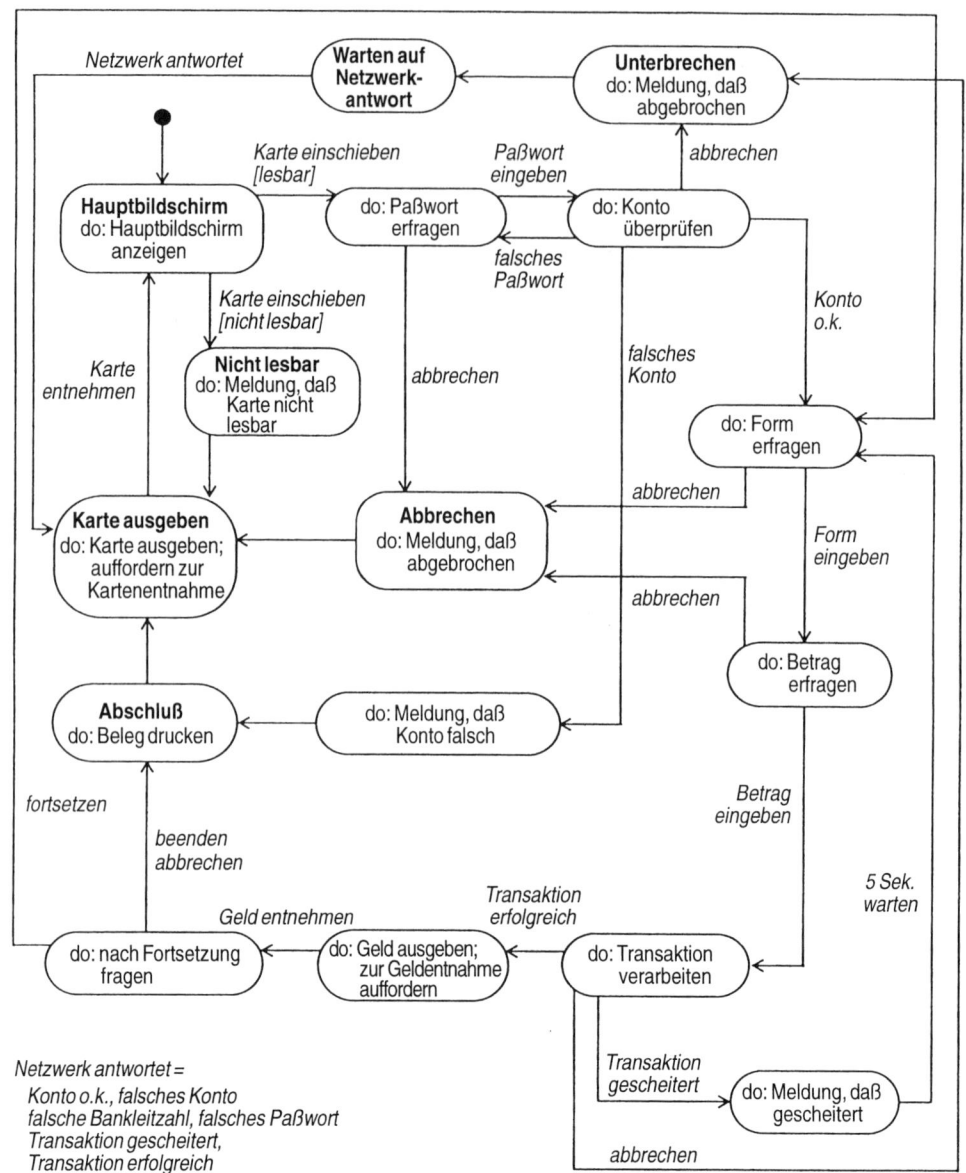

Abb. 8.20 Zustandsdiagramm für die Klasse ATM

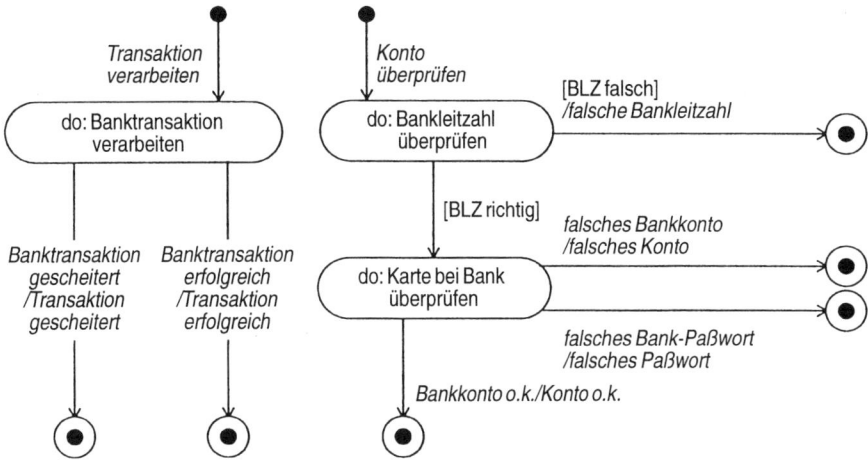

Abb. 8.21   Zustandsdiagramm für die Klasse *Konsortium*

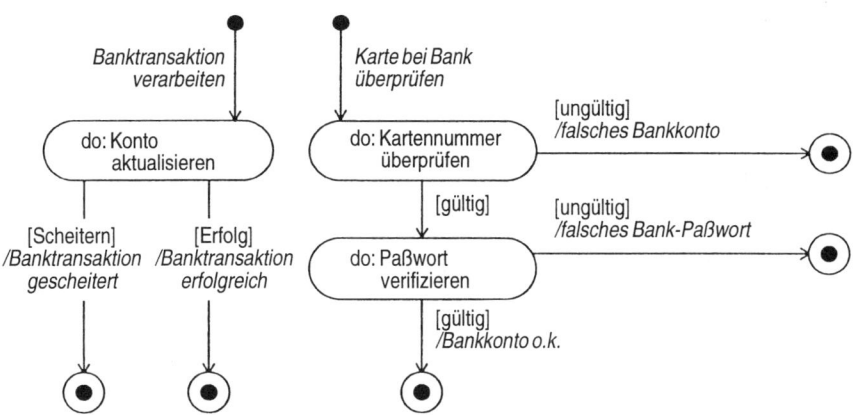

Abb. 8.22   Zustandsdiagramm für die Klasse *Bank*

Hüten Sie sich vor zwei identisch erscheinenden Pfaden, die sich aber unter bestimmten Umständen voneinander unterscheiden. Beispielsweise wiederholen manche Systeme die Eingabesequenz, wenn der Benutzer bei der Informationseingabe einen Fehler macht; nach einer bestimmten Zahl von Fehlern wird die Wiederholung der Eingabesequenz eingestellt. Die Wiederholungssequenz ist mit der normalen Eingabesequenz fast identisch, erinnert aber die vergangenen Fehlversuche. Der Unterschied kann durch Hinzufügen eines Parameters wie Zahl der Fehlversuche überspielt werden, der Informationen über die Fehlversuche aufnimmt. Mindestens eine Transition muß vom Wert des Parameters abhängen. Die wohlüberlegte Verwendung von Parametern und Bedingungstransitionen kann Zustandsdiagramme erheblich vereinfachen, allerdings um den Preis, daß Zustandsinformationen und Daten vermischt werden. Zustandsdiagramme mit einer allzu großen Datenabhängigkeit können verwirrend sein und erschweren ein intuitives Erfassen. Eine andere Alternative besteht darin, ein Zustandsdiagramm in zwei parallele Unterdiagramme zu unterteilen, wobei ein Unterdiagramm die Hauptlinie zeigt und das andere die Unterscheidungsinformationen. Ein Unterdiagramm, das eine Fehleingabe des Benutzers berücksichtigt, könnte zum Beispiel aus den Zuständen *Kein Fehler* und *Ein Fehler* bestehen.

Nachdem Sie sich über die normalen Ereignisse im klaren sind, fügen Sie, wie in Abschnitt 8.5.1 beschrieben, Grenz- und Sonderfälle hinzu. Befassen Sie sich mit Ereignissen, die zu einem unpassenden Zeitpunkt auftreten. Das könnte zum Beispiel eine Anforderung sein, eine Transaktion rückgängig zu machen, die bereits verarbeitet wird. In Fällen, bei denen der Benutzer (oder ein anderer externer Agent) nicht unverzüglich reagiert, kann nach einer gegebenen Wartezeit ein *Zeit-abgelaufen*-Ereignis generiert werden. Die saubere Behandlung von Benutzerfehlern erfordert häufig mehr Überlegung und einen größeren Programmumfang als der normale Fall. Oft verkompliziert die Fehlerbehandlung eine ansonsten klare und kompakte Programmstruktur, sie ist jedoch unumgänglich.

Das Zustandsdiagramm einer Klasse ist fertig, wenn es alle Szenarios abdeckt und alle Ereignisse berücksichtigt, die sich auf ein Objekt der Klasse in allen seinen Zuständen auswirken können. Sie können anhand des Zustandsdiagramms neue Szenarios vorschlagen, indem Sie sich fragen, wie ein noch nicht berücksichtigtes Ereignis den Zustand des Objekts beeinflussen könnte. "Was wenn"-Fragen sind eine gute Möglichkeit, die Vollständigkeit einer Klasse und ihre Fähigkeit, Fehler zu behandeln, zu testen. (Diese Fragen sollten auch auf der Modul- und der Systemebene gestellt werden.)

Wenn komplexe Interaktionen mit unabhängigen Eingaben vorkommen, können Sie das dynamische Modell mit Hilfe eines verschachtelten Zustandsdiagramms organisieren (siehe Kapitel 5). In allen anderen Fällen genügt in der Regel ein flaches Zustandsdiagramm.

Wenden Sie den beschriebenen Prozeß zur Konstruktion von Zustandsdiagrammen auf jede Objektklasse an. Konzentrieren Sie sich auf Klassen mit wichtigen Interaktionen.

Nicht alle Klassen erfordern ein Zustandsdiagramm. Viele Objekte reagieren auf Eingabeereignisse unabhängig von ihrer Historie oder legen alle wichtigen historischen Ereignisse als Parameter ab, die sich nicht auf die Steuerung auswirken. Objekte dieser Art können Ereignisse empfangen und senden. Es genügt, wenn Sie für jedes Objekt die Eingabeereignisse und die als Antwort darauf gesendeten Ausgabeereignisse auflisten. Eine weitere Zustandsstruktur ist nicht notwendig.

Mit zunehmender Erfahrung können Sie Zustandsdiagramme wahrscheinlich direkt niederschreiben, ohne vorher Ereignispfade zu zeichnen. Szenarios werden aber auch dann noch hilfreich sein.

ATM-Beispiel. Die Objekte *ATM, Kassenterminal, Konsortium* und *Bank* sind Handlungsobjekte, die Ereignisse austauschen. Die Objekte *Scheckkarte, Transaktion* und *Konto* sind passive Objekte, auf denen Handlungen ausgeführt werden und die keine Ereignisse austauschen. Der Kunde und der Kassierer sind Handlungsobjekte, ihre Interaktionen mit den Eingabeterminals wurden aber bereits gezeigt; die Objekte *Kunde* und *Kassierer* sind nicht Teil des Systems und müssen nicht darin implementiert werden. Abbildung 8.20 zeigt die Zustandsmaschine für das ATM. Abbildung 8.21 zeigt das Zustandsdiagramm für das Konsortium. Viele Kopien des Diagramms können parallel aktiv sein; jedes Diagramm entspricht genau einer Transaktion. Abbildung 8.22 zeigt die Zustandsmaschine für die Bank. Auch hier entspricht ein Diagramm genau einer Transaktion. Die Zustandsdiagramme sind alle vereinfacht, insbesondere in bezug auf die Fehlerbehandlung. Beispielsweise gibt es in Abbildung 8.20 keine Vorkehrung für Störungen der Netzwerk-Kommunikationsverbindung. Das ATM müßte in diesem Fall eigentlich die Scheckkarte des Kunden ausgeben; dieses Verhalten wird im Diagramm nicht dargestellt. Das Zustandsdiagramm für *Kassenterminal* wurde aus Platzgründen weggelassen, es ähnelt jedoch dem Zustandsdiagramm für das *ATM*.

8.5.5 Ereignisse zwischen Objekten abgleichen

Wenn die Zustandsdiagramme für alle Klassen fertig sind, überprüfen Sie ihre Vollständigkeit und Konsistenz auf Systemebene. Jedes Ereignis sollte einen Sender und einen Empfänger haben. (Manchmal ist ein Objekt sowohl Sender als auch Empfänger eines Ereignisses.) Zustände ohne Vorgänger oder Nachfolger sind verdächtig; stellen Sie sicher, daß es sich um Anfangs- oder Endpunkte der Interaktionsfolge handelt. Folgen Sie den Wirkungen eines Eingabeereignisses von Objekt zu Objekt durch das System, um sicherzustellen, daß die Wirkungen den in den Szenarios beschriebenen entsprechen. Objekte sind inhärent parallel; vermeiden Sie Synchronisationsfehler, d.h. Eingaben zu einem ungeeigneten Zeitpunkt. Vergewissern Sie sich, daß entsprechende Ereignisse in unterschiedlichen Zustandsdiagrammen konsistent sind. Die Menge der Zustandsdiagramme für Objektklassen, deren dynamisches Verhalten eine wichtige Rolle spielt, bildet das dynamische Modell einer Anwendung.

ATM-Beispiel. Möglicherweise greift mehr als ein Geldautomat gleichzeitig auf ein Konto zu. Der Zugriff auf ein Konto muß kontrolliert werden, um sicherzustellen, daß nur eine Aktualisierung zu einem Zeitpunkt erfolgt.

Die Analyse der Zustandsdiagramme zeigt, daß das Ereignis *falsche Bankleitzahl* vom Konsortium gesendet, aber nicht vom ATM empfangen wird. Es muß vor der Aktion *falsche Bankleitzahl drucken* und einer Transition zu *Karte ausgeben* eingefügt werden.

8.6 Funktionale Modellierung

Das funktionale Modell zeigt, wie Werte berechnet werden, ohne Reihenfolgen, Entscheidungen oder Objektstrukturen zu berücksichtigen. Das funktionale Modell zeigt, welche Werte von welchen anderen Werten abhängen, und beschreibt die Funktionen, die sie verbinden. Datenflußdiagramme eignen sich zur Darstellung funktionaler Abhängigkeiten. Funktionen werden unterschiedlich ausgedrückt, zum Beispiel in natürlicher Sprache, durch mathematische Gleichungen oder durch Pseudocode.

Die Prozesse in einem Datenflußdiagramm entsprechen Aktivitäten oder Aktionen in den Zustandsdiagrammen der Klassen. Die Flüsse in einem Datenflußdiagramm entsprechen Objekten oder Attributwerten in einem Objektdiagramm. Es ist am besten, das funktionale Modell nach dem Objektmodell und dem dynamischen Modell zu entwickeln.

Bei der Entwicklung eines funktionalen Modells werden die folgenden Schritte durchgeführt:

• Ein- und Ausgabewerte identifizieren [8.6.1]

• Datenflußdiagramme erstellen, die funktionale Abhängigkeiten zeigen [8.6.2]

• Funktionen beschreiben [8.6.3]

• Einschränkungen identifizieren [8.6.4]

• Optimierungskriterien spezifizieren [8.6.5]

8.6.1 Ein- und Ausgabewerte identifizieren

Schreiben Sie als erstes die Ein- und Ausgabewerte auf. Ein- und Ausgabewerte sind Parameter von Ereignissen zwischen dem System und der Außenwelt. Analysieren Sie die Problembeschreibung, um eventuell übersehene Ein- und Ausgabewerte aufzuspüren.

Abbildung 8.23 zeigt Ein- und Ausgabewerte für die ATM-Anwendung. Weil alle Interaktionen zwischen dem System und der Außenwelt über das ATM (oder das Kassenterminal, auf das wir hier jedoch nicht näher eingehen) verlaufen, sind alle Ein- und Ausgabewerte Parameter von ATM-Ereignissen. Eingabeereignisse, die sich nur auf den Kontrollfluß auswirken, zum Beispiel *abbrechen, beenden* oder *fortsetzen*, liefern keine Eingabewerte. Empfangsbestätigungs-Ereignisse wie *Geld nehmen* oder *Karte entnehmen* stellen ebenfalls keine Daten bereit.

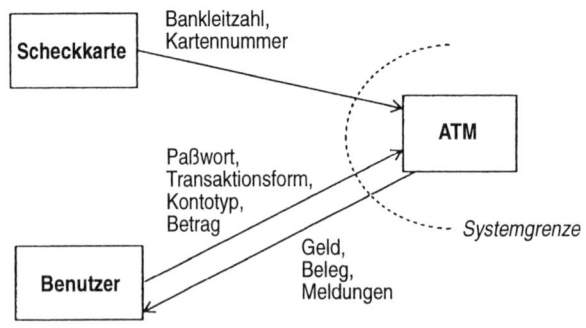

Abb. 8.23   Ein- und Ausgabewerte für das ATM-System

8.6.2 Entwicklung von Datenflußdiagrammen

Bauen Sie jetzt ein Datenflußdiagramm, das zeigt, wie aus Eingabewerten die Ausgabewerte berechnet werden. Ein Datenflußdiagramm wird normalerweise in Schichten konstruiert. Die oberste Schicht kann aus nur einem Prozeß bestehen oder aus je einem Prozeß für das Einholen von Eingabewerten, die Berechnung von Werten und die Generierung von Ausgaben. Abbildung 8.24 zeigt das oberste Datenflußdiagramm für das ATM-Beispiel; die Eingabe- und Ausgabewerte werden von externen Objekten wie *Benutzer* und *Scheckkarte* geliefert und verbraucht.

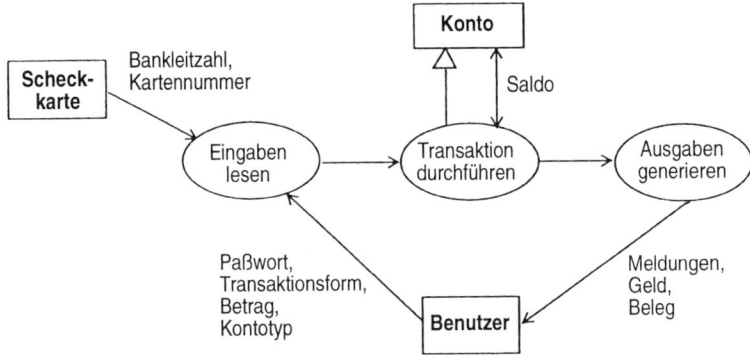

Abb. 8.24 Oberstes Datenflußdiagramm für das ATM-Beispiel

Innerhalb jeder einzelnen Schicht eines Datenflußdiagramms legen Sie ausgehend vom Ausgabewert die Funktion fest, mit der dieser berechnet wird. Wenn alle Eingaben an eine Operation Eingaben für das Gesamtdiagramm sind, sind Sie fertig. Anderenfalls sind manche Eingaben an Operationen Zwischenwerte, die ihrerseits zurückverfolgt werden müssen. Sie können umgekehrt auch den Weg von Eingaben zu Ausgaben verfolgen, es ist jedoch normalerweise schwieriger, alle Verwendungen einer Eingabe zu identifizieren als alle Quellen einer Ausgabe.

Fächern Sie jeden nicht-trivialen Prozeß im obersten Diagramm zu einem detaillierten Datenflußdiagramm auf. Wenn Prozesse der zweiten Ebene noch immer nicht-triviale Prozesse enthalten, können sie rekursiv aufgefächert werden. Abbildung 8.25 fächert den Prozeß *Transaktion durchführen* aus Abbildung 8.24 auf. Der Prozeß ist zu einem großen Teil damit befaßt, auf der Grundlage der Bankleitzahl, der Kartennummer und des Kontotyps das richtige Konto zu wählen. Der eigentliche Aktualisierungsprozeß wendet die Transaktionsart mit dem Betrag auf das gewählte Konto an.

Die meisten Systeme verfügen über interne Speicherobjekte, die Werte zwischen Iterationen speichern. Die ATM-Berechnung liest Werte vom Objekt *Konto* bzw. schreibt sie dorthin. Der Unterschied zwischen einem internen Speicher und einem Datenfluß oder einem Prozeß besteht darin, daß der interne Speicher Werte

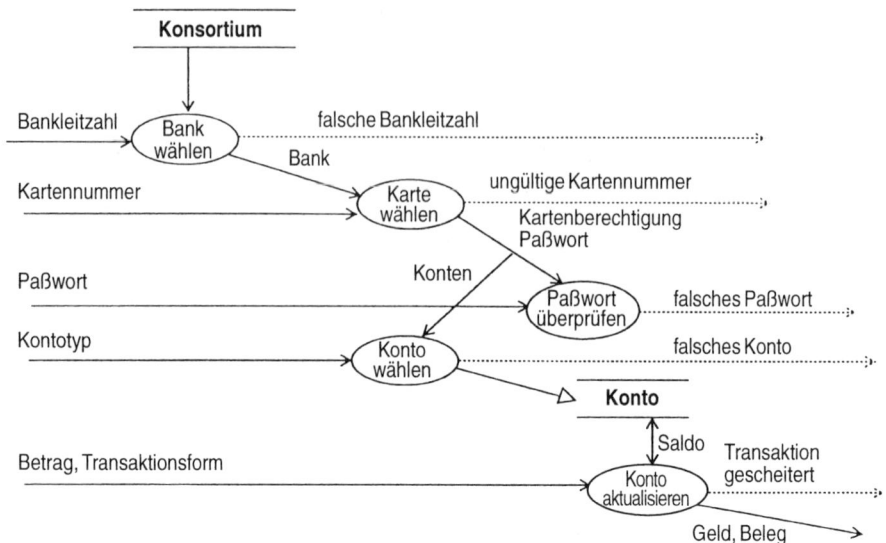

Abb. 8.25 Datenflußdiagramm für den ATM-Prozeß *Transaktion durchführen*

empfängt, die nicht in unmittelbaren Ausgaben resultieren, sondern erst zu einem späteren Zeitpunkt verwendet werden.

Datenflußdiagramme spezifizieren nur Abhängigkeiten zwischen Operationen. Sie zeigen keine Entscheidungen oder Operationsreihenfolgen; tatsächlich können einige Operationen optional sein oder sich gegenseitig ausschließen. Ein Paßwort zum Beispiel muß verifiziert werden, bevor das Konto aktualisiert wird; bei einem Scheitern wird das Konto nicht aktualisiert. Solche Sequenzierungsentscheidungen sind Teil des dynamischen Modells, nicht des funktionalen Modells.

Einige Datenwerte wirken sich auf Entscheidungen im dynamischen Modell aus. Entscheidungen wirken sich im Datenflußmodell nicht direkt auf Ausgabewerte aus, weil dieses alle möglichen Berechnungspfade darstellt. Es kann jedoch nützlich sein, Entscheidungsfunktionen im Datenflußmodell zu beschreiben, weil sie komplizierte Funktionen von Eingabewerten sein können. Entscheidungsfunktionen können im Datenflußdiagramm gezeigt werden, ihre Ausgaben sind jedoch Steuersignale, die durch gepunktete Ausgabepfeile dargestellt werden. Diese Funktionen sind "Datensenken" im Datenflußdiagramm; ihre Ausgaben beeinflussen den Kontrollfluß im dynamischen Modell und nicht die Ausgabewerte direkt. Beispielsweise ist *Paßwort überprüfen* eine Entscheidungsfunktion. Wir haben das Fehlersignal gezeigt, das möglicherweise daraus resultiert. Dagegen wird der Pfeil für das Steuersignal zum Prozeß *Konto aktualisieren* nur impliziert. Wenn Sie möchten, können Sie einen durch eine Entscheidung kontrollierten Steuerpfeil dorthin zeichnen.

8.6.3 Funktionen beschreiben

Sobald das Datenflußdiagramm ausreichend detailliert ist, erstellen Sie für jede Funktion eine Beschreibung. Die Beschreibung kann in natürlicher Sprache, durch mathematische Gleichungen, Pseudocode, Entscheidungstabellen oder in einer anderen geeigneten Form erfolgen. Konzentrieren Sie sich auf das, was die Funktion tut, nicht auf ihre Implementierung. Die Beschreibung kann deklarativ oder prozedural sein. Eine deklarative Beschreibung spezifiziert die Beziehungen zwischen Ein- und Ausgabewerten und die Beziehungen zwischen den Ausgabewerten. Eine Beschreibung der Funktion "Sortieren und Kopien von Werten entfernen" könnte lauten: "Jeder Wert in der Eingabeliste erscheint genau einmal in der Ausgabeliste, die Ausgabeliste enthält nur Werte der Eingabeliste und die Werte in der Ausgabeliste sind in strikt aufsteigender Reihenfolge sortiert." Eine prozedurale Beschreibung spezifiziert eine Funktion, indem sie einen Algorithmus zu ihrer Berechnung angibt. Dieser Algorithmus soll nur spezifizieren, was die Funktion tut; bei der Implementierung kann er durch einen anderen Algorithmus ersetzt werden, der die gleichen Werte berechnet. Deklarative Beschreibungen sind prozeduralen Beschreibungen vorzuziehen, weil sie keine Implementierung implizieren. Wenn sich allerdings die prozedurale Beschreibung sehr viel einfacher schreiben läßt, so sollte sie auch verwendet werden.

Die meisten Funktionen im ATM-Beispiel sind trivial. Abbildung 8.26 zeigt die Beschreibung der Funktion *Konto aktualisieren*. Die Beschreibung soll vor allem spezifizieren, was in den unterschiedlichen Fällen geschehen soll; beispielsweise klärt sie, ob eine teilweise Abhebung zulässig ist, wenn der geforderte Betrag höher ist als das Guthaben auf dem Konto.

8.6.4 Einschränkungen zwischen Objekten identifizieren

Identifizieren Sie Einschränkungen (constraints) zwischen Objekten. Einschränkungen sind funktionale Abhängigkeiten zwischen Objekten, die nicht durch eine Eingabe-Ausgabe-Abhängigkeit verbunden sind. Einschränkungen erstrecken sich auf zwei Objekte zur gleichen Zeit, Instanzen des gleichen Objekts zu unterschiedlichen Zeiten (Invariante) oder Instanzen unterschiedlicher Objekte zu unterschiedlichen Zeiten (obwohl diese normalerweise Ein-/Ausgabe-Funktionen sind). Eingangsbedingungen (pre-conditions) auf Funktionen sind Einschränkungen, die die Eingabewerte erfüllen müssen, Ausgangsbedingungen (post conditions) sind Einschränkungen, die die Ausgabewerte garantiert einhalten müssen. Geben Sie die Zeiten oder Bedingungen an, zu denen die Einschränkungen gelten.

Eine Einschränkung im ATM-Problem lautet: "Ein Kontostand darf niemals negativ sein." Wenn wir Konten mit Überziehungskrediten hinzufügen, muß die Einschränkung dagegen lauten: "Ein negativer Kontostand darf niemals die Kreditgrenze für das Konto überschreiten." Diese Einschränkungen spezifizieren nicht, wie der Versuch zu behandeln ist, einen zu hohen Betrag abzuheben; der Systemanalytiker muß die Einschränkung in das dynamische und das funktionale Modell einbauen, um die Spezifikation zu vervollständigen.

Konto aktualisieren (Konto, Betrag, Transaktionsform) –> Geld, Beleg, Nachricht
    Wenn der abzuhebende Betrag höher ist als der aktuelle Kontostand,
        wird die Transaktion abgelehnt und kein Geld ausgegeben
    Wenn der abzuhebende Betrag nicht höher ist als der aktuelle Kontostand,
        wird das Konto belastet und der gewünschte Betrag ausgegeben
    Wenn es sich bei der Transaktion um eine Einzahlung handelt,
        wird der Betrag dem Konto gutgeschrieben und kein Geld ausgegeben
    Wenn es sich bei der Transaktion um eine Anfrage nach dem Kontostand handelt,
        wird kein Geld ausgegeben.
    In jedem Fall,
        zeigt der Beleg die ATM-Nummer, Datum und Zeit, die Kontonummer,
        die Transaktionsform, gegebenenfalls die Kontobewegung und den
        neuen Kontostand.

Abb. 8.26   Funktionsbeschreibung für die Funktion *Konto aktualisieren*

8.6.5 Optimierungskriterien spezifizieren

Spezifizieren Sie Werte, die maximiert, minimiert oder auf andere Weise optimiert werden sollen. Wenn es mehrere, einander widersprechende Optimierungskriterien gibt, geben Sie an, wie ein Kompromiß gefunden wird. Dabei ist es
normalerweise nicht möglich, wirklich präzise Regeln zu finden. Außerdem
werden sich die Kriterien vermutlich ohnehin ändern, bis das Projekt abgeschlossen ist.

Für das ATM-Beispiel könnten unter anderem die folgenden Optimierungskriterien relevant sein: Die Zahl der physikalischen Nachrichten zwischen verschiedenen Standorten sollte minimiert werden. Ebenso sollte die Zeit minimiert
werden, während der ein Konto wegen paralleler Zugriffe gesperrt ist. Sofern eine
ganze Bank wegen paralleler Zugriffe gesperrt sein muß, ist es unbedingt notwendig, die Zeit dafür auf ein Mindestmaß zu reduzieren.

8.7 Operationen hinzufügen

Unser Stil der objektorientierten Analyse mißt der Definition von Operationen
sehr viel weniger Gewicht bei als traditionellere objektorientierte Methodologi-
en, die bei der Programmierung ansetzen. Die Liste der potentiell nützlichen
Operationen ist endlos und es ist schwierig, einen Schlußpunkt zu setzen. Operationen in objektorientierten Programmiersprachen entsprechen Anfragen nach
Attributen oder Assoziationen im Objektmodell (wie *Konto.Saldo* oder *Scheckkarte. Bank*), Ereignissen im dynamischen Modell (wie das Ereignis *abbrechen*,
das *Benutzer* an *ATM* sendet) oder Funktionen im funktionalen Modell (wie
Konto aktualisieren). Unserer Meinung nach ist es nützlicher, diese verschiedenen Operationstypen bei der Analyse zu unterscheiden. In einigen objektorientierten Sprachen, zum Beispiel Smalltalk, sind alle diese Operationen auf die
gleiche Weise implementiert, während andere Sprachen, zum Beispiel DSM
[Shah-89] jeweils unterschiedliche Mechanismen dafür bereitstellen.

Schlüsseloperationen sollten jetzt im Objektmodell zusammengefaßt werden. Die folgenden Analyseschritte führen zu ihrer Identifizierung.

8.7.1 Operationen aus dem Objektmodell

Zu den Operationen, die sich aus der Objektstruktur ergeben, gehören das Lesen und Schreiben von Attributwerten und Assoziationsverknüpfungen. Diese Operationen müssen nicht explizit im Objektmodell dargestellt werden, sondern werden durch die Existenz eines Attributs impliziert. Während der Analyse wird angenommen, daß alle Attribute zugänglich sind. Der Zugriff auf ein Attribut wird durch eine "Punkt"-Notation angegeben, zum Beispiel "ATM.verfügbares-Geld". Das Durchlaufen eines Pfads im Objektmodell von einem Objekt zu einem anderen kann als eine Reihe von "Pseudoattribut"-Zugriffen auf Assoziationsrollen ausgedrückt werden, zum Beispiel "Konto.Bank" oder "Außentransaktion.Kartenberechtigung.Kunde". Der Zugriff auf eine qualifizierte Verknüpfung kann durch eine "Index"-Notation angegeben werden, zum Beispiel "Konsortium.Bank [Bankleitzahl].Konto[Kontonummer]". In Pseudocode kann diese Notation zur Definition von Funktionen und Aktionen verwendet werden.

8.7.2 Operationen aus Ereignissen

Jedes Ereignis, das an ein Objekt gesendet wird, entspricht einer Operation auf dem Objekt. Je nach der Systemarchitektur können Ereignisse direkt implementiert werden, indem man ein Werkzeug zur Behandlung von Ereignissen bereitstellt, oder sie können zu expliziten Methoden umgewandelt werden. In der Analyse lassen sich Ereignisse am besten als Namen auf Zustandtransitionen darstellen. Sie sollten nicht explizit im Objektmodell aufgeführt werden.

8.7.3 Operationen aus Zustandsaktionen und -aktivitäten

Aktionen und Aktivitäten im Zustandsdiagramm können Funktionen sein. Diese Funktionen weisen eine interessante Berechnungsstruktur auf und sollten als Operationen im Objektmodell definiert werden. Beispielsweise ist im ATM-Beispiel für *Konsortium* die Aktivität *Bankleitzahl überprüfen* definiert und für *Bank* die Aktivität *Paßwort überprüfen*.

8.7.4 Operationen aus Funktionen

Jede Funktion im Datenflußdiagramm entspricht einer Operation auf einem oder möglicherweise mehreren Objekten. Diese Funktionen besitzen häufig eine interessante Berechnungsstruktur und sollten im Objektmodell zusammengefaßt werden. Organisieren Sie die Funktionen als Operationen auf Objekten. Lassen Sie Zugriffsfunktionen weg, die das Objektmodell durchlaufen.

Wenn die gleiche Folge von Gleichungen oder Pseudocodefragmenten mehr als eine Funktion beschreibt, kann zur Vereinfachung des funktionalen Modells eine neue Operation eingeführt werden.

Sehen Sie sich Abbildung 8.25 an: Die *wählen*-Operationen bewirken eigentlich, daß die Pfade des Objektmodells durchlaufen werden. *Paßwort überprüfen* und *Konto aktualisieren* sind im Grunde die einzigen interessanten Transaktionen.

Wir können *Paßwort überprüfen* als Operation auf der Klasse *Kartenberechtigung* und *Konto aktualisieren* als Operation auf der Klasse *Konto* definieren. Wenn wir die Definition von *Konto aktualisieren* erweitern, kann es sinnvoll sein, einfachere Operationen für die verschiedenen Transaktionsformen zu definieren:

```
Konto :: abheben (Form, Betrag) ->Zustand
Konto :: einzahlen (Form, Betrag) ->Zustand
```

8.7.5 Shopping-List-Operationen

Manchmal ergeben sich Operationen aus dem Verhalten von Klassen in der realen Welt. Meyer [Meyer-88] nennt diese Art von Operationen "Shopping-List-Operationen", weil sie weder von einer bestimmten Anwendung abhängen noch einer bestimmten Ausführungsreihenfolge unterliegen, sondern für sich alleine stehen können. Shopping-List-Operationen ermöglichen es, bereits an künftige Erfordernisse zu denken, wenn die Klassenorganisation noch nicht endgültig feststeht. Sie bieten die Gelegenheit, die Objektdefinition auf eine Grundlage zu stellen, die über die Notwendigkeiten des unmittelbaren Problems hinausgeht. Für eine rein funktionsorientierte Problemdekomposition sind Shopping-List-Operationen ohne Bedeutung. Sie machen jedoch insofern Sinn, als wir Wert darauf legen, daß Objekte eine Bedeutung in der realen Welt besitzen, die über ihre Verwendung in einem einzelnen Problem hinausgeht. Lassen Sie Operationen weg, die dem Durchlaufen von Pfaden entsprechen.

Einige Operationen, die für das ATM-Problem bisher noch nicht identifiziert wurden, sind:

```
Konto :: schließen
Konto :: Scheckkarte-berechtigen (Scheckkartenberechtigung)
Bank :: Sparkonto-erzeugen (Kunde) ->Konto
Bank :: Girokonto-erzeugen (Kunde) ->Konto
Bank :: Scheckkarte-erzeugen (Kunde) ->Scheckkarten-
                                        berechtigung
Scheckkartenberechtigung :: Konto-löschen (Konto)
Scheckkartenberechtigung :: schließen
```

8.7.6 Operationen vereinfachen

Prüfen Sie, ob sich im Objektmodell ähnliche Operationen und Variationen einer Operation befinden. Versuchen Sie, die Definition einer Operation so zu erweitern, daß sie solche Variationen und Sonderfälle umfaßt. Verwenden Sie – wo möglich – Vererbung, um die Zahl der unterschiedlichen Operationen zu verringern. Führen Sie gegebenenfalls neue Oberklassen ein, um die Operationen zu vereinfachen, vorausgesetzt, die neuen Oberklassen wirken nicht gezwungen oder unnatürlich. Ordnen Sie alle Operationen der korrekten Ebene innerhalb der Klassenhierarchie zu. Diese Verfeinerung führt häufig zu wenigen, mächtigeren

Operationen, die sich jedoch einfacher spezifizieren lassen als die ursprünglichen Operationen, weil sie einheitlicher und allgemeiner sind.

Das ATM-Beispiel ist nicht so kompliziert, daß es eine Vereinfachung erfordert.

8.8 Überarbeiten der Analyse

Die meisten Analysemodelle erfordern mehr als einen Arbeitsgang zu ihrer Fertigstellung. Die meisten Problembeschreibungen enthalten zirkuläre Abhängigkeiten und die meisten Anwendungen können nicht vollkommen linear angegangen werden, weil Interaktionen zwischen verschiedenen Teilen des Problems bestehen. Um ein Problem in allen seinen Implikationen zu verstehen, müssen Sie iterativ an die Analyse herangehen: Erstellen Sie zunächst eine erste Näherung für das Modell und arbeiten Sie neue und detailliertere Erkenntnisse nach und nach in die Analyse ein. Zwischen Analyse und Entwurf gibt es keine scharfe Trennung – Sie sollten Ihre Anstrengungen deshalb nicht übertreiben. Stimmen Sie Ihr Analyseergebnis mit dem Kunden und Experten des Anwendungsbereichs ab.

8.8.1 Analysemodell verfeinern

Möglicherweise enthält das Gesamtmodell Ihrer Analyse Inkonsistenzen und Unausgewogenheiten innerhalb der Modelle oder über die Modelle hinweg. Überarbeiten Sie die verschiedenen Phasen, um einen klareren, kohärenteren Entwurf zu erhalten. Versuchen Sie, Objektdefinitionen zu verfeinern, so daß mehr gemeinsame Nutzung möglich ist, und Sie eine bessere Struktur erhalten. Fügen Sie Einzelheiten hinzu, über die Sie beim ersten Durchgang hinweggegangen sind.

Einige Konstrukte werden sperrig wirken und nicht richtig in das Modell passen. Überprüfen Sie sie nochmals sorgfältig; möglicherweise benutzen Sie die falschen Konzepte. Mit zunehmendem Problemverständnis sind manchmal größere Restrukturierungen des Modells nicht zu umgehen. Diese lassen sich jetzt leichter als zu jedem späteren Zeitpunkt realisieren. Vermeiden Sie also wünschenswerte Änderungen nicht, nur weil bereits ein scheinbar funktionierendes Modell vorliegt. Wenn sehr viele Konstrukte ähnlich erscheinen, aber nicht richtig zusammenpassen, haben Sie wahrscheinlich ein allgemeineres Konzept übersehen oder falsch interpretiert. Achten Sie auf Generalisierungen, die auf falschen Attributen beruhen.

Häufig wird versäumt, ein physikalisches Objekt mit zwei logisch unterschiedlichen Aspekten als zwei Objekte, eines für jeden Aspekt, zu modellieren. Ein Hinweis darauf ist ein Objekt, das sich nicht problemlos einfügt, weil es zwei Rollen ausfüllen muß.

Weitere Warnzeichen, auf die Sie achten sollten, sind Ausnahmen, viele Sonderfälle, das Fehlen einer erwarteten Symmetrie oder ein Objekt mit zwei oder mehr Mengen nicht verwandter Attribute oder Operationen. Denken Sie über eine Restrukturierung Ihres Modells nach, um Einschränkungen seiner Struktur besser zu erfassen.

Entfernen Sie Objekte oder Assoziationen, die zunächst nützlich erschienen, sich jetzt aber als nicht zum Problembereich gehörig erwiesen haben. Oft können zwei in der Analyse unterschiedliche Objekte kombiniert werden, weil ihre Unterscheidung sich nicht auf das restliche Modell auswirkt.

Ein gutes Modell wird intuitiv als richtig empfunden und enthält keine unwesentlichen Details. Machen Sie sich aber keine Sorgen, wenn Ihr Modell nicht perfekt ist; selbst ein gutes Modell enthält oft Schwachpunkte, bei denen trotz korrekter Modellierung ein ungutes Gefühl zurückbleibt.

8.8.2 Anforderungen umformulieren

Nach Abschluß der Analyse dient das Modell als Anforderungsgrundlage und definiert den Rahmen künftiger Gespräche. Die meisten der realen Anforderungen werden Teil des Modells sein. Einige Anforderungen spezifizieren Leistungseinschränkungen; diese sollten zusammen mit den Optimierungskriterien klar festgelegt werden. Anforderungen, die die Lösungsmethode spezifizieren, sollten getrennt gehalten und, wenn möglich, in Frage gestellt werden.

Stimmen Sie das endgültige Modell mit dem Auftraggeber ab. Möglicherweise hat die Analyse gezeigt, daß manche Anforderungen unkorrekt oder unpraktisch sind; Anforderungskorrekturen sollten bestätigt werden. Das Analysemodell sollte darüber hinaus auch von Experten des Anwendungsbereichs überprüft werden, um sicherzustellen, daß es die reale Welt korrekt modelliert. Unserer Erfahrung nach erleichtern Analysemodelle erheblich die Kommunikation mit Anwendungsexperten, die keine Computerspezialisten sind.

Das endgültige, verifizierte Analysemodell dient als Grundlage der Systemarchitektur, des Entwurfs und der Implementierung. Korrekturen und bei der Analyse gewonnenes Wissen sollten in die ursprüngliche Problembeschreibung eingearbeitet werden

8.8.3 Analyse und Entwurf

Ziel der Analyse ist es, das Problem und den Anwendungsbereich vollständig zu spezifizieren, ohne eine bestimmte Implementierungsrichtung vorwegzunehmen. Es ist in der Praxis jedoch unmöglich, jeden Hinweis auf die Implementierung zu vermeiden. Zwischen den verschiedenen Entwurfsphasen gibt es keine absoluten Trennlinien. Ebensowenig kann es eine perfekte Analyse geben. Halten Sie sich nicht zu starr an die von uns angegebenen Regeln. Die Regeln sollen die Flexibilität erhalten und spätere Veränderungen ermöglichen. Sie sollten dabei aber nicht vergessen, daß die Modellierung nur ein Schritt auf dem Weg zum Gesamtergebnis ist und Flexibilität ein Mittel zum Zweck.

8.9 Zusammenfassung

Zweck der Analyse ist es, das Problem und den Anwendungsbereich zu beschreiben und zu verstehen, so daß ein korrekter Entwurf entwickelt werden kann. Eine gute Analyse fängt die wesentlichen Merkmale des Problems ein, ohne Implementierungskonstrukte einzuführen, die Entwurfsentscheidungen vorzeitig einschränken würden.

Erstellen Sie in Absprache mit Auftraggebern, Anwendern und Experten des Anwendungsbereichs zunächst eine erste Problembeschreibung. Die Anforderungen sollten beschreiben, was zu tun ist, nicht wie die Implementierung aussehen wird. Die Problembeschreibung dient nur als Ansatzpunkt für die Analyse und kann daher unvollständig, mehrdeutig und fehlerhaft sein.

Das Objektmodell zeigt die statische Struktur der realen Welt. Identifizieren Sie als erstes Objektklassen. Danach identifizieren Sie Assoziationen zwischen Objekten, einschließlich Aggregationen sowie wichtige Objektattribute und Verknüpfungen. Die Klassenstruktur wird durch Vererbung organisiert und vereinfacht. Stellen Sie eng gekoppelte Klassen und Assoziationen als Moduln dar. Informationen in Objektmodellen sollten durch kurze textuelle Beschreibungen ergänzt werden, die den Zweck und den Umfang der Entitäten erläutern.

Das dynamische Modell zeigt das Systemverhalten, insbesondere die Interaktionsreihenfolge. Schreiben Sie als erstes Szenarios sowohl für typische als auch für ungewöhnliche Sitzungen. Danach identifizieren Sie Ereignisse zwischen dem System und der Außenwelt. Erstellen Sie für jedes aktive Objekt ein Zustandsdiagramm, das die Ereignisse, die das Objekt sendet und empfängt, und die Aktionen, die es ausführt, zeigt. Stimmen Sie die Ereignisse in den Zustandsdiagrammen aufeinander ab, um die Konsistenz sicherzustellen. Die Menge der gezeichneten Zustandsdiagramme bildet das dynamische Modell.

Das funktionale Modell zeigt die funktionale Ableitung von Werten, ohne den Zeitpunkt ihrer Berechnung zu berücksichtigen. Als erstes identifizieren Sie die Eingabe- und Ausgabewerte des Systems als Parameter externer Ereignisse. Danach entwickeln Sie Datenflußdiagramme, die die Berechnung der Ausgabewerte aus anderen Werten – letztlich Eingabewerten – zeigen. Datenflußdiagramme interagieren mit internen Objekten, die als Datenspeicher zwischen den Interaktionen dienen. Zum Schluß spezifizieren Sie Einschränkungen und Optimierungskriterien.

Analyse	Identifizieren von Attributen
Analysemodell	Identifizieren von Ereignissen
Data Dictionary	Identifizieren von Klassen
Entwicklung des dynamischen Modells	Identifizieren von Operationen
Entwicklung des funktionalen Modells	Problembeschreibung
Entwicklung des Objektmodells	Szenario
Identifizieren von Assoziationen	Testen des Modells

Abb. 8.27 Schlüsselbegriffe in Kapitel 8

Operationen werden in unserer Methodologie von mehreren Quellen abgeleitet. Wir halten es nicht für nützlich, Operationen während der Analyse zu gruppieren. Nur Operationen aus dem funktionalen Modell (und möglicherweise Shopping-List-Operationen) müssen im Objektdiagramm dargestellt werden.

Methodologien sind niemals so linear, wie ihre Beschreibungen glauben machen. Das gilt auch für unsere Methodologie. Jede komplexe Analyse wird durch Iteration auf mehreren Ebenen entwickelt. Es ist nicht notwendig, alle Teile des Modells im gleichen Tempo voranzutreiben. Die Analyseergebnisse ersetzen die ursprüngliche Problembeschreibung und dienen als Grundlage für den Entwurf.

8.10 Anmerkungen zur Bibliographie

Shlaer und Mellor [Shlaer-88] analysieren ein Problem ähnlich wie wir von den Objekten, Attributen und Relationen der realen Welt her und bauen Zustandsmaschinen für jedes Objekt. Ihr Ansatz ist stärker als unserer auf relationale Datenbankrepräsentationen ausgerichtet. Unsere Methodologie betont die Freiheit des Analysemodells von Implementierungskonstrukten wie relationalen Tabellen und Identifikatoren. Shlaer und Mellor bauen Zustandsmodelle für passive Objekte, wie zum Beispiel Konten, während wir Zustandsmodelle auf aktive Objekte beschränken. Trotz dieser Unterschiede kann der Leser die Entsprechungen der beiden Notationen und Ansätze leicht nachvollziehen.

Meyer [Meyer-88] vermittelt zahlreiche, nützliche Einsichten in die Prinzipien, die einem guten Entwurf zugrundeliegen. Er plädiert dafür, einen auf Daten ausgerichteten, bottom-up Entwurf zu entwickeln, Shopping-List-Operationen aufzudecken und auf ein Hauptprogramm im System zu verzichten. Wir wollen dem nicht widersprechen, obwohl nach unserer Erfahrung Operationen im Rahmen des Entwurfs vom dynamischen und vom funktionalen Modell abgeleitet werden können. Meyer setzt Zusicherungen (assertions), Eingangs- und Ausgangsbedingungen wirkungsvoll zur Spezifikation von Operationen ein.

Booch gibt in seinem kurzen Aufsatz [Booch-86] die wohl beste Kurzeinführung in den objektorientierten Entwurf. Er diskutiert, wie man Objekte und Operationen ermittelt, indem man die Substantive und Verben in der Problembeschreibung untersucht.

Einen gründlicheren Vergleich zu anderen Methodologien und Notationen finden Sie in Kapitel 12.

8.11 Literaturangaben

[Booch-86] Grady Booch. Object-oriented development. *IEEE Transactions on Software Engineering SE-12*, 2 (February 1986), 211-221.
[Meyer-88] Betrand Meyer. *Object-Oriented Software Construction*. Hertfordshire, England: Prentice Hall International, 1988.
[Shah-89] Ashwin Shah, James Rumbaugh, Jung Hamel, Renee Borsari. DSM: an object-relationship modeling language. *OOPSLA'89 as ACM SIGPLAN 24*, 11 (Nov. 1989), 191-210.

[Shlaer-88] Sally Shlaer, Stephen J. Mellor. *Object-Oriented Systems Analysis*. Englewood Cliffs, New Jersey: Yourdon Press, 1988.

Übungen

8.1 (3) Identifizieren Sie für jedes der folgenden Systeme die relative Bedeutung der drei Modellierungsaspekte: 1) Objektmodellierung, 2) dynamische Modellierung, 3) funktionale Modellierung. Begründen Sie Ihre Antworten. Für einen Compiler zum Beispiel würde die Antwort 3, 1 und 2 lauten. Die funktionale Modellierung ist für einen Compiler am wichtigsten, weil Fragen der Datentransformation im Mittelpunkt stehen.

a. Bridgespieler

b. Wechselgeldautomat

c. Tempomat

d. elektronische Schreibmaschine

e. Rechtschreibprüfer

f. automatischer Anrufbeantworter

8.2 (4) Beschreiben Sie in Anlehnung an die Problembeschreibung für das ATM-System in Abschnitt 8.3 die funktionalen Spezifikationen für die Systeme aus Übung 8.1. Sie können den Umfang der Systeme begrenzen. Es kommt vor allem darauf an, daß Ihre Spezifikationen präzise sind und keine Implementierungsentscheidungen enthalten. Jede Spezifikation sollte 150 bis 300 Wörter umfassen.

8.3 (3) Präzisieren Sie die folgenden Anforderungen. Entfernen Sie alle Entwurfsentscheidungen, die als Anforderungen getarnt sind:

a. Ein System zur Übertragung von Daten von einem Computer zu einem anderen über eine Telekommunikationsleitung. Das System sollte Daten zuverlässig über rauschende Kanäle übertragen. Daten dürfen nicht verloren gehen, wenn die Empfangsseite nicht Schritt halten kann oder die Leitung ausfällt. Daten sollten gepackt unter Verwendung eines Master-Slave-Protokolls übertragen werden, bei dem die Empfangsseite jeden Austausch positiv oder negativ bestätigt.

b. Benötigt wird ein System zur Automatisierung der Produktion komplexer Maschinenteile. Die Teile werden unter Verwendung eines dreidimensionalen Entwurfseditors entwickelt, der zum System gehört. Das System liefert zunächst Magnetbänder, die von numerisch gesteuerten NC-Maschinen zur eigentlichen Produktion der Teile verwendet werden.

c. Benötigt wird ein Desktop-Publishing-System, das auf dem WYSIWYG-Prinzip (What you see is what you get) basiert. Das System soll Text und Grafik unterstützen. Die Grafik umfaßt Linien, Quadrate, Rechtecke, Vielecke, Kreise und Ellipsen. Intern wird ein Kreis als Sonderfall einer Ellipse und ein Quadrat als Sonderfall eines Rechtecks repräsentiert. Das System sollte eine interaktive, grafische Dokumentenbearbeitung unterstützen.

d. Benötigt wird ein System, das Unsinn generiert. Eingabe ist ein Beispieldokument. Ausgabe ist ein Zufallstext, der den Eingabetext nachempfindet, indem er die Häufigkeit von Buchstabenkombinationen des Eingabetextes imitiert. Der Benutzer spezifiziert den Grad der Imitation und die Länge der gewünschten Ausgabe. Bei einem Grad N findet sich jede Ausgabefolge mit N Zeichen in der Eingabe mit der gleichen Häufigkeit wieder. Je höher N, desto mehr entspricht der Ausgabestil dem Eingabestil. Das System sollte die Ausgabe nach der folgenden Methode generieren:

Wählen Sie eine beliebige Position im Dokument, das gerade imitiert wird. Tasten Sie den Eingabetext ab, bis Sie eine Buchstabenfolge finden, die genau den letzten N − 1 Zeichen der Ausgabe entspricht. Wenn Sie das Ende der Eingabe erreichen, setzen Sie das Abtasten am Textanfang fort. Wenn eine Übereinstimmung gefunden wird, kopieren Sie den Buchstaben nach der gefundenen Folge von der Eingabe in die Ausgabe. Wiederholen Sie diesen Vorgang so lange, bis die gewünschte Textmenge generiert ist.

e.   Benötigt wird ein System zur Verteilung von Electronic Mail über ein Netzwerk. Jeder Benutzer des Systems sollte die Möglichkeit haben, Mail von jedem Computerverzeichnis aus zu senden und in einem bestimmten Verzeichnis zu empfangen. Das System sollte das Beantworten und Versenden von Mail sowie das Speichern von Nachrichten in Dateien oder das Drucken von Nachrichten unterstützen. Darüber hinaus sollten die Benutzer über Verteilungslisten Nachrichten an mehrere andere Benutzer gleichzeitig senden können. Jeder Computer am Netz sollte Nachrichten für abgeschaltete Computer bei sich zwischenspeichern können.

8.4   (7) Erzeugen Sie für jedes System aus Übung 8.3 ein Objektdiagramm.

Die Übungen 8.5 – 8.15 hängen zusammen. Bearbeiten Sie als erstes Übung 8.5. Im folgenden finden Sie angedachte funktionale Spezifikationen für einen einfachen Diagrammeditor, der als Kernstück verschiedener Anwendungen dienen könnte:

Der Editor wird interaktiv verwendet, um Zeichnungen zu erstellen und zu ändern. Eine Zeichnung besteht aus mehreren Blättern. Zeichnungen werden in benannten ASCII-Dateien gespeichert und von ihnen geladen. Blätter enthalten Boxen und Verknüpfungen. Jede Box kann optional eine Zeile Text enthalten. Text ist nur innerhalb von Boxen zulässig. Der Editor muß die Größe einer Box automatisch an den darin enthaltenen Text anpassen. Die Schriftgröße des Textes kann nicht angepaßt werden. Beliebige Boxenpaare auf dem gleichen Blatt können durch eine Folge von Linien verbunden sein; dabei wechseln horizontale und vertikale Linien einander ab. Abbildung Ü8.1 zeigt eine einfache Zeichnung, die nur ein Blatt umfaßt.

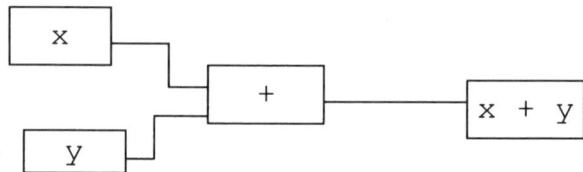

Abb. Ü8.1 Beispielzeichnung

Der Editor wird über Pop-up-Menüs gesteuert. Menüs, Objekte und Verknüpfungen werden über eine Maus mit drei Knöpfen ausgewählt. Zu den Operationen, die der Editor bereitstellen sollte, gehören unter anderem: Blatt erstellen; Blatt löschen; nächstes Blatt; vorheriges Blatt; Box erstellen; Boxen verknüpfen; Text eingeben; Auswahl gruppieren; Auswahl schneiden, verschieben oder kopieren; einfügen; Text bearbeiten; Zeichnung speichern und Zeichnung laden. Kopieren, Schneiden und Einfügen werden mit Hilfe eines Puffers ausgeführt. Kopieren erzeugt eine Kopie der Auswahl auf einem Blatt und stellt sie in den Puffer. Schneiden entfernt eine Auswahl vom Blatt und stellt sie in den Puffer. Einfügen kopiert den Inhalt des Puffers in das Blatt. Jede Kopier- und Schneideoperation überschreibt den vorherigen Pufferinhalt. Ausschnitte und Vergrößerungen sind nicht zulässig; die Zeichnungen besitzen eine feste Größe. Wenn Boxen verschoben werden, wird der darin enthaltene Text mitverschoben und Verknüpfungen werden angepaßt.

8.5   (3) Im folgenden sehen Sie eine Liste potentieller Objektklassen. Erstellen Sie eine Liste der Klassen, die aus einem der in diesem Kapitel genannten Gründe gestrichen werden sollten. Begründen Sie jede Streichung. Wenn es mehr als einen Grund gibt, nennen Sie den wichtigsten:

Zeichen, Linie, x-Koordinate, y-Koordinate, Verknüpfung, Position, Länge, Breite, Gruppe, Auswahl, Menü, Maus, Knopf, Computer, Zeichnung, Bilddatei, Blatt, Pop-up, Punkt, Menüeintrag, ausgewähltes Objekt, ausgewählte Linie, ausgewählte Box, ausgewählter Text, Dateiname, Box, Puffer, Liniensegmentkoordinate, Verbindung, Text, Name, Koordinatenursprung, Maßstabsfaktor, Eckpunkt, Endpunkt, Grafikobjekt.

8.6   (3) Erstellen Sie ein Data Dictionary für die vorherige Übung.

8.7   (3) Im folgenden finden Sie eine Liste potentieller Assoziationen und Generalisierungen für den in Übung 8.5 beschriebenen Diagrammeditor. Erstellen Sie eine Liste der Assoziationen und Generalisierungen, die aus einem der in diesem Kapitel genannten Gründe gestrichen oder umbenannt werden sollten. Begründen Sie jede Streichung oder Neubenennung. Wenn es mehr als einen Grund gibt, nennen Sie den wichtigsten:

eine Box hat einen Text, eine Box hat eine Position, eine Verknüpfung verbindet zwei Boxen logisch, eine Box wird verschoben, eine Verknüpfung hat Punkte, eine Verknüpfung ist durch eine Folge von Punkten definiert, eine Auswahl oder ein Puffer oder ein Blatt ist eine Kollektion, eine Zeichenkette hat eine Plazierung, eine Box hat eine Zeichenkette, eine Zeichenkette hat Zeichen, eine Linie hat eine Länge, eine Gruppe besteht aus Verknüpfungen und Boxen, eine Verknüpfung wird gelöscht, eine Linie wird verschoben, eine Linie ist ein Grafikobjekt, ein Punkt ist ein Grafikobjekt, eine Linie hat zwei Punkte, ein Punkt hat eine x-Koordinate, ein Punkt hat eine y-Koordinate.

8.8   (8) Abbildung Ü8.2 zeigt ein teilweise fertiges Objektdiagramm für den in Übung 8.5 beschriebenen Diagrammeditor. Wie könnte es für jede der folgenden Anfragen verwendet werden?
a.   Finden Sie alle ausgewählten Boxen und Verknüpfungen
b.   Finden Sie alle Boxen, die mit einer gegebenen Box direkt verknüpft sind.
c.   Finden Sie alle Boxen, die mit einer gegebenen Box direkt oder indirekt verknüpft sind.
d.   Gegeben sind eine Box und eine Verknüpfung. Stellen Sie fest, ob die Box an der Verknüpfung beteiligt ist.
e.   Gegeben sind eine Box und eine Verknüpfung. Finden Sie die Box, die mit der gegebenen Box logisch über das andere Ende der Verknüpfung verbunden ist.
f.   Stellen Sie alle Verknüpfungen zwischen zwei gegebenen Boxen fest.
g.   Stellen Sie für eine gegebene Auswahl fest, welche Verknüpfungen "Überbrückungsverknüpfungen" sind. Wenn eine Auswahl nicht alle Boxen auf einem Blatt beinhaltet, können Überbrückungsverknüpfungen entstehen. Eine Überbrückungsverknüpfung ist eine Verknüpfung, die eine ausgewählte Box mit einer nicht ausgewählten Box verbindet. Eine Verknüpfung, die zwei ausgewählte oder zwei nicht ausgewählte Boxen verbindet, ist keine Überbrückungsverknüpfung.

Überbrückungsverknüpfungen erfordern eine Sonderbehandlung, wenn auf eine Auswahl die Operationen *schneiden* oder *verschieben* angewendet werden.

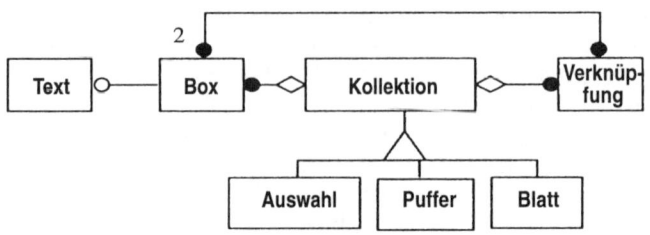

Abb. Ü8.2 Teilweise fertiges Objektdiagramm für einen Diagrammeditor

8.9 Abbildung Ü8.3 zeigt eine andere Variante des Objektdiagramms aus der vorhergehenden Übung. Die Klasse *Verbindung* wird hier verwendet, um die Verbindung einer Verknüpfung mit einer Box explizit zu repräsentieren. Erklären Sie, wie Sie mit dieser Variante des Diagramms die Anfragen aus der vorhergehenden Übung durchführen, die aufgrund der neuen Repräsentation einfacher werden. Gibt es Anfragen, die schwieriger werden? Wenn ja, welche? Erörtern Sie die Vorteile der Variante.

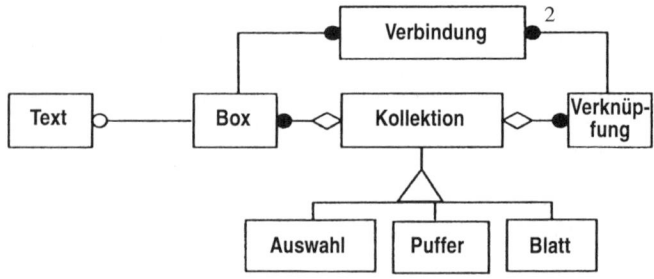

Abb. Ü8.3 Teilweise fertiges Objektdiagramm für einen Diagrammeditor

8.10 (4) Schreiben Sie ein Szenario für das Erstellen der Zeichnung in Abbildung Ü8.1. Verwenden Sie dabei jede der in Übung 8.5 aufgelisteten Editoroperationen mindestens einmal. Lassen Sie Fehlerbedingungen unberücksichtigt.

8.11 (3) Schreiben Sie – ausgehend von der vorherigen Übung – drei Fehlerszenarios.

8.12 (4) Zeichnen Sie Ereignispfade zu den Szenarios, die Sie für die beiden vorigen Übungen geschrieben haben.

8.13 (4) Zeichnen Sie ein Ereignisflußdiagramm für den Diagrammeditor.

8.14 (6) Für welche Objektklassen ist ein Zustandsdiagramm nötig? (Falls Ihr Objektdiagramm die Klassen *Editor* und/oder *Maus* noch nicht enthält, sollten Sie sie vielleicht hinzufügen.) Zeichnen Sie Zustandsdiagramme für die Klassen, für die sie notwendig sind. Prüfen Sie Ereignisse, die in mehreren Zustandsdiagrammen vorkommen, auf ihre Konsistenz.

8.15 (5) Erstellen Sie ein funktionales Modell für den Diagrammeditor.

Die Übungen 8.16 – 8.27 hängen zusammen. Übung 8.16 sollte zuerst bearbeitet werden. Die Übungen behandeln ein computerunterstütztes Bewertungssystem. Sie haben sich bereit erklärt, ein solches System für eine regionale Kinderliga im Kunstschwimmen zu schreiben. Verschiedene Teams treffen sich zu Wettkämpfen, bei denen die Kinder in zwei Disziplinen konkurrieren: Figuren und Synchron. In einem Figurendurchgang tritt jeweils ein Teilnehmer an und zeigt eine bestimmte Wasserballettfigur: zum Beispiel Rückenschwimmen mit hochgestrecktem Bein. An der Synchrondisziplin nimmt ein ganzes Team teil. Gewertet wird sowohl im Figuren- als auch im Synchronschwimmen, Ihr System berücksichtigt jedoch nur das Figurenschwimmen.

Die Kinder müssen bei der Anmeldung zum Wettkampf ihren Namen, ihr Alter, ihre Adresse und den Namen ihres Teams angeben. Um die Bewertung zu erleichtern, erhält jeder Teilnehmer eine Startnummer.

Bei einem Wettkampf werden mehrere Durchgänge für unterschiedliche Figuren gleichzeitig an mehreren Stationen durchgeführt. Die Stationen werden um ein Schwimmbecken herum eingerichtet, meistens eine an jeder Ecke. Es gibt freiwillige Kampf- und Punktrichter. Punktrichter ermüden schnell und müssen deshalb oft ausgewechselt werden. Bei einem Wettkampf werden an jeder Station mehrere Kampf- und Punktrichter eingesetzt. Im Laufe einer Saison kann jeder Kampfrichter und jeder Punktrichter an verschiedenen Stationen eingesetzt werden. Aus Gerechtigkeitsgründen findet jeder Durchgang an genau einer Station mit den gleichen Kampfrichtern statt. An einer Station können im Verlauf eines Wettkampfs mehrere Durchgänge stattfinden.

Die Wettkampfteilnehmer werden in Gruppen aufgeteilt. Jede Gruppe beginnt an einer anderen Station. Wenn ein Kind an einer Station fertig ist, macht es an einer anderen Station mit einem anderen Durchgang weiter. Wenn an einer Station jedes Kind einen bestimmten Durchgang absolviert hat, wird an dieser Station mit dem nächsten für die Station vorgesehenen Durchgang begonnen.

Jeder Teilnehmer hat bei jedem Durchgang einen Versuch, d.h. einen Start. Vor einem Start wird die Nummer des Kindes aufgerufen. Manchmal paßt ein Kind nicht auf oder die Punktrichter kommen durcheinander, so daß an der betreffenden Station eine Pause eintritt, bis die Ordnung wiederhergestellt ist. Jeder Kampfrichter zeigt die vorläufige Punktezahl für jeden beobachteten Start an, indem er Zahlenkarten hochhält. Die vorläufigen Punktezahlen werden den Punktrichtern vorgelesen, die sie erfassen und die Endpunkte für den Start berechnen. Die höchste und die niedrigste Punktezahl werden gestrichen und der Durchschnitt der verbleibenden Punkte wird mit einem Schwierigkeitsfaktor für die Figur multipliziert.

Am Ende eines Wettkampfs werden auf der Basis der individuellen und der Teampunktezahl Einzel- und Teampreise vergeben. Es gibt verschiedene Altersgruppen und eigene Preise für jede Altersgruppe. Einzelpreise werden nur auf der Basis des Figurenschwimmens vergeben. Für Teampreise zählen sowohl das Figuren- als auch das Synchronschwimmen.

Ihr System dient dazu, alle Informationen zur Terminplanung, Anmeldung und Bewertung zu speichern. Am Anfang einer Saison werden alle Schwimmer in das System eingegeben und ein Saisonplan wird erstellt, aus dem auch hervorgeht, welche Figuren bei welchem Wettkampf bewertet werden. Vor einem Wettkampf wird das System zur Bearbeitung der Anmeldungen verwendet. Während eines Wettkampfs erfaßt es die Punkte und stellt die Gewinner fest.

8.16 (3) Im folgenden sehen Sie eine Liste potentieller Objektklassen für das Bewertungssystem. Erstellen Sie eine Liste der Klassen, die aus einem der in diesem Kapitel genannten Gründe gestrichen werden sollten. Nennen Sie den Grund für jede verworfene Klasse. Wenn es mehr als einen Grund gibt, nennen Sie den wichtigsten:

Adresse, Alter, Altersgruppe, Punktedurchschnitt, Rücken, Karte, Kind, Name des Kindes, Teilnehmer, Durchschnitt berechnen, Ende, Wettkampfteilnehmer, Ecke, Datum, Schwierigkeitsfaktor, Durchgang, Figur, Datei mit den Daten der Teammitglieder, Gruppe, Einzel, Einzelpreis, Kampfrichter, Liga, Bein, Liste der geplanten Wettkämpfe, Wettkampf, Endpunktezahl, Startnummer, Person, Schwimmbecken, Preis, anmelden, vorläufige Punktezahl, Synchronschwimmen, Punktezahl, Punktrichter, Saison, Station, Team, Teampreis, Teamname, Start, Versuch, Wasserballett.

8.17 (3) Erstellen Sie ein Data Dictionary für die vorhergehende Übung.

8.18 (4) Im folgenden finden Sie eine Liste der potentiellen Assoziationen und Generalisierungen für das Bewertungssystem. Erstellen Sie eine Liste der Assoziationen und Generalisierungen, die aus einem der in diesem Kapitel genannten Gründe gestrichen oder umbenannt werden sollten. Nennen Sie den Grund für jede verworfene Assoziation und für jede Umbenennung. Wenn es mehr als einen Grund gibt, nennen Sie den wichtigsten:

eine Saison besteht aus mehreren Wettkämpfen, ein Teilnehmer meldet sich an, ein Teilnehmer erhält eine Startnummer, eine Startnummer wird aufgerufen, Teilnehmer werden in Gruppen aufgeteilt, ein Wettkampf besteht aus mehreren Durchgängen, für einen Wettkampf werden mehrere Stationen eingerichtet, mehrere Durchgänge werden an einer Station durchgeführt, mehrere Kampfrichter werden an einer Station eingesetzt, Synchronschwimmen und Figurenschwimmen sind Durchgänge, vorläufige Punktezahlen werden vorgelesen, die höchste Punktezahl wird gestrichen, die niedrigste Punktezahl wird gestrichen, Durchgänge werden absolviert, eine Liga besteht aus mehreren Teams, ein Team besteht aus mehreren Teilnehmern, ein Teilnehmer startet in einer Figur, bei einem Start vergibt jeder Kampfrichter Punkte, Preise basieren auf Punktezahlen.

8.19 (8) Abbildung Ü8.4 ist ein teilweise fertiges Objektdiagramm für das Bewertungssystem. Erklären Sie, wie Sie das Diagramm für jede der folgenden Anfragen verwenden können. Es kann sein, daß zur Bearbeitung einiger dieser Anfragen eine Überarbeitung des Diagramms erforderlich ist.

a. Ermitteln Sie alle Mitglieder eines gegebenen Teams.

b. Ermitteln Sie, welche Figuren in einer gegebenen Saison mehr als einmal geprüft wurden.

c. Ermitteln Sie die Endpunkte eines Teilnehmers für eine gegebene Figur in einem gegebenen Wettkampf.

d. Ermitteln Sie den Teamdurchschnitt in allen Figuren in einer gegebenen Saison.

e. Ermitteln Sie den Punktedurchschnitt eines Teilnehmers in allen Figuren bei einem gegebenen Wettkampf.

f. Ermitteln Sie den Teamdurchschnitt in einer gegebenen Figur bei einem gegebenen Wettkampf.

g. Ermitteln Sie die Menge aller Einzelpersonen, die an mindestens einem der Durchgänge in einer gegebenen Saison teilgenommen haben.

h. Ermitteln Sie die Menge aller Einzelpersonen, die an allen Durchgängen in einer gegebenen Saison teilgenommen haben.

i. Ermitteln Sie alle Kampfrichter, die einen gegebenen Durchgang in einer gegebenen Saison bewertet haben.

j. Ermitteln Sie den Kampfrichter, der die niedrigste Punktezahl in einem gegebenen Durchgang vergeben hat.

k. Ermitteln Sie den Kampfrichter, der die niedrigste Punktezahl für eine gegebene Figur vergeben hat.

l. Überarbeiten Sie das Diagramm, so daß die für einen Durchgang angemeldeten Teilnehmer festgestellt werden können.

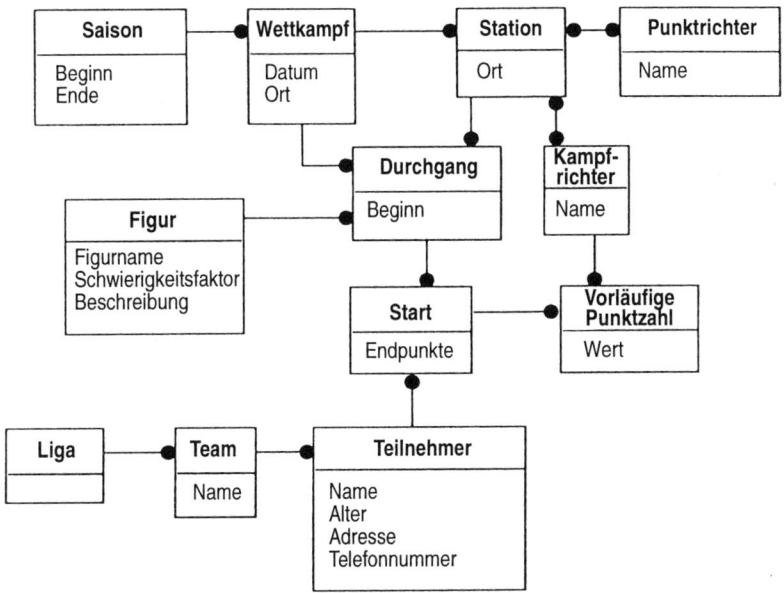

Abb. Ü8.4 Teilweise fertiges Objektdiagramm für ein Bewertungssystem

8.20 (3) Schreiben Sie ein Szenario, um das Bewertungssystem am Anfang einer Saison einzurichten. Eingegeben werden Daten über Teams, Teilnehmer und Kampfrichter. Ein Terminplan mit den Wettkämpfen der Saison wird vorbereitet und Durchgänge für jeden Wettkampf werden ausgewählt. Geben Sie Schwierigkeitsfaktoren für Durchgänge ein. In Ihrem Szenario sollten mindesten 2 Teams, 6 Teilnehmer, 3 Kampfrichter, 3 Wettkämpfe und 12 Durchgänge vorkommen. Kümmern Sie sich nicht um Fehlerbedingungen.

8.21 (3) Schreiben Sie, ausgehend von Übung 8.20, drei Fehlerszenarios.

8.22 (3) Beschreiben Sie in einem Szenario, wie das Bewertungssystem Voranmeldungs-
formulare druckt und verarbeitet. Das Szenario sollte Adreßänderungen in zwei der
zurückgeschickten Formulare sowie zwei Absagen enthalten. Weisen Sie jedem
Teilnehmer eine Startnummer zu.

8.23 (5) Schreiben Sie Szenarios für die Bewertung am Wettkampftag. Um die Sache zu
vereinfachen, beschränken Sie das Szenario auf 2 Teams, 4 Teilnehmer, 2 Stationen,
6 Kampfrichter und 4 Durchgänge. Berücksichtigen Sie sowohl die Punktebewer-
tung während der Durchgänge als auch die Ermittlung der Gewinner am Ende.

8.24 (6) Für welche Objektklassen sind Zustandsdiagramme erforderlich? Überlegen Sie,
ob weitere Klassen benötigt werden. Zeichnen Sie Zustandsdiagramme für die
Klassen, für die Zustandsdiagramme erforderlich sind. Überprüfen Sie die Konsistenz von einander entsprechenden Ereignissen.

8.25 (5) Zeichnen Sie ein funktionales Modell für das Bewertungssystem.

8.26 (3) Finden Sie Shopping-List-Operationen für das Bewertungssystem und binden
Sie diese in das Objektdiagramm ein.

8.27 (5) Beschreiben Sie die Aufgabe jeder der Operationen aus der vorherigen Übung.

Die Übungen 8.28 – 8.33 verdeutlichen weitere Feinheiten der objektorientierten Analyse.

8.28 (6) Überarbeiten Sie die Diagramme in Abbildung Ü8.5, Abbildung Ü8.6, Abbildung
Ü8.7 und Abbildung Ü8.8, um ternäre Assoziationen zu entfernen. In manchen
Fällen müssen Sie anstelle der Assoziation eine Klasse bilden.

Abbildung Ü8.5 stellt eine Relation zwischen *Arzt, Patient* und *Datum-Uhrzeit* dar,
wie sie in einem System vorkommen kann, das in einer Klinik mit mehreren
angestellten Ärzten eingesetzt wird. Zu den Kandidatenschlüsseln für die Relation
gehören *Datum-Uhrzeit + Patient* oder *Datum-Uhrzeit + Arzt*.

Abbildung Ü8.6 zeigt eine Relation zwischen *Student, Professor* und *Universität*,
mit der die Kontakte zwischen Studenten und Professoren ausgedrückt werden
können, die an mehreren Universitäten studieren bzw. lehren.

Es gibt eine Verknüpfung in der Relation für einen Studenten, der eine oder mehrere
Vorlesungen eines Professors an einer Universität hört. Der Kandidatenschlüssel ist
Student + Professor + Universität.

Abbildung Ü8.7 zeigt eine Relation, die die Platzverteilung bei einem Konzert
ausdrückt. *Konzert + Platz* ist ein Kandidatenschlüssel.

Abbildung Ü8.8 drückt die Konnektivität eines gerichteten Graphen aus. Jede Kante
eines gerichteten Graphen ist in einer bestimmten Reihenfolge mit genau 2 Punkten
verbunden. Zwei gegebene Punkte können mehr als eine Kante verbinden. Der
einzige Kandidatenschlüssel der Relation ist *Kante*.

Versuchen Sie, in jedem Fall der ursprünglichen Absicht so nahe wie möglich zu
kommen, und erörtern Sie, was bei einer Umformung der ternären Assoziation
verloren geht.

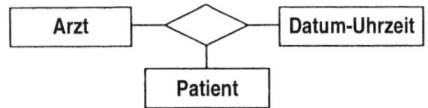

Abb. Ü8.5 Ternäre Assoziation für Arzt, Patient und Datum-Zeit

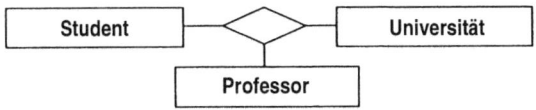

Abb. Ü8.6 Ternäre Assoziation für Student, Professor und Universität

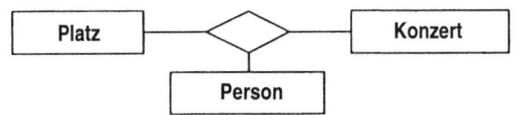

Abb. Ü8.7 Ternäre Assoziation für Platz, Person und Konzert

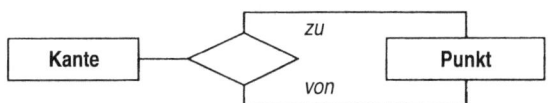

Abb. Ü8.8 Ternäre Assoziation für gerichtete Graphen

8.29 (4) Abbildung Ü8.9 ist ein Objektdiagramm für die Übung 8.3a. *Sender* und *Empfänger* sind die einzigen Klassen, auf deren dynamisches Verhalten es ankommt. Entwickeln Sie einen Ereignispfad für das folgende Szenario: Der Sender versucht, eine Verbindung zum Empfänger aufzubauen, indem er ein Paket sendet, das den Übertragungsbeginn signalisiert. Der Empfänger liest das Paket mit Erfolg und bestätigt seinen Empfang. Der Sender überträgt daraufhin ein Paket, das den Dateibeginn signalisiert, und das der Empfänger bestätigt. Danach werden die Dateidaten in drei Paketen übertragen, die jeweils bestätigt werden. Schließlich werden die Pakete, die das Dateiende und das Transaktionsende signalisieren, übertragen und bestätigt.

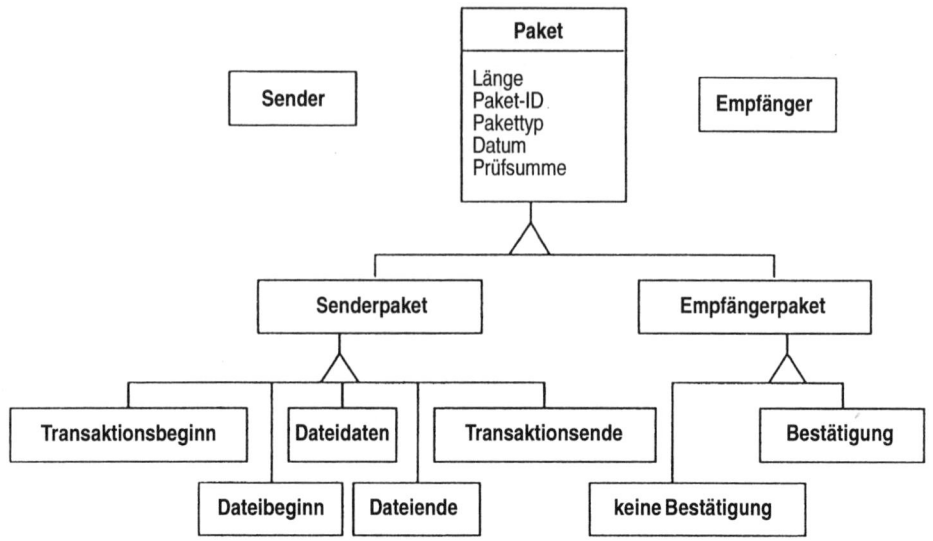

Abb. Ü8.9   Ein Objektdiagramm für ein System zur Dateiübertragung

8.30   (3) Erstellen Sie weitere Ereignispfade für die vorhergehende Übung, die Fehler bei jedem Senderpaket aufgrund von Rauschen berücksichtigen. Überarbeiten Sie Ihre vorhergehende Antwort.

8.31   (5) Verwenden Sie die Ereignispfade aus Übung 8.29 und 8.30, um ein Zustands-Ereignis-Diagramm für ein Dateiübertragungssystem zu zeichnen.

8.32   (5) Zeichnen Sie ein Zustandsdiagramm für die Klasse *Kassenterminal* des ATM-Problems, das in diesem Kapitel beschrieben wurde.

8.33   (6) In einem Flugreservierungssystem könnte eine ternäre Relation zwischen Flug, Platz und Passagier auftreten. Nennen Sie die Kandidatenschlüssel der Relation, wenn folgende Bedingungen zutreffen.

a.   Bei einem gegebenen Flug wird ein gegebener Platz null oder einem Passagier zugewiesen. Ein Passagier kann viele Flügen benutzen, er muß jedoch bei einem genutzten Flug genau einen Platz haben und während des Flugs einnehmen.

b.   Wie vorher wird bei einem gegebenen Flug ein gegebener Platz null oder einem Passagier zugewiesen. Ein Passagier kann viele Flüge benutzen und bei einem genutzten Flug mehrere Plätze haben, sofern er für die zusätzlichen Plätze bezahlt. (Manche Passagiere sind bereit, für die zusätzliche Ellbogenfreiheit zu zahlen, oder haben empfindliche Elektronik im Gepäck, für die sie einen zusätzlichen Platz brauchen.)

8.34   (4) Verwenden Sie Generalisierung, um das in Abbildung Ü.8.10 gezeigte Objektdiagramm für ein Dateisystem zu verbessern.

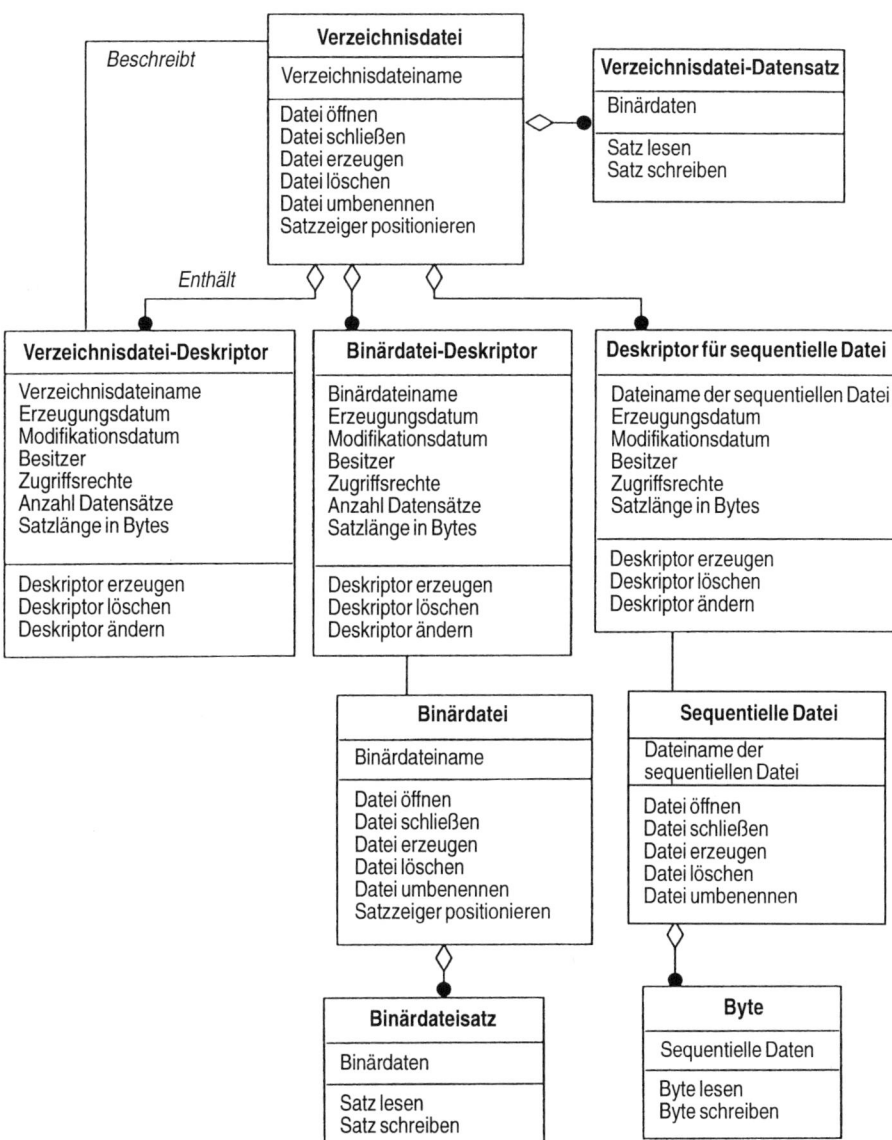

Abb. Ü8.10 Ein Objektdiagramm für ein Dateisystem

Systementwurf

Nach der Problemanalyse müssen Sie entscheiden, wie Sie den Entwurf angehen. Beim *Systementwurf* wird die globale Problemlösungsstrategie für die Implementierung des Systems entwickelt. Der Systementwurf umfaßt Entscheidungen über die Organisation des Systems in Teilsysteme, die Zuordnung von Teilsystemen zu Hardware- und Softwarekomponenten sowie wichtige Entscheidungen zur Konzeption und Vorgehensweise, die den Rahmen für den Detailentwurf bilden.

Die Gesamtorganisation eines Systems heißt *Systemarchitektur*. Es gibt eine Reihe bekannter Architekturstile, die jeweils für bestimmte Anwendungstypen geeignet sind. Eine Anwendung kann unter anderem durch die Bedeutung charakterisiert werden, die ihr Objektmodell, dynamisches Modell und funktionales Modell relativ zueinander spielen. Unterschiedliche Architekturen betonen die drei Modelle unterschiedlich stark.

In diesem Kapitel lernen Sie die vielfältigen Aspekte eines Anwendungsproblems kennen, die Sie bei der Formulierung des Systementwurfs beachten sollten. Wir stellen auch mehrere bekannte Architekturstile vor, die Sie als Ausgangspunkt für eigene Entwürfe verwenden können. Diese Aufstellung erhebt keinen Anspruch auf Vollständigkeit; es werden ständig neue Architekturen entwickelt oder an die jeweiligen Erfordernisse angepaßt. Die Behandlung des Systementwurfs in diesem Kapitel zielt auf kleine bis mittlere Softwareentwicklungsvorhaben ab; große, komplexe Systeme, an denen mehr als zehn Entwickler arbeiten, sind anfällig für Kommunikationsprobleme und erfordern einen sehr viel höheren logistischen Aufwand. Die meisten Anregungen in diesem Kapitel sind sowohl für nicht objektorientierte als auch für objektorientierte Systeme geeignet.

9.1 Systementwurf im Überblick

Die Analyse befaßt sich schwerpunktmäßig damit, *was* zu tun ist, unabhängig davon, *wie* dies realisiert wird. Beim Entwurf werden Entscheidungen darüber getroffen, wie das Problem gelöst wird, zunächst auf abstrakter Ebene und später auf immer detaillierteren Ebenen.

Der *Systementwurf* ist die erste Entwurfsphase. Beim Systementwurf wird der grundlegende Ansatz für die Problemlösung ausgewählt, d.h. die Gesamtstruktur und der Architekturstil. Die *Systemarchitektur* beschreibt die Gesamtorganisation des Systems in Komponenten oder *Teilsysteme*. Sie stellt den Kontext bereit, innerhalb dessen in späteren Entwurfsphasen detailliertere Entscheidungen getroffen werden. Der Systemdesigner unterteilt das Problem in Teilsysteme, indem er übergreifende Entscheidungen trifft, die für das ganze System gelten. Auf diese Weise kann die weitere Arbeit von mehreren Designern geleistet werden, die voneinander unabhängig an verschiedenen Teilsystemen arbeiten.

Der Systemdesigner muß folgende Entscheidungen treffen:

- Das System in Teilsysteme unterteilen [9.2]
- Die innere Parallelität des Problems identifizieren [9.3]
- Teilsysteme auf Prozessoren und Tasks verteilen [9.4]
- Einen Ansatz zur Verwaltung von Datenspeichern wählen [9.5]
- Den Zugriff auf globale Ressourcen regeln [9.6]
- Die Implementierung für die Steuerungssoftware wählen [9.7]
- Grenzbedingungen behandeln [9.8]
- Kompromißprioritäten festlegen [9.9]

Häufig ergibt sich die Gesamtarchitektur eines Systems aus seiner Ähnlichkeit mit früheren Systemen. Bestimmte Arten von Systemarchitekturen eignen sich zur Lösung bestimmter, breitangelegter Problemklassen. Abschnitt 9.10 gibt einen Überblick über verschiedene, weitverbreitete Systemarchitekturen und beschreibt die Probleme, für deren Lösung sie sich eignen. Nicht alle, aber doch sehr viele Probleme können mit einer dieser Architekturen gelöst werden. Viele weitere Architekturen lassen sich durch Kombination der vorgestellten Architekturen entwickeln.

9.2 Aufbrechen eines Systems in Teilsysteme

Der erste Schritt des Systementwurfs besteht bei allen (ausgenommen den kleinsten) Systemen darin, das System in eine kleine Zahl von Komponenten zu unterteilen. Jede größere Komponente eines Systems heißt *Teilsystem*. Jedes Teilsystem umfaßt Aspekte des Systems mit einer gemeinsamen Eigenschaft – zum Beispiel ähnlicher Funktionalität, gleicher physikalischer Adresse oder Ausführung auf der gleichen Art von Hardware. Beispielsweise könnte ein Computer für ein Raumschiff Teilsysteme für Life-Support, Navigation, Maschinensteuerung und die Durchführung wissenschaftlicher Experimente umfassen.

Ein Teilsystem ist weder ein Objekt noch eine Funktion, sondern ein Paket miteinander verbundener Klassen, Assoziationen, Operationen, Ereignisse und Einschränkungen mit einer einigermaßen wohldefinierten und (hoffentlich) kompakten Schnittstelle zu anderen Teilsystemen. Ein Teilsystem wird in der Regel durch die *Dienste* identifiziert, die es bereitstellt. Ein *Dienst* ist eine Gruppe verwandter Funktionen mit einer gemeinsamen Aufgabe, zum Beispiel E/A-Verarbeitung, Zeichnen von Bildern oder Durchführen arithmetischer Berechnungen. Ein Teilsystem stellt eine kohärente Betrachtung eines Problemaspekts dar. Beispielsweise ist das Dateisystem eines Betriebssystems ein Teilsystem; es umfaßt eine Menge verwandter Abstraktionen, die weitgehend, aber nicht völlig unabhängig von Abstraktionen in anderen Teilsystemen sind, zum Beispiel dem Teilsystem zur Speicherverwaltung oder dem Teilsystem zur Prozeßsteuerung.

Jedes Teilsystem besitzt eine wohldefinierte Schnittstelle zum übrigen System. Die Schnittstelle spezifiziert die Form aller Interaktionen und den Informationsfluß über Teilsystemgrenzen hinweg. Sie spezifiziert jedoch nicht die interne Implementierung des Teilsystems. Jedes Teilsystem kann dann unabhängig und ohne Auswirkung auf andere Teilsysteme entworfen werden.

Teilsysteme sollten so definiert werden, daß die meisten Interaktionen innerhalb von Teilsystemen und nur in Ausnahmefällen über Teilsystemgrenzen hinweg stattfinden, um die Abhängigkeiten zwischen den Teilsystemen klein zu halten. Ein System sollte in eine kleine Zahl von Teilsystemen unterteilt werden; 20 Teilsysteme wären wahrscheinlich zu viel. Jedes Teilsystem kann seinerseits in kleinere Teilsysteme unterteilt werden. Teilsysteme auf der untersten Ebene heißen *Moduln* (siehe Kapitel 3).

Zwischen zwei Teilsystemen kann eine Client-Versorger-Beziehung oder eine gleichrangige Beziehung bestehen. In einer Client-Versorger-Beziehung ruft der Client den Versorger auf, der einen Dienst durchführt und ein Ergebnis liefert. Der Client muß die Schnittstelle des Versorgers kennen, während der Versorger die Schnittstellen seiner Clients nicht zu kennen braucht, weil alle Interaktionen vom Client ausgehen, der die Schnittstelle des Versorgers verwendet. In einer gleichrangigen Beziehung können sich die Teilsysteme gegenseitig aufrufen. Eine Kommunikation von einem Teilsystem zu einem anderen muß nicht zwangsläufig zu einer sofortigen Reaktion führen. Gleichrangige Interaktionen sind komplizierter, weil die Teilsysteme die Schnittstellen der anderen Teilsysteme kennen müssen. Die Kommunikationszyklen sind möglicherweise schwer zu verstehen und für subtile Entwurfsfehler anfällig. Unterteilen Sie Ihr System nach Möglichkeit in Clients und Versorger, weil einseitige Interaktionen sich einfacher bauen, verstehen und ändern lassen als gegenseitige Interaktionen.

Die Teilsysteme eines Systems können als Folge horizontaler *Schichten* oder vertikaler *Partitionen* organisiert werden.

9.2.1 Schichten

Ein geschichtetes System ist eine geordnete Menge virtueller Welten. Jede Welt wird durch die unter ihr liegenden Welten ausgedrückt und bildet die Implementierungsgrundlage für die über ihr liegenden Welten. Die Objekte in jeder Schicht können unabhängig sein. Häufig besteht jedoch ein Bezug zwischen Objekten in verschiedenen Schichten. Das Wissen ist einseitig: Ein Teilsystem kennt die unter ihm liegenden Schichten, nicht aber die über ihm liegenden Schichten. Eine Versorger-Client-Beziehung besteht zwischen niedrigeren Schichten (die Dienste liefern) und höheren Schichten (die Dienste verwenden).

In einem interaktiven Grafiksystem zum Beispiel werden Fenster aufgrund von Bildschirmoperationen gebildet, die unter Verwendung von Pixeloperationen implementiert sind, die ihrerseits als Geräte-E/A-Operationen ausgeführt werden. Jede Schicht wird von den Klassen und Operationen niedrigerer Schichten her implementiert.

Es gibt zwei Arten von Schichtenarchitekturen: offene und geschlossene. In einer *geschlossenen Architektur* wird eine Schicht nur mit den Möglichkeiten der unmittelbar unter ihr liegenden Schicht implementiert. Dies minimiert die Abhängigkeiten zwischen Schichten und erleichtert die Durchführung von Änderungen, weil die Schnittstelle einer Schicht sich nur auf die nächste Schicht auswirkt. In einer *offenen Architektur* kann eine Schicht Eigenschaften jeder unter ihr liegenden Schicht, auch der allertiefsten, verwenden. Auf diese Weise brauchen Operationen nicht auf jeder Ebene immer wieder neu definiert zu werden, so daß man normalerweise effizienteren und kompakteren Code erhalten wird. Allerdings hält eine offene Architektur nicht das Prinzip des Information Hiding ein. Änderungen an einem Teilsystem können sich auf darüber liegende Teilsysteme auswirken, so daß eine offene Architektur weniger robust als eine geschlossene ist. Beide Architekturtypen sind nützlich; der Systemdesigner muß den relativen Wert von Effizienz und Modularität abwägen.

Normalerweise sind nur die oberste und die unterste Schicht in der Problembeschreibung spezifiziert. Die oberste Schicht ist das gewünschte System, die unterste umfaßt die verfügbaren Ressourcen (Hardware, Betriebssystem, vorhandene Bibliotheken). Wenn die Diskrepanz zwischen beiden Schichten zu groß ist (wie dies häufig der Fall ist), muß der Systemdesigner Zwischenschichten einführen, um die konzeptuelle Kluft zwischen benachbarten Schichten zu verringern.

Ein Schichtensystem läßt sich durch Umschreiben einer Schicht auf andere Hardware-/Software-Plattformen portieren. Ein guter Stil erfordert es, mindestens eine Abstraktionsschicht zwischen der Anwendung und den Diensten des Betriebssystems oder der Hardware einzuführen. Definieren Sie eine Schicht von Schnittstellenklassen, die logische Dienste bereitstellen, und bilden Sie diese auf die konkreten, systemabhängigen Dienste ab.

9.2.2 Partitionen

Partitionen teilen ein System in mehrere unabhängige oder lose gekoppelte Teilsysteme, von denen jedes eine Art von Dienst bereitstellt. Beispielsweise umfaßt das Betriebssystems eines Computers ein Dateisystem, eine Prozeßsteuerung, eine virtuelle Speicherverwaltung und eine Gerätesteuerung. Die Teilsysteme können Wissen übereinander besitzen, dieses Wissen geht jedoch nicht tief, so daß keine größeren Entwurfsabhängigkeiten entstehen.

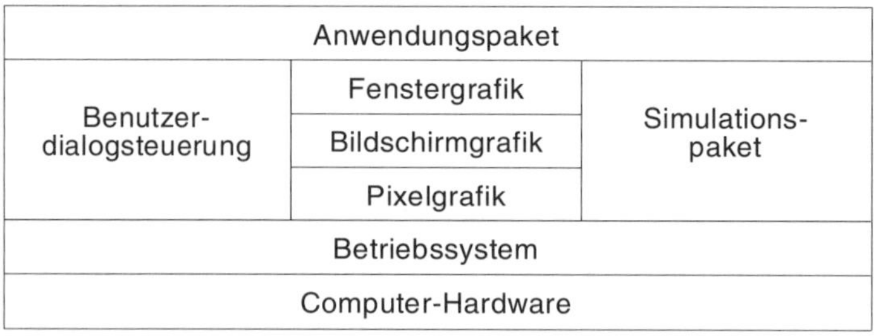

Anwendungspaket		
Benutzer- dialogsteuerung	Fenstergrafik	Simulations- paket
	Bildschirmgrafik	
	Pixelgrafik	
Betriebssystem		
Computer-Hardware		

Abb. 9.1 Blockdiagramm einer typischen Anwendung

Bei der Untergliederung eines Systems in Teilsysteme können sowohl Schichten als auch Partitionen in verschiedenen möglichen Kombinationen verwendet werden: Schichten können partitioniert und Partitionen können geschichtet werden. Abbildung 9.1 zeigt ein Blockdiagramm für eine typische Anwendung mit Anwendungssimulation und interaktiver Grafik. Größere Systeme erfordern eine Mischung aus Schichten und Partitionen.

9.2.3 Systemtopologie

Nachdem der Systemdesigner die Teilsysteme der obersten Ebene identifiziert hat, sollte er den Informationsfluß zwischen den Teilsystemen anhand eines Datenflußdiagramms darstellen (siehe dazu die Beispiele für Architekturstile in Abschnitt 9.10). Manchmal interagieren alle Teilsysteme mit allen anderen Teilsystemen, aber oft ist der Informationsfluß einfacher. Beispielsweise haben viele Berechnungen die Form einer Pipeline; ein Beispiel dafür ist ein Compiler. Andere Systeme sind sternförmig angeordnet und eines der Teilsysteme, der Master, steuert alle Interaktionen mit anderen Teilsystemen. Verwenden Sie nach Möglichkeit einfache Topologien, um die Zahl der Interaktionen zwischen Teilsystemen klein zu halten.

9.3   Identifizieren von Parallelität

Im Analysemodell, in der realen Welt und in der Hardware sind alle Objekte parallel. Dagegen sind in einer Implementierung nicht alle Softwareobjekte parallel, weil ein Prozessor viele Objekte unterstützen kann. In der Praxis können viele Objekte auf nur einem Prozessor implementiert sein, wenn sie nicht gleichzeitig aktiv sind. Ein wichtiges Ziel des Systementwurfs besteht darin, festzustellen, welche Objekte parallel aktiv sein müssen und welche Objekte sich in ihrer Aktivität gegenseitig ausschließen. Objekte, die nicht gleichzeitig aktiv sein können, können zu einem Kontrollstrang oder einer Task zusammengefaßt werden.

9.3.1 Inhärente Parallelität identifizieren

Parallelität läßt sich anhand des dynamischen Modells feststellen. Zwei Objekte sind inhärent parallel, wenn sie gleichzeitig Ereignisse empfangen können, ohne miteinander zu interagieren. Wenn die Ereignisse nicht synchronisiert sind, können die Objekte nicht zu einem gemeinsamen Kontrollstrang zusammengefaßt werden. Beispielsweise müssen die Triebwerk- und die Tragflächensteuerung eines Flugzeugs parallel operieren (wenn auch nicht völlig unabhängig voneinander). Unabhängige Teilsysteme sind vorzuziehen, weil sie ohne Kommunikationskosten an unterschiedliche Hardware-Einheiten zugewiesen werden können.

Zwei inhärent parallele Teilsysteme müssen nicht unbedingt als eigene Hardware-Einheiten implementiert werden. Hardware-Interrupts, Betriebssysteme und Mechanismen zur Tasksteuerung haben die Aufgabe, logische Parallelität in einem Einprozessor-System zu simulieren. Physikalisch parallele Eingaben müssen von unterschiedlichen Sensoren verarbeitet werden. Wenn es jedoch keine Reaktionszeitbegrenzungen gibt, kann ein Multitasking-Betriebssystem die Berechnung durchführen.

Häufig spezifiziert die Problembeschreibung, daß Objekte als getrennte Hardware-Einheiten implementiert werden müssen. Wenn zum Beispiel die ATM-Problembeschreibung aus Kapitel 8 die Anforderung enthielte, bei einem Ausfall des Zentralsystems müßten alle ATM-Terminals lokal funktionsfähig bleiben, so bliebe uns nicht anderes übrig, als jede ATM-Maschine mit einer voll programmgesteuerten CPU auszustatten.

9.3.2 Parallele Tasks definieren

Obwohl alle Objekte konzeptuell parallel sind, können in der Praxis viele Objekte in einem System voneinander abhängig sein. Wenn man sich die Zustandsdiagramme individueller Objekte und den Austausch von Ereignissen genauer ansieht, so lassen sich oft viele Objekte zu einem Kontrollstrang zusammenfassen. Ein *Kontrollstrang* ist ein Pfad durch eine Menge von Zustandsdiagrammen, wobei zu einem Zeitpunkt nur ein Objekt im Pfad aktiv ist. Ein Kontrollstrang bleibt solange in einem Zustandsdiagramm, bis ein Objekt ein Ereignis an ein anderes Objekt sendet und auf ein neues Ereignis wartet. Der Kontrollstrang geht an den Empfänger des Ereignisses über, bis er schließlich zum ursprünglichen Ereignis zurückkehrt. Der Kontrollstrang wird aufgespalten, wenn das Objekt ein Ereignis sendet und mit der Ausführung fortfährt.

In jedem Kontrollstrang ist nur ein Objekt gleichzeitg aktiv. Kontrollstränge werden als *Tasks* im Computersystem implementiert. Während zum Beispiel die Bank ein Konto prüft oder eine Banktransaktion durchführt, ist die ATM-Maschine nicht aktiv. Wenn das ATM direkt von einem Zentralcomputer gesteuert wird, kann das ATM-Objekt mit dem Banktransaktions-Objekt zu einer Task zusammengefaßt werden.

9.4 Teilsysteme auf Prozessoren und Tasks verteilen

Jedes parallele Teilsystem muß einer Hardware-Einheit – einem Universalprozessor oder einer spezialisierten Funktionseinheit – zugeordnet werden. Der Systemdesigner muß:

- Performance-Anforderungen und die zu ihrer Erfüllung notwendigen Ressourcen abschätzen.

- Eine Hardware- oder Software-Implementierung für Teilsysteme wählen.

- Software-Teilsysteme auf Prozessoren verteilen, um Performance-Anforderungen zu erfüllen, und die Inter-Prozessor-Kommunikation minimieren.

- Die Verbindungen der physikalischen Einheiten untereinander festlegen, auf denen die Teilsysteme implementiert werden.

9.4.1 Anforderungen an die Hardware-Ressourcen abschätzen

Die Entscheidung, mehrere Prozessoren oder funktionale Hardware-Einheiten zu verwenden, basiert auf der Notwendigkeit, eine höhere Performance zu erreichen, als eine einzelne CPU sie bieten kann. Die Zahl der erforderlichen Prozessoren hängt vom Berechnungsumfang und der Rechnergeschwindigkeit ab. Ein militärisches Radarsystem zum Beispiel generiert in zu kurzer Zeit zu viele Daten, als daß eine einzelne CPU, selbst eine sehr schnelle, damit fertig werden könnte. Mehrere Parallelrechner müssen die Daten verarbeiten, bevor eine endgültige Analyse über eine Bedrohung durchgeführt werden kann.

Der Systemdesigner kann die erforderliche CPU-Leistung abschätzen, indem er die andauernde Belastung aus dem Produkt der Zahl der Transaktionen je Sekunde und der Verarbeitungszeit für eine Transaktion berechnet. Die Schätzung wird in der Regel ungenau sein. Häufig ist es nützlich zu experimentieren. Die Abschätzung sollte darüber hinaus vorübergehende Effekte einkalkulieren, die durch zufällige Belastungsvariationen sowie synchronisierte Aktivitätsschübe verursacht werden. Der Umfang der zusätzlich benötigten Kapazität hängt von der Fehlerrate ab, die toleriert werden kann, wenn die Ressourcen nicht ausreichen.

9.4.2 Kompromisse zwischen Hard- und Software-Implementierung eingehen

Hardware kann als starre, aber hochoptimierte Form von Software angesehen werden. Hardware eignet sich gut für eine objektorientierte Betrachtungsweise. Jedes Gerät ist ein Objekt, das parallel mit anderen Objekten (anderen Geräten oder anderer Software) arbeitet. Der Systemdesigner muß entscheiden, welche Teilsysteme durch Hardware und welche durch Software implementiert werden. Für eine hardwaremäßige Implementierung von Teilsystemen sprechen hauptsächlich zwei Gründe:

- Vorhandene Hardware bietet exakt die geforderte Funktionalität. Es ist heute einfacher, für Gleitkomma-Arithmetik einen Chip zu kaufen, als diese durch Software zu implementieren. Sensoren und Leistungsantriebe müssen ohnehin Hardwarekomponenten sein.

- Es ist eine höhere Performance gefordert, als eine Universal-CPU bieten kann, und effizientere Hardware steht zur Verfügung. Beispielsweise werden in Anwendungen zur Signalverarbeitung sehr oft Chips verwendet, die die Fast-Fourier-Transformation (FFT) durchführen.

Ein großer Teil der Schwierigkeiten beim Systementwurf geht auf von außen aufgezwungene Hardware- und Software-Einschränkungen zurück. Der objektorientierte Entwurf hält keine Patentlösung für dieses Problem bereit. Externe Pakete lassen sich jedoch gut als Objekte modellieren. Darüber hinaus müssen Sie Kompatibilitäts-, Kosten- und Performance-Fragen berücksichtigen. Sie sollten auch an die Flexibilität bei späteren Änderungen im Zusammenhang mit Entwurfsänderungen und Produktverbesserungen denken. Flexibilität bekommt man nicht umsonst; der Systemarchitekt muß entscheiden, wieviel sie im Einzelfall wert ist.

9.4.3 Tasks auf Prozessoren verteilen

Die Tasks für die verschiedenen Software-Teilsysteme werden Prozessoren zugewiesen. Tasks müssen auf mehrere Prozessoren verteilt werden, weil:

- Sich bestimmte Tasks an spezifischen physikalischen Orten befinden müssen, um die Hardware zu steuern oder unabhängige oder parallele Operationen zuzulassen. Beispielsweise benötigt eine CAD-Workstation ein eigenes Betriebssystem, um die Weiterarbeit zu ermöglichen, wenn das Inter-Prozessor-Netzwerk unterbrochen ist.

- Die Antwortzeit oder die Informationsflußrate die verfügbare Kommunikationsbandbreite zwischen einer Task und einer Hardwarekomponente überschreitet. Beispielsweise benötigen Hochleistungs-Grafiksysteme wegen ihrer hohen internen Datengenerierungsraten enggekoppelte Steuerungen.

- Berechnungsraten für einen einzelnen Prozessor zu groß sind, so daß die Tasks auf mehrere Prozessoren verteilt werden müssen. Die Teilsysteme mit den meisten Interaktionen sollten dem gleichen Prozessor zugewiesen werden, um die Kommunikationskosten zu minimieren. Unabhängige Teilsysteme sollten verschiedenen Prozessoren zugewiesen werden.

9.4.4 Physikalische Konnektivität festlegen

Nachdem der Systemdesigner die Arten und die relative Anzahl der physikalischen Einheiten ermittelt hat, muß er die Anordnung der physikalischen Einheiten und ihre Verbindungen wählen. Folgende Entscheidungen sind zu treffen:

- Legen Sie die Verbindungstopologie der physikalischen Einheiten fest. Assoziationen im Objektmodell entsprechen häufig physikalischen Verbindungen. Client-Versorger-Beziehungen im funktionalen Modell entsprechen ebenfalls physikalischen Verbindungen. Einige Verbindungen können natürlich indirekt gegeben sein, der Designer sollte jedoch versuchen, die Verbindungskosten wichtiger Verbindungen zu minimieren.

- Legen Sie die Topologie von sich wiederholenden Einheiten fest. Wenn eine Einheit oder einer Gruppe von Einheiten aus Leistungsgründen mehrfach verwendet wird, muß ihre Topologie spezifiziert werden. Das Objektmodell und das funktionale Modell sind in diesem Zusammenhang wenig aufschlußreich, weil die Verwendung mehrfacher Einheiten primär eine Frage der Entwurfsoptimierung ist, die in der Analyse nicht behandelt werden muß. Die Topologie sich wiederholender Einheiten besitzt ein regelmäßiges Muster, das zum Beispiel eine lineare Folge, eine Matrix, ein Baum oder ein Stern sein kann. Der Systemdesigner muß sich mit den erwarteten Ankunftsmustern der Daten und dem vorgeschlagenen parallelen Algorithmus für ihre Verarbeitung befassen.

- Legen Sie die Form der Verbindungskanäle und der Kommunikationsprotokolle fest. Es kann verfrüht sein, die genauen Schnittstellen zwischen Einheiten in der Systementwurfsphase zu spezifizieren, die allgemeinen Interaktionsmechanismen und -protokolle müssen jedoch normalerweise beim Entwurf ausgewählt werden. Beispielsweise sind asynchrone, synchrone oder Blockinteraktionen möglich. Die Bandbreite und die Zugriffszeit der Kommunikationskanäle muß abgeschätzt und die korrekte Art von Verbindungskanälen muß gewählt werden.

Die Frage nach den Verbindungen stellt sich auch, wenn die Verbindungen logisch und nicht physikalisch sind. Die Einheiten können zum Beispiel Tasks in einem Betriebssystem sein, die durch Kommunikationsaufrufe der Prozesse untereinander verbunden sind. Auf den meisten Betriebssystemen sind solche Aufrufe der Inter-Prozeß-Kommunikation sehr viel langsamer als Aufrufe von Unterprogrammen innerhalb des gleichen Programms. Sie können daher für bestimmte zeitkritische Verbindungen ungeeignet sein. In diesem Fall müssen die enggekoppelten Tasks zu einer Task verschmolzen und die Verbindungen durch einfache Unterprogrammaufrufe hergestellt werden.

9.5 Datenspeicherverwaltung

Die internen und externen Datenspeicher in einem System bieten klare Trennungspunkte zwischen Teilsystemen mit wohldefinierten Schnittstellen. Im allgemeinen umfaßt jeder Datenspeicher Datenstrukturen, Dateien und Datenbanken, die im Arbeitsspeicher oder auf Sekundärspeichern implementiert sind. Eine PC-Anwendung zum Beispiel kann Speicherdatenstrukturen, eine RAM-Disk und eine Festplatte verwenden. Ein Buchungssystem kann eine Datenbank und Dateien verwenden, um die Verbindung zu Teilsystemen herzustellen. Unterschiedliche Datenspeichertypen gehen unterschiedliche Kompromisse zwischen Kosten, Zugriffszeit, Speicherkapazität und Zuverlässigkeit ein.

Dateien stellen eine preiswerte, einfache und dauerhafte Form der Datenspeicherung dar. Allerdings sind Dateioperationen relativ systemnah, so daß die Anwendungen zusätzlichen Code enthalten müssen, um eine geeignete Abstraktionsebene zu realisieren. Die Implementierung von Dateien ist je nach Computersystem unterschiedlich. Portable Anwendungen müssen daher Abhängigkeiten vom Dateisystem sorgfältig isolieren. Implementierungen sequentieller Dateien sind im großen und ganzen standardisiert, während die Befehle und Speicherformate für Dateien mit wahlfreiem Zugriff und Indexdateien stark variieren.

Eine andere Art von Datenspeicher sind Datenbanken, die von Datenbank-Management-Systemen (DBMS) verwaltet werden. Das Herstellerangebot umfaßt eine Reihe unterschiedlicher DBMS-Typen: hierarchische, netzwerkartige, relationale, objektorientierte und logische. DBMS versuchen, häufig genutzte Daten im Speicher zu puffern, um eine optimale Kombination der Kosten und der Leistung von Arbeitsspeicher einerseits und Plattenspeicher andererseits zu erreichen. Datenbanken sind mächtige Werkzeuge und erleichtern die Portierung von Anwendungen auf andere Hardware- und Betriebssystem-Plattformen, da die Hersteller den DBMS-Code portieren. Ein Nachteil von DBMS ist ihre komplexe Schnittstelle. Viele Datenbanksprachen lassen sich nur umständlich mit Programmiersprachen integrieren.

Die folgenden Richtlinien beschreiben, welche Datenarten in einer formalen Datenbank abgelegt werden sollten:

* Daten, auf die ein Mehrbenutzerzugriff auf tiefen Verfeinerungsebenen möglich sein muß

* Daten, die mit DBMS-Befehlen effizient verwaltet werden können

- Daten, die auf viele Hardware- und Betriebssystem-Plattformen portiert werden müssen

- Daten, auf die mehr als ein Anwendungsprogramm zugreifen können muß

Die folgenden Richtlinien beschreiben, welche Datenarten in einer Datei statt in einer relationalen Datenbank abgelegt werden sollten:

- Daten, die quantitativ umfangreich, aber im Rahmen eines DBMS schwierig zu strukturieren sind (z.B. ein Grafik-Bitmap)

- Daten, die quantitativ umfangreich sind und eine geringe Informationsdichte aufweisen (z.B. Archivdateien oder Speicherauszüge)

- "Rohdaten", die in der Datenbank ausgewertet werden

- Flüchtige Daten, die nur kurze Zeit gespeichert und dann verworfen werden

9.5.1 Vorteile von Datenbanken

Die Verwendung eines DBMS anstelle einfacher Dateien bietet zahlreiche Vorteile:

- *Viele Infrastruktureigenschaften* wie Wiederherstellung nach einem Systemabsturz, gemeinsame Nutzung durch mehrere Benutzer, gemeinsame Nutzung durch mehrere Anwendungen, Datenverteilung, Integrität, Erweiterbarkeit und Transaktionsunterstützung wurden bereits vom DBMS-Hersteller programmiert.

- *Gemeinsame Schnittstelle für alle Anwendungen.* Jede Anwendung greift auf die Teilmenge der Informationen zu, die sie benötigt, und ignoriert den Rest.

- *Eine Standardzugriffssprache.* Die Sprache SQL wird von den meisten kommerziellen, relationalen Datenbank-Management-Systemen unterstützt.

9.5.2 Nachteile von Datenbanken

DBMS weisen jedoch auch Nachteile auf, die ihre Verwendung bei realen Problemen schwierig und manchmal unmöglich machen. DBMS stellen eine universelle Maschine zur flexiblen Datenverwaltung bereit. Es kann jedoch vorkommen, daß die DBMS-Funktionalität nicht mächtig genug ist oder durch die Bereitstellung allgemeiner Dienste Leistungsengpässe entstehen. Den zur Zeit verfügbaren DBMS, insbesondere relationalen DBMS, sind unter anderem folgende Grenzen gesetzt:

- *Leistungsengpässe.* Wenige relationale DBMS können auf einem Rechner wie einer VAX 11/785 mehr als 50 einfache Transaktionen pro Sekunde durchführen. Eine einfache Transaktion aktualisiert eine Zeile in einer relationalen DBMS-Tabelle. Bei anspruchsvollen Anwendungen müssen die Systemdesigner mit dem DBMS-Hersteller zusammenarbeiten, um dem System zusätzliche Leistung abzuringen, oder eine individuelle Lösung entwickeln.

- *Unzureichende Funktionalität für anspruchsvolle Anwendungen.* Relationale DBMS wurden für Geschäftsanwendungen mit großen, einfach strukturierten

Datenmengen entwickelt. Es ist schwierig, relationale DBMS für Anwendungen zu verwenden, die komplexere Datentypen oder andere als Standardoperationen erfordern.

- *Umständliche Schnittstelle zu Programmiersprachen.* Relationale DBMS unterstützen mengenorientierte Operationen, die durch eine nicht-prozedurale Programmiersprache ausgedrückt werden. Die meisten Programmiersprachen sind ihrem Wesen nach prozedural und können nur auf eine Zeile einer relationalen DBMS-Tabelle gleichzeitig zugreifen. [Premerlani-90] diskutiert eine Lösung, objektorientierte Sprachen mit relationalen DBMS zu integrieren.

Einige dieser Nachteile entfallen möglicherweise, sobald effiziente, objektorientierte DBMS implementiert sind.

9.6 Einsatz globaler Ressourcen

Der Systemdesigner muß globale Ressourcen identifizieren und Mechanismen für den Zugriff darauf festlegen. Zu den globalen Ressourcen gehören: physikalische Einheiten wie Prozessoren, Bandlaufwerke und Kommunikationssatelliten; Speicherbereiche wie Plattenspeicher; ein Bildschirm einer Workstation oder die Tasten einer Maus; logische Namen wie Objekt-IDs, Dateinamen und Klassennamen; Zugriffe auf gemeinsam genutzte Daten, zum Beispiel Datenbanken.

Wenn eine Ressource ein physikalisches Objekt ist, so kann sie sich selbst steuern, indem sie ein Protokoll aufsetzt, das den Ressourcenzugriff innerhalb eines parallelen Systems erlaubt. Wenn es sich bei der Ressource um eine logische Entität handelt, zum Beispiel eine Objekt-ID oder eine Datenbank, besteht in einer gemeinsam genutzten Umgebung die Gefahr von Zugriffskonflikten. Zum Beispiel können unabhängige Tasks gleichzeitig die gleiche Objekt-ID benutzen. Jede globale Ressource muß sich im Besitz eines "Wächterobjekts" befinden, das den Zugriff auf die Ressource steuert. Ein Wächterobjekt kann mehrere Ressourcen steuern. Jeder Zugriff auf die Ressource muß das Wächterobjekt passieren. Beispielsweise sind die meisten Datenbank-Manager eigenständige Tasks, auf die andere Tasks zugreifen können, um Daten aus der Datenbank zu erhalten. Die Zuweisung jeder gemeinsam genutzen globalen Ressource zu einem Objekt reflektiert, daß die Ressource eine Identität besitzt.

Eine logische Ressource kann auch logisch partitioniert werden, so daß die Teilmengen unterschiedlichen Wächterobjekten zugewiesen werden und unabhängig voneinander gesteuert werden können. Beispielsweise besteht eine Strategie zur Objekt-ID-Generierung in einer parallelen, verteilten Umgebung darin, jedem Prozessor in einem Netzwerk vorab einen Bereich möglicher IDs zuzuweisen. Auf diese Weise kann jeder Prozessor die IDs innerhalb des ihm vorab zugeteilten Bereichs zuweisen, ohne daß eine globale Synchronisation erforderlich ist.

In zeitkritischen Anwendungen kann der Preis, alle Zugriffe auf eine Ressource über ein Wächterobjekt laufen zu lassen, manchmal zu hoch sein und Clients müssen direkt auf die Ressource zugreifen. In diesem Fall können die Teilmengen der Ressource mit Sperren versehen werden. Ein *Sperrmechanismus* ist ein logisches Objekt, das mit einer definierten Teilmenge einer Ressource assoziiert ist und dem Inhaber des Sperrmechanismus das Recht gibt, direkt auf die Ressource zuzugreifen. Auch bei dieser Lösung ist ein Wächterobjekt erforderlich, das die Sperre zuweist. Nach der Zuweisung der Sperre an den Benutzer, d.h. einer einzigen Interaktion mit dem Wächter, kann der Benutzer jedoch direkt auf die Ressource zugreifen. Dieser Ansatz ist gefährlicher, weil er voraussetzt, daß jeder Benutzer einer Ressource sich beim Zugriff auf die Ressource korrekt verhält. Der direkte Zugriff auf gemeinsam genutzte Ressourcen sollte in einem objektorientierten Entwurf nur verwendet werden, wenn dies wirklich unumgänglich ist.

9.7 Auswahl der Implementierung für die Steuerungssoftware

Während der Analyse werden alle Interaktionen als Ereignisse zwischen Objekten dargestellt. Die Hardwaresteuerung lehnt sich eng an das Analysemodell an. Dagegen hat der Systemdesigner bei der Implementierung der Steuerung durch Software die Wahl zwischen mehreren Möglichkeiten. Obwohl es logisch nicht erforderlich ist, daß alle Teilsysteme die gleiche Implementierung verwenden, wählt der Designer normalerweise einen einheitlichen Steuerungsstil für das ganze System. Es gibt zwei Arten des Kontrollflusses in einem Softwaresystem: die interne Steuerung und die externe Steuerung.

Die externe Steuerung ist der Fluß der nach außen sichtbaren Ereignisse zwischen den Objekten im System. Externe Ereignisse können auf drei Arten gesteuert werden: sequentiell prozedurgesteuert, sequentiell ereignisgesteuert und parallel. Der gewählte Steuerungsstil hängt von den verfügbaren Ressourcen (Sprache, Betriebssystem) und dem Interaktionsmuster der Anwendung ab. Die externe Steuerung wird in diesem Abschnitt beschrieben.

Die interne Steuerung ist der Kontrollfluß innerhalb eines Prozesses. Sie existiert nur in der Implementierung und ist daher nicht inhärent parallel oder sequentiell. Der Designer kann sich dafür entscheiden, einen Prozeß in mehrere Tasks zu unterteilen, um eine größere logische Klarheit oder eine bessere Leistung (wenn mehrere Prozessoren vorhanden sind) zu erzielen. Im Gegensatz zu externen Ereignissen unterliegen interne Steuerungsübergaben, zum Beispiel Prozeduraufrufe oder Aufrufe der Tasks untereinander, der Kontrolle des Programms und können aus Gründen der Übersichtlichkeit strukturiert werden. Im allgemeinen unterscheidet man drei Arten von Kontrollflüssen: Prozeduraufrufe, quasi-parallele Inter-Task-Aufrufe und parallele Inter-Task-Aufrufe. Quasi-parallele Inter-Task-Aufrufe, zum Beispiel Koroutinen oder Lightweight-Prozesse, erleichtern die Programmierung. Zwar sind mehrere Adreßräume oder Aufruf-Stacks möglich, es kann jedoch nur jeweils ein Kontrollstrang (Thread) aktiv sein.

9.7.1 Prozedurgesteuerte Systeme

In einem prozedurgesteuerten, sequentiellen System ist die Steuerung im Programmcode enthalten. Prozeduren fordern externe Eingaben an und warten darauf; sobald die Eingabe vorliegt, wird die Steuerung wieder von der aufrufenden Prozedur übernommen. Der Inhalt des Befehlszählers und der Stack für Prozeduraufrufe und lokale Variable definieren den Systemzustand.

Prozedurale Steuerungen haben vor allem den Vorteil, daß sie sich problemlos in konventionellen Sprachen implementieren lassen; ihr Hauptnachteil liegt darin, daß die inhärente Parallelität von Objekten auf einen sequentiellen Kontrollfluß abgebildet werden muß. Der Designer muß Ereignisse in Operationen zwischen Objekten umwandeln. Eine typische Operation entspricht einem Ereignispaar aus einem Ausgabeereignis, das eine Ausgabe erzeugt und eine Eingabe anfordert, und einem Eingabeereignis, das die neuen Werte liefert. Asynchrone Eingaben lassen sich mit diesem Paradigma nur schwer bewältigen, weil das Programm die Eingabe explizit anfordern muß. Das prozedurgesteuerte Paradigma ist nur geeignet, wenn das Zustandsmodell einen regelmäßigen Wechsel zwischen Ein- und Ausgabeereignissen aufweist. Flexible Benutzerschnittstellen und Steuerungssysteme lassen sich mit diesem Stil nur schwer realisieren.

Beachten Sie, daß alle wichtigen objektorientierten Sprachen wie Smalltalk, C++ und CLOS prozedurale Sprachen sind. Lassen Sie sich nicht von dem Smalltalk-Begriff des *message passing* täuschen. Eine Message ist nichts anderes als ein Prozeduraufruf mit einer eingebauten Case-Anweisung, die von der Klasse des Zielobjekts abhängt. Ein Hauptnachteil konventioneller objektorientierter Sprachen liegt darin, daß sie die inhärente Parallelität von Objekten nicht unterstützen. Einige parallele objektorientierte Sprachen wurden entworfen, haben aber bisher keine weite Verbreitung gefunden.

9.7.2 Ereignisgesteuerte Systeme

In einem ereignisgesteuerten, sequentiellen System ist die Steuerung in einem Dispatcher oder Monitor enthalten, den die Sprache, das Teilsystem oder das Betriebssystem bereitstellt. An Ereignisse sind Anwendungsprozeduren geknüpft, die vom Dispatcher aufgerufen werden, wenn das entsprechende Ereignis eintritt ("Callback"). Prozeduraufrufe an den Dispatcher senden Ausgabedaten oder ermöglichen die Eingabe, ohne aber nach dem Aufruf auf Eingabedaten zu warten. Alle Prozeduren geben die Steuerung an den Dispatcher zurück, statt sie zu behalten, bis die Eingabe vorliegt. Ereignisse werden direkt vom Dispatcher abgewickelt. Der Programmzustand kann nicht mit Hilfe des Befehlszählers und des Stacks zwischengespeichert werden, weil die Prozeduren die Steuerung an den Dispatcher zurückgeben. Prozeduren müssen globale Variable verwenden, um ihren Zustand zu speichern, oder der Dispatcher muß jeweils einen lokalen Zustand für sie mitführen. Eine Ereignissteuerung ist schwieriger mit Standardsprachen zu implementieren als eine prozedurale Steuerung, in vielen Fällen lohnt sich jedoch der zusätzliche Aufwand.

Ereignisgesteuerte Systeme lassen flexiblere Steuerungsmuster zu als prozedurgesteuerte Systeme. Ereignisgesteuerte Systeme simulieren kooperierende Prozesse innerhalb einer einzigen, mehrsträngigen Task. Allerdings kann eine fehlerhafte Prozedur die ganze Anwendung blockieren, so daß Vorsicht geboten ist. Ereignisgesteuerte Teilsysteme für die Benutzeroberfläche sind besonders nützlich; kommerzielle Beispiele dafür sind SunView und X-Windows.

Für die externe Steuerung sind ereignisgesteuerte Systeme prozedurgesteuerten Systemen vorzuziehen, weil die Abbildung von Ereignissen auf Programmkonstrukte wesentlich einfacher und mächtiger ist. Ereignisgesteuerte Systeme sind darüber hinaus modularer und können Fehlerbedingungen besser bewältigen als prozedurgesteuerte Systeme.

9.7.3 Parallele Systeme

Bei einem parallelen System liegt die Steuerung parallel bei mehreren unabhängigen Objekten, von denen jedes eine eigene Task darstellt. Ereignisse werden direkt als einseitige Nachrichten (nicht zu verwechseln mit Smalltalk-"messages") zwischen Objekten implementiert. Eine Task kann auf eine Eingabe warten, während andere Tasks mit der Ausführung fortfahren. Das Betriebssystem stellt in der Regel einen Warteschlangen-Mechanismus für Ereignisse bereit, so daß Ereignisse, die ankommen, während eine Task noch arbeitet, nicht verloren gehen. Das Betriebssystem löst Zeitkonflikte zwischen Tasks. Beispiele für parallele Systeme sind unter anderem Tasks auf einem Betriebssystem und Ada-Tasks. Wenn mehrere CPUs vorhanden sind, können verschiedene Tasks tatsächlich parallel ausgeführt werden.

Ada unterstützt parallele Tasks innerhalb der Sprache. Programme in anderen Sprachen wie Fortran, C oder C++ können natürlich als Tasks auf einem Standardbetriebssystem ausgeführt werden, die Kommunikation zwischen Tasks erfordert jedoch normalerweise aufwendige Betriebssystemaufrufe, die nicht auf andere Betriebssysteme portiert werden können. Keine der zur Zeit wichtigsten objektorientierten Sprachen unterstützt das Tasking direkt. Es gibt jedoch Forschungsansätze zur Entwicklung paralleler objektorientierter Sprachen, von denen einige in begrenztem Rahmen eingesetzt werden.

9.7.4 Interne Steuerung

Während des Entwurfsprozesses werden Operationen auf Objekten zu maschinennäheren Operationen auf den gleichen oder anderen Objekte aufgefächert. Interne Interaktionen zwischen Objekten können ähnlich wie externe Interaktionen zwischen Objekten als Ereignisse von Objekt zu Objekt betrachtet werden und die gleichen Implementierungsmechanismen sind möglich. Es gibt jedoch einen wichtigen Unterschied: Externe Interaktionen implizieren ihrem Wesen nach das Warten auf Ereignisse, weil die beteiligten Objekte voneinander unabhängig sind und die Reaktion anderer Objekte nicht erzwingen können. Interne Operationen werden dagegen von Objekten als Teil des Implementierungsalgorithmus generiert und besitzen daher ein vorhersehbares Reaktionsverhalten. Die meisten internen Operationen können deshalb als Prozeduraufrufe aufgefaßt werden, bei denen die aufrufende Prozedur eine Anforderung stellt und auf die Antwort wartet. Es gibt Algorithmen, bei denen Parallelität gewinnbringend eingesetzt werden kann, sofern parallele Hardware verfügbar ist. Viele Berechnungen lassen sich aber auch sequentiell gut repräsentieren und können problemlos zu einem Kontrollstrang zusammengefaßt werden.

9.7.5 Andere Paradigmen

Wir gehen davon aus, daß sich unsere Leser primär für die prozedurale Programmierung interessieren. Es sind jedoch auch andere Paradigmen möglich, zum Beispiel regelbasierte Systeme, logische Programmiersprachen und andere Formen nicht-prozeduraler Programme. Systeme dieser Art verwenden einen anderen Steuerungsstil, der die explizite Steuerung durch deklarative Spezifikationen mit impliziten Evaluierungsregeln ersetzt, die möglicherweise nicht deterministisch oder sehr verschlungen sind. Derartige Sprachen werden derzeit in begrenzten Bereichen eingesetzt, zum Beispiel in der Künstlichen Intelligenz oder bei der wissensbasierten Programmierung. Es steht jedoch zu erwarten, daß ihre Verwendung in der Zukunft zunehmen wird. Weil diese Sprachen sich völlig anders verhalten als prozedurale Sprachen (objektorientierte Sprachen eingeschlossen), wird ihre Verwendung in diesem Buch nicht beschrieben.

9.8 Behandlung von Grenzbedingungen

Obwohl sich bei den meisten Systemen der Großteil der Entwurfsarbeit auf das Verhalten im Normalzustand richtet, muß der Systemdesigner auch an die Grenzbedingungen denken: Initialisierung, Terminierung und Absturz. Folgende Fragen stellen sich:

Initialisierung. Das System muß von einem ruhenden Anfangszustand in seinen dauerhaften Normalzustand gebracht werden. Unter anderem müssen konstante Daten, Parameter, globale Variable, Tasks, Wächterobjekte und möglicherweise die Klassenhierarchie selbst initialisiert werden. Bei der Initialisierung steht in der Regel nur eine Teilmenge der Systemfunktionalität zur Verfügung. Die Initialisierung eines Systems mit parallelen Tasks ist sehr schwierig, weil unabhängige Objekte während der Initialisierung anderen unabhängigen Objekten in ihrem Zustand weder zuweit voraus sein noch zu weit hinter ihnen zurückbleiben dürfen.

Terminierung. Die Terminierung ist normalerweise einfacher als die Initialisierung, weil viele interne Objekte einfach aufgegeben werden können. Die Task muß alle für sie reservierten, externen Ressourcen freigeben. In einem parallelen System muß eine Task die anderen Tasks über ihre Terminierung informieren.

Absturz. Ein Absturz ist eine ungeplante Terminierung eines Systems, die durch Benutzerfehler, erschöpfte Systemressourcen oder einen externen Stromausfall verursacht sein kann. Ein guter Systemdesigner sorgt dafür, daß ein Systemabsturz geordnet abläuft. Ein Absturz kann auch auf Fehler im System zurückgehen und wird oft als eine angeblich "unmögliche" Inkonsistenz entdeckt. In einem perfekten Entwurf würden solche Fehler niemals vorkommen. Dennoch sollte man für den Fall, daß doch fatale Fehler auftreten, einen guten Abgang einplanen, so daß die Umgebung so unberührt wie möglich bleibt und vor der Terminierung möglichst viele Informationen über den Absturz aufgezeichnet oder ausgedruckt werden.

9.9 Festlegen von Kompromißprioritäten

Der Systemdesigner muß Prioritäten festlegen, die während des Entwurfs als Richtschnur für Kompromißentscheidungen dienen. Der Designer steht oft vor dem Problem zwischen wünschenswerten, aber miteinander unvereinbaren Zielen zu wählen. Beispielsweise kann durch zusätzlichen Speicher oft eine höhere Geschwindigkeit erzielt werden. Entwurfskompromisse sind aber nicht nur für die Software selbst, sondern auch für ihren Entwicklungsprozeß erforderlich. Es kann zum Beispiel notwendig sein, auf die vollständige Funktionalität zu verzichten, um ein Softwarepaket schneller zum Einsatz oder auf den Markt zu bringen. Manchmal spezifiziert die Problembeschreibung die Ziele mit der höchsten Priorität, häufig steht aber der Programmierer vor der Aufgabe, widersprüchliche Kundenwünsche zu vereinbaren und zu entscheiden, wie Kompromisse realisiert werden sollen.

Der Systemdesigner muß die relative Bedeutung der verschiedenen Kriterien festlegen, um auf diese Weise eine Richtschnur für Kompromißentscheidungen beim Entwurf zu erhalten. Nicht alle Kompromisse werden beim Systementwurf auch tatsächlich getroffen. Es geht vielmehr darum, die Prioritäten festzulegen, anhand derer sie eingegangen werden können. Beispielsweise liefen die ersten Videospiele auf Prozessoren mit begrenzter Speicherkapazität. Die sparsame Belegung von Speicherplatz besaß die höchste Priorität, schnelle Ausführbarkeit die zweithöchste. Die Systemdesigner mußten dafür auf Kosten der Wartbarkeit, Portabilität und Verständlichkeit jeden verfügbaren Programmiertrick einsetzen. Ein anderes Beispiel: Auf vielen Systemen gibt es mehrere Pakete mit mathematischen Unterprogrammen. Entscheidend für derartige Pakete sind wohldefiniertes numerisches Verhalten sowie Portabilität und Verständlichkeit. Diese Eigenschaften können nicht zugunsten einer schnelleren Entwicklung aufgegeben werden. Oder denken Sie an Benutzerschnittstellen, die nur evaluiert werden können, wenn man sie auch einsetzt. Der Designer verwendet häufig *Rapid Prototyping*, das heißt eine schnelle, unsaubere Implementierung eines Teils des zu evaluierenden Systems, und ignoriert oder simuliert den Rest des Systems. Rapid Prototyping minimiert die anfängliche Entwurfszeit durch Verzicht auf vollständige Funktionalität, Effizienz und Robustheit. Sobald der Prototyp evaluiert ist, kann die Schnittstelle mit neuen Entwurfskompromissen re-implementiert und das restliche Systems implementiert werden.

Die Kompromißentscheidungen des Systemdesigners wirken sich sehr weitreichend auf den Charakter eines Systems aus. Der Erfolg oder Mißerfolg des Endprodukts kann davon abhängen, ob seine Ziele gut gewählt sind. Oder noch schlimmer: Wenn keine systemweiten Prioritäten festgelegt werden, optimieren die verschiedenen Teile des Systems einander entgegengesetzte Ziele ("Suboptimierung"). Auf diese Weise können Systeme entstehen, die Ressourcen verschwenden. Sogar bei kleineren Projekten verlieren Programmierer oft die wirklichen Ziele aus den Augen und konzentrieren sich auf "Effizienz", wo sie eigentlich nicht wichtig ist.

Kompromißprioritäten können allenfalls vage festgelegt werden. Eine numerische Exaktheit (Schnelligkeit 53%, Speicher 31%, Portabilität 15%, Kosten 1%) ist hier nicht denkbar. Prioritäten sind selten absolut zu sehen; beispielsweise bedeutet ein Kompromiß, der Speicherplatz zugunsten von Schnelligkeit opfert, nicht, daß jeder noch so kleine Gewinn an Schnelligkeit jede noch so große Speicherzunahme rechtfertigt. Wir können nicht einmal eine vollständige Liste der Entwurfskriterien angeben, die von Kompromissen betroffen sein können. Die gewählten Prioritäten spiegeln vielmehr die Entwurfsphilosophie des Systemdesigners wider und können als Richtschnur für den Entwurfsprozeß dienen. Kompromißentscheidungen beim Entwurf sind immer Ermessenssache und offen für Interpretation.

9.10 Verbreitete Architekturkonzepte

Es gibt mehrere prototypische Architekturkonzepte, die in bestehenden Systemen häufig eingesetzt werden. Jedes dieser Architekturkonzepte ist für eine bestimmte Art von System geeignet. Wenn Ihre Anwendung ähnliche Eigenschaften aufweist, können Sie die entsprechende Architektur verwenden oder zumindest als Ausgangspunkt für ihren Entwurf nutzen. Wir wollen hier folgende Systeme erörtern:

- Batch-Verarbeitung – eine Datentransformation, die einmal auf eine ganze Eingabemenge ausgeführt wird.

- Kontinuierliche Verarbeitung – eine Datentransformation, die fortlaufend auf sich ändernde Eingaben ausgeführt wird.

- Interaktive Schnittstelle – ein System mit vorwiegend externen Interaktionen.

- Dynamische Simulation – ein System, das sich verändernde Objekte der realen Welt simuliert.

- Echtzeit-System – ein System, das von strengen Zeitbeschränkungen bestimmt wird.

- Transaktionsmanager – ein System zur Speicherung und Aktualisierung von Daten, oft mit parallelem Zugriff von unterschiedlichen physikalischen Adressen aus.

Diese Liste zählt nicht alle bestehenden Systeme und Architekturkonzepte vollständig auf, sondern nur ihre wichtigsten Formen. Einige Probleme erfordern eine neue Art von Architektur, die meisten Probleme können jedoch eine vorhandene Architektur oder zumindest eine Abwandlung davon nutzen. Viele Probleme vereinen Aspekte aus mehreren Architekturkonzepten.

9.10.1 Batch-Verarbeitung

Eine *Batch-Verarbeitung* ist eine sequentielle Transformation von Eingaben in Ausgaben. Ziel der Verarbeitung ist es, aus den am Anfang gelieferten Eingaben eine Antwort zu berechnen; es gibt keine anhaltende Interaktion mit der Außenwelt. Beispiele sind unter anderem Standardberechnungsprobleme: Compiler,

Abrechnungsprogramme, automatisches VLSI-Layout, Belastungsanalyse für eine Brücke und vieles mehr.

Das Zustandsmodell für Batch-Verarbeitungs-Probleme ist trivial bzw. nicht existent. Das Objektmodell kann einfach oder komplex sein. Der wichtigste Aspekt einer Batch-Verarbeitung ist das funktionale Modell, das spezifiziert, wie Eingabewerte in Ausgabewerte transformiert werden. Dies ist wahrscheinlich der Bereich, den man am besten mit aktuellen Methodologien angeht, die sich auf Datenflußdiagramme und funktionale Dekomposition konzentrieren. Allerdings stellt die Verwendung von Objektmodellen für Datenstrukturen eine Verbesserung gegenüber früheren Methoden der Datenrepräsentation bei Problemen mit komplexen und oft polymorphen Daten dar. Ein Compiler ist ein Beispiel für eine Batch-Verarbeitung mit komplexen Datenstrukturen. Abbildung 9.2 zeigt das Datenflußdiagramm für einen Compiler.

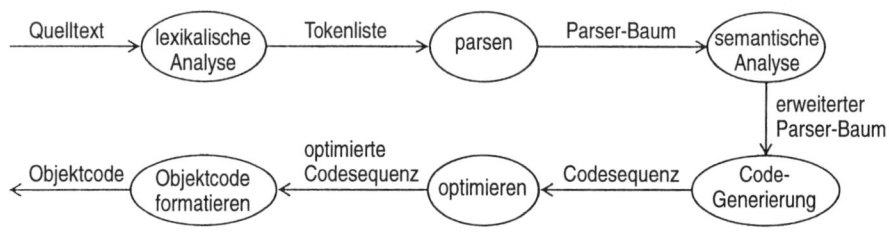

Abb. 9.2   Datenflußdiagramm eines Compilers

Folgende Schritte sind für den Entwurf einer Batch-Verarbeitung erforderlich:

- Brechen Sie die Gesamtverarbeitung in Stufen auf, von denen jede einen Teil der Transformation ausführt. Das Systemdiagramm ist ein Datenflußdiagramm, das normalerweise direkt dem funktionalen Modell entnommen werden kann und während des Entwurfs möglicherweise durch zusätzliche Details ergänzt wird.

- Definieren Sie Zwischenobjekte für die Datenflüsse zwischen jeweils zwei aufeinanderfolgenden Stufen. Jede Stufe kennt nur die Objekte auf ihren beiden Seiten, ihre eigenen Eingaben und ihre eigenen Ausgaben. Jede Menge von Klassen bildet im Entwurf ein kohärentes Objektmodell, das lose mit den Objektmodellen der Nachbarstufen gekoppelt ist.

- Fächern Sie die einzelnen Stufen auf, bis die Operationen problemlos implementiert werden können.

- Optimieren Sie die endgültige Pipeline gegebenenfalls durch Restrukturierung.

9.10.2 Kontinuierliche Verarbeitung

In Systemen zur *kontinuierlichen Verarbeitung* hängen die Ausgaben aktiv von den sich ändernden Eingaben ab und müssen periodisch aktualisiert werden. Anders als bei einer Batch-Verarbeitung, bei der die Ausgaben nur einmal berechnet werden, müssen die Ausgaben in einer aktiven Pipeline häufig aktualisiert werden (theoretisch kontinuierlich, in der Praxis anhand einer feineingestellten Zeitskala). Wegen strikter Zeitbeschränkungen kann in der Regel nicht die ganze Menge der Ausgaben bei jeder Änderung einer Eingabe neu berechnet werden (sonst wäre die Anwendung eine Batch-Verarbeitung). Statt dessen müssen die neuen Ausgabewerte inkrementell berechnet werden. Typische Anwendungen sind Signalverarbeitung, Fenstersysteme, inkrementelle Compiler und Prozeßüberwachungssysteme.

Das funktionale Modell definiert zusammen mit dem Objektmodell die Werte, die berechnet werden. Das dynamische Modell ist weniger wichtig, weil ein Großteil der Anwendungsstruktur durch den kontinuierlichen Datenfluß und nicht durch klar unterscheidbare Interaktionen bestimmt wird.

Weil eine vollständige Neuberechnung bei jeder Änderung eines Eingabewerts unmöglich ist, muß eine Architektur für kontinuierliche Verarbeitung die inkrementelle Berechnung erleichtern. Die Transformation kann als eine Pipeline von Funktionen implementiert werden. Die Wirkung jeder inkrementellen Änderung eines Eingabewerts pflanzt sich über die Pipeline fort. Um die inkrementelle Berechnung zu ermöglichen, können Zwischenobjekte definiert werden, die Zwischenwerte aufnehmen. Aus Performance-Gründen können redundante Werte eingeführt werden.

Die Synchronisation von Werten innerhalb der Pipeline kann bei Hochleistungssystemen wie Signalverarbeitungsanwendungen wichtig sein. In solchen Fällen werden Operationen zu wohldefinierten Zeiten ausgeführt und der Flußpfad der Operationen muß sorgfältig ausbalanciert sein, so daß Werte zur richtigen Zeit am richtigen Ort ankommen, ohne daß Engpässe entstehen.

Folgende Schritte sind für den Entwurf von Systemen mit kontinuierlicher Verarbeitung erforderlich:

• Zeichnen Sie ein Datenflußdiagramm für das System. Die Handlungsobjekte für die Ein- und Ausgabe entsprechen Datenstrukturen, deren Werte sich kontinuierlich ändern. Datenspeicher in der Pipeline enthalten Parameter, die sich auf die Abbildung von Eingabedaten in Ausgabewerte auswirken. Abbildung 9.3 zeigt eine Grafikanwendung in drei Phasen: Zuerst werden geometrische Figuren mit benutzerdefinierten Koordinaten auf die Fensterkoordinaten abgebildet; danach werden die Figuren abgeschnitten, um in den Fensterrahmen zu passen; schließlich wird jede Figur um die Position ihres Fensters versetzt, so daß sich die Position auf dem Bildschirm ergibt.

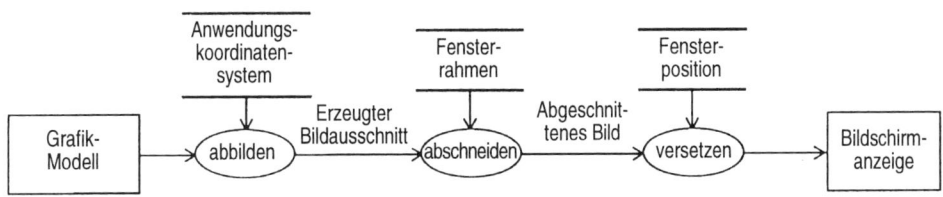

Abb. 9.3 Datenflußdiagramm für eine Grafikanwendung

- Definieren Sie Zwischenobjekte zwischen jeweils zwei aufeinanderfolgenden Phasen, wie bei der Batch-Verarbeitung. Beispielsweise existiert für jede geometrische Figur des Grafikmodells in jeder Berechnungsphase eine Abbildung ihrer selbst.

- Differenzieren Sie alle Operationen, um inkrementelle Veränderungen für jede Phase zu erhalten. Das heißt, die inkrementellen Wirkungen jeder Änderung an einem Eingabeobjekt pflanzen sich durch die Pipeline als Folge inkrementeller Aktualisierungen fort. Beispielsweise erfordert eine Positionsveränderung einer geometrischen Figur, daß ihr altes Bild gelöscht, ihre neue Position berechnet und ihr neues Bild angezeigt wird; die Bilder der anderen Figuren bleiben unverändert und müssen nicht neu berechnet werden.

- Fügen Sie gegebenenfalls weitere Zwischenobjekte hinzu, um das System zu optimieren.

9.10.3 Interaktive Schnittstelle

Eine *interaktive Schnittstelle* ist ein System, in dem Interaktionen zwischen dem System und externen Agenten wie Anwendern, Geräten oder anderen Programmen überwiegen. Die externen Agenten sind vom System unabhängig, so daß ihre Eingaben nicht gesteuert werden können. Das System kann sie jedoch zu einer Reaktion auffordern. Eine interaktive Schnittstelle bildet normalerweise nur einen Teil einer Gesamtanwendung, der oft unabhängig vom Berechnungsteil der Anwendung behandelt werden kann. Zu den wichtigsten Fragen im Zusammenhang mit interaktiven Schnittstellen gehören das Kommunikationsprotokoll zwischen dem System und den externen Agenten, die Syntax möglicher Interaktionen, die Präsentation der Ausgabe (zum Beispiel die Bildschirmgestaltung), der Kontrollfluß innerhalb des Systems, die leichte Verständlichkeit und die Benutzerschnittstelle, die Performance und die Fehlerbehandlung. Interaktive Systeme sind zum Beispiel formularbasierte Anfrageschnittstellen, ein Fenstersystem für eine Workstation, die Kommandosprache für ein Betriebssystem und die Schalttafel für eine Simulation.

Für interaktive Schnittstellen ist das dynamische Modell am wichtigsten. Objekte im Objektmodell repräsentieren Interaktionselemente wie Ein- oder Ausgabe-Tokens und Präsentationsformate. Das funktionale Modell beschreibt, welche Anwendungsfunktionen als Reaktion auf Eingabe-Ereignisfolgen ausgeführt werden. Die interne Struktur der Funktionen ist jedoch für das Verhalten der Schnittstelle normalerweise nicht wichtig. Bei einem interaktiven System kommt es auf die Außenwirkung, nicht auf die zugrundeliegende semantische Struktur an.

Folgende Schritte sind für den Entwurf einer interaktiven Schnittstelle erforderlich:

- Isolieren Sie die Schnittstellenobjekte von den semantischen Objekten der Anwendung.

- Verwenden Sie vordefinierte Objekte (soweit möglich), um mit externen Agenten zu interagieren. Beispielsweise gibt es für Fenstersysteme wie X-Windows, NeWS und MacAPP umfangreiche Sammlungen vordefinierter Fenster, Menüs,

Schaltflächen, Formulare und anderer Objektarten, die nur noch an Anwendungen angepaßt werden müssen.

- Verwenden Sie das dynamische Modell als Programmstruktur. Interaktive Schnittstellen werden am besten mit einer parallelen Steuerung (Multitasking) oder einer Ereignissteuerung (Interrupts oder Callbacks) implementiert. Prozedurale Steuerungen (Schreiben der Ausgabe mit anschließendem Warten auf die dazugehörige Eingabe) sind – rigide Steuerungsfolgen ausgenommen – umständlich.

- Isolieren Sie physikalische Ereignisse von logischen Ereignissen. Oft entspricht ein logisches Ereignis mehreren physikalischen Ereignissen. Beispielsweise kann eine Grafikschnittstelle Eingaben über ein Formular, ein Pop-Up-Menü, eine Funktionstaste der Tastatur, geschriebene Kommandofolgen oder eine indirekte Kommandodatei entgegennehmen.

- Spezifizieren Sie die Anwendungsfunktionen, die die Schnittstelle aufruft, vollständig. Stellen Sie sicher, daß die Informationen für Ihre Implementierung vorhanden sind.

9.10.4 Dynamische Simulation

Eine *dynamische Simulation* modelliert Objekte der realen Welt oder verfolgt ihre Entwicklung. Beispiele sind unter anderem die Modellierung von Molekülbewegungen, Flugbahnberechnungen für Raumfahrzeuge, Modelle zur Wirtschaftsentwicklung oder Videospiele. Traditionelle Methodologien, die auf Datenflußdiagrammen aufbauen, repräsentieren Probleme dieser Art nur schlecht, weil Simulationen statt einer großen Transformation viele unterschiedliche Objekte involvieren, die sich ständig aktualisieren. Simulationen sind vielleicht die Systeme, die sich am einfachsten mit einem objektorientierten Ansatz entwerfen lassen. Die Objekte und Operationen ergeben sich direkt aus der Anwendung. Zwei Arten der Steuerungsimplementierung sind möglich: ein expliziter Controller außerhalb der Anwendungsobjekte kann eine Zustandsmaschine simulieren oder Objekte können untereinander Nachrichten austauschen, ähnlich wie in der realen Welt.

Anders als beim interaktiven System entsprechen die internen Objekte einer dynamischen Simulation den Objekten der realen Welt, so daß ihr Objektmodell normalerweise wichtig und oft komplex ist. Wie bei interaktiven Systemen spielt das dynamische Modell auch bei Simulationssystemen eine wichtige Rolle. Darüber hinaus besitzen Simulatoren oft auch ein komplexes funktionales Modell.

Folgende Schritte sind für den Entwurf einer dynamischen Simulation erforderlich:

- Identifizieren Sie die Handlungsobjekte, d.h. die aktiven Objekte der realen Welt, auf der Basis des Objektmodells. Die Handlungsobjekte besitzen Attribute, die periodisch aktualisiert werden.

- Identifizieren Sie diskrete Ereignisse. Diskrete Ereignisse entsprechen klar abgegrenzten Interaktionen mit dem Objekt, zum Beispiel Einschalten des

Stroms oder Verwenden der Bremsen. Diskrete Ereignisse können als Operationen auf dem Objekt implementiert werden.

- Identifizieren Sie fortgesetzte Abhängigkeiten. Attribute der realen Welt können von anderen Attributen der realen Welt abhängen oder ständig variieren – je nach Zeit, Höhe, Geschwindigkeit oder Lenkradstellung. Diese Attribute müssen in periodischen Intervallen mit Hilfe von numerischen Näherungsmethoden aktualisiert werden, um Quantisierungsfehler zu minimieren.

- Eine Simulation wird im allgemeinen durch eine Zeitschleife mit einem feinen Zeitmaßstab getaktet. Klar abgegrenzte Ereignisse zwischen diskreten Objekten können oft innerhalb der Zeitschleife ausgetauscht werden.

Das schwierigste Problem bei Simulationen besteht normalerweise darin, eine ausreichende Performance bereitzustellen. In einer idealen Welt würde eine beliebige Zahl von Parallelprozessoren die Simulation exakt analog zur realweltlichen Situation ausführen. In der Praxis muß der Systemdesigner die Berechnungskosten für jeden Aktualisierungszyklus abschätzen und entsprechende Ressourcen bereitstellen. Fortlaufende Prozesse müssen als diskrete Schritte näherungsweise realisiert werden.

9.10.5 Echtzeitsysteme

Ein *Echtzeitsystem* ist ein interaktives System, für das besonders enge Zeitbeschränkungen auf Aktionen gelten oder bei denen nicht der geringste zeitliche Fehler toleriert werden kann. Es muß sichergestellt sein, daß das System bei kritischen Aktionen innerhalb eines absoluten Zeitintervalls reagiert. Typische Anwendungen sind die Prozeßsteuerung, die Datenerfassung, Kommunikationsgeräte, Gerätesteuerungen oder Überlastungsrelais. Um die Reaktionszeit sicherzustellen, muß das Worst-Case-Szenario ermittelt und berücksichtigt werden. Dies kann die Analyse erleichtern, weil es normalerweise einfacher ist, das Worst-Case-Verhalten zu bestimmen als das Verhalten im Durchschnittsfall.

Der Entwurf von Echtzeitsystemen ist komplex und involviert Probleme wie die Interrupt-Behandlung, die Festlegung von Task-Prioritäten und die Koordination mehrerer CPUs. Leider sind viele Echtzeitsysteme so entworfen, daß sie am Rande ihrer Ressourcengrenzen operieren, so daß die notwendige Performance oft nur durch eine unerbittliche, nicht-logische Restrukturierung erreicht werden kann. Diese Art von Akrobatik geht auf Kosten der Portabilität und der Wartbarkeit. Der Entwurf von Echtzeitsystemen ist ein Spezialthema, das wir in diesem Buch nicht weiter vertiefen werden.

9.10.6 Transaktionsmanager

Ein *Transaktionsmanager* ist ein Datenbanksystem, dessen wichtigste Funktion die Speicherung von und der Zugriff auf Informationen ist. Die Informationen kommen aus der Anwendungsdomäne. Die meisten Transaktionsmanager müssen mit Mehrbenutzerzugriff und Parallelität zurechtkommen. Eine Transaktion muß als eine atomare Entität behandelt werden, auf die sich andere Transaktionen nicht störend auswirken dürfen. Beispiele für Transaktionsmanager sind Flugbuchungs-, Inventarsteuerungs- und Datenbank-Management-Systeme.

Das Objektmodell spielt bei Transaktionsmanagern die Hauptrolle. Das funktionale Modell ist für ein Transaktionsmanagement-System weniger wichtig, weil Operationen im allgemeinen vordefiniert und auf die Aktualisierung und das Abfragen von Informationen konzentriert sind. Das dynamische Modell zeigt, wie parallel auf verteilte Informationen zugegriffen werden kann. Verteilung ist ein inhärenter Teil des realweltlichen Problems und muß bei der Analyse modelliert werden. Das dynamische Modell ist auch wichtig für die Abschätzung des Transaktionsdurchsatzes.

Häufig können Sie ein bestehendes Datenbank-Management-System verwenden. In diesen Fällen besteht das Hauptproblem darin, das Objektmodell zu konstruieren und die Körnigkeit zu wählen, aufgrund derer das System eine Transaktion als atomar betrachtet.

Folgende Schritte sind für den Entwurf eines Transaktionsmanagement-Systems erforderlich:

• Bilden Sie das Objektmodell direkt auf eine Datenbank ab. Hinweise zur Verwendung einer relationalen Datenbank finden Sie in Kapitel 17.

• Legen Sie die parallelen Einheiten fest, d.h. die Ressourcen, die aufgrund ihres Wesens oder ihrer Spezifikation nicht gemeinsam genutzt werden können. Führen Sie gegebenenfalls neue Klassen ein.

• Legen Sie die Transaktionseinheit fest, d.h. die Menge der Ressourcen, auf die der Zugriff während einer Transaktion gemeinsam erfolgt. Typischerweise gelingt eine Transaktion ganz oder überhaupt nicht.

• Entwerfen Sie die Parallelitätssteuerung für Transaktionen. Dies wird von den meisten Datenbank-Management-Systemen unterstützt. Möglicherweise muß das System gescheiterte Transaktionen mehrmals versuchen, bevor es aufgibt.

9.11 Architektur des ATM-Systems

Das ATM-System, das wir in Kapitel 8 eingeführt haben, ist eine Mischung aus einer interaktiven Schnittstelle und einem Transaktionsmanagement-System. Die Eingabeterminals sind interaktive Schnittstellen – ihr Zweck besteht darin, mit einem Benutzer zu interagieren, um Informationen zu erhalten, die zur Formulierung einer Transaktion benötigt werden. Die Spezifikation der Eingabeterminals umfaßt die Entwicklung eines Objektmodells und eines dynamischen Modells; das funktionale Modell ist trivial. Das Konsortium und die Banken sind primär ein verteiltes Transaktionsmanagement-System. Ihre Aufgabe besteht darin, eine Datenbank mit Informationen zu verwalten und ihre Aktualisierung über ein verteiltes Netzwerk unter kontrollierten Bedingungen zu ermöglich. Um den Transaktionsmanagement-Teil des Systems zu spezifizieren, muß hauptsächlich ein Objektmodell entwickelt werden.

Abbildung 9.4 zeigt die Architektur des ATM-Systems. Es gibt drei wichtige Teilsysteme: die ATM-Terminals, den Konsortiumcomputer und die Bankcompu-

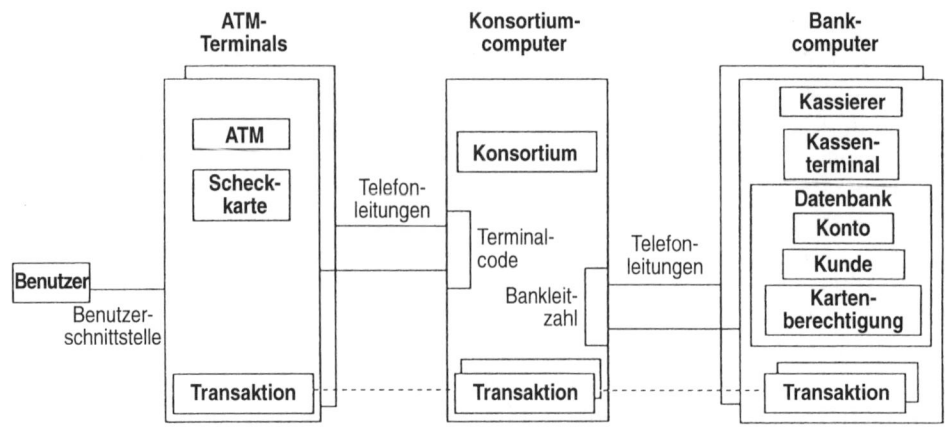

Abb. 9.4 Architektur des ATM-Systems

ter. Die Topologie ist ein einfacher Stern: der Konsortiumcomputer kommuniziert mit allen ATM-Terminals und mit allen Bankcomputern. Jede Verbindung ist eine eigens dafür eingerichtete Telefonleitung. Der Terminalcode und die Bankleitzahl dienen dazu, die Telefonverbindungen zum Konsortiumcomputer voneinander zu unterscheiden.

Die einzigen permanenten Datenspeicher befinden sich auf den Bankcomputern. Weil die Konsistenz der Daten auch gewährleistet sein muß, wenn mehrere Transaktionen parallel durchgeführt werden, werden die Daten in einer Datenbank gehalten. Jede Transaktion wird als Batch-Operation durchgeführt; die Transaktion sperrt das betreffende Konto, bis sie abgeschlossen ist.

Die Parallelität ergibt sich aufgrund der Vielzahl der ATM-Terminals, die alle gleichzeitig aktiv sein können. Es ist nur eine Transaktion pro ATM-Terminal möglich, aber jede Transaktion erfordert die Unterstützung des Konsortiumcomputers und eines Bankcomputers. Eine Transaktion betrifft mehrere physikalische Einheiten, so daß im Diagramm jede Transaktion durch drei verknüpfte Teile dargestellt wird. Beim Entwurf wird jeder Teil zu einer eigenen Implementierungsklasse. Obwohl jeweils nur eine Transaktion pro ATM-Terminal möglich ist, kann jeder Konsortiumcomputer oder Bankcomputer mit vielen parallelen Transaktionen konfrontiert sein. Dies stellt kein besonderes Problem dar, weil jeder Kontenzugriff über die Datenbank synchronisiert wird.

Das ATM-Terminal umfaßt wenig mehr als ein Zustandsdiagramm. Der Konsortiumcomputer und die Bankcomputer sind ereignisgesteuert. Sie stellen Eingabeereignisse in eine Warteschlange und verarbeiten sie nacheinander in der Reihenfolge, in der sie sie erhalten haben.

Der Konsortiumcomputer muß schnell genug sein, um die erwartete Höchstzahl simultaner Transaktionen handhaben zu können. Möglicherweise ist es akzeptabel, gelegentlich eine Transaktion zu blockieren, vorausgesetzt, der Benutzer erhält eine entsprechende Meldung. Die Bankcomputer müssen auch leistungsfähig genug sein, um mit der erwarteten Worst-Case-Belastung fertigzuwerden, und sie müssen über genügend Plattenspeicher verfügen, um alle Transaktionen aufzeichnen zu können.

Das System muß Operationen bereitstellen, mit denen ATM-Terminals und Bankcomputer hinzugefügt und entfernt werden können. Jede physikalische Einheit muß gegen den Ausfall des restlichen Systems bzw. die Unterbrechung der Verbindung zum restlichen System gesichert sein. Eine Datenbank schützt vor Datenverlust. Besonderes Augenmerk muß auf Ausfälle während einer Transaktion gelegt werden, um zu verhindern, daß der Benutzer oder die Bank Geld verlieren. Möglicherweise ist ein kompliziertes Bestätigungsprotokoll vor der eigentlichen Duchführung der Transaktion erforderlich. Das ATM-Terminal sollte eine geeignete Meldung anzeigen, wenn die Verbindung zusammengebrochen ist. Andere Störungen, z.B. fehlendes Bargeld oder fehlendes Papier für Belege, müssen ebenfalls behandelt werden.

In einem Finanzsystem wie diesem kommt ausfallsicheren Transaktionen die höchste Priorität zu. Wenn ein Zweifel an der Integrität einer Transaktion besteht, muß sie mit einer geeigneten Meldung an den Benutzer abgebrochen werden.

Eine maschinennähere Schicht der Systemimplementierung ist nicht erforderlich. Das ATM-Terminal ist nichts anderes als eine Zustandsmaschine; sein funktionales Modell ist trivial. Der Konsortiumcomputer leitet einfach eine Nachricht von einem ATM-Terminal an einen Bankcomputer und von einem Bankcomputer an ein ATM-Terminal. Seine Funktionalität ist minimal. Der Bankcomputer ist die einzige Einheit mit nicht-trivialen Prozeduren, von denen die meisten Datenbankaktualisierungen sind. Die einzige Komplexität kann sich aus der Fehlerbehandlung ergeben.

Insgesamt besitzt das ATM-System eine einfache Architektur, die aber in ähnlicher Form auf viele andere Systeme übertragen werden kann.

9.12 Zusammenfassung

Nach der Anwendungsanalyse und vor dem Beginn des detaillierten Entwurfs muß der Systemdesigner den grundlegenden Lösungsansatz festlegen. Die Systemarchitektur beschreibt außer der Form der globalen Systemstruktur auch die Unterteilung in Teilsysteme, die dem System inhärente Parallelität, die Zuweisung von Teilsystemen an Hardware und Software, die Datenverwaltung, die Koordination globaler Ressourcen, die Implementierung der Steuerungssoftware, die Grenzbedingungen und die Kompromißprioritäten.

Ein System kann horizontal in Schichten und vertikal in Partitionen unterteilt werden. Jede Schicht definiert eine eigene abstrakte Welt, die sich von anderen Schichten vollkommen unterscheiden kann. Jede Schicht bezieht Dienste von den unter ihr liegenden Schichten und versorgt ihrerseits die Schichten über ihr mit Diensten. Systeme können auch in Partitionen unterteilt werden, die jeweils unterschiedliche Arten von Diensten erbringen. Einfache Systemtopologien wie

Pipelines oder Sterne verringern die Systemkomplexität. Die meisten Systeme stellen eine Mischung aus Schichten und Partitionen dar.

Inhärent parallele Objekte laufen parallel zueinander ab und können nicht zu einem Kontrollstrang zusammengefaßt werden. Objekte dieser Art müssen unterschiedlichen Hardware-Einheiten oder getrennten Tasks in einem Prozessor zugewiesen werden. Andere Objekte können zu einem Kontrollstrang zusammengefaßt und als eine Task implementiert werden.

Um die benötigte Performance zu erreichen, müssen Prozessoren und Spezial-Hardwareeinheiten in ausreichender Menge bereitgestellt werden. Objekte müssen so auf die Hardware verteilt werden, daß die Verwendung der Hardware ausgewogen ist und den Parallelitätseinschränkungen entspricht. Der Systemdesigner muß den Systemdurchsatz abschätzen und Warteschlangeneffekte bei der Hardwarekonfiguration berücksichtigen. Einige rechenintensive Aufgaben können auf Spezialhardware durchgeführt werden. Die Partitionierung eines Hardwarenetzwerks zielt unter anderem darauf ab, den Kommunikationsverkehr zwischen physikalisch getrennten Moduln zu minimieren.

Datenspeicher können dazu verwendet werden, Teilsysteme innerhalb einer Architektur klar voneinander zu trennen und Anwendungsdaten einen gewissen Grad an Dauerhaftigkeit zu verleihen. Im allgemeinen können Datenspeicher mit Speicherdatenstrukturen, Dateien und/oder Datenbanken implementiert werden. Dateien sind einfach, preiswert und permanent, sie sind aber unter Umständen zu wenig abstrakt für eine Anwendung und erfordern einen hohen zusätzlichen Programmieraufwand. Datenbanken bieten einen höheren Abstraktionsgrad als Dateien, sie sind aber ebenfalls mit Kompromissen in bezug auf den Verwaltungs-Overhead und die Komplexität verbunden.

Der Systemdesigner muß globale Ressourcen identifizieren und Mechanismen zur Zugriffssteuerung festlegen. Dies wird oft durch den Einsatz eines "Wächterobjekts", das den Zugriff serialisiert, die Partitionierung globaler Ressourcen in disjunkte Teilmengen, die auf einer niedrigeren Ebene verwaltet werden, oder durch Sperrmechanismen erreicht.

Die Steuerung durch Hardware ist inhärent parallel, während Software-Steuerung prozedurgesteuert, ereignisgesteuert oder parallel sein kann. Die Steuerung eines prozeduralen Systems ist im Programmcode enthalten; der Inhalt des Befehlszählers und der Stack für Prozeduraufrufe und lokale Variablen definieren den Zustand des Systems. In ereignisgesteuerten Systemen liegt die Steuerung bei einem Dispatcher oder Monitor; Anwendungsprozeduren sind an Ereignisse gebunden und werden vom Dispatcher aufgerufen, wenn das entsprechende Ereignis eintritt. In einem parallelen System ist die Steuerung parallel auf mehrere unabhängige Objekte verteilt. Ereignisgesteuerte und parallele Implementierungen sind sehr viel flexibler als eine prozedurale Steuerung.

Bei den meisten Systemen interessiert in erster Linie das Verhalten im Dauerzustand. Aber auch Grenzbedingungen sind zu bedenken: Initialisierung, Terminierung und Absturz.

Ein wesentlicher Aspekt der Systemarchitektur sind Kompromißentscheidungen zwischen Zeit und Speicherplatz, Hardware und Software, Einfachheit und Allgemeingültigkeit sowie Effizienz und Wartbarkeit. Diese Kompromisse hängen von den Zielen der Anwendung ab. Der Systemdesigner muß die Prioritäten festlegen, um konsistente Kompromißentscheidungen während des weiteren Entwurfs zu ermöglichen.

Für viele verbreitete Systemtypen existieren Standardarchitekturen. Dazu gehören zwei Arten der funktionalen Transformation: Batch-Verarbeitung und kontinuierliche Verarbeitung; drei Typen von zeitabhängigen Systemen: interaktive Schnittstellen, dynamische Simulation und Echtzeitsysteme; sowie ein Datenbanksystem: der Transaktionsmanager. Die meisten Anwendungssysteme sind eine Mischung mehrerer Formen. Jedes Teilsystem kann eine andere Form verwenden. Andere Architekturen sind möglich.

Architektur	Kompromißprioritäten
Client-Versorger	Kontrollstrang
Datenverwaltung	Parallelität
Dienst	Partition
Echtzeitsystem	Schicht
ereignisgesteuerte Systeme	Systementwurf
gleichrangig	Systemtopologie
Hardware-Anforderungen	Teilsystem
inhärente Parallelität	

Abb. 9.5 Schlüsselbegriffe in Kapitel 9

9.13 Anmerkungen zur Bibliographie

Der Entwurf von Softwaresystemen wird in mehreren Büchern über Entwurfsmethoden behandelt, zum Beispiel bei [Ward-85], [Page-Jones-88] und [Yourdon-89]. In den letzten Jahren standen Fragen des Systementwurfs sowie verteilter und paralleler Systeme stärker im Mittelpunkt. Die Einführung von Tasking-Konstrukten in Ada hat der Modularität und Parallelität in der Programmierung zu einer neuen Bedeutung verholfen; [Buhr-84] befaßt sich mit diesen Fragen und führt eine Notation dafür ein.

Der Entwurf großer Echtzeit-Hardware-/Softwaresysteme (z.B. militärischer Waffensysteme, Systeme zur Steuerung des Flugverkehrs oder Start- und Life-Support-Systeme für die Raumfahrt) stellt ein völlig anderes Problem dar. Obwohl die Techniken in diesem Buch auf jede Art von System anwendbar sein sollten, werden sehr große Systeme von logistischen Fragen beherrscht. Die Analyse kann bei Systemen dieser Art umfangreiche Experimente erfordern, um die Anforderungen zu erarbeiten und festzustellen, was mit der verfügbaren Technologie machbar ist. Es gibt, falls überhaupt, nur wenige Bücher, die Methodologien für derartige Systeme vorschlagen, und wir behaupten nicht, Experten auf diesem Gebiet zu sein.

Eine Beschreibung einer aktiven Transformations-Pipeline für einen Graphikprozessor finden Sie in Kapitel 10 in [Foley-82].

9.14 Literaturangaben

[Buhr-84] R.J.A. Buhr. *System Design with Ada.* Engelwood Cliffs, New Jersey: Prentice Hall, 1984

[Foley-82] James D. Foley, Andries Van Dam. *Fundamentals of Interactive Computer Graphics.* Reading, Mass.: Addison-Wesley, 1982.

[Page-Jones-88] Meilir Page-Jones. *The Practical Guide to Structured Systems Design.* Englewood Cliffs, New Jersey: Prentice Hall, 1988.

[Premerlani-90] William J. Premerlani, Michael R. Blaha, James E. Rumbaugh, Thomas A. Varwig. Building an object-oriented DBMS on top of a relational database. *CACM,* September 1990.

[Ward-85] Paul Ward, Steve Mellor. *Structured Development for Real-Time Systems, Volume 3.* Englewood Cliffs, New Jersey: Yourdon Press, 1986.

[Yourdon-89] Edward Yourdon, Larry Constantine. *Structured Design: Fundamentals of a Discipline of Computer Program and Systems Design.* Englewood Cliffs, New Jersey: Prentice Hall, 1989.

9.15 Übungen

9.1 (4) Listen Sie für jedes der folgenden Systeme den bzw. die geeigneten Systemarchitekturstil(e) auf: Batch-Verarbeitung, kontinuierliche Verarbeitung, interaktive Schnittstelle, dynamische Simulation, Echtzeitsystem und Transaktionsmanager. Erklären Sie, warum Sie welche Wahl getroffen haben. Bei Systemen, für die mehr als ein Stil geeignet ist, gruppieren Sie die Systemeigenschaften nach ihrem jeweiligen Stil.

a. *Ein elektronischer Schachgegner.* Das System besteht aus einem Schachbrett mit eingebautem Computer, Leuchtanzeigen und berührungssensitiven Schaltern. Der menschliche Spieler gibt seine Züge ein, indem er Schachfiguren auf das Brett stellt und dabei berührungssensitive Schalter aktiviert, die sich unter jedem Feld befinden. Der Computer gibt Züge mit Hilfe von Leuchtanzeigen an, die sich ebenfalls unter jedem Feld befinden. Der menschliche Spieler zieht die Schachfiguren für den Computer. Der Computer sollte nur zulässige Züge vornehmen, versuchte unzulässige Züge des menschlichen Spielers zurückweisen und versuchen zu gewinnen.

b. *Ein Flugsimulator für ein Videospiel-System.* Das Videospiel-System ist bereits implementiert und besteht aus einem Computer, der seine Eingaben über einen Joystick und über Tasten erhält, und einen Farbfernseher als Ausgabeschnittstelle verwendet. Ihre Aufgabe ist es, die Software für den Computer zu entwickeln, die den Blick aus dem Cockpit eines Flugzeugs anzeigt. Das Flugzeug wird mit dem Joystick und den Tasten gesteuert. Die Anzeige sollte auf einer Geländebeschreibung basieren, die im Speicher abgelegt ist. Wenn Ihr Programm fertig ist, wird es auf für das Videospiel-System geeigneten Kassetten verkauft.

c. *Einen Controller-Chip für ein Diskettenlaufwerk.* Der Chip wird ein Mikroprogramm für die interne Steuerung verwenden. Sie sollen an der Entwicklung des Mikroprogramms mitarbeiten. Der Chip überbrückt die Lücke zwischen einem Computer und einem Diskettenlaufwerk. Ihr Teil der Steuerung ist für die Positionierung des Schreib-/Lesekopfes und für das Lesen der Daten zuständig. Disketten-informationen sind als Spuren und Sektoren organisiert. Spuren sind konzentrische Kreise mit gleichbleibendem Abstand zur Datenspeicherung auf der Diskette. Daten in einer Spur sind als Sektoren organisiert. Ihre Architektur muß folgende Operationen unterstützen: Spur 0 finden, eine gegebene Spur finden, eine Spur lesen, einen Sektor lesen, eine Spur beschreiben und einen Sektor beschreiben.

d. *Ein Sonarsystem.* Sie befassen sich mit dem Systemteil, der Unterwasserobjekte entdeckt und berechnet, wie weit sie entfernt sind (Bereich). Dazu wird ein akustischer Impuls gesendet und das daraus resultierende Echo berechnet. Die Analyse wird mit Hilfe der sogenannten Korrelationstechnik durchgeführt, bei der eine zeitverzögerte Kopie des gesendeten Impulses durch das zurückgeworfene Echo vervielfacht und für eine Reihe von Zeitverzögerungswerten integriert wird. Wenn das Ergebnis für einen bestimmten Zeitverzögerungswert hoch ist, so ist dies ein Hinweis darauf, daß sich innerhalb des Bereichs, der dieser Verzögerung entspricht, ein Objekt befindet.

9.2 (3) Diskutieren Sie, wie Sie die Steuerung für die in der vorhergehenden Übung beschriebenen Anwendungen implementieren würden.

9.3 (7) Als Systemarchitekt für ein neues Produkt zur Signalverarbeitung müssen Sie entscheiden, wie Sie Daten in Echtzeit abspeichern wollen. Das Produkt verwendet Analog/Digital-Wandler, um ein analoges Eingabesignal mit einer Geschwindigkeit von 16000 Bytes/Sekunde (128000 Bits/Sekunde) 10 Sekunden lang abzutasten. Leider sind die notwendigen Berechnungen zu zeitaufwendig, um sie sofort beim Eingang der abgetasteten Werte durchzuführen. Deshalb müssen die abgetasteten Werte vorübergehend gespeichert werden. Es wurde bereits entschieden, den als Puffer verwendeten Speicherplatz auf 64000 Bytes zu begrenzen. Das System hat ein Diskettenlaufwerk, das Disketten verwendet, die insgesamt 243000 Bytes auf 77 Spuren speichern. Es dauert 10 Millisekunden, den Lese-/Schreibkopf des Laufwerks von einer Spur zur nächsten zu bewegen, und nach der Positionierung des Kopfes durchschnittlich 83 Millisekunden, um den Anfang einer Spur zu finden. Das Diskettenlaufwerk wird vor Beginn der Datenakquisition auf die richtige Spur positioniert.

Zwei Lösungen des Problems werden in Betracht gezogen: (1) Einfaches Schreiben der Datenwerte auf die Diskette, sobald sie verfügbar sind. Warum ist dies nicht möglich? (2) Verwenden des Speichers als Puffer. Eingehende Datenwerte werden in den Speicher gestellt und so schnell wie möglich in aufeinanderfolgende Spuren der Diskette geschrieben. Funktioniert diese Methode? Beschreiben Sie die Methode genauer. Wieviel Speicherplatz muß als Puffer bereitgestellt werden? Wie viele Spuren werden auf der Diskette verwendet? Erstellen Sie einige Szenarios. Beschreiben Sie, wie die Steuerung aussehen könnte.

9.4 (6) In dieser Übung geht es um ein System, das automatisch Löcher in rechteckige Metallplatten bohrt. Die Größe und Position der Löcher wird interaktiv über den Grafikeditor eines PCs beschrieben. Wenn der Benutzer eine Zeichnung fertiggestellt hat, locht ein Peripheriegerät des PCs ein numerisches Steuerband. Das Band kann dann auf verschiedenen, kommerziellen Bohrmaschinen mit beweglichen Bohrerköpfen und veränderbaren Bohrergrößen eingesetzt werden. Sie interessiert nur die Bearbeitung der Zeichnungen und das Lochen der Steuerbänder. Die Bänder enthalten Befehlssequenzen für das Verschieben des Bohrerkopfes, das Wechseln von Bohrern und das Bohren selbst. Weil es einige Zeit dauert, den Bohrer von Loch zu Loch zu verschieben oder die Bohrer zu wechseln, sollte das System eine einigermaßen effiziente Bohrsequenz festlegen. Es ist nicht notwendig, die absolut minimale Zeit zu erreichen, das System sollte aber auch nicht völlig ineffizient sein. Der Bohrerkopf wird unabhängig voneinander in x- und y-Richtung gesteuert. Daher ist die Zeit, die für das Verschieben des Bohrerkopfs von einem Loch zu einem anderen erforderlich ist, proportional zur größeren der Richtungsänderungen. Erarbeiten Sie eine Systemarchitektur. Wie würden Sie den Systemstil charakterisieren?

9.5   (5) In dieser Übung geht es um ein System zur interaktiven symbolischen Manipulation von Polynomen. Das System soll Mathematiker unterstützen, exaktere und produktivere Formeln zu entwickeln. Der Benutzer gibt mathematische Ausdrücke und Befehle zeilenweise ein. Ausdrücke sind Brüche von Polynomen, die aus Konstanten und Variablen bestehen. Variablen können Zwischenausdrücke zur späteren Verwendung zugewiesen werden. Unter anderem sind die Operationen Addition, Subtraktion, Multiplikation, Division und Ableitung in bezug auf eine Variable möglich. Entwickeln Sie die Architektur für dieses System. Wie würden Sie den Systemstil charakterisieren? Wie würden Sie eine angefangene Arbeit speichern, um sie später wieder aufzunehmen?

9.6   (4) Die folgenden Moduln wurden für das in Übung 9.5 beschriebene System vorgeschlagen. Organisieren Sie sie in Partitionen und Schichten.
a.   Zeilensyntax – Eingabezeile nach Symbolzeichen abtasten
b.   Zeilensemantik – Bedeutung der Zeileneingabe feststellen
c.   Befehlsverarbeitung – Benutzereingabe ausführen, Fehlerprüfung
d.   Ausdruck konstruieren – eine interne Repräsentation eines Eingabeausdrucks aufbauen
e.   Operation anwenden – eine Operation auf einen oder mehrere Ausdrücke ausführen
f.   Arbeit speichern – den aktuellen Kontext speichern
g.   Arbeit laden – vorher gespeicherten Kontext einlesen
h.   substituieren – einen Ausdruck an die Stelle einer Variablen in einen anderen Ausdruck einsetzen
i.   kürzen – einen Ausdruck in kanonische Form umwandeln
j.   evaluieren – eine Variable in einem Ausdruck durch eine Konstante ersetzen und den Ausdruck vereinfachen

9.7   (6) Entwickelt werden soll ein System, das Objektdiagramme bearbeitet, speichert und druckt und relationale Datenbankschemata generiert. Nur eine begrenzte Teilmenge der Objektmodellierungsnotation muß unterstützt werden: Objektklassen mit Attributen und binäre Assoziationen mit Multiplizität. Funktionen wie Objektklasse erzeugen, Assoziation erzeugen, ausschneiden, kopieren und einfügen sind erforderlich. Diagramme können sich auf mehrere Blätter verteilen. Der Editor muß die Semantik von Objektdiagrammen verstehen. Wenn zum Beispiel eine Objektklassenbox verschoben wird, werden die Linien, die die damit verbundenen Assoziationen repräsentieren, entsprechend angepaßt. Wenn eine Objektklasse gelöscht wird, werden auch die damit verbundenen Assoziationen gelöscht. Wenn der Benutzer das Diagramm fertiggestellt hat, generiert das System das entsprechende relationale Datenbankschema. Vergleichen Sie die relativen Vorteile eines einzelnen Programms, das alle Funktionen ausführt, mit den Vorzügen, die zwei Programme bieten, von denen das eine Objektdiagramme bearbeitet und das andere Datenbankschemata aus Objektdiagrammen generiert.

9.8   (6) Bei der vorhergehenden Übung müssen sowohl die physikalischen als auch die logischen Aspekte von Objektdiagrammen bedacht werden. Zu den physikalischen Aspekten gehören die Position und die Größe von Linien, Boxen, Kreisen und Text. Zu den logischen Aspekten gehören Konnektivität, Klassen, Attribute und Assoziationen. Diskutieren Sie die beiden folgenden Strategien als Grundlage für Ihre Architektur. Denken Sie sowohl an Fragen, die mit der Bearbeitung und Speicherung von Objektdiagrammen verbunden sind, als auch an Probleme, die sich bei der Generierung von Datenbankschemata ergeben können:

a.   Modellieren Sie nur die geometrischen Aspekte der Objektdiagramme. Behandeln Sie logische Aspekte als abgeleitete Attribute.

b.   Modellieren Sie sowohl die geometrischen als auch die logischen Aspekte von Objektdiagrammen.

9.9   (5) Ein anderer Ansatz für das in Übung 9.7 beschriebene System bestünde darin, ein kommerzielles Desktop-Publishing-System zur Erstellung von Objektdiagrammen zu verwenden, statt einen eigenen Objektdiagramm-Editor zu entwickeln. Der Desktop-Editor kann seine Ausgabe in einer ASCII-Markup-Sprache ablegen. Der Hersteller liefert die Grammatik für die Markup-Sprache. Vergleichen Sie die beiden Ansätze. Ein Ansatz besteht darin, einen eigenen Editor zu bauen, der die Semantik von Objektdiagrammen versteht. Der andere Ansatz besteht darin, ein kommerzielles Desktop-Publishing-System zur Bearbeitung von Objektdiagrammen zu verwenden. Was passiert, wenn eine neue Version des DTP-Programms auf den Markt kommt? Können Sie davon ausgehen, daß der Benutzer ein Diagramm unter Verwendung einer Notation erstellt, die Ihr Datenbankgenerator versteht? Lohnt es sich, Funktionen wie ausschneiden, kopieren und einfügen zu implementieren, die kommerzielle Systeme bereits beherrschen? Wer unterstützt den Benutzer bei Problemen? Wie kann Ihr System unterstützt und gewartet werden? Wie schnell können Sie das System fertigstellen?

9.10   (6) Eine mögliche Architekturentscheidung für das in der vorhergehenden Übung beschriebene System besteht darin, eine Batch-Verarbeitung mit der DTP-Datei als Eingabe und dem relationalen Datenbankschema als Ausgabe durchzuführen. Im folgenden sehen Sie eine Liste vorgeschlagener Zwischenobjekte, die nicht unbedingt in der richtigen Reihenfolge aufgeführt sind. Jedes Zwischenobjekt ist ein Modell oder eine Datei, das bzw. die eine unterschiedliche Transformation des ursprünglichen Objektdiagramms darstellt. Zeichnen Sie ein Blockdiagramm, das alle Transformationsschritte von der Eingabe zur Ausgabe zeigt. Beschreiben Sie, was bei jedem Transformationsschritt zu tun ist:

a.   Datenbankmodell – Sammlung von Tabellen

b.   Verknüpfungsmodell – Sammlung der verknüpften Blöcke, die Text enthalten

c.   Dokumentenmodell – Sammlung von Linien, Ellipsen und Text

d.   Objektmodell – Sammlung von Objektklassen und Relationen

e.   Ausgabedatei – Liste von Datenbankbefehlen zur Erstellung von Tabellen

f.   Eingabedatei – Liste grafischer Primitive auf Seiten

9.11   (6) Ein für viele Systeme relevantes Problem besteht darin, Daten so zu speichern, daß sie bei Stromausfällen oder Hardwareproblemen erhalten bleiben. Die ideale Lösung sollte zuverlässig, preisgünstig, kompakt, schnell, wartungsfrei und einfach in das System zu integrieren sein. Sie sollte darüber hinaus hitze-, schmutz- und feuchtigkeitsresistent sein. Kompromisse bei der verfügbaren Technologie wirken sich oft auf die funktionalen Anforderungen aus. Vergleichen Sie jede der folgenden Lösungen mit dem Idealzustand.

a. Ignorieren Sie das Problem. Setzen Sie die Daten bei jedem Systemstart zurück.

b. Schalten Sie, wenn irgend möglich, den Strom niemals ab. Verwenden Sie eine zusätzliche Stromversorgung, gegebenenfalls auch Notaggregate.

c. Halten Sie kritische Informationen auf einem Magnetplattenlaufwerk. Erstellen Sie in regelmäßigen Abständen vollständige und/oder inkrementelle Kopien auf Magnetband.

d. Verwenden Sie eine Batterie, so daß sich auch bei abgeschaltetem System Strom auf dem Arbeitsspeicher befindet. Vielleicht ist es sogar möglich, dadurch eine eingeschränkte Funktionalität aufrechtzuerhalten.

e. Verwenden Sie eine besondere Speicherkomponente, zum Beispiel einen Magnetblasenspeicher oder einen elektronisch löschbaren, programmierbaren Nur-Lese-Speicher.

f. Der Benutzer gibt kritische Parameter über Schalter ein. Mehrere Schaltertypen sind für diesen Zweck lieferbar, einschließlich einer Komponente mit mehreren Kippschaltern, die wie ein integrierter Schaltkreis geschaltet wird.

9.12 (7) Wählen Sie für jedes der folgenden Systeme eine oder mehrere der in der vorhergehenden Übung beschriebenen Strategien zur Datenspeicherung. Begründen Sie Ihre Entscheidungen und schätzen Sie (größenordnungsmäßig) den Speicherbedarf in Bytes ab.

a. *Taschenrechner mit vier Funktionen.* Die Hauptstromquelle ist Sonnenlicht. Führt Grundrechenoperationen aus.

b. *Elektronische Schreibmaschine.* Die Hauptstromquelle sind wiederaufladbare Batterien oder Wechselstrom. Zwei Modi sind möglich. Im einen Modus werden Dokumente zeilenweise eingegeben. Die Zeile kann bearbeitet werden, bevor sie gedruckt wird. Ein LCD-Display zeigt bis zu 16 Zeichen für Bearbeitungszwecke an. Im anderen Modus kann ein vollständiges Dokument eingegeben und vor dem Drucken bearbeitet werden. Das Arbeitsdokument soll bei abgeschaltetem Strom bis zu einem Jahr gespeichert werden.

c. *Systemuhr für einen PC.* Der Strom kommt hauptsächlich vom eingeschalteten PC. Liefert dem Computer Zeit- und Datumsinformationen. Muß Uhrzeit und Datum bei ausgeschaltetem Strom mindestens fünf Jahre korrekt halten.

d. *Flugreservierungssystem.* Die Hauptstromquelle ist Wechselstrom. Wird verwendet, um Plätze bei Flugreisen zu reservieren. Das System muß um jeden Preis jederzeit arbeiten. Wenn das System aus irgendeinem Grund abgeschaltet werden muß, sollte kein Datenverlust eintreten.

e. *Digitale Steuerungs - und Hitzeschutzeinheit für einen Motor.* Das Gerät stellt einen Hitzeschutz für Motoren für einen großen Bereich von PS-Zahlen bereit. Dazu berechnet es die Motortemperatur auf der Grundlage der gemessenen Stromstärke und einer Simulation der Wärmeabgabe des Motors. Wenn die berechnete Motortemperatur die Sicherheitsgrenzen übersteigt, wird der Motor ausgeschaltet und kann erst wieder gestartet werden, wenn er abgekühlt ist. Die Hauptstromquelle ist Wechselstrom, der unterbrochen werden kann. Das System muß den Schutz gewährleisten, sobald es eingeschaltet wird. Die Parameter, die für die thermale Simulation benötigt werden, werden vom Werk gesetzt. Es müssen jedoch Vorkehrungen getroffen werden, sie nach der Installation des Systems gegebenenfalls zu ändern. Weil die Motortemperatur nicht direkt gemessen wird, ist es nötig, sie nach Aussetzen der Hauptstromquelle noch mindestens eine Stunde lang zu simulieren, für den Fall, daß der Strom wieder hochfährt, bevor der Motor abkühlt.

9.13 (9) Während des Systementwurfs können Dateiformate definiert werden. Dateiformate lassen sich gut durch BNF-Diagramme ausdrücken. Abbildung Ü9.1 zeigt einen Teil eines BNF-Diagramms für eine Sprache zur Beschreibung von Objektklassen und binären Assoziationen. Nicht-terminale Symbole werden in Rechtecken und terminale Symbole werden in Kreisen oder abgerundeten Rechtecken dargestellt. Mit Ausnahme von *Zeichen* sind alle nicht-terminalen Symbole im Diagramm definiert. Ein Diagramm besteht aus Klassen und Assoziationen. Eine Klasse hat einen eindeutigen Namen und viele Attribute. Eine Assoziation hat einen optionalen Namen und zwei Rollen, eine für jedes Ende der Assoziation. Eine Rolle enthält den Namen einer der beiden assoziierten Objektklassen sowie Multiplizitätsinformationen. Textinformationen werden durch Anführungszeichen gekennzeichnet. Ein Zeichen kann jedes ASCII-Zeichen sein, ausgenommen das Anführungszeichen.

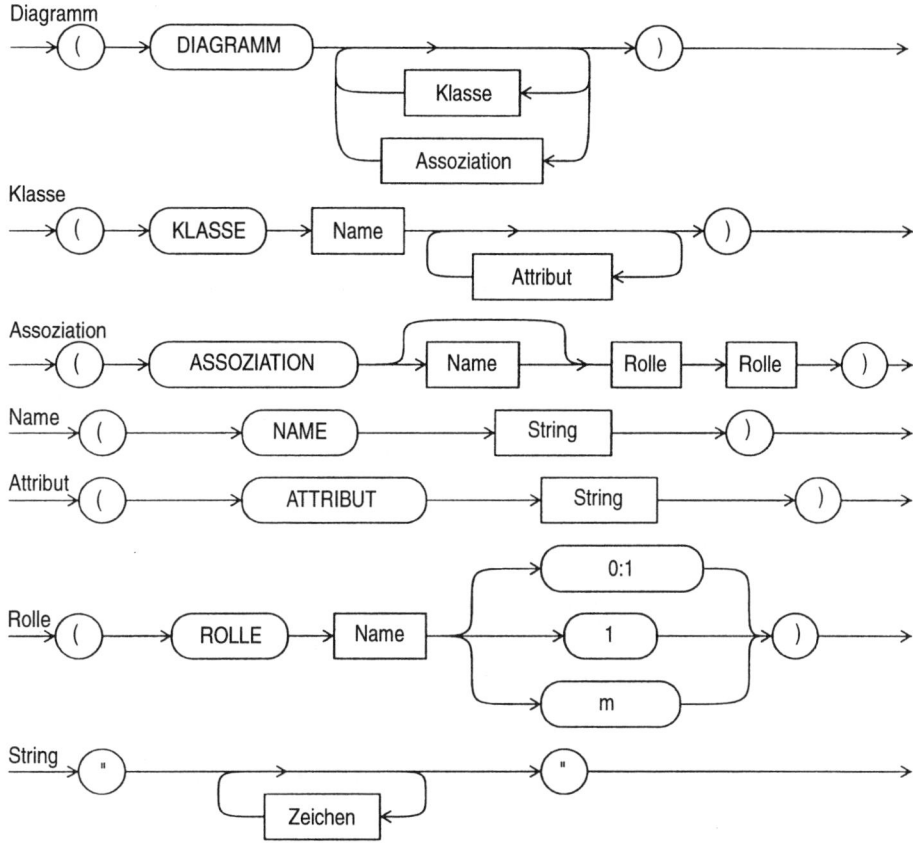

Abb. Ü9.1 BNF-Diagramm für eine Sprache zur Beschreibung von Objektklassen und Assoziationen

a.   Verwenden Sie die Sprache aus Abbildung Ü9.1, um das Objektdiagramm in Abbildung Ü9.2 zu beschreiben.

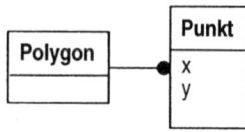

Abb. Ü9.2 Objektdiagramm für Polygone

b.   Diskutieren Sie Ähnlichkeiten und Unterschiede zwischen Daten, die sich im Speicher befinden, und Daten, die sich in Bewegung befinden. Beispielsweise könnte die Beschreibung, die Sie in Teil a dieser Übung erstellt haben, verwendet werden, um ein Objektdiagramm in einer Datei zu speichern oder um ein Diagramm von einer Position an eine andere zu übertragen.

c.   Die hier beschriebene Sprache dient dazu, die Struktur von Objektdiagrammen zu beschreiben. Denken Sie sich eine Sprache aus, die zweidimensionale Polygone beschreibt. Beschreiben Sie Ihre Sprache durch ein BNF-Diagramm. Beschreiben Sie ein Quadrat und ein Dreieck mit Ihrer Sprache.

9.14   (6) In digitalen Systemen kommt es häufig zu Datenveränderungen aufgrund von Rauschen oder Hardwarefehlern. Eine Lösung wäre die Verwendung eines zyklischen Redundanzcodes (CRC). Wenn Daten gespeichert oder übertragen werden, wird ein Code aus den Daten berechnet und an das Datenende angehängt. Wenn Daten aus dem Speicher geholt oder empfangen werden, wird der Code neu berechnet und mit dem Wert verglichen, der an das Datenende angehängt wurde. Eine Übereinstimmung ist notwendig, aber nicht ausreichend, um die Korrektheit der Daten zu gewährleisten. Die Wahrscheinlichkeit, Fehler zu entdecken, hängt von der Raffinesse der Funktion ab, mit der der Redundanzcode berechnet wird. Einige Funktionen können sowohl zur Fehlerbehebung als auch zur Entdeckung von Fehlern verwendet werden. Parität ist ein Beispiel für eine einfache Funktion zur Entdeckung von Einzelbitfehlern.

Die Funktion zur Berechnung eines Redundanzcodes kann hardware- oder softwaremäßig implementiert werden. Die Entscheidung für eine bestimmte Lösung stellt immer einen Kompromiß zwischen Geschwindigkeit, Preis, Flexibilität und Komplexität dar. Hardwarelösungen sind schnell, machen aber möglicherweise die Systemhardware unnötig komplex und teuer. Eine Softwarelösung ist preiswerter und flexibler. Es kann aber sein, daß sie nicht schnell genug ist und die Systemsoftware verkompliziert.

Entscheiden Sie für jedes der folgenden Teilsysteme, ob ein Redundanzcode erforderlich ist oder nicht. Wenn ja, entscheiden Sie, ob der Redundanzcode hardware- oder softwaremäßig implementiert werden soll. Begründen Sie Ihre Entscheidungen.

a.   Diskettenlaufwerks-Controller

b.   System zur Übertragung von Dateien von einem Computer zu einem anderen über Telefonleitungen

c.   Speicherkarte auf einer Computerplatine des Space Shuttle

d.   magnetisches Bandlaufwerk

e. Validierung einer Kontonummer (ein zyklischer Redundanzcode kann verwendet werden, um zwischen gültigen Konten und zufällig generierten zu unterscheiden)

9.15 (Projekt) Innovative Technologien haben es ermöglicht, Bankfunktionen auf einer Kreditkarte unterzubringen. (Siehe dazu "The very smart card: a plastic pocket bank," IEEE Spectrum, October 1988). Häufig sind neuen Systemen Grenzen gesetzt, weil Rücksicht auf ihre Kompatibilität mit älteren Methoden genommen werden muß. Welche Änderungen würden Sie bei der Architektur der Very Smart Credit Card vornehmen, wenn sie nicht mit bestehenden Kreditkarten kompatibel sein müßte. Was würde zum Beispiel passieren, wenn nicht auf die Karte geschrieben und sie nicht magnetisch gelesen werden müßte? Wie würde sich die Architektur ändern, wenn es weniger Beschränkungen hinsichtlich der Größe gäbe? Denken Sie, daß die Forderung nach Biegsamkeit aufgestellt würde, wenn die Smart Card nicht der Nachfolger der Kreditkarte wäre? Begründen Sie Ihre Antworten.

Objektentwurf

In der Analysephase wird definiert, was die Implementierung leisten muß; in der Systementwurfsphase wird die Vorgehensweise festgelegt. Die Objektentwurfsphase legt die vollständigen Definitionen der Klassen und Assoziationen fest, die bei der Implementierung verwendet werden, sowie die Schnittstellen und die Algorithmen der Methoden, die zur Implementierung von Operationen eingesetzt werden. In der Objektentwurfsphase werden interne Objekte für die Implementierung hinzugefügt und die Datenstrukturen und Algorithmen optimiert. Der Objektentwurf ist mit der Entwurfsphase im traditionellen Softwareentwicklungs-Lebenszyklus vergleichbar.

Dieses Kapitel zeigt, wie man das Analysemodell anreichert, um eine Implementierungsgrundlage zu erhalten. In der OMT-Methodologie besteht keine Notwendigkeit, ein Modell in ein anderes zu überführen, weil das objektorientierte Paradigma Analyse, Entwurf und Implementierung überspannt. Mit dem objektorientierten Paradigma läßt sich die Spezifikation der realen Welt ebenso gut beschreiben wie die Implementierung auf dem Computer.

10.1 Überblick über den Objektentwurf

Beim Objektentwurf setzt der Designer die beim Systementwurf gewählte Strategie um und arbeitet die Details aus. Der Schwerpunkt verlagert sich nun von Domänenkonzepten zu Computerkonzepten. Die bei der Analyse ermittelten Objekte dienen als Gerüst für den Entwurf. Der Objektdesigner muß darüber hinaus verschiedene Implementierungsmöglichkeiten gegeneinander abwägen, um Ausführungszeit, Speicherbedarf und andere Kostenfaktoren zu minimieren. Insbesondere müssen die bei der Analyse identifizierten Operationen als Algorithmen ausgedrückt und komplexe Operationen in einfachere, interne Operationen zerlegt werden. Die Klassen, Attribute und Assoziationen aus der Analyse müssen als spezifische Datenstrukturen implementiert werden. Neue Objektklassen müssen eingeführt werden, um Zwischenergebnisse während der Programmausführung speichern zu können und Neuberechnungen zu vermeiden. Die Entwurfsoptimierung sollte nicht exzessiv betrieben werden, weil einfache Implementierung, Wartbarkeit und Erweiterbarkeit ebenfalls wichtige Anliegen sind.

10.1.1 Analyse und Architektur als Grundlage

Das Objektmodell beschreibt die Objektklassen im System sowie ihre Attribute und Operationen. Der Entwurf muß die Informationen im Analyseobjektmodell auf irgendeine Weise widerspiegeln. Normalerweise ist es am einfachsten und besten, die Klasse von der Analyse direkt in den Entwurf zu überführen. Beim Objektentwurf geht es dann darum, Einzelheiten hinzuzufügen und Implementierungsentscheidungen zu treffen. Gelegentlich erscheint ein Analyseobjekt nicht explizit im Entwurf, sondern ist aus Gründen der Verarbeitungseffizienz auf mehrere andere Objekte verteilt. Häufiger werden neue, redundante Klassen hinzugefügt, um die Effizienz zu verbessern.

Das funktionale Modell beschreibt die Operationen, die das System implementieren muß. Beim Entwurf muß entschieden werden, wie die einzelnen Operationen implementiert werden sollen. Dazu wird ein Algorithmus für die Operation bestimmt und komplexe Operationen werden in einfache Operationen aufgebrochen. Diese Dekomposition ist ein iterativer Prozeß, der sich auf immer niedrigeren Abstraktionsebenen wiederholt. Die Algorithmen und die Dekomposition müssen in Hinblick auf die Optimierung wichtiger Implementierungsziele wie einfache Implementierung, Verständlichkeit und Perfomance gewählt werden.

Das dynamische Modell beschreibt, wie das System auf externe Ereignisse reagiert. Die Kontrollstruktur eines Programms leitet sich primär aus dem dynamischen Modell ab. Der Kontrollfluß in einem Programm muß entweder explizit (durch einen internen Scheduler, der die Ereignisse erkennt und auf Operationsaufrufe abbildet) oder implizit (durch Wahl von Algorithmen, die die Operationen in der im dynamischen Modell spezifizierten Reihenfolge ausführen) realisiert werden.

Mit der Auswahl einer Architektur haben wir bereits einige der Entscheidungen vorweggenommen, die zur Implementierung des Systems erforderlich sind. Wir haben den globalen Kontroll- und Datenfluß durch das System festgelegt und das System in handhabbare Teilsysteme partitioniert. Für Systeme mit mehreren Prozessoren haben wir entschieden, wie Objekte an Prozessoren zugewiesen werden. Die Wahl der Architektur wirkt sich auch auf die Entscheidung aus, wie Ereignisse auf Operationen abgebildet werden.

Der objektorientierte Entwurf ist primär ein Verfeinerungsprozeß. Dieses Kapitel zeigt, wie ein Analysemodell durch Organisation und Erweiterung in einen Entwurf überführt wird.

10.1.2 Schritte des Objektentwurfs

Beim Objektentwurf muß der Designer die folgenden Schritte durchführen:

- Die drei Modelle kombinieren, um Operationen auf Klassen zu erhalten [10.2]
- Algorithmen zur Implementierung von Operationen entwerfen [10.3]
- Zugriffspfade auf Daten optimieren [10.4]
- Steuerung für externe Interaktionen implementieren [10.5]
- Die Klassenstruktur anpassen, um mehr Vererbung zu ermöglichen [10.6]
- Assoziationen entwerfen [10.7]
- Die Objektrepräsentation festlegen [10.8]
- Klassen und Assoziationen in Moduln packen [10.9]

Der objektorientierte Entwurf ist ein iterativer Prozeß. Wenn Sie der Meinung sind, daß der Objektentwurf für eine Abstraktionsebene vollständig ist, verleihen Sie dem Entwurf auf einer detaillierteren Verfeinerungsebene mehr Substanz.

Beispielsweise kann es notwendig sein, Klassen im Objektmodell durch neue Operationen und Attribute zu ergänzen, neue Klassen zu identifizieren oder sogar die Relationen von Objekten zu überarbeiten. (Dies kann auch Veränderungen an der Vererbungshierarchie umfassen.) Seien Sie nicht überrascht, wenn Sie Ihren Entwurf mehrere Male überarbeiten.

10.1.3 Das Object Modeling Tool als Beispiel

Viele Beispiele in diesem Kapitel entstammen dem Entwurf des Object Modeling Tool (OMTool), einem Programm, das einer der Autoren geschrieben hat. OMTool ist ein Grafikeditor zur Konstruktion von Objektdiagrammen. Mit OMTool können Objektdiagramme leicht erstellt, bearbeitet, gesichert und gedruckt werden. Eines der wichtigsten Entwurfsziele für das OMTool war es, eine einfache und natürliche Benutzerinteraktion zu ermöglichen.

In der Ära vor dem OMTool haben wir Objektdiagramme mit einem Universal-Grafikeditor konstruiert. Es ist mühsam, Objektdiagramme durch Zeichnen von Linien, Rechtecken, Text usw. zu erstellen. Das OMTool erlaubt es dem Benutzer, Objektdiagramme direkt aus OMT-Modellierungssymbolen zu entwickeln. Wenn der Benutzer zum Beispiel eine Klassenbox verschiebt, bleiben die dazugehörigen Assoziations- bzw. Verknüpfungslinien mit der Box verbunden und werden gemeinsam mit ihr verschoben. Das OMTool verhindert somit unlogische Konstrukte wie offene Assoziations- oder Verknüpfungslinien. Mit dem OMTool ist es einfach, ein Objektdiagramm schnell zu skizzieren und erst dann in seine endgültige Form zu bringen. Wir haben auch mehrere Back-End-Programme entwickelt, die mit dem OMTool gesammelte Daten nehmen und daraus Programmcodestücke und relationale Datenbankschemata generieren.

Wir haben für das OMTool die Architekturentscheidung getroffen, sowohl ein logisches als auch ein grafisches Modell zu entwickeln. Das grafische Modell speichert das Bild, das auf dem Bildschirm gezeichnet wurde: die gewählten Symbole, die Position der Symbole, die Länge von Linien, usw. Das logische Modell speichert die zugrundeliegende Bedeutung des Bildes, das heißt, Klassen, Attribute, Operationen und ihre Relationen. Das grafische Modell dient der Interaktion mit dem Benutzer des OMTool und der Vorbereitung von Ausdrucken. Das logische Modell dient der semantischen Überprüfung und der Interaktion mit den Back-End-Programmen, die wissen müssen, was das Diagramm bedeutet, aber nicht, wie es gezeichnet wurde. Die Beispiele in diesem Kapitel wurden sowohl dem grafischen als auch dem logischen Modell des OMTool entnommen.

10.2 Kombinieren der drei Modelle

Nach der Analyse verfügen wir über ein Objektmodell sowie über ein dynamisches und ein funktionales Modell. Das Objektmodell ist jedoch der wichtigste Bezugsrahmen, der die Grundlage für den Entwurf bildet. Das Objektmodell aus der Analyse zeigt möglicherweise keine Operationen. Der Designer muß die Aktionen und Aktivitäten des dynamischen Modells und die Prozesse des funktionalen Modells in Operationen umwandeln, die an Klassen im Objektmodell gebunden werden. Mit dieser Umwandlung beginnt der Prozeß, die logische

Struktur des Analysemodells in eine physikalische Programmorganisation abzubilden.

Jedes Zustandsdiagramm beschreibt die Lebensgeschichte eines Objekts. Eine Transition stellt eine Zustandsänderung des Objekts dar und wird als Operation auf dem Objekt abgebildet. Wir können jedes Ereignis, das ein Objekt empfängt, mit einer Operation assoziieren. In einem Zustandsdiagramm hängt die von einer Transition durchgeführte Aktion sowohl vom Ereignis als auch vom Objektzustand ab. Deshalb hängt der Algorithmus, der eine Operation implementiert, vom Objektzustand ab. Wenn ein Ereignis von mehr als einem Objektzustand empfangen werden kann, muß der Code, der den Algorithmus implementiert, eine Case-Anweisung mit Verzweigungen für die verschiedenen Zustände enthalten. (Wenn die Sprache zuläßt, daß ein Objekt seine Klasse zur Laufzeit ändert, können die Zustände des Objekts als Unterklassen der ursprünglichen Klasse implementiert werden. Die Methodenresolution macht eine Case-Anweisung überflüssig. Der Zustand kann als Beispiel einer Generalisierung durch Begrenzung angesehen werden (siehe Abschnitt 4.3). Die meisten objektorientierten Sprachen unterstützen eine dynamische Veränderung der Klasse eines Objekts jedoch nicht.) Allerdings kann ein Ereignis in vielen Fällen nur in einem einzigen Zustand empfangen werden oder alle Transitionen auf dem Ereignis resultieren in der gleichen Aktion, so daß keine Case-Anweisung nötig ist.

Ein von einem Objekt gesendetes Ereignis kann eine Operation auf einem anderen Objekt repräsentieren. Ereignisse treten häufig paarweise auf. Dabei löst das erste Ereignis eine Aktion aus, während das zweite Ereignis das Ergebnis zurückliefert oder anzeigt, daß die Aktion ausgeführt wurde. In diesem Fall kann das Ereignispaar auf eine Operation abgebildet werden, die die Aktion durchführt und die Steuerung zurückgibt, vorausgesetzt, die Ereignisse befinden sich auf dem gleichen Kontrollstrang, der von Objekt zu Objekt weitergereicht wird.

Eine Aktion oder Aktivität, die von einer Transition in einem Zustandsdiagramm initiiert wurde, kann im funktionalen Modell zu einem vollständigen Datenflußdiagramm aufgefächert werden. Das Netzwerk der Prozesse im Datenflußdiagramm repräsentiert den Rumpf einer Operation. Die Flüsse im Diagramm sind Zwischenwerte innerhalb der Operation. Der Designer muß die Graphenstruktur des Diagramms in eine lineare Schrittfolge eines Algorithmus umwandeln. Die Prozesse im Datenflußdiagramm bilden Teiloperationen. Einige, aber nicht alle von ihnen, können Operationen auf dem ursprünglichen Zielobjekt oder auf anderen Objekten sein. Verwenden Sie die folgenden Regeln, um das Zielobjekt einer Teiloperation festzustellen:

• Wenn ein Prozeß einen Wert aus einem Eingabefluß entnimmt, so ist der Eingabefluß das Ziel.

• Wenn ein Prozeß einen Eingabefluß und einen Ausgabefluß des gleichen Typs besitzt und der Ausgabewert im wesentlichen eine aktualisierte Version des Eingabeflusses darstellt, so ist der Eingabe-/Ausgabefluß das Ziel.

- Wenn ein Prozeß einen Ausgabewert aus mehreren Eingabeflüssen ermittelt, handelt es sich bei der Operation um eine Klassenoperation (Konstruktor) auf der Ausgabeklasse.

- Wenn ein Prozeß eine Eingabe von oder eine Ausgabe zu einem Datenspeicher oder ein Handlungsobjekt enthält, so ist der Datenspeicher oder das Handlungsobjekt ein Ziel des Prozesses. (In einigen Fällen muß der Prozeß in zwei Operationen aufgebrochen werden, eine für das Handlungsobjekt oder den Datenspeicher und eine für den Flußwert.)

Die ursprüngliche Zielklasse ist ein Client von all den Klassen, die interne Operationen an eine der Zielklassenoperationen liefern. Die Client-Versorger-Beziehung definiert die Struktur des Operationsaufrufs-Graphen (der manchmal als Programmstrukturdiagramm bezeichnet wird).

10.3   Entwurf von Algorithmen

Jede im funktionalen Modell spezifizierte Operation muß als *Algorithmus* formuliert werden. Aus der Analysespezifikation geht hervor, *was* die Operation aus der Sicht ihrer Clients leistet. Dagegen zeigt der Algorithmus, *wie* dies geschieht. Ein Algorithmus kann in Aufrufe von immer einfacheren Operationen unterteilt werden, bis die Operationen der untersten Ebene einfach genug sind, um sie ohne weitere Verfeinerung direkt zu implementieren.

Der Systemdesigner muß:

- Algorithmen wählen, die die Kosten für die Implementierung der Operationen minimieren

- Datenstrukturen wählen, die für die Algorithmen geeignet sind

- Gegebenenfalls neue interne Klassen und Operationen identifizieren

- Geeigneten Klassen die Verantwortung für Operationen zuweisen

10.3.1 Algorithmen wählen

Viele Operationen sind so einfach, daß die Spezifikation im funktionalen Modell bereits einen zufriedenstellenden Algorithmus darstellt, weil aus der Beschreibung, was getan wird, gleichzeitig hervorgeht, wie dies geschieht. Viele Operationen durchlaufen einfach Pfade des Netzwerks der Objekte und Verknüpfungen, um Attribute oder Verknüpfungen zu holen oder zu verändern. Beispielsweise zeigt Abbildung 10.1 ein Objekt *Klassenbox*, das eine *Operationenliste* enthält, die ihrerseits eine Menge von *Operationseintrag*-Objekten enthält. Es ist nicht notwendig, einen Algorithmus zu schreiben, um die Klassenbox mit einem gegebenen Operationseintrag zu suchen, weil sich der Wert durch einfaches Durchlaufen eindeutiger Verknüpfungen finden läßt. Nicht-triviale Algorithmen sind hauptsächlich aus zwei Gründen erforderlich: zur Implementierung von Funktionen, für die keine prozedurale Spezifikation angegeben wurde, und zur Optimierung von Funktionen, die durch einen einfachen, aber ineffizienten Algorithmus definiert sind.

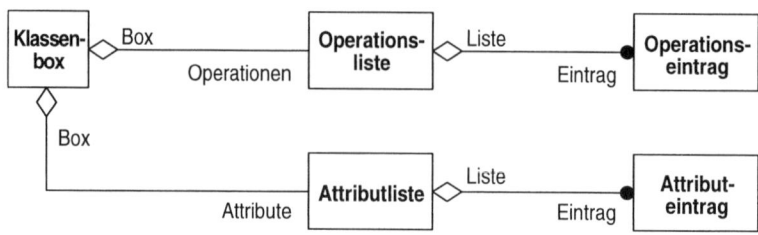

Abb. 10.1   Fragment des OMTool-Modells

Einige Funktionen sind als deklarative Einschränkungen definiert, ohne jede prozedurale Definition. Beispielsweise ist "der Kreis, der durch drei Punkte verläuft, die nicht auf einer Geraden liegen" eine nicht-prozedurale Spezifikation eines Kreises. In solchen Fällen müssen Sie Ihr Wissen über den gegebenen Fall (und geeignete Nachschlagewerke) verwenden, um einen Algorithmus zu finden. Bei den meisten geometrischen Problemen geht es wie in unserem Beispiel hauptsächlich darum, geeignete Algorithmen zu finden und ihre Korrektheit zu beweisen.

Die meisten Funktionen haben einfache mathematische oder prozedurale Definitionen. Häufig ist die einfache Definition der beste Algorithmus zur Berechnung der Funktion oder aber anderen in Frage kommenden Algorithmen so ähnlich, daß der Gewinn an Klarheit jeden Verlust an Effizienz wettmacht. Beispielsweise wird eine Klassenbox in Abbildung 10.1 gezeichnet, indem man zunächst ihren Umriß und danach iterativ ihre Bestandteile – Operationenliste und Attributliste – zeichnet.

In anderen Fällen kann die einfache Definition einer Operation hoffnungslos ineffizient sein und muß durch einen effizienteren Algorithmus implementiert werden. So erfordert zum Beispiel die Suche nach einem Wert in einer Menge der Größe *n* durch Abtasten der Menge durchschnittlich *n*/2 Operationen, während eine binäre Suche *log n* Operationen benötigt und eine Hash-Suche durchschnittlich mit weniger als 2 Operationen unabhängig von der Größe der Menge auskommt.

Die Abstraktionsebene des Algorithmus sollte nicht konkreter sein als der Detailliertheitsgrad der Objekte in Ihrem Objektmodell. Beispielsweise wäre es unangebracht, beim Skizzieren des rekursiven Zeichenalgorithmus für die Klassenbox aus Abbildung 10.1 an die maschinennahen Grafikaufrufe zu denken, die das Box-Symbol zeichnen werden. Es ist nicht erforderlich, Algorithmen für triviale Operationen (z.B. das Setzen oder Holen eines Attributwerts) zu schreiben, die innerhalb eines einzelnen Objekts auftreten.

Folgende Überlegungen können bei der Wahl zwischen alternativen Algorithmen eine Rolle spielen:

• *Verarbeitungskomplexität.* Um wieviel steigt die Prozessorzeit als eine Funktion der Größe der Datenstrukturen an? Zerbrechen Sie sich nicht über kleine Effizienzfaktoren den Kopf – es kommt nicht auf ein Bit mehr oder weniger an.

Beispielsweise ist eine zusätzliche Datenabstraktionsebene zu vertreten, wenn die Klarheit dadurch verbessert wird. Es ist jedoch unabdingbar, die Komplexität des Algorithmus zu bedenken, d.h. zu überlegen, wie die Ausführungszeit (oder der Speicherbedarf) mit der Zahl der Eingabewerte wächst – konstant, linear, quadratisch oder exponentiell –, und zu prüfen, welche Kosten für die Verarbeitung jedes Eingabewerts entstehen. So ist der Zeitbedarf für den berüchtigten "Bubble Sort"-Algorithmus proportional zu n^2, wobei n die Größe der Liste ist, während der Zeitbedarf für die meisten alternativen Sortierungsalgorithmen proportional zu $n\ log\ n$ ist.

- *Einfache Implementierung und Verständlichkeit.* Es lohnt sich, bei nicht kritischen Operationen einen Teil der Performance zu opfern, wenn sie dadurch schnell durch einen einfachen Algorithmus implementiert werden können. Beispielsweise wird eine Auswahloperation in einem OMTool-Diagramm als rekursive Suche nach Diagrammelementen der obersten Ebene, wie Klassenboxen und Assoziationen, implementiert, die sich nach und nach zu primitiveren Elementen wie individuellen Attributeinträge herunterarbeitet. Obwohl dieser Algorithmus nicht der theoretisch effizienteste ist, läßt er sich einfach implementieren und erweitern. Die Geschwindigkeit stellt hier kein Problem dar, weil die Operation nur durchgeführt wird, wenn der Benutzer auf eine Taste drückt, und die Zahl der Elemente auf einer Seite begrenzt ist.

- *Flexibilität.* Die meisten Programme werden früher oder später erweitert. Ein hochoptimierter Algorithmus wird oft um den Preis der Lesbarkeit und der leichten Veränderbarkeit erkauft. Eine Möglichkeit besteht darin, zwei Implementierungen kritischer Operationen bereitzustellen – einen einfachen, aber ineffizienten Algorithmus, der schnell implementiert und zur Validierung des Systems verwendet werden kann, und einen komplizierten, aber effizienten Algorithmus, dessen korrekte Implementierung im Vergleich mit dem einfachen Algorithmus überprüft werden kann. So könnte ein komplizierterer Algorithmus für die Auswahl von Objekten in einem Diagramm dadurch implementiert werden, daß alle Objekte räumlich in einer großen, flachen Datenstruktur sortiert werden. Dieser Algorithmus wäre für größere Diagramme schneller, er schränkt jedoch die Form der Objeke ein. Außerdem muß der Algorithmus Detailwissen über alle Objekte besitzen. In jedem Fall könnte der ursprüngliche einfache Algorithmus dazu verwendet werden, die Korrektheit zu prüfen.

- *Feinabstimmung des Objektmodells.* Gäbe es bei einer anderen Strukturierung des Objektmodells andere Alternativen für den Algorithmus? Abbildung 10.2 zeigt zum Beispiel zwei Entwürfe für die Abbildung von Diagrammelementen auf Fenster im OMTool. Im ursprünglichen oberen Entwurf enthält jedes Diagrammelement eine Liste von Fenstern, in denen es sichtbar ist. Dies ist ineffizient, weil Operationen auf einer Menge von Elementen für jedes Fenster getrennt berechnet werden müssen. Im Entwurf darunter gehört jedes Element einem Blatt an, das in einer beliebigen Zahl von Fenstern erscheinen kann. Das Bild auf dem Blatt muß nur einmal berechnet werden und kann dann als Bitmap-Operation in jedes Fenster kopiert werden. Die Verringerung wiederholter Operationen rechtfertigt den Einbau einer Zwischenebene.

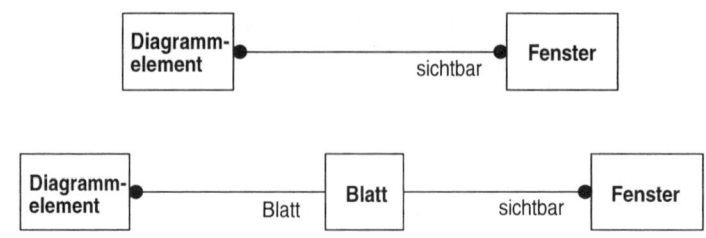

Abb. 10.2   Alternativstrukturen

10.3.2 Datenstrukturen auswählen

Die Auswahl von Algorithmen umfaßt die Auswahl der Datenstrukturen, auf denen sie arbeiten. Bei der Analyse haben wir uns auf die logische Struktur der Informationen im System konzentriert. Demgegenüber müssen wir beim Objektentwurf eine Form der Datenstruktur wählen, die effiziente Algorithmen zuläßt. Die Datenstrukturen fügen dem Analysemodell keine Informationen hinzu, sondern organisieren es in einer Form, die für die Algorithmen, die es verwenden, geeignet ist. Viele Implementierungsdatenstrukturen sind Instanzen von *Behälterklassen*. Zu ihnen gehören Arrays, Listen, Warteschlangen, Stacks, Mengen, Bags, Dictionaries, Assoziationen, Bäume sowie Variationen dieser Datenstrukturen wie prioritätsgesteuerte Warteschlangen und Binärbäume. Die meisten objektorientierten Sprachen stellen eine Sammlung allgemeiner Datenstrukturen als Teil ihrer vordefinierten Klassenbibliotheken bereit.

Beispielsweise müssen die Diagrammelemente in einem Bild in einer bestimmten Reihenfolge auf dem Bildschirm gezeichnet werden, weil die zuletzt gezeichneten Bilder die vorher gezeichneten möglicherweise überlappen. Um eine konsistente Reihenfolge zu ermöglichen, werden sie in einer geordneten Liste organisiert.

10.3.3 Interne Klassen und Operationen definieren

Bei der Entwicklung von Algorithmen können neue Objektklassen notwendig werden, um Zwischenergebnisse aufzunehmen. Neue, maschinennahe Operationen können aufgrund der Dekomposition abstrakter Operationen hinzukommen.

Eine komplexe Operation kann durch maschinenennähere Operationen auf einfacheren Objekten definiert werden. Diese maschinenennäheren Operationen müssen beim Objektentwurf definiert werden, weil die meisten von ihnen nicht nach außen sichtbar sind. Einige der notwendigen maschinenennäheren Operationen finden sich möglicherweise unter den "Shopping-List"-Operationen, die wir bei der Analyse als potentiell nützlich identifiziert haben. Normalerweise ist es jedoch erforderlich, bei der Auffächerung von abstrakten Funktionen neue interne Operationen hinzuzufügen. Beispielsweise ist die Operation des OMTool für das Löschen eines Diagrammelements konzeptuell einfach, während ihre Implementierung für einen pixelbasierten Bildschirm relativ kompliziert ist. Um ein Objekt zu löschen, muß es in der Hintergrundfarbe gezeichnet werden. Danach müssen

Objekte, die beim Löschen aufgedeckt oder beim Zeichnen beschädigt werden, wiederhergestellt werden, indem sie erneut gezeichnet werden. Die Wiederherstellungsoperation ist eine rein interne Operation. Sie ist notwendig, weil wir an einem pixelbasierten Bildschirm arbeiten.

Wenn Sie diesen Punkt der Entwurfsphase erreicht haben, müssen Sie möglicherweise neue Klassen hinzufügen, die in der Problembeschreibung des Auftraggebers nicht unmittelbar erwähnt waren. Diese maschinennahen Klassen sind die Implementierungselemente, aus denen die Anwendungsklassen gebaut werden. So wird das Bild einer OMTool-Klassenbox aus Rechtecken, Linien und Textstrings in unterschiedlichen Schriften erstellt. Im OMTool kommen die maschinennahen Grafikelemente aus dem Grafik-Toolkit-Modul, das seine Dienste dem Rest des Systems zur Verfügung stellt. Typische maschinennahe Implementierungsklassen werden in einem eigenen Modul zusammengefaßt.

10.3.4 Verantwortung für Operationen zuordnen

Viele Operationen besitzen offensichtliche Zielobjekte. Es gibt aber auch Operationen, die an verschiedenen Stellen in einem Algorithmus durch eines von mehreren Objekten ausgeführt werden können; es kommt nur darauf an, daß sie überhaupt ausgeführt werden. Operationen dieser Art sind oft Teil einer komplexen, abstrakten Operation mit zahlreichen Auswirkungen. Es kann frustrierend sein, die Verantwortung für derartige Operationen zuzuordnen, und sie werden beim Layout von Objektklassen leicht vergessen, weil sie keiner der Klassen inhärent angehören.

Das OMTool verfügt zum Beispiel über eine Operation *verschieben*, die auf Diagrammelemente angewendet wird. Durch das Ziehen einer Box werden die Box und alle mit ihr verbundenen Linien verschoben, vorausgesetzt, sie stoßen auf kein Hindernis. Die Operation *verschieben* pflanzt sich über Verbindungen zwischen Objekten von Objekt zu Objekt fort. Manchmal kann das Verschieben wegen Hindernissen scheitern, so daß ein Backtracking erforderlich wird. Schließlich muß das Bild neu auf dem Bildschirm aufgebaut werden. Wann sollte jedes Bild eines Objekts neu auf dem Bildschirm aufgebaut werden? Nachdem es selbst durch ein anderes Objekt verschoben wurde? Nachdem es andere Objekte verschoben hat? Nachdem alle Objekte verschoben worden sind? Ist jedes Objekt für seinen eigenen Neuaufbau verantwortlich oder ist das ganze Bild für seinen Neuaufbau verantwortlich? Solche Fragen lassen sich nur schwer beantworten, weil die Unterteilung einer komplexen, extern bedeutungsvollen Operationen in interne Operationen Ermessenssache ist.

Wenn eine Klasse in der realen Welt eine Bedeutung besitzt, sind die Operationen, die auf ihr ausgeführt werden, normalerweise klar. Bei der Implementierung werden jedoch interne Klassen eingeführt, die nicht den realweltlichen Objekten entsprechen, sondern nur einem ihrer Aspekte. Weil die internen Klassen für Implementierungszwecke eingeführt werden, sind sie relativ beliebig und ihr Umfang ist eher eine Frage der Bequemlichkeit als der logischen Notwendigkeit.

Wie entscheiden Sie, zu welcher Klasse eine Operation gehört? Wenn nur ein Objekt in die Operation involviert ist, fällt die Entscheidung leicht: Fordern Sie das Objekt auf, die Operation durchzuführen. Die Entscheidung ist schwieriger, wenn mehr als ein Objekt an einer Operation beteiligt ist. Sie müssen entscheiden, welches Objekt die führende Rolle bei der Operation spielt. Stellen Sie sich die folgenden Fragen:

- Wird auf einem Objekt gearbeitet, während das andere Objekt die Aktion ausführt? Im allgemeinen empfiehlt es sich, die Operation mit dem *Ziel* der Operation und nicht mit ihrem *Initiator* zu assoziieren.

- Wird ein Objekt durch die Operation verändert, während andere Objekte nur nach Informationen gefragt werden, die sie enthalten? Das Objekt, das verändert wird, ist das Ziel der Operation.

- Sehen Sie sich die Klassen und Assoziationen an, die an der Operation beteiligt sind. Welche Klasse steht im Mittelpunkt dieses Teilnetzwerks des Objektmodells? Wenn die Klassen und Assoziationen sternförmig um eine einzelne zentrale Klasse angeordnet sind, so ist diese das Ziel der Operation.

- Angenommen, bei den Objekten würde es sich nicht um Software, sondern um die intern repräsentierten Objekte der realen Welt handeln. Welches reale Objekt würden Sie in diesem Fall verschieben, ziehen, aktivieren oder in einer anderen Form manipulieren, um die Operation zu initiieren?

Es kann manchmal schwierig sein, eine Operation einer Klasse in einer Generalisierungshierarchie zuzuordnen, weil die Definitionen der Unterklassen in der Hierarchie oft fließend sind und beim Entwurf beliebig angepaßt werden können. Es ist üblich, eine Operation während des Entwurfs in der Hierarchie nach oben und nach unten zu verschieben, um ihre genaue Reichweite zu definieren.

10.4 Entwurfsoptimierung

Das grundlegende Entwurfsmodell verwendet das Analysemodell als Bezugsrahmen für die Implementierung. Das Analysemodell fängt die logischen Informationen über das System ein. Das Entwurfsmodell fügt Details hinzu, um einen effizienten Zugriff auf die Informationen zu unterstützen. Das ineffiziente, aber semantisch korrekte Analysemodell kann optimiert werden, um die Effizienz der Implementierung zu verbessern. Ein optimiertes System ist jedoch undurchsichtiger und kann mit geringerer Wahrscheinlichkeit in einem anderen Kontext wiederverwendet werden. Der Designer muß eine geeignete Balance zwischen Effizienz und Klarheit finden.

Bei der Entwurfsoptimierung muß der Designer:

- Redundante Assoziationen hinzufügen, um die Zugriffskosten zu minimieren und die Bequemlichkeit zu maximieren

- Berechnungen neu anordnen, um die Effizienz zu steigern

- Abgeleitete Attribute speichern, um die Neuberechnung komplizierter Ausdrücke zu vermeiden

10.4.1 Redundante Assoziationen für den effizienten Zugriff hinzufügen

Bei der Analyse sind Redundanzen im Assoziationsnetzwerk unerwünscht, weil redundante Assoziationen keine Informationen hinzufügen. Dagegen evaluieren wir beim Entwurf die Struktur des Objektmodells in Hinblick auf eine Implementierung. Gibt es eine bestimmte Anordnung des Netzwerks, die kritische Aspekte des fertigen Systems optimieren würde? Sollte das Netzwerk durch Hinzufügen neuer Assoziationen umstrukturiert werden? Können vorhandene Assoziationen weggelassen werden? Die Assoziationen, die für die Analyse nützlich waren, bilden möglicherweise nicht das effizienteste Netzwerk, wenn man auch an die Zugriffsmuster und die relative Häufigkeit unterschiedlicher Zugriffsarten denkt.

Wir wollen die Analyse von Zugriffspfaden am Beispiel einer Firmendatenbank über das Fachwissen der Mitarbeiter demonstrieren. Abbildung 10.3 zeigt einen Teil des Objektmodells aus der Analysephase. Die Operation *Firma::Fachwissen-finden* liefert eine Menge der Personen im Unternehmen zurück, die das gegebene Fachwissen besitzen. Beispielsweise könnten wir nach allen Mitarbeitern fragen, die japanisch sprechen.

Abb. 10.3   Assoziationskette

Angenommen, die Firma hat 1000 Mitarbeiter, von denen jeder durchschnittlich über 10 verschiedene Arten von Fachwissen verfügt. Eine einfache geschachtelte Schleife würde *Beschäftigt* 1000 mal und *Hat-Fachwissen* 10.000 mal durchlaufen. Wenn nur 5 Mitarbeiter tatsächlich japanisch können, liegt das Verhältnis Test zu Treffer bei 2000.

Mehrere Verbesserungen sind möglich. Zunächst könnte *Hat-Fachwissen* anstelle einer ungeordneten Liste als Hash-Menge implementiert werden. Hashing kann in konstanter Zeit durchgeführt werden, so daß der Aufwand, herauszufinden, ob eine Person japanisch spricht, konstant ist, vorausgesetzt *Spricht japanisch* wird durch ein eindeutiges Fachwissen-Objekt repräsentiert. Diese Veränderung reduziert die Anzahl der Tests von 10.000 auf 1.000, d.h. einen Test pro Mitarbeiter.

Wenn die Trefferquote einer Anfrage niedrig ist, weil nur ein Bruchteil von Objekten den Test erfüllt, können wir einen *Index* anlegen, um den Zugriff auf Objekte zu verbessern, die häufig geholt werden müssen. Wir können zum Beispiel eine qualifizierte Assoziation *Spricht Sprache* von *Firma* zu *Mitarbeiter* hinzufügen, die durch die gesprochene Sprache qualifiziert wird (siehe Abbildung 10.4). Auf diese Weise können wir direkt auf alle Mitarbeiter zugreifen, die eine bestimmte Sprache sprechen. Es gibt keine unnötigen Zugriffe. Allerdings sind die Kosten des Indexes zu bedenken: Er erfordert zusätzlichen Speicher und muß bei jeder Aktualisierung der Basisassoziationen aktualisiert werden. Der Designer muß entscheiden, ob es sich lohnt, Indexstrukturen anzulegen. Wenn die meisten Anfragen alle oder die meisten Objekte im Suchpfad zurückliefern, bringt ein Index keine große Einsparung, weil das Verhältnis von Test zu Treffer bei nahezu 1 liegt.

Abb. 10.4   Index für eine Datenbank über Mitarbeiterfachkenntnisse

Spricht Sprache ist eine abgeleitete Assoziation, die durch die zugrundeliegenden Basisassoziationen definiert wird. Die abgeleitete Assoziation fügt dem Netzwerk keine Informationen hinzu, ermöglicht aber einen effizienteren Zugriff auf die Modellinformationen.

Analysieren Sie die Verwendung der Pfade im Netzwerk der Assoziationen wie folgt:

• Prüfen Sie jede Operation und stellen Sie fest, welche Assoziationen sie durchlaufen muß, um die benötigten Informationen zu erhalten. Achten Sie darauf, welche Assoziationen in beide Richtungen durchlaufen werden (meistens nicht von einer einzelnen Operation) und welche nur in eine Richtung durchlaufen werden; letztere können effizient durch Zeiger in eine Richtung implementiert werden.

Beantworten Sie für jede Operation die folgenden Fragen:

• Wie oft wird die Operation aufgerufen? Wie teuer ist ihre Ausführung?

• Wie vervielfacht sich das Operationsergebnis auf seinem Pfad durch das Netzwerk (Fan-out)? Schätzen Sie die durchschnittliche Zahl jeder m-Assoziation entlang des Pfades. Multiplizieren Sie die individuellen Vervielfachungen, um die Vervielfachung des gesamten Pfades zu erhalten, die die Zahl der Zugriffe auf die letzte Klasse im Pfad repräsentiert. 1-Verknüpfungen vergrößern die Vervielfachung nicht, obwohl sie die Kosten jeder Operation leicht erhöhen. Schenken Sie so kleinen Wirkungen keine allzu große Aufmerksamkeit.

• Wie hoch ist die Trefferquote bei der letzten Klasse, d.h. wieviele Objekte erfüllen die Auswahlkriterien (so vorhanden), so daß Operationen auf ihnen ausgeführt werden? Wenn die meisten Objekte beim Durchlaufen aus irgendeinem Grund verworfen werden, kann eine einfache verschachtelte Schleife für das Auffinden der Zielobjekte ungeeignet sein. Stellen Sie Indexstrukturen für häufige, kostenintensive Operationen mit einer geringen Trefferquote bereit, weil Operationen dieser Art mit geschachtelten Schleifen für das Durchlaufen eines Pfades im Netzwerk nicht effizient implementiert werden können.

10.4.2 Ausführungsfolge aus Effizienzgründen neu anordnen

Nachdem die Struktur des Objektmodells angepaßt wurde, um häufig durchlaufene Pfade zu optimieren, geht es als nächstes um die Optimierung des Algorithmus selbst. Tatsächlich sind Datenstrukturen und Algorithmen eng miteinander verbunden. Wir halten es jedoch für sinnvoll, normalerweise zunächst die Datenstruktur zu optimieren.

Eine Möglichkeit der Algorithmusoptimierung ist es, tote Pfade so früh wie möglich zu beseitigen. Nehmen wir zum Beispiel an, wir wollen alle Mitarbeiter finden, die sowohl japanisch als auch französisch können. Für den Fall, daß 5 Mitarbeiter japanisch und 100 französisch sprechen, ist es besser, zunächst die Mitarbeiter mit Japanischkenntnissen zu überprüfen. Erst, wenn diese gefunden sind, lohnt es sich zu prüfen, ob sie auch französisch können. Es zahlt sich in der Regel aus, die Suche so früh wie möglich einzuengen. Manchmal muß die Ausführungsreihenfolge einer Schleife gegenüber der ursprünglichen Spezifikation im funktionalen Modell umgekehrt werden.

10.4.3 Abgeleitete Attribute speichern, um Neuberechnungen zu vermeiden

Daten, die redundant sind, weil sie von anderen Daten abgeleitet werden können, können als "Notiz" oder in ihrer berechneten Form gespeichert werden, um unnötige Neuberechnungen zu vermeiden. Neue Objekte oder Klassen können definiert werden, um diese Informationen aufzunehmen. Die Klasse, die die notierten Daten enthält, muß aktualisiert werden, wenn sich eines der von ihr abhängigen Objekte ändert.

Abbildung 10.5 zeigt die Verwendung eines abgeleiteten Objekts und eines abgeleiteten Attributs im OMTool. Jede Klassenbox enthält eine geordnete Liste von Attributen und Operationen, die jeweils als Textstring repräsentiert werden (linker Diagrammteil). Aufgrund der Adresse der Klassenbox selbst kann die Adresse jedes Attributs durch Addition der Größe aller Elemente vor ihm berechnet werden. Weil die Adressen der einzelnen Elemente häufig benötigt werden, wird die Adresse jedes Attributstrings berechnet und gespeichert. Der Bereich, der die ganze Attributliste enthält, wird ebenfalls berechnet und gespeichert, so daß Eingabestellen nicht mit Attribut-Textelementen in anderen Boxen verglichen werden müssen (rechter Diagrammteil). Wenn ein neuer Attributstring der Liste hinzugefügt wird, werden die Adressen der nachfolgenden Attributstrings in der Liste einfach um die Größe des neuen Elements verschoben.

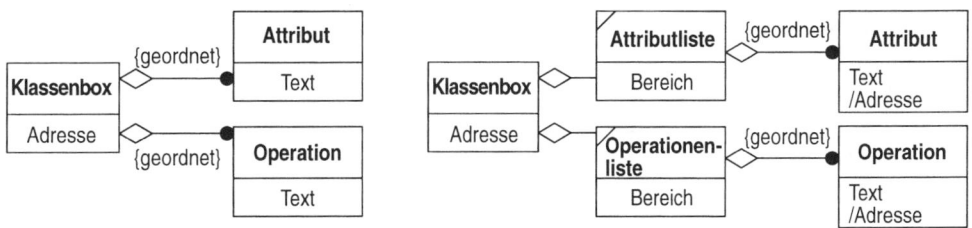

Abb. 10.5 Abgeleitetes Attribut, um Neuberechnungen zu vermeiden

Die Verwendung einer Assoziation als Cachespeicher zeigt Abbildung 10.6. Ein Blatt enthält eine Prioritätenliste der teilweise überlappenden Elemente. Wenn ein Element verschoben oder gelöscht wird, müssen die unter ihm liegenden Elemente neu am Bildschirm aufgebaut werden. Überlappende Elemente können gefunden werden, indem man alle Elemente vor dem gelöschten Element in der Prioritätenliste für das Blatt aufsucht und mit dem gelöschten Element vergleicht. Wenn die Zahl der Elemente groß ist, wächst der Algorithmus linear zur Zahl der Elemente. Die Assoziation *Überlappt* speichert diejenigen Elemente, die ein Objekt überlappen und vor ihm in der Liste stehen. Diese Assoziation muß zwar aktualisiert werden, wenn ein neues Element hinzukommt. Trotzdem ist es effizienter, eine Überlappung mit Hilfe der Assoziation zu überprüfen.

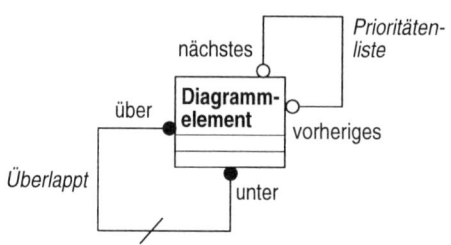

Abb. 10.6   Assoziation als Cachespeicher

Abgeleitete Attribute müssen aktualisiert werden, wenn sich Basiswerte ändern. Es gibt drei Möglichkeiten, die Notwendigkeit einer Aktualisierung zu erkennen: aus dem expliziten Code, durch periodische Neuberechnungen oder durch die Verwendung aktiver Werte.

Explizite Aktualisierung. Jedes abgeleitete Attribut wird durch ein oder mehrere grundlegendere Basisobjekte definiert. Der Designer legt fest, welche abgeleiteten Attribute von einer Veränderung eines grundlegenden Attributs betroffen sind, und fügt Code in die Aktualisierungsoperation auf dem Basisobjekt ein, um die von ihm abhängigen abgeleiteten Attribute explizit zu aktualisieren.

Periodische Neuberechnung. Basiswerte werden oft gebündelt aktualisiert. Manchmal ist es möglich, einfach alle abgeleiteten Attribute periodisch zu aktualisieren, so daß die abgeleiteten Attribute nicht nach jeder Änderung eines Basiswerts neu berechnet werden müssen. Die Neuberechnung aller abgeleiteten Attribute kann effizienter als eine inkrementelle Aktualisierung sein, weil manche abgeleiteten Attribute möglicherweise auf mehreren Basisattributen basieren und bei einem inkrementellen Ansatz mehr als einmal neu berechnet werden. Darüber hinaus ist eine periodische Neuberechnung einfacher und weniger fehleranfällig als eine explizite Aktualisierung. Wenn jedoch die Datenmenge jeweils nur einige Objekte inkrementell ändert, ist eine periodische Neuberechnung nicht sinnvoll: zu viele abgeleitete Attribute müssen neu berechnet werden, obwohl nur einige von ihnen wirklich von der Veränderung betroffen sind.

Aktive Werte. Ein *aktiver Wert* ist ein Wert, von dem andere Werte abhängen. Jeder abhängige Wert registriert sich beim aktiven Wert, der eine Menge von ihm abhängiger Werte sowie Aktualisierungsoperationen enthält. Eine Operation zur

Aktualisierung des Basiswerts löst Aktualisierungen aller abhängigen Werte aus, ohne daß der aufrufende Code diese Aktualisierungen explizit aufrufen muß. Die Trennung des aufrufenden Codes von den Aktualisierungen der abhängigen Objekte hat – wie die Trennung des Aufrufs einer Operation von den Methoden, die diese ihrerseits aufruft – den Vorteil der Modularität. Einige Programmiersprachen implementieren aktive Werte.

10.5 Steuerungsimplementierung

Der Designer muß die Strategie zur Implementierung der Zustands-Ereignis-Modelle des dynamischen Modells verfeinern. Als Teil des Systementwurfs haben Sie eine grundlegende Strategie zur Realisierung des dynamischen Modells gewählt (Abschnitt 9.7). Beim Objektentwurf müssen Sie diese Strategie jetzt mit Leben erfüllen.

Es gibt im wesentlichen drei Ansätze zur Implementierung des dynamischen Modells:

- Verwendung einer Programmstelle, um den Zustand zu speichern (prozedurgesteuertes System)
- Direkte Implementierung eines Zustandsmaschinen-Mechanismus (ereignisgegesteuertes System)
- Verwendung paralleler Tasks

10.5.1 Zustand als Stelle in einem Programm

Dies ist der traditionelle Ansatz, Steuerung in einem Programm zu repräsentieren. Die Adresse, an der sich die Steuerung in einem Programm befindet, definiert implizit den Programmzustand. Jede endliche Zustandsmaschine kann als Programm implementiert werden (einfach durch GOTOs, etwas schwieriger durch verschachtelte Programmstrukturen). Jede Zustandtransition entspricht einer Eingabeanweisung. Nach dem Lesen der Eingabe verzweigt das Programm je nach dem erhaltenen Eingabeereignis. Jede Eingabeanweisung muß jeden an diesem Punkt möglichen Eingabewert verarbeiten können. Bei einem stark verschachtelten prozeduralen Code müssen die maschinennahen Prozeduren Eingaben akzeptieren, über die sie möglicherweise nichts wissen, und sie über mehrere Prozeduraufrufebenen nach oben zu einer Prozedur weiterleiten, die sie verarbeiten kann. Fehlende Modularität ist der Hauptnachteil dieses Ansatzes.

Eine Technik, ein Zustandsdiagramm in Code umzuwandeln, ist die folgende.

1. Identifizieren Sie den Hauptkontrollpfad. Identifizieren Sie ausgehend vom Anfangszustand einen Pfad durch das Diagramm, der der normalerweise erwarteten Ereignisfolge entspricht. Schreiben Sie die Namen der Zustände entlang des Pfades als lineare Sequenz nieder. Sie wird sich als Anweisungsfolge im Programm niederschlagen.

2. Identifizieren Sie Alternativpfade, die vom Hauptpfad aus abzweigen und später wieder in ihn einmünden. Sie werden sich als Bedingungsanweisungen im Programm niederschlagen.

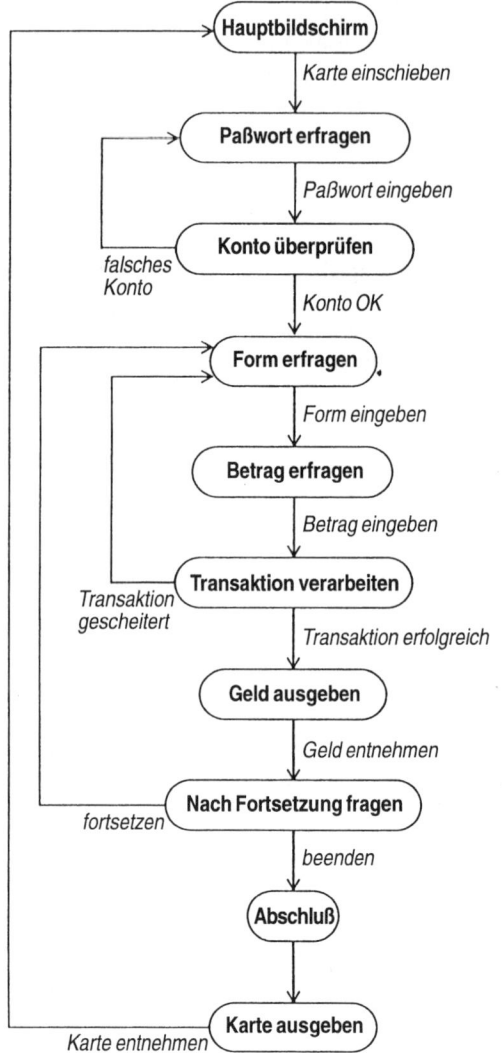

Pseudocode

Do forever
   Hauptbildschirm anzeigen
   Karte lesen
   repeat
      Paßwort erfragen
      Paßwort lesen
      Konto überprüfen
   until Kontoüberprüfung O.K.
   repeat
      repeat
         Transaktionsform erfragen
         Transaktionsform lesen
         Betrag erfragen
         Betrag lesen
         Transaktion beginnen
         auf Transaktionsende warten
      until Transaktion O.K.
      Geld ausgeben
      warten, daß Kunde es entnimmt
      fragen, ob Fortsetzung erwünscht
   until Benutzer möchte beenden
   Karte auswerfen
   warten, daß Kunde Karte entnimmt

Abb. 10.7   ATM-Steuerung

3. Identifizieren Sie Rückwärtspfade, die von der Hauptschleife aus rückverzweigen und weiter vorne in sie einmünden. Sie werden sich als Schleifen im Programm niederschlagen. Wenn es mehrere Rückwärtspfade gibt, die einander nicht überschneiden, werden sie Sie als verschachtelte Schleifen im Programm wiederfinden. Rückwärtspfade, die einander überschneiden, können nicht verschachtelt werden. Sie können im Notfall durch GOTOs implementiert werden. Dies wird jedoch selten vorkommen.

4. Die Zustände und Transitionen, die jetzt noch übrig sind, entsprechen Ausnahmebedingungen. Mehrere Implementierungstechniken sind möglich, zum Beispiel Unterprogramme zur Fehlerbehandlung, von der Programmiersprache unterstützte Ausnahmebehandlung oder Setzen und Testen von Zustandsmarken. Es ist legitim, in einer Programmiersprache GOTOs zur Behandlung von Ausnahmen zu verwenden, weil dadurch häufig das Ausbrechen aus einer geschachtelten Struktur ermöglicht wird. Verwenden Sie GOTOs jedoch nur, wenn dies wirklich erforderlich ist.

Wir wollen nun überlegen, wie der oben beschriebene Ansatz auf das Zustandsmodell für die in Kapitel 8 eingeführte Klasse *ATM* angewendet werden kann. Abbildung 10.7 zeigt das Zustandsmodell sowie den daraus abgeleiteten Pseudocode. Zunächst identifizieren wir den Hauptkontrollpfad, der das Lesen einer Karte, das Befragen des Benutzers nach Transaktionsinformationen, die Abwicklung der Transaktion, das Drucken eines Belegs und das Auswerfen der Karte umfaßt. Alternative Kontrollflüsse ergeben sich, wenn der Kunde mehr als eine Transaktion abwickeln will oder wenn der Kunde ein falsches Paßwort eingibt und aufgefordert wird, erneut ein Paßwort einzugeben. Der rechte Teil von Abbildung 10.7 zeigt den sich daraus ergebenden Pseudocode für die ATM-Steuerschleife. Die Ereignisse *abbrechen* können dem Kontrollfluß hinzugefügt und als Ausnahmebehandlungscode durch GOTOs implementiert werden.

Eingabeereignisse in einem einsträngigen Programm sind als Eingabeanweisungen kodiert, die auf eine Eingabe warten. (Die Eingabe erfolgt normalerweise unmittelbar im Anschluß an einen Schreibvorgang). In einer Multitasking-Sprache wie Ada können Eingabeereignisse auch als Warteanweisungen für einen Inter-Task-Aufruf kodiert werden. Das Betriebssystem ist dafür verantwortlich, Interrupts abzufangen und für normale Programme in eine Warteschlange zu stellen.

10.5.2 Zustandsmaschinen-Mechanismus

Der direkteste Ansatz zur Steuerungsimplementierung ist ein Mechanismus, mit dem Zustandsmaschinen explizit repräsentiert und ausgeführt werden können. Beispielsweise könnte eine allgemeine Klasse "Zustandsmaschinensteuerung" die Ausführung einer Zustandsmaschine ermöglichen, die durch eine von der Anwendung bereitgestelle Tabelle von Transitionen und Aktionen repräsentiert wird. Jede Objektinstanz würde ihre eigenen unabhängigen Zustandsvariablen enthalten und die Zustandsmaschine aufrufen, um den nächsten Zustand und die nächste Aktion festzustellen. (Die Zustandsmaschinen sind Objekte, aber keine Anwendungsobjekte. Sie sind Teil des sprachlichen Unterbaus, der die Semantik der Anwendungsobjekte unterstützt.)

Mit diesem Ansatz ist es möglich, schnell vom Analysemodell zu einem ersten Prototyp des Systems zu gelangen. Dazu werden Klassen aus dem Objektmodell und Zustandmaschinen aus dem dynamischen Modell definiert und "Codehülsen" der Aktionsroutinen erstellt. Eine Hülse ist eine Minimaldefinition einer Funktion oder eines Unterprogramms ohne internen Code. (Sie kann jedoch Code enthalten, der einen vorherberechneten oder Dummy-Wert zurückliefert). Wenn jede

Codehülse ihren Namen druckt, ist es mit dieser Technik möglich, den Prototypen auszuführen und sicherzustellen, daß der Kontrollfluß korrekt ist.

Ein Parser wie UNIX *yacc* oder *lex* liefert eine explizite Zustandsmaschine zur Implementierung einer Benutzerschnittstelle. Einige Anwendungspakete vor allem aus dem Bereich Benutzerschnittstellen lassen es zu, daß das Paket Zustandsmaschinen interpretiert, die als Tabellen übergeben werden.

Mit einer objektorientierten Sprache ist es nicht besonders schwierig, einen Zustandsmaschinen-Mechanismus zu erstellen. Wenn Ihnen kein Zustandsmaschinen-Paket zu Verfügung steht, bietet sich Ihnen hier eine gangbare Alternative.

10.5.3 Steuerung als parallele Tasks

Ein Objekt kann als Task in der Programmiersprache oder unter dem Betriebssystem implementiert werden. Dies ist der allgemeinste Ansatz, weil er die inhärente Parallelität realer Objekte beibehält. Ereignisse werden als Inter-Task-Aufrufe implementiert. Dazu werden die Möglichkeiten der Sprache oder des Betriebssystems genutzt. Wie bei der vorherigen Implementierung verwendet die Task ihre aktuelle Adresse im Programm, um ihren Zustand mitzuführen.

Einige Sprachen wie Concurrent Pascal oder Concurrent C++ unterstützen Parallelität. Allerdings werden derartige Sprachen in Produktionsumgebungen bisher nur begrenzt akzeptiert. Ada unterstützt Parallelität, vorausgesetzt ein Objekt wird mit einer Ada-Task gleichgesetzt; die Kosten zur Laufzeit sind jedoch hoch. Die meisten objektorientierten Sprachen unterstützen Parallelität bisher noch nicht.

10.6   Anpassung der Vererbung

Mit Fortschreiten des Objektentwurfs können die Definitionen von Klassen und Operationen oft angepaßt werden, um Vererbungsmöglichkeiten besser zu nutzen. Der Designer sollte:

* Klassen und Operationen neu anordnen und anpassen, um ein Mehr an Vererbung zu erreichen

* Gemeinsames Verhalten von Gruppen von Klassen herausabstrahieren

* Delegation verwenden, um Verhalten gemeinsam zu nutzen, auch wenn eine Vererbung semantisch nicht möglich ist

10.6.1   Klassen und Operationen neu anordnen

Manchmal ist die gleiche Operation in mehreren Klassen definiert und kann daher leicht von einem gemeinsamen Vorfahren geerbt werden. Häufiger jedoch finden sich in unterschiedlichen Klassen ähnliche, aber nicht identische Operationen. Es ist oft möglich, durch leichte Veränderungen der Operationen oder Klassen die Operationen einander anzugleichen, so daß eine einzige, von einem Vorfahren geerbte Operation alles abdeckt.

Bevor Vererbung genutzt werden kann, muß jede Operation die gleiche Schnittstelle und Semantik aufweisen. Alle Operationen müssen die gleiche Signatur besitzen, d.h. die gleiche Anzahl und die gleichen Typen von Argumenten und Ergebnissen. Wenn die Signaturen übereinstimmen, müssen die Operationen in Hinblick auf die Identität ihrer Semantik überprüft werden. Mit den folgenden Anpassungen lassen sich die Vererbungschancen verbessern:

- Einige Operationen besitzen weniger Argumente als andere. Die fehlenden Argumente können hinzugefügt und dann ignoriert werden. Beispielweise benötigt eine Zeichenoperation auf einem Monochrombildschirm keinen Farbparameter, der Parameter kann jedoch hinzugefügt werden und gegebenenfalls ignoriert werden, um die Konsistenz mit Farbbildschirmen zu erreichen.

- Manche Operationen besitzen möglicherweise weniger Argumente, weil sie Sonderfälle von allgemeineren Operationen sind. Implementieren Sie die Spezialoperationen, indem Sie die allgemeine Operation mit geeigneten Parameterwerten aufrufen. Beispielsweise ist das Anhängen eines Elements an eine Liste ein Sonderfall des Einfügens eines Elements in eine Liste; der einzige Unterschied liegt darin, daß der Einfügepunkt auf das letzte Element folgt.

- Ähnliche Attribute können in unterschiedlichen Klassen unterschiedliche Namen haben. Geben Sie den Attributen den gleichen Namen und verschieben Sie sie in eine gemeinsame Vorfahrenklasse. Auf diese Weise stimmen Operationen, die auf die Attribute zugreifen, besser überein. Achten Sie auch auf ähnliche Operationen mit unterschiedlichen Namen. Eine konsistente Namensvergabe ist wichtig, um versteckte Ähnlichkeiten aufzudecken.

- Manchmal ist eine Operation für mehrere Klassen innerhalb einer Gruppe definiert, für andere dagegen nicht. Definieren Sie die Operation für die gemeinsame Vorfahrenklasse und erkären Sie sie für die Klassen, in denen sie nicht gelten soll, als wirkungslose Operation. Beispielsweise schaltet die Operation *Bearbeiten beginnen* des OMTool für einige Figuren wie Klassenboxen einen besonderen Zeichenmodus ein. In diesem Modus ist es möglich, die Größe der Box während der Bearbeitung des Boxtexts schnell zu verändern. Für andere Figuren gibt es diese Art von Zeichenmodus nicht, so daß die Operation *Bearbeiten beginnen* keine Wirkung auf die entsprechenden Klassen hat.

10.6.2 Gemeinsames Verhalten herausabstrahieren

In der Analysephase werden Gelegenheiten, Vererbung einzusetzen, nicht immer erkannt. Deshalb lohnt es sich, das Objektmodell nochmals auf Gemeinsamkeiten zwischen Klassen zu überprüfen. Darüber hinaus werden beim Entwurf oft neue Klassen und Operationen hinzugefügt. Wenn sich eine Menge von Operationen und/oder Attributen in zwei Klassen zu wiederholen scheint, ist es möglich, daß die beiden Klassen eigentlich spezialisierte Versionen ein und derselben Sache sind, wenn man sie auf einer höheren Abstraktionsebene betrachtet.

Wenn gemeinsames Verhalten festgestellt wurde, kann eine gemeinsame Oberklasse erzeugt werden, die die gemeinsamen Eigenschaften implementiert und nur die spezialisierten Eigenschaften bei den Unterklassen beläßt. Diese Transformation des Objektmodells wird als *Herausabstrahieren* einer gemeinsamen Oberklasse oder gemeinsamen Verhaltens bezeichnet. In der Regel ist die daraus resultierende Oberklasse abstrakt. Das heißt, sie besitzt keine direkten Instanzen, sondern das Verhalten, das sie definiert, gehört allen Instanzen ihrer Unterklassen an. So erfordert eine Operation *zeichnen* in einem Grafikprogramm neben Angaben zur geometrischen Ausführung einer Figur auch Standardeinstellungen für ihre Darstellung. Die Ausführung der Zeichnung ist von Figur zu Figur – Kreisen, Geraden und Bögen – unterschiedlich, während die Standardeinstellungen für die Farbe, die Linienstärke und andere Parameter von der abstrakten Klasse *Figur* auf alle Figurenklassen vererbt werden können.

Manchmal lohnt es sich, eine Oberklasse herauszuabstrahieren, selbst wenn sie in Ihrem Projekt nur von einer Unterklasse beerbt wird. Dies verbessert zwar nicht die gemeinsame Nutzung von Verhalten im gerade anstehenden Projekt. Die erzeugte Oberklasse kann jedoch möglicherweise in späteren Projekten wiederverwendet werden oder auch Ihre Klassenbibliothek ergänzen. Wenn das Projekt abgeschlossen ist, sollten die potentiell wiederverwendbaren Klassen gesammelt, dokumentiert und generalisiert werden, so daß sie bei künftigen Projekten wieder eingesetzt werden können.

Abstrakte Oberklassen bieten neben gemeinsamer Nutzung und Wiederverwendbarkeit noch weitere Vorteile. Die Spaltung einer Klasse in zwei Klassen, die die spezifischen Aspekte und die allgemeinen Aspekte voneinander trennen, stellt eine Form der *Modularität* dar. Jede Klasse ist eine eigenständige Komponente mit einer wohldokumentierten Schnittstelle.

Weiter verbessern abstrakte Oberklassen die *Erweiterbarkeit* eines Softwareprodukts. Stellen Sie sich vor, Sie entwickeln ein Modul zur Temperaturmessung für ein größeres computergesteuertes Steuerungssystem. Sie müssen einen vorgegebenen Sensortyp (Modell J55) verwenden, der die Temperatur auf eine bestimmte Art liest. Die abgelesene Temperatur muß mit einer Formel in Grad Celsius umgewandelt werden. Sie könnten das gesamte Verhalten in nur einer Klasse implementieren, mit einer Instanz für jeden Sensor im System. Weil aber der Sensor J55 nicht der einzige Sensortyp auf dem Markt ist, erzeugen Sie eine abstrakte Oberklasse *Sensor*, die das allgemeine Verhalten definiert, das allen Sensoren gemeinsam ist. Eine Unterklasse *Sensor-J-55* implementiert das Lesen und die Temperaturumwandlung, die ein besonderes Verhalten dieses Modells darstellen.

Für den Fall, daß Ihr Steuerungssystem an ein neues Sensormodell angepaßt werden soll, brauchen Sie nur noch eine neue Unterklasse für dieses Modell zu implementieren, die lediglich das spezialisierte Verhalten enthält, das den neuen Sensor vom alten unterscheidet. Das gemeinsame Verhalten wurde bereits implementiert. Der größte Vorteil liegt darin, daß Sie keine einzige Codezeile im großen Steuerungssystem, das die Sensoren verwendet, ändern müssen, weil die Schnittstelle so bleibt, wie in der Oberklasse *Sensor* definiert.

Abstrakte Oberklassen erleichtern auf subtile, aber entscheidende Weise auch das *Konfigurationsmangement*, das bei der Software-Wartung und -Auslieferung eine Rolle spielt. Angenommen, Ihre Steuerungssystem-Software muß landesweit an viele Firmen verteilt werden, von denen jede eine andere Systemkonfiguration verwendet, unter anderem eine unterschiedliche Zusammenstellung von Temperatursensoren. Einige Firmen verwenden noch das alte J55-Modell, andere haben bereits auf das neuere K99-Modell umgestellt, und wieder andere setzen beide Typen ein. In diesem Fall kann es mühsam sein, individuelle Versionen Ihrer Software zu generieren, die an die unterschiedlichen Konfigurationen angepaßt sind.

Statt dessen liefern Sie eine Softwareversion aus, die eine Unterklasse für jedes auf dem Markt befindliche Sensormodell enthält. Wenn die Software bei der Installation hochgefahren wird, liest sie eine Konfigurationsdatei, die der Kunde bereitstellt und aus der hervorgeht, welches Sensormodell an welcher Position verwendet wird. Die Software generiert eine Instanz der Unterklasse für den entsprechenden Sensortyp. Der restliche Code behandelt alle Sensoren gleich, entsprechend der Definition in der Oberklasse *Sensor.* Es ist sogar möglich, während der Laufzeit von einem Sensortyp zu einem anderen zu wechseln, wenn die Software angewiesen wird, ein neues Objekt zur Verwaltung des neuen Sensortyps zu erzeugen.

10.6.3 Implementierung gemeinsam nutzen: Delegation statt Vererbung

Vererbung ist ein Mechanismus, Generalisierung zu implementieren. Dabei wird das Verhalten einer Oberklasse von allen ihren Unterklassen geteilt. Die gemeinsame Nutzung von Verhalten läßt sich nur rechtfertigen, wenn eine echte Generalisierungsrelation besteht, das heißt, wenn man sagen kann, daß die Unterklasse eine Form der Oberklasse *ist.* Operationen der Unterklasse, die die entsprechende Operation der Oberklasse überschreiben, sind verpflichtet, die gleichen oder sogar mehr Dienste bereitzustellen wie die Oberklasse. Wenn Klasse B *die Spezifikation von Klasse A erbt,* gehen wir davon aus, daß jede Instanz von Klasse B eine Instanz von Klasse A *ist*, weil sie sich gleich verhält.

Manchmal setzen Programmierer Vererbung als Implementierungstechnik ein, ohne jede Absicht, das gleiche Verhalten zu garantieren. Es kommt häufig vor, daß eine vorhandene Klasse bereits einen Teil des Verhaltens implementiert, das eine neu definierte Klasse bereitstellen soll, obwohl die beiden Klassen in anderer Hinsicht unterschiedlich sind. Der Designer ist dann versucht, die vorhandene Klasse zu beerben, um auf diese Weise einen Teil der Implementierung für die neue Klasse zu erhalten. Dies kann Probleme aufwerfen, wenn andere, mitvererbte Operationen zu einem nicht gewünschten Verhalten führen. Wir raten daher davon ab, Implementierung auf diese Art zu vererben.

Ein Beispiel: Angenommen, Sie möchten eine Klasse *Stack* implementieren und verfügen bereits über eine Klasse *Liste.* Sie könnten versucht sein, *Stack* von *Liste* erben zu lassen. Ein Element kann dem Stack hinzugefügt werden, indem man ein Element an das Listenende anfügt; ein Element kann von einem Stack geholt werden, indem man ein Element vom Listenende entfernt. Gleichzeitig werden jedoch auch unerwünschte Listenoperationen mitvererbt, die Elemente an beliebigen Positionen der Liste einfügen oder entfernen. Wenn diese Operationen (aus Versehen oder als "Abkürzung") jemals verwendet werden, wird sich die Klasse *Stack* anders als erwartet verhalten.

In vielen Fällen, in denen Sie versucht sind, Vererbung als Implementierungstechnik zu verwenden, können Sie das gleiche Ziel sicherer erreichen, indem Sie eine Klasse als Attribut der anderen Klasse realisieren oder mit der anderen Klasse assoziieren. Auf diese Weise kann ein Objekt die gewünschten Funktionen einer anderen Klasse selektiv aufrufen – über *Delegation* statt Vererbung. Delegation heißt, daß eine Operation auf einem Objekt abgefangen und an ein anderes Objekt gesendet wird, das Teil des ersten Objekts oder mit diesem verbunden ist. Weil nur sinnvolle Operationen an das zweite Objekt delegiert werden, besteht keine Gefahr, durch Zufall auch Operationen zu vererben, die für das zweite Objekt bedeutungslos sind.

Eine sicherere Implementierung von *Stack* würde an die Klasse *Liste* delegieren (siehe Abbildung 10.8). Jede Instanz von *Stack* enthält ihre private Instanz von *Liste*. (Die eigentliche Implementierung dieser Aggregation wird wie in Abschnitt 10.7 beschrieben optimiert. Dazu wird möglicherweise ein eingebettetes Objekt oder ein Zeigerattribut verwendet). Die Operation *Stack::hinzufügen* delegiert an die Liste, indem sie die Listenoperationen *letzter* und *einfügen* aufruft, um ein Element am Listenende anzufügen. Die Implementierung der Operation *holen* ist ähnlich und verwendet die Listenoperationen *letzter* und *entfernen*. Die Möglichkeit, den Stack durch Einfügen oder Entfernen beliebiger Elemente zu korrumpieren, bleibt dem Client der Klasse *Stack* verborgen.

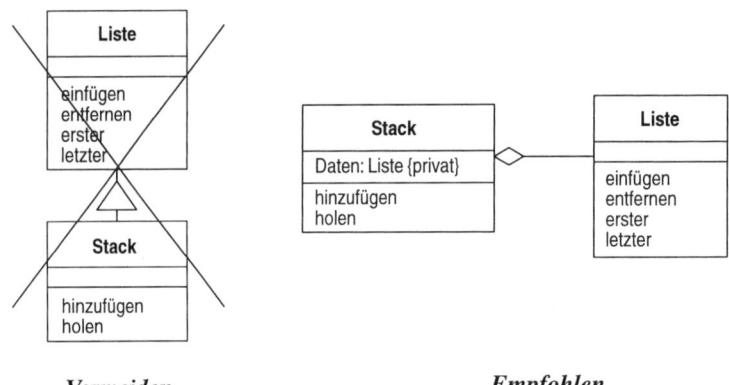

Vermeiden   **Empfohlen**

Abb. 10.8   Alternative Implementierungen eines Stacks:
                 durch Vererbung (links) und durch Delegation (rechts)

Im allgemeinen empfiehlt es sich, Vererbung nicht für reine Implementierungszwecke einzusetzen. Verwenden Sie Vererbung grundsätzlich nur in den Fällen, in denen Sie sagen können, daß eine Instanz einer Klasse tatsächlich auch die Instanz einer anderen Klasse *ist*.

Einige Sprachen wie Eiffel und C++ erlauben es, daß eine Unterklasse die Form einer Oberklasse erbt, während sie Operationen selektiv von Vorfahren erbt und selektiv an Clients exportiert. Dies ist der Delegation gleichwertig, weil die Unterklasse nicht in jeder Hinsicht eine Form der Oberklasse ist und nicht mit ihr verwechselt wird.

10.7   Entwurf von Assoziationen

Assoziationen sind der "Klebstoff" unseres Objektmodells, weil sie Zugriffspfade zwischen Objekten bereitstellen. Assoziationen sind konzeptuelle Entitäten, die für die Modellierung und die Analyse nützlich sind. Beim Objektentwurf müssen wir eine Strategie zur Implementierung von Assoziationen im Objektmodell finden. Wir können entweder eine globale Strategie wählen und alle Assoziationen unterschiedslos implementieren, oder wir können für jede Assoziation eine eigene Strategie festlegen und ihre besondere Verwendung in der Anwendung berücksichtigen. Um intelligente Entscheidungen über Assoziationen treffen zu können, müssen wir zunächst analysieren, wie sie verwendet werden.

10.7.1 Das Durchlaufen von Assoziationen analysieren

Wir sind bis jetzt davon ausgegangen, daß Assoziationen inhärent in zwei Richtungen verlaufen. Dies ist in einem abstrakten Sinn sicherlich wahr. Wenn jedoch einige Assoziationen in Ihrer Anwendung nur in eine Richtung durchlaufen werden, können sie weniger aufwendig implementiert werden. Denken Sie jedoch daran, daß sich Anforderungen an Anwendungen ändern und Sie später vielleicht eine neue Operation hinzufügen wollen, die die Assoziation in die Gegenrichtung durchlaufen muß.

Bei der Entwicklung von Prototypen verwenden wir immer bidirektionale Assoziationen, so daß wir beliebiges neues Verhalten hinzufügen und die Anwendung schnell erweitern und verändern können. Bei der Produktionsarbeit optimieren wir einige Assoziationen. Unabhängig von der gewählten Implementierungsstrategie sollten Sie die Implementierung verbergen und Zugriffsoperationen verwenden, um die Assoziation zu durchlaufen und zu aktualisieren. Auf diese Weise können Sie Ihre Implementierungsentscheidung mit wenig Aufwand ändern.

10.7.2 Einfache Assoziationen

Wenn eine Assoziation nur in eine Richtung durchlaufen wird, kann sie als *Zeiger* implementiert werden – als Attribut, das nur einen Objektverweis enthält. Wie Abbildung 10.9 zeigt, genügt bei einer Multiplizität von 1 ein einfacher Zeiger, während Sie bei einer Multiplizität "m" eine Menge von Zeigern benötigen. Wenn das "m"-Ende geordnet ist, kann eine Liste anstelle einer Menge verwendet werden. Eine qualifizierte Assoziation mit Multiplizität 1 kann als Dictionary-

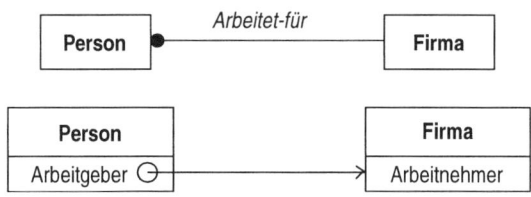

Abb. 10.9   Implementierung einer einfachen Assoziation mit Zeigern

Objekt implementiert werden. (Ein Dictionary ist eine Menge von Wertepaaren und bildet Selektorwerte auf Zielwerte ab. Dictionaries können in den meisten objektorientierten Sprachen mit Hashing effizient implementiert werden.) Qualifizierte Assoziationen mit der Multiplizität "m" sind selten, sie können jedoch als Dictionary von Objektmengen implementiert werden.

10.7.3 Vorwärts-Rückwärts-Assoziationen

Viele Assoziationen werden in beide Richtungen durchlaufen, normalerweise allerdings nicht mit der gleichen Häufigkeit. Es gibt drei Ansätze für ihre Implementierung:

- Implementieren Sie die Assoziation nur in eine Richtung als Attribut und führen Sie eine Suche durch, wenn die Assoziation in der Gegenrichtung durchlaufen werden soll. Dieser Ansatz ist nur sinnvoll, wenn die beiden Richtungen in sehr unterschiedlicher Häufigkeit durchlaufen werden und es darauf ankommt, sowohl die Speicher- als auch die Aktualisierungkosten zu minimieren. Es wird sehr teuer sein, die Assoziation in die – selten benutzte – Gegenrichtung zu durchlaufen.

- Implementieren Sie die Assoziation mit den im vorhergehenden Abschnitt und in Abbildung 10.10 beschriebenen Techniken in beide Richtungen durch Attribute. Dieser Ansatz ermöglicht einen raschen Zugriff. Allerdings muß bei einer Aktualisierung des einen Attributs auch das andere Attribut aktualisiert werden, um die Verknüpfung konsistent zu halten. Dieser Ansatz ist sinnvoll, wenn die Zahl der Zugriffe die Zahl der Aktualisierungen übersteigt.

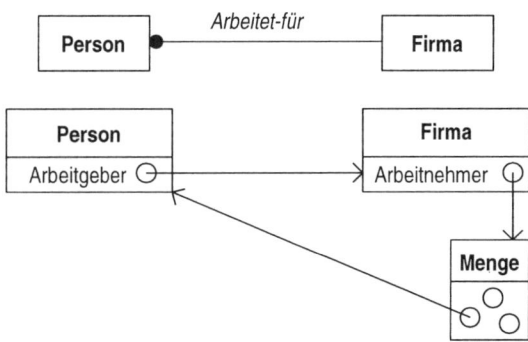

Abb. 10.10 Implementierung einer Vorwärts-Rückwärts-Assoziation mit Zeigern

- Implementieren Sie ein eigenes Assoziationsobjekt, das unabhängig von den beiden Klassen ist. Ein Beispiel dafür sehen Sie in Abbildung 10.11 [Rumbaugh-87]. Ein Assoziationsobjekt ist eine Menge von Paaren assoziierter Objekte (bzw. eine Menge von Tripeln, falls es sich um qualifizierte Assoziationen handelt), die in einem, in seiner Größe variablen Objekt gespeichert sind. Aus Effizienzgründen kann ein Assoziationsobjekt mit zwei Dictionary-Objekten – je einem für jede Richtung – implementiert werden. Der Zugriff erfolgt etwas langsamer als über Attributzeiger. Wenn Hashing verwendet wird, bleibt die Zugriffszeit aber immer noch konstant. Dieser Ansatz eignet sich zur Erweiterung vordefinierter, unveränderbarer Klassen aus einer Bibliothek, weil das Assoziationsobjekt hinzugefügt werden kann, ohne die ursprünglichen Klassen durch weitere Attribute zu ergänzen. Eigene Assoziationsobjekte sind auch nützlich bei selten genutzten Assoziationen, an denen die meisten Objekte der beiden Klassen nicht beteiligt sind, weil der Platz nur für tatsächlich vorhandene Verknüpfungen verwendet wird.

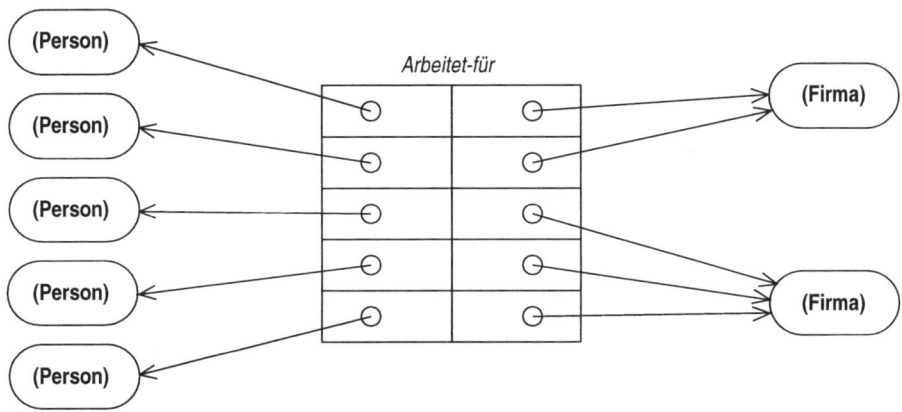

Abb. 10.11   Implementierung einer Assoziation als Objekt

10.7.4 Verknüpfungsattribute

Wenn eine Assoziation Verknüpfungsattribute besitzt, so hängt ihre Implementierung von der Multiplizität ab. Bei einer 1:1-Assoziation können die Verknüpfungsattribute als Attribute eines der beiden Objekte gespeichert werden. Bei einer m:1-Assoziation können die Verknüpfungsattribute als Attribute des "m"-Objekts gespeichert werden, weil jedes "m"-Objekt nur einmal in der Assoziation vorkommt. Bei einer m:m-Assoziation können die Verknüpfungsattribute nicht mit einem der beiden Objekte assoziiert werden; in diesem Fall ist es am besten, die Assoziation als eigene Klasse zu implementieren, in der jede Instanz eine Verknüpfung und ihre Attribute repräsentiert.

10.8 Objektrepräsentation

Die Implementierung von Objekten ist normalerweise unkompliziert. Der Designer muß allerdings entscheiden, wann primitive Typen zur Repräsentation von Objekten verwendet werden und wann Gruppen verwandter Objekte kombiniert werden.

Klassen können durch andere Klassen definiert werden. Letztendlich muß jedoch alles durch eingebaute primitive Datentypen wie Integerzahlen, Strings und Aufzählungstypen implementiert werden. Als Beispiel wollen wir die Implementie-

rung einer Sozialversicherungsnummer in dem in Abbildung 10.12 gezeigten
Objekt *Mitarbeiter* betrachten. Das Attribut SV-Nr. kann als Integerzahl, als
String oder als Assoziation zu einem Objekt SV-Nr. implementiert werden, das
seinerseits entweder eine Integerzahl oder einen String enthalten kann. Eine neue
Klasse zu definieren ist flexibler, führt aber oft einen unnötigen Umweg ein.

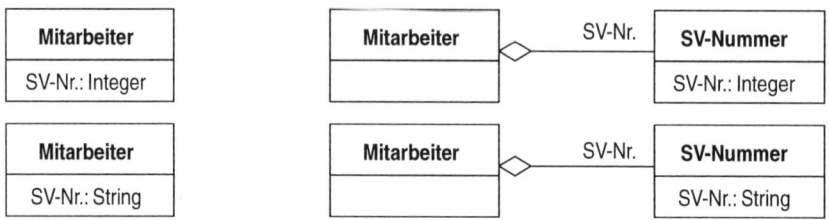

Abb. 10.12   Alternative Repräsentationen für ein Attribut

Häufig muß der Designer auch entscheiden, ob Gruppen verwandter Objekte
kombiniert werden sollen. Abbildung 10.13 zeigt zwei übliche Implementierungen für zweidimensionale Linien: links durch eine eigene Klasse, rechts durch
Attribute in der Klasse *Punkt* eingebettet. Keine der Repräsentationen ist ihrem
Wesen nach überlegen, weil beide mathematisch korrekt sind.

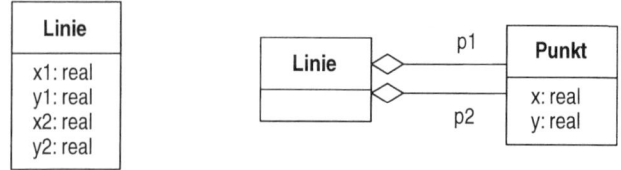

Abb. 10.13   Eingebettete und explizite Objekte

10.9   Physikalisches Packen

Programme bestehen aus eigenständigen physikalischen Einheiten, die bearbeitet, kompiliert, importiert oder auf andere Weise manipuliert werden können. In
manchen Sprachen, zum Beispiel in C und Fortran, sind diese Einheiten Quelldateien. In Ada ist das *package* ein explizites Sprachkonstrukt für Modularität.
Objektorientierte Sprachen verfügen über unterschiedliche Packungsgrade. Bei
jedem großen Projekt ist es wichtig, eine Implementierung sorgfältig in Pakete
(gleich welcher Form) zu partitionieren, damit verschiedene Personen zusammen
an einem Programm arbeiten können. Dabei kommt es auf folgendes an:

- Interne Informationenen nach außen zu verbergen

- Kohärenz von Entitäten

- Physikalische Moduln zu konstruieren

10.9.1 Information Hiding

Ein Entwurfsziel besteht darin, Klassen als "Black Boxes" zu behandeln, deren externe Schnittstellen öffentlich sind, während sich die internen Details dem Blick entziehen. Indem man interne Informationen verbirgt, ist es möglich, die Implementierung einer Klasse zu modifizieren, ohne den Code von Clients der Klasse zu verändern. Weiter sind Ergänzungen und Änderungen der Klasse von "Brandmauern" umgeben, die die Auswirkungen von Änderungen begrenzen. Auf diese Weise sind alle Änderungen klar ersichtlich. Es ist notwendig, zwischen Information Hiding und den in Abschnitt 10.4 diskutierten Optimierungsanstrengungen abzuwägen. Mit Blick auf das Packen streben wir minimale Abhängigkeiten an, während die Optimierung Detailinformationen nutzt und daher redundante Komponenten und Assoziationen zur Folge haben kann. Der Designer muß diese widersprüchlichen Anforderungen ausbalancieren.

Bei der Analyse hat Information Hiding keine Rolle gespielt. Beim Entwurf dagegen muß die öffentliche Schnittstelle jeder Klasse sorgfältig definiert werden. Der Designer muß entscheiden, welche Klassenattribute von außen zugänglich sein sollten. Diese Entscheidungen sollten in das Objektmodell eingehen, indem man hinter Attribute, die verborgen werden sollen, die Anmerkung {*privat*} schreibt oder indem man die Attributliste zweiteilt.

Im Extremfall könnte eine Methode einer Klasse alle Assoziationen des Objektmodells durchlaufen, um ein anderes Objekt im System zu finden und darauf zuzugreifen. Diese uneingeschränkte Sichtbarkeit ist bei der Analyse angebracht. Methoden, die zu viel über das Gesamtmodell wissen, sind jedoch anfällig, weil sie durch jede Veränderung der Repräsentation außer Kraft gesetzt werden. Beim Entwurf versuchen wir, die Reichweite jeder einzelnen Methode einzugrenzen. Wir müssen die Grenzen der Sichtbarkeit definieren, die die jeweilige Methode erfordert. Die Spezifikation, welche anderen Klassen eine Methode sehen kann, definiert die Äbhängigkeiten zwischen Klassen.

Jede Operation sollte ein begrenztes Wissen über das Gesamtmodell einschließlich der Struktur von Klassen, Assoziationen und Operationen besitzen. Je weniger eine Operation weiß, desto weniger werden sich Änderungen auf sie auswirken. Umgekehrt, je weniger Operationen über die Details einer Klasse wissen, desto leichter kann die Klasse im Bedarfsfall geändert werden. Die folgenden Entwurfsprinzipien tragen dazu bei, das Wissen von Operationen einzuschränken:

- Übertragen Sie jeder Klasse die Verantwortung, ihre Operationen auszuführen und Informationen über sich selbst zu liefern.

- Rufen Sie eine Operation auf, um auf Attribute zuzugreifen, die zu einem Objekt einer anderen Klasse gehören.

- Vermeiden Sie es, Assoziationen zu durchlaufen, die nicht mit der aktuellen Klasse verbunden sind.

- Definieren Sie Schnittstellen auf einem möglichst hohen Abstraktionsgrad.

- Verbergen Sie externe Objekte an der Systemgrenze, indem Sie abstrakte Schnitt-stellenklassen definieren, d.h. Klassen, die zwischen dem System und den rohen externen Objekten vermitteln.

- Vermeiden Sie es, eine Methode auf das Ergebnis einer anderen Methode anzuwenden, es sei denn, die Ergebnisklasse ist bereits ein Methodenlieferant des Aufrufers. Erwägen Sie statt dessen, eine Methode zu schreiben, um die beiden Operationen zu kombinieren.

10.9.2 Kohärenz von Entitäten

Ein wichtiges Entwurfsprinzip ist die *Kohärenz* von Entitäten. Eine Entität, zum Beispiel eine Klasse, eine Operation oder ein Modul, ist kohärent, wenn sie nach einem konsistenten Plan organisiert ist und alle ihre Teile auf ein gemeinsames Ziel gerichtet sind. Eine Entität sollte ein einziges Hauptthema haben und keine Sammlung zusammenhangloser Teile sein.

Eine Methode sollte genau eine Sache gut erledigen. Eine einzelne Methode sollte nicht sowohl das *Verfahren* als auch die *Implementierung* umfassen. *Verfahren* bezieht sich darauf, kontextabhängige Entscheidungen zu treffen. *Implementierung* bezieht sich auf die Ausführung eines voll spezifizierten Algorithmus. Zum Verfahren gehört es, Entscheidungen zu treffen, globale Informationen zu sammeln, mit der Außenwelt zu interagieren und Sonderfälle zu interpretieren. Eine Verfahrensmethode enthält E/A-Anweisungen und Bedingungen und greift auf Datenspeicher zu. Sie enthält keine komplizierten Algorithmen, sondern ruft vielmehr verschiedene Implementierungsmethoden auf. Eine Implementierungs-methode führt genau eine Operation durch, ohne Entscheidungen zu treffen, von Vorannahmen oder Standardwerten auszugehen oder Abweichungen zu handha-ben. Sie erhält alle ihre Informationen als Argumente, so daß die Argumentliste lang sein kann.

Die Trennung von Verfahrens- und Implementierungsmethoden erhöht die Chan-cen der Wiederverwendbarkeit erheblich. Die Implementierungsmethoden enthal-ten keine Kontextabhängigkeiten und können daher wahrscheinlich wiederver-wendet werden. Die Verfahrensmethoden müssen normalerweise für eine neue Anwendung neu geschrieben werden, sie sind jedoch oft einfach und bestehen größtenteils aus globalen Entscheidungen und Aufrufen von maschinennäheren Methoden.

Stellen Sie sich als Beispiel eine Operation vor, die einem Girokonto Zinsen gutschreiben soll. Die Zinsen werden täglich auf der Basis des aktuellen Konto-stands gezahlt. Wenn allerdings das Konto aufgelöst wird, gehen alle Zinsen für einen Monat verloren. Die Zinsgutschrift sollte in zwei Teile geteilt werden: eine Implementierungsmethode, die ohne Rücksicht auf etwaige Verwirkungsklauseln oder andere Richtlinien die Zinsen berechnet, die zwischen zwei Tagen anfallen; und eine Verfahrensmethode, die entscheidet, ob und für welchen Zeitraum die Implementierungsmethode aufgerufen wird. Diese Trennung erlaubt es, das Ver-fahren und die Implementierung unabhängig voneinander zu ändern, und erhöht erheblich die Chance, die Implementierungsmethode wiederzuverwenden. Verfahrensmethoden lassen sich normalerweise weniger gut wiederverwenden als Implementierungsmethoden. Sie sind aber meistens weniger kompliziert, weil sie keine Berechnungsalgorithmen enthalten.

Eine Klasse sollte nicht allzu vielen Zwecken gleichzeitig dienen. Zu komplizierte Klassen können durch Generalisierung oder Aggregation aufgebrochen werden. Die Wiederverwendungschancen kleiner Entitäten sind besser als die von großen, komplexen Entitäten. Es wäre riskant, hier genaue Zahlen nennen zu wollen. Als Faustregel sollten Sie jedoch überlegen, eine Klasse aufzubrechen, wenn sie mehr als 10 Attribute, 10 Assoziationen oder 20 Operationen umfaßt. Brechen Sie eine Klasse immer dann auf, wenn ihre Attribute, Assoziationen oder Operationen klar in zwei oder mehr unterschiedliche Gruppen zerfallen, deren Beziehung nicht erkennbar ist.

10.9.3 Moduln konstruieren

In der Analyse- und Systementwurfsphase haben wird das Objektmodell in Moduln partitioniert (und wegen der begrenzten Bildschirm- oder Papiergrößen die Moduln in Blätter unterteilt.) Möglicherweise ist diese erste Organisation nicht für das endgültige Packen der Systemimplementierung geeignet oder optimal. Die neuen Klassen, die wir beim Entwurf hinzugefügt haben, können entweder ein vorhandenes Modul ergänzen oder in einem eigenen Modul organisiert sein, das bei der Analyse noch nicht existiert hat.

Moduln sollten so gewählt werden, daß ihre Schnittstellen minimal und wohldefiniert sind. Die Schnittstelle zwischen zwei Moduln besteht aus den Assoziationen, die Klassen in einem Modul mit Klassen in einem anderen verbinden, und Operationen, die über Modulgrenzen hinweg auf Klassen zugreifen. (Diese Operationen definieren die Client-Versorger-Beziehung von Klassen, die dem funktionalen Modell entnommen wurde.)

Die Konnektivität des Objektmodells kann als Richtschnur für die Partitionierung von Moduln dienen. Nach einer groben Faustregel sollten sich Klassen, die eng durch Assoziationen verbunden sind, in einem Modul befinden, während unverbundene oder nur lose verbundene Klassen in unterschiedlichen Moduln enthalten sein können. Client-Versorger-Beziehungen, die sich aus dem funktionalen Modell ergeben, binden weniger stark als Assoziationen, die ein inhärenter Teil einer Objektmenge sind.

Natürlich müssen noch weitere Aspekte berücksichtigt werden. Moduln sollten einen funktionalen Zusammenhalt besitzen oder einem bestimmten Zweck dienen. Die Klassen in einem Modul sollten ähnliche Anwendungsaspekte repräsentieren oder Komponenten des gleichen zusammengesetzten Objekts sein.

Die Zahl der unterschiedlichen Operationen, die eine gegebene Assoziation durchlaufen, ist ein gutes Maß für ihre Bindekraft. Die Zahl drückt aus, auf wieviele unterschiedliche Arten die Assoziation genutzt wird, nicht, wie häufig sie durchlaufen wird. Versuchen Sie, eng gekoppelte Objekte in einem Modul zu kapseln.

10.10 Dokumentation von Entwurfsentscheidungen

Die in diesem Kapitel diskutierten Entwurfsentscheidungen müssen fortlaufend dokumentiert werden. Das gilt insbesondere, wenn Sie mit anderen Entwicklern zusammenarbeiten. Es ist unmöglich, alle Entwurfsdetails für nicht-triviale Softwaresysteme in Erinnerung zu behalten. Darüber hinaus erleichtert Dokumentation die Einarbeitung Dritter in den Entwurf und dient bei der Wartung als Nachschlagewerk.

Das Entwurfsdokument sollte eine Erweiterung des Anforderungsanalysedokuments darstellen. Auf diese Weise wird das Entwurfsdokument eine überarbeitete und sehr viel detailliertere Beschreibung des Objektmodells enthalten, sowohl in grafischer (Objektmodelldiagramme) als auch in textueller Form (Klassenbeschreibungen). Implementierungsentscheidungen können durch zusätzliche Notation ausgedrückt werden, zum Beispiel Pfeile, die die Durchlaufrichtung von Assoziationen anzeigen, oder Zeiger von Attributen zu anderen Objekten.

Das funktionale Modell wird während der Entwurfsphase ebenfalls erweitert und muß auf dem neuesten Stand gehalten werden. Auch dieser Prozeß verläuft fließend, weil der Entwurf die gleiche Notation wie die Analyse verwendet und einfach zusätzliche Details enthält. Es ist besonders wichtig, alle Operationsschnittstellen zu spezifizieren, indem man ihre Argumente, Ergebnisse, Eingabe-Ausgabe-Abbildungen und Seiteneffekte angibt.

Wenn das dynamische Modell mit einer expliziten Zustandssteuerung oder parallelen Tasks implementiert wird, so genügt das Analysemodell oder eine Erweiterung davon. Wenn das dynamische Modell dagegen durch Zuordnung an Programmbereiche implementiert wird, müssen die Algorithmen durch strukturierten Pseudocode spezifiziert sein.

Trotz des nahtlosen Übergangs von der Analyse zum Entwurf ist es wahrscheinlich am besten, das Entwurfsdokument und das Analysedokument klar voneinander zu trennen. Weil sich der Blickwinkel von der externen Sicht des Benutzers zur internen Sicht des Programmierers verlagert, enthält das Entwurfsdokument viele Optimierungen und Implementierungskonstrukte. Es ist wichtig, weiterhin über eine klare, benutzerorientierte Systembeschreibung zu verfügen, die zur Validierung der fertigen Software und in der Wartungsphase eingesetzt wird. Es sollte direkt erkennbar sein, welches Element der ursprünglichen Analyse welchem Element des Entwurfsdokuments entspricht, weil das Entwurfsdokument eine Weiterentwicklung des Analysemodells darstellt und die gleichen Namen verwendet.

10.11 Zusammenfassung

Der Objektentwurf schließt sich an die Analyse und den Systementwurf an und setzt auf diesen vorhergehenden Phasen auf. In der Objektentwurfsphase werden Implementierungsdetails hinzugefügt. Sie umfaßt unter anderem die Restrukturierung von Klassen aus Effizienzgründen, den Entwurf von internen Datenstrukturen und Algorithmen zur Implementierung von Operationen, Entscheidungen zur Implementierung der Steuerung und der Assoziationen sowie das Packen in physikalische Moduln. Der Objektentwurf erweitert das Analysemodell durch spezifische Implementierungsentscheidungen und zusätzliche interne Klassen, Attribute, Assoziationen und Operationen.

Der Designer muß zur Implementierung Operationen vom funktionalen und dynamischen Modell auf das Objektmodell übertragen. Ein Prozeß im funktionalen Modell wird zu einer Operation auf einem Objekt. Ein Ereignis im dynamischen Modell kann ebenfalls als Operation auf einem Objekt implementiert werden, je nach der Steuerungsimplementierung.

Jede Operation aus dem Analysemodell muß einen Algorithmus erhalten, der sie klar, effizient und im Einklang mit den Optimierungszielen implementiert, die beim Systementwurf gewählt wurden. Die Berechnungskomplexität ist sicherlich ein Entwurfskriterium, Klarheit des Codes ist jedoch wichtiger als unwesentliche Perfomance-Steigerungen. Interne Klassen und Operationen können hinzugefügt werden, um Algorithmen effizienter zu implementieren.

Der erste, aus der Analyse abgeleitete Entwurf muß aus Optimierungsgründen erweitert und restrukturiert werden. Die ursprünglichen Informationen werden nicht verworfen, sondern durch neue, redundante Informationen ergänzt, um Zugriffspfade zu optimieren und Zwischenergebnisse zu speichern, die anderenfalls neu berechnet werden müßten. Algorithmen können verbessert werden, um die Zahl der Operationsausführungen zu verringern.

Zustands-Ereignis-Interaktionen können durch einen von drei Steuerungsstilen implementiert werden: Zuordnung zu einem Programmbereich, um den Zustand zu speichern, explizite Zustandsmaschinen-Repräsentation oder parallele Tasks.

Beim Objektentwurf können die Definitionen der internen Klassen und Operationen angepaßt werden, um ein Mehr an Vererbung zu ermöglichen. Zu diesem Zweck kann der Designer die Argumentliste einer Methode verändern, Attribute und Operationen von einer Klasse in eine Oberklasse verschieben, eine abstrakte Oberklasse definieren, die das gemeinsame Verhalten mehrerer Klassen aufnimmt, und eine Operation in einen geerbten Teil und einen spezifischen Teil spalten.Wenn eine Klasse einer anderen Klasse ähnelt, ohne wirklich eine Unterklasse davon zu sein, sollte Delegation anstelle von Vererbung verwendet werden.

Assoziationen subsumieren während der Analyse viele Implementierungstechniken unter einer einheitlichen Notation, sie können jedoch je nach ihren Zugriffspfaden als Zeiger innerhalb von Objekten oder als eigene Objekte implementiert werden. Eine Assoziation, die nur in einer Richtung durchlaufen wird, kann als Attribut, das auf ein anderes Objekt zeigt, oder als Menge von Objekten implementiert werden, je nach der Multiplizität der Assoziation. Eine bidirektionale Assoziation kann als Zeigerpaar implementiert werden. Allerdings müssen dann Operationen, die die Assoziation akualisieren, immer beide Zugriffsrichtungen verändern. Assoziationen können auch als Assoziationsobjekte implementiert werden.

Die genaue Repräsentation von Objekten muß gewählt werden. Benutzerdefinierte Objekte müssen letztendlich durch primitive Objekte oder Datentypen implementiert werden, die die Programmiersprache bereitstellt. Einige Klassen können zusammengefaßt werden.

Programme müssen in physikalische Moduln gepackt werden, um editiert, kompiliert und von Programmiererteams bearbeitet werden zu können. Information Hiding, ein Hauptziel des Packens, soll sicherstellen, daß sich künftige Änderungen auf möglichst wenige Moduln auswirken. Moduln sollten kohärent und thematisch gegliedert sein.

Entwurfsentscheidungen sollten dokumentiert werden, indem das Analysemodell durch Hinzufügen von Details zum Objekt-, dynamischen und funktionalen Modell erweitert wird. Dazu können Implementierungskonstrukte verwendet werden, zum Beispiel Zeiger (im Objektmodell), strukturierter Pseudocode (im dynamischen Modell) und funktionale Ausdrücke (im funktionalen Modell).

Ableiten von Operationen	Implementierung von Assoziationen
Algorithmus	Kombinieren der drei Modelle
Assoziationsdurchlauf analysieren	physikalisches Packen
Behälterklasse	Redundanz zur Optimierung der Geschwin-
Delegation	digkeit
Entwurfsoptimierung	Sichtbarkeit von Assoziationen
Herausabstrahieren einer Oberklasse	Sichtbarkeit von Attributen
Implementierung des Kontrollflusses	Sichtbarkeit von Operationen

Abb. 10.14   Schlüsselbegriffe in Kapitel 10

10.12 Anmerkungen zur Bibliographie

Algorithmen und Datenstrukturen sind elementare Teile der Informatik. Knuths klassische Reihe behandelt sowohl elementare Konzepte als auch zahlreiche weiterführende praktische Algorithmen und Datenstrukturen. Es gibt mehrere gute Bücher, die Algorithmen von der Berechnungskomplexität her erörtern, zum Beispiel [Aho-75] und [Sedgewick-83]. Allerdings gibt es eine erstaunliche Variationsvielfalt bekannter Such- und Sortieralgorithmen, deren Performance bei unterschiedlichen Problemen oft schwer zu analysieren ist; empirische Messungen der Performance von Algorithmen finden Sie bei [Gonnet-84].

Das Hinzufügen von Indexstrukturen und das Verändern der Zugriffsreihenfolge zur Performance-Verbesserung ist eine bewährte Technik der Datenbankoptimierung. Beispiele finden Sie in [Ullman-88] oder [Loomis-87].

In der Praxis des Software-Engineering spielen Richtlinien eine große Rolle, wenn Programme unter Berücksichtigung von Sichtbarkeitsaspekten zu Moduln gepackt werden sollen. [Yourdon-89] beschreibt den Standardansatz. Bei [Buhr-

84] steht das Packen von Ada-Programmen im Vordergrund, die Notation sollte aber auf objektorientierte Anwendungen erweiterbar sein.

[Lieberherr-88] beschreibt einen frühen Versuch, Richtlinien zur Sichtbarkeit aufzustellen, die maximale Modularität in einem objektorientierten Kontext gewährleisten. [Meyer-88] schlägt Stilregeln zur Verwendung von Klassen und Operationen vor.

10.13 Literaturangaben

[Aho-75] Alfred Aho, John Hopcroft, Jeffrey Ullman. *The Design and Analysis of Computer Algorithms.* Reading, Mass.: Addison-Wesley, 1975.

[Buhr-84] R.J.A. Buhr. *System Design with Ada.* Englewood Cliffs, New Jersey: Prentice Hall, 1984.

[Gonnet-84] G. H. Gonnet. *Handbook of Algorithms and Data Structures.* Reading, Mass.: Addison-Wesley, 1984.

[Knuth-75] Donald Knuth. *The Art of Computer Programming, Volumes 1-3.* Reading, Mass.: Addison-Wesley, 1975.

[Lieberherr-88] K. Lieberherr, I. Holland, A. Riel. Object-oriented programming: an objective sense of style. *OOPSLA'88 as ACM SIGPLAN 23*, 11 (Nov. 1988), 323-334.

[Loomis-87] Mary Loomis. *The Database Book.* New York: Macmillan, 1987.

[Meyer-88] Bertrand Meyer. *Object-Oriented Software Construction.* Hertfordshire, England: Prentice Hall International, 1988.

[Rumbaugh-87] James E. Rumbaugh. Relations as semantic constructs in an object-oriented language. *OOPSLA'87 as ACM SIGPLAN 22*, 12 (Oct. 1987), 466-481.

[Sedgewick-83] Robert Sedgewick. *Algorithms.* Reading, Mass.: Addison-Wesley, 1983.

[Ullman-88] Jeffrey Ullman. *Principles of Database and Knowledge-Base Systems, Volume 1, 2.* Rockville, Maryland: Computer Science Press, 1988.

[Yourdon-89] Edward Yourdon, Larry Constantine. *Structured Design: Fundamentals of a Discipline for Computer Program and Systems Design.* Englewood Cliffs, New Jersey: Prentice Hall, 1989.

10.14 Übungen

10.1 (3) Schreiben Sie Algorithmen, um die folgenden Figuren auf einem Grafikbildschirm zu zeichnen. Die Figuren haben kein Füllmuster. Gehen Sie von pixelbasierter Grafik aus. Nennen Sie alle Annahmen, die Sie zugrundelegen.

a. Kreis
b. Ellipse
c. Quadrat
d. Rechteck

10.2 (2) Diskutieren Sie, ob der Algorithmus, den Sie in der vorhergehenden Übung für das Zeichnen von Ellipsen geschrieben haben, auch für das Zeichnen von Kreisen geeignet ist. Eignet sich der Rechteck-Algorithmus auch für Quadrate?

10.3 (3) Eine geschickte Aneinanderreihung von Multiplikationen und Additionen kann die Zahl der arithmetischen Schritte minimieren, die zur Berechnung eines Polynoms benötigt werden. So kann das Polynom $a_4x^4 + a_2x^2 + a_3x^3 + a_1x + a_0$ unter anderem berechnet werden, indem man jeden Term getrennt berechnet und zu der bis dahin errechneten Summe addiert. Dies erfordert 10 Multiplikationen und 4

Additionen. Eine andere Möglichkeit besteht darin, die Reihenfolge der arithmetischen Operationen umzuordnen zu $x \times (x \times (x \times (x \times a_4 + a_3) + a_2) + a_1) + a_0$, so daß nur 4 Multiplikationen und 4 Additionen benötigt werden. Wieviele Multiplikationen und Additionen benötigt jede Methode für ein Polynom n-ten Grades? Erörtern Sie die relativen Vorteile der beiden Ansätze.

10.4 (5) Viele konventionelle Datenstrukturen können durch Assoziationen ersetzt werden. Zeichnen Sie Beispielobjektdiagramme, in denen jede der folgenden konventionellen Datenstrukturen durch eine oder mehrere Assoziationen ersetzt wird. Halten Sie Ihre Antworten einfach.
a. Array
b. Liste
c. Stack
d. Warteschlange
e. Binärbaum

10.5 (4) Verbessern Sie das Objektdiagramm in Abbildung Ü10.1, indem Sie die Klassen *Ellipse* und *Rechteck* zu der Klasse *Grafikprimitive* generalisieren. Das Objektdiagramm wird dabei so verändert, daß es nur eine einzige 1:1-Assoziation zur Objektklasse *Rahmen* aufweist. Tatsächlich ändern Sie die Multiplizität von 0 oder 1 in die Multiplizität 1. Im vorliegenden Diagramm wird die Klasse *Rahmen* von *Ellipse* und *Rechteck* gemeinsam genutzt. Ein *Rahmen* ist der kleinste rechteckige Bereich, der die assoziierte *Ellipse* bzw. das assoziierte *Rechteck* enthalten kann.

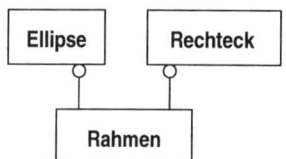

Abb. Ü10.1 Teil eines Objektdiagramms mit einer gemeinsam genutzten Klasse

10.6 (5) Welche Klasse(n) des für die vorige Übung gezeichneten Objektdiagramms wäre der geeignetste Besitzer einer Operation *löschen*? Erklären Sie Ihre Antwort.

10.7 (3) Weisen Sie jedem Attribut in Abbildung Ü10.2 einen Datentyp zu.

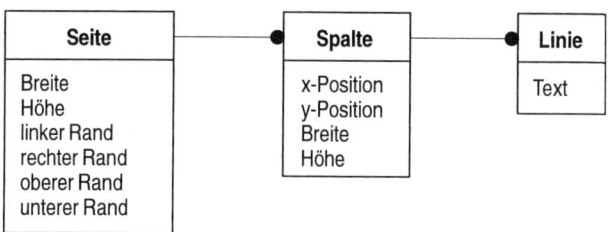

Abb. Ü10.2 Ausschnitt aus einem Objektdiagramm für eine Zeitung

10.8 (3) Drücken Sie für das Objektdiagramm in Abbildung Ü10.2 eine Operation, die eine *Spalte* einer Zeitung verschiebt, durch eine Operation auf einer *Zeile* aus.

10.9 (4) Verändern Sie das Objektdiagramm in Abbildung Ü10.2 so, daß Ränder in einer eigenen Klasse beschrieben sind und Standardränder für die ganze Zeitung spezifiziert werden können. Es kann sein, daß die Standardränder auf manchen Seiten überschrieben werden sollen.

10.10 (4) Charakterisieren Sie jede Assoziation in Abbildung Ü10.2 durch ihre Durchlaufrichtung und Ordnung. Nennen Sie alle Annahmen, die Sie zugrundelegen. Beschreiben Sie für jede Assoziation, wie Sie sie implementieren würden.

10.11 (3) Verändern Sie Abbildung Ü10.2 so, daß festgestellt werden kann, auf welcher *Seite* sich eine *Zeile* befindet, ohne zuerst herauszufinden, in welcher *Spalte* sie sich befindet.

10.12 (4) Weisen Sie jedem Attribut in Abbildung Ü10.3 einen Datentyp zu. *Sichtbarkeit* steuert, ob die Vorder- oder die Rückseite einer Karte gezeigt wird. *Ort* ist der Ort, an dem die jeweilige Kollektion gezeigt werden muß. Listen Sie Aufzählungswerte auf.

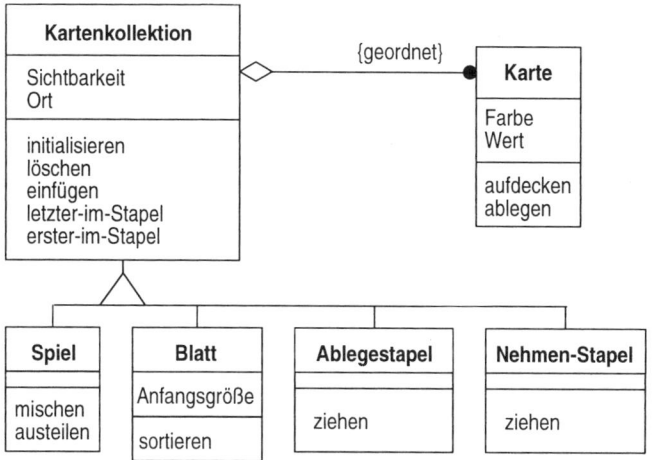

Abb. Ü10.3 Ausschnitt aus einem Objektdiagramm für ein Kartenspielprogramm

10.13 (7) Schreiben Sie Pseudocode für jede Operation in Abbildung Ü 10.3. *Initialisieren* bewirkt, daß ein Kartenspiel mit 52 Karten beginnt und die anderen Kollektionen auf leer gesetzt werden. *Löschen* und *einfügen* nehmen eine Karte als Argument und löschen die Karte aus einer Kollektion oder fügen sie in eine Kollektion ein. Sie erzwingen, daß die Kollektion danach neu angezeigt wird. *Löschen* ist nur für die oberste Karte eines Spiels, eines Ablegestapels oder eines Nehmen-Stapels zugelassen. *Erster-im-Stapel* und *letzter-im-Stapel* sind Anfragen. *Mischen* mischt ein Spiel. *Austeilen* nimmt jeweils die oberste Karte des Spiels, löscht sie aus dem Spiel und fügt sie in ein Blatt ein, das als Array erstellt und zurückgeliefert wird. *Sortieren* dient dazu, ein Blatt nach Farbe und Wert zu ordnen. *Aufdecken* zeigt eine Karte an. *Ablegen* löscht eine Karte aus der Kollektion, der sie angehört, und legt sie oben auf den Nehmen-Stapel, der als Argument angegeben wird. *Ziehen* löscht die oberste Karte des Nehmen- oder Ablegestapels und fügt die Karte in ein Blatt ein, das als Argument angegeben wird.

10.14 (3) Geben Sie für die Assoziation in Abbildung Ü10.3 die Durchlaufrichtung und Ordnung an. Nennen Sie alle Annahmen, die Sie zugrundelegen. Beschreiben Sie, wie Sie die Assoziation implementieren würden.

10.15 (5) Weisen Sie jedem Attribut in Abbildung Ü10.4 einen Datentyp zu. Eine Beschreibung der Anwendung finden Sie in Übung 8.16.

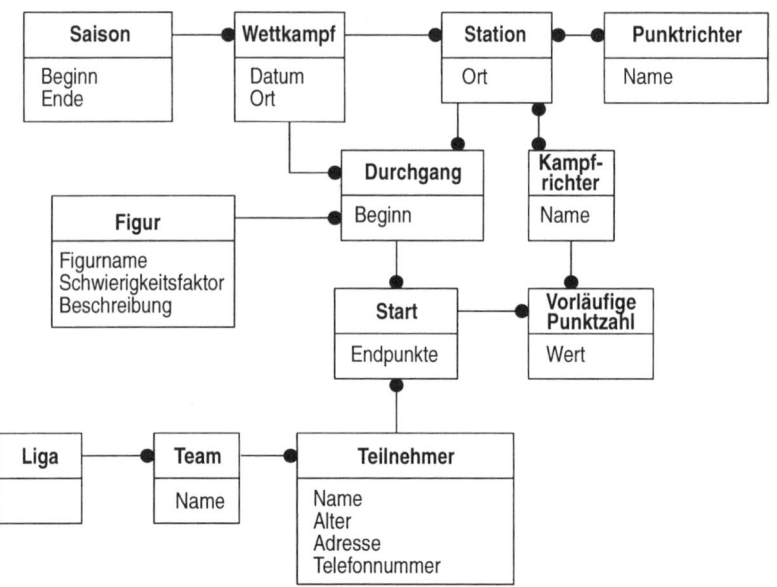

Abb. Ü10.4 Ausschnitt aus einem Objektdiagramm für ein Bewertungssystem

10.16 (7) Geben Sie für jede der Assoziationen in Abbildung Ü10.4 die Durchlaufrichtung und Ordnung an. Nennen Sie alle Annahmen, die Sie zugrundelegen.

10.17 (5) Schreiben Sie Pseudocode zur Berechnung der Endpunkte für einen Start gemäß Abbildung Ü10.4. Eine Beschreibung, wie ein Start gepunktet wird, finden Sie in Übung 6.3.

10.18 Schreiben Sie Pseudocode für die folgenden Operationen auf Klassen aus Abbildung Ü10.4.
a.   (4) Einen Teilnehmer für einen Durchgang anmelden
b.   (3) Einen Teilnehmer für alle Durchgänge eines Wettkampfs anmelden
c.   (4) Durchgänge für einen Wettkampf auswählen und planen
d.   (4) Wettkämpfe einer Saison planen
e.   (4) Durchgänge, Kampfrichter und Punktrichter auf Stationen verteilen

10.19 (9) Abbildung Ü10.5 ist ein Ausschnitt aus einem Objektdiagramm-Metamodell, das im Compiler einer objektorientierten Sprache verwendet werden könnte. Schreiben Sie Pseudocode für einen Algorithmus für die Operation *Vererbungspfad_tracen*, die eine Vererbungshierarchie nach der folgenden Methode verfolgt: Eingabe an die Operation ist ein Klassenpaar. Die Operation gibt eine Liste der Klassen zurück, die auf dem Pfad liegen. Die Liste ist von der allgemeineren zur spezifischeren Klasse geordnet. Das Tracen erstreckt sich nur auf Generalisierungen, nicht auf Aggregationen und Assoziationen. Wenn das Tracen scheitert, wird eine leere Liste zurückgegeben. Gehen Sie davon aus, daß Mehrfachvererbung nicht zulässig ist.

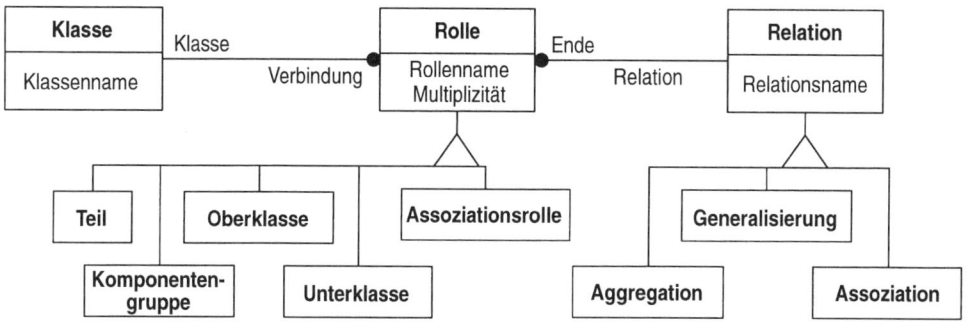

Abb. Ü10.5 Ausschnitt aus einem Objektdiagramm-Metamodell

10.20 (8) Verfeinern Sie Abbildung Ü10.5, indem Sie die Assoziationen zu den Klassen *Rolle* und *Relation* streichen und durch Assoziationen zu den Unterklassen von *Rolle* und *Relation* ersetzen. Es handelt sich hierbei um ein Beispiel zur Transformation eines Objektdiagramms. Schreiben Sie passend für das neue Diagramm Pseudocode für den Algorithmus *Vererbungspfad_tracen*.

10.21 (7) Schreiben Sie, ausgehend von Abbildung Ü10.5, einen Algorithmus für eine Operation, die einen Namen für eine noch unbenannte Assoziation generiert. Die Operation würde sich für ein Programm eignen, das Datenbankschemata aus einem Objektdiagramm generiert. Sie stellt sicher, daß alle Assoziationen in einem Objektdiagramm, auch die vom Benutzer nicht benannten, Namen haben. Die Eingabe an die Operation ist eine Instanz von *Assoziation*. Die Operation muß einen global eindeutigen *Relationsnamen* zurückgeben. Wenn die Assoziation bereits benannt ist, so soll die Operation diesen zurückliefern. Anderenfalls soll die Operation nach einer von Ihnen festgelegten Strategie einen Namen generieren. Die genaue Strategie ist nicht kritisch. Der generierte Name muß jedoch eindeutig sein und jeder, der die Namen liest, sollte erkennen können, auf welche Assoziation sich ein Name bezieht. Gehen Sie davon aus, daß alle Assoziationen binär sind. Sie können außerdem zugrundelegen, daß eine ähnliche Operation bereits für die Klasse *Rolle* entwickelt wurde, die einen *Rollennamen* zurückgibt, der im Kontext einer Relation eindeutig ist. Wenn der gebildete Name mit einem vorhandenen Namen kollidiert, ändern Sie den Namen, so daß er eindeutig wird. Sie können das Diagramm gegebenenfalls ändern oder zusätzliche Datenstrukturen hinzufügen. In diesem Fall sollten Sie die Änderungen aber auch beschreiben.

10.22 (7) Verbessern Sie das Objektdiagramm in Abbildung Ü10.6, indem Sie es durch Hinzufügen der Klasse *Politische Parteien* umformen. Assoziieren Sie *Wähler* mit einer Partei. Erörtern Sie, warum die Transformation eine Verbesserung darstellt.

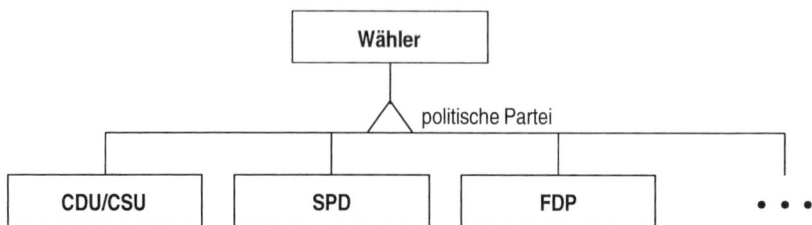

Abb. Ü10.6 Objektdiagramm, das die Mitgliedschaft von Wählern in einer Partei repräsentiert

10.23 (7) Bei Flügen mit wenigen Passagieren setzt eine Fluglinie manchmal ein kleineres Flugzeug anstelle eines größeren ein. Schreiben Sie einen Algorithmus, mit dem Sitzplätze so zugewiesen werden können, daß Passagiere mit niedrigen Sitzreihennummern ihre Nummer behalten können. Gehen Sie davon aus, daß in beiden Flugzeugen die Zahl der Sitze je Reihe gleich groß ist.

10.24 (8) Um die Effizienz einer Implementierung zu verbessern, müssen Sie möglicherweise Klassen anlegen, die nicht in der ursprünglichen Problembeschreibung enthalten sind. Beispielsweise kann ein zweidimensionales CAD-System spezialisierte Datenstrukturen verwenden, um festzustellen, welche Punkte in ein vom Benutzer spezifiziertes rechteckiges Fenster fallen. Eine Technik besteht darin, eine Kollektion von Punkten zu unterhalten, die zuerst nach ihrem x-Wert und danach nach ihrem y-Wert sortiert werden. Punkte, die in ein rechteckiges Fenster fallen, lassen sich auf diese Weise normalerweise finden, ohne alle Punkte prüfen zu müssen. Zeichnen Sie ein Objektdiagramm, das Kollektionen von Punkten beschreibt, die nach x-Wert und y-Wert sortiert sind. Schreiben Sie Pseudocode für die Operationen *löschen, hinzufügen* und *suchen*. Die Eingabe für *suchen* ist eine Beschreibung eines rechteckigen Bereichs und eine Kollektion von Punkten. Die Ausgabe von *suchen* ist eine Menge von Punkten aus der Eingabekollektion, die in den Bereich fallen. *Löschen* und *hinzufügen* erhalten jeweils einen Punkt und eine Kollektion von Punkten als Eingabe. Der Eingabepunkt wird der Kollektion hinzugefügt oder aus ihr gelöscht.

10.25 (8) Stellen Sie fest, in welcher Weise die Zeit, die für die Suchoperation der vorigen Übung erforderlich ist, von der Zahl der Punkte in einer Kollektion abhängt. Nennen Sie alle Annahmen, die Sie zugrundelegen, explizit.

10.26 (3) Bei der Auswahl eines Algorithmus kann es wichtig sein, die Ressourcenanforderungen zu evaluieren. Wie hängt die Zeit, die zur Ausführung der folgenden Algorithmen benötigt wird, von den folgenden Parametern ab?
a.   Der Algorithmus in Übung 10.19 von der Tiefe der Vererbungshierarchie.
b.   Der Algorithmus in Übung 10.23 von der Zahl der Passagiere.

10.27 (5) Abbildung Ü10.7 ist ein Zustandsdiagramm für einen Garagentoröffner. Implementieren Sie das System, indem Sie jeden Zustand als eigenen Bereich im Programm definieren. Sie können dazu Pseudocode oder jede strukturierte Programmiersprache verwenden.

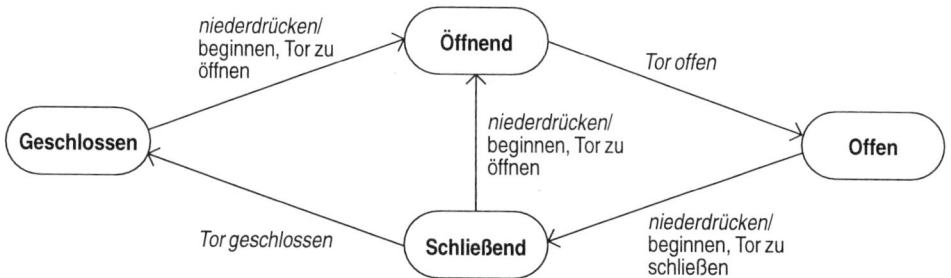

Abb. Ü10.7 Zustandsdiagramm für einen Garagentoröffner

10.28 (Projekt) Entwerfen Sie einen Ausführungsmechanismus für Zustandsmaschinen. Der Entwurf sollte eine Beschreibung der Datenstrukturen und Algorithmen enthalten, die für die Ausführung notwendig sind.

Zusammenfassung der OMT-Methodologie

Dieses Kapitel faßt die Methodologie der Object Modeling Technique zusammen und listet die in den vorhergehenden Kapiteln vorgestellten Techniken als numerierte Schritte auf. Auch wenn dadurch die Reihenfolge, in der die Schritte ausgeführt werden, implizit eine Bedeutung erhält, so hat sich doch gezeigt, daß:

- Erfahrene Programmierer mehrere Schritte kombinieren oder bestimmte Schritte für Teile eines Projekts parallel durchführen können.

- Iterationen der Schritte auf immer niedrigeren Abstraktionsebenen erforderlich sind, um dem Modell weitere Einzelheiten hinzuzufügen.

- Nachdem die Gesamtanalyse auf einer hohen Abstraktionsebene abgeschlossen ist, Teilsysteme innerhalb eines großen Projekts unabhängig voneinander und parallel zueinander auf niedrigeren Abstraktionsebenen entworfen werden können.

Die Unterscheidung zwischen Analyse und Entwurf mag zeitweise beliebig und verwirrend wirken. Die folgenden einfachen Regeln sollen Ihnen bei der Entscheidung helfen, wie weit Sie die Analyse und den Entwurf jeweils treiben wollen.

Das *Analyse*modell sollte Informationen enthalten, die von der realen Welt her gesehen eine Bedeutung besitzen und die externe Sicht auf das System repräsentieren. Das Analysemodell sollte für den Auftraggeber des Systems verständlich sein und als Grundlage dienen können, die wahren Systemanforderungen herauszukristallisieren. Die wahren Systemanforderungen sind die Anforderungen, die wirklich erforderlich, intern konsistent und machbar sind.

Im Gegensatz dazu wird das *Entwurfs*modell von den Erfordernissen der Computerimplementierung bestimmt. Es muß daher einigermaßen effizient und gut zu implementieren sein. In der Praxis läßt sich oft ein großer Teil des Analysemodells ohne weitere Veränderungen implementieren, so daß sich das Analyse- und das Entwurfsmodell weitgehend überlappen. Das Entwurfsmodell muß auf maschinennahe Details eingehen, die im Analysemodell unberücksichtigt bleiben. Zusammen stellen das Analyse- und das Entwurfsmodell eine wertvolle Dokumentation eines Systems aus zwei unterschiedlichen, einander ergänzenden Perspektiven dar.

11.1 Analyse

Das Ziel der Analyse besteht darin zu modellieren, was das System leisten wird. Das Modell wird durch Objekte und Relationen, dynamischen Kontrollfluß und funktionale Transformationen ausgedrückt. Während der gesamten Analyse geht es darum, die Anforderungen weiter zu präzisieren und mit dem Auftraggeber abzustimmen.

1. Erstellen oder beschaffen Sie eine erste Problembeschreibung.

2. Entwickeln Sie ein Objektmodell:

   - Identifizieren Sie Objektklassen.

   - Beginnen Sie mit dem Aufbau eines Data Dictionary, das Beschreibungen der Klassen, Attribute und Assoziationen enthält.

   - Fügen Sie Assoziationen zwischen Klassen hinzu.

   - Fügen Sie Objekt- und Verknüpfungsattribute hinzu.

   - Organisieren und vereinfachen Sie Objektklassen mit Hilfe von Vererbung.

   - Testen Sie Zugriffspfade mit Hilfe von Szenarios und wiederholen Sie gegebenenfalls die oben genannten Schritte.

   - Gruppieren Sie Klassen zu Moduln. Kriterien dafür sind enge Kopplung und verwandte Funktionalität.

➡ **Objektmodell** = Objektmodelldiagramm + Data Dictionary

3. Entwickeln Sie ein dynamisches Modell:

   - Bereiten Sie Szenarios mit typischen Interaktionssequenzen vor.

   - Identifizieren Sie Ereignisse zwischen Objekten und zeichnen Sie einen Ereignispfad für jedes Szenario.

   - Zeichnen Sie ein Ereignisflußdiagramm für das System.

   - Entwickeln Sie ein Zustandsdiagramm für jede Klasse mit wichtigem dynamischen Verhalten.

   - Prüfen Sie die Konsistenz und Vollständigkeit von Ereignissen, die sich auf mehrere Zustandsdiagramme beziehen.

➡ **Dynamisches Modell** = Zustandsdiagramme + globales Ereignisflußdiagramm.

4. Konstruieren Sie ein funktionales Modell:

   - Identifizieren Sie Ein- und Ausgabewerte.

   - Verwenden Sie gegebenenfalls Datenflußdiagramme, um funktionale Abhängigkeiten zu zeigen.

   - Beschreiben Sie, was jede Funktion leistet.

   - Identifizieren Sie Einschränkungen.

   - Spezifizieren Sie Optimierungskriterien.

➡ **Funktionales Modell** = Datenflußdiagramme + Einschränkungen

5. Verifizieren, iterieren und verfeinern Sie die drei Modelle:

   - Fügen Sie dem Objektmodell die Schlüsseloperationen hinzu, die während der Vorbereitung des funktionalen Modells identifiziert wurden. Zeigen Sie bei der Analyse nicht alle Operationen, weil dadurch das Objektmodell unübersichtlich würde; beschränken Sie sich auf die wichtigsten Operationen.

- Verifizieren Sie, daß die Klassen, Assoziationen, Attribute und Operationen auf der gewählten Abstraktionsebene konsistent und vollständig sind. Vergleichen Sie die drei Modelle mit der Problembeschreibung und dem relevanten Anwendungswissen und testen Sie die Modelle mit Hilfe der Szenarios.

- Entwickeln Sie detailliertere Szenarios (die auch Fehlerbedingungen enthalten) als Variationen der elementaren Szenarios. Verwenden Sie "Was-wäre-wenn"-Szenarios, um die drei Modelle noch eingehender zu testen.

- Iterieren Sie die oben genannten Schritte, um die Analyse zu vervollständigen.

➡ **Analysedokument** = Problembeschreibung + Objektmodell + dynamisches Modell + funktionales Modell

11.2 Systementwurf

Beim Systementwurf wird die globale Systemstruktur ausgewählt. Kapitel 9 stellt mehrere anerkannte Architekturen vor, die als geeigneter Ausgangspunkt dienen können. Obwohl das objektorientierte Paradigma keine besonders neuen Einsichten in den Systementwurf eröffnet, wollen wir ihn trotzdem behandeln, um den Software-Entwicklungsprozeß vollständig abzudecken.

1. Organisieren Sie das System in Teilsysteme.

2. Identifizieren Sie die dem Problem inhärente Parallelität.

3. Weisen Sie Teilsysteme an Prozessoren und Tasks zu.

4. Wählen Sie die grundlegende Strategie zur Implementierung von Datenspeichern durch Datenstrukturen, Dateien und Datenbanken.

5. Identifizieren Sie globale Ressourcen und legen Sie Mechanismen fest, die den Zugriff darauf steuern.

6. Wählen Sie einen Ansatz zur Implementierung der Steuerungssoftware.

   - Speichern Sie Zustände in zugeordneten Programmbereichen, oder

   - Implementieren Sie direkt eine Zustandsmaschine, oder

   - Verwenden Sie parallele Tasks.

7. Denken Sie über Grenzbedingungen nach.

8. Legen Sie Kompromißprioritäten fest.

➡ **Systementwurfsdokument** = Struktur der grundlegenden Systemarchitektur und globale Strategieentscheidungen

11.3 Objektentwurf

Beim Objektentwurf erweitern wir das Analysemodell und stellen eine detaillierte Grundlage für die Implementierung bereit. Wir treffen Entscheidungen, die zur Realisierung eines Systems nötig sind, ohne auf die Einzelheiten einer individuellen Sprache oder eines bestimmten Datenbanksystems einzugehen. Mit dem Objektentwurf beginnt eine Verlagerung weg von der Ausrichtung an der realen Welt, die das Analysemodell kennzeichnet, hin zu der Orientierung am Computer, die für eine praktische Implementierung erforderlich ist.

1. Entnehmen Sie Operationen für das Objektmodell aus den anderen Modellen:

   - Finden Sie für jeden Prozeß im funktionalen Modell eine Operation.

   - Definieren Sie eine Operation für jedes Ereignis im dynamischen Modell, je nach der Steuerungsimplementierung.

2. Entwerfen Sie Algorithmen, um Operationen zu implementieren.

   - Wählen Sie Algorithmen, die die Kosten für die Implementierung von Operationen minimieren.

   - Wählen Sie Datenstrukturen, die für die Algorithmen geeignet sind.

   - Definieren Sie gegebenenfalls neue interne Klassen und Operationen.

   - Weisen Sie die Verantwortung für Operationen zu, die nicht klar mit einer einzigen Klasse assoziiert sind.

3. Optimieren Sie Zugriffspfade auf Daten:

   - Fügen Sie redundante Assoziationen hinzu, um die Zugriffskosten zu minimieren und den Komfort zu maximieren.

   - Ordnen Sie Berechnungen neu an, um die Effizienz zu steigern.

   - Speichern Sie abgeleitete Werte, um zu vermeiden, daß komplizierte Ausdrücke neu berechnet werden müssen.

4. Implementieren Sie die Steuerungssoftware, indem Sie den Ansatz mit Leben erfüllen, den Sie beim Systementwurf gewählt haben.

5. Passen Sie die Klassenstruktur an, um ein Mehr an Vererbung zu ermöglichen.

   - Verschieben und ändern Sie Klassen und Operationen, um Vererbung besser zu nutzen.

   - Abstrahieren Sie gemeinsames Verhalten aus Gruppen von Klassen heraus.

   - Verwenden Sie Delegation, um Verhalten gemeinsam zu nutzen, wenn Vererbung semantisch nicht korrekt ist.

6. Entwerfen Sie die Implementierung von Assoziationen:

   - Analysieren Sie, wie Assoziationen durchlaufen werden.

   - Implementieren Sie jede Assoziation als eigenes Objekt oder indem Sie einer oder beiden Klassen, die an der Assoziation beteiligt sind, Attribute mit Objektwerten hinzufügen.

7. Legen Sie die exakte Repräsentation von Objektattributen fest.

8. Packen Sie Klassen und Assoziationen in Moduln.

➡ **Entwurfsdokument** = Detailliertes Objektmodell + Detailliertes dynamisches Modell + Detailliertes funktionales Modell.

11.4 Zusammenfassung

Die OMT-Methodologie basiert auf der Verwendung einer objektorientierten Notation, mit der sich Klassen und Relationen für den gesamten Lebenszyklus beschreiben lassen. Das Objektmodell wird durch ein dynamisches und ein funktionales Modell ergänzt, um alle Aspekte eines Systems erfassen zu können. In der Analysephase geht es darum, ohne Berücksichtigung von Implementierungsaspekten ein Modell dessen zu entwickeln, was das System leisten soll. In der Entwurfsphase kommt es darauf an, das Objektmodell, das dynamische Modell und das funktionale Modell zu optimieren, zu verfeinern und zu erweitern, bis die Modelle detailliert genug sind, um implementiert werden zu können. Wie wir in Teil 3 sehen werden, geht es bei der Entwurfsimplementierung dann einfach nur noch darum, den Entwurf in Code zu übersetzen, weil die schwierigsten Entscheidungen bereits beim Entwurf getroffen wurden.

Analyse	Objektmodell
dynamisches Modell	Relation der Modelle
funktionales Modell	Systementwurf
Objektentwurf	

Abb. 11.1 Schlüsselbegriffe in Kapitel 11

11.5 Übungen

Verwenden Sie die Object Modeling Technique, um die folgenden Systeme zu entwerfen. Erstellen Sie je nach Aufgabe die erforderlichen Szenarios, Diagramme, Modelle, Spezifikationen und Dokumente. Zeigen Sie für jedes erstellte Diagramm und Modell sowohl Ihre erste Version als auch Ihre letzte Verfeinerung. Nennen Sie alle Annahmen, die Sie hinsichtlich der funktionalen Anforderungen zugrundelegen. Notieren Sie außerdem auch die Reihenfolge, in der Sie die Schritte der Methodologie bearbeitet haben.

11.1 (Projekt) Ein einfacher Flugsimulator. Verwenden Sie eine Bitmap-Anzeige, um eine perspektivische Sicht aus dem Cockpit eines kleinen Flugzeugs darzustellen. Die Sicht wird periodisch aktualisiert, um die Flugzeugbewegung widerzuspiegeln. In der Welt, in der Sie fliegen, gibt es Berge, Flüsse, Seen, Straßen, Brücken, einen Fernsehturm und natürlich eine Start-/Landebahn. Steuerungseingaben erfolgen über zwei Joysticks. Der linke Joystick steuert das Seitenruder und das Triebwerk. Der rechte Joystick steuert die Querruder und das Höhenruder. Ihr Simulator sollte so realistisch wie möglich, aber nicht allzu komplex sein.

11.2 (Projekt) Ein System, das automatisch die Aktionen ausführt, die notwendig sind, um ein Softwaresystem aus seinen Komponenten zusammenzubauen, ähnlich dem Make-Befehl in UNIX. Das System liest eine Datei, die in Form von Abhängigkeitsregeln beschreibt, was zu tun ist. Jede Regel umfaßt ein oder mehrere Ziele, eine oder mehrere Quellen und eine optionale Aktion. Ziele und Quellen sind Dateinamen. Wenn eine ihrer Quellen neuer ist als eines ihrer Ziele, wird die Aktion der Regel vom System ausgeführt, um die Ziele neu aus den Quellen aufzubauen.

11.3 (Projekt) Einen Computer, der Tic-Tac-Toe spielt. Ein- und Ausgaben werden über eine Hardwareschnittstelle bereitgestellt. Der Benutzer gibt Züge an, indem er für jedes der neun Felder die entsprechende berührungssensitive Folie drückt. Eine LCD-Anzeige stellt X und Os dar. Der Benutzer kann eine Spielstufe wählen und festlegen, wer beginnt.

11.4 (Projekt) Ein System zur Datenkomprimierung nach der Methode, die Edward R. Fiala und Daniel H. Greene in "Data Compression with Finite Windows" in *Communications of the ACM*, Band 32, Nummer 4, April 1989, S. 490-505 beschreiben.

11.5 (Projekt) Ein Programm, das mit Ihnen Othello spielt. Die Spielregeln sind einfach. Die Spieler legen abwechselnd ihre Steine auf die Felder eines Bretts mit 8x8 Feldern. Ein Spieler verwendet schwarze Steine, der andere weiße. Wenn ein Spieler einen Stein so plaziert, daß ein oder mehrere Steine des Gegners in gerader Linie vertikal, horizontal oder diagonal umzingelt sind, so ändern die umzingelten Steine ihre Farbe. Ein Spieler, der keinen Stein plazieren kann, muß aussetzen. Ziel des Spiels ist es, so viele Felder wie möglich mit den eigenen Steinen zu besetzen. Die Spielstärke des Computers wird bei Spielbeginn durch Eingabe einer Spielstufe festgelegt. Bei Spielbeginn sind zwei schwarze und zwei weiße Steine entsprechend Abbildung Ü11.1 angeordnet. Das Brett und die Steine sollten durch Bitmap-Grafik dargestellt werden. Züge des menschlichen Spielers werden durch einen Lichtgriffel eingegeben.

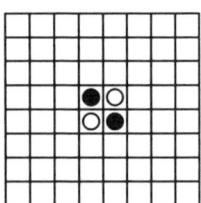

Abb. Ü11.1 Anfangsposition des Othello-Spiels

12
Vergleich von Methodologien

Dieses Kapitel stellt andere Ansätze des Software Engineering vor und vergleicht sie mit der Object Modeling Technique (OMT). Wir wollen insbesondere auf Structured Analysis/Structured Design (SA/SD), das Jackson Structured Design (JSD), verschiedene Informationsmodellierungs-Notationen und andere objektorientierte Ansätze sowie die Stärken und Schwächen der einzelnen Ansätze eingehen.

Unser Ziel ist es, die wichtigsten Unterschiede und Ähnlichkeiten zwischen OMT und anderen Ansätzen klar herauszustellen. Der Leser wird durch den Vergleich mit anderen, vielleicht schon bekannten Methodologien OMT noch besser kennenlernen. Wir gehen auf die genannten anderen Methodologien nur kurz ein; der interessierte Leser findet in den Literaturangaben Hinweise auf die einschlägige Literatur. Leser, die mit den Methodologien nicht vertraut sind oder sich nicht dafür interessieren, können dieses Kapitel überspringen.

12.1 Structured Analysis/Structured Design (SA/SD)

Die am weitesten verbreiteten Software-Engineering-Methodologien basieren derzeit auf Datenflußdiagrammen. In der Praxis werden mehrere Variationen des Datenflußansatzes verwendet. Stellvertretend für den Datenflußansatz wollen wir hier Structured Analysis/Structured Design (SA/SD) diskutieren. Yourdon, Constantine, DeMarco, Page-Jones und andere haben über SA/SD geschrieben. Ward und Mellor haben SA/SD durch Echtzeiterweiterungen ergänzt. SA/SD ist umfassend, für viele Probleme anwendbar und gut dokumentiert.

Die OMT- und die SA/SD-Methodologie verwenden zahlreiche ähnliche Modellierungskomponenten. Beide Methodologien unterstützen drei orthogonale Sichten auf ein System – das Objektmodell, das dynamische und das funktionale Modell. Die OMT- und die SA/SD-Methodologie unterscheiden sich durch ihre unterschiedliche Gewichtung der verschiedenen Modellierungskomponenten. OMT-Entwürfe werden vom Objektmodell beherrscht. Das realweltliche Paradigma der Objekte und Relationen stellt den Kontext bereit, dynamisches und funktionales Verhalten zu verstehen. Im Gegensatz dazu betont SA/SD die funktionale Dekomposition. Ein System wird primär von einer oder mehreren Funktionen her gesehen, die es dem Endbenutzer zur Verfügung stellt.

12.1.1 Zusammenfassung des SA/SD-Ansatzes

SA/SD umfaßt eine Vielzahl von Notationen zur formalen Spezifikation von Software. Während der Analysephase werden Datenflußdiagramme, Prozeßspezifikationen, ein Data Dictionary, Zustands-Transitions-Diagramme und Entity-Relationship-Diagramme zur logischen Beschreibung eines Systems verwendet. In der Entwurfsphase werden den Analysemodellen Details hinzugefügt und die Datenflußdiagramme werden in *Strukturdiagramm*-Beschreibungen des Programmiersprachencodes umgewandelt.

Datenflußdiagramme modellieren die Transformationen der durch ein System fließenden Daten und bilden den Brennpunkt von SA/SD. Ein Datenflußdiagramm besteht aus Prozessen, Datenflüssen, Handlungsobjekten und Datenspeichern. Kapitel 6 geht detailliert auf Datenflußdiagramme ein. Beginnend mit dem Datenflußdiagramm der obersten Ebene unterteilt SA/SD komplexe Prozesse rekursiv in Teildiagramme, bis viele kleinere Prozesse übrigbleiben, die sich leicht implementieren lassen. Wenn die resultierenden Prozesse einfach genug sind, wird mit der Dekomposition aufgehört und eine *Prozeßspezifikation* für jeden Prozeß der niedrigsten Ebene geschrieben. Prozeßspezifikationen können durch Entscheidungstabellen, Pseudocode oder andere Techniken ausgedrückt werden.

Das *Data Dictionary* enthält Details, die in den Datenflußdiagrammen fehlen. Das Data Dictionary definiert Datenflüsse und Datenspeicher sowie die Bedeutung der verschiedenen Namen. In Kapitel 8 finden Sie ein Beispiel für ein Data Dictionary.

Zustands-Transitions-Diagramme modellieren zeitabhängiges Verhalten und sind dem in Kapitel 5 vorgestellten dynamischen Modell vergleichbar. Die meisten Zustand-Transitions-Diagramme beschreiben Steuerungsprozesse oder die Zeitsteuerung für die Ausführung von Funktionen und Datenzugriffen, die von Ereignissen ausgelöst werden.

Entity-Relationship-(ER)-Diagramme verdeutlichen Relationen zwischen Datenspeichern, die anderenfalls nur in den Prozeßspezifikationen zu sehen wären. Jedes ER-Datenelement entspricht einem Datenspeicher im Datenflußdiagramm. Die in diesem Buch beschriebene Objektmodellierungs-Notation (siehe Kapitel 3) ist eine erweiterte Form von ER-Diagrammen. (Abschnitt 12.3 behandelt ER-Diagramme.)

Die oben genannten Werkzeuge werden beim *strukturierten Analyseprozeß* eingesetzt. Der *strukturierte Entwurf* schließt sich der strukturierten Analyse an und wendet sich den maschinennäheren Details zu. So werden beim strukturierten Entwurf Datenflußdiagramm-Prozesse zu Tasks gruppiert und an Betriebssystemprozesse und CPUs zugewiesen. Datenflußdiagramm-Prozesse werden in Programmiersprachen-Funktionen umgewandelt und ein *Strukturdiagramm* wird erstellt, das den Prozeduraufrufbaum zeigt.

12.1.2 Vergleich mit OMT

Die SA/SD- und die OMT-Modellierung weisen viele Gemeinsamkeiten auf. Beide Methodologien verwenden ähnliche Modellierungskonstrukte und unterstützen die drei orthogonalen Sichten auf ein System. Der Unterschied zwischen SA/SD und OMT ist hauptsächlich eine Frage des Stils und der Gewichtung. Beim SA/SD-Ansatz dominiert das funktionale Modell, das dynamische Modell ist am zweitwichtigsten und das Objektmodell hat die geringste Bedeutung. Im Gegensatz dazu sieht die OMT-Modellierung das Objektmodell als das wichtigste Modell an, das dynamische Modell ist am zweitwichtigsten und das funktionale Modell bildet das Schlußlicht.

SA/SD organisiert ein System um Prozeduren herum. Dagegen organisiert eine objektorientierte Entwurfstechnik wie OMT ein System um Objekte der realen Welt oder konzeptuelle Objekte, die in der Weltsicht des Benutzers existieren. Die meisten Anforderungsänderungen beziehen sich auf Funktionen und nicht auf Objekte, so daß sich Änderungen auf prozedurbasierte Entwürfe katastrophal auswirken können. Demgegenüber kann ein objektorientierter Entwurf problemlos mit Funktionsänderungen fertigwerden: Operationen können hinzugefügt oder verändert werden, ohne daß die grundlegende Objektstruktur modifiziert werden muß. SA/SD eignet sich für Probleme, bei denen Funktionen wichtiger und komplexer als Daten sind. SA/SD geht davon aus, daß dies häufig der Fall ist.

Ein SA/SD-Entwurf verfügt über eine klar definierte Systemgrenze, über die hinweg die Softwareprozeduren mit der realen Welt kommunizieren müssen. Die Struktur eines SA/SD-Entwurfs wird teilweise von den Systemgrenzen abgeleitet, so daß es schwierig sein kann, die Grenzen eines SA/SD-Entwurfs zu erweitern. Ein objektorientierter Entwurf läßt sich im Vergleich dazu sehr viel einfacher ausbauen: man fügt einfach in der Nähe der Systemgrenze Objekte und Relationen hinzu, die Objekte repräsentieren, die bisher nur in der Außenwelt existiert haben. Ein objektorientierter Entwurf hält Veränderungen besser stand und läßt sich besser erweitern.

Die direkte Analogie zwischen Objekten in einem objektorientierten Entwurf und Objekten im Anwendungsbereich führt zu verständlicheren Systemen. Der Entwurf wird intuitiver und die Anforderungen lassen sich leichter im Programmcode wiederfinden. Darüber hinaus wird der Entwurf für Personen, die nicht dem ursprünglichen Entwurfsteam angehört haben, kohärenter.

Bei SA/SD ist die Dekomposition eines Prozesses in Teilprozesse relativ beliebig. Unterschiedliche Entwickler produzieren unterschiedliche Dekompositionen. Beim objektorientierten Entwurf basiert die Dekomposition auf den Objekten der Anwendungsdomäne. Die Entwickler unterschiedlicher Programme des gleichen Anwendungsbereichs identifizieren deshalb meistens ähnliche Objekte. Dies erhöht die Wahrscheinlichkeit, daß Komponenten aus einem Projekt im nächsten wiederverwendet werden können.

Ein objektorientierter Ansatz integriert Datenbanken besser mit dem Programmcode. Ein einheitliches Paradigma, das Objekt, kann sowohl die Datenbank- als auch die Programmstruktur modellieren. Forschungen im Bereich der objektorientierten Datenbanken können diesen Vorteil noch ausweiten. Dagegen wird ein prozeduraler Entwurfsansatz aufgrund seines Wesens schlecht mit Datenbanken fertig. Es ist schwierig, Programmcode, der auf Funktionen aufsetzt, mit einer Datenbank zu verschmelzen, die auf Daten aufsetzt.

Es gibt viele Gründe, warum Datenflußansätze so weit verbreitet sind. Programmierer neigen dazu, in Funktionen zu denken. Sie arbeiten sich daher leicht in datenflußbasierte Methoden ein. Ein anderer Grund ist durch die historische Entwicklung bedingt: SA/SD gehörte zu den ersten durchdachten, formalen Software- und Systementwicklungsmethoden. Wir glauben, daß die Vorteile eines objektorientierten Ansatzes und die Weiterentwicklung der objektorientierten Technologie dazu führen werden, daß diese immer häufiger bei der Analyse, beim Entwurf und bei der Implementierung eingesetzt werden.

12.2 Jackson Structured Development (JSD)

Jackson Structured Development (JSD) ist eine weitere, ausgereifte Methodologie, deren Stil sich von SA/SD oder OMT unterscheidet. Die JSD-Methodologie wurde von Michael Jackson entwickelt und ist besonders in Europa populär. JSD unterscheidet nicht nach Analyse und Entwurf, sondern vereint beide Phasen in der Spezifikation. JSD gliedert die Systementwicklung in zwei Phasen: Spezifikation und danach Implementierung. JSD legt zunächst das "Was" und später das "Wie" fest. JSD zielt vor allem auf Anwendungen ab, bei denen es auf die zeitlichen Abläufe ankommt.

JSD verwendet wie SA/SD, OMT und andere Techniken grafische Modelle. Wir werden jedoch in diesem Kapitel keine JSD-Diagramme zeigen. Beispieldiagramme sind nicht erforderlich, um das Wesen von JSD zu vermitteln. Unserer Meinung nach ist JSD weniger grafisch orientiert als SA/SD und OMT.

12.2.1 Zusammenfassung des JSD-Ansatzes

Ein JSD-Modell setzt bei der Betrachtung der realen Welt an. Zweck eines Systems ist es, Funktionalität bereitzustellen. Zunächst gilt es nach Jackson jedoch zu überlegen, wie diese Funktionalität in die reale Welt paßt. Ein JSD-Modell beschreibt die reale Welt durch Entitäten, Aktionen und Aktionsreihenfolgen. Entitäten treten normalerweise als Substantive und Aktionen als Verben in Anforderungsbeschreibungen auf. Die JSD-Softwareentwicklung umfaßt sechs aufeinanderfolgende Schritte: Entity Action Step, Entity Structure Step, Initial Model Step, Function Step, System Timing Step und Implementation Step.

Während des *Entity Action Step* listet der Softwareentwickler Entitäten und Aktionen für einen Teil der realen Welt auf. Die Wahl der Entitäten und Aktionen richtet sich nach dem Zweck des Gesamtsystems. Die Eingabe an den Entity Action Step ist die Anforderungsbeschreibung; die Ausgabe ist eine Liste von Entitäten und Aktionen.

[Jackson-83] zeigt mehrere Beispiele, unter anderem den Entwurf eines Steuerungssystems für einen Aufzug. Wir werden den JSD-Ansatz anhand dieses Beispiels vorstellen. Das Aufzug-Steuerungssystem steuert zwei Aufzüge, die sechs Stockwerke versorgen. In jedem Aufzug befinden sich sechs Tasten – eine für jedes Stockwerk. Im Wartebereich jedes Stockwerks befinden sich Tasten, um einen Aufzug von oben oder von unten zu holen. Jackson identifiziert zwei Entitäten für das Aufzugbeispiel: Taste und Aufzug. Er identifiziert drei Aktionen: Taste drücken, Aufzug kommt in Stockwerk n an und Aufzug verläßt Stockwerk n.

Aktionen treten in der realen Welt auf und sind keine Kunstprodukte des Systems. Aktionen finden zu einem Zeitpunkt statt, sind atomar und nicht zerlegbar. Der Entity Structure Step bringt die Aktionen jeder Entität in eine teilweise Reihenfolge. Das Aufzug-Steuerungssystem zeigt, wie wichtig es ist, Aktionen zu ordnen. Es ist zulässig, daß der Aufzug in Stockwerk 3 ankommt, Stockwerk 3 verläßt, in Stockwerk 2 ankommt, Stockwerk 2 verläßt, usw. Zwei aufeinanderfolgende Ankunftsaktionen würden keinen Sinn machen: Die Aktionen ankommen und verlassen müssen sich abwechseln.

Im *Initial Model Step* wird die Verbindung der realen Welt zum abstrakten Modell hergestellt. JSD unterstützt Zustands-Vektor- und Datenfluß-Verbindungen.

Das Aufzugs-Steuerungssystem illustriert die Zustands-Vektor-Verbindung. Was passiert, wenn jemand fünfmal schnell hintereinander die Auf-Taste drückt? Es ist nicht im Sinn des Aufzugbenutzers, daß sich das Steuerungssystem an jeden Tastendruck erinnert und den Aufzug fünfmal noch oben schickt. Statt dessen wird durch Drücken der Auf-Taste ein Flag "Auf" auf wahr gesetzt. Mehrmaliges Drücken der Taste bleibt ohne Wirkung. Das JSD-Modell des Computersystems weiß nicht, wie oft die Taste gedrückt wurde, und kommuniziert mit der realen Welt nur über das Flag "Auf". Jackson nennt das Flag "Auf" eine Zustands-Vektor-Verbindung.

Ein Beispiel für eine Datenfluß-Verbindung ist der Druckerpuffer eines Computers. Es dürfen keine Informationen verloren gehen, wenn der Computer schneller übertragen als der Drucker drucken kann. Ein Druckerpuffer entkoppelt den Computer teilweise vom Drucker; die Aktivitäten der CPU und des Druckers können einander überlappen. Ein realer Druckerpuffer besitzt nur eine endliche Größe; wenn der Puffer voll ist, muß der Computer warten, bevor er weitere Daten sendet. JSD-Datenfluß-Verbindungen sind Puffer mit einer unendlichen Größe. Der Initial Model Step des JSD-Entwurfs läßt physikalische Pufferbegrenzungen unberücksichtigt.

Der *Function Step* verwendet Pseudocode, um die Ausgaben von Aktionen zu beschreiben. Am Ende dieses Schrittes besitzt der Entwickler eine vollständige Spezifikation des gewünschten Systems. Im Aufzug-Beispiel muß zum Beispiel die Funktion spezifiziert werden, die Anzeigetafel-Lämpchen bei der Ankunft auf einem Stockwerk ein- und auszuschalten.

Der *System Timing Step* befaßt sich mit der Frage, wie weit das System hinter der realen Welt zurückbleiben darf. Das Ergebnis des System Timing Step besteht größtenteils aus informalen Notizen über Performance-Einschränkungen. Beispielsweise muß ein Aufzug-Steuerungssystem erkennen, wann Auf- und Ab-Tasten gedrückt werden. Wie lange muß der Benutzer den Kontakt beim Drücken halten? Es ist ärgerlich, eine Aufzugtaste zu drücken und keine Reaktion des Systems zu erhalten. Eine niedrige Schwelle hat den Vorteil, daß das Steuersystem eine Anforderung mit größerer Wahrscheinlichkeit wahrnimmt. Wenn jedoch ein zyklisches Abfrageschema verwendet wird, um einen Tastendruck zu entdecken, dann erfordert ein niedriger Wert einen schnelleren Rechner. Der Designer geht beim System Timing Step explizit Leistungskompromisse ein.

Der *Implementation Step* konzentriert sich auf die Probleme der Prozeßsteuerung und weist Prozesse an Prozessoren zu. Die Zahl der Prozesse muß nicht der Zahl der Prozessoren entsprechen. Jacksons Aufzug-Modell umfaßt 50 Prozesse. Der

Entwickler muß entscheiden, ob jeder Prozeß einer von 50 CPUs zugewiesen werden soll oder ob sich mehrere Prozesse eine CPU teilen sollen. An die sechs JSD-Schritte schließen sich das Schreiben des Codes und der Datenbankentwurf an.

12.2.2 Vergleich mit OMT

Einige Autoren bezeichnen JSD als "objektorientiert". Wir vertreten hierzu eine andere Meinung. JSD beginnt in der Tat mit der Betrachtung der realen Welt und ist in diesem Sinne objektorientiert. Jackson identifiziert jedoch nur wenige Entitäten (Objekte) und zeigt nur einen kleinen Teil ihrer Struktur. Jedes der drei in [Jackson-83] vorgestellten Beispiele kommt mit nur zwei bis drei Entitäten aus. Wir sind der Meinung, daß ein objektorientiertes Modell reich an Datenstrukturen und Relationen sein sollte.

Nach unserer Erfahrung ist der JSD-Ansatz komplex und in seinen Einzelheiten schwer zu erfassen. Wir halten JSD deshalb für weniger transparent als Datenfluß- und objektorientierte Ansätze. Ein Grund für die Komplexität des JSD-Ansatzes liegt darin, daß er sich sehr stark auf Pseudocode verläßt; grafische Modelle sind leichter zu verstehen. Die Komplexität von JSD rührt darüber hinaus daher, daß der Ansatz explizit für die Behandlung schwieriger Echtzeitprobleme entworfen wurde. Es kann sein, daß JSD für Probleme dieser Art bessere Entwürfe produziert, die den Aufwand rechtfertigen. Bei allgemeineren, einfacheren Problemen aber ist die Komplexität von JSD unnötig und etwas erdrückend.

Jackson legt das Gewicht stärker als wir auf Aktionen und weniger auf Attribute. Einige JSD-Aktionen ähneln OMT-Assoziationen, zum Beispiel *ein Sachbearbeiter ordnet ein Produkt einem Auftrag zu.* Wir bezeichnen *ordnet zu* als Assoziation, Jackson als Aktion. Jackson sieht Attribute als verwirrend an und zieht es daher vor, sie zu vermeiden. Aktionen spielen bei der JSD-Modellierung eine so herausragende Rolle, daß sie Attribute verdrängen – ähnlich, wie Attribute in OMT-Objektmodellen die Bedeutung von Operationen herabsetzen.

JSD eignet sich als Methodologie für die folgenden Anwendungsformen:

- Asynchrone Prozesse, die sich gegenseitig synchronisieren müssen.

- Echtzeitsoftware. Die JSD-Modellierung ist extrem detailliert und konzentriert sich auf Zeitfragen.

- Mikrocode. JSD ist gründlich, geht nicht davon aus, daß ein Betriebssystem vorhanden ist, und berücksichtigt Parallelverarbeitung und Zeitfragen.

- Parallelrechner-Programmierung. Das JSD-Paradigma vieler Prozesse mag hier nützlich sein.

Für die folgenden Anwendungen ist JSD weniger gut geeignet:

- Globale Analyse. JSD fördert nicht das breite Problemverständnis. JSD ist ineffizient in bezug auf Abstraktion und Vereinfachung. JSD behandelt Details akribisch, hilft einem Entwickler aber nicht, den Kern eines Problems zu erfassen.

- Datenbanken. Datenbankentwurf ist ein komplexeres Thema, als Jackson es wahrhaben will. Die JSD-Modellierung ist eher an Aktionen als an Objekten und Attributen ausgerichtet. Sie eignet sich daher schlecht für den Datenbankentwurf.

- Konventionelle Software, die unter einem Betriebssystem läuft. Die bei JSD übliche Abstraktion hunderter oder tausender von Prozessen ist verwirrend und unnötig.

12.3 Notationen zur Informationsmodellierung

Die OMT-Objektmodellierung verbindet objektorientierte Konzepte (Klassen und Vererbung) mit Konzepten der Informationsmodellierung (Entitäten und Assoziationen). Die Informationsmodellierung hat ihren Ursprung in der Datenbankgemeinde. Sie befaßt sich damit, die Datenstrukturen so zu modellieren, daß sie in einer Datenbank gut verwaltet werden können.

Der Entity-Relationship-(ER)-Ansatz [Chen-76] ist die am weitesten verbreitete Methode der Informationsmodellierung. ER ist eine beliebte, grafische Technik: sie ist einerseits leicht zu verstehen und andererseits mächtig genug, um reale Probleme modellieren zu können. ER-Diagramme lassen sich leicht in eine Datenbank-Implementierung übersetzen.

Es gibt eigentlich kein "Standard-ER"; alle der zahlreichen realisierten Implementierungen erweitern ER auf die eine oder andere Weise. [Teorey-86] zum Beispiel diskutiert den LRDM-Ansatz. LRDM ist eine nützliche Erweiterung von ER und unterstützt elementare Konzepte wie Vererbung, Assoziation und Entitäten, die von Attributen beschrieben werden. Andere Erweiterungen zu ER beschreibt [Shlaer-88a].

Auch die OMT-Objektmodellierung ist eine erweiterte Form von ER. Wir haben mehrere neue Konzepte wie Qualifikation sowie eine Methodologie zur Programmierung und für den Datenbankentwurf eingeführt. Die Abbildungen 12.1 und 12.2 vergleichen die Lesbarkeit und die Ausdrucksfähigkeit der ER- und der OMT-Notation für das gleiche Problem. Die verwendete ER-Syntax geht auf [Ullman-88] und [Chen-76] zurück.

In diesen Abbildungen hat eine Person einen Namen, eine Adresse und eine Sozialversicherungsnummer. Eine Person kann einen Stundensatz für Projekte abrechnen und ein Gehalt verdienen. Eine Firma hat einen Namen, eine Adresse, eine Telefonnummer und ein Hauptprodukt. Eine Firma stellt Personen ein und entläßt sie. *Person* und *Firma* stehen in einer m:m-Relation. Die Tätigkeitsbezeichnung hängt sowohl von Person als auch von Firma ab.

Es gibt zwei Arten von Personen: *Mitarbeiter* und *Manager*. Jeder Mitarbeiter arbeitet an mehreren Projekten; jeder Manager ist für mehrere Projekte verantwortlich. Ein Projekt ist mit mehreren Mitarbeitern und genau einem Manager ausgestattet. Jedes Projekt hat einen Namen, ein Budget und eine interne Priorität bei der Beschaffung von Ressourcen.

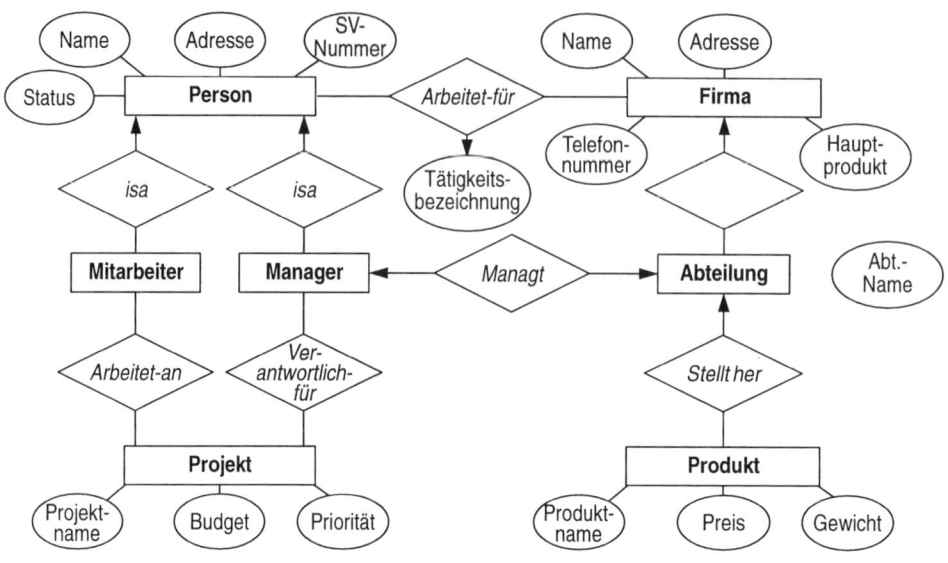

Abb. 12.1 ER-Modell

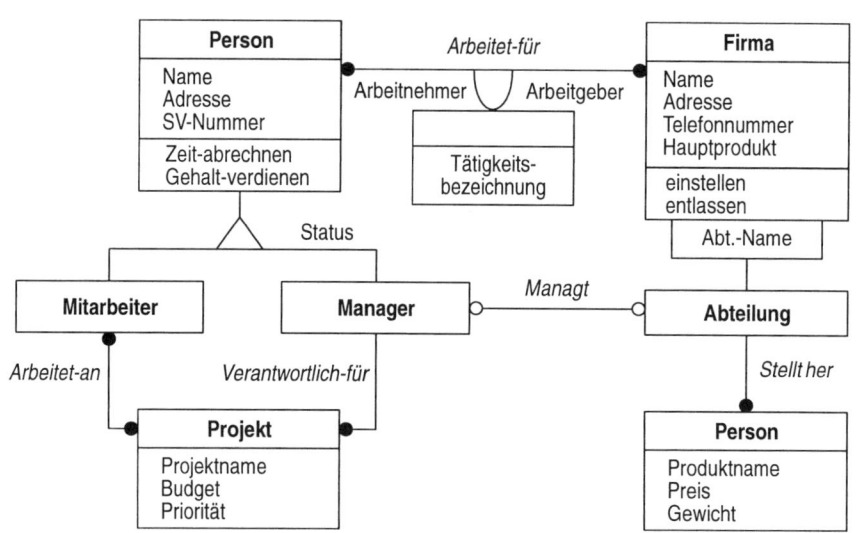

Abb. 12.2 OMT-Objektmodell

Eine Firma besteht aus mehreren Abteilungen; jede Abteilung in einer Firma wird
durch ihren Namen eindeutig identifiziert. Eine Abteilung hat normalerweise,

aber nicht immer, einen Manager. Die meisten Manager leiten eine Abteilung; es gibt aber auch Manager, die keiner bestimmten Abteilung angehören. Jede Abteilung stellt viele Produkte her; dagegen wird jedes Produkt von genau einer Abteilung hergestellt. Ein Produkt hat einen Namen, einen Preis und ein Gewicht.

12.4 Objektorientierte Ansätze

Als nächstes wollen wir OMT mit anderen objektorientierten Ansätzen vergleichen. Dieser Vergleich ist notwendigerweise begrenzt, weil es nur wenige Veröffentlichungen über objektorientierte Methodologien für das Software-Engineering gibt. Unser Ansatz ist mit den Veröffentlichungen, auf die wir bisher gestoßen sind, kompatibel, weil er verschiedene Denkrichtungen in sich vereint: Datenbanken, objektorientierte Konzepte und Software Engineering. Wir betrachten unsere Arbeit daher als Konsolidierung früherer Forschungsergebnisse mit einigen inkrementellen Verbesserungen.

[Booch-86] beschreibt die Grundlagen der objektorientierten Softwareentwicklung. Er legt dar, daß sich die objektorientierte Entwicklung fundamental von traditionellen, funktionalen Entwurfsansätzen (z.B. datenflußorientierten Methoden) unterscheidet. Die objektorientierte Software-Dekomposition modelliert relativ genau die Wahrnehmung von Realität durch eine Person, während die funktionale Dekomposition erst durch eine Transformation des Problembereichs erreicht wird. Es ist deshalb nicht überraschend, wenn sich Software, die objektorientiert entwickelt wurde, besser verstehen, erweitern und warten läßt.

[Booch-91] erweitert frühere Ada-orientierte Arbeiten auf den gesamten objektorientierten Entwurfsbereich. Besonders lesenswert ist seine ausgezeichnete Abhandlung über Vererbung und Klassifikation. Die Methodologie von Booch umfaßt eine Vielzahl von Modellen, die sich sowohl den Objektaspekten als auch den dynamischen und funktionalen Aspekten eines Softwaresystems widmen. Unserer Meinung nach geht Booch weniger ausführlich auf die Analyse und stärker auf den Entwurf ein als wir. Der Ansatz von Booch und der OMT-Ansatz unterscheiden sich vor allem durch die unterschiedliche Bedeutung, die sie Assoziationen zumessen. Booch erwähnt Assoziationen im Zusammenhang mit unserer vergangenen Arbeit, ohne sie wirklich in seine Methodologie aufzunehmen. Die Ähnlichkeiten der beiden Ansätze sind jedoch auffallender als die Unterschiede und beide Ansätze ergänzen einander.

[Meyer-88] ist nicht eigentlich eine Methodologie (und nimmt dies auch nicht für sich in Anspruch), enthält aber viele Hinweise für einen guten Entwurf. In Meyers Buch werden Entwürfe vorwiegend durch Sprache ausgedrückt; wir verwenden dazu Grafik. Meyer geht nicht auf konzeptuelle Modellierung oder Analyse ein.

[Shlaer-88b] beschreibt eine vollständige Methodologie für die objektorientierte Analyse, die unserem Ansatz ähnlich ist. Die Methodologie von Shlaer und Mellor bricht wie die OMT-Methodologie die Analyse in drei Phasen auf: statische Modellierung der Objekte, dynamische Modellierung der Zustände und Ereignisse und funktionale Modellierung. Alles in allem halten wir diese Methodologie für ziemlich gut. Ein Haken des Ansatzes ist die übertriebene Konzentration auf relationale Datenbanktabellen und Datenbankschlüssel.

Shlaer und Mellor sehen ihre Methodologie lediglich als Analyseansatz an und weisen darauf hin, daß der endgültige Entwurf anders aussehen kann. Wir haben dagegen versucht zu zeigen, wie das objektorientierte Paradigma den gesamten Softwareentwicklungs-Prozeß durchdringen kann – von der Analyse über den Entwurf bis hin zur Implementierung.

Coad und Yourdon [Coad-90] stellten einen objektorientierten Analyseansatz vor, der unserem ursprünglichen OMT-Ansatz [Loomis-87] sowie dem Ansatz von Shlaer und Mellor ähnelt. Die Autoren gehen auch kurz auf den Entwurf ein.

Jacobsen [Jacobsen-87] behauptet, über eine vollständige, objektorientierte Entwicklungsmethodologie zu verfügen. Einzelheiten darüber wurden jedoch nur teilweise veröffentlicht; der Rest wird in einem kommerziellen Seminar angeboten. Jacobsen analysiert ein System durch Entitäten (ein Objektmodell) und sogenannte *Use Cases* (prototypische Szenarios, die dynamisches Verhalten abdecken). Zur Implementierung wird die Funktionalität zu *Services*, d.h. Gruppen verwandter funktionaler Anforderungen, gruppiert. Der Entwurf besteht aus der Konstruktion einer Systemarchitektur mit modularen *Blöcken*.

Alle objektorientierten Methodologien, auch unsere eigene, weisen viele Gemeinsamkeiten auf. Sie sollten eher mit nicht-objektorientierten Methodologien verglichen werden als miteinander.

12.5 Zusammenfassung

Mehrere beliebte Software-Engineering-Ansätze basieren auf Datenflußkonzepten. Structured Analysis/Structured Design (SA/SD) ist für den Datenflußansatz repräsentativ. SA/SD beginnt mit einem einzelnen Prozeß oder einer Funktion, der bzw. die den übergeordneten Zweck der gewünschten Software repräsentiert. SA/SD unterteilt komplexe Prozesse rekursiv, bis nur noch viele kleine, leicht zu implementierende Funktionen übrig bleiben.

SA/SD und die OMT-Modellierung haben vieles gemeinsam. Beide Methodologien unterstützen die drei orthogonalen Sichten auf ein System – das Objekt-, dynamische und funktionale Modell. Der Unterschied besteht darin, daß SA/SD das funktionale Modell betont, während OMT den Schwerpunkt auf das Objektmodell legt. Wir sind der Meinung, daß bei den meisten Problemen ein objektorientierter Ansatz einem Datenflußansatz überlegen ist. Ein objektorientierter Entwurf läßt sich problemloser erweitern und nachvollziehen und integriert Datenbank- und Programmiercode besser.

Michael Jackson postuliert eine andere Methode der Systementwicklung, die sogenannte JSD-Methode. Ein JSD-Modell beginnt mit der Betrachtung der realen Welt. Man filtert die aus der Perspektive der Anwendung wichtigsten Entitäten und Aktionen der realen Welt heraus. Die übrigen JSD-Schritte entwickeln detaillierten Pseudocode, der das gewünschte Softwareverhalten und die Entsprechung zu realweltlichen Aktionen präzise spezifiziert.

Wir sehen JSD wie SA/SD und OMT als hilfreiche Methodologie an. Jeder Ansatz kommt in bestimmten Nischen am besten zur Geltung. JSD ist eine ausgezeichnete Methodologie für Echtzeit- und Mikrocode-Anwendungen. Dagegen eignet sich JSD unserer Meinung nach schlecht für die globale Analyse und den Datenbankentwurf.

Wir haben die OMT-Objektmodellierung als Informationsmodellierungsnota-tion mit Entity-Relationship-(ER)-Diagrammen verglichen. Die OMT-Objektmodellierung ist im wesentlichen eine erweiterte ER-Form, die sich gegenüber ER durch eine bessere Ausdrucksfähigkeit und Lesbarkeit auszeichnet.

Die OMT-Methodologie setzt auf früheren objektorientierten Forschungsarbeiten auf und profitiert von den Erfahrungen, die wir im Laufe der Zeit gewonnen haben.

---

andere Ansätze der objektorientierten Entwicklung
Entity-Relationship-(ER)-Diagramme
Informationsmodellierungs-Notationen
Jackson Structured Development (JSD)
Object Modeling Technique (OMT)
Structured Analysis/Structured Design (SA/SD)

Abb. 12.3   Schlüsselkonzepte in Kapitel 12

12.6 Literaturangaben

[Booch-86] Grady Booch. Object-oriented development. *IEEE Transactions on Software Engineering 12*, 2 (Feb. 1986), 211-221.

[Booch-91] Grady Booch. *Object-Oriented Design*. Redwood City, Calif.: Benjamin/ Cummings, 1991.

[Cameron-89] John Cameron. *JSP & JSD: The Jackson Approach to Software Development*. Washington, DC: IEEE Computer Society Press, 1989.

[Chen-76] P.P.S. Chen. The Entity-Relationship model — toward a unified view of data. *ACM Transactions on Database Systems 1*, (March 1976).

[Coad-90] Peter Coad, Edward Yourdon. *Object-Oriented Analysis*. Englewood Cliffs, New Jersey: Yourdon Press, 1990.

[Jackson-83] Michael A. Jackson. *System Development*. Englewood Cliffs, New Jersey: Prentice Hall International, 1983.

[Jacobsen-87] Ivar Jacobsen. Object oriented development in an industrial environment. *OOPSLA'87* as *ACM SIGPLAN 22*, 12 (December 1987), 183-191.

[Loomis-87] Mary E.S. Loomis, Ashwin V. Shah, James E. Rumbaugh. An object modeling technique for conceptual design. *European Conference on Object-Oriented Programming*. Paris, France, June 15-17, 1987, published as *Lecture Notes in Computer Science*, 276, Springer-Verlag.

[Meyer-88] Bertrand Meyer. *Object-Oriented Software Construction*. Hertfordshire, England: Prentice Hall International, 1988.

[Shlaer-88a] Sally Shlaer, Stephen J. Mellor. *Object-Oriented Systems Analysis: Modeling the World in Data*. Englewood Cliffs, New Jersey: Yourdon Press, 1988.

[Shlaer-88b] Sally Shlaer, Stephen J. Mellor, Deborah Ohlsen, and Wayne Hywari. The object-oriented method for analysis. *Proceedings of the Tenth Structured Development Forum*, 1988.

[Teorey-86] Toby J. Teorey, Dongqing Yang, James P. Fry. A logical design methodology for relational databases using the extended entity-relationship model. *Computing Surveys 18*, 2 (June 1986), 197-222.

[Ullman-88] Jeffrey Ullman. *Principles of Database and Knowledge-Base Systems, Volumes 1 and 2*. Rockville, Maryland: Computer Science Press, 1988.

[Yourdon-79] Edward Yourdon, Larry L. Constantine. *Structured Design*. Englewood Cliffs, New Jersey: Yourdon Press, 1979.

[Yourdon-89] Edward Yourdon. *Modern Structured Analysis*. Englewood Cliffs, New Jersey: Yourdon Press, 1989.

12.7 Übungen

12.1 (6) Sie entwerfen ein tragbares Testgerät für integrierte Schaltkreise. Das Testgerät verfügt über verschiedene Sockeltypen. Ein integrierter Schaltkreis wird getestet, indem er in den Sockel gesteckt wird, der seiner Pin-Konfiguration entspricht. Danach wird der Typ des Schaltkreises identifiziert. Das Testgerät führt anschließend eine Reihe von Tests durch, bei denen es Strom und Signale auf die entsprechenden Pins legt und die Reaktion des Schaltkreises mißt. Abbildung Ü12.1 zeigt einen Ausschnitt aus dem Objektdiagramm für das Testgerät. Zwischen Testfall und Sockel verläuft eine doppelt qualifizierte Assoziation. Jeder Testfall legt mehrere benannte Signale auf Pins eines Sockels. Das gleiche Signal kann auf mehr als ein Pin gelegt werden. Jedes Pin kann Signale mehrerer Testfälle erhalten. Zeichnen Sie ein entsprechendes ER-Diagramm, das den semantischen Inhalt soweit wie möglich beibehält.

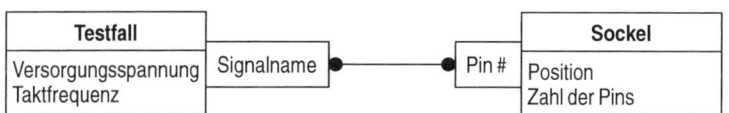

Abb. Ü12.1   Ausschnitt aus einem Objektdiagramm für ein Testgerät für integrierte Schaltkreise

12.2 (3) Abbildung Ü12.2 zeigt ein Objektdiagramm für einen Teil eines vereinfachten Trainingssimulators für Segelflieger. Der Simulator ist für ein Segelflugzeug mit Tragflächen und Seitenruder ausgelegt. Wind- und Kräftewirkungen, die durch den Flugzeugrumpf verursacht werden, werden vernachlässigt. Einzelheiten der Simulator-Benutzerschnittstelle sprengen den Rahmen dieser Übung. Ein Segelflugzeug hat mehrere assoziierte Auftriebsflächen, in diesem Fall zwei Tragflächen und ein Seitenruder. Die Tragflächen sorgen für den Auftrieb und das Seitenruder dient der Steuerung. Zur Durchführung der Simulation werden Methoden bereitgestellt. Beispielsweise würde die Kraft jeder Fläche aus ihren Attributwerten und der Richtung, Geschwindigkeit und Rotationsrate des Segelflugzeugs berechnet werden. Die Kraft auf dem Seitenruder würde auch von dessen Krümmung abhängen. Die Übersetzungsbeschleunigung würde durch Zugriff auf die Ergebnisse der Kräfteberechnungen und die Massen der assoziierten Flächen berechnet werden. Die Beschleunigungen würden numerisch integriert werden, um Position, Richtung, Geschwindigkeit und Rotationsrate zu aktualisieren.

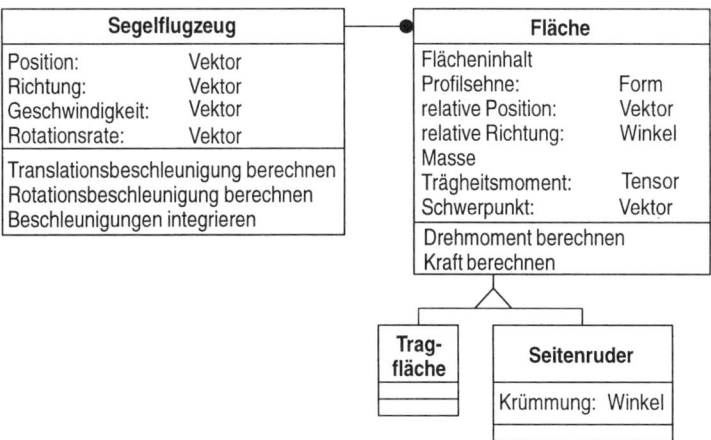

Abb. Ü12.2 Objektdiagramm für einen Teil eines Segelflugzeug-Simulators

Abbildung Ü12.3 zeigt das entsprechende Datenflußdiagramm für das Segelflugzeug. Position, Richtung, Geschwindigkeit und Rotationsvektoren sind Datenspeicher, die als Zustandsvariablen für den Simulator dienen.

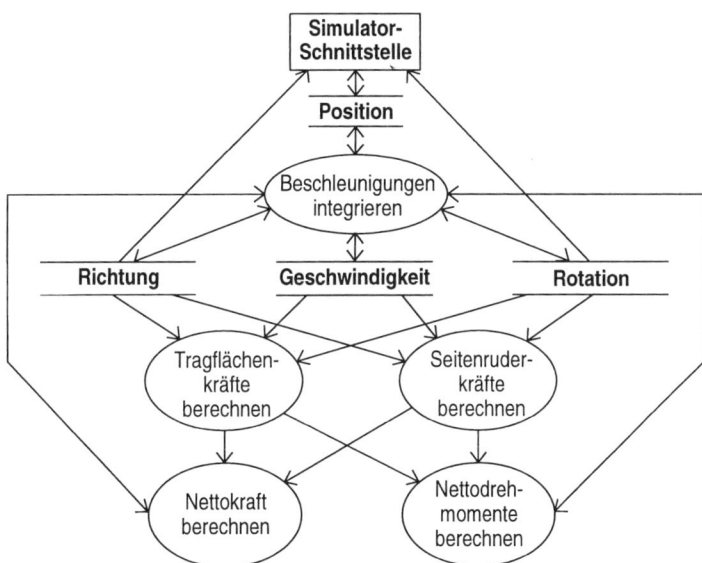

Abb. Ü12.3 Datenflußdiagramm für einen Teil eines Segelflugzeug-Simulators

a. Modifizieren Sie beide Diagramme, indem Sie dem Heck des Segelflugzeugs ein Höhenruder hinzufügen, um eine zusätzliche Steuerung bereitzustellen, und indem Sie dem Bug des Flugzeugs eine weitere kleine Tragfläche hinzufügen, um den Auftrieb und die Stabilität zu verbessern.

b. Wie müßten die beiden Diagramme modifiziert werden, um das Verhalten des Segelflugzeugs zu simulieren, nachdem eine beliebige Kombination von Flächen weggefallen ist, einschließlich des Höhenruders, des Seitenruders, der linken Haupttragfläche, der rechten Haupttragfläche, der linken Bugtragfläche und der rechten Bugtragfläche. (Es gibt 63 Kombinationen.)

12.3 (Projekt) Lesen Sie einige der in diesem Kapitel angegebenen Veröffentlichungen und kontrastieren Sie die Art und Weise, wie Shlaer und Mellor, Booch, Teorey und OMT die Konzepte Vererbung, Methoden und ternäre Relationen behandeln.

Teil 3
Implementierung

13
Vom Entwurf zur Implementierung

Teil 1 dieses Buches stellt die Konzepte der Objektmodellierung vor, Teil 2 und Teil 3 behandeln den Entwicklungsprozeß, bei dem diese Konzepte angewendet werden. Teil 2 befaßt sich mit dem ersten Teil des Entwicklungsprozesses, der seinem Wesen nach allgemeiner Natur ist und beliebige Implementierungsumgebungen überspannt. Teil 3 behandelt den zweiten Teil der Softwareentwicklung und diskutiert die spezifischen Einzelheiten der Implementierung eines Systems in objektorientierten Sprachen, nicht-objektorientierten Sprachen und Datenbank-Management-Systemen.

Das Schreiben von Code ist eine Erweiterung des Entwurfsprozesses. Code sollte sich direkt, fast mechanisch, schreiben lassen, weil alle schwierigen Entscheidungen normalerweise bereits beim Entwurf getroffen wurden. Der Code sollte einfach die Entwurfsentscheidungen in die Eigenheiten einer bestimmten Sprache übersetzen. Natürlich müssen auch beim Schreiben des Codes noch Entscheidungen getroffen werden. Jede dieser Entscheidungen sollte jedoch nur einen kleinen Teil des Programms betreffen, so daß die Änderung sehr einfach ist. Trotz aller Vorarbeiten verkörpert letztendlich der Programmcode die Problemlösung und sein Stil hat weitreichende Folgen für die Wartbarkeit und Erweiterbarkeit.

13.1 Implementierung in einer Programmiersprache

Die meisten ausführbaren Sprachen können die drei Aspekte der Softwarespezifikation ausdrücken: Datenstruktur, dynamischen Kontrollfluß und funktionale Transformation.

Die Datenstruktur wird durch eine deklarative (nicht-prozedurale) Untermenge einer Sprache ausgedrückt. Die Anweisungen, die zur Beschreibung der Datenstrukturen verwendet werden, werden manchmal mit den prozeduralen Anweisungen gemischt, sie sind jedoch nicht ausführbar. In manchen Sprachen, zum Beispiel in Ada, wird klar unterschieden zwischen externer Spezifikation, die rein deklarativ ist, und interner Spezifikation, die oft mit prozeduralen Anweisungen kombiniert ist.

Der Kontrollfluß kann entweder prozedural (durch Bedingungen, Schleifen und Aufrufe) oder nicht-prozedural (durch Regeln, Einschränkungen, Tabellen und Zustandsmaschinen) ausgedrückt werden. Traditionelle Sprachen sind rein prozedural, obwohl der Programmierer nicht-prozedurale Konstrukte als Daten implementieren kann. Nicht-prozedurale Sprachen, zum Beispiel regelbasierte Systeme, Constraint-Maintenance-Systeme und logische Programmiersprachen, unterstützen ganz andere Möglichkeiten der Programmorganisation. Ihre Beziehung zu objektorientierten Konzepten wird noch erforscht und wir wollen sie in diesem Buch nicht behandeln.

Die Unterstützung paralleler Kontrollstränge fehlt in den meisten wichtigen Sprachen (ausgenommen Ada). Moderne Betriebssysteme ermöglichen Multitasking und Interprozeßkommunikation. Allerdings kann das Programm nur über umständliche Unterprogrammaufrufe darauf zugreifen. Parallelität kann durch Verwendung von Koroutinen, Steuermoduln oder Ereignisbehandlungs-Routinen ebenfalls in Programmen simuliert werden.

Funktionale Transformationen werden durch primitive Sprachoperatoren sowie Unterprogrammaufrufe ausgedrückt. Die meisten prozeduralen Sprachen unterstützen ähnliche Arten von Funktionalität und unterscheiden sich darin nur wenig von Fortran. Lisp ermöglicht die Konstruktion von Funktionen zur Laufzeit. Dies erlaubt interessante (und verwirrende) Operationen.

Die Implementierung eines objektorientierten Entwurfs läßt sich am einfachsten mit einer objektorientierten Sprache realisieren. Aber selbst objektorientierte Sprachen unterstützen die verschiedenen objektorientierten Konzepte nicht gleich gut. Jede Sprache läuft auf einen Kompromiß zwischen konzeptueller Mächtigkeit, Effizienz und Kompatibilität mit früheren Entwicklungen hinaus. Kapitel 15 beschreibt verschiedene Charakteristika und Grenzen objektorientierter Sprachen und gibt Hinweise, wie diese sich umgehen lassen.

Ein objektorientierter Entwurf ist auch dann noch hilfreich, wenn eine nicht-objektorientierte Sprache verwendet werden muß. Objektorientierte Konzepte können auf nicht-objektorientierte Sprachkonstrukte abgebildet werden. Dies ist weniger eine Frage der Mächtigkeit – letztlich werden Programmiersprachen ohnehin in Maschinensprache übersetzt – als eine Frage der Ausdrucksfähigkeit. Die Verwendung einer nicht-objektorientierten Sprache erfordert mehr Sorgfalt und Disziplin, die objektorientierte Struktur des Programms einzuhalten, und die Sprache unterstützt den Programmierer nicht, Sprachverletzungen zu finden. Kapitel 16 beschreibt die Implementierung von objektorientierten Entwürfen in C, Ada und Fortran.

Objektorientierte wie nicht objektorientierte Programmiersprachen sind immer Werkzeuge, die gut oder schlecht gehandhabt werden können. Die objektorientierte Programmierung kann die Ausdrucksstärke steigern. Umgekehrt kann sich aber auch die Undurchsichtigkeit von Programmen enorm erhöhen, wenn sie undiszipliniert eingesetzt wird. Wie jedes Handwerk erfordert gutes Programmieren Disziplin und die Einhaltung stilistischer Regeln. Kapitel 14 beschreibt Stilrichtlinien, die Sie dabei unterstützen, die objektorientierte Technik möglichst effizient einzusetzen.

13.2 Implementierung mit einem Datenbanksystem

Wenn der Zugriff auf dauerhaft gespeicherte Daten wichtiger ist als Operationen auf den Daten, so ist eine Datenbank oft die geeignetste Form der Implementierung. Im Mittelpunkt einer Datenbank stehen die Struktur von und die Einschränkungen auf Daten. Datenbankbefehle arbeiten typischerweise auf Datenmengen aus der Datenbank. Sie verwirklichen damit ein hohes Maß an Parallelität, während die meisten konventionellen Sprachen hochgradig seriell sind. Datenbankoperationen sind wesentlich weniger prozedural als die Anweisungen konventioneller Programmiersprachen; sie sind jedoch prozeduraler als regelbasierte

Systeme. Datenbanken stellen als Teil ihrer Grundstruktur parallele Operationen auf Daten durch verschiedene Benutzer bereit.

Wir diskutieren die Implementierung von Datenbankanwendungen mit bestehenden relationalen Datenbank-Management-Systemen (RDBMS) in Kapitel 17. Die meisten RDBMS stellen getrennte Sprachen für Datendeklarationen und Operationen bereit, analog zu der Unterscheidung in Programmiersprachen.

Die Datendefinitionssprache wird zur Beschreibung der Datenstruktur verwendet. Möglicherweise steht eine Anfragesprache zur Verfügung, mit der sich funktionale Transformationen (Sperren und Aktualisieren von Datensätzen) und der Kontrollfluß ausdrücken lassen. Die Anfragesprache kann auf den einfachen Datensatzzugriff über Schlüsselfelder begrenzt sein oder in ihren Eigenschaften einer universalen Programmiersprache nahekommen.

Einige neuere objektorientierte Datenbanksysteme versuchen, in einem einzigen Paket eine objektorientierte Sprache mit einer Datenbank zu integrieren. Operationen können für jede Klasse eines Objekts definiert werden, der Programmierer muß jedoch Informationen nicht explizit aus einem persistenten Speicher holen oder dorthin schreiben. Obwohl objektorientierte Datenbanksysteme langfristig leistungsfähiger und einfacher zu verwenden sein werden, sind sie noch nicht so ausgereift wie konventionelle relationale Datenbanksysteme. Sie können auch Probleme bei der Integration mit bestehenden konventionellen Anwendungen verursachen. Integrierte objektorientierte Sprachen und Datenbanken werden in Kapitel 15 diskutiert.

13.3 Implementierung außerhalb eines Computers

Die in diesem Buch beschriebenen Spezifikations- und Entwurfstechniken eignen sich auch für andere Implementierungs-Zielumgebungen als Programmiersprachen und Datenbanken. Häufig involviert der Entwurf einer Computeranwendung eine Implementierung, die sich aus Software und einer anderen Art von Struktur zusammensetzt. Typische Anwendungsbereiche sind der Hardware-Entwurf, der Entwurf einer Wissensbasis oder die Modellierung von Unternehmensstrukturen. Objektmodellierungstechniken können dazu beitragen, die strukturellen, dynamischen und funktionalen Beziehungen innerhalb solcher Domänen so einzufangen, daß sie Anwendungsexperten vermittelt werden können. Es würde den Rahmen dieses Buches sprengen, näher auf Implementierung in diesen Bereichen einzugehen.

13.4 Überblick über Teil 3

Teil 3 dieses Buches diskutiert die Implementierung objektorientierter Entwürfe in verschiedenen Zielsprachen:

- Kapitel 14 enthält Stilregeln, wie Programme in objektorientierten und nicht-objektorientierten Sprachen im "echten, objektorientierten Geist" geschrieben und die Möglichkeiten der Lesbarkeit, Wiederverwendbarkeit und Erweiterbarkeit voll ausgeschöpft werden können.

- Kapitel 15 beschreibt Implementierung in objektorientierten Sprachen, die objektorientierte Konzepte unterschiedlich gut unterstützen. Es enthält einen Überblick über mehrere kommerziell erhältliche Sprachen. Das Kapitel diskutiert darüber hinaus die Integration objektorientierter Sprachen mit Datenbanken.

- Kapitel 16 zeigt, wie objektorientierte Entwürfe in einer nicht-objektorientierten Sprache implementiert werden, und beschreibt die Grenzen einer derartigen Implementierung. Verschiedene objektorientierte Konzepte werden auf C-, Ada- und Fortran-Code abgebildet.

- Kapitel 17 beschreibt, wie objektorientierte Entwürfe in vorhandenen relationalen Datenbank-Management-Systemen implementiert werden. Es enthält darüber hinaus alternative Möglichkeiten, verschiedene objektorientierte Konstrukte abzubilden, sowie Möglichkeiten der Leistungsoptimierung.

Programmierstil

Jeder Schachspieler, Koch oder Tennisspieler kann bestätigen, daß es ein großer Unterschied ist, über eine Sache theoretisch Bescheid zu wissen und sie erfolgreich in die Praxis umzusetzen. Das gilt auch für das Schreiben objektorientierter Programme. Es genügt nicht, die Grundkonstrukte zu kennen und zu Programmen zusammenfügen zu können. Der erfahrene Programmierer folgt Prinzipien, um lesbare Programme zu generieren, deren Wert über das unmittelbar anstehende Projekt hinaus erhalten bleibt. Zu diesen Prinzipien gehören allgemeine Entwurfsprinzipien, Programmieridiome ("Wie lassen sich Routineaufgaben mit den verfügbaren Werkzeugen lösen?"), Faustregeln, Insider-Tricks und Warnhinweise. Ein guter Stil spielt bei jeder Art von Programmierung eine wichtige Rolle. Dies gilt insbesondere für den objektorientierten Entwurf und die objektorientierte Programmierung, weil sich viele Vorteile des objektorientierten Ansatzes erst ergeben, wenn die generierten Programme wiederverwendbar, erweiterbar und gut verständlich sind.

14.1 Objektorientierter Stil

Gute Programme beschränken sich nicht darauf, einfach nur die an sie gestellten funktionalen Anforderungen zu erfüllen. Programme, die geeigneten Entwurfsrichtlinien folgen, sind mit größerer Wahrscheinlichkeit korrekt, wiederverwendbar, erweiterbar und leicht zu debuggen. Die meisten Stilregeln für konventionelle Programme gelten auch für objektorientierte Programme. Zusätzlich sind neue Regeln für typische objektorientierte Eigenschaften wie Vererbung erforderlich. Wir fassen objektorientierte Stilregeln unter den folgenden Kategorien zusammen, auch wenn viele davon eigentlich mehr als einer Kategorie angehören:

- Wiederverwendbarkeit
- Erweiterbarkeit
- Robustheit
- Großangelegte Programmierprojekte/Softwareproduktion

14.2 Wiederverwendbarkeit

Wiederverwendbare Software senkt die Entwurfs-, Kodierungs- und Testkosten, weil sich der Aufwand im Verlauf mehrerer Entwürfe amortisiert. Die Verringerung des Codeumfangs verbessert darüber hinaus die Verständlichkeit und dies wiederum erhöht die Wahrscheinlichkeit, daß der Code korrekt ist. Wiederverwendung ist auch mit konventionellen Sprachen möglich, objektorientierte Sprachen erhöhen die Möglichkeit der Wiederverwendung von Code jedoch ganz erheblich.

14.2.1 Arten von Wiederverwendbarkeit

Es gibt zwei Arten von Wiederverwendung: gemeinsame Nutzung von neu geschriebenem Code innerhalb eines Projekts oder Wiederverwendung von früher geschriebenem Code in anderen Projekten. Für beide Arten der Wiederverwendung gelten ähnliche Regeln. Wenn Code innerhalb eines Projekts mehrfach genutzt werden soll, ist es notwendig, redundante Codesequenzen im Entwurf zu identifizieren und Sprachkonstrukte wie Prozeduren oder Methoden zu wählen, deren Implementierung mehrfach verwendet werden kann. Diese Art, Code gemeinsam zu nutzen, zahlt sich fast immer in Form von kleineren Programmen, rascherem Debuggen und schneller Iteration des Entwurfs unmittelbar aus.

Spätere Wiederverwendung einzuplanen, erfordert Voraussicht und stellt eine Investition dar. Es ist unwahrscheinlich, daß eine isolierte Klasse in mehreren Projekten Verwendung findet. Wahrscheinlicher ist es, daß Programmierer sorgfältig ausgedachte Teilsysteme wie abstrakte Datentypen, Grafikpakete oder Bibliotheken zur numerischen Differentialrechnung wiederverwenden.

14.2.2 Stilregeln der Wiederverwendbarkeit

- *Halten Sie Methoden kohärent.* Eine Methode ist kohärent, wenn sie eine einzelne Funktion oder eine Gruppe eng verwandter Funktionen ausführt. Wenn eine Methode zwei oder mehr nicht miteinander verbundene Aufgaben erfüllt, unterteilen Sie sie in kleinere Methoden.

- *Halten Sie Methoden klein.* Unterteilen Sie große Methoden in mehrere kleine Methoden. Eine Methode, die mehr als ein bis zwei Seiten umfaßt, ist wahrscheinlich zu groß. Indem Sie eine Methode in kleinere Teile aufbrechen, können Sie vielleicht einige ihrer Teile wiederverwenden, wenn es nicht möglich ist, die ganze Methode wiederzuverwenden.

- *Halten Sie Methoden konsistent.* Ähnliche Methoden sollten die gleichen Namen, Bedingungen, Argumentreihenfolgen, Datentypen, Rückgabewerte und Fehlerbedingungen verwenden. Behalten Sie, wenn möglich, eine vorhandene parallele Struktur bei. Das Betriebssystem UNIX enthält viele Beispiele für inkonsistente Funktionen. So gibt es in der C-Bibliothek zwei inkonsistente Funktionen zur Ausgabe von Strings: *puts* und *fputs*. Die Funktion *puts* schreibt einen String, an den sich ein Zeilenvorschub anschließt, in die Standardausgabe; *fputs* schreibt einen String ohne nachfolgenden Zeilenvorschub in eine angegebene Datei. Diese Art von Inkonsistenz sollten Sie vermeiden.

- *Trennen Sie Verhalten und Implementierung.* Verfahrensmethoden treffen Entscheidungen, jonglieren mit Argumenten und holen Informationen über den globalen Kontext ein. Verfahrensmethoden rufen je nach Bedarf Implementierungsmethoden auf. Verfahrensmethoden sollten den Zustand und Fehler überprüfen, aber keine direkten Berechnungen durchführen oder komplexe Algorithmen implementieren. Verfahrensmethoden sind oft sehr anwendungsabhängig, sie lassen sich aber einfach schreiben und verstehen. Verfahrensmethoden sind der "Mörtel".

Implementierungsmethoden führen bestimmte, detaillierte Operationen durch, ohne über das Ob oder Warum zu entscheiden. Falls Implementierungsmethoden auf einen Fehler stoßen, sollten sie nur den Zustand zurückliefern, aber selbst nichts unternehmen. Implementierungsmethoden führen bestimmte Berechnungen auf voll-spezifizierten Argumenten durch und enthalten oft komplizierte Algorithmen. Implementierungsmethoden greifen nicht auf den globalen Kontext zu, treffen keine Entscheidungen, enthalten keine Standardwerte und ändern den Kontrollfluß nicht. Weil Implementierungsmethoden in sich geschlossene Algorithmen sind, sind sie wahrscheinlich auch in anderen Kontexten von Bedeutung und wiederverwendbar. Implementierungsmethoden sind die "Ziegel".

Verbinden Sie niemals Verfahren und Implementierung in einer Methode. Isolieren Sie den Kern des Algorithmus in einer eigenen, vollständig spezifizierten Implementierungsmethode. Dazu ist es notwendig, die entsprechenden Parameter der Verfahrensmethode als Argumente für einen Aufruf der Implementierungsmethode herauszuabstrahieren.

Beispielsweise ist eine Methode, ein Fenster um einen Faktor 2 zu vergrößern, eine Verfahrensmethode. Sie sollte den Zielmaßstab für das Fenster setzen und eine Implementierungsmethode aufrufen, die das Fenster um einen beliebigen Maßstabsfaktor vergrößert. Um zu einem späteren Zeitpunkt einen anderen Wert, zum Beispiel 1,5, als Standardmaßstab zu definieren, müssen Sie nur den Parameter in der Verfahrensmethode ändern. Eine Veränderung der Implementierungsmethode, die die eigentliche Arbeit leistet, ist nicht erforderlich.

- *Decken Sie alle Eventualitäten ab.* Wenn Eingabebedingungen in verschiedenen Kombinationen auftreten können, schreiben Sie Methoden für alle Kombinationen, nicht nur für die aktuell benötigten.Wenn Sie zum Beispiel eine Methode schreiben, die das letzte Listenelement holt, so sollten Sie gleichzeitig auch eine Methode bereitstellen, die das erste Element holt.

- *Legen Sie die Methode möglichst breit an.* Versuchen Sie, Argumenttypen, Vorbedingungen und Einschränkungen, Vorannahmen über die Arbeitsweise der Methode und den Kontext, in dem die Methode arbeitet, zu generalisieren. Legen Sie sinnvolle Aktionen für leere Werte, extreme Werte und nicht vorgesehene Werte fest. Oft läßt sich eine Methode mit etwas mehr Code verallgemeinern.

- *Vermeiden Sie globale Informationen.* Minimieren Sie externe Verweise. Verweise auf ein globales Objekt führen dazu, daß eine Methode nur in einem bestimmten Kontext verwendet werden kann. Oft kann die Information als Argument an ein Objekt übergeben werden. Wenn dies nicht möglich ist, sollten Sie globale Informationen als Teil des Zielobjekts speichern, so daß andere Methoden einheitlich darauf zugreifen können.

- *Vermeiden Sie die Verwendung von Modi.* Funktionen, deren Verhalten sich je nach dem aktuellen Kontext entscheidend verändert, lassen sich nur schwer wiederverwenden. Versuchen Sie, solche Funktionen durch modusunabhängige Funktionen zu ersetzen. Beispielsweise erfordert eine Textverarbeitungs-Anwendung Operationen für das Einfügen und Ersetzen. Eine Möglichkeit ist es, einen Modus auf *einfügen* oder *ersetzen* einzustellen und dann – abhängig vom gewählten Modus – mit einer Operation *schreiben* Text einzufügen oder zu ersetzen. Ein modusunabhängiger Ansatz verwendet dagegen zwei Operationen, *einfügen* und *ersetzen,* die das gleiche leisten, ohne daß ein Modus eingestellt werden muß. Modi bringen die Gefahr mit sich, daß ein Objekt, das in einem Teil der Anwendung in einem bestimmten Modus verlassen wurde, eine später ausgeführte Operation beeinflussen kann.

14.2.3 Vererbung verwenden

Die bisher genannten Regeln erhöhen die Chance, gemeinsam genutzten Code zu vererben. Manchmal allerdings sind sich Methoden auf unterschiedlichen Klassen zwar ähnlich, aber nicht ähnlich genug, um sie durch eine einzige Erbmethode zu repräsentieren. Es gibt mehrere Techniken, Methoden aufzubrechen, um zumindest einen Teil des Codes vererben zu können.

Unterprogramme. Der einfachste Ansatz besteht darin, den *gemeinsamen* Code zu einer Methode auszulagern, die von den anderen Methoden aufgerufen werden kann. Die gemeinsame Methode kann einer Vorfahrenklasse zugewiesen werden. Im Prinzip handelt es sich dabei, wie Abbildung 14.1 zeigt, um einen Unterprogrammaufruf.

Abb. 14.1   Code-Wiederverwendung durch Unterprogramme

Zerlegung. In einigen Fällen läßt sich die Wiederverwendung von Code zwischen ähnlichen Klassen am besten steigern, wenn man die Unterschiede zwischen den Methoden verschiedener Klassen herausfiltert und den restlichen Code als gemeinsam genutzte Methode beläßt. Dieser Ansatz ist effizient, wenn sich die Methoden nur wenig voneinander unterscheiden und viele Gemeinsamkeiten aufweisen. Wie Abbildung 14.2 zeigt, wird aus dem gemeinsamen Teil der beiden Methoden eine neue Methode generiert. Die neue Methode ruft eine Operation auf, die durch eine andere Methode implementiert wird, die ihrerseits die Code-Unterschiede jeder Unterklasse enthält. Manchmal ist es notwendig, eine abstrakte Klasse hinzuzufügen, die die globale Methode aufnimmt. Dieser Ansatz erleichtert das Hinzufügen neuer Unterklassen, weil nur der für jede Unterklasse unterschiedliche Code geschrieben werden muß.

Zerlegung läßt sich gut am Beispiel eines Pakets zur grafischen Darstellung numerischer Daten veranschaulichen. *DatenGraph* ist eine abstrakte Klasse, die die gemeinsamen Daten und Operationen für ihre Unterklassen enthält. Eine der

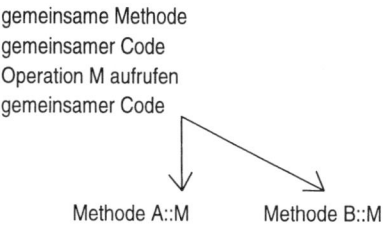

gemeinsame Methode
gemeinsamer Code
Operation M aufrufen
gemeinsamer Code

Methode A::M   Methode B::M

Abb. 14.2 Code-Wiederverwendung durch Zerlegung

Methoden von *DatenGraph* ist *zeichnen*. Sie setzt sich aus den folgenden Schritten zusammen:

1) Umrandung zeichnen
2) Daten skalieren
3) Achsen zeichnen
4) Daten plotten
5) Titel zeichnen
6) Legende zeichnen

Unterklassen von *DatenGraph* wie *LinienGraph*, *BalkenGraph* und *StreuGraph* zeichnen Umrandungen, Titel und Legenden auf die gleiche Weise, während sie beim Skalieren von Daten, Zeichnen von Achsen und Plotten von Daten unterschiedlich vorgehen. Jede Unterklasse erbt die Methoden *Umrandung-zeichnen*, *Titel-zeichnen* und *Legende-zeichnen* von der abstrakten Klasse *DatenGraph*, während jede Unterklasse eine eigene Methode für *Daten-skalieren, Achsen-zeichnen* und *Daten-plotten* definiert. Die Methode *zeichnen* muß nur einmal – auf der Klasse *DatenGraph* – definiert werden und wird an jede der Unterklassen vererbt. Jedesmal, wenn die Methode *zeichnen* aufgerufen wird, wendet sie *Umrandung-zeichnen, Titel-zeichnen* und *Legende-zeichnen* an, die von der Oberklasse vererbt werden, sowie *Daten-skalieren, Achsen-zeichnen* und *Daten-plotten*, die von der Unterklasse für das Objekt geliefert werden. Um eine neue Unterklasse hinzuzufügen, müssen nur die drei spezialisierten Methoden geschrieben werden.

Delegation. Manchmal sieht es so aus, als würde durch Vererbung mehr Code innerhalb eines Programms wiederverwendet werden können, obwohl eigentlich keine echte Oberklassen-Unterklassen-Relation gegeben ist. Erliegen Sie nicht der Versuchung, diese *Implementierungsvererbung* zu nutzen, sondern verwenden Sie statt dessen Delegation. Vererbung sollte nur angewendet werden, wenn die Generalisierungsrelation semantisch gültig ist. Vererbung heißt, daß jede Instanz einer Unterklasse auch wirklich eine Instanz der Oberklasse ist – das heißt, daß alle Operationen und Attribute der Oberklasse in gleicher Weise auch für die Unterklasse gelten. Die unkorrekte Verwendung von Vererbung führt zu Programmen, die sich nur schwer warten und erweitern lassen. Objektorientierte Sprachen lassen die Verwendung von Vererbung großzügig passieren und erzwingen nicht die Einhaltung des von uns empfohlenen guten Programmierstils.

Mit der Delegation steht ein Mechanismus zur Verfügung, der geeignet ist, die gewünschte Code-Wiederverwendung zu realisieren. Die Operation wird in der gewünschten Klasse abgefangen und zur tatsächlichen Ausführung an eine andere Klasse gesendet. Weil jede Operation explizit gesendet werden muß, ist es unwahrscheinlicher, daß unerwartete Seiteneffekte auftreten. Die Operationen können in der Klasse, in der sie abgefangen werden, einen anderen Namen haben, als in der Klasse, die sie zur Verfügung stellt. Jede Klasse sollte die Namen wählen, die den jeweiligen Zweck am angemessensten wiedergeben.

Gekapselter externer Code. In vielen Fällen wollen Sie Code wiederverwenden, der möglicherweise für eine Anwendung mit anderen Schnittstellenkonventionen entwickelt wurde. Statt einen direkten Aufruf an den externen Code einzufügen, ist es sicherer, sein Verhalten in einer Operation oder einer Klasse zu kapseln. Beispielsweise könnte eine Matrixklasse geschrieben werden, um die Funktionalität zu kapseln, die das externe Unterprogrammpaket bereitstellt. Auf diese Weise brauchen Sie, wenn das externe Programm oder Paket geändert oder ersetzt wird, Ihren Code nur an einer Stelle zu verändern.

Angenommen, Sie entwickeln eine Anwendung zur numerischen Analysis. Weil Sie wissen, daß bereits eine zuverlässige Software zur Matrixinvertierung existiert, wollen Sie den Algorithmus nicht neu in Ihrer objektorientierten Sprache implementieren. Statt dessen könnten Sie eine Matrix-Klasse schreiben, um die Funktionalität zu kapseln, die das externe Unterprogrammpaket bereitstellt. Die Matrix-Klasse besäße zum Beispiel eine Invertierungsoperation, die die zulässige Abweichung von der Einheitsmatrix als Argument übernimmt und eine neue Matrix zurückliefert, die die Inverse des Zielobjekts der Operation darstellt.

14.3 Erweiterbarkeit

Software wird fast immer in einer Art und Weise erweitert, mit der die ursprünglichen Entwickler nicht gerechnet haben. Die Regeln für Wiederverwendbarkeit wirken sich auch auf die Erweiterbarkeit positiv aus. Zusätzlich läßt sich die Erweiterbarkeit durch die folgenden objektorientierten Prinzipien verbessern.

- *Kapseln Sie Klassen.* Eine Klasse ist gekapselt, wenn ihre interne Struktur anderen Klassen verborgen bleibt. Nur Methoden auf der Klasse sollten auf die Implementierung der Klasse zugreifen. Viele Compiler sind intelligent genug, um Operationen durch direkten Zugriff auf die Implementierung zu optimieren. Der Programmierer sollte dies jedoch vermeiden. Respektieren Sie die Informationen in anderen Klassen, indem Sie niemals in die Klassen hineinlangen, um auf Daten zuzugreifen.

- *Verbergen Sie Datenstrukturen.* Exportieren Sie nicht Datenstrukturen aus einer Methode. Interne Datenstrukturen gehören zum Algorithmus einer Methode. Wenn Sie sie exportieren, schränken Sie die Flexibilität ein, den Algorithmus später zu ändern.

- *Vermeiden Sie es, mehrere Verknüpfungen oder Methoden zu durchlaufen.* Eine Methode sollte nur ein begrenztes Wissen über ein Objektmodell besitzen. Eine Methode muß in der Lage sein, Verknüpfungen zu durchlaufen, um ihre Nachbarn zu erreichen und Operationen auf diesen aufzurufen. Sie sollte jedoch nicht eine zweite Verknüpfung von ihrem Nachbarn zu einer dritten Klasse durchlaufen, weil die zweite Verknüpfung nicht direkt für sie sichtbar ist. Rufen Sie statt dessen eine Operation auf dem Nachbarobjekt auf, um die Operation zu durchlaufen; wenn sich das Assoziationsnetzwerk verändert, kann die Operationsmethode umgeschrieben werden, ohne den Aufruf zu verändern. Ebenso sollten Sie es vermeiden, eine zweite Operation auf das Ergebnis eines Operationsaufrufs anzuwenden, es sei denn, die Ergebnisklasse ist bereits als Attribut, Argument oder Nachbar bekannt oder die Ergebnisklasse stammt aus einer Bibliothek für eine niedrigere Ebene. Schreiben Sie statt dessen eine neue Operation auf der ursprünglichen Zielklasse, die selbst die kombinierte Operation ausführt. Die Prinzipien in diesem Absatz wurden in [Lieberherr-89] als sogenanntes "Demeter-Gesetz" vorgeschlagen.

- *Vermeiden Sie Case-Anweisungen auf dem Objekttyp.* Verwenden Sie statt dessen Methoden. Case-Anweisungen eignen sich dazu, interne Attribute eines Objekts zu testen. Sie sollten jedoch nicht dazu verwendet werden, Verhalten auf der Basis des Objekttyps zu wählen. Methoden haben den Sinn, Operationen nach Objekttyp zu differenzieren. Sie sollten sie deshalb nicht umgehen.

- *Unterscheiden Sie zwischen öffentlichen und privaten Operationen.* Öffentliche Operationen sind außerhalb einer Klasse sichtbar und ihre Schnittstellen sind allgemein bekannt. Sobald eine öffentliche Operation von anderen Klassen verwendet wird, ist es aufwendig, ihre Schnittstelle zu verändern. Öffentliche Operationen sollten deshalb sorgfältig definiert werden. Private Operationen residieren intern in einer Klasse und werden für die Implementierung der öffentlichen Operationen verwendet. Wenn private Operationen gelöscht oder ihre Schnittstellen verändert werden, um die Implementierung einer Klasse zu modifizieren, so wirkt sich dies nur auf die anderen Methoden dieser Klasse aus.

Warum unterscheidet man öffentliche und private Operationen?

- Es besteht keine Notwendigkeit, den Benutzer einer Klasse mit internen Details zu belasten. Private Methoden verwirren den externen Benutzer der Klasse nur.

- Weil private Methoden von internen Implementierungsentscheidungen abhängen, kann der Methodendesigner die Zahl und die Typen der Argumente modifizieren, wenn sich die Implementierung ändert.

- Private Methoden stützen sich möglicherweise auf Vorbedingungen oder Zustandsinformationen, die andere Methoden in der Klasse generiert haben. Wenn man eine private Operation außerhalb des Kontexts anwendet, berechnet sie unter Umständen falsche Ergebnisse oder führt zum Scheitern des Objekts.

- Private Methoden tragen zur Modularität bei. Interne Details der Methode wirken sich nur auf Methoden auf der Klasse, nicht auf andere Methoden aus.

Auf ähnliche Weise sollte auch zwischen privaten und öffentlichen Attributen und Assoziationen unterschieden werden. Darüber hinaus kann für öffentliche Attribute und Assoziationen definiert werden, ob diese nur gelesen oder von außerhalb der Besitzerklasse verändert werden können.

14.4 Robustheit

Sie sollten sich beim Schreiben von Methoden um Effizienz bemühen; dies darf allerdings nicht auf Kosten der Robustheit gehen. Eine Methode ist robust, wenn sie nicht scheitert, auch wenn sie ungeeignete Parameter erhält. Robustheit gegen interne Fehler kann gegebenenfalls der Effizienz geopfert werden. Dagegen sollte Robustheit gegen Benutzerfehler immer gegeben sein.

- *Fehlerschutz.* Software sollte sich gegen falsche Benutzereingaben schützen. Falsche Benutzereingaben sollten niemals zu einem Systemabsturz führen. Jede Methode, die Benutzereingaben akzeptiert, muß Eingaben validieren, die Probleme verursachen könnten.

Der Methodendesigner muß zwei Arten von Fehlerbedingungen in Erwägung ziehen. Anwenderfehler werden bei der Analyse identifiziert und weisen auf Bedingungen hin, die innerhalb des Anwendungsbereichs existieren. So sollte eine Bankautomaten-Anwendung Fehler des ATM-Kartenlesers und der Kommunikationsverbindungen melden oder verarbeiten. Es gehört zur Analyse, die Reaktion auf diese Fehler festzulegen. Maschinennahe Systemfehler dagegen betreffen Programmierungsaspekte einer Methode. Zu diesen maschinennahen Fehlern gehören Betriebssystemfehler wie Fehler bei der Speicherzuweisung oder der Dateieingabe/-ausgabe, sowie Hardwarefehler. Ihr Programm sollte Fehler dieser Art berücksichtigen und sich beim Absturz – wenn es überhaupt nicht anders geht – wenigstens einen guten Abgang verschaffen.

Versuchen Sie, Ihr System so gut wie möglich gegen Programmierfehler abzusichern und auch bei verhängnisvollen Fehlern gute Diagnose-Informationen zu liefern. Bei der Entwicklung lohnt es sich oft, interne Zusicherungen in den Code einzufügen, um Fehler zu entdecken, auch wenn die Prüfungen in der Produktionsversion aus Effizienzgründen entfernt werden. Eine objektorientierte Sprache mit strenger Typbildung bietet einen größeren Schutz vor nicht zueinander passenden Typen, aber auch in jeder anderen Sprache können Zusicherungen manuell eingefügt werden.

- *Optimieren Sie das Programm erst, wenn es läuft.* Optimieren Sie das Programm nicht, bevor Sie es zum Laufen gebracht haben. Häufig verwenden Programmierer zu große Anstrengungen darauf, Teile des Codes zu verbessern, die nur selten ausgeführt werden. Messen Sie die Performance des Programms, bevor Sie es optimieren; vielleicht stellen Sie zu Ihrer Überraschung fest, daß die meisten Programmteile nur einen kleinen Teil der Gesamtlaufzeit beanspruchen. Analysieren Sie Ihre Anwendung, um die wirklich wichtigen Maße – wie die im schlechtesten Fall notwendige Zeit oder die Häufigkeit von Operationen – herauszufinden. Wenn es für eine Operation mehr als eine Implementierungsmöglichkeit gibt, vergleichen Sie den Speicherbedarf, die Geschwindigkeit und die Einfachheit der Implementierung der verschiedenen Alternativen. Im allgemeinen sollten Sie das Programm nur an den Stellen optimieren, an denen dies wirklich nötig ist, weil jede Optimierung Kompromisse hinsichtlich der Erweiterbarkeit, Wiederverwendbarkeit und Verständlichkeit erfordert. Korrekt gekapselte Methoden können ohne Nachteile für das übrige Programm durch optimierte Versionen ersetzt werden.

- *Prüfen Sie die Gültigkeit Ihrer Argumente.* Externe Operationen, d.h. Operationen, die den Benutzern der Klasse zur Verfügung stehen, müssen ihre Argumente rigoros überprüfen, um Fehler zu vermeiden. Dagegen können interne Methoden aus Effizienzgründen ohne Überprüfung davon ausgehen, daß ihre Argumente gültig sind. Öffentliche Methoden müssen besser auf die Gültigkeit ihrer Argumente achten, weil externe Benutzer Einschränkungen auf Argumenten leicht verletzten. Interne oder private Methoden können oft von erfüllten Vorbedingungen ausgehen, weil dem Implementierer bessere Kontrollmöglichkeiten zur Verfügung stehen.

  Verzichten Sie auf Argumente, die nicht validiert werden können. Beispielsweise liest die berüchtigte *scanf*-Funktion in UNIX eine Eingabezeile in einen internen Puffer ein, ohne die Puffergröße zu prüfen. Dieses Schlupfloch hat Virusprogramme ermöglicht, die einen Pufferüberlauf in Systemsoftware-Programmen erzwingen, die ihre Argumente nicht überprüft haben. Schreiben oder verwenden Sie also niemals Argumente, die nicht validiert werden können.

- *Vermeiden Sie vordefinierte Grenzen.* Verwenden Sie, wenn möglich, dynamische Speicherzuteilung, um Datenstrukturen ohne vordefinierte Grenzen zu erzeugen. Es ist schwierig, beim Entwurf die Höchstkapazität abzuschätzen, die eine Datenstruktur in einer Anwendung benötigt. Setzen Sie deshalb keine Grenzen. Feste Grenzen für Symboltabellen-Einträge, Benutzernamen, Dateinamen, Compiler-Einträge usw. sollten längst der Vergangenheit angehören. Die meisten objektorientierten Sprachen sind in vorbildlicher Weise auf dynamische Speicherzuteilung ausgelegt.

- *Instrumentieren Sie Ihr Programm für Debuggen und Leistungsmessung.* So wie eine Hardwareplatine mit Testpunkten ausgestattet wird, sollten Sie Ihren Programmcode auf Fehlersuche, Statistik und Leistungsmessung vorbereiten. Der Debugging-Level, den Sie in Ihren Code einbauen müssen, hängt von der Programmierumgebung ab, den die Sprache bereitstellt. In Smalltalk zum Beispiel kann der Entwickler über einen Klassen-Browser, der die Attribute und den Methodencode anzeigt, die Klassenhierarchie erkunden. Ein Inspector erlaubt dem Benutzer, die Ausführung zu unterbrechen und den internen Zustand einer Instanz zu drucken. Wenn Ihre Implementierungssprache keine Funktionen dieser Art bietet, können Sie Druckmethoden für jede Klasse bereitstellen, die vom Systemdebugger angesprochen werden können. Sie können den Methoden auch Debugging-Anweisungen hinzufügen. Diese Debugging-Anweisungen werden bedingt ausgeführt und sind von einer Instanzenvariablen abhängig, die den Debugging-Level enthält. Sie können eine Meldung beim Eintritt in einen Zustand oder beim Verlassen eines Zustands drucken und gewählte Eingabe- und Ausgabewerte drucken.

Wenn Sie Code zur Erhebung von Statistiken hinzufügen, können Sie das Verhalten Ihrer Klassen besser verstehen. Manche Betriebssysteme wie UNIX und VMS stellen Werkzeuge bereit, mit denen Sie Ausführungsprofile einer Anwendung erstellen können. Typischerweise berichten diese Werkzeuge, wie oft jede Methode aufgerufen wurde und wieviel Prozessorzeit auf jede Methode verwendet wurde. Wenn Ihr System nicht über derartige Werkzeuge verfügt, können Sie Ihren Code auf die Erhebung von Statistiken ähnlich wie auf das Debuggen vorbereiten.

14.5 Großangelegte Programmierprojekte

Unter großangelegten Programmierprojekten versteht man umfangreiche, komplexe Programme, die von Programmiererteams geschrieben werden. Bei Projekten dieser Art spielt die Kommunikation zwischen den Entwicklern eine tragende Rolle, die durch entsprechende Software-Engineering-Praktiken unterstützt werden muß. Folgende Regeln sollten beachtet werden:

- *Beginnen Sie nicht zu früh mit der Programmierung.* Es ist wichtig, erst das allgemeine Problem gedanklich zu bewältigen, bevor Sie sich sich mit den Eigenheiten der Zielumgebung auseinandersetzen. Alle Softwareentwicklungs-Methodologien betonen, wie wichtig es ist, erst zu entwerfen und dann zu kodieren.

- *Schreiben Sie verständliche Methoden.* Eine Methode ist verständlich, wenn jemand anderer als der Entwickler der Methode den Code verstehen kann (oder wenn der Entwickler ihn nach einiger Zeit immer noch verstehen kann). Sie erreichen dies, indem Sie die Methoden klein und kohärent halten.

- *Schreiben Sie lesbare Methoden.* Aussagekräftige Variablennamen erhöhen die Lesbarkeit. Es ist weniger aufwendig für Sie, ein paar zusätzliche Zeichen zu tippen, als später für einen anderen Programmierer, Ihre Variablennamen zu dekodieren. Prüfen Sie die Lesbarkeit Ihrer Methoden, indem Sie ein Rechtschreibprogramm darüber laufen lassen. Vermeiden Sie Abkürzungen, die für andere Programmierer nicht eindeutig sind. Verwenden Sie temporäre Variablen anstelle von tief verschachtelten Ausdrücken. Verwenden Sie nicht die gleiche temporäre Variable für zwei unterschiedliche Zwecke in einer Methode, selbst wenn sie sich nicht überlappen; Stack-Speicherplatz kostet fast nichts.

- *Verwenden Sie genau die gleichen Namen wie im Objektmodell.* Die Namen, die im Programm verwendet werden, sollten exakt den Namen im Objektmodell entsprechen. Möglicherweise müssen in einem Programm aus Implementierungsgründen zusätzliche Namen eingeführt werden. Das ist in Ordnung, sofern die in einer früheren Phase eingeführten Namen erhalten bleiben. Diese Konvention wirkt sich positiv auf die Nachvollziehbarkeit, die Dokumentation und die Verständlichkeit der Software als Ganzes aus.

- *Wählen Sie Namen sorgfältig.* Stellen Sie sicher, daß Ihre Namen die bezeichneten Operationen, Klassen und Attribute exakt beschreiben. Vergeben Sie Namen nach einem einheitlichen Muster. So könnten Sie für Operationsnamen das Muster *Objekt_Verb* verwenden, zum Beispiel *Element_hinzufügen* oder

Umrandung_zeichnen. Definieren Sie häufig benutzte Operationsnamen (Vielleicht wollen Sie zwischen *kopieren* und *Verzeichnisstruktur_kopieren* oder zwischen *neu* und *anlegen* unterscheiden). Viele objektorientierte Sprachen bilden Methodennamen automatisch aus dem Klassennamen und der Operation.

Weisen Sie Operationen mit unterschiedlicher semantischer Bedeutung nicht den gleichen Operationsnamen zu. Alle Klassen, die den gleichen Namen verwenden, sollten die gleiche Ursprungsklasse und die gleiche Signatur (Argumentzahl und -typen) besitzen.

Gut	Schlecht
Kreis::Fläche	Matrix::Umkehren (führt Matrix-Inversion durch)
Rechteck::Fläche	Figur::Umkehren (rotiert eine Figur um 180°)

- *Verwenden Sie Programmier-Richtlinien.* Projektteams sollten die in ihrem Unternehmen geltenden Programmier-Richtlinien verwenden. Wenn es noch keine Richtlinien gibt, sollte das Softwareteam Richtlinien festlegen, die Probleme wie die Form von Variablennamen, Einrückungen bei Kontrollstrukturen, Überschriften bei der Methodendokumentation und Kommentarzeilen verbindlich regeln.

- *Packen Sie Ähnliches in Moduln.* Gruppieren Sie Klassen mit ähnlichen Funktionen in ein Modul.

Modul	Klassen
Plotten	Liniendiagramm, Balkendiagramm, Kreisdiagramm
Geometrie	Polygon, Kreis
Fenster	Menüs, Schaltflächen, Schalter, Funktionsleisten
Animation	Szenen, Stichwörter, Schlüssel-Frames

- *Dokumentklassen und Methoden.* Die Dokumentation einer Methode beschreibt ihren Zweck, ihre Funktion, ihren Kontext, ihre Ein- und Ausgaben sowie etwaige Vorannahmen und Vorbedingungen über den Zustand des Objekts. Sie sollten den Algorithmus und den Grund für seine Auswahl beschreiben. Interne Kommentare in der Methode sollten wichtige Schritte beschreiben.

- *Veröffentlichen Sie die Spezifikation.* Die Spezifikation ist ein Vertrag zwischen dem Erzeuger und dem Verbraucher einer Klasse. Nachdem eine Spezifikation geschrieben ist, kann der Erzeuger den Vertrag nicht brechen, weil sich dies auf den Verbraucher auswirken würde. Die Spezifikation enthält nur Vereinbarungen. Der Benutzer einer Methode sollte in der Lage sein, die Methode zu verwenden, nachdem er die Spezifikation gelesen hat. Manche Sprachen, zum Beispiel Ada und C++, unterstützen die Trennung von Spezifikation und Implementierung. Online-Beschreibungen der Klasse und ihrer Eigenschaften tragen zur korrekten Verwendung der Klasse bei. Jede Operation sollte nicht nur durch ihre Methoden auf den jeweiligen Klassen dokumentiert sein, sondern darüber hinaus noch einmal für sich allein. Dabei sollten ihr Ursprung und ihre allgemeine Bedeutung angegeben werden. Außerdem muß beschrieben werden, was jede Unterklasse tun muß, um die Operation zu implementieren, und welche

verwandten Methoden die Unterklasse benötigt. Im folgenden sehen Sie eine
teilweise Spezifikation.

<u>Klassenbeschreibung</u>
Klassenname: Kreis
Version: 1.0
Beschreibung: Ellipse mit gleich langen Achsen
Oberklassen: Ellipse
Merkmale:
    Öffentliche Attribute:
        Mittelpunkt: Punkt – Position der Kreismitte
        Radius: Real – Radius des Kreises
    Öffentliche Methoden:
        zeichnen (Fenster) – zeichnet einen Kreis im Fenster
        Linie_schneiden (Linie): Menge von Punkten – findet den Schnittpunkt einer
            Linie und eines Kreises, gibt eine Menge von 0-2 Punkten zurück
        Fläche (): Real – berechnet die Kreisfläche
        Umfang (): Real – berechnet den Kreisumfang
    Private Methoden: keine
<u>Methodenbeschreibung</u>
Methode Kreis::Linie_schneiden (Linie: Linie) : Menge von Punkten
    Beschreibung: Findet den Schnittpunkt eines gegebenen Kreises und einer
        gegebenen Linie und gibt eine Menge von 0-2 Schnittpunkten zurück.
        Wenn die Linie eine Tangente des Kreises ist, enhält die Menge genau
        einen Punkt.
    Eingaben:
        selbst:Kreis – Kreis, der Linie schneiden soll
        Linie:Linie – Linie, die Kreis schneiden soll
    Gibt zurück:
        Eine Menge von Schnittpunkten. Die Menge kann 0, 1 oder 2 Punkte
        enthalten.
    Seiteneffekte: keine
    Fehler: Wenn sich die Figuren nicht schneiden, wird eine leere Menge zurück-
        gegeben.
        Wenn die Linie eine Tangente des Kreises ist, wird der Berührungs-
        punkt zurückgegeben.
        Wenn der Kreisradius 0 ist, wird nur ein Punkt zurückgegeben,
        wenn sich der Punkt auf der Linie befindet.
<u>Operationsbeschreibung</u>
Operation schneiden_Linie (Linie: Linie) : Menge von Punkten
    Ursprungsklasse: GeometrischeFigur
    Beschreibung: Gibt eine Menge von Schnittpunkten zwischen dem geo-
        metrischen Objekt und der Linie zurück. Die Menge kann 0, 1 oder
        mehrere Punkte enthalten. Jeder Berührungspunkt kommt nur einmal
        vor. Wenn die Linie kollinear zu einem Liniensegment in der Figur
        verläuft, enthält die Menge nur die beiden Endpunkte des Segments.
    Status: Abstrakte Operation in der Ursprungsklasse, muß überschrieben werden.
    Eingaben:
        selbst: GeometrischeFigur – Figur, die Linie schneiden soll
        Linie: Linie – Linie, die Kreis schneiden soll

Gibt zurück:
    Eine Menge von Schnittpunkten. Die Menge kann 0 oder mehr
    Punkte enthalten.
Seiteneffekte: keine
Fehler: Wenn sich die Figuren nicht schneiden, wird eine leere Menge
    zurückgegeben.
    Wenn die Linie kollinear mit einem Liniensegment in der Figur ist,
    enthält die Menge nur die Endpunkte des Segments.
    Wenn die Figur eine Fläche ist, wird ihre Umrandung verwendet.

14.6 Zusammenfassung

Guter Stil ist eine Voraussetzung dafür, die Vorteile des objektorientierten Entwurfs und der objektorientierten Programmierung zu maximieren. Dabei ergeben sich die meisten Vorteile aus den stark verringerten Kosten für Wartung und Erweiterung sowie aus der Wiederverwendung des neuen Codes bei späteren Projekten. Die Stilregeln für objektorientierte Programmierung umfassen sowohl Stilregeln der konventionellen Programmierung als auch Prinzipien, die sich ausschließlich auf objektorientierte Konzepte wie Vererbung erstrecken.

Es ist ein wichtiges Ziel des objektorientierten Entwurfs, so viele Klassen und Methoden wie möglich wiederzuverwenden. Bei Wiederverwendung innerhalb eines Programms oder Projekts kommt es darauf an, Ähnlichkeiten zu erkennen und durch die Verwendung von Vererbung zusammenzulegen. Eine vorausschauende Planung ist nötig, wenn die Wiederverwendung von Klassen und Methoden in künftigen Projekten angestrebt wird, denn der Entwurf wiederverwendbarer Software erfordert zunächst einen höheren Arbeits- und Zeitaufwand. Wiederverwendbarkeit läßt sich durch kleine, kohärente und lokale Methoden steigern. Wichtig ist darüber hinaus die Trennung von Verfahren und Implementierung. Eine Möglichkeit, Vererbung zu nutzen, besteht darin, eine allgemeine Methode in Teiloperationen zu zerlegen, von denen einige von der Ursprungsklasse geerbt und einige von den verschiedenen Unterklassen überschrieben werden. Wenn Methoden gemeinsam genutzt werden sollen, ohne daß eine echte Generalisierungsrelation zwischen den Klassen besteht, sollte Delegation verwendet werden.

Software wird fast immer eines Tages erweitert. Die Kapselung von Klassen und Methoden verbessert die Erweiterbarkeit, weil sie Abhängigkeiten zwischen Klassen und Methoden minimiert, Methoden verwendet, um auf Attribute anderer Klassen zuzugreifen, und zwischen öffentlichen und privaten Operationen auf einer Klasse unterscheidet.

Robustheit hat einen höheren Stellenwert als Effizenz. Weil Objekte Verweise auf ihre eigenen Klassen enthalten, sind sie besser gegen Typfehler geschützt als die Variablen der konventionellen Programmierung und ihre Übereinstimmung mit den internen Annahmen einer Methode kann dynamisch geprüft werden. Programme sollten immer gegen Benutzer- und Systemfehler geschützt sein. Es kostet Rechenzeit, Zusicherungen in das Programm einzufügen, um Programmierfehler abzufangen. Die Zusicherungen können jedoch während der Fehlersuche verwendet und bei der Produktion entfernt werden.

Große Programme, die von Programmiererteams geschrieben werden, erfordern mehr Disziplin, bessere Dokumentation und bessere Kommunikation als kleine oder Ein-Mann-Projekte. Bei großen Projekten ist es unverzichtbar, lesbare, gut dokumentierte Methoden zu schreiben.

Delegation
Erweiterbarkeit
großangelegte Programmierprojekte
Kapselung
öffentliche und private Methoden
Robustheit
Spezifikation der öffentlichen Schnittstelle
Wiederverwendbarkeit
Zerlegung

Abb. 14.3   Schlüsselkonzepte in Kapitel 14

14.7 Anmerkungen zur Bibliographie

Bei der objektorientierten Programmierung müssen Anwendungskonzepte in Programmiersprachenkonstrukte übertragen werden. Dabei muß sowohl der Sinn der Anwendung als auch die Programmstruktur transparent bleiben, so daß ein guter Programmierstil eine große Rolle spielt. Die meisten Prinzipien der konventionellen Programmierung gelten auch für die objektorientierte Programmierung. [Kernighan-78] ist ein klassischer Style Guide der Programmierung – vielleicht etwas systemnah für die aktuellen Sprachen, aber dennoch hilfreich. [Dijkstra-76] zeigt die Eleganz des Entwurfs nachweislich korrekter Programme.

14.8 Literaturangaben

[Dijkstra-76] Edsger W. Dijkstra. *A Discipline of Programming*. Englewood Cliffs, New Jersey: Prentice Hall, 1976.
[Kernighan-78] Brian W. Kernighan, P.J. Plauger. *The Elements of Programming Style*. New York: McGraw-Hill, 1978.
[Lieberherr-89] Karl J. Lieberherr, Arthur J. Riel. Contributions to teaching object-oriented design and programming. *OOPSLA'89* as *ACM SIGPLAN 24*, 11 (Nov. 1989) 11-22.

14.9 Übungen

14.1   (4) Eine Technik der Code-Wiederverwendung, die gelegentlich angewendet werden kann, besteht darin, eine Methode als Argument einer anderen Methode zu verwenden. Beispielsweise ist geordnetes Drucken eine Operation, die auf Binärbäumen ausgeführt werden kann. Das Unterprogramm *Drucken(Knoten)* könnte die Werte eines Baumes mit der Wurzel *Knoten* drucken, indem es zunächst rekursiv *Drucken(Knoten.linker_Teilbaum)* aufruft (sofern ein linker Teilbaum vorhanden ist), danach *Knoten.Wert* druckt und schließlich den rechten Teilbaum rekursiv aufruft. Dieser Ansatz könnte für die Anwendung anderer Operationen generalisiert werden. Listen Sie mindestens drei Operationen auf, die auf den Knoten eines Binärbaums durchgeführt werden können. Schreiben Sie Pseudocode für ein Unterprogramm *Geordnetes_Durchlaufen(Knoten, Methode)*, das *Methode* in der richtigen Reihenfolge auf die Knoten des Baumes mit der Wurzel *Knoten* anwendet.

14.2 (3) Code läßt sich oft leichter wiederverwenden, wenn ähnliche Operationen zu einer Operation zusammengefaßt werden. Überarbeiten, erweitern oder verallgemeinern Sie die beiden folgenden Operationen zu einer Operation. Geben Sie die Attribute an, die benötigt werden, um beide Kontotypen zu finden.

a. *Scheck_einlösen(normales_Konto, Scheck)* Wenn der Betrag von *Scheck* niedriger ist als der Kontostand in *normales_Konto*, soll der Scheck eingelöst und das Konto belastet werden. Anderenfalls platzt der Scheck.

b. *Scheck_einlösen(Rücklagenkonto, Scheck)* Wenn der Betrag von *Scheck* niedriger ist als das Haben in *Rücklagenkonto*, soll der Scheck eingelöst und das Konto belastet werden. Anderenfalls wird der Kontostand des Rücklagenkontos geprüft. Wenn der Scheck gedeckt werden kann, indem Gelder vom Rücklagenkonto überwiesen werden, ohne daß die Rücklagengrenze überschritten wird, wird der Scheck eingelöst und die Kontostände werden aktualisiert. Anderenfalls platzt der Scheck.

14.3 (4) Abbildung Ü14.1 zeigt eine in C geschriebene Funktion, die ein neues Blatt (Sheet) für eine computerunterstützte Entwurfsanwendung anlegt. Ein Blatt ist ein benannter, grafisch darstellbarer, zweidimensionaler Bereich, der Text und Grafik

```
Sheet create_sheet (sheet_type, root_name, suffix)
Sheet_type sheet_type;
char *root_name, *suffix;
{ char *malloc(), *strcpy(), *strcat(), *sheet_name;
    int strlen(), root_length, suffix_length;
    Sheet sheet, vert_sheet_new(), horiz_sheet_new();
    root_length = strlen(root_name);
    suffix_length = strlen(suffix);
    sheet_name = malloc(root_length + suffix_length + 1);
    sheet_name = strcpy(sheet_name, root_name);
    sheet_name = strcat(sheet_name, suffix);
    switch(sheet_type)
    { case VERTICAL:
        sheet = vert_sheet_new();
        break;
      case HORIZONTAL:
        sheet = horiz_sheet_new();
        break;
    }
    sheet->name = sheet_name;
    return sheet;
}
```

Abb. Ü14.1 Funktion für das Anlegen eines neuen, benannten Blattes

enthält. Mehrere Blätter können erforderlich sein, um ein entworfenes System vollständig darzustellen. Die in der Abbildung gezeigte Funktion legt ein neues Blatt im Hoch- (vert_sheet_new) oder Querformat (horiz_sheet_new) an und erzeugt einen Namen, der sich aus einer Root und einem Suffix zusammensetzt. Die Funktion ruft die C-Funktionen *strlen* auf, um die Länge eines Strings zu berechnen, *strcpy*, um einen String zu kopieren, *strcat*, um zwei Strings zu konkatenieren, und *malloc*, um Speicherplatz zuzuweisen. Die Datentypen *Sheet_type* und *Sheet* werden außerhalb der Funktion im gleichen Modul definiert. Die Funktionen *strlen*, *strcpy* und *strcat* verursachen einen Programmabsturz, wenn sie mit dem Wert 0 für eines ihrer Argumente aufgerufen werden. In seiner jetzigen Form ist das Unterprogramm für verschiedene Arten von Fehlern anfällig. Die Argumente *root_name* und *suffix* könnten null sein und *sheet_type* könnte ein unzulässiger Aufzählungswert sein. Der Aufruf von *malloc* stellt nicht sicher, daß Speicher zugewiesen wird.

a. Erstellen Sie eine Liste aller Möglichkeiten, aufgrund derer die Funktion scheitern könnte. Beschreiben Sie für jede Möglichkeit die jeweiligen Konsequenzen.

b. Überarbeiten Sie die Funktion so, daß sie nicht aufgrund eines der Fehler, die Sie in Teil a ermittelt haben, abstürzt und eine aussagefähige Fehlermeldung für jeden der möglichen Fehlertypen ausdruckt. Die Fehlermeldungen sollen das Debuggen von Programmen erleichtern, die die Funktion aufrufen.

14.4 (3) Schreiben Sie die C-Funktion aus Abbildung Ü14.2 um, indem Sie bessere Namen verwenden. Das dazugehörige Objektdiagramm sehen Sie in Abbildung Ü14.3. Die Funktion ermittelt den Wert eines Terms, indem sie Ausdrücke rekursiv

```
Value ptree_get(top_nde)
Term top_nde;
{ Value val, val1, val2, compute(), var_get();
  switch(top_nde->node_type)
  { case CNSTNT:
        val = top_nde->value;
        return val;
        break;
    case VAR:
        val = var_get(top_nde->name);
        return val;
        break;
    case EXP:
        val1 = ptree_get(top_nde->left_nde);
        val2 = ptree_get(top_nde->right_nde);
        val = compute(val1, val2, top_nde->binary_operator);
        return val;
        break;
  }
}
```

Abb. Ü14.2 Funktion zur Evaluierung eines Terms

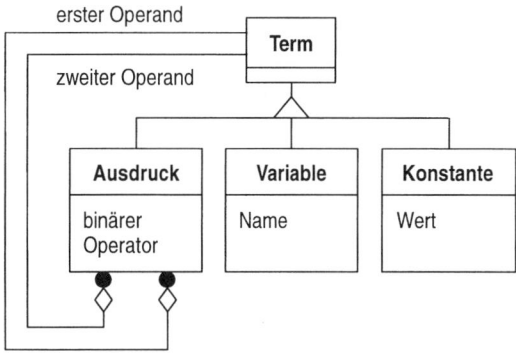

Abb. Ü14.3 Objektdiagramm für einen Term

erweitert. Die Funktion *compute* wendet eine Bināroperation auf zwei Werte an und *var_get* liefert den Wert einer Variablen zurück. Benennen Sie auch diese Funktionen neu.

14.5 (7) Fügen Sie dem Objektdiagramm in Abbildung Ü14.4 Methoden hinzu, um die folgenden Anfragen beantworten zu können. Eine genaue Beschreibung des Problems finden Sie in Übung 8.19. Beschreiben Sie jede hinzugefügte Methode in Pseudocode und geben Sie an, ob die Methode öffentlich oder privat ist. Trennen Sie Verfahren und Implementierung. Vermeiden Sie es, mehrere Verknüpfungen zu durchlaufen.

a. Finden Sie alle Mitglieder eines gegebenen Teams.

b. Ermitteln Sie, welche Figuren in einer gegebenen Saison mehr als einmal geprüft wurden.

c. Ermitteln Sie die Endpunkte eines Teilnehmers in einer gegebenen Figur bei einem gegebenen Wettkampf.

d. Ermitteln Sie den Punktedurchschnitt eines Teams in allen Figuren einer gegebenen Saison.

e. Ermitteln Sie den Punktedurchschnitt eines Teilnehmers in allen Figuren eines gegebenen Wettkampfs.

f. Ermitteln Sie den Teamdurchschnitt in einer gegebenen Figur bei einem gegebenen Wettkampf.

g. Ermitteln Sie die Menge aller Personen, die in einem der Durchgänge in einer gegebenen Saison angetreten sind.

h. Ermitteln Sie die Menge aller Personen, die in allen Durchgängen einer gegebenen Saison angetreten sind.

i. Ermitteln Sie alle Kampfrichter, die einen gegebenen Durchgang in einer gegebenen Saison bewertet haben.

j. Ermitteln Sie den Kampfrichter, der bei einem gegebenen Durchgang die niedrigste Punktezahl vergeben hat.

k. Ermitteln Sie den Kampfrichter, der die niedrigste Punktzahl für eine gegebene Figur vergeben hat.

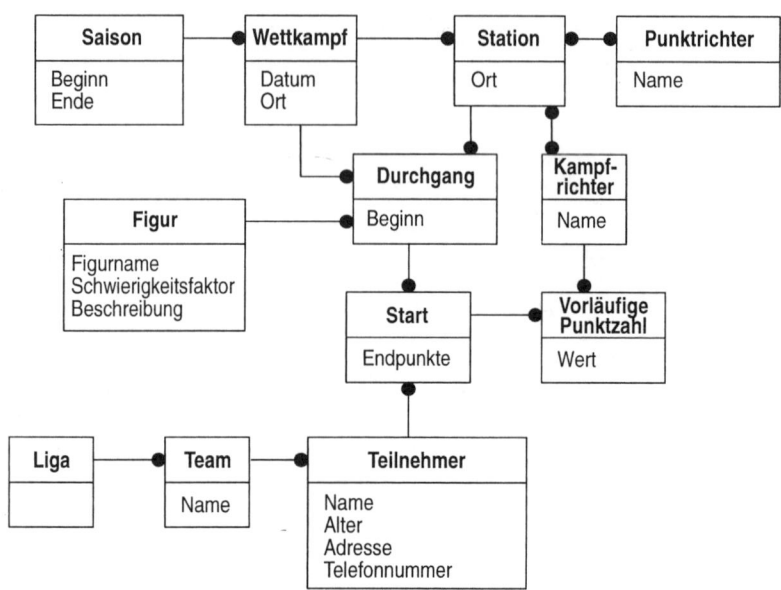

Abb. Ü14.4 Teil eines Objektdiagramms für ein Bewertungssystem

15

Objektorientierte Sprachen

Es ist nicht überraschend, daß die natürlichste Implementierungsumgebung für einen objektorientierten Entwurf eine objektorientierte Sprache ist. Dieses Kapitel erörtert, wie man für einen allgemeinen Entwurf die Implementierungsentscheidungen trifft, die noch erforderlich sind, um den Entwurf in einer bestimmten objektorientierten Sprache zu realisieren. Die Technik, die in diesem Kapitel vorgestellt wird, zielt darauf ab, Programmcode zu produzieren. Darüber hinaus analysiert, vergleicht und kontrastiert das Kapitel verschiedene objektorientierte Sprachen, um zu zeigen, wie sich die Wahl einer Sprache auf die Implementierungsentscheidungen auswirkt.

Dieses Kapitel ist eines von drei Kapiteln in Teil 3 dieses Buches, die die Implementierung in bestimmten Zielsprachentypen behandeln, und parallel zu Kapitel 16 (Nicht-objektorientierte Sprachen) und Kapitel 17 (Relationale Datenbanken) zu sehen.

Nachdem Sie dieses Kapitel gelesen haben, werden Sie wissen, wie Sie einen objektorientierten Entwurf auf eine objektorientierte Sprache abbilden, und Faktoren für die Auswahl einer objektorientierten Sprache kennengelernt haben.

15.1 Übersetzen eines Entwurfs in eine Implementierung

Es ist relativ einfach, einen objektorientierten Entwurf in einer objektorientierten Sprache zu implementieren, weil die Sprachkonstrukte den Entwurfskonstrukten ähnlich sind. Eine exakte Definition einer OO-Sprache ist für die Auswahl einer bestimmten Sprache nicht erforderlich. Im allgemeinen unterstützt eine OO-Sprache Objekte (die Daten und Operationen enthalten), Polymorphismus zur Laufzeit und Vererbung. Eine formalere Diskussion der grundlegenden Konzepte von OO-Sprachen und die verschiedenen Möglichkeiten, in denen diese Konzepte unterstützt werden, finden Sie in [Stefik-86] und [Wegner-87].

Wir zeigen anhand von C++, Eiffel und Smalltalk, wie ein OMT-Entwurf mit OO-Sprachen implementiert wird. Wir diskutieren die Implementierung der elementaren objektorientierten Konzepte, die allen objektorientierten Sprachen gemeinsam sind, und beschreiben die unterschiedlichen Möglichkeiten, wie diese Konzepte in verschiedenen Sprachen unterstützt werden. Abschnitt 15.7 behandelt weiterführende Eigenschaften objektorientierter Sprachen, darunter auch einige, die von den aktuellen Sprachen nicht gut unterstützt werden. Abschnitt 15.8 behandelt typische Aspekte mehrerer kommerzieller OO-Sprachen: Smalltalk, C++, Eiffel, CLOS und objektorientierte Datenbanksprachen.

Alle drei OMT-Modelle leisten einen Beitrag zur Code-Entwicklung. Das Objektmodell enthält einen Großteil der deklarativen Struktur: die Spezifikation von Klassen, Attributen, Vererbungshierarchie und Assoziationen. Das dynamische Modell spezifiziert die Strategie für die globale Steuerung des Systems: prozedurgesteuert, ereignisgesteuert oder Multi-Tasking-orientiert. Das funktionale

Modell erfaßt die Funktionalität von Objekten, die in Methoden umgesetzt werden muß.

Folgende Überlegungen spielen bei der Implementierung eines objektorientierten Entwurfs in einer objektorientierten Sprache eine Rolle:

- Klassendefinitionen [15.2]
- Erzeugen von Objekten [15.3]
- Aufrufen von Operationen [15.4]
- Verwenden von Vererbung [15.5]
- Implementieren von Assoziationen [15.6]

15.1.1 Das Beispiel Grafikeditor

Abbildung 15.1 zeigt einen Ausschnitt aus einem Objektmodell für einen Grafikeditor, der durchgängig als Beispiel in diesem Kapitel dienen wird. Mit dem Editor ist es möglich, rekursive Gruppen von Formen aus Boxen und Kreisen zu konstruieren. Ein Fenster enthält eine Menge von Formen. Gruppen können aus Formen oder aus kleineren Gruppen bestehen. Elemente (Formen oder Gruppen), die keiner Gruppe angehören, sind Grundelemente im Fenster und können manipuliert werden. Ein Grundelement kann ausgewählt werden, indem man auf eine der darin eingebetteten Formen mit einem Mauszeiger klickt. Eine Form wird ausgewählt, indem man mit der Maus auf sie klickt. Markierte Elemente können gruppiert, entgruppiert, aus dem Fenster ausgeschnitten oder an eine andere Stelle verschoben werden. Darüber hinaus gibt es Befehle für das Aufheben von Markierungen oder das Erzeugen neuer Formen. Formen werden gelöscht, indem sie mit der Hintergrundfarbe überdeckt werden.

Das Diagramm zeigt die Attribute und Operationen jeder Klasse. Abstrakte Operationen werden durch das Wort *abstract* in der Ursprungsklasse gekennzeichnet.

15.2 Klassendefinitionen

Die Implementierung eines objektorientierten Entwurfs beginnt mit der Deklaration von Objektklassen. Jedes Merkmal in einem Objektdiagramm muß als Teil seiner entsprechenden Klasse deklariert werden. Sie sollten sich dabei grundsätzlich an die Konvention halten, die Namen aus dem Entwurfsdiagramm weiter zu verwenden. Wenn Sie bisher den Attributen noch keine Datentypen zugewiesen haben, so müssen Sie dies jetzt tun. Deklarieren Sie Attribute und Operationen entweder als öffentlich oder als privat, wenn die Sprache diese Unterscheidung unterstützt. Auf öffentliche Merkmale können alle Methoden zugreifen, während auf private Merkmale nur Methoden der gleichen Klasse zugreifen können.

15.2.1 Klassendefinitionen in C++

In C++ lautet die Vereinbarung für die Klasse *Window*:

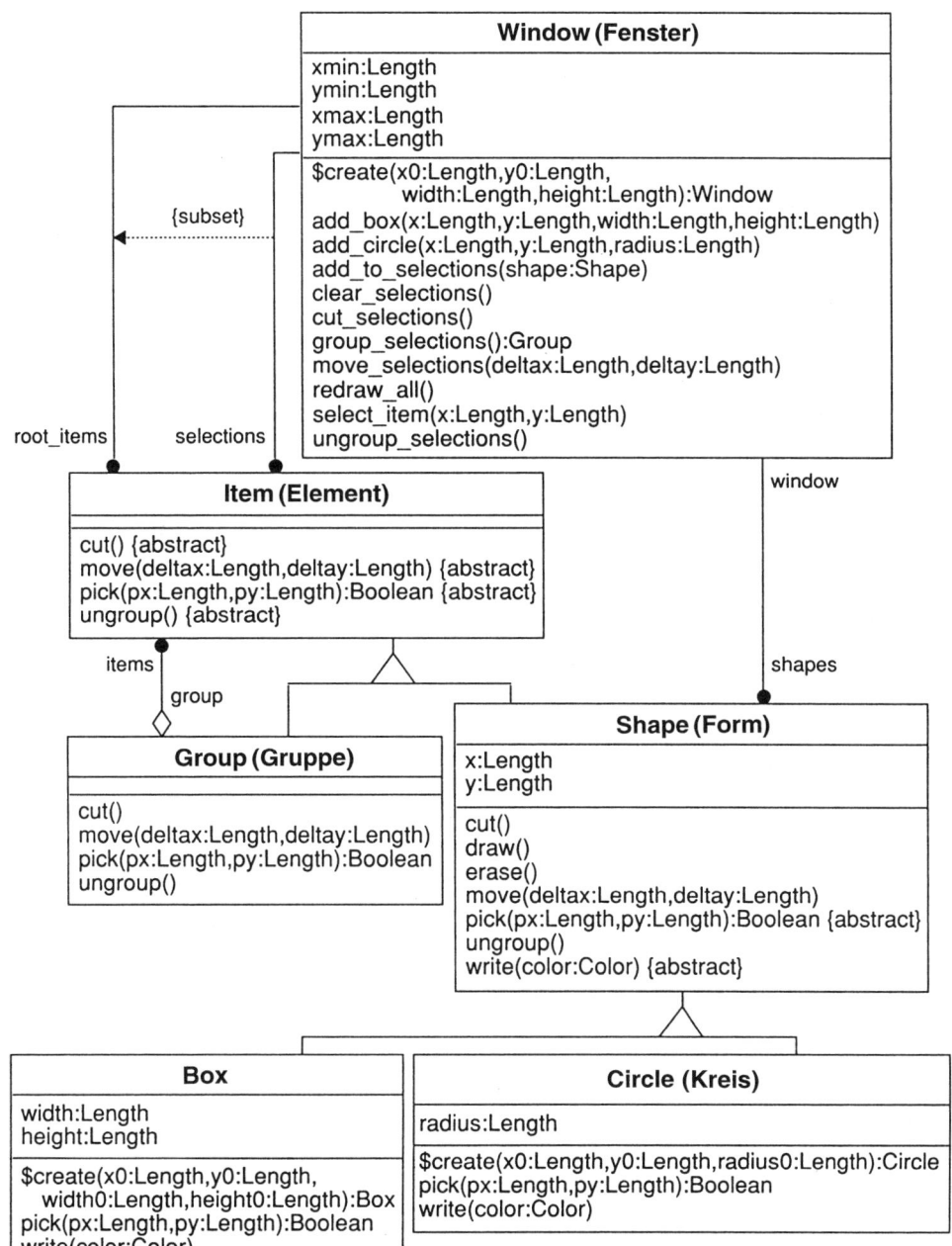

Abb. 15.1 Einfacher Grafikeditor

```
class Window
{
public:
    // constructor method must have same name as the class
    Window (Length x0,Length y0,Length width, Length height);
    // destructor method must have same name as the class
    ~Window ();
    // instance methods
    void add_box (Length x, Length y,
                    Length width, Length height);
    void add_circle (Length x, Length y, Length radius);
    void clear_selections();
    void cut_selections();
    Group * group_selections();
    void move_selections (Length deltax, Length deltay);
    void redraw_all();
    void select_item (Length x, Length y);
    void ungroup_selections();
private:
    Length xmin;
    Length ymin;
    Length xmax;
    Length ymax;
    void add_to_selections(Shape* shape);
};
```

In C++ werden sowohl die Attribute als auch die Operationen zusammen als
Members einer Klasse deklariert. Eine Methode darf nicht den gleichen Namen
wie ein Attribut haben. Die Routine für das Erzeugen von Objekten, die als
Konstruktor bezeichnet wird, muß den gleichen Namen wie die Klasse haben
(Abschnitt 15.3.1).

In C++ müssen Sie *Members* entweder als öffentlich oder privat deklarieren. (Die
Voreinstellung ist privat.) Auf öffentliche *Members* können alle Funktionen zugreifen, auf private *Members* nur Methoden der gleichen Klasse (nicht unbedingt
des gleichen Objekts). Alle Attribute in unserem Beispiel sind privat, weil eigen-
mächtige Änderungen an einem Fenster nicht zulässig sind. Es empfiehlt sich im
allgemeinen, Attribute privat zu halten und den Zugriff darauf grundsätzlich über
Methoden zu regeln. Dadurch wird verhindert, daß der Client-Code von der
exakten Implementierung einer Klasse abhängt. Alle Operationen können öffentlich werden. Davon ausgenommen ist die Operation *add_to_selections*, die von
der Klasse *Window* intern genutzt wird. Wir haben in dieser Vereinbarung die
Assoziationen weggelassen. Wie Assoziationen in einer objektorientierten Sprache repräsentiert werden, erklären wir später.

Length ist ein benutzerdefinierter Typ (keine Klasse), der die eigentliche Implementierung von Länge verbirgt (so daß er zum Beispiel ein Integer- oder ein
Real-Typ sein kann). *Length* könnte in C++ als *typedef* deklariert werden:

```
typedef float Length;
```

oder

```
typedef int Length;
```

15.2.2 Klassendefinitionen in Eiffel

In Eiffel lautet die Vereinbarung für die Klasse *Window*:

```
class WINDOW
export
    add_box, add_circle, clear_selections, cut_selections,
    group_selections, move_selections,
    redraw_all, select_item, ungroup_selections
feature
    xmin, ymin, xmax, ymax: REAL;
    Create (x0, y0, width, height: REAL) is body end;
    add_box (x, y, width, height: REAL) is body end;
    add_circle (x, y, radius: REAL) is body end;
    add_to_selections (ashape: SHAPE) is body end;
    clear_selections is body end;
    cut_selections is body end;
    group_selections: Group is body end;
    move_selections (deltax, deltay: REAL) is body end;
    redraw_all is body end;
    select_item (x, y: REAL) is body end;
    ungroup_selections is body end
end -- class WINDOW
```

In Eiffel sind Merkmale (Attribute und Operationen) privat, es sei denn, sie werden durch das Schlüsselwort *export* explizit als öffentlich gekennzeichnet. *Create* ist automatisch öffentlich. *REAL* ist ein einfacher oder vordefinierter Typ. Obwohl Eiffel Groß- und Kleinschreibung nicht berücksichtigt, werden einfache Typen und Klassennamen per Konvention groß geschrieben.

15.2.3 Klassendefinitionen in Smalltalk

Smalltalk-Programme werden normalerweise über den Smalltalk-Browser eingegeben. Der hier abgedruckte Code würde normalerweise interaktiv eingefügt werden. Alle Smalltalk-Klassen sind letztendlich Nachfahren der Klasse *object*.

```
class name          Window
superclass          Object
instance variables  xmin ymin xmax ymax
class methods
    instantiating
    createAt: aPoint ofWidth: width ofHeight: height
instance methods
    adding shapes
    addBoxAt: aPoint ofWidth: width ofHeight: height
    addCircleAt: aPoint ofRadius: radius
```

```
refreshing window
redrawAll

manipulating selections
clearSelections
cutSelections
groupSelections
moveSelectionsBy: deltaPoint
selectItemAt: aPoint
ungroupSelections

private
addToSelections: aShape
```

Um Attribute (in Smalltalk *Instanzenvariablen*) privat zu machen, lassen wir Methoden für das Abfragen und Setzen von Attributen weg. Die kursiv geschriebenen Gruppierungen heißen *Kategorien* und werden zur Organisation der Methoden einer Klasse verwendet. Sie haben darüber hinaus keine weitere semantische Bedeutung. Per Konvention werden Methoden, die nur intern verwendet werden sollen, in die Kategorie *private* aufgenommen. Smalltalk erzwingt dies jedoch nicht. Der Programmierer muß deshalb selbst auf die Einhaltung der Konvention achten.

Wir haben an mehreren Stellen die getrennten x- und y-Koordinaten durch die Klasse *Point* ersetzt. Smalltalk verfügt über eine Methode '@', mit der sich bequem ein Punkt aus einem Zahlenpaar erzeugen läßt. Zum Beispiel:

```
aPoint ← 3 @ 4
```

15.3   Erzeugen von Objekten

Es gibt zwei Möglichkeiten, neue Objekte in objektorientierten Sprachen anzulegen. Manche Sprachen, zum Beispiel Smalltalk und DSM, besitzen Klassen, die selbst vollwertige Objekte sind. In diesen Sprachen legt eine Operation, die auf ein Klassenobjekt angewendet wird (eine sogenannte *Klassenoperation*), ein neues Objekt der Klasse an. Andere Sprachen, wie C++ und Eiffel, besitzen keine Klassenobjekte. In diesen Sprachen gibt es spezielle Operationen, die neue Objekte erzeugen.

Wenn ein neues Objekt angelegt wird, muß ihm die Sprache Speicherplatz für seine Attributwerte zuordnen und dem Objekt entweder die Speicherblockadresse oder einen Tabellenindex als eindeutige Objekt-ID zuteilen. Objektorientierte Sprachen nehmen dem Programmierer die Aufgabe ab, Speicher für Objekte explizit zuzuteilen.

Die verschiedenen Sprachen verwenden eine von zwei Möglichkeiten, Objekte zu zerstören, die nicht mehr benötigt werden. In einigen Sprachen werden Objekte durch eine explizite Operation (wie *destroy*) zerstört. Der Programmierer muß darauf achten, daß keine Verweise auf ein zerstörtes Objekt erhalten bleiben, um

Speicherzugriffsfehler zu vermeiden. Weil eine explizite Speicherverwaltung fehleranfällig ist, verfügen manche Sprachen, zum Beispiel Smalltalk, über einen automatischen Garbage-Collection-Mechanismus, der Objekte zerstört, auf die nicht mehr zugegriffen werden kann, ohne eine explizite Speicherfreigabe zu erfordern (oder zuzulassen).

15.3.1 Objekte in C++ erzeugen

C++ besitzt keine Klassenobjekte oder Klassenoperationen, um Instanzen einer Klasse zu erzeugen. Statt dessen verwendet C++ eine spezielle *Konstruktor*-Operation, um neue Instanzen zu initialisieren. Der Name der Methode für den Klassen-*Konstruktor* entspricht dem Klassennamen, also zum Beispiel:

```
Window::Window (Length x0, Length y0,
                Length width, Length height)
{
    xmin = x0; ymin = y0;
    xmax = x0 + width; ymax = y0 + height;
}
```

In C++ können mehrere Konstruktoren für eine Klasse definiert werden, die sich durch die Zahl und die Typen ihrer Argumente unterscheiden (dies ist ein Beispiel für *Überladen*). Beispielsweise wären Konstruktoren mit den folgenden Argumenten möglich:

```
Window (); // default position and size
Window (Length x0, Length y0); // default size
Window (Length x0, Length y0, Length width, Length height);
```

Ein Konstruktor wird jedesmal ausgeführt, wenn Speicherplatz für eine neue Objektinstanz zugeteilt wird. Zum Zeitpunkt der Zuteilung kann der Programmierer die Argumente des Konstruktor spezifizieren; der Konstruktor mit passenden Argumenttypen wird ausgeführt. Wenn keine Argumente spezifiziert werden, wird der Default-Konstruktor ohne Argumente ausgeführt.

C++ stellt drei Möglichkeiten der Speicherplatzzuteilung für Objekte bereit: Vorauszuteilung durch den Compiler innerhalb eines festen globalen Speichers (*static*), Zuteilung auf dem Stack (*automatic*) und Zuteilung aus einem Heap (*dynamic*).

Einen statischen Speicher erhält man, indem man eine Variable außerhalb aller Funktionen deklariert oder das Schlüsselwort *static* im Zusammenhang mit einem Attribut verwendet. Ein statisches Attribut ist ein Klassenattribut, das allen Instanzen der Klasse gemeinsam ist. Ein statischer Speicher wird vom Compiler im voraus zugeteilt und ändert sich während der Laufzeit nicht. Ein Konstruktor kann spezifiziert werden, der bei der Programminitialisierung ausgeführt wird. Die folgende Anweisung vereinbart eine statische globale Variable, die ein initialisiertes *Window*-Objekt aufnimmt:

```
Window main_window = Window (0.0, 0.0, 8.5, 11.0);
```

Lokale Variablen in Funktionen verwenden normalerweise einen automatischen Speicher. Wenn eine Funktion eingegeben wird, wird genügend Speicher auf dem Hardwarestack reserviert, um alle lokalen Variablen der Funktion aufzunehmen. Die Speicherzuteilung wird aufgehoben, wenn die Funktion beendet wird. Deshalb dürfen Verweise auf automatische Variablen nicht in anderen Objekten gespeichert werden, deren Lebensdauer die der automatischen Variablen möglicherweise übersteigt. Die Vereinbarung lokaler Variablen sieht genauso aus wie die oben gezeigte Vereinbarung globaler Variablen. Sie werden jedoch ohne einen Funktionsrumpf vereinbart.

Jede Klasse kann nur einen *Destruktor* besitzen. Ein Destruktor führt alle Aufräumarbeiten durch, die vor der Zerstörung eines Objekts notwendig sind. Destruktoren nehmen keine Argumente an. Destruktor-Methoden haben den Klassennamen, dem eine Tilde, '~', vorangestellt ist:

```
Window:: ~Window ()
{
    // erase the window and repaint the underlying region
}
```

Beim Beenden einer Funktion wird der Destruktor für jede automatische Variable aufgerufen. Nachdem die Destruktoren ausgeführt wurden, wird der Speicherplatz für automatische Variablen implizit freigegeben, wenn die Return-Anweisung der Funktion den Stack wieder auf seinen Wert vor dem Funktionsaufruf setzt.

Dynamischer Speicher wird von einem Heap aus zugewiesen, wenn er vom Programmierer explizit angefordert wird. Der Operator *new* weist einem neuen Objekt Speicherplatz zu und liefert einen Zeiger auf das Objekt zurück, der in einer Zeigervariablen gespeichert werden kann. Der Operator *new* kann Argumente für den Konstruktor enthalten:

```
Window * window = new Window (0.0, 0.0, 8.5, 11.0);
```

Ein dynamisches Objekt kann die Funktion überleben, in der es erzeugt wurde. Der Speicherplatz für dynamische Objekte kann nur freigegeben werden, indem man den *delete*-Operator auf den Objektzeiger anwendet. Der Programmierer muß sich vergewissern, daß keine Verweise auf das Objekt zurückbleiben. Der Operator *delete* ruft zunächst den Destruktor für die Klasse auf und gibt dann den Speicherplatz für das Objekt frei:

```
delete window;
```

Standardimplementierungen von C++ besitzen keinen Garbage-Collection-Mechanismus und der Speicherplatz von Heap-basierten Objekten muß explizit durch den *delete*-Operator freigegeben werden. Dies birgt die Gefahr in sich, daß offene Objektverweise auf falsch gelöschte Objekte zurückbleiben. Außerdem ist der Speicherplatz verloren, den unzugängliche, nicht gelöschte Objekte beanspruchen. Ein offener Verweis ist ein Verweis eines Objekts auf ein anderes Objekt, das nicht mehr existiert.

Beachten Sie, daß Konstruktoren und Destruktoren Objekte einfach initialisieren und entfernen. Speicherplatzzuteilungen und -freigaben werden explizit durch die Operatoren *new* und *delete* oder implizit durch die Vereinbarung lokaler Variablen aufgerufen.

C++ erlaubt eine sehr flexible Speicherplatzzuteilung. Der Programmierer kann die eingebaute Speicherverwaltung für eine gegebene Klasse durch eine neue überschreiben. Weil Operatoren wie Zuweisung und Typumwandlung ebenfalls klassenbezogen überschrieben werden können, ist es möglich, die Speicherplatzzuteilung und das Erzeugen von Objekten vollständig zu kontrollieren – auch wenn die meisten Programmierer diese Techniken nicht benötigen.

15.3.2 Objekte in Eiffel erzeugen

In Eiffel erfolgen die Vereinbarung einer Variablen (die in Eiffel *Entität* heißt) und das Erzeugen eines Objekts getrennt voneinander. Durch die Vereinbarung einer Entität wird ein Name festgelegt, der einen Verweis auf ein Objekt eines gegebenen Typs aufnehmen kann. Der Verweis ist jedoch zunächst leer, d.h. er verweist auf kein Objekt:

```
w: WINDOW
```

Diese Vereinbarung legt eine Variable an, die einen Verweis auf ein Fenster aufnehmen kann, aber nicht das eigentliche Objekt speichert. Die Variable ist mit einer C++-Zeigerdeklaration oder mit einer Zeigervariablen vergleichbar.

Alle Eiffel-Objekte sind dynamisch und es gibt keine Entsprechung zu den statischen oder automatischen Objekten in C++. Um ein Objekt eines gegebenen Typs zu erzeugen und den Verweis darauf in der Entität zu speichern, wird die Operation *Create* auf die Entität angewendet:

```
w.Create (0.0,0.0,8.5,11.0);
```

Es gibt für jede Klasse eine Standardoperation *Create*, die Speicher für eine neue Instanz zuteilt und die Attribute mit Null vorbelegt. Der Programmierer kann die Standardoperation *Create* überschreiben, um zusätzliche Aktionen durchzuführen oder Argumente zu akzeptieren:

```
class Window
...
feature
    Create (x0, y0, width, height: REAL) is
        do
            xmin := x0; ymin := y0;
            xmax := x0 + width; ymax := y0 + height
        end; -- Create
    ...
end -- class WINDOW
```

Eine zweite spezielle Operation, *Clone*, kopiert ein bestehendes Objekt und erzeugt ein neues Objekt mit identischen Attributen.

Anders als in C++ (delete-Operator) gibt keine Möglichkeit, ein Eiffel-Objekt explizit zu zerstören. Die Operation *Forget* entfernt den Objektverweis aus einer Entität, ohne jedoch das Objekt selbst zu zerstören. Der Garbage-Collection-Mechanismus in Eiffel ist dafür verantwortlich, Objekte zu zerstören, auf die kein Zugriff mehr möglich ist, weil sie weder über das Root-Objekt noch eine der Programmvariablen erreicht werden können. Dies entlastet den Programmierer erheblich und verhindert zahlreiche tückische Fehler. Allerdings wird das System dadurch zur Laufzeit belastet.

Der Garbage Collector von Eiffel wird als Koroutine ausgeführt, die nach nicht benutzten Objekten sucht, sobald der Speicherbedarf vordefinierte Schwellwerte erreicht. Der Garbage Collector kann explizit ein- und ausgeschaltet werden.

15.3.3 Objekte in Smalltalk erzeugen

Alle Smalltalk-Objekte sind dynamisch. Ihr Speicherplatz wird von einem Heap aus zugeteilt. Die Speicherfreigabe übernimmt ein eingebauter Garbage Collector. Variablen besitzen keinen Typ und können Objekte beliebiger Klassen aufnehmen. Neue Objekte werden mit dem gleichen *Message-Passing*-Mechanismus erzeugt, der auch für Operationen auf Objekten verwendet wird (Operation Calling). Im Gegensatz zu C++ und Eiffel erfordert Smalltalk keine besonderen Operationen für das Erzeugen von Objekten.

Um Speicher für ein neues Objekt in Smalltalk zuzuteilen, wird eine Message an ein *Klassenobjekt* gesendet, d.h. ein Objekt, das die Klasse selbst beschreibt. Die Instanzenerzeugung ist eine *Klassenoperation*, d.h. eine Operation auf einer Klasse, keine Operation auf einem Instanzobjekt. Per Konvention erzeugt die Operation *new* eine neue Instanz einer Klasse:

```
w ← Window new
```

Anders als in C++ und Eiffel gibt es keine Einschränkungen für die Namen von Operationen zur Instanzenerzeugung. Weil eine Operation zur Erzeugung einer Instanz explizit auf ein Klassenobjekt angewendet wird, kann sie nicht mit einer Instanzenoperation verwechselt werden. Der Entwickler kann selbstdefinierte Methoden zur Erzeugung von Instanzen schreiben, die Argumente akzeptieren:

```
w ← Window createAt: 0 @ 0 ofWidth: 8.5 ofHeight: 11.0
```

Die Methode würde so definiert werden:

```
class name Window
class methods
   createAt: aPoint ofWidth: width ofHeight: height
      | w |
      w ← self new.
      w initialize: aPoint width: width height: height.
      ↑w
instance methods
   initialize: aPoint width: width height: height
      xmin ← aPoint x.
```

```
ymin  ← aPoint y.
xmax  ← xmin + width.
ymax  ← ymin + height
```

Die Klassenmethode kann nicht direkt auf die Attribute der neuen Instanz zugreifen. Deshalb muß eine Instanzenmethode *initialize:width:height* geschrieben werden, um die Attribute zu initialisieren.

Der Speicherplatz von Objekten kann nicht explizit freigegeben werden. Ein automatischer, eingebauter Garbage Collector sorgt für die Rückgabe des Speichers.

15.4 Aufrufen von Operationen

In den meisten OO-Sprachen besitzt jede Operation mindestens ein implizites Argument, das Zielobjekt, das durch eine bestimmte Syntax angegeben wird. Operationen können weitere Argumente haben oder auch nicht. In einigen Sprachen ist es möglich zu wählen, ob Argumente als Nur-Lese-Werte oder als Verweise auf Werte übergeben werden, die durch eine Prozedur aktualisiert werden können.

15.4.1 Operationen in C++ aufrufen

Eine C++-Operation wird zusammen mit den Attributen als Klassenmitglied deklariert. Eine Operation wird mit einer ähnlichen Notation aufgerufen, wie sie für den Attributzugriff verwendet wird: der Auswahloperator für Klassenmitglieder "←" wird auf einen Objektzeiger angewendet:

```
Shape* shape;
shape->move (dx, dy);
```

Zusätzliche Argumente können Objekte, eingebaute Typen wie *int, float* und *char* sowie benutzerdefinierte Typen wie *typedef*-Typen sein.

Ein Attribut- oder Operationsname, der in einer C++-Methode als Bezeichner verwendet wird, verweist implizit auf das Zielobjekt der Methode. Im folgenden Beispiel sind *x* und *y* Attribute des Zielobjekts der Klasse *Shape*:

```
void Shape::move (Length deltax, Length deltay)
{
    x = x + deltax;
    y = y + deltay;
}
```

Das implizite Argument *this* enthält einen Verweis auf das Zielobjekt (normalerweise, um es als Argument an eine andere Operation zu übergeben). Der oben gezeigte Code könnte so geschrieben werden:

```
void Shape::move (Length deltax, Length deltay)
{
    this->x = this->x + deltax;
    this->y = this->y + deltay;
}
```

Wenn auf ein Attribut eines Objekts verwiesen wird, das nicht das Zielobjekt ist, so ist ein qualifizierter Verweis notwendig.

```
window->xmin = x1;
```

Ein direkter Attributzugriff dieser Art sollte nur erfolgen, wenn das qualifizierte Objekt der gleichen Klasse angehört wie die Methode, weil anderenfalls die Kapselung von Klassen verletzt wird. Verwenden Sie statt dessen eine Zugriffsmethode auf die Klasse, die zuläßt, daß die interne Repräsentation der Klasse geändert wird.

Anders als Smalltalk und Eiffel unterscheidet C++ zwischen dem Objekt und einem Verweis auf ein Objekt. Die Verwendung des Objekt-Records erlaubt es, die Attribute des Objekts direkt zu aktualisieren. Sie läßt jedoch nicht zu, daß Verweise auf das Objekt in Assoziationen eingefügt werden. In der Regel empfiehlt es sich, den Objektverweis als "das Objekt" anzusehen. Um Objekt-Records direkt zu verwenden, lassen Sie die C++-Adressierungsoperatoren weg (* oder &):

```
Box box (10.0, 13.4, 5.12, 3.14);
box.move (dx, dy);
```

15.4.2 Operationen in Eiffel aufrufen

In Eiffel heißen Methoden *Routinen*. Routinen können als Argumente einfache Typen (*REAL, INTEGER, BOOLEAN* und *CHARACTER*) oder benutzerdefinierte Klassen übernehmen. Obwohl alle Objekte als Zeiger gehalten werden, darf eine Routine in Eiffel einen formalen Parameter nicht durch Zuweisung oder Operationsanwendung (wie *Create, Clone* oder *Forget*), die den Verweis ändern kann, modifizieren. Andere Operationen können jedoch auf ein Objekt angewendet werden, das ein formaler Parameter ist, und diese Operationen können den Objektzustand verändern.

Die Eiffel-Syntax für den Operationsaufruf ähnelt der C++-Syntax. Beachten Sie, daß der Attributauswahl-Operator in Eiffel dem C++-Operator '->' entspricht.

```
local
    aShape: SHAPE;
    dx, dy: REAL
do
    ...
    aShape.move (dx, dy);
end
```

In Eiffel ist es möglich, implizit auf die Merkmale des Zielobjekts zuzugreifen, indem man den Namen des Merkmals angibt. Die Bezeichner x und y sind Attribute des Zielobjekts *SHAPE*:

```
move (deltax, deltay: REAL) is
  -- move a shape by delta
```

```
do
    x := x + deltax;
    y := y + deltay
end
```

Eiffel stellt einen vordefinierten Bezeichner, *Current*, bereit, der das Zielobjekt einer Operation benennt. Dieser Bezeichner entspricht *this* in C++ und *self* in Smalltalk. Der oben gezeigte Code ist äquivalent zu:

```
move (deltax, deltay: REAL) is
    -- move a shape by delta
do
    Current.x := Current.x + deltax;
    Current.y := Current.y + deltay
end
```

Ein Verweis auf ein Objekt, das nicht das Zielobjekt ist, erfordert einen qualifizierten Verweis:

```
window.xmin := x1;
```

15.4.3 Operationen in Smalltalk aufrufen

Alle Argumente und Variablen in Smalltalk sind Objekte. Alle Operationen sind Methoden, die mit Objekten assoziiert sind. Der Programmierer sendet Messages an Objekte (wendet Operationen auf Objekte an). Eine *Message* ist der Name einer Operation mit einer Liste der Argumentwerte. Smalltalk bindet die Message zur Laufzeit an eine Methode, indem es die Klasse des Objekts prüft und die Methoden auf der Klasse und ihren Vorfahren durchsucht. Formale Parameter für Methoden können nicht durch Zuweisung innerhalb einer Methode verändert werden. Die Smalltalk-Syntax für das Message Passing trennt die Argumente nicht durch Trennsymbole, sondern durch Schlüsselwörter:

```
aShape moveDelta: aPoint
```

Diese Methode würde so implementiert werden:

```
class name Shape
instance variables
    x    y
instance methods
    moveDelta: aPoint
        x ← x + aPoint x
        y ← y + aPoint y
```

Innerhalb einer Methode kann direkt auf die Attribute des Zielobjekts (*Instanzenvariablen* in Smalltalk) zugegriffen werden, indem man wie in C++ und Eiffel den Attributnamen angibt.

Smalltalk stellt eine Pseudovariable, *self*, bereit, die auf den Empfänger der Message verweist. Es gibt in Smalltalk kein Äquivalent der C++- und Eiffel-Operationen, die auf ein Attribut eines Objekts zugreifen. Ein direkter Zugriff ist nur

auf die Attribute des Zielobjekts möglich. Für den Zugriff auf Attribute anderer
Objekte sind (benutzerdefinierte) Zugriffsoperationen erforderlich:

```
aPoint  ← aWindow getLocation
```

Alle Attribute sind daher private Klassenattribute. Leider gibt es keine Möglichkeit, den Zugriff auf Operationen einer Klasse zu begrenzen; alle Operationen
sind öffentlich.

15.5   Verwenden von Vererbung

Objektorientierte Sprachen stellen unterschiedliche Mechanismen zur Implementierung von Vererbung bereit. [Kim-88a, Kapitel 3] diskutiert drei voneinander
unabhängige Dimensionen zur Klassifizierung von Vererbungsmechanismen: statisch oder dynamisch, implizit oder explizit und objektbezogen oder gruppenbezogen. Viele bekannte Sprachen sind statisch (Vererbung wird bei der Kompilierung eingebunden), implizit (das Verhalten eines Objekts hängt von seiner Klasse
ab, die nicht geändert werden kann) und gruppenbezogen (Vererbungseigenschaf-
ten werden für eine Klasse, nicht für bestimmte Objekte spezifiziert). In den
meisten Sprachen umfaßt die Vereinbarung jeder Klasse eine Liste der Oberklassen, von denen sie Attribute und Methoden erbt.

15.5.1   Vererbung in C++ verwenden

Die Oberklasse oder Oberklassen einer Klasse werden als Teil der Klassenverein-
barung spezifiziert. Eine Unterklasse heißt *abgeleitete Klasse*. Der folgende
C++-Code deklariert *Shape* als eine Unterklasse von *Item*. *Box* und *Circle* sind
Unterklassen von *Shape*:

```
class Item
{
public:
    virtual void cut() = 0;
    virtual void move (Length deltax, Length deltay) = 0;
    virtual Boolean pick (Length px, Length py) = 0;
    virtual void ungroup() = 0;
};
class Shape: public Item
{
protected:
    Length x;
    Length y;
public:
    void cut();
    void draw() {write (COLOR_FOREGROUND);}
    void erase () {write (COLOR_BACKGROUND);}
    void move (Length deltax, Length deltay);
    virtual Boolean pick (Length px, Length py) = 0;
    void ungroup() {}
    virtual void write (Color color) = 0;
};
```

```
class Box: public Shape
{
protected:
    Length width;
    Length height;
public:
    Box (Length x0, Length y0, Length width0, Length height0);
    Boolean pick (Length px, Length py);
    void write (Color color);
};
class Circle: public Shape
{
protected:
    Length radius;
public:
    Circle (Length x0, Length y0, Length radius0);
    Boolean pick (Length px, Length py);
    void write (Color color);
};
```

Die in einer Oberklasse deklarierten Attribute werden auf die Unterklassen vererbt und müssen dort nicht wiederholt werden. Der Zugriff darauf ist von jeder Unterklasse aus möglich, es sei denn, sie sind als *private* deklariert. Nur Methoden einer Klasse können auf die privaten Attribute der Klasse zugreifen. Attribute, die als *protected* deklariert sind, sind für Unterklassen zugänglich, nicht aber für Client-Klassen

```
Boolean Box:: pick (Length px, Length py)
{
    return x<=px && px<=x+width && y<=py && py<=y+height;
}
```

Methoden, die in einer Oberklasse deklariert sind, werden ebenfalls vererbt. Wenn eine Methode in einer Unterklasse überschrieben werden kann, muß sie bei ihrem ersten Auftreten in einer Oberklasse als *virtual* deklariert werden. Beispielsweise kann die Methode *write* auf der Klasse *Shape* in den Klassen *Box* und *Circle* überschrieben werden und ist daher virtuell. Die Methoden *draw* und *erase* auf der Klasse *Shape* werden nicht in den Unterklassen überschrieben und müssen daher nicht als virtuell deklariert werden. (Sie werden durch Aufruf der virtuellen Funktion *write* mit der Farbe schwarz oder weiß implementiert). Die Methode *Shape::write* ist virtuell deklariert und mit 0 "initialisiert"; dadurch wird die Methode als *rein virtuelle Funktion*, d.h. abstrakte Operation, identifiziert. Jede Klasse mit einer rein virtuellen Funktion ist eine abstrakte Klasse und kann nicht direkt instantiiert werden. Der Compiler verifiziert, daß jede konkrete Unterklasse für alle rein virtuellen Funktionen Implementierungen definiert oder erbt.

Methoden, die ererbte Methoden überschreiben, müssen in der Unterklasse noch einmal deklariert werden. Dagegen müssen Methoden, die geerbt (und nicht überschrieben) werden, nicht wiederholt werden. Ähnlich müssen auch geerbte Attribute nicht wiederholt werden. Virtuelle Operationen werden mit der gleichen Syntax aufgerufen wie nicht-virtuelle Operationen:

```
Shape * shape;
Length x,y;
Boolean status;
status = shape->pick (x,y);
```

Das Wissen über die Vorfahren einer Klasse kann als *public* oder als *private* deklariert werden. Wenn eine Oberklassenableitung *private* ist, können die Clients der Klasse weder geerbte Operationen direkt aufrufen noch auf Attribute ihrer Vorfahren zugreifen. Wenn geerbte Operationen auf diese Weise getarnt werden, kann Vererbung gefahrlos auch dort für Implementierungszwecke verwendet werden, wo keine echte Generalisierungsrelation besteht – obwohl wir generell davon abraten, Vererbung auf diese Weise zu verwenden.

C++ unterstützt Mehrfachvererbung. Zu diesem Zweck muß eine Liste der Oberklassen in der Ableitungsanweisung spezifiziert werden. Es ist nicht zulässig, kollidierende Attribut- und Operationsnamen aus unterschiedlichen Oberklassen zu verwenden. C++ unterstützt mehrere komplizierte Variationen der Mehrfachvererbung, unter anderem auch eine Kette von Konstruktoren, die automatisch aufgerufen werden, wenn eine neue Instanz erzeugt wird.

15.5.2 Vererbung in Eiffel verwenden

In Eiffel wird Vererbung, wie das folgende Beispiel zeigt, durch die *inherit*-Klausel angegeben:

```
class ITEM
export
    cut, move, pick, ungroup
feature
    cut is deferred end;
    move (deltax, deltay: REAL) is deferred end;
    pick (x,y: REAL):BOOLEAN is deferred end;
    ungroup is deferred end
end
class SHAPE
export cut, draw, erase, move, ungroup, write
inherit ITEM
feature
    x,y: REAL;
    cut is body end;
    draw is body end;
    erase is body end;
    move (deltax, deltay: REAL) is body end;
    ungroup is body end;
    write (acolor: COLOR) is deferred end
end
```

```
class BOX
export pick, write
inherit SHAPE redefine pick, write
feature
    width, height: REAL;
    Create (x0, y0, width0, height0: REAL) is body end;
    pick (x,y: REAL): BOOLEAN is body end;
    write (acolor: COLOR) is body end
end
class CIRCLE
export pick, write
inherit SHAPE redefine pick, write
feature
    radius: REAL;
    Create (x0, y0, radius0: REAL) is body end;
    pick (x,y: REAL): BOOLEAN is body end;
    write (acolor: COLOR) is body end
end
```

Abstrakte Operationen werden durch die Deklaration *deferred* gekennzeichnet. Diese Operationen müssen in allen Unterklassen implementiert werden. Unterklassen-Merkmale, die Oberklassen-Merkmale überschreiben, müssen durch die Klausel *redefine* gekennzeichnet werden (dieser Fall kommt in diesem Beispiel nicht vor). Merkmale, die geerbt und nicht überschrieben werden, zum Beispiel die Operation *move* in der Klasse *CIRCLE*, müssen weder in der *export*- noch in der *redefine*-Klausel aufgelistet werden.

Die externe Sichtbarkeit von Merkmalen wird in der *export*-Liste spezifiziert, die die gleiche Aufgabe hat wie Deklarationen als *public* oder *private* in C++. Alle Merkmale einer Oberklasse sind für ihre Nachfahren verfügbar (es gibt keine Unterscheidung nach *private* und *protected* wie in C++). Merkmale können – ähnlich wie in C++ durch die Vereinbarung *friend* – selektiv an eine spezifizierte Klasse (und alle ihre Nachfahren) exportiert werden. Eiffel-Merkmale können in einer Unterklasse neu benannt werden.

Eiffel unterstützt Mehrfachvererbung. Namenskonflikte, die sich durch Erben aus verschiedenen Oberklassen ergeben, lassen sich reduzieren, wenn man geerbte Merkmale neu benennt.

15.5.3 Vererbung in Smalltalk verwenden

In Smalltalk wird Vererbung dargestellt, indem man den Namen der Oberklasse für ein Objekt angibt. Wie in C++ und Eiffel werden nur die Merkmale spezifiziert, die in der jeweiligen Unterklasse einmalig sind. Alle Methoden, die überschrieben werden sollen, werden in der Unterklasse definiert.

class name	Item
superclass	Object

```
class name              Shape
superclass              Item
instance variables
   x
   y
instance methods
   cut
   draw
   erase
   move: aPoint
   ungroup
class name              Box
superclass              Shape
instance variables
   width
   height

instance methods
   pick: aPoint
   write: aColor
class methods
   createAt: aPoint width: widthSize length: lengthSize
class name              Circle
superclass              Shape
instance variables
   radius
instance methods
   pick: aPoint
   write: aColor
class methods
   createAt: aPoint radius: radiusSize
```

Alle Attribute einer Oberklasse stehen allen Nachfahren der Oberklasse zur Verfügung. Es besteht keine Notwendigkeit anzugeben, daß eine Methode überschrieben werden kann, weil alle Methoden überschrieben werden können. In C++ und Eiffel muß eine Operation in ihrer *Ursprungs*klasse – der am wenigsten allgemeinen Vorfahrenklasse, die Methoden für die Operation implementiert – definiert werden. Dagegen ist es in Smalltalk nicht notwendig, abstrakte Methoden zu deklarieren. Vielmehr muß der Programmierer sicherstellen, daß keine undefinierte Operation auf ein Objekt angewendet wird. Es empfiehlt sich aus Konventions- und Stilgründen, abstrakte Methoden als "*self subclassResponsibility*" zu definieren, für den Fall, daß eine Methode auf einer Unterklasse vergessen wird. Dies bewirkt, daß die Methode *subclassResponsibility* eine Fehlermeldung druckt, falls eine undefinierte abstakte Operation aufgerufen wird. Es ist wahrscheinlich, daß sich wegen der schwachten Typbildung in Smalltalk Fehler erst zur Laufzeit zeigen. Es gibt keine Möglichkeit, die Verwendung einer Operation durch eine bestimmte Klasse auszuschließen. In Smalltalk ist daher keine vollständige Kapselung möglich.

Die Standardimplementierungen von Smalltalk unterstützen Mehrfachvererbung nicht, auch wenn einige experimentelle Implementierungen dies vorsehen.

15.6 Implementierung von Assoziationen

Kapitel 10 diskutiert, wie Assoziationen und Aggregationen implementiert werden. Es gibt zwei grundlegende Ansätze: eingebettete Zeiger und eigene Assoziationsobjekte.

Wenn Ihre Sprache (wie die meisten aktuellen Sprachen) Assoziationsobjekte nicht explizit unterstützt, so ist es am einfachsten, Assoziationen als eingebettete Zeiger zu implementieren. Eingebettete Zeiger können beim Entwurf oder bei der Implementierung hinzugefügt werden. In jedem Fall müssen die Attribute, die zur Implementierung der eingebetteten Zeiger erforderlich sind, den Klassendefinitionen hinzugefügt werden. Eine binäre Assoziation wird normalerweise als ein Attribut in jedem assoziierten Objekt implementiert, das einen Zeiger zu dem verwandten Objekt oder zu einer Gruppe verwandter Objekte enthält. In vielen Fällen wird die Assoziation jedoch nur in einer Richtung durchlaufen, so daß es genügt, nur einer der Klassen einen Zeiger hinzuzufügen. Zeiger in die "Einer"-Richtung sind einfach zu implementieren; sie enthalten einfach Objektverweise. Zeiger in die "m"-Richtung erfordern eine Menge von Objekten bzw. ein Array, wenn die Assoziation geordnet ist. Diese lassen sich am einfachsten durch ein Kollektionsklassen-Objekt aus einer Klassenbibliothek implementieren.

Eine Assoziation kann auch als eigenes Behälterobjekt implementiert werden. Ein explizites Assoziationsobjekt ist konzeptuell eine Menge von Tupeln und jedes Tupel enthält einen Wert aus jeder assoziierten Klasse. Ein binäres Assoziationsobjekt kann als zwei *Dictionary*-Objekte implementiert werden, wobei jedes Dictionary die Abbildung in eine Richtung der Assoziation übernimmt.

Eingebettete Zeiger ziehen eine Konsequenz nach sich, die viele Benutzer und Designer von objektorientierten Sprachen übersehen. Assoziationen können nicht durch Klassenattribute simuliert werden, ohne die Kapselung von Klassen zu verletzen, weil die Attributpaare, die eine Assoziation ausmachen, nicht voneinander unabhängig sind. Eine Aktualisierung eines Zeigers (in der Implementierung einer Assoziation) impliziert, daß auch der andere Zeiger aktualisiert werden muß, um die Konsistenz der Implementierung zu erhalten. Die einzelnen Attribute sollten nach außen hin nicht zur freien Verfügung stehen, weil sie nicht getrennt voneinander aktualisiert werden dürfen. Andererseits kann eine extern verfügbare Methode zur Aktualisierung der Attribute nicht an eine der beiden Klassen der Assoziation gebunden sein, ohne auf die interne Implementierung der anderen Klasse zugreifen zu können, weil die Attribute sich gegenseitig einschränken. C++ läßt eine Lockerung der Kapselung in begrenztem Rahmen zu und stellt dafür das Konstrukt *friend* bereit, und Eiffel ermöglicht es, Merkmale an ausgewählte Klassen zu exportieren. Dagegen gibt es in Smalltalk und den meisten anderen Sprachen keine saubere Möglichkeit, Assoziationen als Attribute zu kapseln.

Die Bedeutung von Assoziationen ist in der realen Welt begründet: sie sind notwendig, um Anforderungen zu erfassen und zu beschreiben (siehe Abschnitt 3.2.3). Die Tatsache, daß die meisten OO-Sprachen nicht über die Möglichkeit verfügen, Assoziationen direkt zu erfassen, ändert nichts daran, daß sie in der realen Welt benötigt werden. Es wäre deshalb am besten, wenn Sprachdesigner Assoziationsobjekte als elementares Konzept unterstützen würden, wie dies in der Sprache DSM der Fall ist [Shah-89].

15.6.1 Assoziationen in C++ implementieren

Die m:1-Assoziation zwischen *Item* und *Group* ließe sich in C++ mit Zeigern implementieren:

```
class Item
{
    // other declarations as before
private:
    Group * group;
    friend Group::add_item (Item *);
    friend Group::remove_item (Item *);
public:
    Group * get_group () {return group;}
};
class Group: public Item
{
    // other declarations as before
private:
    ItemSet * items;
public:
    void add_item (Item *);
    void remove_item (Item *);
    ItemSet * get_items () {return items;}
};
```

Jedesmal, wenn der Assoziation eine Verknüpfung hinzugefügt wird, müssen beide Zeiger aktualisiert werden. Wenn eine Verknüpfung entfernt wird, müssen ebenfalls beide Zeiger aktualisiert werden. Der entsprechende Code könnte so aussehen:

```
void Group::add_item (Item *item)
{
    item->group = this;
    items->add (item);
}
```

```
void Group::remove_item (Item *item)
{
    item->group = 0;
    items->remove (item);
}
```

Die Methoden auf der Klasse *Group* können das Attribut *group* in einem *Item*-Objekt aktualisieren, weil sie als *friends* der Klasse *Item* deklariert sind. Mit dem Konstrukt *friend* steht ein sauberer Mechanismus bereit, Zugriff auf interne Details zu gewähren, ohne vollständig auf Kapselung zu verzichten.

In diesem Beispiel haben wir den Code weggelassen, der prüft, ob sich ein Element bereits in einer Gruppe befindet. Bevor wir ein Element in eine Gruppe aufnehmen, sollten wir zunächst prüfen, ob es sich bereits in einer Gruppe befindet und es gegebenenfalls daraus entfernen. Diese Prüfung ist nicht unbedingt notwendig, wenn wir sicherstellen können, daß wir niemals ein Element in eine Gruppe aufnehmen, ohne es gegebenenfalls zuerst aus einer anderen Gruppe zu entfernen. Eine explizite Prüfung bietet jedoch eine bessere Absicherung gegen Fehler.

Die Klasse *ItemSet* ist eine Kollektion, die Mengen von Elementen aufnimmt. Ihr Protokoll sieht so aus:

```
class ItemSet
{
public:
    ItemSet (); // create an empty set
    ~ItemSet (); // destroy a set
    void add (Item *); // add an item to the set
    void remove (Item *); // delete an item from the set
    Boolean includes (Item *); // test for an item in the set
    int size (); // report the number of items in the set
};
```

Allgemeinere Klassen für Kollektionen (allerdings mit schwacher Typbildung) finden sich in bestehenden Klassenbibliotheken wie der NIH-Klassenbibliothek [Gorlen-90], die an den USA National Institutes of Health entstanden ist. Diese Bibliothek umfaßt darüber hinaus auch *Iterator*-Objekte, um Kollektionen mit *for*-Schleifen zu durchsuchen, ohne die interne Struktur der Kollektion zu kennen. Es gibt Operationen, die einen Iterator erzeugen, ihn weiterschalten, bis das Ende der Kollektion erreicht ist, und das aktuelle Objekt aus der Kollektion holen:

```
Boolean Group::pick (Length x, Length y)
{
    ItemIterator it(items);
    while (it++)
        if (it()->pick (x,y)) return TRUE;
    return FALSE
}
```

Array-Klassen mit variabler Länge können verwendet werden, um geordnete Assoziationen zu implementieren. Einige Anwendungen erfordern möglicherweise andere Datenstrukturen wie zirkuläre Listen oder Bäume. (Wir haben darauf verzichtet, detailliert zu beschreiben, wie eine allgemeine Klasse wie *Menge* angepaßt wird, um eine spezifische Objektart wie *Item* aufzunehmen. Dies wird eines Tages durch die Verwendung von parametrisierten Typen in C++ realisiert werden können. Bis diese Teil von Standard-C++ werden, stellen Klassenbibliotheken verschiedene Hilfskonstrukte bereit, mit denen spezifische Klassen in allgemeinen Behältern gespeichert werden können.)

Eigene Assoziationsobjekte sind nicht schwer zu implementieren, sofern sie nicht ohnehin schon in der Klassenbibliothek enthalten sind. *Assoziation* kann als neue Behälterklasse implementiert und in die Klassenbibliothek aufgenommen werden. Der einfachste Ansatz besteht darin, ein Assoziationsobjekt als zwei Dictionary-Objekte zu implementieren. (Ein Dictionary ist eine Nachschlagetabelle, die einen Wert auf einen anderen abbildet, und in den meisten Klassenbibliotheken enthalten.) Ein Dictionary bildet die Assoziation in die Vorwärtsrichtung ab, das andere in die Rückwärtsrichtung. Auch wenn bei der Aktualisierung der Assoziation beide Dictionaries aktualisiert werden müssen, wird die Assoziation auf diese Weise effizient durchlaufen.

Jede Assoziation im Objektmodell wird als Assoziationsobjekt implementiert. Die Verknüpfungen in der Assoziation sind die Elemente des Assoziationsobjekts. Durch die Verwendung von Assoziationsobjekten bleibt die Kapselung der implizit mit einer Assoziation verbundenen Einschränkung zwischen den Klassen erhalten. Beispielsweise könnte die oben gezeigte Routine so geschrieben werden:

```
Association* item_group_asn = new Association (many_to_one);

void Group::add_item (Item *item)
{
    item_group_asn->add (item, this);
}

void Group::remove_item (Item *item)
{
    item_group_asn->remove (item, this);
}

Group * Item::get_group ()
{
    return (Group*) item_group_asn->index_forward (this);
}

ItemSet * Group::get_items ()
{
    return (ItemSet*) item_group_asn->index_reverse (this);
}
```

Wir sind nicht näher darauf eingegangen, wie spezifische Objektklassen in allgemeinen Behälterobjekten gespeichert werden. Dies geschieht entweder, indem man den Inhalt verwirft (wie wir gezeigt haben) oder indem man parametrisierte Klassen verwendet (sobald sie in C++ zur Verfügung stehen).

Wenn eine Assoziation als eigenes Objekt implementiert wird, müssen keiner der an der Assoziation beteiligten Klassen Attribute hinzugefügt werden. Wenn die Assoziation schwach besetzt ist (d.h. nur ein kleiner Teil der Objekte daran beteiligt ist), so belegt ein eigenes Assoziationsobjekt weniger Speicherplatz als Zeiger in jedem Objekt. Der Zugriff auf Werte erfolgt zwar etwas langsamer als über Zeiger in Objekten, aber wenn Assoziationen durch Dictionaries implementiert werden, die Hash-Tabellen enthalten, sollte die Zugriffszeit eine Konstante niedrigen Wertes sein, unabhängig von der Anzahl der Verknüpfungen in der Assoziation.

15.6.2 Assoziationen in EIFFEL implementieren

Eiffel stellt für die Implementierung von Assoziationen etwa die gleichen Optionen zur Verfügung wie C++. Eiffel unterstützt parametrisierte Behälterobjekte (die in Eiffel als *generisch* bezeichnet werden) und die entsprechend dem Objekttyp benannt sind, den sie aufnehmen. Die LINKED_LIST aus der Basic Class Library von Eiffel kann zur Implementierung der m:1-Assoziation zwischen *ITEM* und *GROUP* verwendet werden:

```
class ITEM
export
    get_group
    -- selective export to class GROUP
    set_group {GROUP}, forget_group {GROUP}
feature
    mygroup: GROUP;
    get_group: GROUP is
        do
            Result := mygroup
        end;
    set_group(g:GROUP) is
        do
            mygroup := g
        end;
    forget_group is
        do
            forget(mygroup)
        end;
end -- ITEM
class GROUP
export add_item, remove_item, get_items
inherit
    ITEM
feature
```

```
items:LINKED_LIST[ITEM];  -- parameterized type
Create is
   do
      items.Create
   end;
add_item(value:ITEM) is
   do
      items.finish;
      items.insert_right(value);
      value.set_group(Current)
   end;
remove_item(value:ITEM) is
   do
      items.search (value, 1);
      items.delete;
      value.forget_group
   end;
get_items(number:INTEGER):ITEM is
   do
      Result := items
   end;
end -- GROUP
```

In Eiffel können beliebige Merkmale selektiv exportiert werden. Wir haben hier die *ITEM*-Merkmale *set_group* und *forget_group* in die Klasse *GROUP* exportiert. Die Kapselung bleibt erhalten, indem der Schreibzugriff auf die Objekte begrenzt wird, die an der Assoziation *ITEM/GROUP* beteiligt sind.

Der *forget*-Operator von Eiffel dient auch dazu, Speicherplatz freizugeben. Der Operator gibt den Speicherplatz für das Objekt frei, das durch die Objekt-ID angegeben wird, auf der er arbeitet. Außerdem wird die Objekt-ID auf *void* gesetzt.

15.6.3 Assoziationen in Smalltalk implementieren

Die umfangreiche Smalltalk-Klassenbibliothek hilft dem Programmierer bei der Implementierung vielfältiger Assoziationen. Für die m:1-Assoziation (in Abbildung 15.1) zwischen einer Gruppe und dem darin enthaltenen Element verwenden wir ein *Set*, das wir der Smalltalk-Klassenbibliothek entnehmen:

```
class name        Item
super class       Object
instance variables
   group
instance methods
   other instance methods as before
   getGroup
      ↑group
   private methods
   putGroup: aGroup
```

```
      group ← aGroup
```

class name   Group
super class   Item
instance variables
   items
class methods
   new
        ↑((super new) putItems: (Set new))
instance methods
   other instance methods as before
   addItem: anItem
        items add: anItem.
        anItem putGroup: self
   removeItem: anItem
        items remove: anItem.
        anItem putGroup: nil
   getItems
        ↑items copy
   private methods
   putItems: aSet
        items ← aSet

Weil Smalltalk keine Typprüfung durchführt, gibt es keine Begrenzungen auf der Klasse von Elementen, die einer *Group* hinzugefügt werden können. Jedes Objekt, das auf die Message *putGroup:* reagiert, ist erlaubt. Beachten Sie, daß eine saubere Kapselung der Assoziation in Smalltalk nicht möglich ist. Die Methode *putGroup:* auf der Klasse *Item* ist zwar als "privat" vereinbart. Es bleibt jedoch dem Programmierer überlassen, die Privatheit der Methode zu respektieren, weil eigentlich alle Methoden in Smalltalk öffentlich sind.

15.7 Eigenschaften objektorientierter Sprachen

Objektorientierte Sprachen unterstützen fortgeschrittenere objektorientierte Konzepte auf unterschiedliche Weise. Es gibt keine Sprache, die allen Bedürfnissen entspricht. In diesem Abschnitt erörtern wir die Eigenschaften objektorientierter Sprachen, die von Sprache zu Sprache variieren. Wählen Sie eine Sprache aus, die für Ihre Anforderungen geeignet ist. Wenn Ihr Entwurf zum Beispiel Mehrfachvererbung erfordert, so sollten Sie aus den Sprachen auswählen, die Mehrfachvererbung gut unterstützen. Interpretierte Sprachen bieten sich für das Rapid Prototyping an. Sie sind aber möglicherweise ungeeignet, wenn für Sie die Rechenzeit im Vordergrund steht. Es macht keinen Sinn, eine eigene Klassenbibliothek zu bauen, wenn die Sprache bereits eine Bibliothek mit Klassen bereitstellt, die zu Ihrem Entwurf passen. Wenn Sie eine zusätzliche Fehlerprüfung bei der Kompilierung wünschen, sollten Sie eine Sprache mit strenger Typbildung verwenden. Wenn der Speicherbedarf in Ihrer Anwendung unvorhersehbar ist, treffen Sie Ihre Wahl zwischen Sprachen mit einem automatischen Garbage-Collection-Mechanismus. Wenn Ihre Anwendung persistente Daten erfordert, auf

die mehrere Benutzer zugreifen können, kommt vielleicht eine OO-Datenbank für
Sie in Frage. Sofern eine Sprache nicht außergewöhnlich umständlich zu programmieren ist, sollte die Sprachsyntax nur am Rande in Ihre Überlegungen
eingehen.

Dieses Kapitel erwähnt eine Reihe von OO-Sprachen. C++, Eiffel, Objective-C,
Smalltalk-80 und CLOS sind kommerziell erhältliche Sprachen. Trellis-Owl und
DSM befinden sich im Forschungsstadium. GemStone und ORION sind Datenbanksprachen. Abbildung 15.2 am Ende dieses Kapitels faßt die Eigenschaften
verschiedener, kommerziell verfügbarer Sprachen zusammen.

15.7.1 Mehrfachvererbung

Einige Sprachen wie C++ (Version 2), CLOS, Eiffel und DSM unterstützen
Mehrfachvererbung, viele andere Sprachen dagegen nicht. Wenn die Sprache, die
Sie wählen, Mehrfachvererbung unterstützt, können Sie Ihren Entwurf direkt in
die Implementierung übersetzen. Anderenfalls müssen Sie das Problem mit einer
der in Kapitel 4 vorgeschlagenen Möglichkeiten umgehen.

Mehrfachvererbung bringt die Gefahr mit sich, daß Attribut- und Operationsnamen in Konflikt zueinander stehen. Eine Klasse könnte mehr als einen Vorfahren
mit dem gleichen Attribut haben. Die verschiedenen Sprachen lösen dieses Problem auf unterschiedliche Weise. Der Eiffel-Compiler zum Beispiel weist Programme mit Widersprüchen dieser Art zurück. Dagegen verfügt CLOS über ein
Protokoll, sie zu lösen. In jedem Fall empfehlen wir Ihnen, derartige Konflikte zu
vermeiden. Es ist ein schlechter Programmierstil, das Lösen von Konflikten dem
Compiler zu überlassen, weil dies auf Kosten der Erweiterbarkeit geht und
Verwechslungen entstehen können.

15.7.2 Klassenbibliothek

Viele OO-Sprachen besitzen eine Bibliothek mit nützlichen allgemeinen Klassen,
die entweder direkt verwendet oder durch die Erzeugung von Unterklassen an
spezielle Anforderungen angepaßt werden können. Wenn eine Klassenbibliothek
vorhanden ist, brauchen viele Komponenten nicht vom Programmierer neu implementiert zu werden. Am nützlichsten sind Klassen, die universal einsetzbare
Datenstrukturen wie Mengen, dynamische Arrays, Listen, Warteschlangen,
Stacks, Dictionaries, Bäume usw. implementieren. Diese Klassen, die oft als
Behälterklassen bezeichnet werden, bilden den Rahmen, innerhalb dessen Kollektionen anderer Objekte organisiert werden können. Klassen, die verschiedene
Arten von Assoziationen implementieren, sollten ebenfalls in der Klassenbiblio-
thek enthalten sein.

Reichhaltigere Klassenbibliotheken enthalten möglicherweise auch geräteunab-
hängige Abstraktionen von Schnittstellen-Klassen (wie Streams, Eingabegeräte,
Anzeigegeräte, Dateisysteme) oder parallelen Prozessen. Eine eigene Klassenbibliothek mit Benutzerschnittstellen-Klassen für ein oder mehrere Fenstersysteme
ist ebenso nützlich wie eine Grafikbibliothek. Bei den meisten Programmen muß
die String-Manipulation unterstützt werden.

15.7.3 Effizienz

Objektorientierte Sprachen gelten zu Unrecht als ineffizient, weil einige frühe Sprachen (Smalltalk und Lisp-basierte Sprachen) interpretiert und nicht kompiliert wurden. Seit es kompilierte Sprachen und effizientere Interpreter gibt, steht ein breiteres Spektrum geeigneter Sprachen zur Verfügung. Die Verwendung einer OO-Sprache mit einer ausgereiften Klassenbibliothek resultiert häufig in Code, der *schneller* läuft als Code, der mit einer nicht-objektorientierten Sprache geschrieben wurde. Das liegt daran, daß der Verwaltungs-Overhead einer OO-Sprache oft durch besser implementierte Datenstrukturen und Algorithmen in der Klassenbibliothek mehr als kompensiert wird. Beispielsweise würden sich die meisten Programmierer nicht die Mühe machen, für kleine Programme Hash-Tabellen oder ausgeglichene Bäume zu implementieren. In einer guten Klassenbibliothek sind solche Datenstrukturen dagegen vorhanden.

Ein Aspekt objektorientierter Sprachen, der zunächst ineffizient wirkt, ist die Verwendung von *Methodenresolution* (oder dynamischem Binden) zur Laufzeit, um polymorphe Operationen zu implementieren. Die Methodenresolution ist der Prozeß, eine Operation auf einem Objekt auf eine bestimmte Methode abzubilden. Um die Klasse zu finden, die die Operation für ein gegebenes Objekt implementiert, muß – so scheint es – der Vererbungsbaum zur Laufzeit durchsucht werden. Die meisten Sprachen optimieren jedoch aus Effizienzgründen den Nachschlagemechanismus. Solange die Klassenstruktur bei der Programmausführung unverändert bleibt, kann die korrekte Methode für jede Operation lokal in jeder Unterklasse gespeichert werden. Mit Hilfe dieser Technik, dem sogenannten *Methoden-Caching*, reduziert sich das dynamische Binden zu einem einmaligen Nachschlagen in einer Hash-Tabelle und kann in konstanter Zeit durchgeführt werden, unabhängig von der Tiefe des Vererbungsbaums oder der Zahl der Methoden in der Klasse. Geschickte Compiler-Implementierungen können sogar die konstanten Kosten noch senken.

In einer Sprache mit strenger Typprüfung wie C++ lassen sich die Kosten der Methodenresolution zur Laufzeit auf einen einzigen Strukturzugriff reduzieren, der – gemessen an den Kosten für einen Prozeduraufruf – nahezu vernachlässigbar ist. Jede Klasse besitzt eine Struktur, die auf Methoden verweist, auf die die Objekte der Klasse zugreifen können. Ein Zeiger auf jede Methode ist an einer bekannten Adresse in der Struktur gespeichert. In jedem Objekt ist ein Zeiger auf die Struktur mit den Methoden der Klasse gespeichert. Die Methodenresolution zur Laufzeit wird durchgeführt, indem auf die Methodenstruktur zugegriffen wird, um sie mit dem bekannten Offset der Methode zu indizieren. Diese Technik kann nicht eingesetzt werden, wenn zur Laufzeit neue Methoden angelegt werden können (weil dann die Struktur nicht vorher festgelegt werden kann) oder wenn der Name einer Methode zur Laufzeit verändert werden kann (weil dann der Offset nicht vorausberechnet werden kann).

Ein Sprachsystem kann die Methodenresolution noch weiter optimieren, indem das dynamische Nachschlagen nur verwendet wird, wenn dies wirklich erforderlich ist. Ein großer Prozentsatz der Methodenaufrufe in einer typischen Anwendung kann vom Compiler statisch gebunden werden, wenn dieser die entsprechenden Informationen erhält. Es gibt zwei Möglichkeiten, den Compiler mit diesen Informationen zu versorgen. Zum einen kann der Programmierer deklarieren, welche Operationen überschrieben werden dürfen und auf diese Weise das dynamische Binden auf nur diese Funktionen begrenzen. Die virtuellen Funktionen von C++ und die generischen Funktionen von CLOS spiegeln diesen Ansatz wider. Die zweite Möglichkeit besteht darin, einen letzten Optimierungslauf einzuführen, der die Anwendung als Ganzes analysiert, entscheidet, welche Methoden nicht überschrieben werden, und dann die Anwendung unter Verwendung dieser neu gewonnenen Informationen erneut kompiliert. Dieser Ansatz ist in Eiffel realisiert. Beachten Sie, daß die Typdeklaration für Variable dem Compiler erlaubt, sehr viel präziser festzulegen, welche Methodenaufrufe optimiert werden können.

15.7.4 Vergleich zwischen strenger und schwacher Typbildung

Objektorientierte Sprachen verfolgen sehr unterschiedliche Ansätze in bezug auf Typbildung. Der Begriff *Typbildung* bezieht sich darauf, ob Variablen- und Attributwerte nur als Objekt bekanntgemacht werden (*schwache Typbildung*) oder ob sie präziser – als Bestandteil einer bestimmten Klasse oder eines ihrer Nachfahren – deklariert werden können (*strenge Typbildung*). Der Beispielentwurf in Abbildung 15.1 geht von einer strengen Typbildung aus. Beispielsweise wird das Attribut *radius* mit dem Typ *Length* deklariert. Smalltalk ist eine Sprache mit einer schwachen Typbildung – alle Variablen in Smalltalk sind Objekte mit unspezifizierter Klasse. Eiffel, DSM, Objective-C und C++ sind Sprachen mit strenger Typbildung. CLOS und Objective-C unterstützen eine strenge Typbildung, ohne sie aber zu erzwingen – eine Variable, die auf ein Objekt verweist, kann optional deklariert werden und der Compiler wird die Verwendung dieser Variable prüfen. Hybride Sprachen wie DSM, C++ und Objective-C lassen es sogar zu, daß ein Attribut einen Wert annimmt, der kein Objekt, sondern ein zugrundeliegender C-Typ ist. Die Zulässigkeit von Werten, die keine Objekte sind, erhöht die Effizienz häufig vorkommender Operationen, zum Beispiel arithmetischer Operationen. Allerdings geht dies auf Kosten der Einheitlichkeit des Zugriffs.

Strenge Typbildung innerhalb einer Sprache dient zwei Zwecken. Zum einen unterstützt sie den Programmierer aktiv, nicht zusammenpassende Methodenargumente und Zuweisungs-Anweisungen zu entdecken. Darüber hinaus bietet sie zusätzliche Optimierungsmöglichkeiten: Der Compiler kann feststellen, wann eine universelle Operation durch einen spezifischen Funktionsaufruf ersetzt werden kann (siehe Abschnitt 15.7.3). Strenge Typbildung wirkt sich nicht negativ auf die Mächtigkeit einer Sprache aus, weil der Programmierer jederzeit die Möglichkeit hat, alles als zur Klasse *Object* gehörig zu deklarieren, und damit die gleiche Wirkung wie mit schwacher Typbildung zu erzielen.

Obwohl eine schwache Typbildung flexibel und mächtig ist, leistet sie gleichzeitig gefährlichen Codierungspraktiken Vorschub. Die moderne Programmiersprachen-Theorie hat sich in Richtung strenger Typprüfung entwickelt. Viele Fortschritte in der Theorie der Programmiersprachen gehen auf Begrenzungen der Freiheit des Programmierers zurück, gefährliche Operationen durchzuführen. Die meisten neuen Sprachen unterstützen eine strenge Typbildung. Dahinter steht die Überlegung, daß sich Softwarefehler bei der Kompilierung leichter finden und beheben lassen als zur Laufzeit. Eine strenge Typbildung verbessert die Zuverlässigkeit der ausgelieferten Software.

15.7.5 Speicherverwaltung

Die Freiheit bei der Erzeugung von Objekten und beim Zugriff auf Objekte verursacht ein Problem, wenn Speicherplatz zurückgefordert werden muß. Die meisten OO-Sprachen weisen Speicher von einem Heap aus zu, statt feste Blöcke des globalen Speichers oder einen Stack zu verwenden. Einem dynamischen Speicherverwaltungs-System kann der Speicherplatz ausgehen, es sei denn, der Speicherplatz für nicht mehr benötigte Objekte wird freigegeben. Das Hauptproblem besteht darin, zu entscheiden, wann ein Objekt nicht mehr benötigt wird bzw. wann ein Zugriff darauf nicht mehr möglich ist. Wie ernst dieses Problem ist, hängt vom Anwendungstyp und der Speicherarchitektur ab. Viele Programme, die auf einen großen virtuellen Speicher zugreifen können, ignorieren das Problem einfach. Dagegen kommt eine sehr interaktive Anwendung, die unbegrenzt lange laufen soll, nicht umhin, sich mit der Speicherverwaltung zu befassen, unabhängig von der Größe des verfügbaren Speicherplatzes.

Es gibt zwei Ansätze zur Speicherverwaltung: die Speicherverwaltung kann entweder automatisch durch das Laufzeitsystem der Sprache oder explizit durch Freigabeanweisungen des Programmierers erfolgen. Von beiden Ansätzen ist die automatische Speicherverwaltung vorzuziehen. Sie nimmt dem Programmierer die Entscheidung ab, wann Speicherplatz freigegeben werden muß, und vermeidet das Risiko offener Objektverweise, die bei einer expliziten Freigabe leicht auftreten können. Allerdings sind viele Benutzer aus verständlichen Gründen mit Garbage-Collection-Schemata, die zu unvorhersehbaren Zeiten lange Pausen bei der Ausführung verursachen, unzufrieden. Inkrementelle Garbage-Collection-Schemata vermeiden lange Verzögerungen, erhöhen jedoch den durchschnittlichen Arbeitsaufwand. Verbesserte Garbage-Collection-Algorithmen lassen jedoch auf Fortschritte in diesem Bereich hoffen.

CLOS und Smalltalk bieten eine voll automatische Garbage Collection. In C++ muß der Programmierer nicht mehr benötigte Objekte selbst freigeben, er hat jedoch die Möglichkeit, Destruktor-Funktionen zu definieren, die automatisch aufgerufen werden, wenn eine Variable ihren Wertebereich überschreitet. Der Programmierer hat damit eine bequeme Möglichkeit, die Freigabe von Speicherplatz zu organisieren und explizit aufzurufen. Ein echter Garbage-Collection-Mechanismus ist jedoch nicht vorhanden. Der Speicherplatz von dynamisch zugeteilten Objekten muß explizit mit dem *delete*-Operator freigegeben werden. Die explizite Freigabe von Speicherplatz birgt die zweifache Gefahr in sich, einerseits Objekte aufzugeben, auf die noch verwiesen wird (dies führt zu Programmabstürzen), und es andererseits zu versäumen, den Speicherplatz nicht mehr zugänglicher Objekte freizugeben (dies führt zu einer Verschwendung von Spei-

cherplatz). Sie verursacht jedoch keinen zusätzlichen Zeit- oder Speicheraufwand
für das Programm.

15.7.6 Kapselung

Kapselung (oder *Information Hiding*) bezeichnet die Trennung des *Protokolls*,
d.h. der externen Aspekte eines Objekts, auf die andere Objekte zugreifen können, von den internen Implementierungsdetails des Objekts, die anderen Objekten verborgen bleiben. Kapselung verhindert, daß ein Programm so unübersichtlich wird, daß schon eine kleine Änderung eine massive Wellenwirkung auslösen
kann. Sie können die Implementierung einer Klasse ändern, ohne daß ihre Clients
davon betroffen sind. Möglicherweise möchten Sie die Implementierung eines
Objekts ändern, um die Leistung zu verbessern, einen Fehler zu beheben, Code
zu konsolidieren oder um es auf ein anderes System zu portieren. Kapselung ist
keine Eigenschaft, die objektorientierten Sprachen vorbehalten ist. Allerdings ist
Kapselung in objektorientierten Sprachen, die Datenstruktur und Verhalten in
einer einzigen Entität vereinen, ein klareres und mächtigeres Konzept als in
konventionellen Sprachen, die Datenstruktur und Verhalten trennen. Das Aus-
maß, in dem die Abgrenzung von Klassen erzwungen wird, ist von Sprache zu
Sprache sehr unterschiedlich.

Kapselung wird unter anderem verletzt, wenn Code, der mit einer Klasse assoziiert ist, direkt auf die Attribute einer anderen Klasse zugreift. Beim Direktzugriff
werden Annahmen über das Speicherformat und die Adresse der Daten zugrunde
gelegt. Diese Implementierungsdetails sollten jedoch in einer Klasse verborgen
sein und ein Attributwert kann eigentlich aufgrund anderer Informationen berechnet werden. Es ist nicht die richtige Art, auf ein Attribut eines anderen Objekts
zuzugreifen, indem man es sich ungefragt "nimmt", sondern indem man durch
Aufrufen einer Operation des Objekts darum "bittet". Viele Sprachen (wie Smalltalk) verbieten den direkten Zugriff auf die Attribute eines anderen Objekts oder
ermöglichen es (wie C++ und Trellis-Owl), Attribute als privat oder als öffentlich
zu deklarieren. Die vielleicht beste Kapselungssteuerung bietet Eiffel mit seiner
export-Anweisung, die Attribute, die gelesen werden dürfen, und Operationen,
die ausgeführt werden dürfen, auflistet. Die C++-Deklaration *friend* läßt eine
Lockerung von Kapselung in begrenztem Rahmen zu und ermöglicht den Zugriff
durch spezifizierte Klassen oder Funktionen.

Kapselung kann auch durch eine allzu lässige Verwendung von Vererbung verletzt werden. Eine Unterklasse erbt die Attribute ihrer Oberklasse. Wenn jedoch
die Methoden der Unterklasse direkt auf die Attribute der Oberklasse zugreifen,
wird die Kapselung der Oberklasse zu Fall gebracht. CLOS, Owl, Eiffel und C++
ermöglichen es, daß eine Klasse ihre Sichtbarkeit gegenüber ihren Unterklassen
einschränkt. Es gibt Argumente, die dafür sprechen, den Zugriff einer Klasse auf
ihre Oberklasse zu erlauben. Der Preis dafür ist allerdings eine enge Bindung
zwischen den Klassen.

Oft ist es nützlich, einige "private" Operationen zu schreiben, die nur der internen
Verwendung anderer Methoden der gleichen Klasse dienen. Es ist wünschenswert, die Sichtbarkeit dieser Operationen zu begrenzen, so daß andere Klassen sie

nicht verwenden können. Es ist oft notwendig, Unterklassen den Zugriff auf diese internen Operationen zu erlauben. Eine einfache Unterscheidung zwischen privat und öffentlich ist daher nicht möglich. Einige Sprachen erlauben eine dritte Ebene des Zugriffs auf Unterklassen (wie die C++-Deklaration *protected*).

Eine vollständigere Behandlung von Kapselung finden Sie in [Micallef-88].

15.7.7 Pakete

Eine Klasse ist kein geeignetes Strukturierungskonstrukt für große Systeme. Den meisten OO-Sprachen fehlen Partitionierungsmechanismen, die die Sichtbarkeit zwischen Klassen kontrollieren. Wir haben vorgeschlagen, als Strukturierungsmechanismus bei der Analyse Moduln zu verwenden, die Klassen enthalten.

Ein Problem, das damit zusammenhängt, ist die für objektorientierte Sprachen typische Forderung nach eindeutigen Klassennamen. Häufig ist dies nicht gegeben, wenn zwei oder mehr Anwendungen kombiniert werden, die unabhängig voneinander entwickelt wurden. Möglicherweise haben zwei Designer, die unabhängig voneinander arbeiten, verschiedene Versionen einer Klasse *Symbol* mit unterschiedlichen Operationen und einer unterschiedlichen Semantik definiert. Das Problem ähnelt Namenskonflikten, wie sie in blockstrukturierten Sprachen oft auftreten.

In Ada und in CLOS bietet das Konstrukt *package* die Möglichkeit, ein System in voneinander getrennte Komponenten mit eigenen Namensräumen zu strukturieren. In Ada sind Namen, die bei der Spezifikation eines Pakets vereinbart wurden, außerhalb des Pakets nicht sichtbar, es sei denn, dies wird explizit gewünscht. Dadurch können sowohl der Namensraum als auch Abhängigkeiten zwischen Paketen gesteuert werden. Entitäten, die außerhalb des Pakets unter einem bestimmten Namen bekannt sind, können innerhalb des Pakets umbenannt werden. Pakete können verschachtelt sein, so daß ein ganzes Teilsystem unter einer wohldefinierten Schnittstelle gekapselt sein kann.

Es wäre für objektorientierte Sprachen von Vorteil, wenn sie durch eine dem *package*-Konstrukt ähnliche Funktion erweitert würden. Insbesondere erlaubt die Möglichkeit, die Paket-Komponenten eines Systems zu verschachteln, eine bessere Kontrolle der Sichtbarkeit.

15.7.8 Entwicklungsumgebung

Die Werkzeuge, die Ihnen für das Durchblättern und Bearbeiten des Quellcodes, die Kompilierung, das Debugging, die Systemintegration und das Testen zur Verfügung stehen, wirken sich sehr stark auf Ihre Produktivität aus. Unterstützende Werkzeuge sind in objektorientierten Sprachen wegen der Schwierigkeit, geerbte und dynamisch gebundene Merkmale in einem großen System zu verwalten, besonders wichtig.

Mit einem *Browser* können Sie sich auf strukturierte Weise im Quellcode bewegen und die vorhandenen Klassen und die für jede Klasse definierten Operationen abfragen. Der Smalltalk-80-Browser, der in [Goldberg-84] beschrieben ist, ist das bekannteste Beispiel.

Der *Compiler* oder *Interpreter* ist das wichtigste Implementierungswerkzeug. Die Geschwindigkeit, mit der Sie kleine Änderungen durchführen und ihre Wirkung testen können, hängt davon ab, ob die Sprache interpretiert, kompiliert oder in eine Zwischensprache übersetzt wird. Ein Interpreter bietet mehr Flexibilität bei der Fehlersuche. Interpretierte Systeme wie Smalltalk und Lisp ermöglichen es, ein laufendes Programm anzuhalten, es zu bearbeiten, um einen Fehler zu korrigieren, und es danach wiederaufzunehmen. Objective-C bietet neben dem Compiler optional auch einen Interpreter an.

Einige Compiler übersetzen eine objektorientierte Sprache in eine Zwischensprache (wie C), die dann kompiliert wird. Die Sprache C++ wurde anfangs durch Übersetzung in C implementiert; in der Zwischenzeit stehen jedoch echte Compiler zur Verfügung. Die Übersetzung kann für *symbolische Debugger* ein Problem darstellen, weil sie den ursprünglichen objektorientierten Code nicht verstehen. Um einen Debugger zu evaluieren, sollten Sie herausfinden, ob er Ihnen den ursprünglichen objektorientierten Quellcode oder den möglicherweise schwer lesbaren Zwischencode zeigt. Der Debugger sollte in der Lage sein, Attributwerte zu inspizieren und objektorientierte Ausdrücke zu evaluieren.

Werkzeuge zur *Systemgenerierung* und zur *Änderungssteuerung* sind bei großen Projekten unverzichtbar, aber auch für den einzelnen Programmierer hilfreich. Achten Sie darauf, ob die vorgeschlagene Sprache über Hilfen dieser Art verfügt oder sich problemlos mit vorhandenen Werkzeugen integrieren läßt. Eine Neugenerierung eines Systems kann sehr zeitaufwendig sein, wenn eine einfache Änderung in einem Modul auch die Neukompilierung von Client-Moduln nach sich zieht. Versuchen Sie festzustellen, welche Arten von Veränderungen eine Neukompilierung von Clients auslöst. Die Erfahrung zeigt, daß konventionelle Generierungswerkzeuge wie der UNIX-Befehl *make* für viele Zwecke zu primitiv sind. Feinkörnigere Entwicklungsumgebungen sind erforderlich, aber erst seit kurzem verfügbar.

15.7.9 Metadaten

Metadaten sind Daten über Daten (siehe Kapitel 4). Metadaten, die zur Laufzeit verfügbar sind, ermöglichen es einer Anwendung, Schlußfolgerungen über ihre eigene Struktur und Fähigkeiten – zum Beispiel die Operationen, die ein Objekt unterstützt, ihre Attribute oder die Attributtypen – zu ziehen und diese möglicherweise sogar zu verändern. Darüber hinaus können Metadaten auch auf konventionellere Weise eingesetzt werden, zum Beispiel, um eine allgemeine Prozedur zu schreiben, die jedes Objekt, das die Attributnamen und -typen verwendet, druckt oder speichert.

Sprachen mit expliziten Klassendeskriptor-Objekten (wie Smalltalk und DSM) enthalten zur Laufzeit Metadaten über Klassen. Ein Klassenobjekt dient als Template (Schablone) zur Erzeugung neuer Instanzen. Die Klasse kann auch Beschreibungen der Attribute und Operationen enthalten, wie Name, Typ oder Argumente. Beispielsweise könnte eine Klasse *Komplexe Zahl* die Attribute *Realteil* und *Imaginärteil* definieren, die jeweils durch eine 32-Bit-Gleitkommazahl repräsentiert werden

Natürlich kennt der Designer des Systems die Metadaten, so daß diese im Prinzip in den Code eingebettet sein könnten. Wenn sich jedoch der Entwurf ändert (indem zum Beispiel einer Klasse ein neues Attribut hinzugefügt wird), wird der Code, der von eingebetteten Daten abhängt, ungültig. Durch die Verwendung von Metadaten zur Laufzeit statt bei der Kompilierung ist es möglich, erweiterbare Systeme mit allgemeinen Prozeduren und abstrakten Klassen zu bauen, die sich in künftigen Anwendungen wiederverwenden lassen. Metadaten können auch zur Unterstützung der Datenpersistenz oder von Programmierwerkzeugen wie Debuggern, Browsern oder Inspektoren verwendet werden.

15.7.10 Parametrisierte Klassen

Parametrisierte oder generische Klassen [Meyer-86] ermöglichen es, ein parametrisiertes Template zu schreiben, das dann in mehreren Fällen angewendet werden kann, die sich nur von den Parametertypen her unterscheiden. Beispielsweise kann eine generische Klasse *Liste* als *Punkteliste* oder als *Integerliste* instantiiert werden. Die generische Methode *Element-hinzufügen* auf der Liste hängt implizit vom Elementtyp ab. Lokale Variable in der Methode haben einen generischen Typ, der von der Instanz abhängt. Parametrisierte Klassen gibt es in Ada und Eiffel. Parametrisierte Templates wurden für C++ vorgeschlagen [Stroustrup-88].

15.7.11 Zusicherungen und Einschränkungen

Zusicherungen und Einschränkungen erhöhen die Chance, daß das Verhalten einer Klasse den Erwartungen ihrer Clients entspricht. Wir können sie informell festlegen, indem wir das gewünschte Verhalten in natürlicher Sprache beschreiben. Wie aber können wir sicher sein, daß ein anderer Programmierer, der die Klasse benutzen möchte, die Beschreibung liest und richtig versteht?

Normalerweise gibt es nur wenige kritische Annahmen über das Verhalten einer Klasse, Operation oder Methode, die mathematisch ausgedrückt werden können. Diese Annahmen können entweder als *Zusicherungen*, die an bestimmten Punkten der Ausführung wahr sein müssen (zum Beispiel Vor- und Nachbedingungen), *Einschränkungen*, die eingehalten werden müssen, oder Invarianten, die immer wahr sein müssen, formuliert werden.

Kapitel 8 hat gezeigt, wie Zusicherungen und Einschränkungen im funktionalen Modell verwendet werden. Zusicherungen sollten auch in den Programmcode aufgenommen werden – in einer Form, die optional kompiliert und automatisch zur Laufzeit geprüft werden kann. Diese Technik kann in vielen Sprachen eingesetzt werden (zum Beispiel durch das Makro *assert*, das in vielen C-Implementierungen verfügbar ist), sie wird aber besonders gut in Eiffel unterstützt [Meyer-88].

Einschränkungen können mehr sein als einfache Bedingungen, die geprüft werden müssen. Sie können als Möglichkeit angesehen werden, deklarativ auszudrücken, was anderenfalls als prozeduraler Code geschrieben werden müßte. Ein Sprachsystem könnte Einschränkungen verstehen, die deklariert werden, und sicherstellen, daß sie wahr bleiben, indem es zur Laufzeit für die Einhaltung der

Einschränkungen sorgt. Die logische Programmiersprache Prolog verfügt über diese Fähigkeit. Es wäre nicht überraschend, wenn Systeme zur Einhaltung von Einschränkungen in objektorientierten Sprachen weite Verbreitung fänden.

15.7.12 Datenpersistenz

Alle Computerprogramme arbeiten auf Daten. Wenn Sie Daten brauchen, die über die Lebenszeit einer einzelnen Programmausführung hinaus erhalten bleiben, müssen Sie einen persistenten Datenspeicher verwenden. Es gibt verschiedene Gründe, Daten erhalten zu wollen:

* Persistente Daten sind möglicherweise der einfachste Mechanismus, Daten von einem Programm an ein anderes zu übergeben.

* Persistente Daten ermöglichen es einem Programm, die Verarbeitung zu einem späteren Zeitpunkt wiederaufzunehmen.

* Datenspeicher sind oft für historische oder archivarische Zwecke nützlich.

Es gibt mehrere Ansätze, persistente Datendienste bereitzustellen: Dateien, spezielle Hardwaregeräte, Datenbanken und Unterstützung innerhalb einer Sprache. Einige neue objektorientierte Datenbanken unterstützen die Datenspeicherung besonders komfortabel. Eine moderne objektorientierte Datenbank dieser Art sieht im Prinzip wie eine objektorientierte Sprache aus und unterscheidet sich von ihr nur durch die Möglichkeit, Persistenz von Datenstrukturen als orthogonale Eigenschaft zu spezifizieren. Die Vor- und Nachteile objektorientierter Datenbanken im Vergleich zu konventionellen Datenbanken werden in Abschnitt 15.8.5 erörtert.

15.8   Überblick über objektorientierte Sprachen

Nachdem wir verschiedene Spracheigenschaften vorgestellt haben, wollen wir als nächstes diskutieren, wie sie in mehreren kommerziellen, objektorientierten Sprachen kombiniert wurden: Smalltalk, C++, Eiffel, CLOS und Datenbank-Programmiersprachen.

15.8.1 Smalltalk

Smalltalk war die erste populäre objektorientierte Sprache und wurde von Xerox PARC entwickelt. Aufgrund ihres Erfolges entstanden zahlreiche weitere objektorientierte Sprachen. Smalltalk ist nicht nur eine Sprache, sondern eine Entwicklungsumgebung, die auch einige Betriebssystem-Funktionen bereitstellt. Für Ein-Personen-Projekte bietet Smalltalk wohl die besten Sprach- wie Umgebungs-Eigenschaften. Weniger gut schneidet Smalltalk dagegen in Bereichen ab, für deren Einsatz es nicht vorgesehen war – bei größeren Projekten, an denen mehrere Entwickler beteiligt sind, und in seiner eingeschränkten oder nicht spezifizierten Fähigkeit, mit externer Software oder Hardwaregeräten zusammenzuarbeiten. Die Ziele der Erweiterbarkeit und Wiederverwendbarkeit sind dagegen elegant gelöst.

Alle Aspekte des Smalltalk-Sprachsystems werden über einen Online-Interpreter und einen Klassen-Browser verfügbar gemacht. Die Sprachsyntax ist einfach.

Variable und Attribute besitzen keinen Typ. Alles ist ein Objekt, auch Klassen. Es ist möglich, Klassen interaktiv hinzuzufügen, zu erweitern, zu testen und zu debuggen. Ein Garbage Collector nimmt dem Programmierer die Speicherverwaltung ab.

Was bietet Smalltalk dem Implementierer? Die vielleicht wichtigste Leistung ist die sehr interaktive Entwicklungsumgebung, die die Verzögerungen des Zyklus Bearbeiten, Kompilieren und Linken der traditionellen compilerbasierten Sprachen vermeidet. Die Smalltalk-Umgebung läßt die schnelle Entwicklung von Programmen zu. Eine andere Stärke ist die Klassenbibliothek, die erweitert und durch Hinzufügen von Unterklassen an die Bedürfnisse der Anwendung angepaßt werden kann. Weil Smalltalk eine Sprache ohne Typbildung ist, können Bibliothekskomponenten zu einem Rapid Prototype der Anwendung kombiniert werden.

Die Model/View/Controller-(MVC)-Architektur für den Benutzerschnittstellen-Entwurf ist ein weiterer wichtiger Beitrag von Smalltalk. Eine Benutzerschnittstelle wird in ein zugrundeliegendes anwendungsdefiniertes Modell, eine beliebige Zahl unterschiedlicher Sichten auf das Modell sowie Controller unterteilt, die Änderungen am Modell und den Sichten synchronisieren. MVC ermöglicht es, sich auf die wesentlichen Bestandteile einer Anwendung (das Modell) zu konzentrieren und die Benutzerschnittstelle (die Sichten und Controller) unabhängig davon hinzuzufügen. Die Klassenbibliothek stellt Standardversionen jeder dieser Komponenten bereit, für die Unterklassen erzeugt werden und die inkrementell erweitert werden können. Es kann für jedes Modell viele unterschiedliche Sicht/Controller-Paare geben und umfangreiche Änderungen an den Sichten und Controllern sind möglich, ohne daß sich das Modell ändert. Allerdings ist MVC ein komplexes System, das nicht leicht zu erlernen ist.

Smalltalk ist ein rein objektorientiertes System, das sehr viele Metadaten bereitstellt und zur Laufzeit geändert werden kann. Die Implementierung der Sprache als Interpreter und die enge Integration mit anderen Teilen ihrer autarken Umgebung unterstützt eine schnelle, inkrementelle Entwicklung und Fehlersuche auf ideale Weise.

15.8.2 C++

C++ ist eine hybride Sprache, in der manche Entitäten Objekte sind und andere nicht. C++ ist eine Erweitung von C und wurde nicht nur implementiert, um C durch objektorientierte Eigenschaften zu ergänzen, sondern auch, um gewisse Schwächen von C zu korrigieren. Viele der neu hinzugekommenen Eigenschaften sind orthogonal zur objektorientierten Programmierung, zum Beispiel Einbettung von Unterprogrammen in den Code (Inline Expansion), Überladen von Funktionen und Funktionsprototypen. Weil C++ als Erweiterung von C entstand, den Rückhalt großer Computerhersteller fand, als frei zugängliche Sprache gilt und weil freie Compiler verfügbar sind, wird C++ sich wahrscheinlich zur beherrschenden objektorientierten Sprache für den allgemeinen Gebrauch entwickeln.

C++ ist eine Sprache mit strenger Typbildung, die von Bjarne Stroustrup bei
AT&T Bell Laboratories entwickelt wurde. Sie war ursprünglich als Präprozessor
implementiert, der C++ in Standard-C übersetzte. Als Präprozessor stellte C++
symbolische Debugger vor Probleme. In der Zwischenzeit gibt es jedoch sowohl
direkte Compiler als auch symbolische Debugger, die Objekte mit Vererbung und
dynamischem Binden unterstützen. C++-Implementierungen sind kommerziell
für eine Vielzahl von Betriebssystemen verfügbar. Die Free Software Foundation
bietet gratis einen C++-Compiler mit Debugger und Bibliothek an (wobei Einschränkungen für die kommerzielle Verwendung gelten).

Im Gegensatz zu mehreren anderen OO-Sprachen umfaßt die Umgebung von C++
keine Standard-Klassenbibliothek, obwohl das Standard-Release von AT&T Bibliotheken für E/A, Koroutinen-Tasking und komplexe Arithmetik beinhaltet.
Klassenbibliotheken wurden von verschiedenen Entwicklern implementiert, unter anderem eine Klassenbibliothek, die von den USA National Institutes of
Health (NIH) entwickelt wurde, die weite Verbreitung findet [Gorlen-90]. Klassenbibliotheken für objektorientierte Fenstersysteme umfassen Interviews
[Vlissides-88] und ET++ [Weinand-88]. Weil C++ keine Richtlinien zur Biblio-
theksorganisation bereitstellt, sind Bibliotheken möglicherweise nicht immer
miteinander kompatibel. Ein Konsens zugunsten einer Standard-Klassenbibliothek wäre für C++ ein entscheidender Gewinn.

C++ besitzt Möglichkeiten für Vererbung und Methodenresolution zur Laufzeit,
eine C++-Datenstruktur ist jedoch nicht automatisch objektorientiert. Methodenresolution und die Fähigkeit, eine Operation in einer Unterklasse zu überschreiben, stehen nur zur Verfügung, wenn die Operation in der Oberklasse als *virtual*
deklariert wurde. Daher muß die Notwendigkeit, eine Methode zu überschreiben,
im voraus erkannt und in die Definition der Ursprungsklasse aufgenommen
werden. Leider kann es sein, daß der Implementierer einer Klasse nicht mit der
Notwendigkeit gerechnet hat, spezialisierte Unterklassen zu definieren, oder
nicht weiß, welche Operationen durch eine Unterklasse neu definiert werden
müssen. Das bedeutet, daß bei der Definition einer Unterklasse oft die Oberklasse
modifiziert werden muß, und schränkt die Möglichkeit ein, Bibliotheksklassen
durch Erzeugen neuer Unterklassen wiederzuverwenden, insbesondere wenn der
Quellcode für die Bibliothek nicht verfügbar ist. (Natürlich könnten Sie *alle*
Operationen als *virtual* deklarieren – mit geringfügig negativen Auswirkungen
auf den Speicherbedarf und den Overhead für den Funktionsaufruf.)

Die Methodenresolution zur Laufzeit ist effizient implementiert. Für jede Klasse
wird eine vordefinierte Struktur mit Zeigern auf alle für die Klasse verfügbaren
Methoden initialisiert. Jedes Objekt enthält einen Zeiger auf die Methodenstruktur für seine Klasse. Zur Laufzeit wird eine virtuelle Operation resolviert, indem
die Methodenstruktur vom Objekt angesprochen und ein Eintrag ausgewählt
wird, um die Methodenadresse zu finden. C++ unterstützt außer der Methoden-
Zeiger-Struktur keine Klassendeskriptor-Objekte zur Laufzeit. C++ 2.0 unterstützt Mehrfachvererbung.

C++ verfügt über gute Möglichkeiten, den Zugriff auf die Attribute und Operationen einer Klasse zu spezifizieren. Der Zugriff kann für Methoden beliebiger Klassen (*public*) zugelassen sein, auf Methoden von Unterklassen der Klasse beschränkt sein (*protected*) oder nur den direkten Methoden der Klasse vorbehalten sein (*private*). Darüber hinaus kann mit der Deklaration *friend* der gezielte Zugriff auf eine bestimmte Klasse oder Funktion gewährt werden.

C++ besitzt wie C eine umständliche Deklarationssyntax und seine Grammatik ist schwer zu parsen. C++ unterstützt überladene Operatoren: mehrere Methoden, die zwar den gleichen Namen haben, deren Argumente sich aber von der Zahl oder vom Typ her unterscheiden. C++ unterstützt verschiedene Strategien der Speicherplatzzuteilung für Objekte – statische Zuteilung durch den Compiler, Stack-basierte Zuteilung und Zuteilung zur Laufzeit von einem Heap aus. Der Programmierer muß es vermeiden, Objekte mit unterschiedlichen Speichertypen zu mischen. Offene Verweise können sonst zu Laufzeitfehlern führen. Jede Klasse kann mehrere Konstruktor- und Konvertierungsfunktionen besitzen, die neue Objekte initialisieren und Typen für Zusicherungen und Argumentübergaben umwandeln; diese Funktionen sind zwar semantisch korrekt, aber für den normalen Gebrauch vielleicht etwas verwirrend.

Zusammenfassend kann man sagen, daß C++ eine komplexe, geschmeidige Sprache ist, die durch das Bemühen, Fehler frühzeitig zu entdecken, Wahlmöglichkeiten bei der Implementierung und Effizienz zur Laufzeit gekennzeichnet ist. Leichte Einbußen bei der Entwurfsflexibilität und der Einfachheit werden dabei in Kauf genommen.

15.8.3 Eiffel

Eiffel ist eine von Betrand Meyer entwickelte, objektorientierte Sprache mit strenger Typbildung. Programme bestehen aus Kollektionen von Klassendeklarationen, die auch Methoden einschließen. Die Sprache unterstützt Mehrfachvererbung, parametrisierte (*generische*) Klassen, Speicherverwaltung und Zusicherungen. Eine bescheidene Klassenbibliothek mit Listen, Bäumen, Stacks, Warteschlangen, Dateien, Strings, Hash-Tabellen und Binärbäumen ist vorhanden. Der Eiffel-Compiler übersetzt Quellprogramme aus Portabilitätsgründen in C. Eiffel verfügt über gute Software-Engineering-Unterstützung für Kapselung, Zugriffskontrolle, Umbenennung und Reichweite. Von seinen technischen Fähigkeiten her ist Eiffel wohl die beste kommerziell verfügbare OO-Sprache.

Der Kernpunkt von Eiffel sind Klassendeklarationen, die Attribute und Operationen auflisten. In Eiffel ist es möglich, auf die gleiche Weise auf Attribute wie auf Operationen zuzugreifen, indem man sie zu einem Konzept abstrahiert — dem Merkmal. Eine Eiffel-Klassendeklaration kann eine Liste von exportierten Merkmalen, eine Liste von Vorfahrenklassen und eine Liste von Merkmaldeklarationen beinhalten. Eiffel behandelt weder Klassen noch Assoziationen als Objekte erster Klasse.

Eiffel unterstützt die Speicherverwaltung durch eine Koroutine, die Objekte entdeckt, auf die nicht mehr verwiesen wird, und den ihnen zugeteilten Speicherplatz freigibt. Das Eiffel-Laufzeitsystem führt die Koroutine jedesmal aus, wenn nur mehr wenig Speicherplatz verfügbar ist. Es gibt mehrere Mechanismen zur Speicherverwaltung. Die automatische Ausführung der Koroutine kann durch eine Compiler-Option unterdrückt oder zur Laufzeit ein- oder ausgeschaltet werden. Für Betriebssysteme, die virtuellen Speicher nicht unterstützen, gibt es eine Compiler-Option, mit der das automatische Paging des Eiffel-Laufzeitsystems zugeschaltet werden kann.

Ein durch Kontrakt abgesichertes Programmiermodell wird durch Vorbedingungen, Nachbedingungen, Invarianten und Ausnahmen unterstützt. Eine *Vorbedingung* (precondition) ist eine Bedingung, zu deren Einhaltung sich der Aufrufer einer Operation verpflichtet. Eine *Nachbedingung* (postcondition) ist eine Bedingung, zu deren Einhaltung sich die Operation selbst verpflichtet. Eine *Invariante* (invariant) ist eine Bedingung, die eine Klasse immer erfüllen muß, wenn sie stabil ist. Bedingungen und Invarianten sind ein Teil der Klassendeklaration und müssen auch von allen Nachfahrenklassen eingehalten werden. Wenn sie zur Laufzeit verletzt werden, kommt es zu einer Ausnahme, die entweder die fehlerhafte Operation zum Scheitern bringt oder eine Ausnahmebehandlung für die Klasse auslöst, sofern der Programmierer dies vorgesehen hat. Compiler-Optionen stellen mehrere Ebenen der Fehlerprüfung bereit. Nachdem das Debugging einer Anwendung abgeschlossen ist, kann das Überprüfen von Zusicherungen abgeschaltet werden.

15.8.4 CLOS

Das Common Lisp Object System (CLOS) ist eine objektorientierte Erweiterung von Common Lisp und wird bald offiziell ein Teil von Lisp sein. CLOS ist das Ergebnis einer Überarbeitung des X3J13-ANSII-Standards durch eine Lisp-Standardisierungsgruppe Die Gruppe analysierte die zahlreichen bestehenden objektorientierten Erweiterungen von Lisp (wie Flavors und CommonLoops). Statt eine davon als Standard auszuwählen, entschloß sich die Gruppe, auf der Basis erprobter und erfolgreicher Spracheigenschaften eine neue Sprache zu formulieren. Weil CLOS in Common Lisp implementiert werden kann, ist es möglich, auch weiterhin mit neuen Konzepten zu experimentieren und gleichzeitig einen gemeinsamen Standard bereitzustellen.

Obwohl CLOS ursprünglich als hybride Sprache implementiert wurde, ist seine Integration mit den traditionellen Eigenschaften von Common Lisp so gut, daß es fast alle Vorteile einer "reinen", objektorientierten Sprache besitzt. Das liegt daran, daß jedes Datenobjekt, einschließlich der Atome und Listen von Lisp, Mitglied einer Klasse ist. Methoden für Lisp-Primitive sind Teil einer Vererbungsstruktur. Es gibt daher praktisch keine Unterscheidung zwischen Lisp-Primitiven und Objekten.

Die Programmierumgebung von Common Lisp und CLOS ist ein Interpreter, der es auch ermöglicht, Code in eine Form zu kompilieren, die effizienter ausgeführt wird. Die Debugging-Möglichkeiten in Common Lisp hängen von der jeweiligen Implementierung ab, sie sind jedoch im allgemeinen ausgezeichnet. Es ist damit zu rechnen, daß eine vollständige, objektorientierte Debugger-Unterstützung zur

Verfügung steht, sobald Common Lisp kommerziell zusammen mit CLOS angeboten wird.

CLOS besitzt zur Zeit keine Standard-Klassenbibliothek. Derzeit sammeln Organisationen, die CLOS einsetzen, wiederverwendbare Klassen in Eigeninitiative und tauschen sie zum Teil untereinander aus. Kommerzielle Hersteller werden zweifellos Erweiterungsklassen wie Fenstersystem-Pakete anbieten. Für CLOS spricht unter anderem, daß die Common-Lisp-Typen bereits eine Grundlage für alle neu hinzugefügten Klassen bilden. Es ist daher recht wahrscheinlich, daß unabhängig voneinander entwickelte Klassenbibliotheken konsistent sind.

CLOS stellt mächtige und flexible Vererbungsfähigkeiten bereit. Mehrfachvererbung wird unterstützt und CLOS verfügt über Regeln zur Lösung von Mehrdeutigkeiten, die sich aus geerbten Merkmalen mit dem gleichen Namen ergeben.

Polymorphe Operationen, die eine dynamische Methodenresolution erfordern, können als generische Methoden implementiert werden. Alle Argumente einer generischen Methode sind explizit; es gibt keine spezielle Variable wie *self* in Smalltalk. Anders als die meisten objektorientierten Sprachen verwendet CLOS mehrere Argumente, um Methoden zu resolvieren. Dadurch ist es möglich, Operationen direkt zu implementieren, die "multiplen Polymorphismus" aufweisen, bei dem die spezifische Methode für eine Operation von mehr als einem ihrer Argumente abhängt (zum Beispiel binäre arithmetische Operationen).

CLOS stellt eine reiche Kollektion von Metadaten bereit, die zur Laufzeit ausgewertet und aktualisiert werden können. Es ist möglich, neue Klassen zu definieren und Methoden dynamisch zu Klassen hinzuzufügen. Diese Eigenschaften sind ein Standardbestandteil der Sprache, der als "Meta-Objekt-Protokoll" dokumentiert ist. Im Gegensatz zu den meisten anderen Sprachen lassen es Lisp-basierte Sprachen zu, neue Prozeduren zur Laufzeit aus Quellanweisungen anderer Prozeduren zu bilden.

Wie Common Lisp ist CLOS eine Sprache mit schwacher Typbildung. Es gibt zwar Grundtypen und Klassen verhalten sich wie Typen, aber es ist nicht Bedingung, den Typ einer Variablen zu deklarieren, und es gibt keine Prüfung, die sicherstellt, daß ein Objekt entsprechend seiner Deklaration verwendet wird. Dadurch ist zwar eine maximale Entwurfsflexibilität gegeben, schwache Typbildung kann sich jedoch negativ auf die Performance auswirken und das Debuggen erschweren. Der Compiler kann optionale Deklarationen verwenden, um den Zugriff zu optimieren, diese Optimierung hängt jedoch von der jeweiligen Implementierung ab.

Das Konzept der Kapselung wird von CLOS nicht erzwungen. Programmierer sind angehalten, die öffentliche Schnittstelle jeder Klasse zu definieren und zu dokumentieren und nur die bekannt gemachten Merkmale anderer Klassen zu nutzen. Es gibt jedoch nichts, was den Code einer Klasse daran hindert, direkt auf die Implementierungsdetails einer anderen Klasse zuzugreifen. Dieser fehlende Zwang entspricht der allgemeinen Lisp-Philosophie, maximale Flexibilität und Raum für Experimente zuzulassen.

15.8.5 OO-Datenbank-Programmiersprachen

Ein OODBMS verbindet zwei Technologien: Datenbank-Verwaltung und objekt-orientierte Programmierung. Objektorientierte Programmiersprachen sind aus-drucksstark, es fehlt ihnen aber an Datenpersistenz (Daten, die die Ausführung eines Jobs überdauern). Konventionelle DBMS verfügen über Datenpersistenz, es fehlt ihnen aber an Ausdrucksstärke. OODBMS versuchen, sowohl Datenpersistenz als auch Ausdrucksstärke zu bieten. Ein OODBMS muß große Programme handhaben, die auf großen Datenspeichern arbeiten.

Beim Entwurf konventioneller Anwendungen, die Programme mit DBMS-Zugriff verbinden, setzt der Entwickler zunächst eine prozedurale Technik wie hierarchi-sche funktionale Dekomposition oder Datenflußdiagramme ein, um die Gesamt-anwendung zu entwerfen. Danach kann eine Technik wie Entity-Relationship (siehe Kapitel 12) eingesetzt werden, um die Datenbank zu entwerfen. Der Datenbankentwurf kann in SQL-Code umgewandelt werden, der in eine Sprache wie C, Pascal oder Cobol eingebettet ist.

Dieses Szenario ist natürlich alles andere als attraktiv. Wir stehen vor einem zweifachen Problem: Erstens werden für den Entwurf unterschiedlicher System-teile unterschiedliche Paradigmen verwendet. Zweitens passen die Implementie-rungswerkzeuge nicht zusammen. Dieses Buch geht das Entwurfsproblem an, indem es objektorientierte Modelle einheitlich auf Systeme, Programmiercode und Datenbanken anwendet. Die Forschung im Bereich OODBMS versucht, dem Mißstand auf der Implementierungsseite abzuhelfen, indem sie ein einheitliches Softwaresystem entwickelt, das die Reichhaltigkeit von Programmiersprachen und die praktischen Eigenschaften von DBMS bietet.

Im allgemeinen gibt es zwei Arten von Datenbankanfragen: mengen-orientierte Anfragen und Navigationsanfragen. Relationale DBMS sind dafür ausgelegt, parallele Operationen auf großen Datenmengen durchzuführen. Dagegen liegt die Effizienz von OO-Programmiersprachen darin, Zeiger zu durchlaufen und so schnell von einem Objekt zu einem anderen zu navigieren. Ein relationales DBMS führt die Navigation durch, indem es Joins verwendet, die um mehrere Größenordnungen langsamer sind als Zeiger. Ein OODBMS muß beide Anfrage-typen effizient handhaben. Eine wichtige Eigenschaft eines OODBMS ist die implizite Annahme, daß das System auf Operationen auf individuellen Objekten ausgerichtet ist und der Programmierer erwarten kann, daß diese effizient ausge-führt werden. Dies ist deshalb bemerkenswert, weil das relationale Modell Ope-rationen auf einzelnen Objekten und die Navigation zwischen Objekten typi-scherweise schlecht unterstützt [Cattell-86, Maier-86].

Die OODBMS der ersten Generation waren frühe Produkte und boten nicht die Robustheit und Ausgereiftheit für den Industrieeinsatz, die Benutzer in der Zwi-schenzeit von konventionellen DBMS erwarten. Die Performance dieser Systeme war bei großen Anwendungen enttäuschend. GemStone von Servio Logic ist ein kommerziell vermarktetes OODBMS. Die GemStone-Sprache ähnelt Smalltalk. Die GemStone-Datenbank besitzt prozedurale Schnittstellen zu C und Pascal. GemStone verwendet ein optimistisches Parallelitätsschema und Client-Server-

Modell und unterstützt die einfache Vererbung [Maier-86]. Ein weiteres frühes OODBMS ist ONTOS von Ontologic Corporation. ONTOS besitzt eine objektorientierte Struktur, auf die SQL-Anfragen und C++-Programmanweisungen zugreifen können.

ORION ist ein Prototyp einer OO-Datenbanksprache von MCC, der in Common Lisp geschrieben ist. Die ORION-Syntax ist der von Flavors und LOOPS ähnlich. ORION unterstützt Mehrfachvererbung, Versionssteuerung und Parallelität mit IBM-ähnlichen Satzsperrmechanismen. ORION unterstützt mengenorientierte Anfragen und erinnert dabei an ein relationales DBMS. ORION läßt einige dynamische Änderungen am Datenbankschema zu. [Kim-88]

Zur Zeit werden OODBMS der zweiten Generation von jungen Firmen entwickelt, deren Gründer Erfahrungen in der Entwicklung von objektorientierten Sprachen wie von relationalen DBMS mit kommerzieller Qualität mitbringen. Die Hoffnung ist berechtigt, daß es einer oder mehreren dieser Firmen gelingen wird, eine zweite Generation von OODBMS zu produzieren, die erfolgreich mit kommerziellen relationalen DBMS konkurrieren können.

15.8.6 Objektorientierte Sprachen im Vergleich

Abbildung 15.2 bietet eine Übersicht über die objektorientierten Sprachen, die in diesem Kapitel diskutiert wurden. Wie alle derartigen Vergleichsübersichten enthält auch unsere Übersicht möglicherweise Ungenauigkeiten, die auf Änderungen an der Sprache oder unterschiedliche Implementierungen zurückgehen. Wir wollen Ihnen die Tabelle dennoch nicht vorenthalten, weil wir meinen, daß die Vorteile, die Sprachen auf einen Blick zu vergleichen, eventuelle Unzulänglichkeiten wettmachen.

15.9 Zusammenfassung

Dieses Kapitel zeigt, wie eine objektorientierte Sprache zur Implementierung eines Entwurfs verwendet werden kann, der mit der OMT-Methodologie erstellt wurde. Das Kapitel enthält praktische Ratschläge zur Implementierung verschiedener Entwurfskonstrukte und zur Auswahl einer Sprache.

Im ersten Teil der Kapitels haben wir uns auf Spracheigenschaften konzentriert, die den meisten objektorientierten Sprachen gemeinsam sind, und diese an C++-, Eiffel- und Smalltalk-Beispielen veranschaulicht. Klassen aus dem Objektmodell werden implementiert, indem man Klassen mit den notwendigen Attributen und Assoziationen deklariert. Die Implementierung von Vererbung wird in OO-Sprachen ebenfalls durch eine einfache Deklaration realisiert. Assoziationen werden entweder durch Objektverweise (Zeiger) oder durch die Definition einer neuen Kollektionsklasse (*Assoziation*) definiert, die als Template dient, auf dessen Basis die im Entwurf enthaltenen Assoziationen erstellt werden.

Methoden, die Operationen implementieren, werden in objektorientierten Sprachen anders als in konventionellen Sprachen geschrieben. In den meisten aktuellen OO-Sprachen wird das Zielobjekt der Methode als implizites Argument übergeben, das innerhalb der Methode unter einem besonderen Bezeichner (*self,*

	C++ 2.00	Smalltalk 80	CLOS	Eiffel	Objective C
Integration von Klassen mit primitiven Typen	hybrid	rein	integriert	integriert	hybrid
Strenge Typprüfung	J	N	N	J	J
Beschränkung des Attributzugriffs:					
Zugriffssteuerung von Clients aus	J	J	N	J	J
Zugriffssteuerung von Unterklassen aus	J	N	N	J	N
Standard-Klassenbibliothek	N	J	N	J	J
Parametrisierte Klassen	Z	–	–	J	N
Mehrfachvererbung	J	N	J	J	N
Namensraum für Klassennamen (Pakete)	N	N	J	N	N
Message-Modell:					
Einzelnes Zielobjekt	J	J	N	J	J
Dynamisches Binden auf mehreren Arg	N	N	J	N	N
Methodenkombination:					
SUPER-Konzept	N	J	J	J	J
Vor & nach Methoden	N	N	J	N	N
Zusicherungen und Einschränkungen	N	N	N	J	N
Metadaten zur Laufzeit	N	J	J	N	J
Garbage-Collection-Mechanismus	N	J	J	J	N
Effizienz:					
Statisches Binden, wenn möglich	J	N	N	J	J

Legende für Tabelleneinträge
    J = Ja, die Eigenschaft ist vorhanden.
    N = Nein, die Eigenschaft ist in normalen, aktuellen Implementierungen nicht vorhanden.
    Z = In einer zukünftigen Version geplant.
    – = Nicht anwendbar; parametrisierte Klassen werden in Sprachen mit schwacher
        Typbildung nicht benötigt.

Abb. 15.2   Vergleich kommerziell verfügbarer Sprachen

this oder *Current*) verfügbar ist. Andere Argumente sollten als Verweise auf Objekte übergeben werden. Der Speicherplatz für Objekte kann mit Hilfe von Operationen, die die Sprache dafür bereitstellt, explizit zugewiesen oder freigegeben werden.

Der zweite Teil des Kapitels behandelt einige wichtige Eigenschaften, die nicht allen OO-Sprachen gemeinsam sind. Zu diesen Eigenschaften gehören Mehrfachvererbung, Existenz einer Klassenbibliothek, effiziente Implementierung, strenge Typbildung, automatische Speicherverwaltung, Durchsetzen von Kapselung, Paket-Konstrukte, Entwicklungsumgebung, zur Laufzeit zugängliche Metadaten, parametrisierte Klassen, Zusicherungen und Einschränkungen sowie persistente Objekte.

Der letzte Teil des Kapitels gibt einen kurzen Überblick über OO-Sprachen einschließlich OO-Datenbanksysteme. Smalltalk ist eine interpretierte Sprache mit schwacher Typprüfung und einem Garbage Collector, die sich durch ihre Entwicklungsumgebung und ihre umfangreiche Klassenbibliothek auszeichnet. Eine derartige Sprache ist ideal, um rasch einen Prototyp zu entwickeln, sie unterstützt jedoch große Projekte im Team nicht gut. C++ ist eine hybride Sprache, die weitgehend auf C basiert, aber eine verbesserte Typprüfung sowie Erweiterungen aufweist, die die objektorientierte Programmierung unterstützen. Effizienz geht etwas zu Lasten von Entwurfsflexibilität. Eiffel ist eine Sprache mit strenger Typbildung, die zahlreiche fortschrittliche Eigenschaften wie Mehrfachvererbung, generische Klassen, automatische Speicherverwaltung und Prüfung von Zusicherungen bereitstellt. CLOS ist eine integrierte OO-Erweiterung für Common Lisp. Es stellt mächtige Vererbungsfähigkeiten, umfangreiche, zur Laufzeit zugängliche Metadaten und ein ungewöhnliches, aber sehr flexibles Verfahren zur Definition von polymorphen Operationen bereit. Im sich rasch entwickelnden Bereich der OO-Datenbank-Systeme haben die Produkte der ersten Generation erfolgreich eine grundlegende OO-Struktur bereitgestellt, auf die sowohl über eine Anfragesprache als auch über eine Programmschnittstelle zugegriffen werden kann. Sie entsprechen jedoch nicht ganz den industriellen Anforderungen an Performance und Robustheit.

Forschungsanstrengungen im OODBMS-Bereich haben zu ausgereifteren Eigenschaften geführt und eine zweite Generation kommerzieller Systeme befindet sich auf dem Weg.

Behälterklasse	objektorientierte Sprache
Datenpersistenz	Pakete (Namensraum-Steuerung)
Implementierung von Assoziationen	parametrisierte Klasse
Kapselung	Programmierumgebung
Klassenbibliothek	Selbstverweise
Meta-Informationen	Speicherverwaltung
Methodenresolution	strenge Typbildung
objektorientierte Datenbank	Zusicherung

Abb. 15.3 Schlüsselkonzepte in Kapitel 15

15.10 Anmerkungen zur Bibliographie

Ein Überblick über verschiedene Herangehensweisen an objektorientierte Sprachen und ihre Eigenschaften findet sich in [Stefik-86]. Einen guten Vergleich verschiedener Sprachen bringt [Micallef-88]. Der Aufsatz [Wegner-87] formuliert einen allgemeinen Entwurfsrahmen für Spracheigenschaften, innerhalb dessen die vorhandenen Sprachen klassifiziert und neue Forschungsanstöße gefunden werden können.

Beschreibungen verschiedener Sprachen finden sich in [Stroustrup-84] für C++, [Keene-89] für CLOS, [Cox-86] für Objective-C, [Meyer-88] für Eiffel, [Goldberg-83] für Smalltalk-80, [Schaffert-86] für Trellis-Owl und [Shah-89] für DSM.

Trotz der Konzentration auf Eiffel deckt [Meyer-88] allgemein objektorientierte Sprachen mit strenger Typbildung gut ab. Das gleiche gilt auch für [Cox-86] in bezug auf objektorientierte Sprachen mit schwacher Typbildung. Universalobjekte in einer Klassenbibliothek als wichtige Ergänzung der Sprache selbst sind gut in [Goldberg-83] und [Gorlen-90] beschrieben.

Nicht gelöste Probleme objektorientierter Sprachen werden in den folgenden Quellen behandelt: [Snyder-86] lenkt die Aufmerksamkeit auf die Art und Weise, in der manche Vererbungskonzepte Kapselung verletzen; [Stein-87] vergleicht Delegation und Vererbung als Mittel, Verhalten gemeinsam zu nutzen; [Meyer-86] kontrastiert Generizität und Vererbung.

15.11 Literaturangaben

[Cattell-86] R.G.G. Cattell, T.R.Rogers. Combining object-oriented and relational models of data. *1986 International Workshop on Object-Oriented Database Systems,* Pacific Grove, Calif., Sept., 1986.

[Cox-86] Brad Cox. *Object-Oriented Programming. An Evolutionary Approach.* Reading, Mass.: Addison-Wesley, 1986.

[Goldberg-83] Adele Goldberg, David Robson. *Smalltalk-80: The Language and its Implementation.* Reading, Mass.: Addison-Wesley, 1983.

[Goldberg-84] Adele Goldberg. *Smalltalk-80: The Interactive Programming Environment.* Reading, Mass.: Addison-Wesley, 1984.

[Gorlen-90] Keith Gorlen, Sanfor Orlow, Perry Plexico. *Data Abstraction and Object-Oriented Programming in C++.* Chichester, England: John Wiley & Sons Ltd., 1990.

[Keene-89] Sonya Keene. *Object-Oriented Programming in Common Lisp: A Programmer's Guide to CLOS.* Reading, Mass.: Addison-Wesley, 1989.

[Kim-88a] Won Kim, Frederick H. Lochovsky. Object-Oriented Concepts, Databases, and Applications. New York: ACM Press, 1988.

[Kim-88b] Won Kim, Nat Ballou, Hong-Tai Chou, Jorge F. Garza, Jay Banerjee. Integrating an object-oriented programming system with a database system. *OOPSLA'88* as *ACM SIGPLAN 23,* 11 (Nov. 1988), 142-152.

[Lippman-89] Stanley B. Lippman. *A C++ Primer.* Reading, Mass.: Addison-Wesley, 1989.

[Liskov-87] Barbara Liskov, Alan Snyder, Russell Atkinson, Craig Schaffert. Abstraction mechanisms in CLU. *Communications of the ACM 20*, 8 (August 1977), 564-576.

[Maier-86] David Maier, Jacob Stein, Allen Otis, Alan Purdy. Development of an object-oriented DBMS. *OOPSLA'86* as *ACM SIGPLAN 21*, 11 (Nov. 1986), 472-482.

[Meyer-86] Bertrand Meyer. Genericity versus inheritance. *OOPSLA'86* as *ACM SIGPLAN 21*, 11 (Nov. 1986), 391-405.

[Meyer-88] Bertrand Meyer. *Object-Oriented Software Construction*. Hertfordshire, England: Prentice Hall International, 1988.

[Micallef-88] Josephine Micallef. Encapsulation, Reusability and extensibility in object-oriented languages. *Journal of Object-Oriented Programming 1*, 1 (April/May 1988), 12-38.

[Schaffert-86] Craig Schaffert, Topher Cooper, Bruce Bullis, Mike Kilian, Carrie Wilpolt. An introduction to Trellis-Owl. *OOPSLA'86* as *ACM SIGPLAN 21*, 11 (Nov. 1986), 9-16.

[Shah-89] Ashwin Shah, James Rumbaugh, Jung Hamel, Renee Borsari. DSM: an object-relationship modeling language. *OOPSLA'89* as *ACM SIGPLAN 24*, 11 (Nov. 1989), 191-202.

[Snyder-86] Alan Snyder. Encapsulation and inheritance in object-oriented programming languages. *OOPSLA'86* as *ACM SIGPLAN 21*, 11 (Nov. 1986), 38-45.

[Stefik-86] Mark Stefik, Daniel G. Bobrow. Object-oriented programming: themes and variations. *The AI Magazine 6*, 4 (1986), 40-62.

[Stein-87] Lynn Andrea Stein. Delegation is inheritance. *OOPSLA'87* as *ACM SIGPLAN 22*, 12 (Dec. 1987), 138-147.

[Stroustrup-84] Bjarne Stroustrup. *The C++ Programming Language*. Reading, Mass.: Addison-Wesley, 1986.

[Stroustrup-88] Bjarne Stroustrup. Parameterized types for C++. *USENIX C++ Conference*. Denver, Colo., October 17-21, 1988.

[Vlissides-88] John M. Vlissides, Mark A. Linton. Applying object-oriented design to structured graphics. *Proceedings of the 1988 USENIX C++ Conference*. October 1988, 81-94.

[Weinand-88] André Weinand, Erich Gamma, Rudolf Marty. ET++ – an object-oriented application framework in C++. *OOPSLA'88* as *ACM SIGPLAN 23*, 11 (Nov. 1988), 46-57.

[Wegner-87] Peter Wegner. Dimensions of object-based language design. *OOPSLA'87* as *ACM SIGPLAN 22*, 12 (Dec. 1987), 168-182.

15.12 Übungen

15.1 (4) Schreiben Sie Klassendeklarationen für das Objektdiagramm in Abbildung Ü15.1 in einer Sprache, die Mehrfachvererbung nicht direkt unterstützt. Die Anwendung ist ein Simulator, der die Leistung von elektrischen Maschinen berechnet.

15.2 (6) Schreiben Sie Code mit Klassendeklarationen und Methoden, um die folgenden Aufgaben zu implementieren. Verwenden Sie Zeiger in einer beliebigen objektorientierten Sprache.

a.   1:1-Assoziation, die in beide Richtungen durchlaufen wird.

b.   1:m-Assoziation, die in die Richtung von 1 nach m durchlaufen wird. Die Assoziation wird als nicht-geordnet angesehen.

c.   1:m-Assoziation, die in die Richtung von 1 nach m durchlaufen wird. Die Assoziation wird als geordnet angesehen.

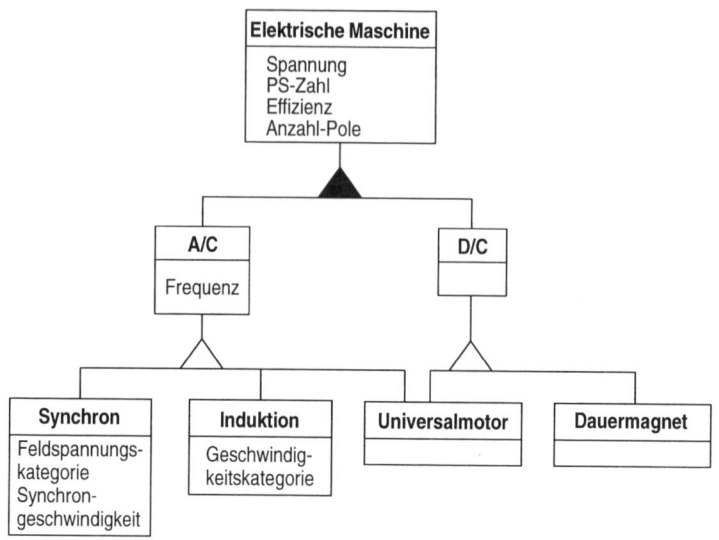

Abb. Ü15.1 Teilweise Taxonomie für elektrische Maschinen

d. m:m-Assoziation, die in beide Richtungen durchlaufen wird. Die Assoziation wird in einer Richtung als geordnet, in der anderen als nicht-geordnet angesehen.

15.3 (4) Beschreiben Sie Situationen, in denen eine strenge Typbildung für Sie nützlich wäre. Beschreiben Sie Umstände, in denen sie Probleme verursachen würde.

15.4 (8) Viele objektorientierte Sprachen besitzen Bibliotheken, die Sie dabei unterstützen, Behälterklassen wie *Symbol, Menge, Array, Dictionary* und *Assoziation* zu erzeugen und zu manipulieren.

Ein *Symbol* ist ein Stringobjekt, mit dem Sie feststellen können, ob zwei Strings übereinstimmen, indem Sie die Gleichheit der Objekt-IDs überprüfen. Wenn ein Symbol mit einem gegebenen String erstmals erzeugt wird, wird ihm eine neue Objekt-ID zugewiesen. Alle weiteren Versuche, ein Symbol mit dem gleichen Stringwert zu erzeugen, liefern die vorher zugewiesene ID zurück.

Eine *Menge* ist eine nicht geordnete Kollektion einmaliger Werte. Alle mehrfach auftretenden Werte werden automatisch aus der Menge entfernt. Werte können eingefügt, gelöscht und getestet werden.

Ein *Array* ist eine geordnete, dynamische Kollektion von Werten, die durch nicht negative, ganzzahlige Auswahlwerte indiziert sind. Die Zahl der Elemente ist variabel. Elemente können am Anfang, am Ende oder jedem beliebigen Punkt dazwischen eingefügt oder gelöscht werden. Wenn ein Element in der Mitte eingefügt oder gelöscht wird, ändert sich die Position der folgenden Elemente.

Ein *Dictionary* ist eine m:1-Abbildungsfunktion, deren Definitionsbereich und Wertebereich Objekte sind und möglicherweise andere Behälterobjekte einschließen.

Eine *Assoziation* ist eine Abbildung in zwei Richtungen, die sich aus zwei Dictionaries zusammensetzen kann.

Schreiben Sie Pseudocode, um die folgenden Strukturen aus Behälterklassen zu bauen. Listen Sie alle Operationen auf, von denen Sie annehmen, daß sie auf den Behälterklassen definiert sind, und erklären Sie, was sie leisten.

a.   Ein *Sortiertes_Dictionary*. Jeder Eintrag in das Dictionary bildet einen Namen auf ein Objekt ab. Einträge sind nach Name sortiert. Zu den notwendigen Operationen gehören *einfügen(Name, Objekt)*, um einen Eintrag in das Dictionary einzufügen; *löschen(Name)*, um einen Eintrag zu löschen; *suchen(Name)*, um das mit *Name* assoziierte *Objekt* zu erhalten; *suchen_erster()*, um das erste Objekt im Dictionary zu erhalten; *suchen_letzter()*, um das letzte Element im Dictionary zu erhalten; *suchen_vorhergehendes_Objekt(Objekt)*, um das Objekt unmittelbar vor *Objekt* zu erhalten; *suchen_nächstes_Objekt(Objekt)*, um das auf *Objekt* folgende Objekt zu erhalten. Darüber hinaus wird eine Initialisierungsoperation benötigt, die ein neues, leeres Dictionary anlegt. Die Operation *einfügen(Name, Objekt)* ersetzt einen Eintrag im Dictionary, wenn *Name* bereits im Dictionary enthalten ist.

b.   Ein *Polygon*. Ein *Polygon* ist ein zweidimensionales Objekt, dessen x-y-Koordinaten als Instanzen der Klasse *Punkt* gespeichert sind. Zu den notwendigen Operationen auf der Klasse *Polygon* gehören *löschen()*, um ein Polygon zu löschen, und *holen_Punkte()*, um ein Array der Punkte zu erhalten, die einem Polygon angehören. Zu den notwendigen Operationen auf der Klasse *Punkt* gehören *löschen()*, um *Punkt* aus dem Polygon zu entfernen; *anhängen(Polygon)*, um *Punkt* in das Polygon einzufügen; und *holen_Polygon()*, um das Polygon zu erhalten, dem *Punkt* angehört. Darüber hinaus wird eine Initialisierungsoperation benötigt, die ein neues Polygon aus einer geordneten Liste von Punkten erzeugt. Nehmen Sie an, daß ein *Punkt* genau einem *Polygon* angehört und nicht von mehreren Polygonen gemeinsam genutzt wird. Wenn zwei Polygone eine gemeinsame Koordinate nutzen, werden zwei *Punkte* mit den gleichen Koordinaten erzeugt.

c.   Ein *Index*. Ein *Index* ähnelt einem *Dictionary*, mit der Ausnahme, daß die Abbildung auf eine Menge und nicht auf individuelle Objekte erfolgt. Ein Index kann zum Beispiel verwendet werden, um alle Autos zu ermitteln, die in einem gegebenen Jahr produziert wurden. Zu den benötigten Operationen gehören *hinzufügen(Selektorobjekt, Zielobjekt)*, um der mit dem Selektor assoziierten Menge ein Zielobjekt hinzuzufügen; *löschen(Selektorobjekt, Zielobjekt)*, um ein Zielobjekt aus der mit dem Selektor assoziierten Menge zu löschen; und *suchen(Selektorobjekt)*, um eine Menge von Objekten zu erhalten, die von *Selektorobjekt* indiziert werden. Im Gegensatz zu der Operation *einfügen* in Teil (a), ersetzt die Operation *hinzufügen* nicht die vorhandenen Daten, sondern ergänzt sie.

15.5 (5) Beschreiben Sie, wie Sie die Werkzeuge einsetzen würden, die Software-Entwicklungsumgebungen bereitstellen, zum Beispiel Browser, Compiler, Interpreter, symbolische Debugger, Systemgeneratoren und Änderungssteuerungs-Systeme, um die folgenden Probleme zu lösen:

a.   Sie verwenden ein Unterprogramm aus einer Unterprogramm-Bibliothek, das Sie noch nicht kennen. Weil es kaum Dokumentation dazu gibt, möchten Sie durch Experimentieren möglichst schnell herausfinden, wie das Unterprogramm arbeitet.

b.   Ihr Programm scheint einen Fehler zu haben, den Sie nicht in Einklang mit dem Quellcode eines der Programm-Moduln bringen können, der vor Ihnen liegt. Eigentlich wissen Sie nicht genau, ob das Programm, das Sie gerade ausgeführt haben, überhaupt aus dem Quellcode generiert wurde, den Sie sich gerade ansehen. Möglicherweise haben Sie vergessen, dieses Modul neu zu kompilieren, bevor Sie den Linker ausgeführt haben.

c. Das Programm, das Sie entwickeln, steigt mit einem Speicherfehler aus. Bei jeder Programmausführung steigt das Programm an einer anderen Zeile aus, je nach den Daten. Wenn Sie die gleichen Daten verwenden, erfolgt der Absturz immer an der gleichen Stelle.

d. Als Projektleiter eines großen Softwareprojekts wollen Sie sicherstellen, daß immer nur eine Person an einer Datei arbeitet. Die neueste Version aller Moduln muß für die Gruppe als Ganzes zugänglich sein, aber einzelne Benutzer benötigen möglicherweise private Kopien für das Debuggen.

e. Das Generieren Ihrer Anwendung erfordert so viele Schritte, daß nicht alle bei jeder Änderung durchgeführt werden können. Darüber hinaus fällt es Ihnen schwer, sich an alle Schritte zu erinnern oder gar herauszufinden, welche Schritte im Zuge Ihrer jüngsten Überarbeitung wiederholt werden müssen.

f. Sie haben einen eigenen Präprozessor geschrieben. Der Debugger, den Sie verwenden, zeigt die Ausgabe des Präprozessors an. Sie haben Mühe, Fehler auf den ursprünglichen Quellcode zurückzuverfolgen.

15.6 (7) Beschreiben Sie Strategien zur Behandlung der folgenden Speicherverwaltungs-Probleme. Gehen Sie davon aus, daß kein automatischer Garbage-Collection-Mechanismus zur Verfügung steht. Ihre Antwort sollte aus Richtlinien bestehen, die einen Programmierer bei der Kodierung unterstützen könnten.

a. *Ein System zur Textmanipulation.* Eine Operation, die häufig vorkommt, erzeugt aus einem Array mehrerer kleinerer Segmente ein großes Textsegment in einem zusammenhängenden Speicherbereich. Das System soll große Textmengen handhaben können und Sie können es sich nicht leisten, Speicherplatz zu verschwenden. Weder die Textlänge noch die Größe des Arrays können begrenzt werden. Sofern die folgenden Operationen, mit denen sich Blöcke einfach erzeugen lassen, nicht als Bibliotheksprogramme verfügbar sind, müssen Sie von Ihnen bereitgestellt werden: Größe eines Textsegments feststellen, ein Speichersegment einer gegebenen Größe zuteilen, ein vorher zugewiesenes Speichersegment freigeben, Text von einem Speichersegment in ein anderes kopieren, zwei Textsegmente kombinieren und das Ergebnis in ein vorher zugewiesenes Speichersegment ablegen. Schreiben Sie Pseudocode für eine Methode, die Text zusammenfügt und nicht mehr benötigten Speicherplatz freigibt.

b. *Ein Mehr-Phasen-Compiler.* Objekte werden dynamisch erzeugt. Jeder Lauf untersucht die im vorhergehenden Lauf erzeugten Objekte und produziert Objekte, die im nächsten Lauf verwendet werden. Das Computersystem, auf dem der Compiler laufen wird, verfügt über praktisch unbegrenzten virtuellen Adreßraum und ein Betriebssystem mit einem guten Swapping-Algorithmus. Die Programme in der Laufzeitbibliothek zur dynamischen Zuteilung und Freigabe von Speicher sind ineffizient. Erörtern Sie die relativen Vorteile der beiden folgenden Alternativen: (1) Verzichten Sie ganz auf Garbage Collection und lassen Sie das Betriebssystem virtuellen Speicher in großem Umfang zuteilen. (2) Geben Sie behutsam Speicherplatz frei, wenn auf ein Objekt nicht mehr verwiesen wird.

c. *Banken-Software oder ein Flugsicherungssystem, das über einen langen Zeitraum hinweg arbeiten muß.* Sie verwenden das in Übung 15.6b beschriebene Computersystem sowie die dort beschriebene Laufzeitbibliothek. Diskutieren Sie die relativen Vorteile der beiden Ansätze.

d. *Ein Unterprogramm, das ein Objekt erzeugen und zurückliefern kann, das einen großen Speicherblock verwendet.* Die einzigen, auf der Objektklasse erlaubten

Operationen werden durch andere Unterprogramme implementiert, die Sie schreiben sollen. Sie wollen keine Speicherfragmente herumliegen lassen. Diskutieren Sie die relativen Vorteile der beiden folgenden Ansätze: (1) Das Unterprogramm zerstört gegebenenfalls bei jedem Aufruf das Objekt, das bei seinem letzten Aufruf erzeugt wurde. (2) Das Unterprogramm kann bei jedem Aufruf ein neues Objekt erzeugen. Es obliegt dem aufrufenden Unterprogramm, das Objekt zu zerstören, wenn es nicht mehr gebraucht wird. Dazu ruft das Unterprogramm eine von Ihnen geschriebene Routine auf. Überlegen Sie für beide Situationen, was passiert, wenn das Unterprogramm, das Ihre Routine aufruft, rekursiv bzw. nicht rekursiv ist.

15.7 (4) Drücken Sie die folgende Aussage als Einschränkung für eine Anwendung aus, die mit Punkten und Polygonen arbeitet: Punkte sind mit Polygonen assoziiert. Jeder Punkt gehört zu genau einem Polygon. Sie wollen nicht, daß ein Polygon mit einem gelöschten Punkt verknüpft ist.

15.8 (7) Beschreiben Sie die Attribute und Methoden der allgemeinen Klasse *Binärbaum*, die den Programmierer unterstützt, aus Klassen, deren Instanzen geordnet werden können, nicht ausgeglichene Binärbäume zu erzeugen. Für jede vorhandene Klasse muß eine Methode *vergleichen* bereitgestellt werden. *Vergleichen* vergleicht zwei Instanzen einer Klasse und liefert – je nach Ordnung – *kleiner als, gleich* oder *größer als* zurück. Zu den Operationen auf der Klasse *Binärbaum* gehören *einfügen(Objekt)*, um ein Objekt in einen Baum einzufügen; *löschen(Objekt)*, um ein Objekt aus einem Baum zu löschen; *drucken()*, um alle Objekte im Baum in der richtigen Reihenfolge zu drucken; und *testen(Objekt)*, um festzustellen, ob ein gegebenes Objekt in einem Baum enthalten ist. Nehmen Sie an, daß eine Methode *drucken* für alle Klassen, aus denen der Baum konstruiert ist, vorhanden ist. Beschreibungen von Attributen sollten Datentypen enthalten und eine Aussage treffen, ob das Attribut öffentlich oder privat ist. Beschreibungen von Methoden sollten die Datentypen der Argumente und Rückgabewerte sowie Zusicherungen und Einschränkungen enthalten

15.9 (7) Schreiben Sie in einer beliebigen OO-Sprache Code, um die generische Klasse *Binärbaum* zu implementieren, die in Übung 15.8 beschrieben ist. Verwenden Sie die Klassen *Person* und *Seite*, um die generische Klasse *Binärbaum* zu testen. *Person* ist nach *Name* geordnet, *Seite* nach *Seitennummer*. Sie müssen für jede Klasse eine Methode *vergleichen* und eine Methode *drucken* schreiben.

15.10 (3) Schreiben Sie in einer beliebigen OO-Sprache Code, um einen Kartenstapel zu mischen und 4 Blätter zu jeweils 13 Karten vom Stapel aus auszuteilen. Stellen Sie sicher, neue Instanzen der Klassen *Karte, Stapel* und *Blatt* in Abbildung Ü15.2 zu erzeugen. Die Relation zwischen *Kartenkollektion* und *Karte* erhält die Reihenfolge, in der die Karten einer Kartenkollektion hinzugefügt werden. Diese Reihenfolge muß nicht die *Farbe* und den *Rang* der Karten berücksichtigen.

15.11 (3) Implementieren Sie in einer objektorientierten Sprache die Aggregation zwischen *Karte* und *Kartenkollektion* in Abbildung Ü15.2, so daß die Reihenfolge, in der *Karten* einer *Kartenkollektion* hinzugefügt werden, erhalten bleibt und die Aggregation in beide Richtungen durchlaufen werden kann.

15.12 (4) Schreiben Sie Code in einer objektorientierten Sprache, um die Operation *sortieren* auf der Klasse *Blatt* aus Abbildung Ü15.2 zu implementieren. Sortieren Sie die Karten in jeder Farbe in absteigender Reihenfolge nach ihrem Rang: Ass, König, Dame, Bube, Zehn bis Zwei. Farben sollten in einem Blatt in der Reihenfolge Pik, Herz, Kreuz und Karo angeordnet werden. Die Operation besitzt keine Argumente.

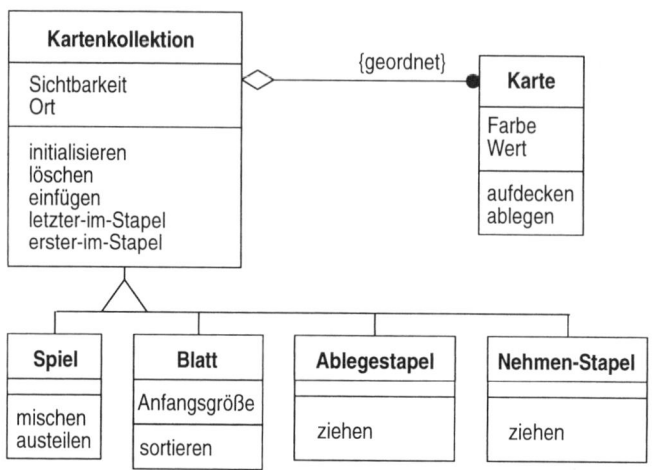

Abb. Ü15.2 Objektdiagramm für ein Kartenspielprogramm

15.13 (4) Implementieren Sie die Operation *einfügen* in Abbildung Ü15.2 mit einer beliebigen objektorientierten Sprache. Die Operation fügt die Karte in die *Kartenkollektion* ein und besitzt ein Argument *Karte*. Eine Karte wird oben in einen Stapel, ein Blatt, einen Ablegestapel oder einen Nehmen-Stapel eingefügt.

Hintergrundinformationen zu den Übungen 15.14-15.16 finden Sie in Übung 8.5.

15.14 (4) Verwenden Sie eine objektorientierte Sprache, um alle Assoziationen zu implementieren, an denen die Klassen *Box, Verknüpfung, Liniensegment* oder *Punkt* in Abbildung Ü15.3 beteiligt sind. Beachten Sie, daß der Editor Verknüpfungen nur zwischen Boxenpaaren zuläßt.

15.15 (5) Implementieren Sie mit einer beliebigen objektorientierten Sprache die Operation *schneiden* auf der Klasse *Box* in Abbildung Ü15.3. Pflanzen Sie die Operation von Boxen auf angebundene Verknüpfungsobjekte fort. Aktualisieren Sie alle beteiligten Assoziationen. Stellen Sie sicher, Speicherplatz wieder zur Verfügung zu stellen, den die Operation freigibt. Gehen Sie davon aus, daß die Anzeige durch eine andere Routine aktualisiert wird.

15.16 (5) Implementieren Sie mit einer objektorientierten Programmiersprache eine Routine, die eine logische Verknüpfung zwischen zwei Boxen herstellt. (Siehe Abbildung Ü15.3.) Eingaben an die Routine sind zwei Boxen und eine Liste von Punkten. Die Routine sollte bei Bedarf Assoziationen aktualisieren und Objektinstanzen erzeugen. Gehen Sie davon aus, daß die Anzeige durch eine andere Routine aktualisiert wird.

15.17 (8) Implementieren Sie in einer beliebigen objektorientierten Sprache die folgenden Anfragen an das Objektdiagramm in Abbildung Ü15.3:

a. Finden Sie für eine gegebene Box alle Boxen, die direkt mit ihr verknüpft sind.

b. Finden Sie für eine gegebene Box alle Boxen, die direkt oder indirekt mit ihr verknüpft sind.

c. Gegeben sind eine Box und eine Verknüpfung. Stellen Sie fest, ob die Box an der Verknüpfung beteiligt ist.

d. Gegeben sind eine Box und eine Verknüpfung. Finden Sie über das andere Ende der Verknüpfung die Box, die logisch mit der gegebenen Box verknüpft ist.

e. Finden Sie alle Verknüpfungen zwischen zwei gegebenen Boxen.

f. Gegeben sind eine Auswahl und ein Blatt. Stellen Sie fest, welche Verknüpfungen eine ausgewählte Box mit einer nicht ausgewählten Box verbinden.

g. Erzeugen Sie für zwei gegebene Boxen und eine gegebene Verknüpfung eine geordnete Menge von Punkten. Der erste Punkt befindet sich an der Stelle, an der die Verknüpfung mit der ersten Box verbunden ist, und der letzte Punkt befindet sich an der Stelle, an der die Verknüpfung mit der zweiten Box verbunden ist. Die dazwischenliegenden Punkte beschreiben die Verknüpfungslinie.

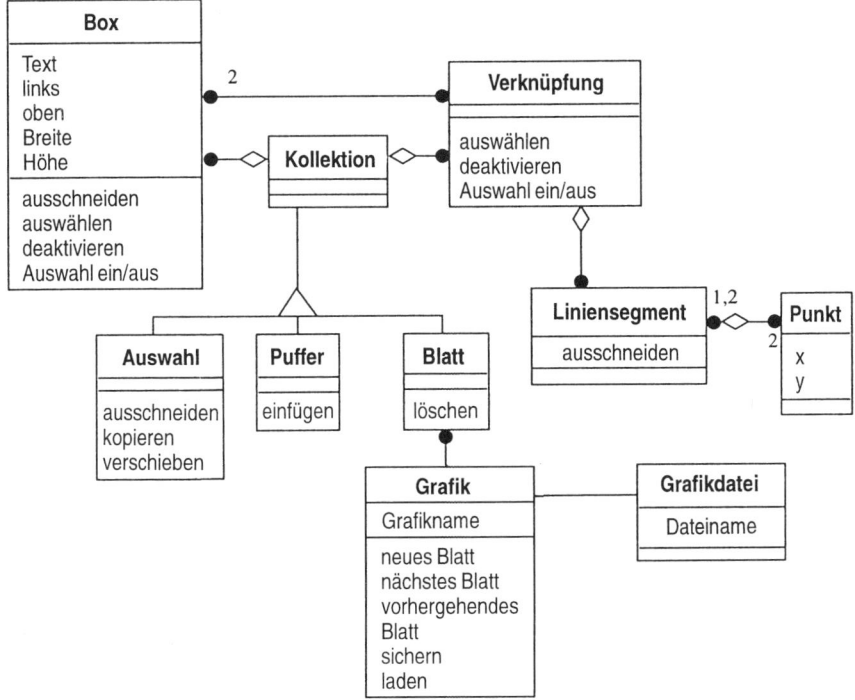

Abb. Ü15.3 Objektdiagramm für einen Diagrammeditor

15.18 (Projekt) Schreiben Sie in einer objektorientierten Sprache ein Programm, das Evolution simuliert, entsprechend der Beschreibung in *Scientific American*, Mai 1989 in der Kolumne "Computer Recreations".

16
Nicht-objektorientierte Sprachen

Die in diesem Buch vorgestellten Analyse- und Entwurfstechniken können mit nicht-objektorientierten Sprachen ebenso wie mit objektorientierten Sprachen implementiert werden. In diesem Kapitel behandeln wir Techniken, gefundene Konzepte auf nicht objektorientierte Sprachen abzubilden. Wir diskutieren zunächst allgemein und danach bezogen auf C, Ada und Fortran die Probleme und ihre möglichen Lösungen. Wo sich dies anbietet, beschreibt das Kapitel etwaige Unzulänglichkeiten der verschiedenen Sprachen, die die Anwendung des gerade behandelten Prinzips einschränken. Viele andere Sprachen, zum Beispiel Pascal, stehen im Prinzip vor den gleichen Problemen wie C und Ada.

Die Einhaltung des objektorientierten Paradigmas erfordert Disziplin und eine nicht-objektorientierte Sprache gibt Ihnen keinerlei Hinweise darauf, daß Sie dabei sind, vom rechten Weg abzukommen. Trotzdem werden Sie, auch wenn Sie eine nicht objektorientierte Sprache verwenden müssen, von der objektorientierten Analyse und vom objektorientierten Entwurf profitieren, auch wenn die Implementierungssprache nicht alle wünschenswerten Möglichkeiten bietet.

Nachdem Sie dieses Kapitel gelesen haben, wissen Sie, wie Sie einen objektorientierten Entwurf auf eine nicht-objektorientierte Programmiersprache abbilden.

16.1 Abbildung objektorientierter Konzepte

Die Implementierung eines objektorientierten Entwurfs in einer nicht-objektorientierten Programmiersprache erfordert im Grunde die gleichen Schritte, wie die Implementierung eines Entwurfs in einer objektorientierten Programmiersprache (Abschnitt 15.1). Der Programmierer, der eine nicht-objektorientierte Sprache verwendet, muß objektorientierte Konzepte auf die Zielsprache abbilden, während bei einer objektorientierten Sprache der Compiler diese Abbildung automatisch vornimmt. Folgende Schritte sind erforderlich, um einen Entwurf zu implementieren:

- Klassen in Datenstrukturen übersetzen [16.2]
- Argumente an Methoden übergeben [16.3]
- Speicherplatz für Objekte zuteilen [16.4]
- Vererbung in Datenstrukturen implementieren [16.5]
- Methodenresolution implementieren [16.6]
- Assoziationen implementieren [16.7]
- Parallelität handhaben [16.8]
- Interne Klassendetails kapseln [16.9]

16.1.1 Das Beispiel Grafikeditor

Abschnitt 15.1.1 und Abbildung 15.1 beschreiben einen Ausschnitt aus einem Objektmodell für einen Grafikeditor, den wir in diesem Kapitel immer wieder als Beispiel verwenden werden. Der Code objektorientierter Sprachen in Kapitel 15 wurde am gleichen Beispiel demonstriert.

16.1.2 Implementierung in C

Die Sprache C bietet mit ihrer schwachen Typprüfung die Flexibilität, mehrere wichtige objektorientierte Konzepte zu implementieren. Der Zeigermechanismus in C und die Speicherzuteilung zur Laufzeit unterstützen ebenfalls die Implementierung. Es ist relativ einfach, ohne größeren Effizienzverlust Klassen, Instanzen, Einfachvererbung und Methodenresolution zur Laufzeit in C zu implementieren. (Tatsächlich leisten mehrere objektorientierte Sprachen, die C-Code als Ausgabe generieren, genau dies: Objective-C, Eiffel, DSM und C++).

16.1.3 Implementierung in Ada

Ada unterstützt Datenabstraktion und diskrete Objekte, nicht aber Vererbung. Die Sprache kann deshalb nicht als objektorientiert angesehen werden. Vor allem die strenge Typbildung von Ada und die fehlenden Prozedurzeiger stellen sich einer direkten Abbildung in den Weg. Allerdings ist es in der Praxis möglich, einen objektorientierten Entwurf, der mit der OMT-Methodologie entwickelt wurde, in Ada zu implementieren, wenn auch nicht ganz so einfach wie in C. Ada bietet ausgezeichnete Kapselungsmöglichkeiten, die die Entwicklung großer Systeme ermöglichen.

16.1.4 Implementierung in Fortran

Weil Fortran keine modernen Datenstrukturierungskonstrukte und keine dynamische Speicherplatzzuteilung besitzt, ist es schwierig, wenn auch nicht unmöglich, Fortran für Anwendungen zu verwenden, die komplexe, nicht-numerische Datenstrukturen erfordern. Andererseits ist Fortran für numerische Anwendungen noch immer beliebt und seine Fähigkeit, komplexe Zahlen und mehrdimensionale Arrays zu handhaben, werden von fast keiner "modernen" Programmiersprache erreicht. Die objektorientierte Analyse und der objektorientierte Entwurf können gewinnbringend eingesetzt werden. Letztlich ist es jedoch notwendig, Datenstrukturen in Arrays zu übersetzen, die den einzigen Mechanismus zur Datenstrukturierung in Fortran darstellen. Der Fortran-Programmierer muß viele Konstrukte manuell übersetzen, die C oder Ada direkt unterstützen würden.

Wenn Ihre Anwendung viele numerische Berechnungen einschließlich Matrizen und komplexen Zahlen erfordert, bietet Fortran Vorteile gegenüber den meisten anderen Sprachen. Vielleicht liegt eine Lösung für Sie darin, die numerischen Berechnungen in Fortran zu kodieren und die anderen Teile – Setup, symbolische Manipulation, Durchlaufen des Datennetzwerks, Benutzerinteraktion – in einer anderen Sprache. Die Fortran-Programme könnten als Berechnungsprogramme dienen, während die nicht in Fortran geschriebenen Programme das System als Ganzes verwalten.

16.1.5 Andere Sprachen

Pascal sind ähnliche Grenzen wie Ada gesetzt. Es verfügt über eine strenge, unflexible Typprüfung und besitzt keine Funktionszeiger-Variablen.

Dagegen ist Lisp eine so biegsame Sprache, daß fast alles möglich ist. Die Implementierungsvorschläge für C könnten in Lisp problemlos implementiert werden. Andererseits können viele Lisp-Programmierer auf objektorientierte Lisp-Versionen wie CLOS oder Flavors zugreifen, so daß es kaum notwendig sein wird, etwaige Unzulänglichkeiten von Lisp zu umgehen.

16.2 Übersetzen von Klassen in Datenstrukturen

Normalerweise werden Sie jede Klasse als einen fortlaufenden Block von Attributen implementieren, d.h. als Record-Struktur. Jedes Attribut in einer Klasse wird ein Element im Record. Jedes Attribut besitzt einen vereinbarten Typ, der ein primitiver Typ wie *integer, real* oder *character*, oder ein strukturierter Wert wie eine eingebettete Record-Struktur oder ein Array mit fester Länge sein kann.

Ein Objekt besitzt einen Zustand und eine Identität und unterliegt Seiteneffekten. Eine Variable, die ein Objekt identifiziert, muß deshalb als gemeinsam benutzbarer Verweis implementiert werden, nicht einfach durch Kopieren der Attributwerte eines Objekts. Ein Verweis kann als Speicheradresse oder als Array-Index implementiert werden. In jedem Fall muß sichergestellt werden, daß ein Objekt im Speicher über mehrere mögliche Verweise genutzt werden kann (aliasing).

16.2.1 Klassen in C-Strukturdeklarationen übersetzen

In C wird aus jeder Klasse im Entwurf eine Struktur (*struct*). Jedes in der Klasse definierte Attribut wird ein Feld in der C-Struktur. Die Struktur der Klasse *Fenster* wird so deklariert:

```
struct Window
{
    Length xmin;
    Length ymin;
    Length xmax;
    Length ymax;
};
```

Length ist ein C-Typ (keine Klasse), der mit der C-Anweisung *typedef* definiert wurde, um eine größere Modularität bei der Definition von Werten zu erreichen:

```
typedef float Length;
```

In C kann ein Objektverweis als Zeiger auf seinen Objekt-Record repräsentiert werden:

```
struct Window * window;
Length x1 = window->xmin;
```

Ein Objekt kann statisch, automatisch (auf dem Stack) oder dynamisch (auf dem Heap) zugewiesen werden, weil C einen Zeiger auf jedes Objekt, auch auf solche, die in eine andere Struktur eingebettet sind, bilden kann.

16.2.2 Klassen in Ada-Records übersetzen

Der Ada-Code für eine Klasse ist dem C-Code ähnlich. Ada verwendet den Typ *record*:

```
type Length is new FLOAT;
type WindowRecord is record
   xmin: Length;
   ymin: Length;
   xmax: Length;
   ymax: Length;
end record;
```

In Ada kann ein Objektverweis oder Zeiger durch einen *access*-Typ repräsentiert werden:

```
type Window is access WindowRecord;
```

Wir verwenden Ada-*access*-Typen, um Objektverweise zu repräsentieren, wenn die Zahl der Objekte einer gegebenen Klasse nicht begrenzt ist. In diesem Fall werden die Objekt-Records zur Laufzeit mit dem Ada-Befehl zur Speichervergabe *new* zugeteilt:

```
aWindow: Window := new WindowRecord;
```

Der Typ *access* ist für die dynamische Speicherzuteilung und für Assoziationen zwischen Objekten erforderlich. Der Typ *access* und die dynamische Speicherzuteilung sind nicht erforderlich, wenn ein Objektwert in ein anderes Objekt eingebettet ist und keine eigene Identität besitzt. In jedem Fall repräsentieren die Komponenten im Record Objektattribute. Der Zugriff darauf erfolgt so:

```
x1: Length := aWindow.xmin;
```

16.2.3 Klassen in Fortran-Arrays übersetzen

Fortran besitzt außer dem Array keine benutzerdefinierbare Datenstruktur. Deshalb muß der Programmierer Datensätze simulieren. Eine Klasse wird als implizite Gruppe von Arrays repräsentiert, wobei ein Array ein Attribut in der Klasse repräsentiert. Die Arrays haben alle die gleiche Dimension. Weil Fortran keine dynamische Speicherverwaltung unterstützt, muß das Array groß genug sein, alle Objekte der Klasse, die jemals existieren werden, aufzunehmen. Der Index auf die Arrays repräsentiert eine Objekt-ID *innerhalb der gegebenen Klasse*. Objekt-IDs für unterschiedliche Klassen überlappen einander, so daß Sie die Klasse einer Variablen im Programm kennen (oder, wie später im Abschnitt über Vererbung erklärt, ermitteln) müssen. Die Arrays für eine einzelne Klasse können als gemeinsamer Block organisiert werden. Beispielsweise würde die Speicherplatzzuteilung für die Fenster aus dem vorhergehenden Beispiel so aussehen:

```
COMMON /WINDOW/ XMIN, YMIN, XMAX, YMAX, NWINDOW
REAL XMIN(1000), YMIN(1000), XMAX(1000), YMAX(1000)
INTEGER NWINDOW
```

Der Programmierer muß die Zahl der Objekte einer gegebenen Klasse, für die Speicherplatz vergeben wurde (NWINDOW), in einem Zähler verwalten, so daß neue Objekt-IDs zugewiesen werden können.

In Fortran gibt es keine Möglichkeit, neue Typen zu definieren. Deshalb können Sie *Length* nicht symbolisch definieren, sondern nur durch primitive Datentypen (wie *REAL, COMPLEX, INTEGER, LOGICAL* und *CHARACTER*).

Standard-Fortran begrenzt die Länge von Bezeichnern, während viele andere Fortran-Compiler Bezeichnernamen mit 32 oder mehr Zeichen zulassen. In unseren Beispielen sind wir davon ausgegangen, daß lange Namen und Unterstriche erlaubt sind. Wenn Ihr Compiler kurze Namen erfordert, müssen Sie aussagefähige Namen auf Abkürzungen abbilden. Die Lesbarkeit wird dadurch erheblich verschlechtert.

In Fortran kann ein Objekt durch seinen Index auf die Attribut-Arrays seiner Klasse repräsentiert werden. Der Zugriff auf Attribute erfolgt durch Indizieren des entsprechenden Array. Das Programm muß die Klasse des Objekts kennen:

```
INTEGER AWINDOW
REAL X1
X1 = XMIN(AWINDOW)
```

16.3 Übergeben von Argumenten an Methoden

Jede Methode besitzt mindestens ein Argument – das implizite Argument *self*. In einer nicht-objektorientierten Sprache muß dieses Argument natürlich explizit bekannt gemacht werden. Methoden können darüber hinaus weitere Objekte als Argumente besitzen. Einige der Argumente können einfache Datenwerte statt Objekte sein. Wenn ein Objekt als Argument an eine Methode übergeben wird, muß ein Verweis auf das Objekt übergeben werden, wenn der Wert des Objekts innerhalb der Methode aktualisiert werden kann. Wenn die Methode eine Anfrage ist, die einfach Informationen aus einem Objekt holt, ohne es zu verändern, so kann ein Wertübergabe-Mechanismus (Call by value) verwendet werden, wenn die Sprache dies zuläßt. Es ist jedoch einheitlicher, alle Argumente als Verweise zu übergeben (Call by reference).

Wir empfehlen, die Funktionsnamen von Methoden konsistent zu halten. Eine C-Konvention, die uns als nützlich erscheint, besteht darin, den Klassennamen, zwei Unterstriche und den Operationsnamen aneinanderzureihen. (Die beiden Unterstriche trennen den Klassennamen und den Operationsnamen, die ihrerseits einfache Unterstriche enthalten können. Standard-Fortran schränkt die Namensvergabe allzu sehr ein, während viele Compiler lange Namen und die Verwendung von Unterstrichen zulassen. Ada läßt keine Namen mit doppelten Unterstrichen zu und unterscheidet nach Groß- und Kleinschreibung, die Namen können jedoch beliebig lang sein. Variablen- und Argumentnamen in Ada müssen sich von Typnamen unterscheiden.

16.3.1 Argumentübergabe in C

In C sollte ein Objekt immer durch Zeiger übergeben werden. Obwohl es in C
auch möglich ist, Strukturen durch Wert zu übergeben, ist es normalerweise
effizienter, einen Zeiger auf eine Objektstruktur zu übergeben. Außerdem ist auf
diese Weise der Zugriffsmechanismus für Anfrage- und Aktualisierungsoperationen der gleiche.

```
Window__add_to_selections (self, shape)
    struct Window * self;
    struct Shape * shape;
```

16.3.2 Argumentübergabe in Ada

In Ada kann ein Objekt als *access*-Typ übergeben werden:

```
type Window is access WindowRecord;
procedure Window_add_to_selections (self : Window;
                aShape: Shape);
```

Der Objektzugriffsparameter *self* ist (per Definition) ein *in*-Parameter, weil sein
Wert in der Methode nicht geändert wird. Wenn ein Wert einer Variablen in der
Methode aktualisiert wird, muß er als *in/out*-Parameter übergeben werden. Beachten Sie jedoch, daß der *access*-Typ (oder Zeiger), der auf ein Objekt verweist,
in der Methode nicht verändert wird, selbst wenn das Record-Objekt verändert
wird, auf das er zeigt. Mit dem Typ *access* ist es möglich, die Attribute des
Objektes zu verändern, auf das gezeigt wird.

Wenn unterschiedliche Tasks parallel auf das gleiche Objekt zugreifen, entstehen
wahrscheinlich Inkonsistenzen. Wenn Parallelzugriff auf ein Objekt möglich ist,
sollten Objekte vollständig in einer Task gekapselt werden und der Zugriff darauf
sollte nur von dieser Task aus erfolgen. Auf diese Weise wird der parallele Zugriff
serialisiert und sichergestellt, daß jede Operation abgeschlossen wird, bevor die
nächste begonnen wird. In Abschnitt 9.3 haben wir die Identifikation inhärent
paralleler Tasks in einem System diskutiert.

16.3.3 Argumentübergabe in Fortran

In Fortran kann ein Objekt als Index auf die Arrays seiner Klasse übergeben
werden:

```
SUBROUTINE WINDOW__ADD_TO_SELECTIONS (SELF, SHAPE)
INTEGER SELF, SHAPE
```

Ein Objekt, auf das eine Anfrage- und keine Aktualisierungsoperation durchgeführt wird, kann als Liste von Attributwerten übergeben werden, obwohl der
Index normalerweise kürzer ist und sich deshalb komfortabler verwenden läßt:

```
FUNCTION CIRCLE__PICK (X0, Y0, RADIUS, X, Y)
LOGICAL CIRCLE__PICK
REAL X0, Y0, RADIUS, X, Y
```

16.4 Zuteilen von Speicherplatz an Objekte

Speicherplatz an Objekte kann statisch (bei der Kompilierung), dynamisch (von einem Heap) oder auf einem Stack zugeteilt werden. Objekte mit statischer Speicherzuteilung werden als globale Variablen implementiert, die ihren Speicherplatz vom Compiler erhalten. Ihre Lebenszeit entspricht der des Programms. Sie können für Objekte der Systemebene oder Konstanten nützlich sein, es ist jedoch ein schlechter objektorientierter Programmierstil, zu viele globale Variablen zu verwenden, weil sie die Modularität aufheben.

Die meisten temporären und Zwischenobjekte werden als Stack-basierte Variablen (wie *automatische* Variablen in C und *lokale* Variablen in Pascal) implementiert. Stack-basierte Variablen haben den Vorteil, daß ihr Speicherplatz automatisch zugewiesen und freigegeben wird. Der Programmierer muß sicherstellen, daß nach Verlassen des deklarierenden Blocks keine Verweise auf ein Stack-basiertes Objekt zurückbleiben. Stack-basierte Variablen sind für allgemeine Objekte nicht nützlich, deren Lebenszeit länger ist als die der Prozedur, die sie erzeugt hat. Die Verwendung solcher Techniken kann zu subtilen Fehlern führen, die sich nur schwer finden lassen.

Objekte mit dynamischer Speicherzuteilung werden gebraucht, wenn ihre Zahl bei der Kompilierung nicht bekannt ist. Ein allgemeines Objekt kann als Datenstruktur implementiert werden, für die zur Laufzeit auf Anforderung Speicherplatz von einem Heap aus zugeteilt wird. (Ein Heap ist ein globaler Speicherblock, den die Speicherverwaltung steuert.) Der Speicherplatz für dynamisch zugeteilte Objekte wird explizit durch einen besonderen Operator angefordert: *malloc* in C, *new* in Pascal oder Ada, *make* in Common Lisp. Nach der Zuteilung bleiben dynamische Objekte erhalten, bis ihr Speicherplatz explizit freigegeben wird. Daher können Zeiger darauf in anderen Objekten gespeichert werden. Es ist nicht immer einfach zu wissen, wann der Speicherplatz für ein Objekt freigegeben werden muß – dieses Problem existiert aber auch bei vielen objektorientierten Sprachen. Manche Sprachen wie Lisp stellen einen Garbage-Collection-Mechanismus bereit, der den Programmierer von der Speicherfreigabe entlastet und der Gefahr offener Zeiger entgegenwirkt.

16.4.1 Speicherplatz für Objekte in C zuteilen

Globale Objekte können als *struct*-Variablen der obersten Ebene deklariert und bei der Kompilierung initialisiert werden:

```
struct Window outer_window = {0.0, 0.0, 8.5, 11.0};
```

Wenn eine Methode aufgerufen wird, muß die Adresse der Variablen (`&outer_window`) übergeben werden.

Für die meisten Objekte sollte der Speicherplatz dynamisch mit *malloc* oder *calloc* zugewiesen werden:

```
struct Window * create_window (xmin, ymin, width, height)
   Length xmin, ymin, width, height;
{
   struct Window * window;
   window= (struct Window *)malloc (sizeof (struct Window));
   window->xmin = xmin;
   window->ymin = ymin;
   window->xmax = xmin + width;
   window->ymax = ymin + height;
   return window;
}
```

Wenn ein Objekt nicht mehr benötigt wird, muß sein Speicherplatz mit der C-Funktion *free* freigegeben werden. Stellen Sie vor der Speicherfreigabe sicher, daß keine Zeiger mehr auf das Objekt verweisen. Außerdem müssen Sie sicherstellen, alle Komponentenobjekte freizugeben, auf die Instanzenvariablen des Objekts zeigen.

Temporäre und Zwischenobjekte können als normale *automatic*-Variablen in einem Funktionsrumpf oder -block zugewiesen werden. Beim Aufruf einer Methode muß die Adresse der Variablen übergeben werden. Stack-basierte Variablen können nicht verwendet werden, wenn sie eine längere Lebensdauer haben als die Funktion, die sie erzeugt hat.

16.4.2 Speicherplatz für Objekte in Ada zuteilen

Globale Objekte können als *constant*-Zugriffstypen zugeteilt werden. Ihre Initialisierung ist optional:

```
main_window: constant Window :=
      new WindowRecord' (0.0, 0.0, 8.5, 11.0);
```

Für die meisten Objekte wird Speicherplatz dynamisch mit *new* zugeteilt. Abstraktere Funktionen können geschrieben werden, die den Speicherplatz für ein neues Objekt zuteilen und einige seiner Attribute initialisieren:

```
function create_window (xmin, ymin, width, height: Length)
      return Window is
begin
      return new WindowRecord'(xmin, ymin,
                  xmin+width, ymin+height);
end;
```

Ein Ada-Compiler stellt möglicherweise einen Garbage-Collection-Mechanismus zur Verfügung, um zugeteilten Speicher wiederzugewinnen, auf den keine Verweise mehr möglich sind. In den meisten Fällen müssen Sie Zugriffstypen allerdings – ähnlich wie in C – explizit mit der Funktion UNCHECKED_DEAL-LOCATION freigeben.

16.4.3 Speicherplatz für Objekte in Fortran zuteilen

Als Programmierer müssen Sie Speicherplatz für neue Objekte explizit von vordefinierten Arrays aus zuteilen. Es ist viel schwieriger, eine dynamische Anwendung in Fortran als in C oder Ada zu implementieren, weil Sie den Zuteilungsmechanismus selbst implementieren müssen (indem Sie einen Heap simulieren):

```
FUNCTION CREATE_WINDOW (X1, Y1, WIDTH, HEIGHT)
COMMON /WINDOW/ XMIN, YMIN, XMAX, YMAX, NWINDOW
REAL XMIN(1000), YMIN(1000), XMAX(1000), YMAX(1000)
INTEGER NWINDOW
INTEGER CREATE_WINDOW
REAL X1, Y1, X2, Y2
NWINDOW = NWINDOW + 1
XMIN(NWINDOW) = X1
YMIN(NWINDOW) = Y1
XMAX(NWINDOW) = X1 + WIDTH
YMAX(NWINDOW) = Y1 + HEIGHT
CREATE_WINDOW = NWINDOW
RETURN
END
```

16.5 Implementierung von Vererbung

Es gibt verschiedene Möglichkeiten, Datenstrukturen für Vererbung in einer nicht-objektorientierten Sprache zu implementieren:

- *Verzichten Sie ganz darauf.* Viele Anwendungen erfordern keine Vererbung. Viele andere Anwendungen besitzen nur wenige Klassen, die Vererbung erfordern. Klassen, die keine Vererbung erfordern, können als einfache Datensätze implementiert werden. [Booch-86] beschreibt, wie Sie objektorientierte Entwürfe auf diese Weise in Ada implementieren können.

- *Ebnen Sie die Klassenhierarchie ein.* Verwenden Sie Vererbung beim Entwurf und fächern Sie jede konkrete Klasse bei der Implementierung als unabhängige Datenstruktur auf. Jede geerbte Operation muß als eigene Methode auf jeder konkreten Klasse reimplementiert werden. Das Einebnen der Hierarchie führt zu Duplikation, die jedoch durch Sprachkonstrukte wie generische Klassen in Ada und C-Makros verringert werden kann. Eine nützliche Technik besteht darin, einige geerbte Attribute in einem Record-Typ zu gruppieren und den Record in jede konkrete Klasse einzubetten, um die Zahl der duplizierten Zeilen in jeder Deklaration zu verkleinern.

- *Erzeugen Sie neue Objekte.* Statt gemeinsame Attribute von einer Oberklasse zu erben, kann eine Gruppe von Attributen aus allen Unterklassen herausgezogen und als eigenes Objekt implementiert werden. Ein Verweis auf das neue Objekt ist in jeder Unterklasse gespeichert. Wenn man Attribute in einem eigenen Typ gruppiert, ist es möglich, sie mit nur einer Methode zu manipulieren. Die Unterklassen müssen Operationen an das Objekt delegieren, auf das verwiesen wird.

Mit diesen Ansätzen ist es möglich, die Implementierung von Vererbung zu umgehen. Wenn Vererbung tatsächlich benötigt wird, hängt die jeweils günstigste Implementierung von der Sprache und der Anwendung ab, wie in den folgenden Abschnitten beschrieben.

16.5.1 Vererbung in C implementieren

Um Einfachvererbung zu implementieren, betten Sie die Vereinbarung für die Oberklasse als ersten Teil in jede Unterklassen-Deklaration ein. Das erste Feld in jeder Struktur ist ein Zeiger auf ein Klassendeskriptor-Objekt, das sich alle direkten Instanzen einer Klasse teilen. Das Klassendeskriptor-Objekt ist eine Struktur, die die Klassenattribute einschließlich des Klassennamens (optional) und der Methoden für die Klasse enthält. Das Format des Klassendeskriptor-Objekts werden wir später behandeln.

Die Klasse *Shape* ist eine abstrakte Klasse, mit den konkreten Unterklassen *Box* und *Circle*. Die C-Deklarationen für die Klassen *Shape, Box* und *Circle* lauten:

```
struct Shape
{
    struct ShapeClass * class;
    Length x;
    Length y;
};
struct Box
{
    struct BoxClass * class;
    Length x;
    Length y;
    Length width;
    Length height;
};
struct Circle
{
    struct CircleClass * class;
    Length x;
    Length y;
    Length radius;
};
```

Ein Zeiger auf eine *Box*- oder *Circle*-Struktur kann an eine C-Funktion übergeben werden, die einen Zeiger auf eine *Shape*-Struktur erwartet, weil der erste Teil der *Box*- oder *Circle*-Struktur identisch mit der *Shape*-Struktur ist. (Um ganz korrekt zu sein, sollten Sie den Typ eines solchen Arguments mit *cast* in einen Zeiger auf *Shape* umwandeln. Die meisten Compiler werden den Unterschied aber nicht bemerken.) Weil das Präfix der Struktur das gleiche wie das der Oberklassen-

Struktur ist, ignoriert die Oberklassen-Methode einfach die zusätzlichen Felder am Ende. Beispielsweise wird in dem folgenden Aufruf ein Zeiger auf *Box* als ein Zeiger auf *Shape* interpretiert:

```
struct Box * box;
struct Window * window;
Window__add_to_selections (window, box)
```

Das erste Feld jeder Struktur ist ein Zeiger auf den Klassendeskriptor für die tatsächliche Klasse jeder Objektinstanz. Dieses Feld wird nur benötigt, wenn eine Methodenresolution zur Laufzeit durchgeführt wird. (Siehe Abschnitt 16.6.1).

Mehrfachvererbung kann mit diesem Ansatz nicht implementiert werden, weil die Attribute einer Unterklasse mit zwei Oberklassen nicht beiden Oberklassen entsprechen können. Es ist deshalb am besten, Mehrfachvererbung durch Verwendung der in Kapitel 4 diskutierten Möglichkeiten zu umgehen.

16.5.2 Vererbung in Ada implementieren

Die *varianten Records* von Ada können verwendet werden, um Vererbung (allerdings nur Einfachvererbung) zu implementieren. Ein varianter Record ist eine Datensatzstruktur mit mehreren Alternativen. Jeder Record enthält eine *Diskriminante*, d.h. eine Komponente, die die Alternativformen des Record kennzeichnet. Deklarieren Sie für die Wurzel jeder Klassenhierarchie einen varianten Record mit einer Variante für jede Unterklasse. Die Attribute in der Oberklasse sind allen Varianten gemeinsam. Mehrere Ebenen von geschachtelten Varianten entsprechen mehreren Ebenen von Unterklassen. Eine einzige Methode kann auf allen Varianten einer einzelnen Wurzelklasse operieren, weil sie alle vom gleichen Ada-Typ sind.

Die Wurzelklassen müssen sorgfältig gewählt werden, weil es normalerweise ineffizient ist, alles zu einer Variante der Klasse *object* zu machen. Dieser Ansatz eignet sich gut für flache Hierarchien. Variante Records haben den Vorteil, daß ihre Verwendung keine Kunstgriffe erfordert und daß alle Zugriffe syntaktisch und semantisch korrekt sind:

```
type ItemClass is (GroupClass, BoxClass, CircleClass);
subtype ShapeClass is ItemClass range BoxClass..CircleClass;
type ItemRecord (class: ItemClass) is record
    case class is
        when GroupClass => null;
        when ShapeClass =>
            x: Length;
            y: Length;
            case class is
                when BoxClass =>
                    width: Length;
                    height: Length;
                when CircleClass =>
                    radius: Length;
                when others => null;
```

```
              end case;
         end case;
     end record;
     type Item is access ItemRecord;
     subtype Group is Item;
     subtype Shape is Item;
     subtype Box is Item;
     subtype Circle is Item;
```

Der gezeigte Record-Typ repräsentiert den Vererbungsbaum aus Abbildung 15.1, der aus den Klassen *Item, Shape, Box* und *Circle* besteht. Wenn der Speicherplatz eines Objekts von diesem Record-Typ aus zugeteilt wird, so ist das Objekt auf eine spezifische Variante eingeschränkt und repräsentiert genau eine der vier Klassen. Die dynamische Speicherverwaltung eines guten Ada-Compilers weist nur den Speicherplatz zu, der für die Attribute dieser Objektklasse benötigt wird. Der folgende Code erzeugt ein Objekt der Klasse *Group*:

```
     item_group: Group := new ItemRecord (GroupClass);
```

16.5.3 Vererbung in Fortran implementieren

Fortran besitzt keine benutzerdefinierbaren Records. Variante Records sind deshalb nicht möglich. Ein Ansatz besteht darin, eine gegebene Klassenhierarchie als *Universal-Record* zu implementieren. Ein Universal-Record enthält ein Attribut für jedes in einer Nachfahrenklasse gefundene Attribut. Attribute, die in einem bestimmten Fall nicht gelten, werden einfach ignoriert. Dieser Ansatz verschwendet Speicherplatz, er kommt aber in Frage, wenn der variante Teil des Record klein ist.

```
COMMON /SHAPE/X,Y,WIDTH,HEIGHT,RADIUS,NSHAPE
REAL X(1000),Y(1000),WIDTH(1000),HEIGHT(1000)
REAL RADIUS(1000)
INTEGER NSHAPE
```

Ein ökonomischerer Ansatz, der die Fortran-Version eines varianten Records darstellt, besteht darin, eine Klasse in Unterklassen aufzubrechen, die jeweils als eigene Klassen mit eigenen Arrays und Objekt-Indizes implementiert werden. Die ursprüngliche Klasse wird durch zwei Integer-Arrays repräsentiert: Ein Array speichert einen Code für die Unterklasse, das andere den Index des Objekts innerhalb seines entsprechenden Unterklassen-Array. Der Programmierer muß zunächst jeder Klasse im System einen Integer-Code zuweisen. In diesem Beispiel definieren wir die Klasse *Item* entweder als *Shape* (Maximum 1000) oder als *Group* (Maximum 100). Der gemeinsame Speicherblock CLASSES definiert den Integer Code für jede Klasse.

```
COMMON /ITEM/ ITEM_CLASS, ITEM_ID, NITEM
INTEGER ITEM_CLASS(1100), ITEM_ID(1100)
INTEGER NITEM/0/
COMMON /CLASSES/ GROUP, BOX, CIRCLE
INTEGER GROUP/1/, BOX/2/, CIRCLE/3/
```

Wenn ein neues Objekt erzeugt wird, muß sowohl die Oberklasse als auch die Unterklasse einen Indexwert zuweisen. Beispielsweise erzeugt der folgende Code einen neuen Kreis:

```
FUNCTION CREATE_CIRCLE (X0, Y0, RADIUS0)
common blocks for ITEM, SHAPE, and CLASSES go here
INTEGER CREATE_CIRCLE
NSHAPE = NSHAPE + 1
X(NSHAPE) = X0
Y(NSHAPE) = Y0
RADIUS(NSHAPE) = RADIUS0
NITEM = NITEM + 1
ITEM_CLASS(NITEM) = CIRCLE
ITEM_ID(NITEM) = NSHAPE
CREATE_CIRCLE = NITEM
END
```

Die Technik, ein Objekt in einer allgemeinen Situation durch ein Wertepaar darzustellen, das die Klasse und eine klassenspezifische ID angibt, kann auch in Ada, Pascal und anderen Sprachen eingesetzt werden.

16.6 Implementierung von Methodenresolution

In einer objektorientierten Sprache kann eine einzelne Operation durch mehrere Methoden implementiert werden (Polymorphismus), je nach der Laufzeit-Klasse des Objekts. Methodenresolution zur Laufzeit gehört zu den wichtigsten Eigenschaften objektorientierter Sprachen, die in nicht-objektorientierten Sprachen fehlen. Methodenresolution kann unterschiedlich behandelt werden:

- *Vermeiden Sie die Methodenresolution ganz.* Wenn jede Operation nur einmal in der Klassenhierarchie definiert und nicht überschrieben wird, gibt es keinen Polymorphismus und es besteht keine Notwendigkeit, eine Methodenresolution zur Laufzeit durchzuführen. Methoden können trotzdem vererbt werden; alle Unterklassen teilen sich die Methoden einer Oberklasse, können sie jedoch nicht überschreiben. Dieser Rat ist nicht so abwegig, wie er vielleicht klingt. Es ist semantisch fragwürdig, Operationen nach Belieben zu überschreiben, um ihr Verhalten zu ändern, weil eine Unterklasse die Bedeutung einer geerbten Operation nicht verändern sollte (Abschnitt 4.3.1).

- *Führen Sie die Methodenresolution bei der Kompilierung durch.* Wenn die Klasse jedes Objekts bei der Kompilierung bekannt ist, kann die korrekte Methode festgestellt und direkt aufgerufen werden. Auf diese Weise ist keine

Methodenresolution zur Laufzeit erforderlich. Es genügt zu wissen, daß die Objektklasse ein Nachfolger der untersten Klasse ist, die die Methode überschreibt. In vielen Anwendungen sind die Klassen der meisten Objekte bei der Kompilierung bekannt. Wenn die Klassenhierarchie verändert oder eine neue Methode definiert wird, muß der Programmierer natürlich die Methodenresolution manuell neu evaluieren und einen neuen Funktionsaufruf einsetzen.

- *Führen Sie die Methodenresolution zur Laufzeit durch.* Wenn eine Kollektion aus Objekten gemischter Klassen vorliegt, auf die Sie eine abstrakte Operation anwenden müssen, so ist eine dynamische Methodenresolution erforderlich. Sie müssen die Objektklasse testen, um die korrekte Methode festzustellen. Eine objektorientierte Sprache führt diesen Test automatisch durch. Die Sprache C unterstützt eine elegante und effiziente Technik der Methodenresolution. Dabei wird eine vordefinierte Struktur mit Methodenzeigern eingesetzt. Andere Sprachen wie Ada und Fortran unterstützen Methodenzeiger nicht, so daß Sie in einer einzelnen Zuordnungsmethode Case-Anweisungen verwenden müssen.

16.6.1 Methodenresolution in C

Alle Methoden, die Sie bei der Kompilierung resolvieren können, können als direkte C-Funktionsaufrufe implementiert werden. Viele Operationen werden nur einmal als Methoden implementiert und niemals überschrieben und erfordern daher keine Methodenresolution. Beispielsweise kommen alle Methoden von *Window* nur einmal vor. Der allgemeinste Ansatz besteht jedoch darin, ein Klassendeskriptor-Objekt für jede Klasse zu definieren, das einen Zeiger auf die Methodenfunktion für jede von der Klasse aus sichtbare Operation einschließlich der geerbten Operationen enthält. Jeder Klassendeskriptor ist eine C-Struktur, die alle in einer Klasse definierten oder von einer Oberklasse geerbten Merkmale enthält. Jeder Klassendeskriptor enthält in seinem ersten Teil Operationen, die er von seiner Oberklasse geerbt hat, genauso, wie die Struktur für eine Objektinstanz geerbte Attribute enthält. Der folgende Code zeigt die Deklaration für die Klassendeskriptoren für *Item, Shape, Box* und *Circle*. Wir hängen das Wort *Class* an den Klassennamen an, wenn wir die Struktur für den Klassendeskriptor vereinbaren.

```
struct ItemClass
{
    char * class_name;
    void (* cut) ();
    void (* move) ();
    Boolean (* pick) ();
    void (* ungroup) ();
};
struct ShapeClass
{
    char * class_name;
    void (* cut) ();
    void (* move) ();
```

```
    Boolean (* pick) ();
    void (* ungroup) ();
    void (* write) ();
};
struct BoxClass
{
    char * class_name;
    void (* cut) ();
    void (* move) ();
    Boolean (* pick) ();
    void (* ungroup) ();
    void (* write) ();
};
struct CircleClass
{
    char * class_name;
    void (* cut) ();
    void (* move) ();
    Boolean (* pick) ();
    void (* ungroup) ();
    void (* write) ();
};
```

Die Klassendeskriptor-Struktur definiert die Namen der für eine Klasse sichtbaren Operationen. Darüber hinaus müssen Sie noch ein Klassendeskriptor-Objekt für jede Klasse definieren und initialisieren. Jedes Deskriptor-Objekt ist eine globale Variable, die einzige Instanz seiner Klassendeskriptor-Struktur. (Wir verwenden für das Klassendeskriptor-Objekt den gleichen Namen wie für die C-Struktur, weil beide getrennten C-Namensräumen angehören und deshalb nicht verwechselt werden können.) Sie müssen jedes Feld des Klassendeskriptor-Objekts mit dem Namen der Methodenfunktion initialisieren, die die Klasse definiert oder geerbt hat. Sie können die korrekte Methode dem Objektmodell entnehmen. Beispielsweise erbt die Klasse *Box* die Operation *move* von der Klasse *Shape*, während sie die Operationen *pick* und *write* mit ihren eigenen Methoden überschreibt:

```
struct BoxClass BoxClass =
{
    "Box",
    Shape__cut,
    Shape__move,
    Box__pick,
    Shape__ungroup,
    Box__write
};
```

```
struct CircleClass CircleClass =
{
    "Circle",
    Shape__cut,
    Shape__move,
    Circle__pick,
    Shape__ungroup,
    Circle__write
};
```

Wenn eine Klasse Klassenattribute besitzt, so können diese ebenfalls im Klassen-deskriptor als zusätzliche Felder gespeichert werden. Beispielsweise speichern wir den Namen jeder Klasse im Klassendeskriptor-Objekt, um ihn zum Beispiel beim Debuggen oder beim Drucken zu verwenden.

Beachten Sie, daß die Klassendeskriptor-Objekte nur für konkrete Klassen benö-tigt werden und für abstrakte Klassen wie *Shape* überflüssig sind. Das Klassen-deskriptor-Objekt wird nur verwendet, um die Methoden und Klassenvariablen von Objekten zu speichern. Wenn eine neue Objektinstanz erzeugt wird, wird die Adresse ihres Klassendeskriptor-Objekts als *class*-Feld in der Objektstruktur gespeichert. Die Informationenen über die Klasse eines Objekts, einschließlich des Namens, der Klassenattribute und Methoden können zur Laufzeit dem *class*-Feld des Objekts entnommen werden.

Wir haben die Operationen *draw* und *erase* nicht im Klassendeskriptor aufge-führt. Diese Operationen werden nur in der Klasse *Shape* als Methoden imple-mentiert; sie rufen die Operation *write* mit der Vordergrund- oder der Hinter-grundfarbe auf. Weil sie nicht überschrieben werden, können sie als direkte Funktionsaufrufe implementiert werden. Natürlich könnten wir sie aus Gründen der Einheitlichkeit oder wegen späterer Erweiterungen in den Klassendeskriptor aufnehmen.

Das Feld *Class* jedes Objekts muß mit einem Zeiger auf den Klassendeskriptor initialisiert werden:

```
struct Circle * create_circle (x0, y0, radius0)
    Length x0, y0, radius0;
{
    struct Circle * new_circle;
    new_circle =
        (struct Circle *) malloc (sizeof (struct Circle));
    new_circle->class = &CircleClass;
    new_circle->x = x0;
    new_circle->y = y0;
    new_circle->radius = radius0;
    return new_circle;
}
```

Wenn eine Operation zur Laufzeit resolviert werden muß, wird das Klassen-deskriptor-Objekt dazu verwendet, die korrekte C-Funktion festzustellen. Das Klassendeskriptor-Objekt wird über das Objekt gefunden und durch den Namen der Operation indiziert. Um zum Beispiel die Operation *pick* auf einem nicht bekannten Objekt *Shape* aufzurufen, ist der folgende Code erforderlich:

```
struct Shape *shape;
Length x, y;
Boolean status;
status = (*shape->class->pick) (shape, x, y);
```

Beachten Sie, daß das Zielobjekt zweimal aufgeführt werden muß, einmal, um die Methode zu finden, und einmal als erstes Argument der Methode. Die dynamische Methodenresolution erfordert gegenüber einem direkten Funktionsaufruf zwei zusätzliche Speicherzugriffe und eine zusätzliche Addition. Gemessen am Overhead eines durchschnittlichen Funktionsaufrufs sind die zusätzlichen Kosten vernachlässigbar.

16.6.2 Methodenresolution in Ada

Ada läßt es zu, Unterprogramm-Namen zu überladen, die auf Typen der Unterpro-gramm-Argumente basieren. Die Resolution des Überladens muß jedoch bei der Kompilierung erfolgen und kann nicht in Fällen verwendet werden, in denen Typunterscheidung zur Laufzeit erforderlich ist. Ada besitzt keine Prozedurzei-ger, so daß keine Methodentabelle gebaut werden kann. Dynamische Methoden-resolution läßt sich in Ada am besten lösen, indem man eine Zuordnungsmethode für jede Operation definiert, d.h. eine einzige Prozedur, die von allen Klassen gemeinsam benutzt wird und die immer dann aufgerufen wird, wenn eine Opera-tion Methodenresolution zur Laufzeit erfordert. Die Zuordnungsmethode enthält eine Case-Anweisung, die die tatsächliche Klasse des Objekts testet (die durch die Diskriminante des varianten Records repräsentiert wird) und die entsprechen-de Implementierungsmethode direkt aufruft. Wenn Sie eine neue Unterklasse hinzufügen, die eine neue Methode erfordert, so müssen Sie diese der Case-An-weisung in der Zuordnungsmethode hinzufügen. Es ist jedoch nicht erforderlich, Änderungen am Client-Code vorzunehmen, der die Operation verwendet. Indem Sie dynamische Methodenresolution nur verwenden, wenn sie wirklich benötigt wird, können Sie die Zahl der Zuordnungsmethoden auf ein Minimum reduzieren.

Der folgende Code zeigt die Implementierung der Operation *move* durch zwei spezifische Methoden, an die sich die allgemeinere Zuordnungsmethode an-schließt. Wir gehen davon aus, daß die Unterklassen als variante Records imple-mentiert und als Ada-Untertypen deklariert wurden:

```
procedure Shape_move (self: Shape; dx, dy: Length) is
begin
    self.x := self.x + dx;
    self.y := self.y + dy;
end;
```

```
procedure Group_move (self: Group; dx, dy: Length) is
   the_list: ItemList;
begin
   the_list := self.items;
   for i in 1..the_list.count loop
      move (the_list.values(i), dx, dy);
   end loop;
end;
procedure move (self: Item; dx, dy : Length) is
begin
   case self.class is
      when ShapeClass => Shape_move (self, dx, dy);
      when GroupClass => Group_move (self, dx, dy);
      when others => null;
   end case;
end;
```

Die Komponente *items* in *ItemRecord* implementiert die Assoziation zwischen einer Gruppe und ihren Elementen. Eine genauere Beschreibung dazu erhalten Sie in Abschnitt 16.7. Der Typ *ItemList* ist ein dynamisches Array von Elementen.

16.6.3 Methodenresolution in Fortran

Methoden für Objekte, deren Klasse bei der Kompilierung bekannt ist, können zu direkten Prozeduraufrufen resolviert werden. In den verbleibenden Objekten müssen Klassenzahlen gespeichert sein. (Sehen Sie sich dazu den gemeinsamen Speicherblock *CLASSES* in Abschnitt 16.5.3 an.) Für jede Operation kann eine Zuordnungsprozedur geschrieben werden, die die Klassennummer und den Objektindex jedes Objekts als Parameter übernimmt. Die Zuordnungsprozedur enthält ein Computed GoTo oder eine Bedingungsanweisung auf jedem möglichen Klassenwert, um die korrekte Methode aufzurufen:

```
      FUNCTION PICK (CLASS, ID, PX, PY)
      LOGICAL PICK
      LOGICAL GROUP_PICK, BOX_PICK, CIRCLE_PICK
      INTEGER CLASS, ID
      GOTO (100, 200, 300) CLASS
      PICK = .FALSE.
      RETURN
  100 PICK = GROUP_PICK (ID, PX, PY)
      RETURN
  200 PICK = BOX_PICK (ID, PX, PY)
      RETURN
  300 PICK = CIRCLE_PICK (ID, PX, PY)
      RETURN
      END
```

16.7 Implementierung von Assoziationen

Assoziationen können in nicht-objektorientierten Sprachen auf die gleiche Weise wie in objektorientierten Sprachen implementiert werden: sie können entweder auf Zeiger abgebildet oder direkt als Assoziations-Behälterobjekte implementiert werden. Wir haben diese Wahlmöglichkeiten im Zusammenhang mit dem Objektentwurf in Abschnitt 10.7 behandelt. Hier noch einmal eine Zusammenfassung:

- *Assoziationen auf Zeiger abbilden.* Der traditionelle Ansatz zur Implementierung von binären Assoziationen besteht darin, jede Rolle einer Assoziation auf einen Objektzeiger abzubilden, der als Feld des Quellobjekt-Record gespeichert wird. Jedes Objekt enthält einen Zeiger auf ein assoziiertes Objekt (wenn die Multiplizität "1" oder "0-1" ist) oder einen Zeiger auf eine Menge von assoziierten Objekten (wenn die Multiplizität größer als 1 ist). Eine Menge kann mit jeder geeigneten, verfügbaren Datenstruktur implementiert werden – oft mit einer verketteten Liste oder einem Array. Es kann aber auch eine Hash-Tabelle oder ein Binärbaum verwendet werden, wenn die größere Ausführungseffizienz den zusätzlichen Programmieraufwand rechtfertigt.

Die Assoziation kann in eine Richtung oder in beide Richtungen implementiert werden. Wenn sie nur in einer Richtung durchlaufen wird, kann sie als Zeiger von einem Objekt auf ein anderes implementiert werden. Wenn sie in beide Richtungen durchlaufen wird, müssen Zeiger in beiden assoziierten Objekten implementiert werden, deren gegenseitige Konsistenz ständig erhalten werden muß. Es ist am besten, die Zeiger nicht direkt im allgemeinen Anwendungscode zu aktualisieren, sondern eine Dienstprozedur zu schreiben, um Verknüpfungen durch Aktualisieren der beiden querverknüpften Zeiger hinzuzufügen oder zu löschen. Diese Vorsicht ist nicht notwendig, wenn Sie von der Assoziation aus auf Werte zugreifen – jedes der beiden Objekte kann direkt auf die Zeiger zugreifen –, es wirkt sich jedoch vorteilhaft bei der Wartung aus, wenn die Implementierung in einer Zugriffsprozedur verborgen wird.

- *Assoziationsobjekte implementieren.* Eine Assoziation kann direkt als Datenstruktur implementiert werden. Wenn eine Assoziation mehr als zwei Klassen miteinander verbindet, kann sie nicht auf Zeiger abgebildet werden, sondern es ist unumgänglich, ein eigenes Objekt zu verwenden. Eine Assoziation ist in ihrer Grundform (und ihrer mathematischen Definition) einfach eine Menge von Datensätzen, von denen jeder eine Objekt-ID für jede assoziierte Klasse enthält. Der einfachste Ansatz besteht darin, eine Assoziation als Array oder Liste von Datensätzen oder Datensatzzeigern zu implementieren. Um eine binäre Verknüpfung zu durchlaufen, wird die Liste nach einer Verknüpfung durchsucht, bei der ein Feld gleich dem Quellobjekt ist und der Wert des anderen Feldes als Zielobjekt zurückgeliefert wird.

Der Zugriff auf Werte von einer nicht-geordneten Liste aus ist ineffizient, weil die Liste linear durchsucht werden muß. Eine effizientere Implementierung sortiert die Liste auf herkömmliche Weise oder durch Hashing nach einem oder mehreren Schlüsselfeldern. Eine Datenstruktur dieser Art ist auf den Schlüsselfeldern *indiziert*. Wenn die Assoziation in beiden Richtungen durchlaufen wer-

den soll oder wenn aus mehr als einer Richtung auf sie zugegriffen werden soll,
müssen Mehrfach-Indexstrukturen gebaut und verwaltet werden. Jedesmal,
wenn ein Element hinzugefügt, modifiziert oder gelöscht wird, müssen alle
Indexstrukturen entsprechend aktualisiert werden. Es hängt von der relativen
Anzahl der Aktualisierungen und Zugriffe in den beiden Durchlaufrichtungen
ab, ob es effizienter ist, die Assoziation auf einem Schlüssel zu indizieren (und
sie linear zu durchsuchen, wenn ein Zugriff auf einen anderen Schlüssel erfolgt)
oder die Assoziation auf mehreren Schlüsseln zu indizieren (und mehrere
Indexstrukturen zu aktualisieren, wenn sich eine Verknüpfung ändert).

16.7.1 Assoziationen in C implementieren

Eine binäre Assoziation wird normalerweise als Feld in jedem assoziierten Objekt
implementiert. Das Feld enthält einen Zeiger auf das beteiligte Objekt oder auf
ein Array beteiligter Objekte. Beispielsweise würde die m:1-Assoziation zwischen *Item* und *Group* so implementiert werden:

```
struct Item
{
    struct ItemClass * class;
    struct Group * group;
};

struct Group
{
    struct GroupClass * class;
    int item_count;
    struct Item ** items;
};
```

Andere Datenstrukturen wie verkettete Listen oder Hash-Tabellen können ebenfalls dazu verwendet werden, Mengen von Objekten zu speichern. In diesem
Beispiel wird eine Gruppe aus einer Menge ausgewählter Elemente erzeugt. Der
Speicherplatz für den Zeiger *items* kann auf einmal zugeteilt werden, weil sich
die Zahl der Elemente in einer Gruppe nicht verändert. Wenn es möglich wäre,
einer Gruppe ein neues Element hinzuzufügen, müßten beide Zeiger aktualisiert
werden:

```
Group__add_item (self, item)
    struct Group * self;
    struct Item * item;
{
    item->group = self;
    self->items = (struct Item **) realloc (self->items,
            ++self->item_count * sizeof (struct Item *));
    self->items [self->item_count-1] = item;
}
```

Sie können ausgefeiltere Datenstrukturen bauen, um zu vermeiden, *realloc* öfter als nötig aufzurufen. Es ist nützlich, über eine Bibliothek mit allgemeinen Behälterobjekten zu verfügen, zum Beispiel Arrays mit variabler Länge, Listen und Hash-Tabellen.

16.7.2 Assoziationen in Ada implementieren

Eine binäre Assoziation wird in Ada normalerweise durch gegenseitige Zeiger zwischen zwei Objekten implementiert. Ein Zeiger wird als Ada-*Access*-Typ implementiert. Beispielsweise würde man die m:1-Assoziation zwischen *Item* und *Group* implementieren, indem man *group* und *items* zu den Feldern des Typs *Item* hinzufügt:

```
type ItemListRecord (capacity: Positive);
type ItemList is access ItemListRecord;

type ItemRecord (class: ItemClass) is record
    theGroup: Group := null;
    case class is
        when GroupClass =>
            items: ItemList := null;
        when ShapeClass =>
            -- [Code deleted: See Section 16.5.2]
    end case;
end record;

type ItemVector is array (Positive range <>) of Item;
type ItemListRecord (capacity: Positive) is record
    count: Natural := 0;
    values: ItemVector (1..capacity);
end record;
```

Für den Typ *ItemListRecord* kann zunächst beliebig großer Speicherplatz zugeteilt werden. Die Kollektion von Elementen in einer Gruppe kann unbegrenzt erweitert werden, wenn mehr Speicherplatz für *ItemList* zugewiesen wird, sobald die vorhandene Kapazität nicht mehr ausreicht.

Die Kollektion verbundener Objekte auf der m-Seite kann alternativ auch als verkettete Liste gespeichert werden, in der jedes Element in der Menge eine Verknüpfung auf das nächste Element in der Menge enthält. In einer verketteten Liste muß jedes Objekt, das möglicherweise in einer Menge enthalten ist, über ein zusätzliches Feld verfügen, das die Verknüpfung zum nächsten Objekt in der Menge aufnimmt. Das verbundene Objekt auf der 1-Seite enthält einen Zugriffszeiger auf das erste Objekt in der Liste.

16.7.3 Assoziationen in Fortran implementieren

In Fortran sind die gleichen Ansätze wie in anderen Sprachen möglich. Repräsentieren Sie eine Assoziation durch gegenseitige Zeiger. Jeder Klasse wird ein zusätzliches Integer-Array hinzugefügt, in dem die ID eines assoziierten Objekts

gespeichert wird. Bei einer Multiplizität von "m" wird eine Menge verbundener
Werte benötigt. Weil Fortran keine dynamische Speicherplatzzuteilung besitzt,
läßt sich eine Menge von Objekten normalerweise am einfachsten als verkettete
Liste repräsentieren. Wir fügen dem gemeinsamen Speicherblock *GROUP* das
Array *ITEMS* hinzu, das den Index des ersten Elements in der Liste der Elemente
enthält, das mit dem Gruppen-Objekt verbunden ist. Dem gemeinsamen Speicherblock *ITEM* fügen wir das Array *NEXT_IN_GROUP* hinzu, um die Elemente zu
einer einzigen Liste verbundener Elemente zu verknüpfen, sowie das Array
GROUP, das den Index der verbundenen Gruppe enthält. Null-Relationen werden
durch einen Index 0 angegeben.

```
COMMON /ITEM/ITEM_CLASS,ITEM_ID,NEXT_IN_GROUP,GROUP, NITEM
INTEGER ITEM_CLASS(1100),ITEM_ID(1100),NEXT_IN_GROUP(1100)
INTEGER GROUP(1100)
INTEGER NITEM/0/
COMMON /GROUP/ITEMS,NGROUP
INTEGER ITEMS(100),NGROUP
```

16.8   Behandlung von Parallelität

Die meisten Sprachen unterstützen Parallelität nicht explizit. Sogar in den Sprachen, die wie Ada Parallelität unterstützen, sind die Kosten für eine Task normalerweise wesentlich höher als die Kosten für eine Anweisung oder einen Prozeduraufruf, so daß Parallelität nicht in beliebigem Umfang möglich ist. Obwohl
viele Algorithmen parallel implementiert werden könnten, wenn geeignete Maschinen und Sprachen dafür zur Verfügung stünden, lassen sich diese Algorithmen im allgemeinen auch sequentiell implementieren. Sie verlieren dabei
nicht an Mächtigkeit und die Gefahr von Programmierfehlern wird sogar geringer. Parallelität ist normalerweise nur für bestimmte externe Interaktionen erforderlich, d.h. wenn mehrere externe Ereignisse gleichzeitig auftreten können und
das Programmverhalten von deren zeitlichen Ablauf abhängt.

Zur Implementierung echter Parallelität sind mehrere Tasks erforderlich. Beachten Sie, daß Systeme mit Interrupts logisch zu Systemen mit mehreren Tasks
äquivalent sind, weil der Kontrollfluß im Interrupt vom Kontrollfluß im Hauptprogramm unabhängig ist. Wenn ein Objekt als passiver Datenspeicher angesehen
wird, auf den zwei oder mehr Tasks gleichzeitig zugreifen können, kann es zu
Inkonsistenzen kommen, weil sich der Objektzustand für jede Task anders darstellt. Wenn dagegen jedes Objekt explizit einer Task zugeordnet ist, ist kaum mit
Konflikten bei der Datenverwendung zu rechnen, weil ein Objekt nicht zwei
parallele Kontrollstränge entwickeln kann. Es sollte deshalb vermieden werden,
Daten gemeinsam zu nutzen, und die Kommunikation zwischen getrennten Tasks
sollte über Messages erfolgen, die zwischen den Tasks ausgetauscht werden.

In einer Sprache, die wie C oder Pascal keine parallelen Konstrukte besitzt,
besteht keine Gefahr, diese Regeln zu verletzen, weil Parallelität ohnehin nur
durch eine Aufforderung an das Betriebssystem, eine parallele Task zu erzeugen,
realisiert werden kann. Wenn das Betriebssystem Interrupt-Routinen unterstützt,
die normalerweise durch Aufruf einer Prozedur im Adreßraum des Hauptpro-

gramms implementiert werden, so sollte die Interrupt-Prozedur Objekte, die für das Hauptprogramm zugänglich sind, nicht modifizieren, sondern lediglich ihre Daten an einer reservierten Adresse speichern, ein Software-Flag setzen und es dem Hauptprogramm erlauben, die Weiterverarbeitung an einem klaren Synchronisationspunkt wiederaufzunehmen.

In einer Sprache mit Task-Unterstützung wie Ada besteht die Gefahr, daß es zu Interferenzen zwischen parallelen Tasks kommt. Diese Gefahr kann verringert werden, indem man jede globale Variable einer einzigen Task zuweist und dynamisch erzeugte Objekte zu einem Zeitpunkt ebenfalls nur einer Task zuordnet. Bei der Inter-Task-Kommunikation sollten definierte Synchronisations-Operationen wie der *Entry*-Aufruf und die *Accept*-Anweisungen in Ada verwendet werden.

Die Verwendung von Semaphoren ist eine Technik, die den direkten Datenzugriff durch mehr als eine Task ermöglicht. Bei solchen Techniken werden Tasks nur simuliert. Sie sind weniger direkt als die Verwendung tatsächlich erzeugter Tasks und sollten normalerweise vermieden werden.

16.9 Kapselung

Die Kapselung der Datenrepräsentation und Methodenimplementierung gehört zu den Hauptthemen der objektorientierten Programmierung. Objektorientierte Sprachen stellen Konstrukte bereit, Implementierungen zu kapseln. Kapselung geht teilweise verloren, wenn der Programmierer objektorientierte Konzepte manuell in eine nicht-objektorientierte Sprache übersetzen muß. Aber auch in diesem Fall können Sie zumindest die Kapselungsmöglichkeiten nutzen, die die Sprache anbietet.

16.9.1 Kapselung in C

C gilt als Programmiersprache, die einen lockeren Programmierstil zuläßt, der sich negativ auf Kapselung auswirkt. Die folgenden Tips helfen Ihnen, die Kapselung trotzdem zu verbessern:

- Vermeiden Sie die Verwendung globaler Variablen.

- Packen Sie die Methoden jeder Klasse in eine eigene Datei. Jede Datei sollte nur Deklarationen derjenigen Klassen enthalten, deren interne Struktur Sie benötigen, zum Beispiel Vorfahrenklassen der aktuellen Klasse. Greifen Sie nicht auf die Felder von Objekten unterschiedlicher Klassen zu; rufen Sie statt dessen eine Zugriffsmethode auf.

- Behandeln Sie Objekte anderer Klassen als Typ "`void *`"; die meisten Compiler behandeln alle Zeiger gleich, auch wenn dies technisch unzulässig ist. (Achten Sie aber auf Probleme mit der Wortlänge und der Ausrichtung auf einigen Maschinen.)

16.9.2 Kapselung in Ada

Ada setzt Kapselung nachhaltig durch, indem es zwischen der Außensicht eines Package (der Package-Spezifikation) und der Innensicht seiner Implementierung (dem Package-Rumpf) unterscheidet. Die Package-Spezifikation und der Rumpf können getrennt voneinander kompiliert werden.

Private Typen unterstützen Kapselung zusätzlich. Ein Typ, der in der Package-Spezifikation deklariert wird, ist außerhalb des Package sichtbar. Man sagt deshalb, der Typ wird vom Package "exportiert". Ada stellt Mechanismen bereit, *private* Typen zu deklarieren, deren Implementierung verborgen bleibt. Externe Clients eines privaten Typs dürfen auf Objekte dieses Typs nur über Operationen zugreifen, die das Package definiert. Die Implementierung des Typs und seiner Operationen kann ohne Auswirkung auf die Clients geändert werden.

Ein häufiger Implementierungsstil in Ada besteht darin, eine Klasse als Package zu implementieren, das einen privaten Typ exportiert. Diese Art von Package wird manchmal als *Typ-Manager* bezeichnet, weil es die Implementierung eines Typs sowie die Operationen kapselt, die darauf ausgeführt werden können. Instanzen der Klasse können Attribute besitzen, wenn der Typ ein Record-Typ ist. Operationen auf der Klasse werden als Unterprogramme implementiert, die in der Package-Spezifikation sichtbar sind. Klassenvariablen können als Variablen implementiert werden, die im Kontext der Package-Spezifikation oder des Package-Rumpfes deklariert werden. Manchmal werden mehrere Klassen in das gleiche Package gepackt, so daß die Klassen füreinander sichtbar sind. Der folgende Code zeigt ein Beispiel für diesen Implementierungsstil. Dabei werden die Klasse *Item* und ihre Unterklassen *Shape*, *Box* und *Circle* als private Typen repräsentiert, die von einem Ada-Package exportiert werden.

```
package Item_pkg is
    type Length is new Float;
    type Item is private;
    subtype Shape is Item;
    subtype Box is Item;
    subtype Circle is Item;
    subtype Group is Item;

    function create_box (x, y, height, width: Length)
              return Box;
    function create_circle (x, y, radius: Length)
              return Circle;
    function create_group return Group;
    procedure add_item (self: Group; new_item: Item);
    procedure move (self: Item; dx, dy : Length);
    procedure draw (self: Item);
        -- [ Additional subprograms deleted ]
private
    type ItemClass is (GroupClass, BoxClass, CircleClass);
    subtype ShapeClass is ItemClass
              range BoxClass..CircleClass;
    type ItemRecord (class: ItemClass);
    type Item is access ItemRecord;
end Item_pkg;
```

Die gezeigte Package-Spezifikation gibt nur die externe Schnittstelle der Klasse *Item* und ihrer Unterklassen preis. Die Deklarationen innerhalb des privaten Teils der Spezifikation bleiben externen Clients verborgen, sie werden jedoch vom Compiler bei der Kompilierung externer Zugriffe benötigt. Die Implementierung dieser Klassen ist im Package-Rumpf verborgen, der getrennt kompiliert werden kann:

```
package body Item_pkg is
    type ItemListRecord (capacity: Positive);
    type ItemList is access ItemListRecord;

    type ItemRecord (class: ItemClass) is record
        -- [ Code deleted: See Section 16.5.2 ]
    end record;
    type ItemVector is array (Positive range <>) of Item;
    type ItemListRecord (capacity: Positive) is record
        count: Natural := 0;
        values: ItemVector (1..capacity);
    end record;
        -- [ Subprogram bodies have been deleted ]
end Item_pkg;
```

Die Verwendung eines varianten Record zur Implementierung von Vererbung erfordert, daß sich alle Unterklassen einer gegebenen Klasse im gleichen Package befinden, weil alle Unterklassen Untertypen der Elternklasse sind. In Ada werden die strengen Typunterscheidungen nicht zwischen Untertypen eines gemeinsamen Grundtyps vorgenommen. Vielmehr behandelt der Compiler sie bei der Typprüfung und der Methodenresolution wie den jeweiligen Grundtyp.

16.9.3 Kapselung in Fortran

Die gemeinsamen Speicherblöcke, in denen die Attribute einer Klasse gespeichert sind, sollten nur den Methoden der jeweiligen Klasse bekannt sein. Andere Klassen sollten auf ein Objekt nur über seinen Indexwert zugreifen. Der Zugriff auf Attribute der Klasse sollte über eine Zugriffsprozedur erfolgen, die die Klasse definiert. Weil Fortran keine Zeiger kennt, sind die Kapselungsmöglichkeiten angemessen. Wenn ein eigener Daten-Manager in einer anderen Sprache geschrieben wird, ist die Kapselung sogar noch besser, weil in diesem Fall alle Fortran-Objekte als gekapselte Objekte behandelt und als kodierte Integerwerte repräsentiert werden können.

16.10 Was verlieren Sie?

Die Entscheidung für eine objektorientierte oder eine nicht-objektorientierte Sprache ist keine Frage der Funktionalität. Wenn Sie die in diesem Kapitel beschriebenen Abbildungen verwenden, können Sie jedes objektorientierte Konstrukt in eine nicht-objektorientierte Sprache übersetzen. Es ergeben sich grundsätzlich keine Berechenbarkeitsprobleme, weil jede universelle Sprache alles berechnen kann, was sich berechnen läßt.

Die eigentlichen Fragen, die sich bei der Wahl einer Sprache stellen, betreffen nicht die Mächtigkeit, sondern die Ausdrucksstärke, den Komfort, die Absicherung gegen Fehler und die Wartbarkeit. In objektorientierten Sprachen ist es einfacher und sicherer, Programme zu schreiben, zu warten und zu erweitern, weil sie Aufgaben übernehmen, die der Programmierer in nicht-objektorientierten Sprachen manuell durchführen muß. Dazu gehören:

- *Ausdrucksstärke.* Der nicht-objektorientierte Programmierer muß objektorientierte Operationen wie Methodenaufruf oder Unterklassen-Deklaration auf explizite Operationen abbilden, die oft unschön sind.

- *Komfort.* Der Programmierer muß die Klassenhierarchie manuell durchlaufen, wenn er Methoden aufruft oder Argumente übergibt. Wenn sich die Klassenhierarchie ändert, muß der Programmierer die durchlaufenen Relationen neu evaluieren.

- *Fehlerschutz.* Der Programmierer muß sicherstellen, daß alle Methoden in einer Zuordnungsmethode oder -struktur enthalten sind. Der Programmierer muß ein neues Objekt mit seiner Klasse initialisieren. Er muß es vermeiden, auf interne Attribute anderer Klassen zuzugreifen.

- *Wartbarkeit.* Wenn Änderungen an den Objektdeklarationen vorgenommen werden, muß der Programmierer ihre Auswirkungen auf den Code bestimmen und diesen entsprechend ändern. Eine objektorientierte Sprache unterstützt und erzwingt Klassenmodularität, die verhindert, daß sich Änderungen im ganzen Programm fortpflanzen. Um eine ähnliche Modularität ohne sprachliche Unterstützung zu erreichen, ist Disziplin erforderlich.

Dennoch wird Ihnen unserer Meinung nach ein objektorientierter Entwurf Ihre Aufgabe erleichtern, auch wenn Sie gezwungen sind, eine nicht-objektorientierte Sprache zu verwenden, und Ihnen, sofern Sie bereit sind, diszipliniert zu programmieren, mehr Flexibilität und Erweiterbarkeit bieten als ein traditioneller Ansatz.

16.11 Zusammenfassung

Objektorientierte Entwürfe können in herkömmlichen Programmiersprachen implementiert werden. Allerdings erfordert dies Disziplin beim Programmieren. Klassen können in jeder modernen Sprache als Records implementiert werden. In Fortran sollten Klassen normalerweise als implizite Array-Kollektionen implementiert werden. Methodenargumente sollten Adreßzeiger oder Array-Indizes sein, um einen gemeinsamen Zugriff auf ein Objekt von mehreren Zugriffspfaden aus zu ermöglichen (aliasing). Objekte sollten wenn möglich von einem Heap aus zugeteilt werden. In Fortran muß der Programmierer im voraus Speicherplatz für die maximal erwartete Zahl von Objekten zuteilen. Vererbung kann in C einfach simuliert werden, indem man die Struktur einer Oberklasse in einer Unterklasse dupliziert und einfach ein Unterklassen-Objekt an eine Oberklassen-Methode übergibt. Schwieriger ist es, Vererbung mit varianten Records in einer Sprache mit strenger Typbildung wie Ada oder Pascal zu implementieren. Methodenresolution zur Laufzeit ist in C klar und effizient. C verwendet zur Methodenresolution Funktionszeiger, die in einem Klassendeskriptor-Objekt für jede Klasse gespeichert werden. In Ada oder Fortran müssen für die Methodenresolution zur Laufzeit Case-Anweisungen in einer einzigen Zuordnungsmethode verwendet werden. Bei den meisten Anwendungen können viele Operationen bereits beim Kompilieren resolviert werden, so daß die Methodenresolution zur Laufzeit Sonderfällen vorbehalten bleibt. Assoziationen werden normalerweise als Zeiger von einem Objekt zu einem anderen implementiert. Mengen verbundener Objekte können als Arrays, verkettete Listen oder andere Datenstrukturen implementiert werden. Eine Assoziation kann auch als eigenes Objekt mit Wertepaaren implementiert werden. Die meisten Sprachen handhaben Parallelität über Betriebssystem-Aufrufe. Dies gilt nicht für Ada, das parallele Tasks explizit unterstützt. Wenn Parallelität vorhanden ist, sollte jedes Objekt genau einer Task zugeordnet sein, um Konflikte zur Laufzeit zu vermeiden. Ada verfügt über ausgezeichnete Kapselungsmöglichkeiten; andere Sprachen bieten zwar in begrenztem Rahmen Kapselungsmöglichkeiten, verlassen sich aber auf die Disziplin des Programmierers.

Nicht-objektorientierte Sprachen besitzen keine Funktionen, die die Generierung objektorientierter Datenstrukturen unterstützen und die richtige Verwendung der Konstrukte durchsetzen. Insbesondere kann es sein, daß Codeveränderungen den Programmierer zwingen, die objektorientierten Konstrukte manuell neu zu übersetzen. Bevor man sich dafür entscheidet, diese Einbußen zu akzeptieren, sollte das Entwurfsteam die Verwendung einer objektorientierten Sprache wie C++ oder Eiffel prüfen. Ein Umsteigen von C auf C++ ist für ein Programmiererteam nicht schwierig und bietet darüber hinaus den Vorteil der Objektorientiertheit. Wenn Sie trotzdem in einer nicht-objektorientierten Sprache programmieren müssen, erleichtert Ihnen die Verwendung des objektorientierten Entwurfs Ihre Aufgabe. Alle Abbildungen, die Sie vornehmen müssen, sind konzeptuelle Abbildungen, die in jedem Fall vor der Kodierung notwendig sind. Sie können mit der objektorientierten Notation explizit dargestellt werden.

Implementierung von Assoziationen	Implementierung von Parallelität
Implementierung von Klassen	Implementierung von Vererbung
Implementierung von Methodenresolution	Kapselung

Abb. 16.1 Schlüsselbegriffe in Kapitel 16

16.12 Anmerkungen zur Bibliographie

Zwei Software-Bibliotheken für Workstations verwenden einen objektorientierten Ansatz in C, um Werkzeuge für fensterbasierte Anwendungen bereitzustellen. SunView [Sun-86] verwendet Attribut-Schlüsselwörter und Argumentlisten mit variabler Länge, um die Eigenschaften von Fenstern, Rahmen, Schalttafeln, Schaltern und Rollbalken festzulegen und auf sie zuzugreifen. Die Intrinsic-Bibliothek des X-Window-Toolkit [McCormack-88] unterstützt die Softwareentwicklung durch *Widgets*, die das Aussehen und Verhalten von Schaltern, Rollbalken und Menüs definieren. Attribute heißen Ressourcen. Ein Vererbungsmechanismus ermöglicht es dem Softwareentwickler, neue *Widgets* hinzuzufügen.

Jacky [Jacky-86] beschreibt ein System zur Planung medizinischer Bestrahlungstherapien, das in Pascal implementiert wurde. Objekte werden als Pascal-*Records* repräsentiert, wobei die Felder des Record als Attribute verwendet werden. Ein Message-Passing-Mechanismus in Pascal bindet Prozeduren zur Laufzeit dynamisch ein.

[Barnes-89] behandelt die Sprache Ada und kann entweder als Nachschlagewerk oder als Lehrbuch für ernsthaft interessierte Leser dienen. Eine prägnante Beschreibung des grafischen objektorientierten Entwurfs für Ada finden Sie in [Booch-86]. [Seidewitz-87] bringt eine hilfreiche Diskussion der objektorientierten Programmierung mit Ada und behandelt auch die Vorteile und Grenzen generischer Klassen. Eine Taxonomie universal einsetzbarer Datenstrukturen enthält [Booch-87]. Das Buch zeigt auch Ada-Implementierungen, die generische Klassen verwenden. Bevor Sie die Ada-Techniken anwenden, empfehlen wir Ihnen, sich [AdaLRM] zu beschaffen, das offizielle Referenzhandbuch zu Ada.

16.13 Literaturangaben

[AdaLRM] ANSI/MIL-STD-1815A. *Military Standard – Ada Programming Language*, Ada Joint Program Office, U.S. Department of Defense.

[Barnes-89] John G. P. Barnes. *Programming in Ada, 3rd edition*. Reading, Mass.: Addison-Wesley, 1989.

[Booch-86] Grady Booch. Object-oriented development. *IEEE Transactions on Software Engineering*. March, 1986.

[Booch-87] Grady Booch. *Software Components with Ada*. Redwood City, Calif.: Benjamin/Cummings, 1987.

[Jacky-86] Jonathan Jacky, Ira Kalet. An object-oriented approach to a large scientific application. *OOPSLA'86* as *ACM SIGPLAN 21*, 11 (Nov. 1986), 368-376.

[McCormack-88] Joel McCormack, Paul Asente, Ralph R. Swick. *X Toolkit Intrinsics - C Language Interface*. MIT Project Athena, 1988.

[Seidewitz-87] Ed Seidewitz. Object-oriented programming in Smalltalk and Ada. *OOPSLA'87* as *ACM SIGPLAN 22*, 12 (Dec. 1987) 202-213.

[Sun-86] *SunView Programmer's Guide*, Sun Microsystems, Mt. View, Calif., 1986.

16.14 Übungen

Der Code, der in den folgenden Übungen gefordert wird, sollte in einer nicht-objektorientierten Programmiersprache geschrieben werden. Viele der Übungen sind dem vorhergehenden Kapitel entnommen und beziehen sich auf die dort gezeigten Abbildungen.

16.1 (5) Implementieren Sie die folgenden Bibliotheksobjekte:

a.   Ein *Dictionary* – eine einfache m:1-Abbildungsfunktion, deren Definitionsbereich und Wertebereich Objekte sind.

b. Eine *Menge* – eine nicht geordnete Kollektion einmaliger Werte. Alle mehrfach auftretenden Werte werden automatisch aus der Menge entfernt. Werte können eingefügt, gelöscht und getestet werden.

c. Ein *variables Array* – eine geordnete, dynamische Kollektion von Werten, die durch nicht negative, ganzzahlige Auswahlwerte indiziert ist. Die Zahl der Elemente ist variabel. Elemente können am Anfang, am Ende oder jedem beliebigen Punkt dazwischen eingefügt oder gelöscht werden.

16.2 (6) Schreiben Sie Code, um die folgenden Aufgaben zu implementieren:

a. 1:1-Assoziation, die in beide Richtungen durchlaufen wird.

b. 1:m-Assoziation, die in die Richtung von 1 nach m durchlaufen wird. Die Assoziation wird als nicht-geordnet angesehen.

c. 1:m-Assoziation, die in die Richtung von 1 nach m durchlaufen wird. Die Assoziation wird als geordnet angesehen.

d. m:m-Assoziation, die in beide Richtungen durchlaufen wird. Die Assoziation wird in einer Richtung als geordnet, in der anderen als nicht-geordnet angesehen.

16.3 (6) Schreiben Sie die Bibliotheksfunktionen *zuteilen(Größe)*, die einen Speicherblock zuteilt und zurückliefert, und *freigeben(Block)*, die einen nicht verwendeten Speicherblock wieder zugänglich macht. Diese Funktionen sind nützlich, um objektorientierte Entwürfe in einer nicht-objektorientierten Sprache zu implementieren.

16.4 (4) Schreiben Sie Code für die geordnete Aggregation zwischen *Kartenkollektion* und *Karte* in Abbildung Ü15.2. Zu den Operationen gehören Einfügen, Löschen und Durchlaufen in beide Richtungen.

16.5 (4) Implementieren Sie alle Assoziationen, an denen die Klassen *Box, Verknüpfung, Liniensegment* oder *Punkt* in Abbildung Ü15.3 beteiligt sind. Verwenden Sie dazu alle in diesem Kapitel diskutierten Techniken.

16.6 (7) Schreiben Sie Code für die Operation *ausschneiden* auf der Klasse *Box* in Abbildung Ü15.3. Pflanzen Sie die Operation von den Boxen auf die angebundenen Verknüpfungsobjekte fort. Aktualisieren Sie alle beteiligten Assoziationen. Stellen Sie sicher, den gesamten Speicherplatz wieder zugänglich zu machen, der durch die Operation freigegeben wird. Sie können davon ausgehen, daß eine andere Routine die Anzeige aktualisiert.

16.7 (7) Schreiben Sie ein Programm, das eine logische Verknüpfung zwischen zwei Boxen erzeugt (siehe Abbildung Ü15.3). Eingaben an das Programm sind zwei Boxen und eine Liste von Punkten, die die Liniensegmente der Verknüpfung definieren. Die Routine sollte Assoziationen aktualisieren und benötigte Objektinstanzen erzeugen. Sie können davon ausgehen, daß eine andere Routine die Anzeige aktualisiert.

16.8 (8) Implementieren Sie die folgenden Anfragen an Abbildung Ü15.3:

a. Finden Sie für eine gegebene Box alle Boxen, die direkt mit ihr verknüpft sind.

b. Finden Sie für eine gegebene Box alle Boxen, die direkt oder indirekt mit ihr verknüpft sind.

c. Gegeben sind eine Box und eine Verknüpfung. Stellen Sie fest, ob die Box an der Verknüpfung beteiligt ist.

d. Gegeben sind eine Box und eine Verknüpfung. Finden Sie über das andere Ende der Verknüpfung die Box, die logisch mit der gegebenen Box verknüpft ist.

e. Finden Sie alle Verknüpfungen zwischen zwei gegebenen Boxen.

f. Gegeben sind eine Auswahl und ein Blatt. Stellen Sie fest, welche Verknüpfungen eine ausgewählte Box mit einer nicht ausgewählten Box verbinden.

g. Erzeugen Sie für zwei gegebene Boxen und eine gegebene Verknüpfung eine geordnete Menge von Punkten. Der erste Punkt befindet sich an der Stelle, an der die Verknüpfung mit der ersten Box verbunden ist, und der letzte Punkt befindet sich an der Stelle, an der die Verknüpfung mit der zweiten Box verbunden ist. Die dazwischenliegenden Punkte beschreiben die Verknüpfungslinie.

16.9 (7) Implementieren Sie die Klassen in Abbildung Ü15.1. Beachten Sie die Mehrfachvererbung.

16.10 (8) Diskutieren Sie, wie sich die folgenden, in Übung 15.4 beschriebenen Klassen in einer nicht-objektorientierten Sprache implementieren lassen.

a. *Sortiertes_Dictionary*

b. *Polygon*

c. *Index*

16.11 (8) Schreiben Sie Code in einer beliebigen nicht-objektorientierten Sprache, um die in Übung 15.8 beschriebene, generische Klasse *Binärbaum* zu implementieren. Bilden Sie mindestens drei Klassen, um sie zu testen. Es ist notwendig, eine Methode *vergleichen* und eine Methode *drucken* für jede Klasse zu schreiben.

16.12 (Projekt) Schreiben Sie in einer nicht-objektorientierten Sprache ein Programm, das Evolution simuliert, entsprechend der Beschreibung in *Scientific American*, Mai 1989 in der Kolumne "Computer Recreations".

Relationale Datenbanken

Das objektorientierte Paradigma ist vielseitig. Es bietet nicht nur eine solide Grundlage für Systementwurf und Programmierung, sondern kann darüber hinaus auch beim Datenbankentwurf eingesetzt werden. Die Verwendung eines objektorientierten Entwurfs geht über die Wahl einer Datenbank hinaus. Sie können hierarchische, netzwerkorientierte, relationale und objektorientierte Datenbanken entwerfen. Objektorientierte Entwürfe sind effizient, kohärent und weniger anfällig für die Aktualisierungsprobleme, mit denen andere Datenbankentwurfs-Techniken kämpfen. Nebenbei verbessert die Verwendung einer einheitlichen Entwurfstechnik auch die Integration von Datenbank- und Programmiersprachen-Code.

Beim Entwurf einer Datenbank führen Sie zunächst die in Kapitel 8 beschriebenen Analyseschritte durch, um ein Objektmodell zu entwickeln. Die übrigen Kapitel zur Methodologie (9 und 10) beziehen sich in erster Linie auf den Entwurf von Programmcode und sind für den Datenbankentwurf weniger relevant. Dieses Kapitel setzt auf Kapitel 8 auf und behandelt Implementierungsfragen. Wie können wir ein Objektmodell auf Datenbankstrukturen abbilden und das Ergebnis auf Schnelligkeit "tunen"? Darüber hinaus enthält das Kapitel auch eine kurze Einführung in Datenbanken für Leser ohne Datenbankerfahrung.

Kapitel 15 und Kapitel 18 ergänzen dieses Kapitel. Kapitel 15 enthält einen Abschnitt über objektorientierte DBMS, die aus objektorientierten Programmiersprachen entwickelt wurden. Kapitel 18 diskutiert, wie die Abbildung von Objektmodellen auf Datenbanken automatisiert werden kann.

Dieses Kapitel geht vorwiegend auf relationale DBMS ein. Dafür sprachen die folgenden Gründe: Relationale DBMS gewinnen auf Kosten von hierarchischen und netzwerkorientierten DBMS an Popularität. Relationale DBMS erweitern ständig ihren Vorsprung hinsichtlich ihrer Funktionalität und Flexibilität und holen hinsichtlich ihrer Performance auf. Objektorientierte DBMS scheinen ein vielversprechender Ansatz zu sein, haben aber noch keine kommerzielle Verbreitung gefunden. Logische DBMS berechtigen ebenfalls zu Hoffnungen, sie werden aber im kommerziellen Bereich bisher kaum verwendet.

17.1 Allgemeine DBMS-Konzepte

Ein *Datenbank-Management-System (DBMS)* ist ein Computerprogramm zur Verwaltung eines permanenten Datenspeichers, der seinen Inhalt selbst beschreibt. Dieser Datenspeicher heißt *Datenbank* und ist in einer oder mehreren Dateien gespeichert. Es gibt viele Gründe, warum Entwickler DBMS verwenden:

- *Recovery nach Abstürzen.* Die Datenbank ist gegen Hardware-Abstürze, Plattenfehler und einige Benutzerfehler geschützt.

- *Gemeinsame Nutzung durch mehrere Anwender.* Mehrere Benutzer können gleichzeitig auf die Datenbank zugreifen.

- *Gemeinsame Nutzung durch mehrere Anwendungen.* Mehrere Anwendungsprogramme (die vermutlich in einem Zusammenhang stehen) können lesend und schreibend auf die gleiche Datenbank zugreifen. Eine Datenbank ist ein neutrales Medium, das die Kommunikation zwischen eigenständigen Programmen erleichtert.

- *Sicherheit.* Daten können vor nicht-autorisierten Lese- und Schreibzugriffen geschützt werden.

- *Integrität.* Sie können Regeln spezifizieren, die die Daten erfüllen müssen. Ein DBMS kann die Qualität seiner Daten gründlicher testen als die Funktionen, die möglicherweise von den Anwendungsprogrammen bereitgestellt werden.

- *Erweiterbarkeit.* Daten können der Datenbank hinzugefügt werden, ohne bestehende Programme zu sprengen. Daten können reorganisiert werden, um eine bessere Performance zu erreichen.

- *Datenverteilung.* Die Datenbank kann über mehrere Standorte, Organisationen und Hardwareplattformen hinweg partitioniert sein.

Der Lebenszyklus für die meisten Datenbankanwendungen umfaßt die folgenden Schritte:

1. Entwerfen Sie die Anwendung.

2. Entwickeln Sie eine spezifische Architektur, um die Anwendung mit der Datenbank zu koppeln.

3. Wählen Sie ein bestimmtes DBMS, das als Plattform dient.

4. Entwerfen Sie die Datenbank. Schreiben Sie DBMS-Code, um die geeigneten Datenbankstrukturen einzurichten.

5. Schreiben Sie Programmiersprachen-Code, um Unzulänglichkeiten des DBMS aufzufangen, stellen Sie eine Benutzerschnittstelle bereit, validieren Sie die Daten und führen Sie Berechnungen durch. Viele DBMS besitzen Produktivitätswerkzeuge, um Routineanwendungen zu vereinfachen.

6. Füllen Sie die Datenbank mit Informationen.

7. Führen Sie die Anwendung aus. Stellen Sie nach Bedarf Datenbankanfragen und aktualisieren Sie die Datenbank.

Natürlich ist die Realität komplizierter, als dies in dieser Liste deutlich wird, und Sie erhalten Rückmeldungen zwischen den einzelnen Schritten. Oft wird als erstes die DBMS-Plattform ausgewählt.

Bei vielen Datenbankanwendungen ist der Datenbankentwurf die wichtigste und schwierigste Aufgabe. Dagegen ist es normalerweise sehr viel einfacher, den dazugehörenden Code zu entwerfen. Eine Datenbank sollte wie jedes andere Computerprogramm sorgfältig entworfen werden, weil ein präziser Softwareentwurf vor der Kodierung die Qualität verbessert und die Kosten verringert. Ein Datenbankentwurf wird oft als *Datenmodell* oder *Schema* bezeichnet.

Im allgemeinen unterscheidet man zwei Ansätze für den Datenbankentwurf. Der erste Ansatz ist attributorientiert: Stellen Sie eine Liste der für die Anwendung relevanten Attribute zusammen und bilden Sie Attributgruppen, die funktionale Abhängigkeiten erhalten. Der andere Ansatz ist entitätenorientiert: Finden Sie Entitäten, die für die Anwendung sinnvoll sind, und beschreiben Sie sie. In einem typischen Entwurf beträgt die Zahl der Entitäten etwa ein Zehntel der Zahl der Attribute. Der entitätenorientierte Entwurf läßt sich daher sehr viel leichter handhaben. Objektmodellierung ist eine Form des entitätenorientierten Entwurfs.

Das in Abbildung 17.1 zusammengefaßte Drei-Schichten-Konzept ist die Standardarchitektur für eine Familie verwandter Datenbankanwendungen. Diese Architektur wurde ursprünglich von der ANSI/SPARC-Kommission für DBMS vorgeschlagen. Die Grundidee besteht darin, daß ein Datenbankentwurf drei Schichten umfassen sollte: das externe, das konzeptuelle und das interne Schema. Jedes externe Schema ist ein Datenbankentwurf aus der Perspektive einer einzelnen Anwendung. Das externe Schema ist eine Sicht oder Abstraktion des globalen, gesamten konzeptuellen Schemas. Das externe Schema isoliert Anwendungen von den meisten Änderungen im konzeptuellen Schema. Künftige Weiterentwicklungen des konzeptuellen Schemas lassen sich weitgehend in der Schnittstelle zwischen dem externen und dem konzeptuellen Schema lösen. Das konzeptuelle Schema ist ein Datenbankentwurf aus der Perspektive eines Unternehmens. Es integriert verwandte Anwendungen und verbirgt die Besonderheiten des zugrundeliegenden DBMS. Das interne Schema befaßt sich mit den Grenzen und Eigenschaften eines bestimmten DBMS. Es besteht aus dem eigentlichen DBMS-Code, der zur Implementierung des konzeptuellen Schemas notwendig ist.

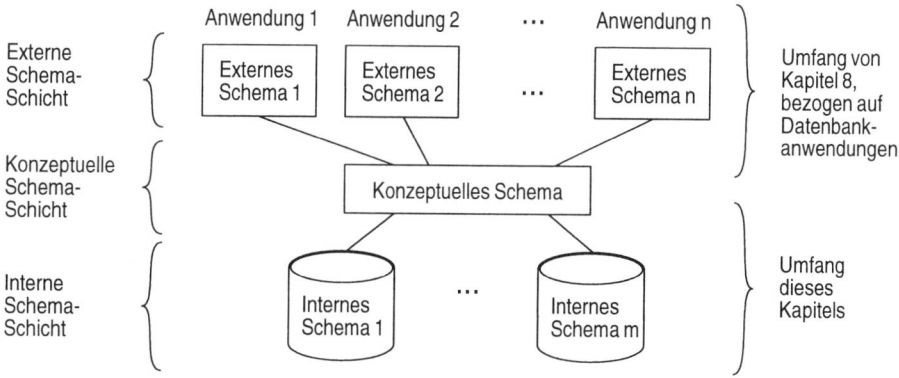

Abb. 17.1   ANSI/SPARC Drei-Schichten-Konzept

Die Objektmodellierung (siehe Kapitel 8) ist sowohl für den Entwurf des externen als auch des konzeptuellen Schemas hilfreich. Sie sollten ein Objektmodell für jedes externe Schema und ein weiteres Objektmodell für das konzeptuelle Schema entwickeln. Dieses Kapitel erklärt, wie Sie Objektmodelle in DBMS-Code übersetzen.

17.2 Relationale DBMS-Konzepte

Das *relationale Datenmodell* wurde von E. F. Codd erfunden und basiert auf einem einzigen, einfachen Konzept – der Tabelle. Ein *relationales DBMS* (RDBMS) ist ein Computerprogramm zur Verwaltung dieser Tabellen. Ein RDBMS besteht nach der Definition von Codd aus drei Hauptteilen:

- Daten, die als Tabellen dargestellt werden
- Operatoren zur Manipulation von Tabellen
- Integritätsregeln auf Tabellen

Wir werden diese drei Teile nacheinander vorstellen. Leser, die mit RDBMS vertraut sind, können diesen Abschnitt überspringen.

17.2.1 Logische Datenstruktur von RDBMS

Eine relationale Datenbank erscheint logisch einfach als Tabellensammlung. Tabellen bestehen aus einer bestimmten Anzahl von Spalten und einer beliebigen Anzahl von Zeilen. Die Spalten von Tabellen heißen *Attribute* und entsprechen direkt den Attributen in Objektmodellen. Die Zeilen heißen Tupel und entsprechen Objektinstanzen und Verknüpfungen. Ein *einfacher Wert* wird am Schnittpunkt einer Tabellenzeile und -spalte gespeichert.

Die relationale Datenbanktheorie schreibt vor, daß jedes Attribut einem Definitionsbereich zugewiesen werden muß. Ein Definitionsbereich ist eine Menge zulässiger Werte. Definitionsbereiche können mehr Informationen enthalten als ein einfaches Datenformat und lassen umfangreichere semantische Prüfungen zu. Beispielsweise können Definitionsbereiche verwendet werden, um Operationen auf inkompatiblen Attributen zu verhindern, zum Beispiel das Addieren eines Preises mit einem Gewicht. Das Definitionsbereichs-Konzept ähnelt der strengen Typbildung in einer Programmiersprache. Leider unterstützen die meisten RDBMS keine Definitionsbereiche, sondern nur einfache Datenformate wie Zahl, Datum und Zeichenstring.

Jeder Wert in einer Tabelle muß zum Definitionsbereich seines Attributs gehören oder NULL sein. *NULL* heißt hier, daß ein Attributwert nicht bekannt oder für eine gegebene Zeile nicht anwendbar ist. NULL-Werte werfen komplexe theoretische Fragestellungen auf, die oft Probleme in realen Anwendungen verursachen.

RDBMS verwenden verschiedene Techniken, um den Tabellenzugriff zu beschleunigen, weil Literaltabellen für die Anforderungen in der Praxis viel zu langsam sind. Diese "Tuning"-Techniken sind transparent und in den Befehlen für den Lese- und Schreibzugriff auf Tabellen nicht sichtbar. Das RDBMS entscheidet, wann "Tuning"-Informationen zur Verarbeitung einer Anfrage hilfreich sind, und verwendet sie gegebenenfalls automatisch. Das RDBMS aktualisiert "Tuning"-Informationen automatisch bei jeder Aktualisierung der entsprechenden Tabellen. Indexstrukturen, Hashing und Sortieren sind weitverbreitete "Tuning"-Techniken.

17.2.2 RDBMS-Operatoren

SQL ist die populärste Sprache für RDBMS geworden und wird in Verbindung mit einem ANSI- und ISO-Standard eingesetzt. Leider ist SQL als Sprache alles andere als ideal und weist zahlreiche technische Unzulänglichkeiten auf. Beispielsweise verletzt SQL moderne Prinzipien der Sprachtheorie. Der Umfang des SQL-Standards ist klein und unvollständig; wichtige Fragen wie Performance-Tuning und Werkzeuge zur Erhöhung der Programmierproduktivität werden ganz außer acht gelassen. (In [Date-87] finden Sie eine detaillierte Kritik der SQL-Sprache.) Wir verwenden SQL in diesem Buch trotz seiner Unzulänglichkeiten, weil es einen Marktstandard darstellt.

SQL stellt Operatoren zur Tabellenmanipulation bereit. Die SQL-Anweisung *select* führt Tabellenanfragen durch. Die Syntax des Befehls *select* sieht etwa so aus:

```
SELECT Attributliste
FROM Tabelle-1, Tabelle-2, ...
WHERE Prädikat-ist-wahr
```

Tabelle-1, Tabelle-2, usw. werden logisch zu einer temporären Tabelle zusammengefaßt. Die Attributliste spezifiziert, welche Spalten in einer temporären Tabelle beibehalten werden sollen. Der Prädikatsausdruck spezifiziert, welche Zeilen beibehalten werden sollen. Der Inhalt der temporären Tabelle wird als Antwort auf die Anfrage zurückgeliefert. Zusätzliche SQL-Befehle erzeugen Tabellen, fügen Zeilen in Tabellen ein, löschen Zeilen aus Tabellen und führen andere Funktionen durch.

Interaktive SQL-Befehle sind mengenorientiert; sie operieren auf ganzen Tabellen und nicht auf einzelnen Spalten oder Zeilen. SQL stellt über eine unkomfortable, zeilenorientierte Schnittstelle eine ähnliche Sprache zur Benutzung mit Anwendungsprogrammen zur Verfügung. RDBMS können mit ganzen Tabellen umgehen, die meisten Programmiersprachen dagegen nicht.

17.2.3 RDBMS-Integrität

Ein wichtiger Aspekt von RDBMS, der häufig übersehen wird, ist die Unterstützung von Integrität. Die meisten RDBMS unterstützen Integrität nicht in geeigneter Weise. Das Modell von Codd unterscheidet zwischen Entitätenintegrität und referentieller Integrität. Die Entitätenintegrität erfordert, daß jede Tabelle genau einen Primärschlüssel hat. Ein *Primärschlüssel* ist eine Kombination aus einem oder mehreren Attributen, deren Wert jede Zeile in einer Tabelle eindeutig bestimmt. (Der Primärschlüssel entspricht immer einem Kandidatenschlüssel. Kandidatenschlüssel wurden in Kapitel 4 behandelt.) In Abbildung 17.2 ist *Per-*

son-ID der Primärschlüssel der Personentabelle und *Firmen-ID* der Primärschlüssel der Firmentabelle.

Personen-
tabelle

Person-ID	Personenname	Adresse	Firmen-ID
1	Jonas Schmidt	Olivenstr. 2	1001
5	Sybille Braun	Tulpenstr. 8	1002
999	Jonas Schmidt	Hauptstr. 75	1001
14	Ulrike Braun	Tulpenstr. 8	NULL

Firmen-
tabelle

Firmen-ID	Firmenname	Adresse
1001	Ajax GmbH	Firmenstr. 33
1002	AAA Spirituosen	Tulpenstr. 10
1003	Sport Meier	Karolinenallee 58

Person-ID ist der Primärschlüssel von Personentabelle
Firmen-ID ist der Primärschlüssel von Firmentabelle
Firmen-ID ist ein Fremdschlüssel in der Personentabelle

Abb. 17.2   Primärschlüssel und Fremdschlüssel

Referentielle Integrität erfordert, daß das RDBMS die Konsistenz zwischen jedem Fremdschlüssel und seinem entsprechenden Primärschlüssel aufrechterhält. Ein Fremdschlüssel ist ein Primärschlüssel einer Tabelle, der in einer anderen (oder der gleichen) Tabelle eingebettet ist. In Abbildung 17.2 ist *Firmen-ID* ein Fremdschlüssel in der Personentabelle. Es wäre nicht erlaubt, die *Firmen-ID* von Sybille Braun auf 1004 zu ändern, weil 1004 nicht in der Firmentabelle definiert ist. Wenn die Zeile für Ajax GmbH in der Firmentabelle gelöscht würde, muß in der Personentabelle in den beiden Zeilen, die Jonas Schmidt betreffen, die *Firmen-ID* auf NULL gesetzt werden. Die Verknüpfung zwischen dem Fremdschlüssel und dem Primärschlüssel stellt einen häufig genutzten Navigationspfad zwischen den Tabellen dar.

Allmählich bieten der SQL-Standard und kommerzielle RDBMS-Implementierungen mehr Unterstützung für die referentielle Integrität an. Referentielle Integrität ist nützlich, wenn Objektmodelle auf Tabellen abgebildet werden. Abbildung 17.2 ist eine 1:m-Assoziation, die in Tabellenform umgewandelt wurde (siehe Abschnitt 17.3.4).

17.2.4 Normalformen

Normalformen sind Regeln, die entwickelt wurden, um zu vermeiden, daß Tabellenaktualisierungs-Operationen logische Inkonsistenzen zur Folge haben. Jede Normalform verbietet eine Form der Redundanz in der Tabellenorganisation, die sinnlose Ergebnisse liefern könnte, wenn eine Tabelle unabhängig von anderen Tabellen aktualisiert würde. Es gibt mehrere Normalform-Ebenen. Jede höhere Normalform-Ebene fügt der Normalform darunter eine weitere Einschränkung hinzu. Je höher die Normalform ist, die der Datenbankdesigner erfüllt, in desto

a) Verletzt die 1. Normalform

Werk-name	Gerätename	Betriebsleiter	Gerätehersteller	Hersteller-adresse
Werk I Werk II Werk II	Endkühlung, Vorwärmer Pumpe Vorwärmer	Jan Schmidt Theo Winter Theo Winter	ABC Heizungen XYZ Pumpen ABC Heizungen	Industriepark 1 Hauptstr.77 Industriepark 1

(b) Erfüllt die 1. Normalform. Verletzt die 2. Normalform.

Werk-name	Gerätename	Betriebsleiter	Gerätehersteller	Hersteller-adresse
Werk I Werk I Werk II Werk II	Endkühlung Vorwärmer Pumpe Vorwärmer	Jan Schmidt Jan Schmidt Theo Winter Theo Winter	ABC Heizungen ABC Heizungen XYZ Pumpen ABC Heizungen	Industriepark 1 Industriepark 1 Hauptstr.77 Industriepark 1

Primärschlüssel: (Werkname, Gerätename)

(c) Erfüllt die 2. Normalform. Verletzt die 3. Normalform.

Werk-name	Betriebsleiter
Werk I Werk II	Jan Schmidt Theo Winter

Werk-name	Gerätename	Gerätehersteller	Hersteller-adresse
Werk I Werk I Werk II Werk II	Endkühlung Vorwärmer Pumpe Vorwärmer	ABC Heizungen ABC Heizungen XYZ Pumpen ABC Heizungen	Industriepark 1 Industriepark 1 Hauptstr.77 Industriepark 1

Primärschlüssel: (Werkname, Gerätename)

(d) Erfüllt die 3. Normalform.

Werk-name	Betriebsleiter
Werk I Werk II	Jan Schmidt Theo Winter

Primärschlüssel: (Werkname)

Werk-name	Gerätename	Gerätehersteller
Werk I Werk I Werk II Werk II	Endkühlung Vorwärmer Pumpe Vorwärmer	ABC Heizungen ABC Heizungen XYZ Pumpen ABC Heizungen

Primärschlüssel: (Werkname, Gerätename)

Gerätehersteller	Hersteller-adresse
ABC Heizungen XYZ Pumpen	Industriepark 1 Hauptstr.77

Primärschlüssel: (Gerätehersteller)

Abb. 17.3   Normalformen

mehr Fragmente zerfallen normalerweise die Tabellen. Normalformen verbessern die Datenbankkonsistenz, sie ziehen aber einen zusätzlichen Navigationsaufwand nach sich und verlangsamen die Bearbeitung von Anfragen. Sie sollten Normalformen nicht versehentlich verletzen. Manchmal gibt es allerdings gute Gründe, Normalformen bewußt nicht einzuhalten, zum Beispiel, um die Leistung zu verbessern.

Eine Tabelle befindet sich in *erster Normalform*, wenn keiner der Attributwerte weiter unterteilt werden kann. Abbildung 17.3a enthält eine Zeile mit zwei Einträgen unter Gerätename und verletzt damit die erste Normalform. Wenn der Doppeleintrag, wie in Abbildung 17.3b, durch zwei Zeilen dargestellt wird, ist die erste Normalform erfüllt.

Eine Tabelle befindet sich in *zweiter Normalform*, wenn die erste Normalform erfüllt ist und jede Zeile einen Primärschlüssel hat. Jedes Feld, das kein Primärschlüssel ist, muß vom vollständigen Primärschlüssel abhängen. Abbildung 17.3b verletzt die zweite Normalform, weil *Gerätehersteller* und *Herstelleradresse* vom vollen Primärschlüssel abhängen, während *Betriebsleiter* nur von einem Teil des Primärschlüssels abhängt. Abbildung 17.3c lagert die teilweise Abhängigkeit in eine zweite Tabelle aus und erfüllt damit die zweite Normalform.

Eine Tabelle befindet sich in *dritter Normalform*, wenn sie die zweite Normalform erfüllt und jedes Attribut, das kein Primärschlüssel ist, direkt vom Primärschlüssel abhängt. Abbildung 17.3c verletzt die dritte Normalform, weil eine transitive Abhängigkeit gegeben ist; *Herstelleradresse* hängt von *Gerätehersteller* ab, der seinerseits vom Primärschlüssel abhängt. Die dritte Normalform erfordert jedoch direkte Abhängigkeit vom Primärschlüssel. Auch hier kann das Problem durch Auslagerung in eine zweite Tabelle gelöst werden. Abbildung 17.3d erfüllt die dritte Normalform.

Es gibt höhere Normalformen, die normalerweise jedoch nicht benötigt werden. [Kent-83] erklärt Normalformen detaillierter. Wenn eine Datenbank anders als Abbildung 17.3 tausende oder Millionen von Zeilen enthält, steigt die Motivation, Normalformen einzuhalten. Der nächste Abschnitt diskutiert die Neigung von Objektmodellen, Normalformen einzuhalten.

17.2.5 Sichten

Eine *Sicht* ist eine virtuelle Tabelle, die nach Bedarf dynamisch berechnet wird. Eine Sicht existiert nicht physikalisch, sondern ist von einer oder mehreren zugrundeliegenden Tabellen abgeleitet. In der Theorie sind Sichten im ANSI Drei-Schichten-Konzept das Mittel, externe Schemata aus konzeptuellen Schemata abzuleiten. In der Praxis sind Sichten weniger nützlich. Kommerzielle RDBMS unterstützen normalerweise den Lesezugriff über Sichten, seltener dagegen den Schreibzugriff über Sichten. Mit dem Schreibzugriff über Sichten sind subtile semantische Fragen verbunden, die die meisten RDBMS vermeiden [Keller-86].

17.3 Relationaler Datenbankentwurf

Wir haben uns in diesem Kapitel bis jetzt mit allgemeinen und relationalen DBMS befaßt. Als nächstes wollen wir uns dem Datenbankentwurf zuwenden. Wir beschränken uns dabei, wie gesagt, auf den relationalen Datenbankentwurf, weil die RDBMS-Technologie ausgereift und marktbeherrschend ist.

17.3.1 Erweitertes Drei-Schichten-Konzept für Objektmodelle

Abbildung 17.4 zeigt das Verhältnis zwischen Objektmodellierung und dem Drei-Schichten-Konzept. Als erstes sollten Sie Objektmodelle für das externe und das konzeptuelle Schema formulieren. Danach sollten Sie jedes Objektmodell in ideale Tabellen – das Tabellenmodell – übersetzen. Sichten und/oder Schnittstellenprogramme verbinden externe Tabellen mit konzeptuellen Tabellen. Konzeptuelle Tabellen werden in interne Schemata umgewandelt. Wir behandeln im folgenden jeden Teil des erweiterten Drei-Schichten-Konzepts im Detail.

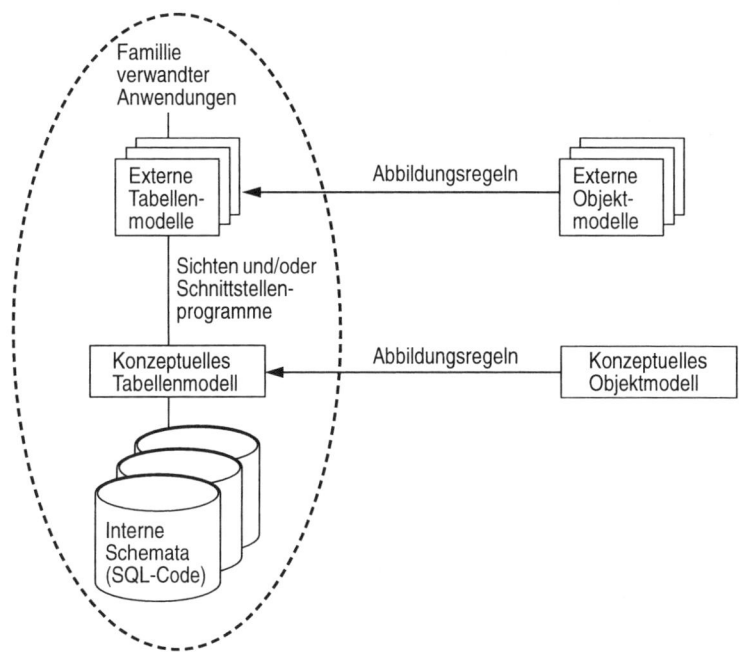

Abb. 17.4   Objektmodellierung und das Drei-Schichten-Konzept für RDBMS

Die Objektmodelle konzentrieren sich auf die logische Datenstruktur. Jedes Objektmodell besteht aus vielen Klassen, Assoziationen, Generalisierungen und Attributen. Die Objektmodellierung unterstützt Sie dabei, ein Problem unbelastet von Implementierungsdetails abstrakt und in seiner ganzen Tiefe zu erfassen. Objektmodelle sind gut geeignet, um mit Anwendungsexperten zu kommunizieren und einen Konsens über die wichtigen Aspekte eines Problems zu erzielen.

Objektmodelle helfen dem Entwickler, zu einem kohärenten, verständlichen, effizienten und korrekten Datenbankentwurf zu gelangen.

Jedes Tabellenmodell besteht aus vielen idealen Tabellen. Diese idealen Tabellen sind allgemein und DBMS-unabhängig. Ideale Tabellen abstrahieren gemeinsame Charakteristiken von RDBMS-Implementierungen. Das Tabellenmodell entkoppelt Eigenheiten des DBMS von den Regeln zur Abbildung des Objektmodells auf das Tabellenmodell. Dies verbessert die Dokumentation und erleichtert die Portierung.

Um ein Objektmodell in ideale Tabellen zu übersetzen, müssen Sie zwischen mehreren Abbildungsalternativen wählen. Beispielsweise gibt es zwei Möglichkeiten, eine Assoziation auf Tabellen abzubilden, und vier Möglichkeiten für die Abbildung einer Generalisierung (Beides wird im folgendenden noch behandelt.) Außerdem müssen Sie Einzelheiten ergänzen, die im Objektmodell fehlen, zum Beispiel den Primärschlüssel und Kandidatenschlüssel für jede Tabelle sowie die Information, ob jedes Attribut den Wert NULL besitzen kann. Attribute in Kandidatenschlüsseln sollten normalerweise nicht den Wert NULL haben; möglicherweise beschließt der Datenmodellierer, daß Werte für zusätzliche Attribute erforderlich sind. Sie müssen jedem Attribut einen Definitionsbereich zuweisen und Attributgruppen auflisten, auf die häufig zugegriffen wird.

Das interne Schema des Drei-Schichten-Konzepts besteht aus SQL-Befehlen, die die Tabellen, Attribute und Performance-Tuning-Strukturen erzeugen. Indexstrukturen sind das populärste Mittel zur Leistungsverbesserung. Wir werden sie deshalb in unseren Beispielen verwenden. Das interne Schema nutzt die Eigenschaften und kompensiert die Unzulänglichkeiten und Eigenarten von DBMS-Produkten.

Um SQL-Befehle zu generieren, müssen Sie Tabellen an DBMS-Dateien zuweisen und DBMS-Begrenzungen hinsichtlich der Länge von Namen und der dafür zulässigen Zeichen beachten. Sie müssen Definitionsbereiche festlegen, wenn ihr DBMS dies zuläßt, oder Definitionsbereiche in Datentypen konvertieren.

Die übrigen Abschnitte dieses Kapitels beschreiben, wie Objektmodelle zu Tabellenmodellen konvertiert werden. Wir untersuchen verschiedene Fälle und formulieren Abbildungsregeln. Die Abbildungsregeln gelten in gleicher Weise auch für externe und konzeptuelle Objektmodelle. Wir legen weniger Gewicht auf die Konvertierung des externen Tabellenmodells in das konzeptuelle Tabellenmodell und schließlich das interne Schema (Abbildung 17.4 links), weil die Objektmodellierung hier nichts Neues bringt. Tabellen, die von Objekten abgeleitet wurden, werden auf die gleiche Weise in die verschiedenen Tabellenrepräsentationen umgewandelt wie Tabellen, die von konventionelleren Ansätzen abgeleitet wurden.

17.3.2 Verwendung von Objekt-IDs

Wir werden in den meisten Beispielen IDs für Primärschlüssel verwenden, um die Darstellung zu erleichtern. Alle Tabellen, die von Klassen abgeleitet sind, haben eine ID für den Primärschlüssel; eine oder mehrere Objekt-IDs bilden den Primärschlüssel für Tabellen, die von Assoziationen abgeleitet sind. Diese Strategie ist mit der objektorientierten Sprachnotation kompatibel, die davon ausgeht, daß Objekte eine Identität besitzen, die von ihren Eigenschaften losgelöst ist. Objektorientierte Sprachen implementieren Identität mit Zeigern oder Nachschlagetabellen für Zeiger; das Äquivalent dazu ist in Datenbanken die ID. Abbildung 17.2 verwendet IDs, Abbildung 17.3 dagegen nicht.

Es hat Vorteile, IDs zu verwenden. IDs sind unveränderlich und völlig unabhängig von Änderungen der Datenwerte und der physikalischen Adresse. Die Stabilität von IDs ist für Assoziationen besonders wichtig, weil sie auf Objekte verweisen. Wenn man statt dessen mit Namen auf Objekte verweist, müßten bei einer Namensänderung viele Assoziationen aktualisiert werden. IDs stellen einen einheitlichen Mechanismus bereit, auf Objekte zu verweisen.

Andererseits sind mit IDs aber auch Nachteile verbunden. Es ist lästig, IDs zu generieren, zumal RDBMS keine inhärente Unterstützung dafür bieten. Beispielsweise ist es mühsam, früher zugewiesene IDs aufzuspüren und die Wiederverwendung gelöschter IDs zu ermöglichen. Objektorientierte Sprachen vermeiden es normalerweise, IDs wieder zu verwenden, indem sie für die IDs viele Bits verwenden. Datenbanken können nicht so großzügig verfahren, weil Langlebigkeit eines ihrer wichtigsten Ziele ist.

IDs unterminieren die ursprüngliche Absicht von RDBMS. Die RDBMS-Theorie betont, daß Daten auf der Basis von Attributwerten aufgefunden und manipuliert werden. Es ist einerseits sicherlich zulässig, IDs als Attribute zu definieren und ein Protokoll für ihre Handhabung festzulegen. Andererseits ist eine ID eigentlich kein Wert und ein Kunstprodukt der Implementierung, das RDBMS zu eliminieren versuchen.

Wann sollten Sie also IDs verwenden? Verwenden Sie IDs nicht für Anwendungen, bei denen Benutzer direkt auf die Datenbank zugreifen. Benutzer denken in deskriptiven Eigenschaften wie Namen, nicht in künstlichen Zahlen. Die Vorteile von IDs können überwiegen, wenn nur Programme auf die Datenbank zugreifen. Dies kommt häufig vor, weil Anwendungssoftware benötigt wird, um DBMS-Unzulänglichkeiten auszugleichen, Integrität zu erzwingen und eine Benutzerschnittstelle bereitzustellen. Wir diskutieren Regeln für die Abbildung von Objekten auf Tabellen, die unabhängig davon gelten, ob IDs verwendet werden oder nicht.

17.3.3 Objektklassen auf Tabellen abbilden

Jede Klasse wird auf eine oder mehrere Tabellen abgebildet. (Ebenso kann eine Tabelle mehr als einer Klasse entsprechen. Siehe Abschnitt 17.3.4). Die Objekte in einer Klasse können horizontal und/oder vertikal partitioniert sein. Wenn zum Beispiel eine Klasse viele Instanzen hat und nur auf wenige dieser Instanzen häufig zugegriffen wird, kann horizontale Partitionierung die Effizienz erhöhen. Dabei werden Objekte, auf die häufig zugegriffen wird, in einer Tabelle abgelegt, und die übrigen Objekte in einer anderen. Natürlich kann eine Anwendung von der horizontalen Partitionierung nur profitieren, wenn sie weiß, in welcher Tabel-

Person-ID	Personenname	Adresse
1	Michael Riem	Lange Straße 14
5	Sybille Braun	Tulpenstr. 8

Person-ID	Personenname	Adresse
999	Jonas Schmidt	Hauptstr. 75

Person-ID	Personenname
1	Michael Riem
5	Sybille Braun
999	Jonas Schmidt

Person-ID	Adresse
1	Lange Straße 14
5	Tulpenstr. 8
999	Hauptstr. 75

Abb. 17.5   Horizontale und vertikale Partitionierung von Tabellen

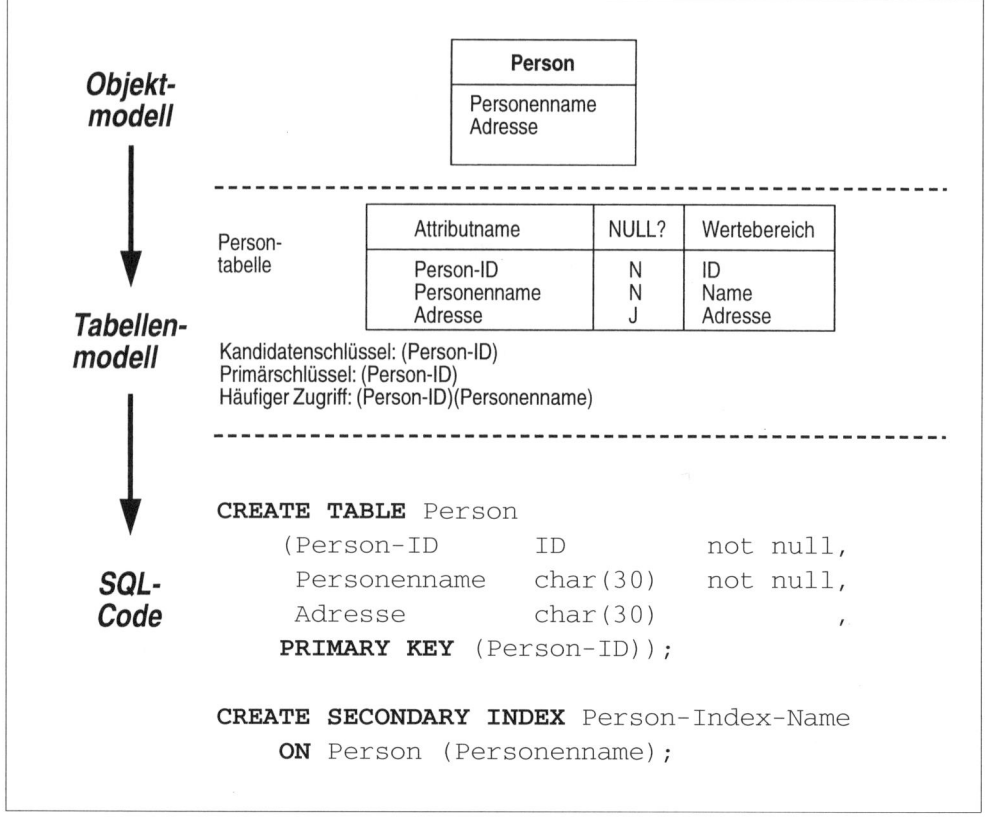

Abb. 17.6   Abbilden einer Klasse auf eine Tabelle

le sie suchen soll. Wenn eine Klasse Attribute mit anderen Zugriffsmustern besitzt, kann es hilfreich sein, die Objekte vertikal zu partitionieren. Abbildung 17.5 zeigt horizontale und vertikale Partitionierung.

In Abbildung 17.6 wird eine Objektklasse in eine Tabelle konvertiert. Die Klasse *Person* hat die Attribute *Personenname* und *Adresse*. Das Tabellenmodell listet diese Attribute auf und fügt die implizite Objekt-ID hinzu. Bei der Formulierung des Tabellenmodells werden gleichzeitig auch Details hinzugefügt.Wir spezifizieren, daß *Person-ID* nicht den Wert NULL annehmen kann, weil es sich um einen Kandidatenschlüssel handelt. Wir legen fest, daß *Personenname* nicht den Wert NULL haben sollte; für jede Person muß ein Name eingegeben werden. (*Personenname* ist kein Kandidatenschlüssel, weil zwei Personen den gleichen Namen haben können.) Das Attribut *Adresse* kann NULL sein. Wir weisen jedem Attribut einen Definitionsbereich zu, spezifizieren den Primärschlüssel für jede Tabelle und listen Attributgruppen auf, auf die häufig zugegriffen wird.

Der SQL-Code erzeugt die Tabelle *Person*. (Der aktuelle SQL-Standard unterstützt referentielle Integrität. Viele kommerzielle Produkte unterstützen diesen Aspekt des Standards jedoch noch nicht voll.) Der Index auf *Personenname* stellt sicher, daß dieses häufig benötigte Attribut schnell aufgefunden werden kann. In der SQL-Ebene werden außerdem Definitionsbereiche auf Datentypen abgebildet.

17.3.4 Binäre Assoziationen auf Tabellen abbilden

Es hängt vom Typ und der Multiplizität einer Assoziation und den Vorlieben des Datenbankdesigners (Erweiterbarkeit, Zahl der Tabellen, Performance-Kompromisse) ab, ob eine Assoziation auf eine Tabelle abgebildet werden kann oder nicht.

Abbildung 17.7 zeigt, daß eine m:m-Assoziation immer auf eine eigene Tabelle abgebildet werden kann. Dieses Schema erfüllt die dritte Normalform. Die Primärschlüssel für die beiden beteiligten Klassen und alle Verknüpfungsattribute werden zu Attributen der Assoziationstabelle. Die Attribute *Firmen-ID* und *Person-ID* bilden zusammen den einzigen Kandidatenschlüssel für die Tabelle *Besitzt-Aktien*. Im allgemeinen kann eine Assoziation von jeder Klasse aus durchlaufen werden, so daß häufige Zugriffe sowohl auf *Firmen-ID* als auch auf *Person-ID* möglich sind. Die Fremdschlüssel-Klauseln des SQL-Codes zeigen, daß jedes Tupel *Besitzt-Aktien* auf eine *Firma* und eine *Person* verweisen muß, die in ihren jeweiligen Tabellen definiert worden sind.

Eine Assoziationstabelle setzt die Fremdschlüssel von den beteiligten Objekten immer auf nicht NULL; per Definition erfordert eine Verknüpfung zwischen zwei Objekten, daß beide Objekte bekannt sind. Wenn ein gegebenes Paar von Objekten keine Verknüpfung besitzt, lassen wir einen Eintrag in der Assoziationstabelle weg.

Viele RDBMS bieten keine semantische Unterstützung für Primärschlüssel; dies kann umgangen werden, indem man eindeutige Indizes definiert. (Ein RDBMS, das Primärschlüssel explizit unterstützt, erzeugt möglicherweise als Seiteneffekt auch einen eindeutigen Index.) Wir verwenden die Primärschlüssel-Klausel in unseren Beispielen, weil sie ein Teil von Standard-SQL ist und wir damit rechnen, daß sie eines Tages weit verbreitet sein wird. Der Primärschlüssel kann einen Sekundärschlüssel subsumieren. Wenn zum Beispiel der Primärschlüssel in Abbildung 17.7 als eindeutiger Index auf *Firmen-ID* definiert würde, wäre *Person-ID*, der Sekundärindex auf *Firmen-ID*, überflüssig.

Die Abbildungen 17.8, 17.9 und 17.10 zeigen zwei Möglichkeiten, eine 1:m-Assoziation auf Tabellen abzubilden. Sie können eine eigene Tabelle für die Assoziation erzeugen oder einen Fremdschlüssel in der Tabelle für die "m"-Klasse einbetten. Wir zeigen für dieses und andere Beispiele keinen SQL-Code, weil SQL-Code umfangreich ist und das Tabellenmodell den Punkt, auf den es uns ankommt, ausreichend veranschaulicht. Es hat folgende Vorteile, eine Assoziation mit einer Klasse zu verschmelzen:

• Weniger Tabellen

• Bessere Performance, weil weniger Tabellen durchlaufen werden

Es hat folgende Nachteile, eine Assoziation mit einer Klasse zu verschmelzen:

• *Weniger strenger Entwurf.* Assoziationen zwischen unabhängigen Objekten sind für alle Objekte von gleich großer syntaktischer Bedeutung. Im allgemeinen erscheint es als unangemessen, Objekte mit Wissen über andere Objekte zu infizieren. Dieser Punkt ist im Zusammenhang mit der Befürwortung von Kapselung für objektorientierte Sprachen zu sehen.

• *Weniger Erweiterbarkeit.* Es ist schwierig, die Multiplizität bei den ersten Überarbeitungen des Entwurfs richtig zu erfassen. 1:1- oder 1:m-Assoziationen können externalisiert werden. m:m-Assoziationen müssen externalisiert werden.

• *Mehr Komplexität.* Eine asymmetrische Repräsentation der Assoziation verkompliziert Suche und Aktualisierung.

Die letzte Entscheidung, ob eine Assoziation in einer beteiligten Klasse aufgeht, hängt von der Anwendung ab.

Sie können auch eine 1:1-Assoziation mit einer Objekttabelle falten oder sogar noch weiter gehen und beide Objekte und die Assoziation zusammen in einer Tabelle speichern.* In Kapitel 3 haben wir eine 1:1-Assoziation an dem Beispiel *ein Land hat eine Hauptstadt* illustriert. *Land, Hauptstadt* und die Assoziation könnten zusammen in einer einzigen Tabelle gespeichert werden. Die Verschmelzung zu einer Tabelle verbessert die Performance und verringert den Speicherbedarf in der Datenbank. Dies geht allerdings auf Kosten der Erweiterbarkeit und verletzt möglicherweise die dritte Normalform.

---

* Seien Sie vorsichtig, wenn Sie zyklische Assoziationen falten. Wenn zum Beispiel die Klassen *A, B* und *C* durch die 1:1 Assoziationen *A::B, B::C* und *C::A* verbunden sind, ist es möglicherweise nicht korrekt, alle drei Klassen und drei Assoziationen in einer Tabelle zu falten. So erfordern die Instanzen a1::b1, b1::c1 und c1::a2, daß der Zyklus durch mindestens zwei Tabellen implementiert wird.

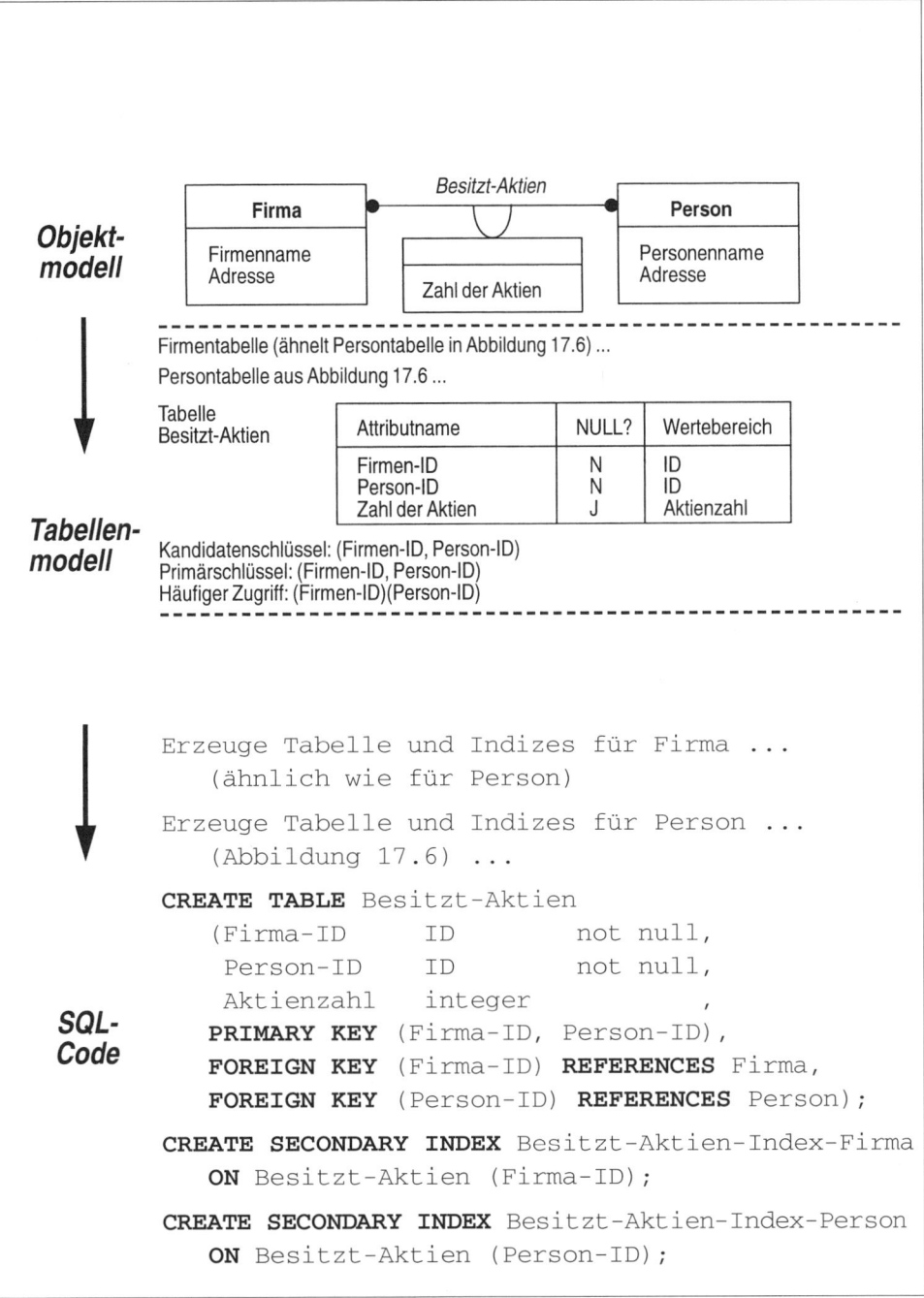

Abb. 17.7 Abbildung von m:m-Assoziationen in Tabellen

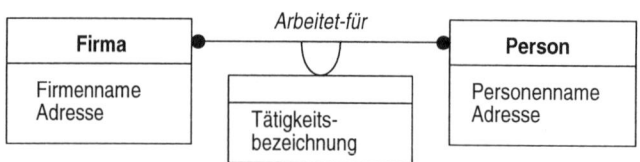

Abb. 17.8   Objektmodell für eine 1:m-Assoziation

Firmentabelle (ähnelt Persontabelle in Abbildung 17.6) ...

Persontabelle aus Abbildung 17.6 ...

Tabelle
Arbeitet-für

Attributname	NULL?	Definitionsbereich
Firmen-ID	N	ID
Person-ID	N	ID
Tätigkeitsbezeichnung	J	Titel

Kandidatenschlüssel: (Person-ID)
Primärschlüssel: (Person-ID)
Häufiger Zugriff: (Firmen-ID)(Person-ID)

Abb. 17.9   Tabellenmodell für eine 1:m-Assoziation (eigene Assoziationstabelle)

Firmentabelle (ähnelt Persontabelle in Abbildung 17.6) ...

Person-
tabelle

Attributname	NULL?	Definitionsbereich
Person-ID	N	ID
Personenname	N	Name
Adresse	J	Adresse
Firmen-ID	J	ID
Tätigkeitsbezeichnung	J	Titel

Kandidatenschlüssel: (Person-ID)
Primärschlüssel: (Person-ID)
Häufiger Zugriff: (Person-ID)(Personenname)(Firmen-ID)

Abb. 17.10   Tabellenmodell für eine 1:m-Assoziation (eingebetteter Fremdschlüssel)

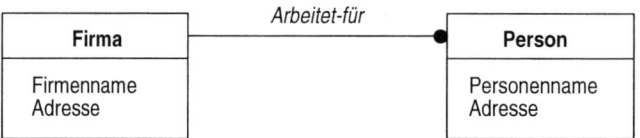

Abb. 17.11   Objektmodell für eine Assoziation mit Existenzabhängigkeit

Beachten Sie, daß Sie bei einer 1:m-Assoziation auch beide Klassen und die Assoziation zu einer einzigen Tabelle zusammenfassen können. Dies ist jedoch normalerweise nicht wünschenswert und verletzt möglicherweise die zweite Normalform.

Das unausgefüllte Multiplizitätssymbol in Abbildung 17.8 zeigt, daß eine Person nicht angestellt sein muß. In Abbildung 17.11 müssen dagegen alle Personen im Modellbereich angestellt sein. Diese Abbildung veranschaulicht die Frage der Existenzabhängigkeit, die wir in Abschnitt 4.6 behandelt haben. In diesem Fall wissen *Person*-Objekte von der Existenz von *Firmen*-Objekten, weil jede Person ein *Firmen*-Objekt erfordert. Die Verwendung einer eigenen Assoziationstabelle ist weniger vorteilhaft. Das Tabellenmodell mit dem eingebetteten Fremdschlüssel hat lediglich den Vorteil, daß *Firmen-ID* nicht NULL sein kann.

17.3.5 Ternäre Assoziationen auf Tabellen abbilden

Abbildung 17.12 zeigt eine RDBMS-Implementierung für eine ternäre Assoziation. Beachten Sie, daß wir eine Tabelle für jede Klasse zeigen, die an der ternären Assoziation beteiligt ist, selbst wenn die Klasse wie *Jahr* trivial ist. Wenn die Tabelle *Jahr* nur *Jahr-ID* mit *Jahr* verbindet, wäre hier eine geringfügige Optimierung möglich, indem man die Tabelle *Jahr* eliminiert und in der ternären Tabelle *Jahr-ID* durch *Jahr* ersetzt.

Abbildung 17.12 zeigt keine Existenzabhängigkeit. Dies ist für das gezeigte Beispiel sicherlich sinnvoll. Werfer, Team und Jahr besitzen eine unabhängige Existenz, ungeachtet dessen, ob ein Werfer zufällig in einem bestimmten Jahr für ein Team spielt. In einer ternären Assoziation, in der eine Abhängigkeit zwischen einer Objektklasse und der ternären Assoziation wichtig ist, ist es wahrscheinlich am besten, die ternäre Assoziation zur Objektklasse zu erheben (siehe Abschnitt 3.3.2) und die Abhängigkeit wie in Abbildung 17.11 zu behandeln. Wenn die ternäre Assoziation zur Klasse erhoben wird, erhält jede ternäre Instanz eine ID, auf die das abhängige Objekt verweisen kann.

Beachten Sie, daß die Tabelle *Person* auf *Person-ID* verweist, während die ternäre Tabelle auf *Werfer-ID* verweist. Die ternäre Tabelle spiegelt wider, daß eine Person die Rolle *Werfer* annimmt. *Werfer-ID* besitzt als Attributname für die ternäre Tabelle mehr Aussagekraft als *Person-ID*. Das Objektmodell zeigt, daß diese beiden Namen auf die gleiche Entität verweisen und erwartungsgemäß einen gemeinsamen Navigationspfad nutzen werden. Der Rollenname einer Klasse sollte für Attribute verwendet werden, die in Assoziationstabellen eingebettet sind. Abbildung 17.12 zeigt, wie Rollen mit SQL-Code dargestellt werden. (Wir hätten auch in einigen früheren Beispielen Rollen verwenden können. Beispielsweise nimmt in Abbildung 17.7 eine Person die Rolle des Aktionärs an. In Abbildung 17.8 und Abbildung 17.11 ist eine Firma der Arbeitgeber und eine Person der Arbeitnehmer.)

Die Abbildungen 17.13 und 17.14 illustrieren ein weiteres Assoziationenkonstrukt – die Qualifikation. Eine Firma hat mehrere Personen, die Funktionsträger sind. Manche Funktionen in einer Firma hält nur eine Person inne, zum Beispiel

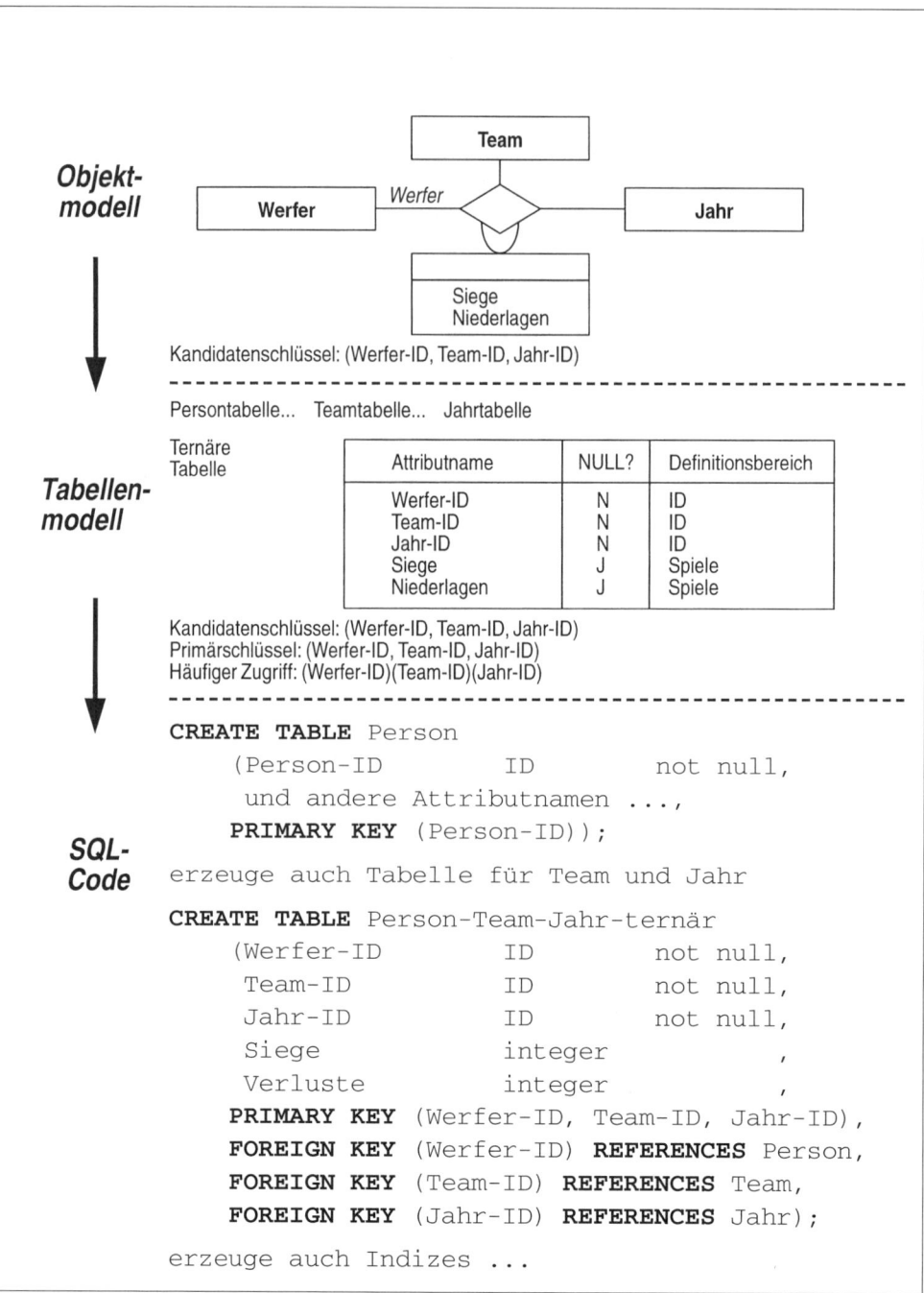

Objekt-modell

Team

Werfer   *Werfer*

Jahr

Siege
Niederlagen

Kandidatenschlüssel: (Werfer-ID, Team-ID, Jahr-ID)

- -

Persontabelle... Teamtabelle... Jahrtabelle

Tabellen-modell

Ternäre
Tabelle

Attributname	NULL?	Definitionsbereich
Werfer-ID	N	ID
Team-ID	N	ID
Jahr-ID	N	ID
Siege	J	Spiele
Niederlagen	J	Spiele

Kandidatenschlüssel: (Werfer-ID, Team-ID, Jahr-ID)
Primärschlüssel: (Werfer-ID, Team-ID, Jahr-ID)
Häufiger Zugriff: (Werfer-ID)(Team-ID)(Jahr-ID)

- -

SQL-Code

```
CREATE TABLE Person
     (Person-ID        ID         not null,
     und andere Attributnamen ...,
     PRIMARY KEY (Person-ID));
erzeuge auch Tabelle für Team und Jahr

CREATE TABLE Person-Team-Jahr-ternär
     (Werfer-ID        ID         not null,
     Team-ID           ID         not null,
     Jahr-ID           ID         not null,
     Siege             integer          ,
     Verluste          integer          ,
     PRIMARY KEY (Werfer-ID, Team-ID, Jahr-ID),
     FOREIGN KEY (Werfer-ID) REFERENCES Person,
     FOREIGN KEY (Team-ID) REFERENCES Team,
     FOREIGN KEY (Jahr-ID) REFERENCES Jahr);
erzeuge auch Indizes ...
```

Abb. 17.12   Ternäre Assoziationen auf Tabellen abbilden

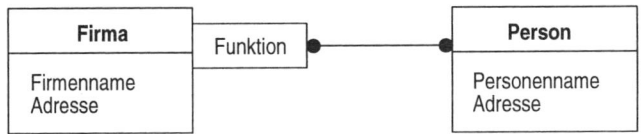

Abb. 17.13 Objektmodell für eine qualifizierte Assoziation

Firmentabelle (ähnelt Persontabelle in Abbildung 17.6) ...

Persontabelle aus Abbildung 17.6 ...

Tabelle qualifizierte Assoziation	Attributname	NULL?	Definitionsbereich
	Firmen-ID	N	ID
	Person-ID	N	ID
	Funktion	N	Funktionsbezeichnung

Kandidatenschlüssel: (Firmen-ID, Person-ID, Funktion)
Primärschlüssel: (Firmen-ID, Person-ID, Funktion)
Häufiger Zugriff: (Person-ID)(Firmen-ID, Funktion)

Abb. 17.14 Tabellenmodell für eine qualifizierte Assoziation

der Vorstandsvorsitzende. Andere Funktionen halten mehreren Personen inne, zum Beispiel Vorstandsmitglied. Für eine Person kann es viele Firma-Funktions-Kombinationen geben. Beispielsweise kann eine Person Funktionsträger in mehr als einer Firma sein oder mehrere Funktionen in der gleichen Firma ausfüllen.

Die Tabellen *Firma* und *Person* ähneln den Tabellen in den früheren Beispielen. Die Assoziationstabelle ist interessanter. Sie hat drei Attribute: den Primärschlüssel für *Firma*, den Primärschlüssel für *Person* und die Qualifikationsangabe *Funktion*. Keines dieser Attribute kann den Wert NULL haben, weil alle Attribute ein notwendiger Teil der qualifizierten Assoziation sind. Alle drei Attribute müssen im Primärschlüssel und im Kandidatenschlüssel erscheinen, weil die Assoziation nach der Qualifikation eine m:m-Assoziation ist.

Wir haben in unseren Datenbank-Beispielen Aggregation nicht explizit behandelt. Aggregationstabellen werden nach den gleichen Abbildungsregeln entworfen wie Assoziationstabellen.

17.3.6 Generalisierungen auf Tabellen abbilden

Es gibt vier Strategien, Generalisierungen auf Tabellen abzubilden, die wir am Beispiel von Abbildung 17.15 erklären wollen. Die erste Möglichkeit ist die Einfachvererbung.

Abbildung 17.16 zeigt die normale Vorgehensweise. Die Oberklasse und jede der Unterklassen werden auf jeweils eine Tabelle abgebildet. Die Identität eines Objekts über eine Generalisierung hinweg bleibt erhalten, indem eine gemeinsame ID verwendet wird. So kann es für *Produkt Pumpe* sowohl in der Tabelle

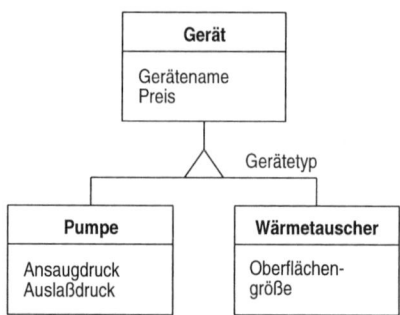

Abb. 17.15   Objektmodell für eine Generalisierung

Gerät als auch in der Tabelle *Pumpe* eine Zeile mit der ID 101 geben. Dieser Ansatz ist logisch klar und erweiterbar. Er erfordert jedoch viele Tabellen und die Navigation von der Oberklasse zur Unterklasse kann langsam sein. Die Navigation in den Tabellen könnte so aussehen:

1. Der Benutzer gibt einen Gerätenamen an.

Tabelle Gerät	Attributname	NULL?	Definitionsbereich
	Geräte-ID	N	ID
	Gerätename	N	Name
	Preis	J	Geld
	Gerätetyp	N	Gerät-Typ

Kandidatenschlüssel: (Gerät-ID) (Gerätename)
Primärschlüssel: (Gerät-ID)
Häufiger Zugriff: (Gerät-ID)(Gerätename)

Tabelle Pumpe	Attributname	NULL?	Definitionsbereich
	Geräte-ID	N	ID
	Ansaugdruck	J	Druck
	Auslaßdruck	J	Druck

Kandidatenschlüssel: (Gerät-ID)
Primärschlüssel: (Gerät-ID)
Häufiger Zugriff: (Gerät-ID)

Tabelle Wärmetauscher	Attributname	NULL?	Definitionsbereich
	Geräte-ID	N	ID
	Oberflächen- größe	J	Größe

Kandidatenschlüssel: (Gerät-ID)
Primärschlüssel: (Gerät-ID)
Häufiger Zugriff: (Gerät-ID)

Abb. 17.16 Tabellenmodell für eine Generalisierung – Oberklassen- und Unter- klassen-Tabellen

2. Aus der Tabelle wird die Zeile *Gerät* gesucht, die dem Gerätenamen entspricht.

3. Die *Geräte-ID* und der *Gerätetyp* für diese Zeile werden geholt.

4. In der Unterklassen-Tabelle, die aus dem *Gerätetyp* hervorgeht, wird die Zeile in der Unterklasse gesucht, die die gleiche ID wie die Zeile *Gerät* aufweist.

Angenommen, der Benutzer spezifiziert den Gerätenamen "Produkt Pumpe". Die Anwendung sieht in der Gerätetabelle nach und stellt fest, daß Produkt Pumpe die ID 101 und den Gerätetyp Pumpe besitzt. Die Anwendung durchsucht dann die Tabelle *Pumpe* und findet dort weitere Details für ID 101.

Abbildung 17.17 zeigt SQL-Code für Abbildung 17.16. Beachten Sie, daß SQL die Partitionierung, die der Generalisierungsdiskriminator angibt, nicht erzwingen kann. SQL würde nichts dagegen unternehmen, wenn Sie *Produkt Pumpe* sowohl in der Tabelle *Pumpe* als auch in der Tabelle *Wärmetauscher* speichern. Das Grundproblem besteht darin, daß SQL Integritätseinschränkungen kaum unterstützt. Sie müßten speziellen Anwendungscode schreiben, um die Generalisierungspartition zu erzwingen, und SQL-Permissions verwenden, um den interaktiven Zugriff oder den Zugriff durch andere Programme zu blockieren.

```
CREATE TABLE Gerät
    (Geräte-ID        ID                not null,
     Gerätename       char(30)          not null,
     Preis            money                     ,
     Gerätetyp        char(10)          not null,
    PRIMARY KEY (Geräte-ID));


CREATE SECONDARY INDEX Gerät-Index-Name
    ON Geräte (Gerätename);


CREATE TABLE Pumpe
    (Geräte-ID        ID                    not null,
     Ansaugdruck      real                          ,
     Auslaßdruck      real                          ,
    PRIMARY KEY (Geräte-ID),
    FOREIGN KEY (Geräte-ID) REFERENCES Gerät);


CREATE TABLE Wärmetauscher ....
    (ähnlich wie Pumpe)
```

Abb. 17.17 SQL-Code für eine Generalisierung – Oberklassen- und Unterklassen-Tabellen

Abbildung 17.18 und Abbildung 17.19 sind alternative Abbildungsmöglichkeiten. Sie sind in dem Wunsch begründet, die Navigation von der Oberklasse zu den Unterklassen zu eliminieren und so die Performance zu verbessern. Die erhöhte Leistung hat jedoch ihren Preis.

Abbildung 17.18 illustriert den Ansatz, viele Unterklassen zu verwenden. Dieser Ansatz eliminiert die Oberklassen-Tabelle und wiederholt alle Oberklassen-Attribute in jeder Unterklassen-Tabelle. Sie können diesen Ansatz verwenden, wenn eine Unterklasse viele Attribute besitzt, die Oberklasse wenige Attribute hat und die Anwendung weiß, welche Unterklasse durchsucht werden muß. Abbildung 17.18 hält zwar die dritte Normalform ein, die gezeigte Lösung ist aber weniger zufriedenstellend als der Standardansatz. Sie können die Eindeutigkeit von Gerätenamen nicht über Unterklassen-Tabellen hinweg erzwingen, weil RDBMS keine tabellenübergreifenden Indizes bereitstellen.

Tabelle Pumpe	Attributname	NULL?	Definitionsbereich
	Gerät-ID	N	ID
	Gerätename	N	Name
	Preis	J	Geld
	Ansaugdruck	J	Druck
	Auslaßdruck	J	Druck

Kandidatenschlüssel: (Gerät-ID)(Gerätename)
Primärschlüssel: (Gerät-ID)
Häufiger Zugriff: (Gerät-ID)(Gerätename)

Tabelle Wärmetauscher	Attributname	NULL?	Definitionsbereich
	Gerät-ID	N	ID
	Gerätename	N	Name
	Preis	J	Geld
	Flächengröße	J	Größe

Kandidatenschlüssel: (Geräte-ID)(Gerätename)
Primärschlüssel: (Geräte-ID)
Häufiger Zugriff: (Geräte-ID)(Gerätename)

Abb. 17.18   Tabellenmodell für eine Generalisierung – viele Unterklassen-Tabellen

Bei dem Ansatz, eine einzige Oberklassen-Tabelle zu verwenden, den Abbildung 17.19 zeigt, werden alle Unterklassen-Attribute auf die Oberklassen-Ebene gezogen. Jeder Datensatz in der Oberklassen-Tabelle verwendet Attribute, die sich auf genau eine Unterklasse beziehen; die anderen Attributwerte sind NULL. Die Tabelle in dieser Abbildung verletzt die dritte Normalform; *Geräte-ID* oder *Gerätename* ist der Primärschlüssel, aber Attributwerte hängen auch von *Gerätetyp* ab. Der Ansatz kann nützlich sein, wenn es nur zwei bis drei Unterklassen mit wenigen Attributen gibt.

Tabelle Gerät	Attributname	NULL?	Definitionsbereich
	Gerät-ID	N	ID
	Gerätename	N	Name
	Preis	J	Geld
	Gerätetyp	N	Gerät-Typ
	Ansaugdruck	J	Druck
	Auslaßdruck	J	Druck
	Flächengröße	J	Größe

Kandidatenschlüssel: (Gerät-ID)(Gerätename)
Primärschlüssel: (Gerät-ID)
Häufiger Zugriff: (Gerät-ID)(Gerätename)

Abb. 17.19 Tabellenmodell für eine Generalisierung – eine Oberklassen-Tabelle

Generalisierungsrelationen mit Mehrfachvererbung aus disjunkten Klassen (siehe Abschnitt 4.4) können am besten mit dem in Abbildung 17.16 gezeigten Standardansatz abgebildet werden – eine Tabelle je Oberklasse, eine Tabelle je Unterklasse. Mehrfachvererbung aus überlappenden Klassen handhabt man am besten, indem man eine Tabelle für die Oberklasse, eine Tabelle für jede Unterklasse und eine Tabelle für die Generalisierungsrelation verwendet. (Dies ist die vierte Möglichkeit, Generalisierungen auf Tabellen abzubilden.) Mehrfachvererbung kommt nicht sehr häufig vor, so daß sich der Versuch nicht lohnt, die Abbildung zu optimieren.

17.3.7 Zusammenfassung der Abbildungsregeln

Abbildung von Objektklassen auf Tabellen

- Jede Klasse wird auf eine oder mehrere Tabellen abgebildet. (Ähnlich kann eine Tabelle mehr als einer Klasse entsprechen, wenn die Klassen durch eine 1:1- oder eine 1:m-Assoziation verbunden sind.) [Abbildung 17.6].

Abbildung von Assoziationen auf Tabellen

- Jede m:m-Assoziation wird auf eine eigene Tabelle abgebildet. [Abbildung 17.7]

- Jede 1:m-Assoziation wird auf eine eigene Tabelle abgebildet oder als Fremdschlüssel in die Tabelle für die m-Klasse eingebettet. [Abbildungen 17.8 bis 17.11]

- Jede 1:1-Assoziation wird auf eine eigene Tabelle abgebildet oder als Fremdschlüssel in die Tabelle für eine der beiden Klassen eingebettet.

- Bei 1:m- und 1:1-Assoziationen, die keine Zyklen enthalten, haben Sie zusätzlich die Möglichkeit, die Assoziation und die beiden daran beteiligten Objekte zusammen in einer Tabelle zu speichern. Allerdings kann dies Redundanzen verursachen und Normalformen verletzen.

- Rollennamen erscheinen als Teil des Attributnamens für den Fremdschlüssel [Abbildung 17.12].

- N-äre (n > 2) Assoziationen werden auf eine eigene Tabelle abgebildet. Manchmal ist es hilfreich, eine n-äre Assoziation zu einer Klasse zu erheben. [Abbildung 17.12]

- Eine qualifizierte Assoziation wird auf eine eigene Tabelle mit mindestens drei Attributen abgebildet – dem Primärschlüssel jeder beteiligten Klasse und der Qualifikationsangabe. [Abbildung 17.13, Abbildung 17.14]

- Für Aggregationen gelten die gleichen Regeln wie für Assoziationen.

Abbildung von Generalisierungen mit Einfachvererbung auf Tabellen

- Die Oberklasse und jede Unterklasse können auf eine Tabelle abgebildet werden. [Abbildung 17.16, Abbildung 17.17]

- Keine Oberklassen-Tabelle, Oberklassen-Attribute werden in jeder Unterklasse aufgeführt. [Abbildung 17.18]

- Keine Unterklassen-Tabellen, alle Unterklassen-Attribute werden auf Oberklassen-Ebene gezogen. [Abbildung 17.19]

Abbildung von Generalisierungen mit disjunkter Mehrfachvererbung auf Tabellen

- Die Oberklasse und jede Unterklasse werden auf eine Tabelle abgebildet. [Abbildung 17.16, Abbildung 17.17]

Abbildung von Generalisierungen mit überlappender Mehrfachvererbung auf Tabellen

- Die Oberklasse und jede Unterklasse werden auf eine Tabelle abgebildet; die Generalisierungsrelation wird ebenfalls auf eine Tabelle abgebildet.

17.3.8 Eine andere Möglichkeit, Objektmodelle auf Tabellen abzubilden

Der in diesem Kapitel beschriebene Ansatz, Objektstrukturen auf Tabellen abzubilden, besteht darin, die Semantik des Objektmodells möglichst umfassend auf RDBMS-Tabellen zu übertragen und danach die eingebauten Anfrage-, Aktualisierungs- und Integritätsfunktionen des RDBMS zu nutzen.

Alternativ zu diesem Ansatz ist es aber auch möglich, <Entitätenname, Schlüssel, Attributname, Wert>-Tupel zu speichern. Auf diese Weise kann eine einzige Tabelle alle Klassen, Assoziationen und Generalisierungen für ein ganzes Objektmodell speichern. Beispielsweise würde man das Objekt "Jonas Schmidt" als <Person, 123, Personenname, "Jonas Schmidt">, <Person, 123, Adresse, "Seestraße 45"> und <Person, 123, Gehalt, "DM 72.000"> speichern. Viele Systeme zur Übersetzung von Wissensbasen in DBMS-Daten verwenden diesen Ansatz.

Im allgemeinen ist es kein guter Ansatz für einen relationalen Datenbankentwurf, alle Entitäten in eine Tabelle aufzunehmen. Der "Ein-Tabellen-Ansatz" unterläuft einen wichtigen Vorteil von Datenbanken: eine Datenbank ist mehr als nur ein Datenspeicher. Es wird erwartet, daß Datenbanken ihren Inhalt selbst beschreiben. Eine Datenbank speichert nicht nur Daten, sondern auch die Struktur der Daten (Metadaten). Der Ein-Tabellen-Ansatz entfernt gewissermaßen Metadaten aus der Datenbank und stellt sie in den Anwendungscode, der eine große Tabelle entschlüsseln muß.

17.4 Fortgeschrittene Ansätze für relationale DBMS

Mächtigere DBMS als die in diesem Kapitel beschriebenen SQL-DBMS werden zur Zeit erforscht. Abschnitt 15.8.5 hat eine Forschungsrichtung diskutiert: objektorientierte Programmiersprachen mit persistenten Daten. Dieser Abschnitt beschreibt erweiterte RDBMS als weiteren innovativen Ansatz.

Es ist ein explizites Ziel erweiterter RDBMS, das relationale Modell möglichst wenig zu verändern. Die Anstrengungen konzentrieren sich hauptsächlich darauf, das relationale Modell durch neue Datentypen, Operatoren und Zugriffsmethoden zu erweitern. So kann zum Beispiel eine mathematische Anwendung einen Datentyp für komplexe Zahlen erfordern. Eine Entscheidungstabellen-Anwendung benötigt vielleicht neue Operationen, die die Vollständigkeit einer Entscheidungstabelle überprüfen und in Fällen, in denen ein Entscheidungskriterium irrelevant ist, Zeilen auffüllen. Spezielle Zugriffsmethoden wie Suche in Gittern könnten räumliche Anwendungen unterstützen.

Dahinter steht der Gedanke, daß moderne Anwendungen eine umfangreiche Funktionalität erfordern. Es ist nicht möglich, daß ein einzelnes DBMS die Eigenschaften implementiert, die benötigt werden, um alle Anwendungen zufriedenzustellen. Deshalb muß ein weiterentwickeltes RDBMS ein Unterstützungssystem bereitstellen, das es Anwendungsentwicklern ermöglicht, selbstdefinierte Eigenschaften hinzuzufügen. Die Architektur ist offen und steht damit im Gegensatz zu der geschlossenen Architektur konventioneller RDBMS.

Der erweiterte RDBMS-Ansatz hat unter anderem die folgenden Vorteile:

- *Funktionalitätserweiterung bestehender RDBMS*: Er erhält die traditionellen Stärken von RDBMS: viele gleichzeitige Benutzer, große Datenmengen, Zuverlässigkeit, verteilte Datenverwaltung und Programmierwerkzeuge.

- *Gute Integration mit bestehenden relationalen Datenbanken:* Sorgt für einen problemlosen Datenfluß zwischen technisch-wissenschaftlichen und betriebswirtschaftlichen Anwendungen.

- *Gemeinsame Datennutzung.* Die Datenbank ist eigentlich ein großer Datenspeicher und nicht fest mit einer bestimmten Programmiersprache oder Anwendung verbunden.

Zu den möglichen Nachteilen gehören:

- *Performance.* Ist ein RDBMS, selbst wenn es erweitert wird, in der Lage, effizient auf individuellen Objekten zu arbeiten?

- *Funktionalität.* Kollidiert das RDBMS-Paradigma mit der Fähigkeit, benötigte Funktionen bereitzustellen? Wenn ja, stellen diese Begrenzungen ein Problem für reale Anwendungen dar?

- *Sicherheit.* Eine offene Architektur erschwert es möglicherweise, Daten vor unermächtigten Lese- und Schreibzugriffen zu schützen.

POSTGRES ist ein Beispiel für den erweiterten RDBMS-Ansatz. POSTGRES ist ein Prototyp der Berkeley-University und der Nachfolger des RDBMS INGRES. POSTGRES übernimmt den Ansatz, eine Datenbank bereitzustellen, die erweitert werden kann, um eine Vielzahl von Anwendungen zu unterstützen. Zu den unterstützten Datentypen gehören Daten mit variabler Länge, QUEL (eine SQL-ähnliche Anfragesprache) und Prozeduren. POSTGRES stellt Werkzeuge für aktive Datenbanken bereit, wie Triggers und Inferenzmechanismen mit Vorwärts- und Rückwärtsverkettung [Stonebraker-86].

EXODUS ist ein Prototyp an der University of Wisconsin. EXODUS übernimmt den "Datenbank-Generator-Ansatz" – eine Menge maßgeschneiderter DBMS, von denen jedes eine Anwendungsnische unterstützt. EXODUS bietet Kernfunktionen, die von allen Anwendungen verwendet werden können, sowie eine Menge von Werkzeugen, die den Datenbankimplementierer unterstützen, den maßgeschneiderten Teil jedes DBMS zu generieren [Carey-86].

17.5 Zusammenfassung

Ein Datenbank-Management-System (DBMS) ist ein Computerprogramm, das die allgemeine Funktionalität bereitstellt, permanente Daten zu speichern und wiederzugewinnen sowie den Zugriff darauf zu steuern. Ein DBMS schützt Daten vor zufälligen Verlusten und ermöglicht ihre gemeinsame Nutzung durch Anwender und Programme. Ein ganzer Zweig der Informatik beschäftigt sich mit DBMS-Problemen und Fragen wie:

- Welches Paradigma ist am besten geeignet, um Datenbankstrukturen zu repräsentieren?
- Welche Art von Sprache bietet die natürlichste Interaktion?
- Wie kann eine Datenbank mehr von der wahren Bedeutung ihrer Daten erfassen?
- Wie sollte eine Datenbank organisiert sein, um maximale Leistung und Flexibilität zu erreichen?

Es gibt mehrere Datenbank-Paradigmen: hierarchisch, netzwerkorientiert, relational und objektorientiert. Bei hierarchischen und Netzwerk-DBMS stimmt das konzeptuelle DBMS weitgehend mit den zugrundeliegenden physikalischen Datenbankstrukturen überein. Datenbanken dieses Typs sind daher effizient, aber schwer zu benutzen, und verlieren zunehmend an Bedeutung am Markt. Heute dominieren relationale DBMS den Markt. Relationale DBMS präsentieren die Datenbank auf einer höheren Abstraktionsebene als hierarchische und Netzwerkdatenbanken und lassen sich leichter verwenden. Relationale DBMS-Implementierungen verbessern mit zunehmender Ausgereiftheit und intelligenteren Optimierungstechniken ihre Performance. Möglicherweise gehört die Zukunft objektorientierten DBMS und/oder erweiterten relationalen DBMS. Die umfangreichen Forschungsanstrengungen, die zur Zeit im Gange sind, profitieren von den Lehren, die aus den aktuellen relationalen DBMS gezogen werden können. Viele theoretische, praktische und Leistungsfragen müssen gelöst werden, bevor

wir mit Sicherheit sagen können, welche Bedeutung diese neuen Ansätze erreichen werden.

Objektorientierte Konzepte stellen eine ausgezeichnete Grundlage zur Modellierung von hierarchischen, netzwerkorientierten, relationalen und objektorientierten DBMS bereit. Mit Hilfe von Objektmodellen können Entwickler ein Problem
von einer höheren, abstrakteren Ebene aus betrachten und doch sicher sein, daß
der daraus resultierende Entwurf problemlos und direkt implementiert werden
kann. Ein Objektmodell kann nach den folgenden einfachen Regeln in relationale
DBMS-Tabellen übertragen werden.

- Eine Objektklasse wird auf eine Tabelle abgebildet.
- Eine Assoziation wird auf eine Tabelle abgebildet.
- Eine Generalisierung wird auf eine Oberklassen-Tabelle und eine Reihe von
  Unterklassen-Tabellen abgebildet.

Wir haben verschiedene Alternativen vorgestellt, die von diesen elementaren
Konvertierungsformeln abweichen. Diese Alternativen schließen Kompromisse
zwischen Performance, Integrität und Erweiterbarkeit.

Aggregation	Normalformen
Assoziation	Objekt
Datenintegrität	Primärschlüssel
Drei-Schichten-Konzept	qualifizierte Assoziation
Fremdschlüssel	Schema
Generalisierung	Tabelle
Klasse	ternäre Assoziation

Abb. 17.20 Schlüsselbegriffe in Kapitel 17

17.6 Anmerkungen zur Bibliographie

Es gibt viele gute Bücher über die Prinzipien von DBMS und relationalen DBMS.
C.J. Date hat zahlreiche Bücher zu diesem Thema geschrieben [Date-81], [Date-
83], [Date-86] und [Date-87]. Date ist ein ausgezeichneter Autor und verfügt aus
seiner früheren Tätigkeit bei IBM über profunde Erfahrungen mit der relationalen
DBMS-Technologie. [Loomis-87a] ist ein anderes gutes Buch über DBMS.

Unsere Herangehensweise an den Datenbankentwurf unterscheidet sich nicht
wesentlich von der anderer Autoren. Schließlich sind die Möglichkeiten, die
Abbildung auf einfache Tabellen zu behandeln, begrenzt. Kapitel 12 dieses Buches bespricht andere Datenbankentwurfs-Ansätze. [Loomis-87a] geht unter anderem auf den Datenbankentwurf ein, diese Ausführungen sind jedoch durch den
später erschienenen Aufsatz [Loomis-87b] überholt. Unsere Arbeit unterscheidet
sich von anderen Ansätzen durch eine bessere Modellierungsnotation, ein zusätz-

lich eingeschobenes Tabellenmodell, eine stärkere Konzentration auf Integrität und umfassendere Abbildungsregeln.

Wir behandlen den relationalen Datenbankentwurf zwar detailliert, aber nicht vollständig. Wir sagen nichts über Versionen und Alternativen, weil wir nicht entschieden haben, wie sie modelliert werden können. Wir gehen nicht auf Datenbanksicherheit (den SQL-Befehl GRANT) und die Analyse von dynamischer Interaktion mit einer Datenbank (Transaktionsmodell) ein. Wir haben die Konvertierung von Objektmodellen in relationale Datenbank-Schemata automatisiert, dies aber hier nicht beschrieben. (Ein Benutzer zeichnet Objektmodelle interaktiv, schreibt Datenbank-Implementierungsentscheidungen daneben und fordert dann das System auf, automatisch ein relationales DBMS-Schema zu generieren. Kapitel 18 beschreibt einen Teil unserer früheren Arbeiten in diesem Bereich.) [Oertly-89] diskutiert den evolutionären Datenbankentwurf – wie die Struktur einer bereits gefüllten Datenbank geändert werden kann. Oertlys Vorgehensweise ist mit unserer Arbeit kompatibel.

17.7 Literaturangaben

[Blaha-88] Michael Blaha, William Premerlani, James Rumbaugh. Relational database design using an object-oriented methodology. *Communications of the ACM 31*, 4 (April 1988), 414-427.

[Carey-86] M. Carey, D. DeWitt, D. Frank, G. Graefe, M. Muralikrishna, J. Richardson, E. Shekita. The architecture of the EXODUS extensible DBMS. *International Workshop on Object-Oriented Database Systems*, Pacific Grove, Calif., September 1986.

[Date-81] Chris J. Date. *An Introduction to Database Systems, Third Edition*. Reading, Mass.: Addison-Wesley, 1981.

[Date-83] Chris J. Date. *An Introduction to Database Systems, Volume II*. Reading, Mass.: Addison-Wesley, 1983.

[Date-86] Chris J. Date. *Relational Database: Selected Writings*. Reading, Mass.: Addison-Wesley, 1986.

[Date-87] Chris J. Date. *A Guide to the SQL Standard*. Reading, Mass.: Addison-Wesley, 1987.

[Keller-86] Arthur M. Keller. The role of semantics in translating view updates. *IEEE Computer 19*, 1 (January 1986), 63-73.

[Kent-83] William Kent. A simple guide to five normal forms in relational database theory. *Communications of the ACM 26*, 2 (February 1983), 120-125.

[Loomis-87a] Mary E.S. Loomis. *The Database Book*. New York: Macmillan, 1987.

[Loomis-87b] Mary E.S. Loomis, Ashwin V. Shah, James E. Rumbaugh. An object modeling technique for conceptual design. *European Conference on Object-Oriented Programming*, Paris, France, June 15-17, 1987, published as *Lecture Notes in Computer Science*, 276, Springer-Verlag.

[Oertly-89] Fredy Oertly, Gerald Schiller. Evolutionary database design. *Fifth International Conference on Data Engineering*, Los Angeles, 1989.

[Stonebraker-86] Michael Stonebraker and Lawrence A. Rowe. The design of POSTGRES. *ACM SIGMOD'86*, Washington, D.C., May 28-30, 1986.

17.8 Übungen

17.1 (6) Die Abbildungen Ü17.1 bis Ü17.4 zeigen vier verschiedene Objektdiagramme für gerichtete Graphen. Ein gerichteter Graph wird aus benannten Kanten und Ecken konstruiert. Jede gerichtete Kante in einem Graphen ist ein Pfeil, der an einer Ecke beginnt und an einer anderen Ecke endet. Mit einer Ecke können beliebig viele Kanten verbunden sein. Ein gegebenes Paar von Ecken kann durch mehr als eine Kante verbunden sein und eine Kante kann eine Ecke mit sich selbst verbinden.

Abbildung Ü17.1 zeigt einen Graphen als m:m-Assoziation zwischen Ecken. Die Richtung wird durch die Rollennamen *von* und *zu* angegeben. Kanten werden als Verknüpfungsattribute behandelt. Abbildung Ü17.2 zeigt einen Graphen als m:m-Assoziation zwischen Kanten. Ecken sind Verknüpfungsattribute. Die Qualifikationsangabe *Ende* ist ein Aufzählungstyp mit den möglichen Werten *von* und *zu*, die angeben, welche Enden der Kanten verbunden sind. Abbildung Ü17.3 behandelt sowohl Ecken als auch Kanten als Objekte. Ein Graph wird durch Verbindungen zwischen Ecken und Kanten beschrieben. Zwei benannte Assoziationen *Zu* und *Von* werden verwendet, um Verbindungen zu speichern, eine für jedes Kantenende. Abbildung 17.4 zeigt Verbindungen mit einer qualifizierten Assoziation. Jedes Ende einer Kante ist mit genau einer Ecke verbunden. Auch hier ist *Ende* ein Aufzählungstyp.

Welches Diagramm modelliert einen Graphen am exaktesten? Diskutieren Sie im Detail die relativen Vorteile jedes Diagramms. Überlegen Sie, was passiert, wenn ein gegebenes Eckenpaar durch mehr als eine Kante verbunden ist. Was passiert, wenn eine Kante eine Ecke mit sich selbst verbindet? Was passiert, wenn nur eine Kante mit einer Ecke verbunden ist?

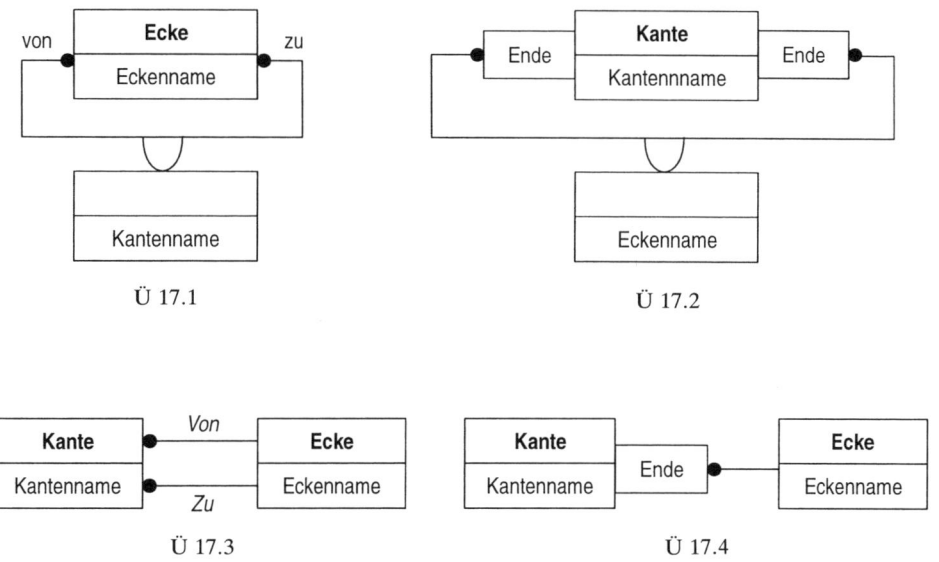

Abb. Ü17.1-4 Objektdiagramme für gerichtete Graphen.

17.2 (5) Konvertieren Sie jedes Diagramm aus der vorhergehenden Übung in ideale Tabellen (das in diesem Kapitel beschriebene Tabellenmodell).

17.3 (4) Wandeln Sie die idealen Tabellen für die Objektdiagramme in den Abbildungen Ü17.3 und Ü17.4 in SQL-Befehle um, um leere Datenbanktabellen und Indizes zu erzeugen. Geben Sie die Informationen an, die Ihrer Meinung nach in den Objektdiagrammen fehlen und für den Umwandlungsprozeß benötigt werden.

17.4 (4) Füllen Sie die Datenbanktabellen, die durch die SQL-Befehle aus Übung 17.3 für den gerichteten Graphen in Abbildung Ü17.5 erzeugt wurden.

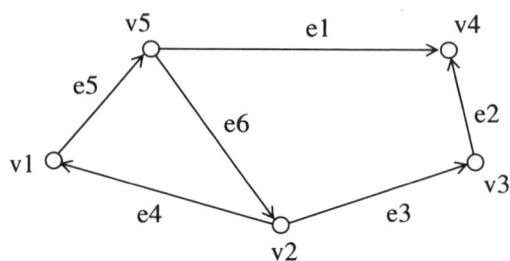

Abb. Ü17.5 Beispiel für einen gerichteten Graphen.

17.5 (6) Erzeugen Sie die folgenden Anfragen für das Objektdiagramm in Abbildung Ü17.4. Sie können die Anfragen in SQL oder in Ihrer eigenen Sprache ausdrücken. In manchen Fällen kann es notwendig sein, eine Anfrage in eine Prozedur einzubetten.
a. Gegeben ist der Name einer Kante. Finden Sie die beiden Ecken, die sie verbindet.
b. Gegeben ist der Name einer Ecke. Finden Sie alle Kanten, die über das von- oder das zu-Ende mit ihr verbunden sind.
c. Gegeben sind die Namen eines Eckenpaars. Finden Sie die Namen der Kanten (falls vorhanden), die das Paar direkt in die eine oder die andere Richtung verbinden.
d. Gegeben ist der Name einer Ecke. Finden Sie die Namen aller Ecken, die durch Durchlaufen einer oder mehrerer Kanten direkt oder indirekt von der gegebenen Ecke aus erreicht werden können (transitive Abgeschlossenheit). Jede Kante muß von ihrem "von"-Ende zu ihrem "zu"-Ende durchlaufen werden.

17.6 (6) Wandeln Sie die Abbildung Ü17.6 in ideale Tabellen um. Die Abbildung zeigt ein Objektdiagramm für Ausdrücke, die aus Konstanten, Variablen und arithmetischen Operatoren gebildet werden. Ein unäres Minus-Vorzeichen ist nicht erlaubt. Ein Ausdruck ist ein binärer Baum von Termen.

17.7 (4) Wandeln Sie die idealen Tabellen aus der vorherigen Übung in RDBMS SQL-Befehle um.

17.8 (5) Geben Sie den Inhalt der Datenbanktabellen an, die die SQL-Befehle der vorhergehenden Übung für den Ausdruck (X + Y / 2) / (X / 3 − Y) erzeugen. Gehen Sie davon aus, daß die Klammern den Operatorenvorrang festlegen. Ignorieren Sie redundante Klammern beim Füllen der Datenbank.

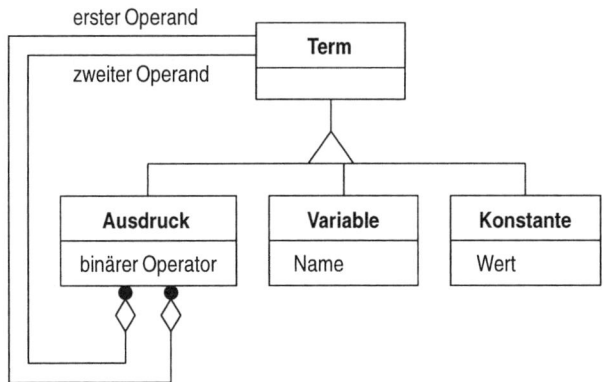

Abb. Ü17.6 Objektdiagramm für Ausdrücke

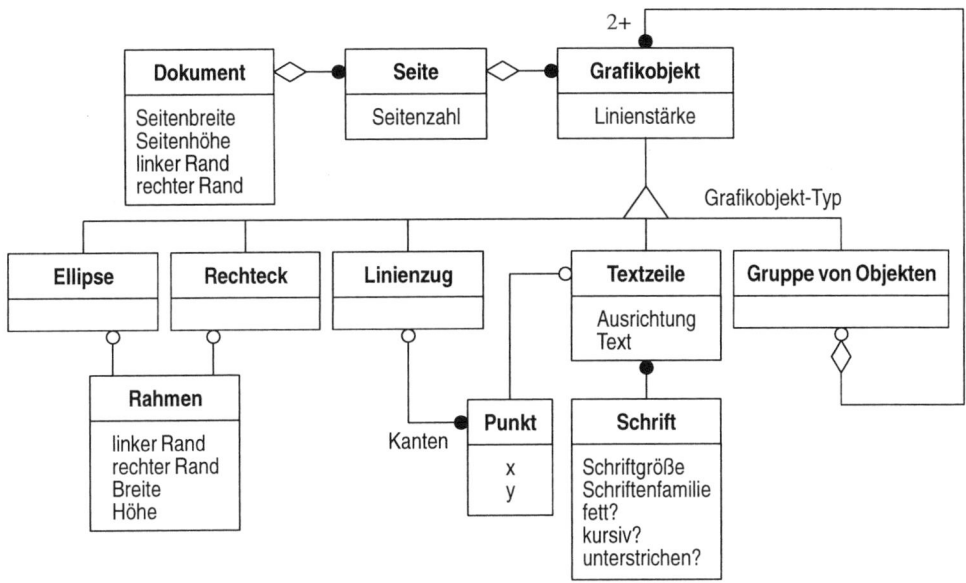

Abb. Ü17.7 Objektdiagramm für ein DTP-System

17.9 (7) Abbildung Ü17.7 zeigt ein Objektdiagramm für ein Desktop-Publishing-System. Wandeln Sie das Diagramm in ideale Tabellen um. Ein Dokument besteht aus numerierten Seiten. Jede Seite enthält mehrere Grafikobjekte, unter anderem Ellipsen, Rechtecke, Linienzüge und Textzeilen. Ellipsen und Rechtecke sind in einen Rahmen eingebettet. Ein Linienzug ist eine Folge von Liniensegmenten, die durch Eckpunkte definiert sind. Textzeilen beginnen an einem bestimmten Punkt und haben eine Schrift. Eine Gruppe von Objekten ist ihrerseits ein Objekt. Behandeln Sie alle Assoziationen und Aggregationen als ungeordnet. Sie brauchen in dieser Übung nicht die Anordnung der Seiten in einem Dokument oder die Anordnung der Punkte in einem Polygon zu beachten.

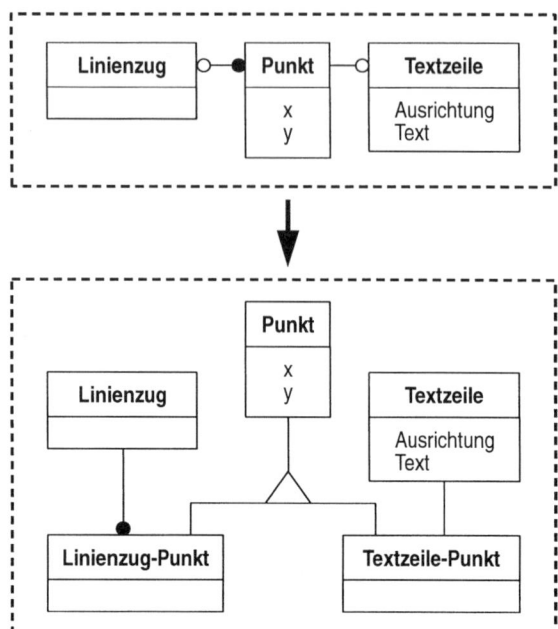

Abb. Ü17.8 Generalisierung von Punkt, um die Multiplizität 0 oder 1 zu eliminieren

```
CREATE TABLE Stadt
     (Stadt-ID       ID            not null,
      Stadtname      char (30)     not null,
     PRIMARY KEY (Stadt-ID));

CREATE SECONDARY INDEX Stadt-Indexname
     ON Stadt (Stadtname);

CREATE TABLE Route
     (Route-ID       ID            not null,
      Entfernung     real                      ,
     PRIMARY KEY (Route-ID));

CREATE TABLE Entfernung-zwischen-Städten
     (Stadt-ID       ID            not null,
      Route-ID       ID            not null,
     PRIMARY KEY (Stadt-ID), Route-ID),
     FOREIGN KEY (Stadt-ID) REFERENCES Stadt,
     FOREIGN KEY (Route-ID) REFERENCES Route);
```

Abb. Ü17.9 SQL-Befehle für das Erzeugen von Tabellen, um Entfernungen
zwischen Städten zu speichern

17.10 (6) Überarbeiten Sie Ihre idealen Tabellen aus der vorhergehenden Übung, um die Assoziation zwischen *Linienzug* und *Punkt* und die Aggregation zwischen *Dokument* und *Seite* als geordnet zu behandeln. Für einen gegebenen Linienzug muß eine Datenbankanfrage möglich sein, um die Punkte in der korrekten Reihenfolge zu erhalten. Für ein gegebenes Dokument muß es möglich sein, seine Seiten in der richtigen Reihenfolge zu durchblättern.

17.11 (5) Verändern Sie die in Übung 17.9 erzeugten idealen Tabellen so, daß das Objektdiagramm aus Abbildung Ü17.8 die Überarbeitung widerspiegelt. Diskutieren Sie die relativen Vorteile der Überarbeitung.

17.12 (5) Wandeln Sie die idealen Tabellen aus Übung 17.9 in RDBMS-SQL-Befehle um. Entwickeln Sie eine Indizierungsstrategie.

17.13 (5) Befassen Sie sich mit einigen der für die Übungen 17.9 – 17.12 möglichen Entwurfskompromisse. Wägen Sie zum Beispiel die drei verschiedenen Ansätze zur Abbildung der Generalisierung ab. Sehen Sie sich jede 1:m-Assoziation an und legen Sie fest, ob sie eine eigene Tabelle sein oder mit einem Objekt verschmolzen werden sollte. Erwägen Sie, 1:1-Assoziationen zu falten. Begründen Sie Ihre Entscheidungen und diskutieren Sie die möglichen Konsequenzen.

17.14 (4) Wandeln Sie die RDBMS-SQL-Befehle in Abbildung Ü17.9 in ein Objektdiagramm um. Die Tabellen werden verwendet, um die Luftlinien-Entfernungen für je zwei Städte zu speichern.

```
CREATE TABLE Stadt
   (Stadt-ID       ID              not null,
    Stadtname      char (30)       not null,
    PRIMARY KEY (Stadt-ID));

CREATE SECONDARY INDEX Stadt-Indexname
   ON Stadt (Stadtname);

CREATE TABLE Entfernung-zwischen-Städten
   (Stadt1-ID      ID              not null,
    Stadt2-ID      ID              not null,
    Entfernung     real            not null,
    PRIMARY KEY (Stadt1-ID, Stadt2-ID),
    FOREIGN KEY (Stadt1-ID) REFERENCES Stadt,
    FOREIGN KEY (Stadt2-ID) REFERENCES Stadt);
```

Abb. Ü17.10 SQL-Befehle für das Erzeugen von Tabellen, um Entfernungen zwischen Städten zu speichern

17.15 (4) Verwenden Sie die Tabellen aus Übung 17.14 und formulieren Sie mit Pseudocode oder SQL eine Anfrage, die die Entfernung zwischen zwei Städten feststellt, deren Namen gegeben sind.

17.16 (4) Wandeln Sie die RDBMS-SQL-Befehle in Abbildung Ü17.10 in ein Objektdiagramm um. Die Tabellen werden verwendet, um die Luftlinien-Entfernung zwischen je zwei Städten zu speichern.

17.17 (4) Verwenden Sie die Tabellen aus Übung 17.16 und formulieren Sie mit Pseudocode oder SQL eine Anfrage, die die Entfernung zwischen zwei Städten feststellt, deren Namen gegeben sind. Gehen Sie davon aus, daß die Entfernung zwischen zwei gegebenen Städten genau einmal in der Tabelle *Entfernung-zwischen-Städten* gespeichert ist. (Die Anwendung muß eine Einschränkung wie *Stadt1-ID* < *Stadt2-ID* erzwingen, so daß die Entfernung nur einmal eingegeben wird.)

17.18 (5) Wägen Sie die Vorteile der beiden Ansätze zur Speicherung von Entfernungsinformationen aus den vorhergehenden vier Übungen gegeneinander ab.

17.19 (5) Erörtern Sie die Ähnlichkeiten und Unterschiede zwischen den Datenbanktabellen, die in den Übungen 17.1 bis 17.5 zur Speicherung von Kanten- und Ecken-Informationen verwendet werden, und den Tabellen, die in den Übungen 17.14 bis 17.18 zur Speicherung von Entfernungsinformationen zwischen Städten verwendet werden. Wie vereinfacht die Tatsache, daß es für jeweils zwei Städte genau eine Luftlinien-Entfernung gibt, das Problem? Ist das Problem, Entfernungen zwischen Städten zu speichern, eher mit einem gerichteten oder mit einem nicht-gerichteten Graphen vergleichbar? Warum?

17.20 (5) Wandeln Sie die Objektdiagramme aus Abbildung Ü17.11, Abbildung Ü17.12 und Abbildung Ü17.13 in ideale Tabellen und danach in SQL-Befehle um. Wie beeinflußt die gegebene 0:1-Multiplizität die Umwandlung?

Abbildung Ü17.13 ist ein Teil eines Objektmodells für ein CAD-System. Ein Materialteil kann durch ein spezielles Symbol auf dem Bildschirm angezeigt werden; kleinere Materialteile werden nicht auf dem Bildschirm angezeigt. Einige Symbole sind nur grafisch und entsprechen keinem Materialteil.

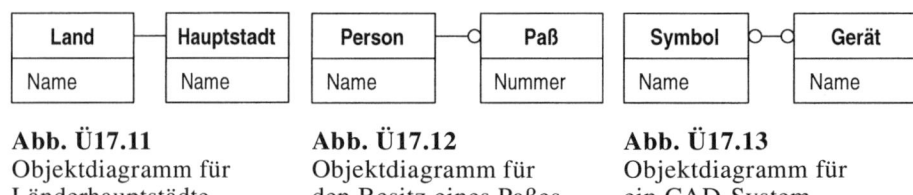

Abb. Ü17.11   **Abb. Ü17.12**   **Abb. Ü17.13**
Objektdiagramm für   Objektdiagramm für   Objektdiagramm für
Länderhauptstädte   den Besitz eines Paßes   ein CAD-System

17.21 (5) Entwickeln Sie ein Objektdiagramm für das 5-Philosophenproblem, um den Status der Gabeln und Philosophen zu speichern (Siehe Übung 3.22). Wandeln Sie das Diagramm in RDBMS-SQL-Befehle um. Wie sieht der Inhalt der Datenbanktabellen aus, wenn jeder Philosoph genau eine Gabel hat?

17.22 (8) Wandeln Sie das Diagramm in Abbildung Ü17.14 in RDBMS-SQL-Befehle um.

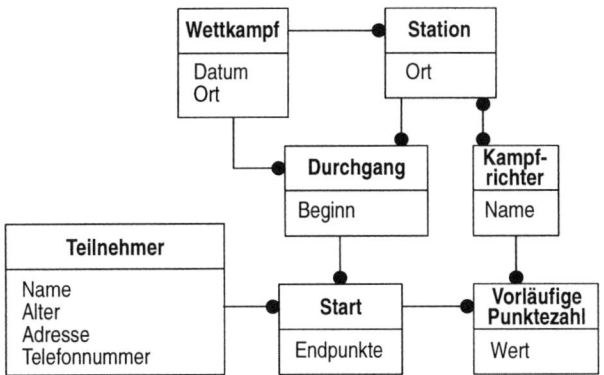

Abb. Ü17.14   Teilweises Objektdiagramm für ein Bewertungssystem

17.23 (5) Welche neuen SQL-Eigenschaften wären wünschenswert, um OO-Konzepte besser zu unterstützen?

Teil 4
Anwendungen

Compiler sind Anwendungen, die sich sehr gut mit der OMT-Methodologie verwirklichen lassen. Die meisten Compiler sind Stapelverarbeitungsprogramme, die in der Regel einen oder mehrere Läufe umfassen. Jeder Lauf kommt dem Ziel, die Eingabe in die Ausgabe zu transformieren, ein Stück näher. Beispielsweise kann ein Compiler eine Eingabedatei aus ASCII-Zeichen akzeptieren. In einer Folge von Läufen wird die Eingabe zu Tokens geparst, die semantische Bedeutung abstrahiert, Code generiert und danach optimiert. Die Benutzer erwarten, daß ein Compiler seine Eingabe während der Verarbeitung sorgfältig prüft; je mehr Fehler der Compiler aufdecken kann, desto weniger Fehler werden bei der Programmausführung auftreten.

Dieses Kapitel beschreibt die Entwicklung eines Compilers für Objektdiagramme für Stücklisten-Anwendungen. Der Compiler ist ein Batch-Programm, das ein Objektdiagramm als Eingabe akzeptiert und relationale DBMS-Schemata als Ausgabe produziert. Die Compilereingabe ist wegen der besonderen Fehlerprüfungen des Compilers auf Objektdiagramme für Stücklisten beschränkt. Mit dem Bau des Compilers haben wir zwei Fliegen mit einer Klappe geschlagen: Wir haben zum einen die unmittelbaren Probleme der Zielanwendungen gelöst und zum anderen einen wichtigen Meilenstein unserer weiterlaufenden Arbeit über die Automatisierung der OMT-Methodologie realisiert.

Der Objektdiagramm-Compiler illustriert mehrere der Konzepte, die wir in den vorangegangenen Kapiteln diskutiert haben. Die Compiler-Architektur umfaßt vier Läufe, die nach und nach eine Folge von internen Modellen abarbeiten. Es gibt zahlreiche Relationen und funktionale Abhängigkeiten innerhalb der einzelnen Modelle, während die Zahl der Abhängigkeiten und Verbindungen zwischen den Modellen klein ist. Wie in Kapitel 9 beschrieben sind Architekturen mit mehreren Läufen beim Compilerbau üblich. Der Entwurf des Compilers berührt auch einige der Datenbankfragen aus Kapitel 17 und der Metadaten-Konzepte aus Kapitel 4.

18.1 Hintergrund

General Electric besitzt mehrere interne Anwendungen zur Konfiguration von Produktbaugruppen. Diese Anwendungen werden in der betrieblichen Praxis so eingesetzt, daß der Kunde die Produktfunktion spezifiziert und der Hersteller ihm ein entsprechendes Produkt anbietet. Angenommen, ein Kunde bestellt einen Rasenmäher, der leicht und preiswert sein und einen geringen Energieverbrauch aufweisen soll. Der Hersteller bietet ihm aufgrund dieser Anforderungen einen Rasenmäher mit einem 1PS-Benzinmotor, einem 45 cm breiten Aluminiumgehäuse und einem nicht mulchenden Messer an. (GE stellt keine Rasenmäher her; wir verwenden jedoch aus Gründen der Einfachheit einen Rasenmäher als Beispiel).

Die Liste der Teile, die ein Hersteller wählt, um ein Produkt zu bauen, heißt Stückliste (SL). Eine Stückliste ist ein Baum der direkten und indirekten Teile, die eine Baugruppe ausmachen. Die Literatur bezeichnet Stücklisten oft als Teileexplosions-Probleme. Stücklisten werden häufig als eingerückte Listen ausgedruckt. Dabei drückt eine Einrückung eine Hierarchiestufe aus. Abbildung 18.1 zeigt eine Beispiel-Stückliste für einen Rasenmäher. Der erste Wert, der nach jedem Teiletyp aufgelistet ist, ist die Teilenummer. Der Rasenmäher RM16G hat also den Motor M1, das Gehäuse G16 usw. Teileeigenschaften sind hinter der Teilenummer aufgeführt.

```
Rasenmäher: RM16G
    Motor: M1, 1PS, Benzinmotor
        Kolben: K1, 5 cm Länge, 0,5 cm Durchmesser
        Vergaser: VERG9
        Leitungsdrähte: LD5, Anzahl 4, ölbeständig
        ...
    Gehäuse: G16, 45 cm Durchmesser, Aluminium
    Messer: M16, 40 cm lang, nicht mulchend
    Räder: RAE3, Gummi, 8 cm Durchmesser
    ...
```

Abb. 18.1   Ausschnitt aus einer Stückliste

In der Vergangenheit wurden die meisten Produktbaugruppen manuell von menschlichen Experten entworfen. [Blaha-90] beschreibt einen neuen, automatisierten Ansatz, Stücklisten zu generieren. Der neue Ansatz verwendet eine relationale Datenbank, um frühere Produktentwürfe durch Reverse Engineering wiederzugewinnen, und extrahiert die impliziten Entwurfsregeln zur Abbildung von Spezifikationen auf ausgewählte Teile. Die Details dieses neuen Ansatzes würden den Rahmen unseres Buches sprengen.

Dieses Kapitel beschreibt einen Teil des neuen SL-Konfigurationssystems: das Teilsystem *Objektdiagramm-Compiler*. Als erstes zeichnen wir mit einem normalen Grafikeditor ein Objektdiagramm einer SL-Teileexplosion aus Linien, Dreiecken, Boxen, Textstrings und anderen Primitiven. Danach verarbeitet der Objektdiagramm-Compiler das Objektdiagramm und generiert schließlich DBMS-Befehle, die Tabellen und Indizes erzeugen. Nach jeder Änderung des Objektdiagramms rufen wir den Compiler erneut auf und generieren neue DBMS-Befehle. Auf diese Weise ist das Objektdiagramm ein lebendiges Dokument. Der *Objektdiagramm-Compiler* vereinfacht die Dokumentation und die Generierung des DBMS-Schemas, weil er für beides das gleiche Quellendokument verwendet. Unser Erfolg mit dem *Objektdiagramm-Compiler* hat uns motiviert, umfassendere Werkzeuge für die Automatisierung der OMT-Methodologie zu entwickeln.

18.2 Problembeschreibung

Wie Abbildung 18.2 zeigt, ist es Aufgabe des *Objektdiagramm-Compilers*, SL-Objektdiagramme in Datenbankbefehle zu übersetzen und sie auf Eingabefehler zu überprüfen.

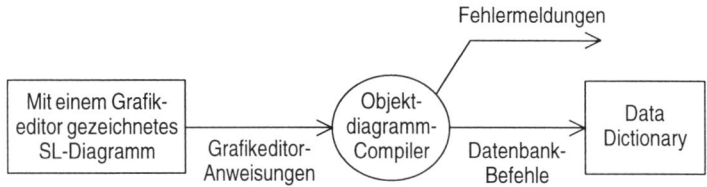

Abb. 18.2 Funktionales Modell des *Objektdiagramm-Compilers*

18.2.1 Compiler-Eingabe

Der Compiler muß eine ASCII-Beschreibung eines SL-Objektdiagramms lesen. Diese wird mit einem normalen Grafikeditor erstellt. Wir haben dafür FrameMaker verwendet,* andere Programme wie MacDraw und Interleaf sind aber ebenfalls geeignet. Der Grafikeditor muß auf geometrischen Formen basieren, nicht auf Pixeln. Die Compiler-Eingabe ist zum Quellcode eines konventionellen Programmiersprachen-Compilers analog.

Abbildung 18.3 zeigt ein Beispiel für ein SL-Objektdiagramm. Ein Rasenmäher hat ein Messer und einen Motor. Jedes Messer und jeder Motor können mit mehreren Rasenmähern assoziiert sein. (Abbildung 18.3 bezieht sich auf Katalogbeschreibungen von Teilen, nicht auf die physikalischen Teile. Details dazu

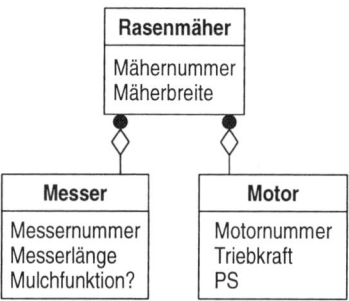

Abb. 18.3 Beispiel für ein SL-Diagramm

---

*FrameMaker ist ein Desktop-Publishing-System, das Textverarbeitung, Grafik, Seitenlayout und andere Eigenschaften integriert. Wir verwenden im *Objektdiagramm-Compiler* nur die Funktionen zur Grafikbearbeitung.

finden Sie in Abschnitt 4.5 *Metadaten.*) *Rasenmäher, Messer* und *Motor* werden durch Attribute beschrieben. Abbildung 18.4 zeigt einen Teil der FrameMaker-Sprache zur Darstellung der Klasse *Messer.*

Der *Objektdiagramm-Compiler* muß elementare Konstrukte der Objektmodellierung unterstützen: Klassen, Attribute, binäre Assoziationen, binäre Aggregationen und Generalisierungen. Es ist nicht notwendig, daß der Compiler Objektmodellierungs-Konstrukte unterstützt, die für SL-Anwendungen nicht benötigt werden, zum Beispiel qualifizierte Assoziationen, n-äre Relationen und Operationen.

```
<Rectangle
      <BRect  3.06" 5.65" 1.06" 0.28">
> # end of Rectangle
<TextLine
      <TLOrigin  3.58" 5.83">    <TLAlignment Center >
      <Font    <FBold Yes >    > # end of Font
      <String 'Blade'>
> # end of TextLine
<Rectangle
      <BRect  3.06" 5.93" 1.06" 0.49">
> # end of Rectangle
<TextLine
      <TLOrigin  3.14" 6.08">    <TLAlignment Left >
      <Font    <FPlain Yes >    > # end of Font
      <String 'blade number'>
> # end of TextLine
<TextLine
      <TLOrigin  3.14" 6.22">    <TLAlignment Left >    <String 'blade length'>
> # end of TextLine
<TextLine
      <TLOrigin  3.14" 6.36">    <TLAlignment Left >    <String 'mulching?'>
> # end of TextLine
```

Abb. 18.4   Beispieleingabe an den *Objektdiagramm-Compiler*

18.2.2 Compiler-Ausgabe

Der Compiler muß eine Folge von Datenbankbefehlen erzeugen. Diese Ausgabe wird als Script-Datei ausgeführt, um ein Data Dictionary zu laden. Wir haben dazu das DBMS Oracle verwendet. Es ist aber auch jedes andere relationale DBMS einsetzbar, das SQL unterstützt. Der Compiler muß Assoziationsnamen unterstützen und festlegen, wie Relationen implementiert werden. Abbildung 18.5 zeigt einen Ausschnitt aus einer Ausgabe, die der Eingabe in Abbildung 18.3 entspricht. Die Compiler-Ausgabe ist analog zum Objektcode eines Compilers für eine konventionelle Programmiersprache.

Der *Objektdiagramm-Compiler* speichert seine Ausgabe in einem Data Dictionary, das speziell für SL-Anwendungen entworfen wurde. (Mehrere weitere Programme schließen den Prozeß für das Erzeugen der Tabellen und Indizes ab, die individuelle SL speichern.) Wir haben ein spezielles Dictionary statt des DBMS-Dictionary verwendet, weil wir SL-spezifische Erweiterungen benötigen. Abschnitt 18.3.6 beschreibt unser Data Dictionary.

```
REMARK  Load object class ID, object class name, table name
Insert into meta_object_table Values ( 1000 , 'Lawn mower' , 'Lawn_mower' );
Insert into meta_object_table Values ( 1001 , 'Blade' , 'Blade' );
Insert into meta_object_table Values ( 1002 , 'Engine' , 'Engine' );

REMARK  Load relationship ID, relationship name, type
Insert into meta_relationship Values ( 2000 , 'Lawn_mower#Engine' , 'aggregation' );
Insert into meta_relationship Values ( 2001 , 'Lawn_mower#Blade' , 'aggregation' );

REMARK  Load relationship ID, assembly class ID, part class ID, part min and max
multiplicity
Insert into meta_aggregation Values ( 2000, 1000, 1002, 1, 1 );
Insert into meta_aggregation Values ( 2001, 1000, 1001, 1, 1 );

.....
```

Abb. 18.5   Beispielausgabe des *Objektdiagramm-Compilers*

18.2.3   Verschiedene andere Anforderungen

An den *Objektdiagramm-Compiler* wurden verschiedene andere Anforderungen gestellt, die die Entwicklungszeit und die Performance betrafen. Der Compiler mußte schnell – in weniger als vier Monaten – entwickelt werden. Er war Teil eines größeren Projekts zur Generierung von SL, auf das wir uns vollständig konzentrieren wollten. Die Anforderungen an die Ausführungszeit waren lockerer. Eine Ausführungszeit von zwei Stunden oder etwas weniger ist akzeptabel, weil der Compiler ein Batch-Programm ist, das nur bei der Systeminstallation läuft. Der Compiler wird nicht bei der alltäglichen Generierung von Stücklisten eingesetzt. (Wie sich herausstellte, war es durch geschicktes Software Engineering möglich, eine sehr viel bessere Performance zu erzielen, als gefordert!)

Der Compiler muß Eingabefehler entdecken, aber nicht beheben. Beispielsweise müssen die Klassennamen eindeutig sein, weniger als 31 Zeichen umfassen und mit einem Buchstaben beginnen. Der Compiler darf nicht abbrechen, wenn er auf Benutzerfehler stößt. Er muß fehlerhafte Eingaben akzeptieren und die Ausführung fortsetzen, so daß der Benutzer nach einem einzigen Lauf mehrere Fehler erkennen kann.

Der Compiler muß ungenau gezeichnete Verbindungen tolerieren. Weil Objektdiagramme mit einem normalen Grafikeditor gezeichnet werden, ist es schwierig, alle Elemente präzise auszurichten und zu verbinden. Der Compiler muß Eingaben akzeptieren, die auf einem Ausdruck korrekt aussehen. Darüber hinaus muß er Fehler entdecken, die nicht sichtbar sind, zum Beispiel übereinander gelegte Grafikkomponenten.

Der Compiler muß Abhängigkeiten von Grafikeditoren und relationalen DBMS in ein oder zwei Moduln isolieren. Auf diese Weise kann er ohne größere Veränderungen portiert werden.

18.3   Analyse

Analyse ist der erste Schritt, die Problemstellung zu lösen. Es wurde schnell klar, daß Eingabe und Ausgabe einen zu unterschiedlichen Abstrahierungsgrad aufweisen, als daß der Unterschied in einem einzigen Schritt überbrückt werden könnte. Wir entschlossen uns, mehrere Läufe zu verwenden. Diese Entscheidung ist nicht überraschend, weil viele Compiler mehrere Läufe erfordern.

Der Ansatz, mehrere Läufe zu verwenden, hat den Nachteil, daß der Entwickler mehrere Objektmodelle vorbereiten und mehrere Kompilierungsphasen entwerfen muß. Mehrere Läufe haben den Vorteil, daß Komplexität nach dem Prinzip "Teile und herrsche" angegangen wird. Der daraus resultierende Code läßt sich leichter portieren, weil Grafikeditor- und DBMS-Abhängigkeiten in kleinen Codestücken isoliert sind.

Abbildung 18.6 verfeinert das in Abbildung 18.2 gezeigte funktionale Modell des *Objektdiagramm-Compilers*. Jede Ellipse repräsentiert einen Compiler-Lauf. Die drei Datenspeicher im unteren Teil der Abbildung bezeichnen zwischengeschaltete Objektmodelle. Der Rest dieses Abschnitts beschreibt die Compiler-Läufe und zwischengeschalteten Objektmodelle. Es gibt kein nennenswertes dynamisches Modell für den Compiler, weil es sich um eine Batch-Transformation handelt.

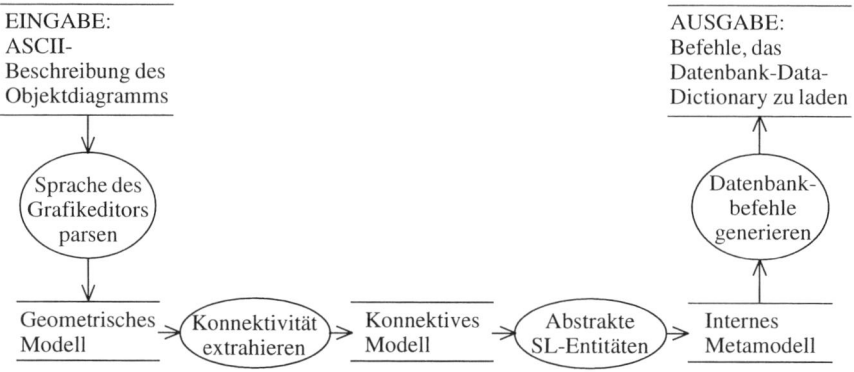

Abb. 18.6   Funktionales Modell des *Objektdiagramm-Compilers*

18.3.1 Sprache des Grafikeditors parsen

Im ersten Lauf wird die FrameMaker-Datei des usprünglichen Diagramms eingelesen, die mit dem Grafikeditor erzeugt wurde (ein Beispiel dafür zeigt Abbildung 18.4). und das geometrische Modell aufgebaut. Der erste Lauf entspricht der lexikalischen Analyse eines konventionellen Programmiersprachen-Compilers. Für diesen Lauf muß im Grunde nur eine korrekte BNF-Syntax für die Grafikeditor-Sprache bereit gestellt werden. Uns hat die Herstellerdokumentation geholfen, eine BNF-Grammatik für den Grafikeditor zu entwickeln.

18.3.2 Geometrisches Objektmodell

Abbildung 18.7 faßt das geometrische Objektmodell zusammen. Wir haben einige Klassen, Assoziationen und Attribute weggelassen, um Platz zu sparen und die Beschreibung zu vereinfachen. Das geometrische Modell repräsentiert ein Diagramm als eine Folge von Grafikprimitiven und ist gut für die weitere Verarbeitung geeignet. Das geometrische Modell betrachtet ein Objektdiagramm einfach nur als Bild. Die Grafikobjekte (Ellipsen, Rechtecke, Linienzüge, Polygone und Textlinien) stehen beziehungslos nebeneinander. Wir haben das geometrische Modell direkt von der BNF-Grammatik der Grafikeditor-Sprache abgeleitet.

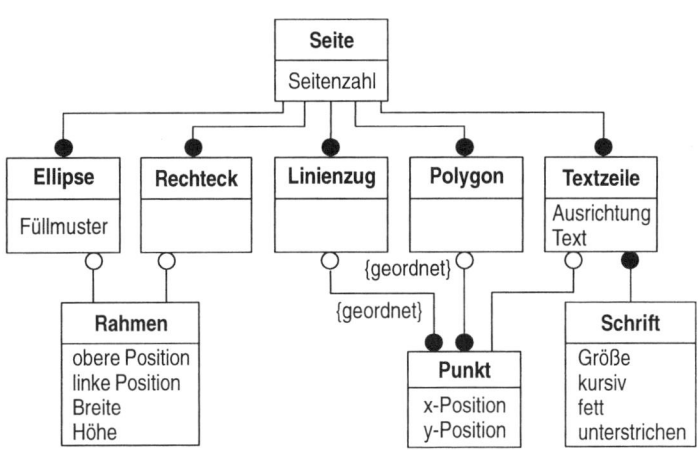

Abb. 18.7   Geometrisches Objektmodell

Der Grafikeditor, den wir verwendet haben, organisiert Komponenten seitenweise. Eine *Textzeile* ist eine einzelne Zeile Text, die überall auf einer Seite stehen kann. Sie hat eine Schrift und eine Ausrichtung und beginnt an einem bestimmten Punkt. Jede *Schrift* beschreibt die Textgröße und besondere Eigenschaften wie kursiv, fett oder unterstrichen. Das geometrische Modell umfaßt die *Seitennummer*, die in Fehlermeldungen angegeben wird.

Ellipse, Rechteck, Linienzug und *Polygon* erfassen grafische Informationen im Objektdiagramm. Ellipsen besitzen eine Position und einen Rahmen. Eine Ellipse kann ein Füllmuster haben oder transparent sein. Rechtecke besitzen eine Position, eine Breite und eine Höhe. Linienzüge und Polygone bestehen aus geraden Liniensegmenten, die eine Folge von Punkten verbinden. Ein Linienzug ist eine beliebige Folge von Linien; ein Polygon eine geschlossene geometrische Figur.

Das geometrische Modell für unser Rasenmäher-Beispiel (Abbildung 18.3) enthält die folgenden Objekte:

- 6 Rechtecke,
- 11 Textzeilen (3 in Fettschrift, 8 in normaler Schrift),
- 2 Polygone (Rauten),
- 2 Ellipsen (die zufällig Kreise sind) mit Füllmuster und
- 2 Linienzüge (vertikale Linien zwischen *Rasenmäher* und *Messer, Rasenmäher* und *Motor*).

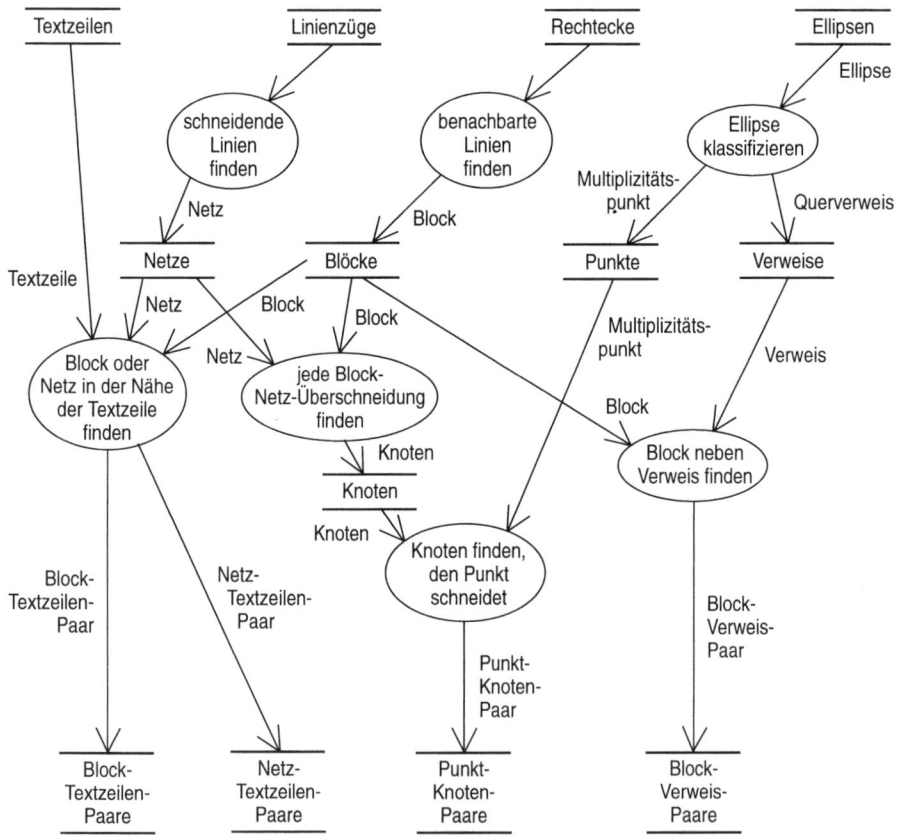

Abb. 18.8   Funktionales Modell zur Extraktion von Konnektivität

18.3.3 Konnektivität extrahieren

Der zweite Lauf konsolidiert die Geometrie, klassifiziert Größen und Formen und entdeckt Überschneidungen und Berührungen zwischen geometrischen Primitiven. Wir bezeichnen die Ausgabe des zweiten Laufs als das konnektive Modell. Abbildung 18.8 zeigt einen Teil des Datenflußdiagramms für diesen Lauf. *Ellipsen, Rechtecke, Linienzüge, Polygone* und *Textzeilen* aus dem geometrischen Modell sind Eingabedatenspeicher im funktionalen Modell. Jede Klasse und Assoziation im konnektiven Objektmodell ist die Ausgabe eines oder mehrerer Prozesse des funktionalen Modells. Denken Sie daran, daß wir während der Analyse keine Algorithmen spezifizieren, sondern Wirkungen von Prozessen.

In Abbildung 18.8 werden Gruppen benachbarter Rechtecke als Blöcke erkannt. Gruppen einander schneidender Linien werden als Netze erkannt. Jeder Block/Netz-Schnittpunkt wird gefunden und als Knoten gespeichert. Ellipsen werden zu Multiplizitätspunkten oder Blatt-Querverweisen klassifiziert. Jeder Multiplizitätspunkt wird mit einem Knoten assoziiert; jeder Verweis wird mit einem Block assoziiert. Jede Textzeile wird an den nächstgelegenen Block oder das nächstgelegene Netz gebunden.

18.3.4 Konnektives Objektmodell

Das konnektive Objektmodell in Abbildung 18.9 verbindet das geometrische Modell und das interne Metamodell. Klassen, die vom geometrischen Modell übernommen werden, können schattiert dargestellt werden. Das konnektive Modell betrachtet ein Objektdiagramm als eine Topologie, eine Kollektion von Blöcken, die durch Netze verbunden sind. An Blöcke und Netze sind Geometrie und Text gebunden.

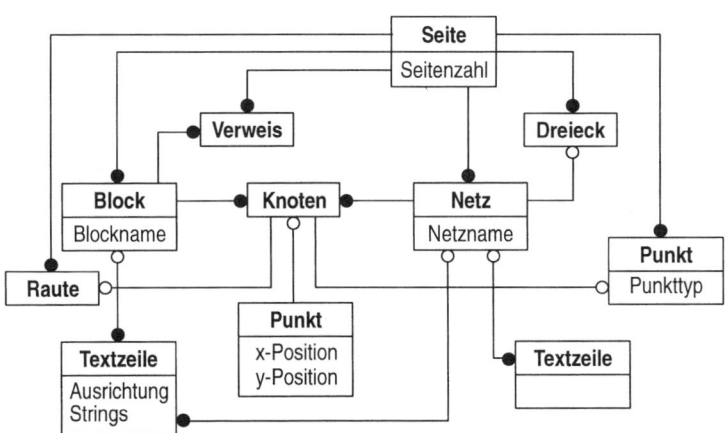

Abb. 18.9   Konnektives Objektmodell

Die Klassen *Block, Netz* und *Knoten* bilden den Kern des konnektiven Modells. Jeder Block und jedes Netz haben einen Namen. Ein Knoten korrespondiert mit genau einem Block und einem Netz. Jeder Block und jedes Netz kann mehrere Knoten haben. Ein Knoten kann mit einem Punkt oder einer Raute verbunden sein. Ein Netz kann mit einem Dreieck verbunden sein. Ein Block kann mehrere Querverweis-Kreise haben, die auf andere Seiten zeigen. Sowohl Blöcke als auch Netze besitzen Text.

Das konnektive Modell für unser Rasenmäher-Beispiel enthält die folgenden Objekte:

- 3 Blöcke mit den Namen *Rasenmäher, Messer* und *Motor,*

- 2 Netze mit den Namen *Rasenmäher#Messer* und *Rasenmäher#Motor,*

- 4 Knoten,

- 2 Rauten, die jeweils mit einem Knoten assoziiert sind, und

- 2 fette Punkte, die jeweils mit einem Knoten assoziiert sind.

Der Block *Rasenmäher* ist mit zwei Textzeilen assoziiert: *Mähernummer* und *Mäherbreite.* Ähnliche Assoziationen bestehen für *Messer* und *Motor.*

18.3.5 Abstrakte SL-Entitäten

Der dritte Lauf erhöht den Abstraktionsgrad. Die grafischen Symbole in einem SL-Diagramm besitzen eine Bedeutung, die über ihre Form hinausgeht. Ein Block steht für eine Klasse; ein Netz repräsentiert eine Generalisierung oder Assoziation. Lauf 3 verschmilzt Querverweise zu Klassen, verifiziert die Eindeutigkeit von Namen und klassifiziert Relationstypen. Lauf 3 wendet fest kodierte Regeln zur Abbildung von Relationen auf Tabellen an (siehe Kapitel 17). Der zweite und der dritte Lauf entsprechen der semantischen Analyse in einem Compiler für eine konventionelle Programmiersprache.

Das funktionale Modell für diesen Lauf wird durch umfangreiche Fehlerprüfungen verkompliziert. Diese Fehlerprüfungen sind zu einem großen Teil notwendig, weil die Eingabe-Objektdiagramme mit einem normalen Grafikeditor gezeichnet werden. Häufige Benutzerfehler sind offene Assoziationslinien, mehrfach auftretende Klassennamen und Klassenblöcke ohne Namen. Der *Objektdiagramm-Compiler* sucht auch nach Fehlern, die typischerweise bei der SL-Generierung auftreten. Das funktionale Modell für den dritten Lauf ist zu groß und komplex, als daß wir es hier zeigen könnten.

18.3.6 Internes Metaobjektmodell

Abbildung 18.10 zeigt das interne Metamodell, das die Bedeutung der SL-Diagramme einfängt. Eine SL-Datenbank besteht aus vielen Klassen und Assoziationstabellen. Jede Klassentabelle besitzt viele Attribute. Attribute können Rollen-Attribute oder Nicht-Rollen-Attribute sein. Nicht-Rollen-Attribute gehören genau einer Klasse oder Assoziationstabelle an. Rollen-Attribute treten in vielen Klassen und Assoziationstabellen auf. Rollen-Attribute verbinden die verschiede-

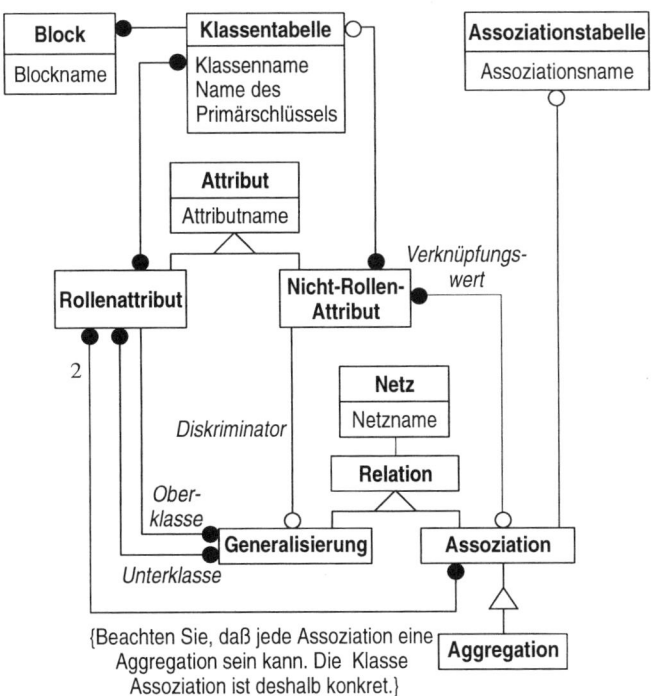

Abb. 18.10   Internes Metamodell

nen Tabellen miteinander. Eine Klasse ist mit allen Blöcken assoziiert, die auf sie verweisen. Jede Relation ist mit einem Netz assoziiert.

Eine SL-Datenbank hat ebenfalls viele Relationen. Jede Relation ist entweder eine Generalisierung oder eine Assoziation. Assoziationen können zu Aggregationen weiter verfeinert werden. Jede Generalisierung hat ein Rollenattribut, das die Oberklasse angibt, und viele Rollenattribute, die die Unterklassen angeben. (Mehrfachvererbung war für unsere SL-Anwendungen nicht erforderlich.) Ein Diskriminator gibt an, welche Unterklasse zu welcher Oberklasseninstanz gehört. Weil bei der SL-Generierung nur binäre Assoziationen verwendet werden, hat jede Assoziation genau zwei Rollenattribute. Eine Assoziation kann null oder mehr Nicht-Rollen-Attribute besitzen.

Das interne Metamodell für unser Rasenmäher-Beispiel enthält die folgenden Objekte:

- 3 Klassentabellen mit den Namen *Rasenmäher, Messer* und *Motor,*

- 0 Assoziationstabellen (Beide Assoziationen des *Rasenmäher*-Beispiels sind in unsere fest kodierten Regeln eingebettet. Siehe Abschnitt 18.4)

- 3 Rollen-Attribute: *Mähernummer, Messernummer* und *Motornummer,*

- 5 Nicht-Rollen-Attribute,

- 2 Aggregationen (Beide Assoziationen sind Aggregationen), und

- 0 Generalisierungen und 0 Verknüpfungswerte.

18.3.7 Datenbankbefehle generieren

Der vierte und letzte Lauf wandelt das interne Metamodell in das Datenbank-Metamodell um. Dieser Prozeß ist einfach, weil das interne Metamodell dem Datenbank-Metamodell ähnelt. Der letzte Lauf entspricht der Codegenerierung in einem Compiler für eine konventionelle Programmiersprache und erzeugt die gewünschten DBMS-Befehle als Ausgabe.

18.4   Systementwurf

Die Wahl einer Systemarchitektur für den *Objektdiagramm-Compiler* war unkompliziert und ergab sich direkt aus dem funktionalen Modell in Abbildung 18.6. Wir haben uns entschieden, das Programm als Batch-Transformation zu implementieren (siehe Kapitel 9).

Der *Objektdiagramm-Compiler* besteht aus einer Folge von Läufen, die Daten zwischen den Schichten transformieren. Wir haben eine geschlossene Architektur gewählt, bei der jede Schicht nur auf ihre eigenen Objekte und die Objekte der unmittelbar vorhergehenden Schicht zugreifen kann. Eine geschlossene Architektur hat den Vorteil eines besseren Information Hiding. Dies erleichtert Fehlersuche, Erweiterungen und Portierungen. Im allgemeinen hat eine geschlossene Architektur (im Vergleich zu einer offenen Architektur) einen Effizienzverlust zur Folge. Die Effizienz des *Objektdiagramm-Compilers* ist wegen des sorgfältigen Entwurfs der einzelnen Läufe jedoch gut.

Jeder Lauf des *Objektdiagramm-Compilers* wird vollständig abgeschlossen, bevor der nächste Lauf in Angriff genommen wird. Der Grund dafür ist, daß sich die Verweise in unseren SL-Diagrammen nicht sehr lokal verhalten. Beispielsweise kann eine Klasse *Rasenmäher* auf Blatt 1 auf eine Klasse *Messer* auf Blatt 27 verweisen. Programmiersprachen-Code weist dagegen meistens eine höhere Lokalität auf, so daß Compilerprozesse bis zu einem gewissen Grad parallel arbeiten können. Bei einem normalen Compiler ist es möglich, ein Token an die semantische Analyse weiterzureichen, sobald genügend Zeichen gelesen worden sind, um ein lexikalisches Token erkennen zu können; die semantische Analyse muß nicht darauf warten, daß die lexikalische Analyse abgeschlossen ist.

Der *Objektdiagramm-Compiler* verwaltet alle Daten im Arbeitsspeicher. Die Eingabe und die Ausgabe sind jeweils eine Datei. Es ist nicht notwendig, Zwischendaten außerhalb des Programms sichtbar zu machen. Weil das Programm eine geschlossene Architektur besitzt, haben wir überlegt, den Speicherplatz für nicht mehr benötigte Objekte aus früheren Läufen freizugeben, um Speicherplatz zu gewinnen. Wir haben diesen Gedanken wegen der zusätzlich benötigten Logik und der möglichen Fehler, die sich aus offenen Zeigern ergeben können, wieder verworfen. (Die Sprache, mit der der *Objektdiagramm-Compiler* implementiert wurde, besitzt keinen Garbage-Collection-Mechanismus.) Der Speicherbedarf hat bisher jedoch keine Probleme verursacht.

Die Frage der Steuerungsimplementierung stellt sich in diesem Beispiel nicht. Der *Objektdiagramm-Compiler* ist ein Stapelverarbeitungsprogramm. Der Benutzer kann nicht mit dem Programm interagieren, nachdem er es in Gang gesetzt hat; es gibt keinen interaktiven Debugger. Alle Fehlermeldungen werden in eine Datei geschrieben. Auch hier war Einfachheit der ausschlaggebende Punkt. Es war einfacher, keinen interaktiven Debugger bereitzustellen; der Batch-Ansatz hat sich in der Praxis gut bewährt.

18.5   Objektentwurf

Nach der Analyse blieb wenig mehr zu tun, als Assoziationen zu implementieren, Pseudocode vorzubereiten und dann den eigentlichen Code zu schreiben. Beim Schreiben des Pseudocodes wurden mehrere Analyse-Unzulänglichkeiten entdeckt. Wir haben die Analyse in diesen Punkten geändert. Beim Entwurf konnten die Paradigmen der objektorientierten Programmierung direkt angewandt werden und es ging im Grunde nur noch darum, Details hinzuzufügen.

18.5.1 Funktionale Modelle

Bei diesem Problem können funktionale Abhängigkeiten, wie in vielen Batch-Transformationen, als azyklischer, gerichteter Graph zwischen Datenspeichern, die Mengen von Objekten enthalten, ausgedrückt werden. Jeder Datenspeicher enthält alle Objekte einer gegebenen Klasse wie *Rechtecke* und *Knoten* oder alle Verknüpfungen einer gegebenen Assoziation wie *Punkt-Knoten-Paare*. Das Datenflußdiagramm kann konstruiert werden, indem man alle Klassen und Assoziationen im Ausgabemodell untersucht und die Eingabe-Klassen und -Assoziationen ermittelt, von denen sie abhängen.

In vielen Fällen kann der endgültige Algorithmus direkt niedergeschrieben werden, ohne ein Datenflußdiagramm zu zeichnen. Wir haben festgestellt, daß "Markierungen" bei der Formulierung von funktionalen Algorithmen helfen. Eine Markierung repräsentiert eine Klasse, eine Assoziation oder ein Attribut, die bzw. das an einer bestimmten Stelle im Algorithmus berechnet wurde. Zunächst werden alle Eingabe-Klassen und -Assoziationen im Objektdiagramm markiert. Danach werden alle Klassen und Assoziationen in den aufeinanderfolgenden Phasen der Batch-Transformation untersucht. Pseudocode für jedes Attribut und jede Assoziation wird durch vorher markierte Klassen und Assoziationen ausgedrückt und das entsprechende Ausgabe-Attribut bzw. die entsprechende Ausgabe-Assoziation wird markiert. Wenn alle Attribute einer Klasse markiert sind, ist die ganze Klasse markiert. Wenn das ganze Ausgabe-Objektmodell markiert ist, ist der funktionale Algorithmus vollständig. Diese Markierungstechnik funktioniert, weil die Abhängigkeiten eine partielle Ordnung bilden.

In Abbildung 18.8 können *Blöcke* aus *Rechtecken* berechnet werden, *Punkte* aus *Ellipsen, Netze* aus *Linienzügen* und *Knoten* aus *Netzen* und *Blöcken.* Nach diesen Berechnungen lassen sich *Punkt-Knoten-Paare* aus *Punkten* und *Knoten* berechnen. Wir haben das Datenflußdiagramm nicht gezeichnet, weil der funktionale Algorithmus direkt aus dem Objektmodell abgeleitet werden kann.

Der erste Lauf (Grafikeditor-Sprache parsen) liest die ASCII-Datei, die ein SL-Diagramm enthält und lädt das geometrische Modell. Wir haben für diesen Lauf UNIX-Werkzeuge zur Compilergenerierung verwendet, um unsere Produktivität zu erhöhen. Für diesen Lauf war kein großer Entwurfsaufwand und auch kein Pseudocode notwendig.

Der zweite Lauf (Konnektivität extrahieren) untersucht das geometrische Modell und generiert das konnektive Modell. Der Entwurfsaufwand für diesen Lauf konzentrierte sich hauptsächlich darauf, Algorithmen für das Durchlaufen von Graphen zu entwickeln. Abschnitt 18.5.3 beschreibt als Beispiel dazu unseren Algorithmus für das Auffinden von Verbindungen.

Der dritte Lauf (SL-Entitäten abstrahieren) untersucht das konnektive Modell und generiert das interne Metamodell. Wie für den zweiten Lauf konzentriert sich der Entwurfsaufwand auch hier auf die Wahl von Algorithmen.

Der vierte Lauf (Datenbankbefehle generieren) tastet das interne Metamodell ab und schreibt DBMS-Befehle in eine Datei. Alle Generalisierungen werden durch eigene Oberklassen- und Unterklassen-Tabellen implementiert. Einige Assoziationen werden durch eigene Tabellen repräsentiert; andere durch eingebettete Fremdschlüssel (siehe Kapitel 17). Fest kodierte Regeln im *Objektdiagramm-Compiler* bestimmen, wie jede Assoziation implementiert wird.

18.5.2 Zwischengeschaltete Objektmodelle

Eine wichtige Entwurfsentscheidung war die Wahl der Programmiersprache. Aufgrund früherer positiver Erfahrungen haben wir uns entschlossen, eine intern entwickelte objektorientierte Programmiersprache – DSM – zu verwenden [Shah-89]. Die DSM-Klassenbibliothek stellt mehrere komfortable Möglichkeiten bereit, Assoziationen handzuhaben. DSM kann Assoziationen mit Fremdschlüsseln, Mengen, Arrays, Tabellen und einem eingebauten, generischen Assoziationstyp implementieren. Bei der Wahl einer Technik für den *Objektdiagramm-Compiler* gab der benötigte Zugriffstyp den Ausschlag. Wir haben oft Fremdschlüssel und Arrays verwendet. Beispielsweise zeigt Abbildung 18.11 eine häufig eingesetzte Möglichkeit, eine 1:m-Assoziation zu implementieren.

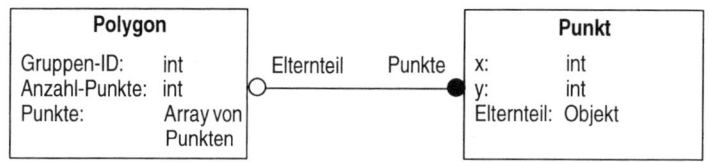

Abb. 18.11   Implementierung einer 1:m-Assoziation

Ein *Polygon*-Objekt kann auf Punkte über das Array von Punkten zugreifen, das im Attribut *Punkte* gespeichert ist. Ein *Punkt*-Objekt kann auf ein Polygon über das Attribut *Elternteil* zugreifen. Weil Punkte genau einem von mehreren verschiedenen Objekttypen angehören können, besitzt *Elternteil* den Datentyp "Objekt". "Objekt" gibt an, daß der Wert ein Objekt ist, ohne jedoch die Klasse zu spezifizieren.

Das interne Metamodell fängt die beabsichtigte Bedeutung von Objektdiagrammen ein. Ursprünglich sah dieses Modell wie das Modell in Abbildung 18.10 aus.Weil jedoch ein großer Teil des internen Metamodells für die Implementierung nicht benötigt wurde, haben wir es beim Entwurf vereinfacht. Schließlich wurde das interne Metamodell, wie Abbildung 18.12 zeigt, zu einer einfachen Abbildung von Blöcken und Netzen auf Klassen und Relationen.

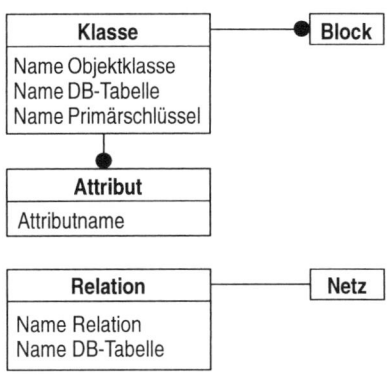

Abb. 18.12   Internes Metaobjektmodell

Die Struktur des Datenbank-Metamodells sieht ähnlich wie Abbildung 18.10 aus. Wir haben das Datenbank-Metamodell per Hand in Datenbanktabellen konvertiert, um das System zu bootstrappen. Der *Objektdiagramm-Compiler* soll nur SL-Diagramme kompilieren und kann sich daher nicht selbst kompilieren.

18.5.3 Konnektivitätsalgorithmus

Verbindungen zu ermitteln ist ein Thema, auf das wir im Zusammenhang mit dem *Objektdiagramm-Compiler* immer wieder stoßen. Linien sind mit Rechtecken, Ellipsen und anderen Linien verbunden. Text ist in Rechtecken enthalten und steht neben Linien. Rechtecke liegen nebeneinander. Beim Entwurf haben wir festgestellt, daß sich jedes dieser eigenständigen Probleme auf einen Sonderfall eines allgemeineren Falls reduzieren läßt, bei dem es darum geht, die Überschneidung eines Rahmens mit einer Punkteliste zu finden. (Eine Liste ist hier das gleiche wie eine mathematische Menge, wobei Werte jedoch mehrfach auftreten können.)

Wir konstruieren Punktelisten für jede Seite und jeden Elementtyp nach der folgenden Methode. Für jedes Rechteck fügen wir der Rechteck-Liste die vier Eckpunkte hinzu. Dabei ist jeder Eckpunkt ein Objekt, das einen Zeiger auf sein Elternrechteck enthält. Eine Linie fügt der Linien-Liste zwei Punktobjekte hinzu; eine Textzeile fügt der Text-Liste ein Punktobjekt hinzu. Für die anderen grafischen Primitive gilt ähnliches. Danach können wir zum Beispiel alle Rechtecke finden, die eine Linie schneiden: Wir konstruieren dazu einen Rahmen um die Linie und prüfen, ob der Rahmen die Punkteliste für das Rechteck überschneidet.

Wir haben ein zweifach sortiertes Dictionary verwendet, um eine Punkteliste effizient auf Überschneidungen mit einem Rahmen zu durchsuchen. Jede Punkteliste wird zuerst auf den x-Koordinaten und dann auf den y-Koordinaten sortiert. Abbildung 18.13 zeigt ein Objektmodell unserer Punkte-Zugriffsstruktur. Drei wichtige Operationen sind: einen Punkt einfügen, einen Punkt löschen und Punkte finden.

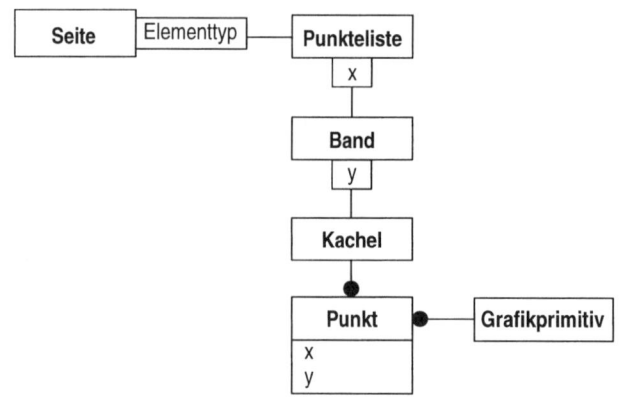

Abb. 18.13   Objektmodell für eine Punkte-Zugriffsstruktur

Um einen Punkt einzufügen, finden wir zunächst das vertikale Band, zu dem der Punkt gehört. Versuchen Sie, eine exakte Übereinstimmung in der qualifizierten Assoziation zwischen Liste und Band bei der x-Koordinate zu finden. Wenn dies nicht gelingt, erzeugen Sie ein neues vertikales Band und fügen es der Assoziation hinzu. Als nächstes suchen Sie nach der Kachel, zu der der Punkt gehört, indem Sie nach einer exakten Übereinstimmung bei der y-Koordinate in der qualifizierten Assoziation zwischen *Band* und *Kachel* suchen. Wenn dies nicht gelingt, erzeugen Sie eine neue Kachel. Schließlich assoziieren Sie den Punkt mit der Kachel.

Kacheln sind nicht gleich groß. Abbildung 18.14 zeigt zwölf Punkte, sieben Bänder und siebzehn Kacheln. (Jede Kachel hat einen Punkt an der unteren linken

Ecke; wenn Punkte zusammenfallen, korespondiert eine Kachel mit mehreren Punkten.) Eine Kachel ist lediglich eine nützliche Abstraktion, um Punkte in einem Suchraum für effiziente Intervallsuchen zu organisieren.

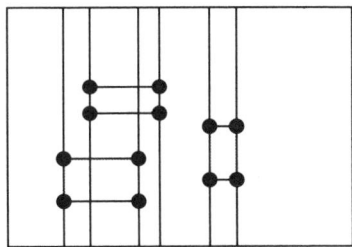

Abb. 18.14   Bänder und Kacheln für die Punkteliste eines Rechtecks

Das Löschen eines Punkts funktioniert auf ähnliche Weise. Leere Kacheln und Bänder werden gelöscht.

Die Suche beginnt mit den x-Werten des Rahmens. Wir haben eine spezielle Operation auf der qualifizierten Assoziation implementiert, die alle Bänder zwischen dem Minimum- und dem Maximumwert zurückgibt. Danach haben wir die y-qualifizierte Assoziation abgefragt, um alle Kacheln innerhalb des Bandes zwischen den y-Werten des Rahmens zu finden. Schließlich wurden alle mit den Kacheln assoziierten Punkte der Kollektion der gefundenen Punkte hinzugefügt. Wir wandeln die Punktekollektion in eine Menge von Grafikprimitiven um, indem wir die Assoziation zwischen Punkt und Grafikprimitiv durchlaufen.

Mehrere Gründe sprachen dafür, eine allgemeine Konnektivitätsroutine zu entwickeln. Es stand zu erwarten, daß das Auffinden von Verbindungen eine häufige Operation sein würde, und eines unserer Ziele war Effizienz. Der naive Algorithmus, alle möglichen Elementkombinationen auf einer Seite zu prüfen, ergibt eine Ausführungszeit, die proportional zum Quadrat der Anzahl der Elemente ist. Dagegen ist unser Algorithmus linear bezüglich der Zahl der Elemente und Verbindungen. (Die Zahl der Verbindungen ist in unseren Problemen begrenzt. Daher wurde die Größenordnung der Ausführungszeit effektiv von n^2 auf n reduziert, wobei n die Zahl der Elemente ist.) Allerdings ist unser Algorithmus komplexer; deshalb wollten wir eine allgemeine Routine entwerfen, die immer wieder für alle Sonderfälle verwendet werden kann: Linie überschneidet Linie, Linie überschneidet Rechteck, usw.

18.6 Implementierung

Wir haben den *Objektdiagramm-Compiler* in der Sprache DSM implementiert. (DSM ist eine intern entwickelte objektorientierte Programmiersprache, die auf C aufsetzt.) Der fertige Code umfaßte 13.000 Zeilen. Eine Person hat drei Monate gebraucht, den Diagramm-Compiler zu entwickeln. Die Analyse und der Entwurf haben sechs Wochen gedauert, das Kodieren und Debuggen weitere sechs Wo-

chen. Es wurden ungefähr zwanzig Fehler festgestellt, von denen jeder nach
wenigen Minuten entdeckt und behoben war.

Der Compiler wird momentan in mehreren SL-Genierungsanwendungen einge-
setzt. Bei einer dieser Anwendungen umfaßt die Eingabe zur Zeit mehr als 100
Klassen und 150 Assoziationen und liefert Grafikeditor-Dateien mit über 13.000
Zeilen. Der Compiler läuft schnell und kompiliert etwa 5.000 Zeilen pro Minute.
Dies war eine angenehme Überraschung, weil wir anfangs befürchtet hatten, daß
die Verwendung einer objektorientierten Sprache die Performance verschlechtern
könnte. Der *Objektdiagramm-Compiler* erfüllt seine Anforderungen voll. Unser
Erfolg mit dem Compiler hat uns motiviert, umfassendere Software zur Unterstüt-
zung der OMT-Methodologie zu entwickeln.

18.7   Gelernte Lektionen

Aus unseren Erfahrungen bei der Entwicklung des *Objektdiagramm-Compilers*
haben wir folgende Schlüsse gezogen.

* Halten Sie sich an das Objekt-Assoziations-Paradigma und erliegen Sie nicht
  der Versuchung, Stacks, Zeiger und andere Datenstrukturen zu verwenden. In
  den meisten Fällen ist es nicht notwendig, auf komplexe Datenstrukturen zu-
  rückzugreifen, wenn Assoziationen verwendet werden.

* Die Verwendung einer begrenzten Anzahl von Paradigmen und eine gut be-
  stückte Bibliothek von Behälterklassen reduzieren die Zahl der Fehler erheblich
  und erhöhen die Software-Entwicklungsproduktivität.

* Wenn Sie Verbesserungen einbauen, sollten Sie nicht einfach den Entwurf
  ausbessern, sondern die Analyse neu überdenken. Jedesmal, wenn diese Regel
  verletzt wurde, haben wir Zeit verschwendet und Fehler gemacht. Überdenken
  Sie die Konsequenzen Ihrer "Verbesserung" gründlich.

* Batch-Software ist sehr viel einfacher zu schreiben als interaktive Software,
  weil sich die Frage nach Benutzerschnittstelle und Dialog nicht stellt.

18.8   Zusammenfassung

Der *Objektdiagramm-Compiler* akzeptiert als Eingabe eine textuelle Beschreibung eines Objektdiagramms. Der Compiler produziert DBMS-Befehle, die ausgeführt werden können, um Data-Dictionary-Tabellen zu laden. Wir bezeichnen
dieses Programm als Compiler, weil es nicht nur seine Eingabe umwandeln,
sondern darüber hinaus auch Fehler entdecken muß. Ein normaler Grafikeditor
unterstützt seinem Wesen nach das Erstellen von Objektdiagrammen nicht. Deshalb muß der Compiler in der Lage sein, viele Fehlerbedingungen zu entdecken.

Wir haben eine Architektur mit mehreren Läufen und zwischengeschobenen
Objektmodellen gewählt; mit jedem Lauf erhöht sich der Abstraktionsgrad. Lauf
1 erkennt, daß die ASCII-Zeichen in der Eingabedatei grafische Primitive bezeichnen. Lauf 2 ermittelt die grafische Konnektivität. Lauf 3 abstrahiert ein
grafisches Bild zu einem Objektmodell. Der vierte und letzte Lauf wandelt das

interne Format des *Objektdiagramm-Compilers* in das Format um, das die Data-Dictionary-Tabellen der Anwendung erfordern.

Für den *Objektdiagramm-Compiler* waren sowohl das Objekt- als auch das funktionale Modell wichtig, weil zum einen viele Daten gehandhabt werden müssen und zum anderen eine erhebliche Verarbeitungsleistung erforderlich ist, um die Daten von Lauf zu Lauf zu konvertieren. Das dynamische Modell war dagegen relativ bedeutungslos, weil der Compiler eine Batch-Software ist und keine Benutzerinteraktion auftritt.

Der Entwurf und die Implementierung des *Objektdiagramm-Compilers* gingen schnell voran. Es blieben lediglich Details zu klären. Die Hauptaufgaben waren die Implementierung von Assoziationen, das Schreiben von Pseudocode, das Schreiben des eigentlichen Codes und das anschließende Debuggen. Unsere wahrscheinlich wichtigste Entwurfsentscheidung war die Wahl der objektorientierten Programmiersprache DSM. DSM besitzt eine gut gefüllte Klassenbibliothek, die die Programmierung erleichtert. Wir haben darüber hinaus beschlossen, UNIX-Werkzeuge zur Compilergenerierung zu verwenden, um die Eingabe zu parsen. Der *Objektdiagramm-Compiler* erfüllt die an ihn gestellten Anforderungen vollständig. Die Performance des Compilers ist ausgezeichnet und übertrifft die in diesem Bereich gestellten Anforderungen bei weitem.

18.9 Anmerkungen zur Bibliographie

Der erste Lauf in unserem *Objektdiagramm-Compiler* wurde mit UNIX-Werkzeugen für den Compilerbau implementiert. [Schreiner-85] beschreibt die Verwendung dieser Werkzeuge. [Aho-79] beschreibt die theoretische Basis des Compilerentwurfs. [Shah-89] beschreibt die DSM-Sprache, mit der der *Objektdiagramm-Compiler* implementiert wurde. [Blaha-90] beschreibt eine umfangreiche Anwendung zur Generierung von SL-Konfigurationen, auf die wir in Abschnitt 18.1 kurz eingegangen sind.

18.10 Literaturangaben

[Aho-79] A.V. Aho, J.D. Ullman. *Principles of Compiler Design, Third Edition*. Reading, Mass.: Addison-Wesley, 1979.
[Blaha-90] M.R. Blaha, W.J. Premerlani, A.R. Bender, R.M. Salemme, M.M. Kornfein, C.K. Harkins. Bill-of-Material Configuration Generation. *Sixth International Conference on Data Engineering,* February 5-9, 1990, Los Angeles, CA.
[Schreiner-85] Axel T. Schreiner, H. George Friedman. *Introduction to Compiler Construction with UNIX*. Englewood Cliffs, New Jersey: Prentice Hall, 1985.
[Shah-89] Ashwin Shah, James Rumbaugh, Jung Hamel, Renee Borsari. DSM: an object-relationship modeling language. *OOPSLA'89* as *ACM SIGPLAN 24*, 11 (Nov. 1989), 191-210.

18.11 Übungen

18.1 (3) Ein Objektmodell-Compiler, der eine Untermenge der OMT-Notation unterstützt, verwendet das Metamodell in Abbildung Ü18.1. Der Compiler liest Objektmodelle und generiert Instanzen von Klassen und Assoziationen (Objekte und

Verknüpfungen). Welche der folgenden Konstrukte unterstützt das Metamodell: Objektklassen, Methoden, Objektattribute, Generalisierung, Aggregation, binäre Assoziation, ternäre Assoziation, Verknüpfungsattribute, qualifizierte Assoziationen, Rollennamen, Assoziationsnamen? Wenn ein Konstrukt eine Information benötigt, die im Metamodell fehlt, so wird das Konstrukt nicht unterstützt.

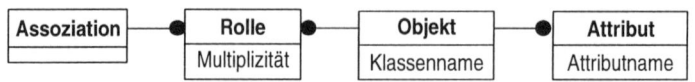

Abb. Ü18.1 Metamodell für einen Objektmodell-Compiler

18.2 (5) Abbildung Ü18.2 ist eine Eingabe an den in Übung 18.1 beschriebenen Compiler. Die Ausgabe des Compilers kann man sich als Instanzendiagramm vorstellen. Ein teilweise fertiggestelltes Instanzendiagramm für Abbildung Ü18.2 zeigt Abbildung Ü18.3. Die Verknüpfungen sind korrekt, es fehlen jedoch einige Namen und Werte. Ergänzen Sie sie.

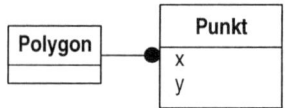

Abb. Ü18.2 Objektmodell für die Compilereingabe

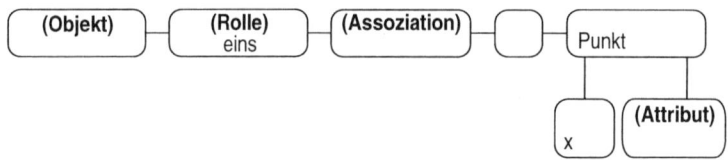

Abb. Ü18.3 Teilweise fertiges Instanzendiagramm für die Compilerausgabe

18.3 (7) Das Metamodell selbst ist sehr gut als Eingabe an den Compiler geeignet. Abbildung Ü18.4 ist das entsprechende, teilweise fertiggestellte Instanzendiagramm, das der Compiler ausgibt. Die Verknüpfungen sind korrekt. Ergänzen Sie die fehlenden Namen und Werte.

18.4 (9) Erweitern Sie das Metamodell aus Abbildung Ü18.1, um Generalisierungs- und Aggregationsrelationen sowie Relationsnamen aufzunehmen. Stellen Sie sicher, daß das Metamodell selbst eine gültige Eingabe für den Compiler darstellt.

18.5 (9) Zeichnen Sie ein Instanzendiagramm für die Compilerausgabe. Verwenden Sie dazu das Objektdiagramm, das Sie für die vorhergehende Übung als Eingabe gezeichnet haben.

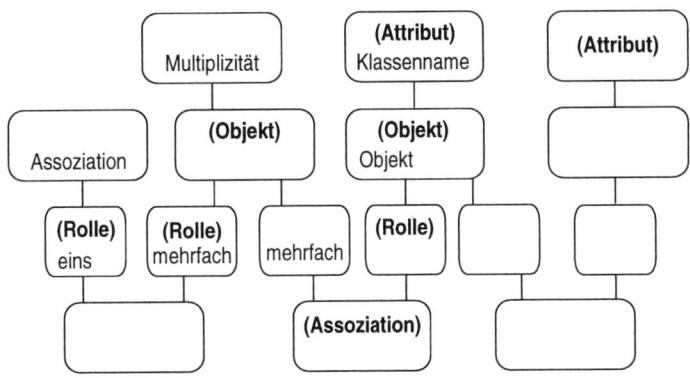

Abb. Ü18.4   Teilweise fertiges Instanzendiagramm für die Compilerausgabe

Computeranimation

Computeranimations-Systeme erzeugen Bildfolgen, die den Eindruck von Bewegung entstehen lassen, wenn sie nacheinander gezeigt werden. Computeranimations-Systeme erfordern einen erweiterbaren Entwurf, damit neue Anwendungen und neue Grafik-Hardware problemlos hinzugefügt werden können.

Dieses Kapitel beschreibt ein dreidimensionales Computeranimations-System. Das System, *OSCAR* (*O*bject-oriented *SC*ene Animato*R*), erzeugt aus den Ergebnissen wissenschaftlicher und technischer Berechnungen und Experimente qualitativ hochwertige Film- und Videosequenzen. *OSCAR* automatisiert die Produktion, Steuerung und Verwaltung von computergenerierten 3-D-Animationssequenzen. *OSCAR* verwendet als Benutzerschnittstelle eine objektorientierte Script-Sprache und steuert die Analyse, die Modellierung, die Darstellung (Rendering), die Ausgabe und das Filmen. Schnittstellen wurden für wissenschaftliche Analyseprogramme aus den Bereichen Molekülmodellierung, Robotik, mechanische Analyse und Strömungsmechanik entwickelt. Der objektorientierte Entwurf führte zu einem System, das sich problemlos mit bestehenden und künftigen Anwendungen verbinden läßt.

Die Anwendung *OSCAR* demonstriert, wie ein objektorientierter Entwurf erfolgreich mit einer nicht-objektorientierten Sprache implementiert werden kann. *OSCAR* ist in C geschrieben. Es wurde eine objektorientierte Entwicklungsumgebung verwendet, die Makros bereitstellt und Vererbung, Instanzenerzeugung und Message Passing zur Laufzeit unterstützt. *OSCAR* umfaßt einen Interpreter, mit dem die Benutzer Instanzen der Animationsklassen im System erzeugen und durch Senden von Messages steuern können. Computeranimations-Systeme besitzen eine dynamische Simulationsarchitektur (siehe Kapitel 9).

19.1 Hintergrund

OSCAR ist das Ergebnis einer 1984 begonnenen Forschungsarbeit über die Anwendung objektorientierter Techniken auf industrielle Applikationen. Weil zu erwarten stand, daß die Leistungsfähigkeit von Computergrafik-Systemen im Lauf der 80er Jahre erheblich zunehmen würde, haben wir die Entwicklung eines 3-D-Computergrafik-Animationssystems vorgeschlagen. Das System soll Wissenschaftler und Ingenieure unterstützen, die Ergebnisse ihrer Analysen und Experimente zu präsentieren und zu analysieren. Weil zum damaligen Zeitpunkt C-basierte, objektorientierte Systeme nicht allgemein verfügbar waren, haben wir einen eigenen objektorientierten Interpreter entwickelt. Der Interpreter – *LYMB* – umfaßt eine Laufzeitbibliothek, um Objekte zu erzeugen und mit ihnen über Befehle und Message Passing zur Laufzeit zu kommunizieren. Der Interpreter ist unabhängig von der Computeranimation; das Animationswissen ist in den animationsspezifischen Klassen enthalten.

19.1.1 Der Animationsprozeß

OSCAR simuliert die Schritte des traditionellen, manuellen Animationsprozesses. Wie für jedes Fachgebiet gibt es auch für die Animation eine eigene Terminologie. Wir wollen den Animationsprozeß kurz beschreiben und den Leser mit der Begrifflichkeit vertraut machen, die notwendig ist, um das *OSCAR*-System zu verstehen.

Der Benutzer eines Computeranimations-Systems ist zugleich Produzent, Drehbuchautor und Regisseur der geplanten Animationssequenz. Die Sequenz kann auf einem Grafikbildschirm abgespielt oder auf Film oder Videoband aufgenommen werden. Der Produzent managt die gesamte Filmproduktion, achtet auf die Termine, verteilt Aufgaben und organisiert die notwendigen Ressourcen. Der Drehbuchautor schreibt ein Script, das auf den Anforderungen des Auftraggebers basiert. Der Regisseur steuert die Animation, d.h. er positioniert die Requisiten, Darsteller, Kameras und Lichtquellen.

Ein Animationsprozeß hat den folgenden Ablauf:

1. *Story.* Der Autor entwickelt in Zusammenarbeit mit einem Auftraggeber eine Geschichte und beschreibt die Darsteller und ihre Rollen, d.h. ihr Aussehen, ihre Dialoge und ihre Aktionen. Schreiben ist ein künstlerischer Prozeß, dessen Unterstützung durch den Computer schwierig ist. Auch leblose Objekte können Darsteller sein.

2. *Storyboard.* Ein Storyboard ist eine grafische Darstellung der Animation und illustriert das Aussehen der Animation und den Ablauf der Story. Das Storyboard enthält eine repräsentative Zeichnung für jede entscheidende Stelle der Story. Das Storyboard wird normalerweise von einem Art Director erstellt.

3. *Script.* Das Script beschreibt detailliert die Position und den Bewegungsablauf der Darsteller, Kameras und Lichtquellen in der Animation. Einige Computeranimations-Systeme stellen Script-Sprachen bereit. Weil sich das Script im Laufe der Produktion ändern kann, muß eine Script-Sprache kleinere Änderungen gut unterstützen.

4. *Simulationen.* Bei wissenschaftlichen Anwendungen ergibt sich der Bewegungsablauf der Animation oft durch Experimente und Simulationen. Diese Simulationen werden von Wissenschaftlern und Ingenieuren geplant, die mit dem Anwendungsbereich vertraut sind. Simulationen können rechenintensiv sein.

5. *Modelle.* Alle Requisiten und Darsteller in einer Animation müssen ein geometrisches Modell besitzen, das ihr Aussehen beschreibt. Dieses Modell wird während des Darstellungprozesses von einer mathematischen Beschreibung in einen Teil eines 2-D-Bildes umgesetzt.

6. *Voransicht.* Bevor eine Animationsfolge auf Film aufgenommen wird, vermittelt eine Voransicht der Animation eine Vorstellung über zeitlich kritische Abläufe und den Gesamteindruck des fertigen Produkts. Die Ausgabe auf Film

ist normalerweise teuer. Änderungen an der Simulation sollten deshalb so früh wie möglich durchgeführt werden.

7. *Darstellung* (*Rendering*). Die Darstellung produziert Bilder mit Schattierungen für die spätere Anzeige, indem sie Algorithmen auf das geometrische Modell, die Oberflächeneigenschaften und die Ausleuchtung anwendet. Die Darstellungsoperation entspricht der Montage eincs Frames in einer konventionellen Animation. Die Darstellung realistischer Effekte wie Lichtquellen, Struktur, Schatten, Lichtdurchlässigkeit und Lichtbrechung kann rechenintensiv sein.

8. *Aufnahme*. Nach der Darstellung werden die Frames – Bild für Bild – entweder auf Film oder Video aufgenommen.

Eine typische Animationsanwendung ist ein dreidimensionales Molekülmodell. Zunächst wird eine Batch-Simulation auf einem Supercomputer ausgeführt, um die Position jedes Atoms in einem vibrierenden Molekül über eine bestimmte Zeitspanne hinweg zu berechnen. Die Darsteller sind die Atome in den Molekülen und ihre chemischen Verbindungen. Der Animator erstellt ein Script, das die Moleküle aus interessanten Blickwinkeln zeigt. Eine schnell verfügbare Voransicht ist hier unerläßlich, weil es schwierig ist, die richtigen Blickwinkel zu wählen, ohne die Ergebnisse zu sehen. Die fertige Animation wird mit höchster Auflösung auf Film ausgegeben. Tatsächlich kann die Belichtung eines Films, der nur wenige Minuten dauert, einen ganzen Tag Rechenzeit in Anspruch nehmen.

19.2 Problembeschreibung

Das Ziel des Grafikanimations-Systems besteht darin, ein automatisiertes System bereitzustellen, mit dem sich computergenerierte 3-D-Animationssequenzen effizient erzeugen, steuern und verwalten lassen. Das System verfügt über Funktionen, um Animationssequenzen auf 16 mm-Film oder Video aufzunehmen. Das System bietet darüber hinaus Schnittstellen zu diversen Simulations-, Modellierungs- und Darstellungssystemen. Angesichts der Tatsache, daß Computeranimation ein breites Anwendungsfeld ist, muß sich das System mit minimalem Software-Aufwand an neue Anwendungen anpassen lassen.

Die folgenden Anforderungen wurden aus dem Wissen über den konventionellen Filmherstellungsprozeß und den wissenschaftlich-technischen Analyseprozeß abgeleitet. Die Metapher aus der konventionellen Filmanimation, die wir hier verwenden, heißt Stop-Frame-Animation. Bei einem Stop-Frame-Animationssystem wird jeder Frame einzeln aufgenommen. Nach einer Aufnahme werden alle an der Animation Beteiligten in Nuancen verändert und ein anderer Frame wird belichtet.

Die Benutzereingabe besteht aus Textdateien, die Animations-Scripts enthalten. Scripts können sowohl auf eine Bibliothek mit komplexen Aktionen verweisen als auch neue Aktionen definieren. Die Script-Sprache dient als Grundlage für die Beschreibung und Dokumentation einer Animation.

Jede Animation besteht aus einer oder mehreren Szenen. Innerhalb einer gegebenen Szene kann das Script alle an der Animation Beteiligten einschließlich Darstellern, Kameras und Lichtquellen steuern. Die Steuerung erfolgt über eine Liste von Aktionen, die der Regisseur zu Stichworten (cues) gruppiert. Stichworte sind während einer vom Benutzer angegebenen Zeitdauer aktiv und spezifizieren Aktionen, die auf Objekte in der Animation angewendet werden. Jede gültige Anweisung in der Animationssprache kann eine Aktion sein. Beispielsweise könnte ein Darsteller angewiesen werden, sich während der Szene mit konstanter Geschwindigkeit zu bewegen. Jede Szene spezifiziert das Darstellungssystem, das die Frames der Szene produziert.

Darsteller sind die aktiven Teilnehmer an der Animation. Zu ihren Eigenschaften gehören Form, Position, Ausrichtung und Aussehen wie Farbe und Struktur. In einer Animation zur Erforschung des Weltraums wären die Darsteller Planeten, Ringe, Satelliten, Raketen, Sterne und die Sonne. Die Spezifikation der Darstellerbewegungen muß flexibel genug sein, um Drehungen um beliebige Achsen und Größenveränderungen von beliebigen Koordinatenursprüngen aus zu ermöglichen. Die Sichtbarkeit einzelner Darsteller muß sich steuern lassen. Oft ist es nützlich, Darsteller zu gruppieren. Das System muß daher einen Mechanismus bereitstellen, Darsteller zusammenzufassen und als Gruppe zu steuern.

Die Geometrie eines Darstellers wird in einem geometrischen Modell gehalten. Geometrische Modelle modellieren sowohl Bewegungen starrer geometrischer Formen als auch komplizierte Verformungen komplexer Objekte. Weil die Modellierung kompliziert und mühsam ist und ein Benutzer oft schon einen hohen Schulungsaufwand in die Verwendung bestimmter Modellierungssysteme investiert hat, muß das System bereits vorhandene Modelle verwenden können. Modellierungssysteme sollten schnell Modelle mit einer niedrigen Auflösung zur Voransicht produzieren können. Auf diese Weise muß nur für den detaillierten Film ein hochauflösendes Modell produziert werden, das sehr viel Rechenzeit erfordert.

Jede Animation wird durch eine Kamera gesehen. Es kann mehrere Kameras geben, aber jeweils nur eine davon ist in einer Szene zu einem bestimmten Zeitpunkt aktiv. Der Benutzer kann die Kamera in die Umgebung stellen und ihr Motiv und ihre Ausrichtung steuern. Verschiedene Kamerabewegungseffekte wie Schwenken, Zoomen und Heranfahren sind notwendig.

Zur Ausleuchtung der Animation können mehrere Lichtquellen verwendet werden. Lichtquellen können ein- und ausgeschaltet und ihre Intensität kann gesteuert werden. Lichtquellen können ebenfalls eine Geometrie besitzen und kreisförmig, zylindrisch, Punktquellen oder Fluter sein.

Ingenieure und Wissenschaftler, die das System einsetzen, greifen meistens auf ihre eigenen Analyseprogramme zurück, um das physikalische Verhalten der Animation zu liefern. Das Animationssystem muß deshalb Schnittstellen zu diesen externen Programmen bereitstellen. Diese Anforderung richtet sich ausschließlich an das Animationssystem, weil es nicht sinnvoll ist, die externen Programme zu ändern, nur um eine Anbindung zu ermöglichen.

Das System muß die Möglichkeit bieten, Frames aufzufinden und festzustellen, ob sie fertiggestellt sind. Der Benutzer kann nach der Produktion Frames aufrufen, sie mit anderen Frames kombinieren und sie auf einem Aufnahmegerät manipulieren. Ein Frame kann auch aus einer Kombination mehrerer Frames aufgebaut werden.

Es ist zu zeitaufwendig, die inkrementelle Bewegung jedes Darstellers in einer Animation für jeden Frame zu spezifizieren. Deshalb muß das System eine Keyframing-Funktion besitzen. Keyframing ist eine Animationstechnik, mit der ein Animator komplexe Bewegungen spezifizieren kann, indem er einige Schlüssel-Frames angibt und die dazwischenliegenden Frames durch einen Assistenten zeichnen läßt. Ein computerunterstütztes Animationssystem sollte eine Keyframing-Funktion besitzen, bei der das System die Animation interpoliert.

19.3   Analyse

19.3.1 Objektmodell

Der nächste Schritt besteht darin, Objekte zu identifizieren. Wir entnehmen die Objekte, wie in Kapitel 8 beschrieben, den Anforderungen und unserem Wissen über Computeranimation und Computergrafik. Beachten Sie, daß das Objektmodell die gleiche Terminologie verwendet wie die Problembeschreibung. Viele der Eigenschaften, die wir für die Objekte spezifizieren, haben wir intuitiv aus dem Gefühl heraus festgelegt, wie ein Objekt aussehen und wie es sich verhalten sollte.

Objektklassen identifizieren

Als erstes listen wir potentielle Objektklassen auf:

- Darsteller
- Kamera
- Lichtquelle
- Szene
- Stichwort
- Darstellungssystem
- Sequenz
- Frame

Wir verfolgen die Analyse der vier Klassen Darsteller, Stichwort, Darstellungssystem und Szene.

- *Darsteller* sind die Teilnehmer an unserer Animation. Unsere Darsteller repräsentieren Objekte, die modelliert werden sollen, und können sehr vielfältig sein. Wir müssen deshalb versuchen festzustellen, welche Eigenschaften unabhängig von den einzelnen Anwendungen für alle Darsteller wichtig sind. In einer finiten Elemente-Analyse könnte ein Darsteller ein Elementgitter einer

Turbinenschaufel sein. Bei der Molekülmodellierung sind sowohl Atome als auch Bindungen Darsteller.

- *Stichworte* steuern die Darsteller, Kameras und Lichtquellen in einer Animation. Stichworte sind temporäre Objekte, die den Zustand der Animation im Lauf der Zeit verändern. Jedes Stichwort ist eine Folge von Ereignissen. Beispielsweise könnte ein Stichwort einen Ball anweisen, durch den Raum zu rollen, oder einen Kameraschwenk über die Bühne veranlassen. Jede zeitabhängige Aktion kann durch ein Stichwort beeinflußt werden.

- *Darstellungssysteme* produzieren die individuellen Frames der Animation. Darstellung (Rendering) ist ein aktives Forschungsgebiet der Computergrafik. Wir müssen deshalb darauf achten, uns nicht auf ein bestimmtes Darstellungssystem wie Ray Tracing oder Wire Frame zu beschränken. Die Herausforderung besteht darin, die Eigenschaften von Darstellungssystemen zu charakterisieren, die nach unserer Erwartung allen Darstellungssystemen gemeinsam sein werden. *Darstellungssystem* ist eine abstrakte Klasse, die dafür gedacht ist, durch Unterklassen überschrieben zu werden.

- *Szenen* steuern den Animationsprozeß und verbinden Stichworte und Darstellungssysteme. Sie beschreiben normalerweise eine kohärente Menge von Aktionen in der Animation.

Assoziationen und Attribute identifizieren

Im folgenden definieren wir die Assoziationen und Attribute des Modells:

- Für jeden *Darsteller* gibt es ein Modell, das die Darstellungsgeometrie beschreibt. Im Bereich der Modellierung wird aktiv geforscht und es gibt keine einzelne Modellierungstechnik, die allen Situationen gerecht wird. Darüber hinaus müssen laut Anforderung bestehende Modellierungssysteme unterstützt werden. *Modell* ist daher eine offene abstrakte Klasse.

  Darsteller besitzen die Attribute Position, Ausrichtung, Farbe und Sichtbarkeit. Die Ausrichtung eines Darstellers wird bezogen auf einen Ursprung angegeben. Wir gruppieren Positionierungseigenschaften wie versetzen, drehen und Größe verändern unter einem allgemeinen 3-D-Transformationsobjekt. Darüber hinaus sind für Darsteller Lichtdurchlässigkeits-Eigenschaften definiert. Wir repräsentieren diese als eigenes Objekt, weil neue Variationen hinzukommen können.

- *Stichworte* sind zeitsensitiv. Jedes Sichtwort besitzt ein Zeitintervall, während dessen es aktiv ist. Normalerweise möchte der Benutzer am Anfang und am Ende eines Intervalls eine besondere Aktion ausführen. Wir bezeichnen Aktionen, die beim Eintritt in das Intervall ausgeführt werden sollen, als *Anfangsaktionen* und Aktionen, die beim Verlassen des Intervalls ausgeführt werden sollen, als *Endeaktionen*. Während ein Stichwort aktiv ist, führt es Zeitschrittoperationen im Takt der Zeitauflösung der Szene aus, in die es eingebettet ist.

- *Darstellungssysteme* müssen wissen, welche Darsteller, Kameras und Lichtquellen an einer gegebenen Szene beteiligt sind, so daß sie Bilder erzeugen können. Möglicherweise möchte ein Benutzer nicht jedes Bild einer Animation

wiedergeben. Er sollte daher die Möglichkeit haben, anzugeben, wie hoch die
Darstellung aufgelöst wird. Der Benutzer muß darüber hinaus auch eine räumliche Auflösung spezifizieren können. Diese gibt an, in welcher Größe das Bild
erzeugt werden soll und an welcher Position im Sichtfeld der Kamera es liegt.
Diese räumliche Auflösung heißt *Sichtfenster*. Die Hintergrundfarbe des dargestellten Bildes ist ebenfalls eine Eigenschaft des Darstellungssystems.

• Eine *Szene* muß wissen, welche Stichworte und Darstellungssysteme erforderlich sind, um die Animationssequenz zu erzeugen. Wie ein Stichwort besitzt

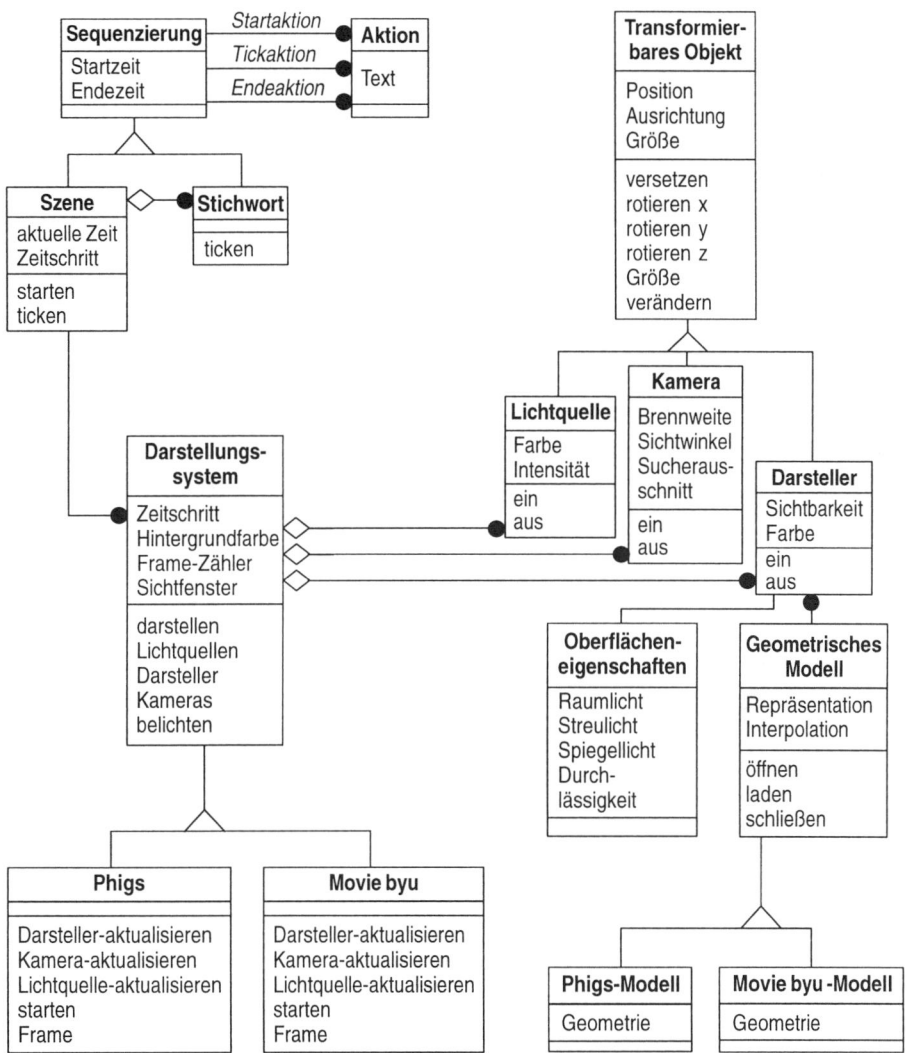

Abb. 19.1   Objektmodell für das *OSCAR*-System

eine Szene Anfangs- und Endeaktionen, die für die Initialisierung und Terminierung sorgen.

Operationen identifizieren

Die meisten Klassen des *OSCAR*-Systems besitzen interessante Operationen.

- *Darsteller.* Es ist auf jeden Fall notwendig, einen Darsteller *versetzen, rotieren* und *ein-* und *aus*schalten zu können.

- *Stichworte.* Wir rufen ein Stichwort mit einer Operation *ticken* auf. Das Stichwort führt alle Zeitschrittaktionen der Szene durch.

- *Darstellungssysteme.* Eine Operation *darstellen* veranlaßt das Darstellungssystem, einen Animationsframe zu erzeugen.

- *Szenen.* Eine Operation *starten* beginnt die Ausführung einer Szene. Die Szene arbeitet ihrerseits ihr Zeitintervall ab, indem sie Stichworte aufruft und Frames darstellt.

Vererbung identifizieren

Szenen und Stichworte besitzen Zeitintervalle, in denen sie aktiv sind, und Start-, Tick- und Endeaktionen. Wir gruppieren *Szene* und *Stichwort* unter der abstrakten Oberklasse *Sequenzierung*. Szenen haben die Attribute *Uhr* und *Zeischritt*; Stichworte benötigen diese Attribute nicht, weil sie durch Szenen gesteuert werden.

Sowohl für Lichtquellen als auch für Kameras und Darsteller sind Operationen zur Positionierung, Ausrichtung und grafischen Transformation definiert. Diese werden unter der abstrakten Oberklasse *Transformierbares Objekt* zusammengefaßt.

Abbildung 19.1 zeigt das endgültige Objektmodell für das System *OSCAR*.

19.3.2 Dynamisches Modell

Der dynamische Ablauf einer Animation wird durch eine Szene spezifiziert, die eine Folge von benutzerdefinierten Ereignissen kapselt. Abbildung 19.2 und

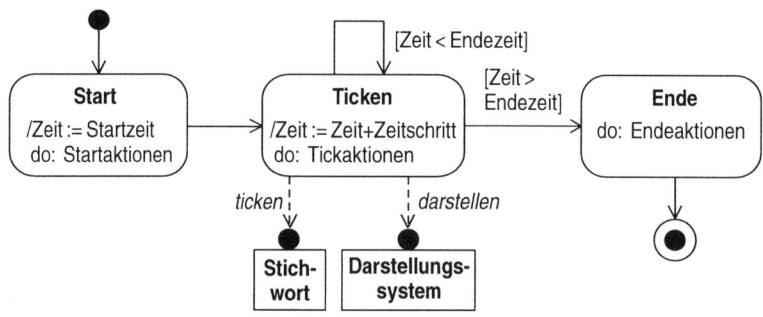

Abb. 19.2   Zustandsmodell für *Szene*

Abbildung 19.3 zeigen das dynamische Modell für *Szene* und *Stichwort*. Eine Szene tritt wiederholt in den Zustand *Ticken* ein. Dabei inkrementiert sie jedesmal die aktuelle Zeit und sendet *ticken*-Ereignisse an ihre Stichworte und *darstellen*-Ereignisse an ihre Darstellungssysteme. Ein Stichwort verhält sich ähnlich, erhält jedoch *ticken*-Ereignisse von der Szene.

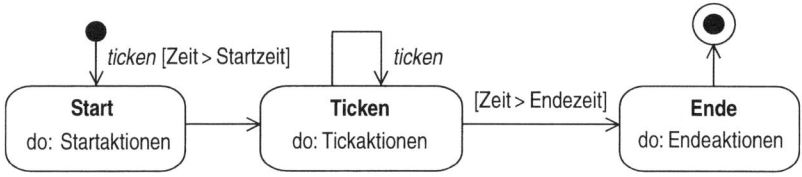

Abb. 19.3   Zustandsmodell für *Stichwort*

19.3.3 Funktionales Modell

Das funktionale Modell mit der höchsten Rechenintensität ist das Modell des Darstellungssystems. Ein funktionales Modell für ein Darstellungssystem zeigt Abbildung 19.4.

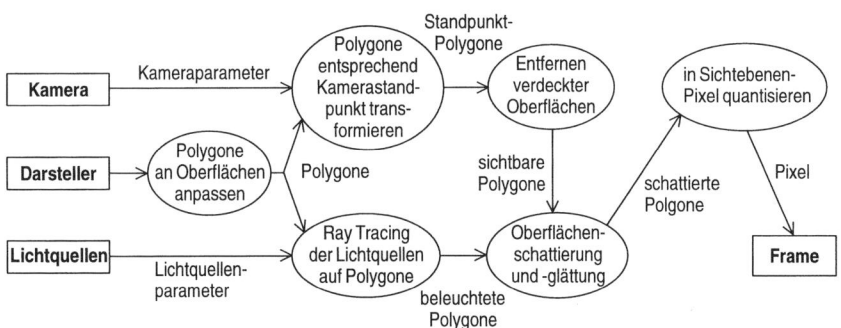

Abb. 19.4   Funktionales Modell für ein Darstellungssystem

19.4   Systementwurf

19.4.1 Teilsysteme

Die Systemarchitektur gruppiert Objekte im System entsprechend der Schritte im Animationsprozeß. Die anthropomorphen Namen, die in der Modellbeschreibung verwendet werden, erhalten den Bezug zum konventionellen Animationsprozeß. Abbildung 19.5 zeigt die Architektur des Animationssystems.

Der interaktive Scriptgenerator stellt eine Grafikschnittstelle bereit, an der der Benutzer Scripts generieren kann. Mit dem Scriptgenerator kann der Benutzer Kameras, Lichtquellen und Objekte interaktiv positionieren. Andere Scriptgeneratoren unterstützen die Spezifikation komplexer Kamera- und Darsteller-Bewegungen. Der Scriptgenerator setzt auf dem Regisseur und dem Fenstersystem auf.

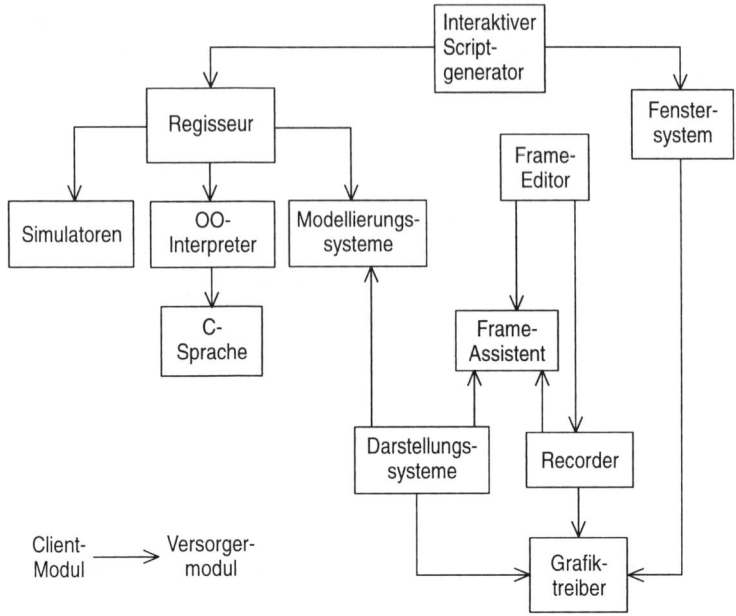

Abb. 19.5   Architektur des *OSCAR*-Systems

Der Regisseur steuert die Animation. Er verwendet dazu eine Reihe vordefinierter Werkzeuge. Der Regisseur liest ein vom Benutzer oder Scriptgenerator erzeugtes Script und sendet Messages an Objekte in der Animation. Der Regisseur setzt auf dem interaktiven OO-Interpreter, Modellierungssystemen und Simulatoren auf. Mit der Implementierung eines mächtigen, einfach zu bedienenden Interpreters und einer Bibliothek mit nützlichen Animationsoperationen umgehen wir die Notwendigkeit, eine spezielle Animationssprache bereitzustellen.

Simulatoren können externe Analyseprogramme verwenden. Typischerweise werden Simulatoren unabhängig vom Animationsprozeß ausgeführt. Sie stellen das Material für die Animationssequenzen bereit. Oft steuert ein Simulator eine vollständige Animation und *OSCAR* muß lediglich eine Kamera positionieren und eine Lichtquelle einschalten.

Modellierungssysteme erzeugen die Geometrie für Darsteller. Sie sind lose mit Darstellungssystemen verbunden, weil manche Darstellungssysteme nur Modelle bestimmter Modellierungssysteme verarbeiten können. Modelle werden oft aus Polygonen aufgebaut. Das System muß jedoch in der Lage sein, auch andere Modellierungsprimitive zu handhaben.

Frame-Editor-Objekte sind für die Bearbeitung nach der Produktion zuständig, d.h. sie kombinieren Frames und erzeugen Spezialeffekte wie Überblendungen oder Ein- und Ausblendungen.

Ein Frame-Assistent führt Buch, woher jeder Frame kommt und wo er gespeichert ist. Der Frame-Assistent ist ein Datenspeicher, auf den andere Moduln zugreifen.

Darstellungssysteme produzieren aus Informationen über Darsteller, Kameras und Lichtquellen einen einzelnen Animations-Frame. Externe Darstellungssysteme werden im Batch-Modus ausgeführt und produzieren ihre Bilder aus Befehlsdateien, die *OSCAR* erzeugt. Andere Darstellungssysteme sind Teil des Animationssystems. In jedem Fall verwenden alle Darstellungssysteme das gleiche Protokoll.

Recorder-Objekte nehmen fertige Frames auf Film oder Video auf. Sie reagieren auf ein spezifisches Aufzeichnungsprotokoll, das Messages in gerätespezifische Steuerungsfunktionen umwandelt.

19.4.2 Parallelität und Steuerung

OSCAR wird sequentiell als Batch-Job ausgeführt, so daß sich die Frage nach der Parallelität und der Zuweisung von Tasks an Prozessoren nicht stellt. Steuerung wird prozedural implementiert, indem in iterativen Schleifen, die Szenen simulieren, explizit Messages an Objekte gesendet werden.

19.4.3 Datenformate

Scripts werden als Folgen von Operationen in der OO-Interpreter-Sprache und nicht in einem speziellen Format geschrieben. Das Format des Frame-Assistenten muß vorgegeben sein, wir wollen es hier jedoch nicht diskutieren. Das Format der Simulatoren, Modellierungssysteme und Darstellungssysteme wird vom jeweiligen Hersteller spezifiziert. Wir können es daher nicht beeinflussen und müssen damit leben.

19.4.4 Kompromisse

Der Regisseur und die Interpreter-Sprache müssen einfach zu handhaben und flexibel sein. Sie dürfen jedoch nur einen kleinen Teil der Ausführungszeit benötigen, weil ein Großteil der Ausführungszeit von vordefinierten Simulatoren, Modellierungssystemen und Darstellungssystemen beansprucht wird. Wir haben uns daher entschlossen, eine stark symbolische Interpreter-Sprache zu entwickeln. Operationen werden als Textstrings kodiert. Diese werden zur Laufzeit interpretiert, indem die Klassenhierarchie für Methoden explizit durchsucht wird. Die Übergabe von Operanden erfolgt durch eine Argumentliste mit variabler Länge und Textschlüsselwörtern, so daß eine hohe Flexibilität erreicht wird. Setup-Operationen verwenden aus Gründen der Flexibilität mehrere zwischengeschaltete Ebenen. Darüber hinaus stellen wir verschiedene Debugging-Hilfen bereit. Die Effizienz des Regisseurs liegt bei weniger als 50%. Dies spielt jedoch keine Rolle, weil der Regisseur nur einen kleinen Teil der gesamten Ausführungszeit von *OSCAR* in Anspruch nimmt.

19.5   Objektentwurf

Während des Objektentwurfs verlagern wir das Gewicht von den externen Anforderungen hin zur Implementierung. Wir erweitern die Objektmodelle, die wir bei der Analyse erarbeitet haben, durch Assoziationen und Attribute, die die Objekte für die interne Verarbeitung benötigen. Im wesentlichen besteht der Entwurf jedoch aus einer einfachen und direkten Implementierung des Analysemodells.

19.5.1 Darsteller

Um den Zustand der Position und Ausrichtung eines Darstellers mitzuführen, definieren wir eine neue Klasse: die *Matrix*. *Kamera* und *Lichtquelle* implementieren ebenfalls einen Großteil ihres Verhaltens in der Klasse *Matrix*. Jede Instanz von *Matrix* ist eine 4-mal-4-Transformationsmatrix, die die Geometrie eines *Tranformierbaren Objekts* einfängt und eine effiziente Basis zur Implementierung von Bewegung bietet. Versetzen, rotieren und Größe verändern sind einfach Sonderfälle von Matrix-Multiplikationen auf der 4-mal-4-Matrix. Aufeinanderfolgende Transformationen können durch Multiplikation ihrer jeweiligen Matrizen kombiniert werden. Jedes *Tranformierbare Objekt* delegiert sein Verhalten an ein *Matrix*-Objekt.

19.5.2 Stichworte

Die einzige externe Operation auf einem Stichwort ist *ticken*. Die Operation ist eine direkte Implementierung des dynamischen Modells:

1. Wenn Uhr gerade in das aktive Intervall für ein Stichwort eingetreten ist, führe *Startaktionen* aus.

2. Wenn Uhr sich im aktiven Intervall für ein Stichwort befindet, führe *Tickaktionen* aus.

3. Wenn Uhr gerade das aktive Intervall für ein Stichwort verlassen hat, führe *Endeaktionen* aus.

Durch diesen einfachen Algorithmus kann das Animationssystem jedes Objekt im System steuern. Diese mächtige Eigenschaft ist in der Fähigkeit begründet, jede Anweisung in der Sprache als Aktion zu verwenden. Später zeigen wir an einigen Beispielen, wie der Benutzer das Stichwort sieht.

19.5.3 Szenen

Die einzige externe Operation auf einer Szene ist *starten*. Sie nimmt folgenden Weg durch eine Szene:

1. Führe *Startaktionen* aus.

2. Setze *aktuelle Zeit* auf *Startzeit*.

Solange *aktuelle Zeit* kleiner als *Endezeit* ist:

3. Inkrementiere *aktuelle Zeit* um *Zeitschritt*.

4. Führe die *Tickaktionen* der Szene aus.

5. Sende Operation *ticken* an jedes Stichwort der Szene.

6. Sende Operation *darstellen* an jedes Darstellungssystem der Szene.

Sobald die *aktuelle Zeit* der Szene größer ist als ihre *Endezeit*:

7. Führe *Endaktionen* für die Szene aus.

19.5.4 Darstellungssysteme

In der Klasse *Darstellungssystem* ist die Operation *darstellen* die einzige komplizierte externe Operation. *OSCAR* unterstützt viele Darstellungssysteme, die Darstellung wird jedoch von einem einheitlichen Protokoll gesteuert. Das Darstellungsprotokoll legt fest, ob ein Frame dargestellt werden soll. Es verwendet dazu die Eigenschaft *Zeitschritt* des Darstellungssystems. Danach positioniert es die Kameras, Lichtquellen und Darsteller; der Frame wird aufgebaut; und die Operation *belichten* angefordert. Schließlich wird die Zeit der Operation *darstellen* festgehalten und der Frame-Zähler inkrementiert. Eine abstrakte Klasse – *Darstellungssystem* – führt das Darstellungsprotokoll aus. Spezifische Darstellungssysteme sind Unterklassen dieser abstrakten Klasse und müssen alle Operationen implementieren, die die abstrakte Klasse nicht implementiert (diese werden als Unterklassen-Verantwortung festgehalten).

Das Darstellungsprotokoll sieht so aus:

Die Operation darstellen

1. Wenn der Frame-Zähler kein Vielfaches des Zeitschritts des Darstellungssystems ist, so inkrementiere den Frame-Zähler und kehre zurück.

2. Wenn der Frame der erste Frame ist, der dargestellt werden muß, so führe die Operation *starten* aus (Unterklassen-Verantwortung).

3. Führe die Operation *Kameras* aus.

4. Führe die Operation *Lichtquellen* aus.

5. Führe die Operation *Darsteller* aus.

6. Führe die Operation *Frame* aus (Unterklassen-Verantwortung).

7. Führe die Operation *belichten* aus.

8. Aktualisiere die Darstellungszeit.

9. Inkrementiere den Frame-Zähler.

Die Operationen Kameras, Lichtquellen und Darsteller

Diese Operationen prüfen ihre Objektlisten, um zu sehen, ob sich Objekte seit der letzten Darstellungsoperation verändert haben. Für jedes veränderte Objekt führen sie die Operationen *Kamera_aktualisieren, Lichtquelle_aktualisieren* bzw. *Darsteller_aktualisieren* aus, wobei der Objektname als Argument übergeben wird. Unmodifizierte Objekte verwenden das Bild des vorhergehenden Frame. Es ist aus Optimierungsgründen notwendig, das aktuelle Bild für jedes Objekt zu speichern, um Neuberechnungen zu vermeiden.

Als nächstes beschreiben wir am Beispiel eines typischen Darstellungssystems mit dem Namen Phigs+ die Operationen, für die die Unterklassen verantwortlich sind. Phigs+ ist ein Grafikstandard zur Darstellung dreidimensionaler Daten in einem hierarchisch organisierten Datenspeicher.

1. *Starten*: Wenn das System nicht initialisiert ist, so öffne es, erzeuge eine virtuelle Workstation und setze den Aktualisierungsmodus auf *Verzögert*.

2. *Kamera_aktualisieren* fragt die Abbildungsparameter der genannten Kamera ab und konvertiert die *OSCAR*-Kameraparameter in Phigs+-Parameter, um eine Abbildungsorientierungsmatrix zu bilden. Danach wird die Matrix in die Abbildungstabelle der Workstation eingefügt.

3. *Lichtquelle_aktualisieren* berechnet den Richtungsvektor der Lichtquelle, indem es die Brennweite und die Richtung der Lichtquelle abfragt. Außerdem fragt die Operation die Farbe der Lichtquelle ab und speichert die Richtung und die Farbe in der Lichttabelle für die Workstation.

4. *Darsteller_aktualisieren* prüft, ob sich seit einer Veränderung des genannten Darstellers auch sein Modell verändert hat. Wenn sich das Modell verändert hat, wird die Operation *laden* auf das Modell angewendet. Wenn der Darsteller nicht in einer Phigs+-Darstellergruppe enthalten ist, so wird er der Gruppe hinzugefügt und ein Segment wird geöffnet. Danach fragt *Darsteller_aktualisieren* den Status der Position, Farbe und Richtung des Darstellers ab und erzeugt die entsprechenden Strukturelemente. Schließlich wird das Segment geschlossen und an die Workstation gesendet.

5. *Frame* setzt den Hintergrund für die Workstation und weist die Workstation an, alle Segmente darzustellen.

Diese fünf Operationen reichen aus, um dem System ein neues Darstellungssystem hinzuzufügen. Jede Operation führt genau eine Task aus, die nicht mit den anderen Tasks interagiert. Die abstrakte Klasse *Darstellungssystem* legt die Reihenfolge der Operationen fest.

19.6 Implementierung

OSCAR wird mit einem objektorientierten Interpreter implementiert, der auf C basiert. Der Interpreter implementiert die Erzeugung von Klassen und Objekten, Einfachvererbung und Operationen, die als Textstrings kodiert sind. Seine Syntax ähnelt der Smalltalk-Syntax und bietet darüber hinaus einige Erweiterungen. Die Benutzerschnittstelle besteht aus einem Parser, der Operationen der Form

> *Objektname Messagefolge*

interpretiert. Eine Messagefolge besteht aus Messages mit optionalen Argumenten. Das Suffix der Message bestimmt, ob die Message Argumente erfordert. Die folgenden Suffixe beschreiben die Semantik einer Message:

?	fordert den Wert einer Instanzenvariablen
=	setzt eine Instanzenvariable
:	besitzt Argumente, setzt aber keine Instanzenvariable
@	definiert einen Index
+, −, / und *	terminieren arithmetische Operationen

Messages an ein einzelnes Objekt können an eine Anweisung angehängt werden. Eine typische Anweisung sieht so aus:

```
Actor new: aBox position=(0,5,0)
        rotate_x:30 color=(1, 0, 1) on!;
```

Actor (Darsteller) ist eine Klasse, die auf die Message *new:* reagiert, indem sie eine Instanz von sich selbst mit dem Namen *aBox* erzeugt. Wenn eine Klasse eine Message *new:* erhält, gibt sie einen Zeiger auf die neue Instanz zurück. Diese erhält dann den Rest der Messages in der Anweisung. Der hier erzeugte neue Darsteller erhält die Message *position=*, die veranlaßt, daß seine Instanzenvariable für die Position auf (0,5,0) gesetzt wird. Die weiteren Messages rotieren *aBox* um 30° um die x-Achse, setzen die Farbe auf Magenta (rot = 1, grün = 0, blau = 1) und schalten *aBox* ein.

Das Wissen des Systems über den Problembereich – in diesem Fall die Computeranimation – wird in den Klassen verwaltet und ist nicht Teil der Sprache.

19.6.1 Beispielanimation

Eine einfache Animation verdeutlicht die Mächtigkeit des Animationssystems und der Sprache. Die Animation zeigt einen springenden Ball, der im Ruhezustand beginnt und sich entlang eines Pfades bewegt. Dabei wird Schwerkraft simuliert. Wir verwenden hier keine wissenschaftlich korrekte Simulation von Schwerkraft, sondern einfach eine Sinuskurve, um die Bewegung zu simulieren.

Zunächst brauchen wir einen Darsteller für den Ball. Wir starten ihn an der Position (0,0,0), weisen ihm die Farbe rot zu und geben ihm ein Modell, das wir *ball_model* nennen.

```
actor new: ball position= (0,0,0)
       color=(1,0,0) model = ball_model;
```

Als nächstes benötigen wir ein Modellierungssystem, das das physikalische Modell des Balls beschreibt. In diesem Beispiel verwenden wir ein Phigs+-Modellierungsprimitiv für eine Kugel.

```
Phigs_sphere new: ball_model radius=.5;
```

Phigs_sphere ist eine vordefinierte Klasse, die eine Phigs+-kompatible Repräsentation einer Kugel erzeugt.

Eine *OSCAR*-Kamera ähnelt einer echten physikalischen Kamera. Wir weisen ihr eine Position, eine Brennweite, eine Aufwärtsrichtung und einen Sichtwinkel zu und schalten sie ein.

```
camera new: camera_1 position=(10,0,80)
    focal_point=(10,0,0) view_up=(0,1,0) view_angle=30 on!;
```

Darüber hinaus brauchen wir Lichtquellen, um die Szene auszuleuchten. Mit der folgenden Anweisung ordnen wir der Kamera eine Lichtquelle zu:

```
light new: light_1 position=[camera_1 position?]
    focal_point=[camera_1 focal_point?] intensity=.8 on!;
```

Wir haben hier eine Messagefolge mit eckigen Klammern verwendet, um die Ergebnisse der Message *position?* als Argument für die Message *position=* zu verwenden. Dieses mächtige Konstrukt wird in der Computeranimation sehr häufig eingesetzt. Obwohl das Lichtquellen-Objekt kein Wissen über Kameras besitzt, stellt der Parser einen einfachen Mechanismus bereit, ein Objekt über den Zustand eines anderen Objekts zu informieren.

Als nächstes erzeugen wir ein Darstellungssystem, ein Objekt, das aus den Darstellern, Kameras und Lichtquellen einen Animations-Frame erzeugt

```
Phigs new: aRenderer lights=light_1 cameras=camera_1
    actors=ball;
```

Danach definieren wir das Stichwort, das die Ballbewegung steuert. In dieser Animation springt der Ball einmal alle sechs Sekunden auf. Es gibt viele Möglichkeiten, diese Bewegung zu realisieren. Wir verwenden eine halbe Sinuskurve, um den Schwerkrafteffekt zu simulieren. Um die Aktion zu beleben, fügen wir auch eine horizontale Bewegung hinzu. Das Stichwort beginnt zum Zeitpunkt 0 und dauert 6 Sekunden.

```
cue new: bounce
    start_time=0 end_time=6
    start_actions="scalar new: x; scalar new: y;"
    tick_actions=("x = 20 / 6 * [bounce time?];"
    "y = 30 * [bounce time?] sin! * 10;",
    "ball position= [x ?], [y ?], 0);");
```

Scalar ist eine Klasse für skalare Zahlen. Die Message "=" setzt den Wert der Instanz von *Scalar*, während die Message "/" den aktuellen Wert durch ein Argument dividiert. Ähnlich verändert die Message *sin!* den aktuellen Wert der skalaren Zahl in den Sinus ihres Werts. Um den Wert der skalaren Zahl zu erhalten, senden wir eine "?"-Message. Wir haben hier mit Hilfe eines einfachen Message-Passing-Parsers dem Animationssystem arithmetische Fähigkeiten hinzugefügt. Sie erinnern sich, daß ein Stichwort Messages an den Parser sendet, wenn es eine Message erhält und die Zeit zwischen der Anfangs- und Endezeit für das Stichwort liegt.

Der letzte Teil unseres Scripts definiert die Szene:

```
scene new: scene_1
    start_actions= "! Scene 1 Starts"
    renderers=aRenderer cues=bounce
    end_actions="!Scene 1 Complete"
```

Die Szene beginnt, wenn sie die Message *start!* erhält, und läuft, bis die Uhr abgelaufen ist.

```
scene_1 start!;
```

Eine Variation des Scripts stellt die Brennweite der Kamera auf die Ballposition ein, so daß die Kamera dem springenden Ball folgt. Auf diese Weise bleibt der Ball im Zentrum des Frame. Um diesen Effekt deutlich zu machen, sollten wir einige unterschiedlich große Bälle auf dem Fußboden des Zimmers plazieren. Der Code dafür sieht so aus:

```
actor new: room model=room_model;
actor new: ball1 model=ball_model position=(5,2,0)
    scale=(.5,.5,.5);
actor new: ball2 model=ball_model position=(5,7,0)
    scale=(.2,.2,.2);
actor new: ball3 model=ball_model position=(3,5,0)
    scale=(1.7,1.7,1.7);
aRenderer actors+ (room, ball1, ball2, ball3);
```

Das Stichwort *follow* bewirkt, daß die Brennweite immer auf den Ball eingestellt bleibt:

```
cue new: follow duration=[bounce duration]
    tick_actions="aCamera focal_point=[aBall position?];"
```

Anschließend fügen wir der Szene dieses Stichwort hinzu:

```
scene_1 cues+ follow time=0 start!;
```

Animationen werden häufig Stichwort für Stichwort erweitert. Wir könnten einen zusätzlichen Effekt einfügen und simulieren, wie der Ball am Boden verformt wird, indem wir den Größenfaktor z verändern. Ein anderes Stichwort könnte einen Kameraschwenk durch den Raum bewirken, während der Ball springt.

19.7 Gelernte Lektionen

OSCAR hat seinen ersten Film im Dezember 1984 gedreht. Das System bestand damals aus 25 Klassen einschließlich Darstellern, Kameras, Lichtquellen, Stichworten und Darstellungssystemen. Seit seiner ersten Implementierung ist *OSCAR* gewachsen und enthält heute über neunzig Klassen, von denen 58 Unterklassen der ursprünglichen Klassen sind. Mehr als die Hälfte der Klassen teilt sich also Code mit anderen Klassen.

Während des Projekts haben wir die folgenden Erfahrungen gemacht:

• Die Anwendung von Objektmodellierung auf Animation produziert eine natürliche Benutzerschnittstelle, deren Terminologie Experten der Anwendungsdomäne vertraut ist.

- Der Abstraktionsschritt des Entwurfs ist kritisch und erfordert den meisten Aufwand.

- Der objektorientierte Ansatz unterteilt ein komplexes System in handhabbare Teile.

- Das System ist weniger anfällig als andere Systeme, die wir geschrieben haben. Veränderungen und Ergänzungen sind möglich, ohne daß *OSCAR* darunter leidet.

19.8   Zusammenfassung

OSCAR ist ein dreidimensionales Computeranimations-System, das qualitativ hochwertige Film- und Videosequenzen produziert, um die Ergebnisse wissenschaftlicher Berechnungen und Experimente darzustellen. *OSCAR* ist erweiterbar und läßt sich einfach an neue Anwendungen und grafische Weiterentwicklungen anpassen. *OSCAR* wurde unter Verwendung des objektorientierten Paradigmas entworfen und in C implementiert. Die für *OSCAR* verwendete Terminologie ist der Terminologie des traditionellen, manuellen Animationsprozesses nachempfunden: Szene, Stichwort, Lichtquelle, Kamera und Darsteller. Weil die Struktur von *OSCAR* eine Parallele zur Anwendungsdomäne darstellt, läßt sich die entstandene Software unkompliziert verwenden und verstehen. *OSCAR* übernimmt die "Stop-Frame"-Metapher. Jeder Frame wird einzeln konstruiert und aufgezeichnet; die daraus resultierenden Frames werden schnell nacheinander abgespielt, um den Eindruck eines Bewegungsablaufs zu erzielen.

Für *OSCAR* ist sowohl das Objekt- als auch das dynamische und funktionale Modell relevant. Allerdings erstreckte sich ein Großteil des Entwicklungsaufwands für *OSCAR* nicht auf die statische Datenstruktur, sondern auf den Entwurf und die Programmierung verschiedener Operationen. Die Architektur von *OSCAR* lehnt sich eng an die des Objektmodells an; die meisten Klassen in *OSCAR* sind autonom und entsprechen Entitäten der realen Welt. In der Objektentwurfsphase wurden im großen und ganzen nur Details zu den Analysemodellen hinzugefügt. Trotzdem gab es einige Anwendungskonzepte, die in Computerkonzepte umgewandelt wurden. Ein Beispiel dafür ist die Einführung der Klasse *Matrix*, um das Verhalten von *Kamera* und *Lichtquelle* zu implementieren.

19.9   Anmerkungen zur Bibliographie

Computeranimation ist ein Bereich der Computergrafik, in dem aktiv geforscht wird. [Laybourne-78] beschreibt den konventionellen Animationsprozeß einschließlich Stop-Frame-Animation, Cartoon-Animation und Disney-Animation. [Magnenat-Thalmann-85] beschreibt den Animationsprozeß und verschiedene Computeranimations-Systeme. Die ACM Special Interest Group on Computer Graphics, SIGGRAPH, veranstaltet eine jährliche Tagung über Computergrafik und veröffentlicht jeden Sommer die entsprechenden Tagungsbände. [Rogers-85] beschreibt verschiedene Darstellungsalgorithmen. [Weinstock-86] zeigt, wie Computeranimation auf PCs realisiert werden kann. [Hayward-84] definiert wichtige Begriffe und Techniken der Computeranimation. [Gaskill-85] beschreibt

Techniken, die Sie dabei unterstützen, gute Filme zu machen, sei es auf dem Computer oder mit einem Camcorder zuhause in Ihrem Wohnzimmer.

19.10 Literaturangaben

[Gaskill-85] A.L. Gaskill, D.A. Englander. *How to Shoot a Movie and Video Story*. Dobbs Ferry, New York: Morgan and Morgan, 1985.

[Hayward-84] S. Hayward. *Computers for Animation*. Boston, Mass.: Focal Press, 1984.

[Laybourne-78] K. Laybourne. *The Animation Book*. New York: Crown, 1978.

[Lorensen-89] W.E. Lorensen, B. Yamrom. Object-Oriented computer animation. *Proceedings of IEEE NAECON*, Dayton, Ohio, May 1989, Volume 2, 588-595.

[Magnenat-Thalmann-85] N. Magnenat-Thalmann, D. Thalmann. *Computer Animation: Theory and Practice*. Berlin: Springer Verlag, 1985.

[Rogers-85] D.F. Rogers. *Procedural Elements for Computer Graphics*. New York: McGraw-Hill, 1985.

[Weinstock-86] N. Weinstock. *Computer Animation*. Reading, Mass.: Addison-Wesley, 1986.

19.11 Übungen

19.1 (7) Erörtern Sie, inwieweit sich der objektorientierte Ansatz verwenden läßt, um *OSCAR* um die folgenden Anwendungen zu erweitern. Erweitern Sie das Objektmodell für jeden Fall und beschreiben Sie die Operationen, die Sie hinzufügen.

a. Ein System, um vorhandenen Schwarz-Weiß-Filmen Farbe hinzuzufügen. Die Eingabe an das System ist ein digitalisierter Film. Der Benutzer koloriert Objekte in ausgewählten Frames und das System koloriert die gleichen Objekte in den anderen Frames.

b. Eine Anzeige für einen Flugsimulator, an dem Piloten trainieren. Das System zeigt den Blick aus dem Cockpit eines Flugzeugs. Grundlage dafür sind die Position und die Richtung des Flugzeugs und eine Landschaftsdatenbank.

c. Ein Anzeigesystem für Videospiele. Das System zeigt einen Hintergrund und mehrere bewegliche Objekte an, die das Spiel steuert.

19.2 (4) Identifizieren Sie die Darsteller in den folgenden Animationsbereichen:

a. Darstellung der Struktur und der Transformationen von Molekülen bei chemischen Interaktionen. Moleküle werden durch ball- und stabförmige Figuren dargestellt, wobei farbige Kugeln Atome repräsentieren.

b. Animierte Logos von Fernsehsendern, die während Pausen eingespielt werden. Die Animationen sind visuell ansprechend und kombinieren, was Kunst und Informatik zu bieten haben.

c. Analyse von Mechanismen. Modelliert wird das Zusammenspiel von mechanischen Komponenten wie Zahnrädern, Kolben und Nocken.

19.3 (5) Beschreiben Sie, wie man das in Übung 12.2 beschriebene Segelflugzeug mit *OSCAR* simulieren könnte.

19.4 (4) Vergleichen Sie den Entwurf von *OSCAR* mit dem Entwurf des in Kapitel 18 beschriebenen Systems. Inwiefern unterscheiden sich die beiden Systeme in ihrer Verwendung von Methoden, ihren globalen/lokalen Operationsreichweiten, ihrer

Systemarchitektur und in der relativen Bedeutung von Objektmodellierung, funktionaler Modellierung und dynamischer Modellierung?

19.5 (7) Verwenden Sie die in diesem Kapitel diskutierte Syntax und animieren Sie eine Szene, in der Sie aus der Perspektive eines Käfers auf eine Bowlingbahn blicken. Der Käfer sitzt unten im Fingerloch einer Bowling-Kugel, während die Bowlingkugel die Bahn entlang rollt.

CAD-System zur elektrischen Stromverteilung

Werkzeuge für den computerunterstützten Entwurf (CAD) sind Softwaresysteme, die entwickelt wurden, um Entwurfsaktivitäten ganz oder teilweise zu automatisieren. CAD-Werkzeuge besitzen typischerweise eine interaktive Benutzerschnittstelle und sind grafikintensiv. CAD-Werkzeuge werden derzeit in Anwendungen wie technisches Zeichnen, Entwurf chemischer Prozesse, mechanischer Entwurf und Analyse, Heizungs- und Klimatechnik, Chipentwurf oder Leiterplatten-Layout eingesetzt.

Dieses Kapitel beschreibt den *Ein-Phasen-Diagramm Editor* OLIE, ein CAD-Werkzeug für den Entwurf elektrischer Stromverteilungssysteme. Mit OLIE kann ein Ingenieur ein Stromverteilungssystem als Netzwerk von Komponenten darstellen, die durch Busse und Stromkreise verbunden sind. Der Editor wird durch Menüleisten, Aufklappmenüs und direkte Eingaben an das Diagramm gesteuert.

Bei OLIE spielt, wie bei den meisten Benutzerschnittstellen-Anwendungen, das dynamische Modell die Hauptrolle. Das Objektmodell ist ebenfalls von Bedeutung, während das funktionale Modell relativ unwichtig ist. Der schwierigste Aspekt bei der Entwicklung von OLIE war die Anforderung, das System mit verschiedenen vorhandenen Teilsystemen zu integrieren: einem Grafiksystem, einem Datenbank-Manager und einem Menüsystem. Diese Teilsysteme wiesen verschiedene Eigenheiten, Unzulänglichkeiten und Leistungsengpässe auf, die OLIE überwinden mußte, um eine intensive, natürliche Benutzerinteraktion zu ermöglichen. OLIE illustriert die in Kapitel 9 beschriebene interaktive Schnittstellenarchitektur.

20.1 Hintergrund

Ein Ein-Phasen-Diagramm (One-Line-Diagram) [Russell-78] ist eine schematische Zeichnung eines Systems der Elektroenergie-Technik in einer präzisen, Starkstromingenieuren vertrauten Standardnotation. Der Begriff Ein-Phasen-Diagramm spiegelt wider, daß nur eine Phase eines Drei-Phasen-Systems dargestellt wird. Standardsymbole werden verwendet, um die Komponenten eines Stromsystems wie Transformatoren, Leistungsschalter, Generatoren, Sicherungen und Schalter zu repräsentieren [ANSI-75]. Stromkreise und Busse verbinden die Standardsymbole. Die Unterscheidung zwischen Stromkreisen und Bussen basiert auf dem elektrischen Spannungsabfall. Stromkreise sind Verbindungen mit einem meßbaren Spannungsabfall (insbesondere wenn sich ein Kurzschluß im Stromsystem befindet) und werden typischerweise mit Drähten, Kabeln oder Übertragungsleitungen implementiert. Busse sind Verbindungen ohne merklichen Spannungsabfall und werden normalerweise mit Aluminium- oder Kupferstangen oder -rohren mit großem Leitungsquerschnitt implementiert.

Abbildung 20.1 zeigt einen Ausschnitt aus einem Ein-Phasen-Diagramm mit zwei Hochspannungsbussen (138 KV). Pfeile oben im Diagramm geben die Stromquelle an, zum Beispiel ein Elektrizitätswerk. Pfeile im unteren Diagrammteil geben Lasten an. Leistungsschalter werden als Quadrate dargestellt, Transformatoren als gezackte Linien. Die kleinen fetten Punkte unterscheiden Verbindungsleitungen von überlappenden Leitungen. Vier verschiedene Quellen sind mit den beiden Hochspannungsbussen durch neun Leistungsschalter verbunden. Der Stromsystem-Operator kann die Stromversorgung an die drei Transformatoren unterschiedlich steuern, indem er auswählt, welche Leistungsschalter geöffnet und welche geschlossen sind. Dadurch ist es zum Beispiel möglich, einen Bus ganz abzutrennen, während zusätzliche Stromkreise errichtet werden. Die Lasten auf Transformator 1 und Transformator 2 können durch Schließen des Leistungsschalters, der die beiden Sekundärbusse verbindet, von jedem der beiden Transformatoren bedient werden.

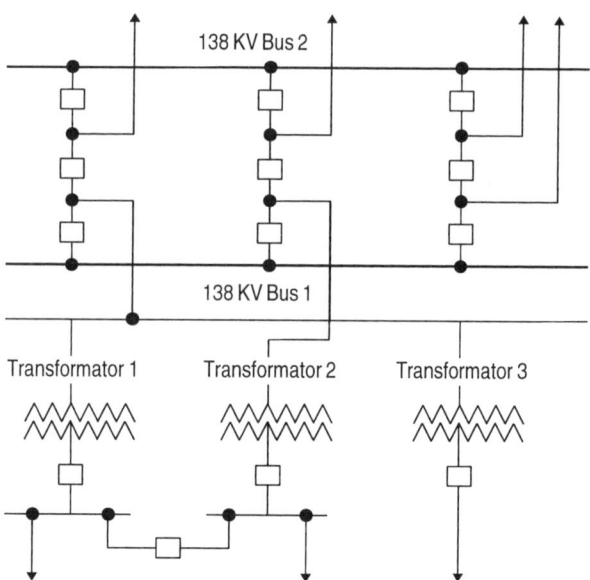

Abb. 20.1 Beispiel für ein Ein-Phasen-Diagramm

Die jüngsten Fortschritte in der Informatik haben uns motiviert, OLIE zu entwickeln. Ingenieure verschiedener Disziplinen wollten die vor zwanzig Jahren entwickelte Analysesoftware ersetzen, die im Batch-Modus arbeitet und Lochkarten als Eingabe erfordert. Ein natürlicher Ansatz zur Spezifikation einer Simulation besteht darin, ein Diagramm auf dem Bildschirm zu zeichnen und die Zeichnung mit den gewünschten Entwurfsbedingungen zu versehen. Dieser neue Ansatz erlaubt eine menügesteuerte Interaktion und möglicherweise die Interaktion mit einem Simulationsprogramm während der Ausführung. Beispielsweise kann ein Ingenieur die Konvergenz einer Simulation prüfen oder Entwurfsbedingungen im Verlauf einer Berechnung verändern.

20.2 Problembeschreibung

Zur Ermittlung der funktionalen Anforderungen wurden mehrere Quellen herangezogen, unter anderem Marketing-Unterlagen, Kundenanforderungen, Analyse anderer Grafikeditoren und die Erfahrung des OLIE-Software-Designers als Starkstromingenieur. Aus den Marketing-Unterlagen ergab sich, OLIE mit anderen computerunterstützten Entwurfs- und Engineeringwerkzeugen aus Architektur, Technik und Konstruktion zu integrieren. Dazu wurden, wie Abbildung 20.2 zeigt, gemeinsame Projektdatenbanken verwendet.

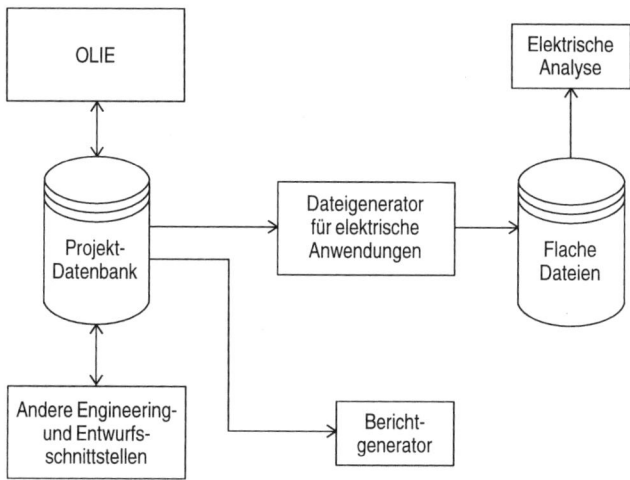

Abb. 20.2   Integration von OLIE mit anderen Anwendungen

20.2.1 Funktionale Anforderungen

OLIE muß seine Daten in einer Datenbank speichern, die von einem Datenbank-Management-System (DBMS) verwaltet wird. Dies mag zunächst als unzulässige, weil vorweggenommene Implementierungsentscheidung erscheinen, die sich eigentlich erst aus der Analyse der "echten" Anforderungen ergeben dürfte. Die OLIE-Software ist jedoch nicht als eigenständiges Werkzeug gedacht, sondern als integraler Bestandteil einer Serie von Werkzeugen, die Starkstromingenieure bei ihrer Arbeit einsetzen. OLIE muß daher mit anderen Programmen für die Starkstromtechnik kompatibel sein. Die Anforderungsanalyse für dieses größere System führt zu der Erkenntnis, daß OLIE eine Datenbank verwenden muß.

Per Definition muß OLIE elementare Befehle zur Bearbeitung von Ein-Phasen-Diagrammen bereitstellen, zum Beispiel erzeugen, Ausschnitt darstellen, zoomen, ziehen, verschieben, kopieren, auswählen und einfügen. OLIE muß schnelle Antwortzeiten besitzen, um den Gedankenfluß des Benutzers nicht zu unterbrechen. Auch Spezialisten, die keine Computerexperten sind, müssen die Benutzerschnittstelle interaktiv bedienen können.

OLIE muß Benutzern, Anwendungsprogrammen und Projekten die Möglichkeit bieten, Daten gemeinsam zu nutzen. Teile eines Entwurfs müssen für längere Zeit gesperrt werden können. Durch diese Sperren über einen längeren Zeitraum hinweg ist es möglich, tage- oder wochenlang an einem Entwurf zu arbeiten, im Gegensatz zu normalen Datenbanktransaktionen, die in Sekundenschnelle abgeschlossen sind. Ein typischer OLIE-Benutzer arbeitet an mehreren Projekten gleichzeitig und möglicherweise sind an einem Projekt mehrere Spezialisten beteiligt. Bibliotheken mit Informationen wie Zeichensymbolen überspannen mehrere Projekte.

OLIE muß sich nach Fehlern des Speichermediums, des Rechners und der Software wieder in einen definierten Zustand versetzen können. Es muß möglich sein, die Software auf andere Hardwareplattformen, Betriebssysteme und Software-Teilsysteme, einschließlich neuer Grafikhardware, zu portieren. OLIE muß um neue Funktionen und neue Anwendungsprogramme erweitert werden können und sich problemlos warten lassen. Schließlich müssen Spezialisten die Möglichkeit haben, Berichte über ein Stromverteilungssystem in mehreren Formaten zu erstellen.

20.2.2 Architekturanforderungen

Auf Anforderung des Managements mußte OLIE auf mehreren internen Software-paketen aufsetzen:

- einem Grafiksystem, mit dem sich Symbole, Text und Geraden erzeugen, auswählen und bearbeiten lassen,

- einer Schnittstelle, die es erlaubt, Datenbankeinträge einzufügen, zu löschen, zu aktualisieren und abzufragen,

- einem Benutzerschnittstellensystem, das Formulare und Menüs anzeigt und Benutzereingaben erkennt, und

- einer internen objektorientierten Programmiersprache.

20.3 Analyse

20.3.1 Objektmodell

Das Objektmodell umfaßt fünf Moduln: Paketmodul, elektrische Eigenschaften, Geometrie, Gruppieren und Konnektivität. Das Paketmodul enthält die globale Struktur für ein Projekt: Ein Projekt umfaßt mehrere Ein-Phasen-Diagramme, die jeweils auf einem oder mehreren Blättern organisiert sind. Das Modul für die elektrischen Eigenschaften definiert Attribute für jede elektrische Komponente. Das Geometriemodul beschreibt das Aussehen von elektrischen Elementen auf dem Bildschirm. Das Gruppierungsmodul beschreibt, wie aus einfachen Elementen zusammengesetzte Elemente konstruiert werden. Das Konnektivitätsmodul erfaßt den Zusammenhang zwischen einem Diagramm und einem elektrischen Netzwerk.

Die tatsächlich entwickelten Moduln besitzen eine Reihe weiterer Eigenschaften, die wir in diesem Buch nicht zeigen, weil es hier nur auf die Grundstruktur ankommt.

Paketmodul

Das Paketmodul (Abbildung 20.3) organisiert die Daten für den Benutzerzugriff. Die Klasse OLIE-*Root* hat nur eine Instanz, die den Kontext für Bibliotheks- und Projektnamen bereitstellt. Ein Auftraggeber arbeitet möglicherweise gleichzeitig an mehreren Projekten und identifiziert jedes mit einem eigenen Projektnamen. Innerhalb eines Projekts gibt es mehrere benannte Zeichnungen. Jede Zeichnung in einem Projekt hat einen eindeutigen Namen; der gleiche Name kann auch in anderen Projekten verwendet werden. Eine Zeichnung besteht ihrerseits aus mehreren benannten Blättern.

Es gibt mehrere Symbol- und Makrobibliotheken. Jedem Projekt ist eine Symbol- und eine Makrobibliothek zugewiesen. Ein Symbol ist ein Icon, das im Kontext eines Ein-Phasen-Diagramms Sinn macht. So symbolisieren parallele, gezackte Linien einen Transformator. Ein Makro ist eine benutzerdefinierte Gruppierung von Symbolen, Bussen und Stromkreisen. Ein Makro oder Symbol ist innerhalb seiner Bibliothek durch einen Namen bezeichnet. Der gleiche Name kann in mehreren verschiedenen Bibliotheken verwendet werden. Eine Bibliothek kann in mehreren Projekten eingesetzt werden.

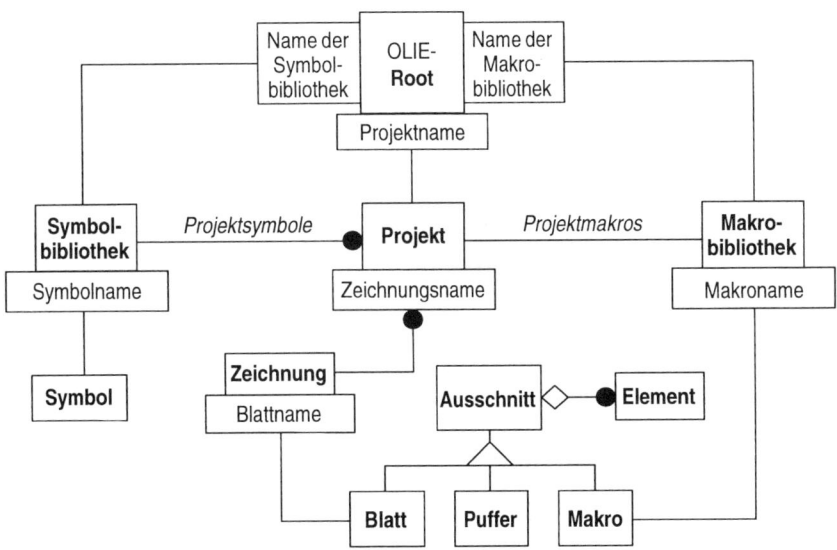

Abb. 20.3   Paketmodul

Ein Ausschnitt ist ein rechteckiger Bereich eines Ein-Phasen-Diagramms. Er enthält eine Kollektion von Elementen, z.B. Symbole, Busse und Stromkreise.

Ein Ausschnitt ist die kleinste Einheit der Zugriffssteuerung auf ein Diagramm, weil verschiedene Ausschnitte gleichzeitig von verschiedenen Spezialisten bearbeitet werden können. Blätter, Puffer und Makros sind Ausschnitte. Ein Blatt ist die niedrigste Ebene in der Projekthierarchie und enthält einen Teil eines Ein-Phasen-Diagramms. Ein Puffer enthält einen gerade bearbeiteten Teil eines Ein-Phasen-Diagramms. Weil Blätter, Puffer und Makros die gleichen Elementtypen enthalten, können sie zu einem Ausschnitt generalisiert werden und Code gemeinsam nutzen.

Modul für die elektrischen Eigenschaften

Das Modul für die elektrischen Eigenschaften (Abbildung 20.4) definiert die elektrischen Eigenschaften der Komponenten in einem Stromverteilungssystem. Das Modul hat die Aufgabe, Klassenattribute zu definieren und enthält keine Assoziationen. Es gibt zwei Arten von Stromkreisen: Kabel (unterirdisch) und Übertragungsleitungen (Überlandleitungen). Beide erben ihre gemeinsamen Attribute von Stromkreis. Bussegmente besitzen eine einfache Struktur. Es gibt unterschiedliche Arten von Aggregaten. Typische Aggregate sind Transformatoren und Leistungsschalter. Die Attribute in diesem Modul werden nicht in einem Ein-Phasen-Diagramm dargestellt, sondern der Spezialist gibt ihre Werte in Popup-Formulare ein.

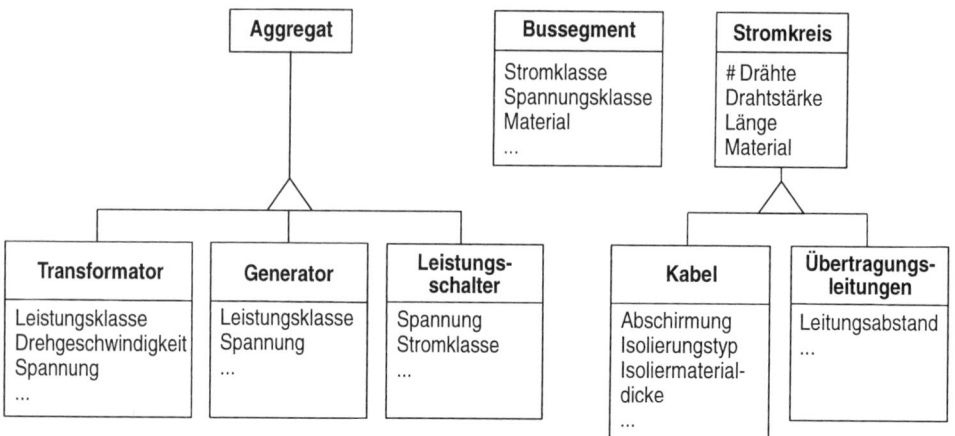

Abb. 20.4   Modul der elektrischen Eigenschaften

Geometriemodul

Das Geometriemodul (Abbildung 20.5) beschreibt das Layout eines Ein-Phasen-Diagramms auf dem Bildschirm. Stromkreise und Bussegmente, die unter dem Begriff Pfadelemente zusammengefaßt werden, werden als Linienzüge gezeichnet (verbundene Liniensegmente), deren Stärke der Benutzer definiert. Aggregate werden durch beliebige Symbole aus der Symbolbibliothek repräsentiert. Ein Symbol ist aus geometrischen Formen konstruiert und besitzt eine feste Zahl vordefinierter Verbindungspunkte oder Pins, die mit den Pins anderer Systeme im

Diagramm verbunden werden können. Jedes Pfadelement besitzt zwei Pins, eines an jedem Ende des Linienzuges. Zwei verbundene Pins bleiben verbunden, wenn die Elemente auf dem Bildschirm verschoben werden; das Diagramm wird gegebenenfalls angepaßt, um die Verbindung zu erhalten.

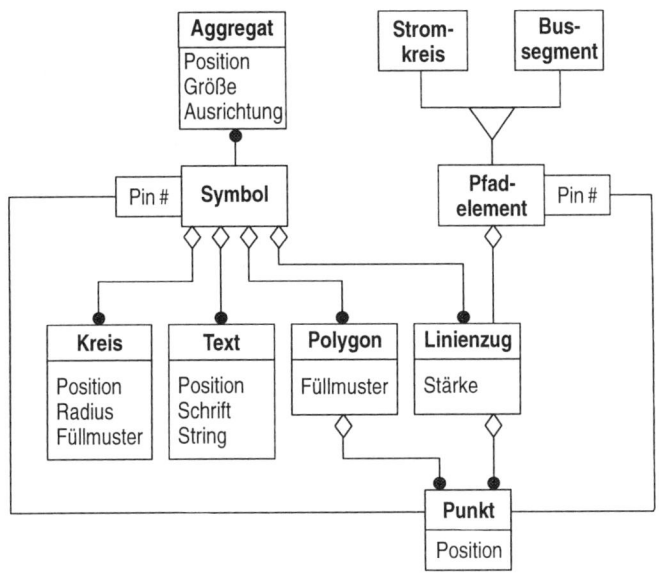

Abb. 20.5 Geometriemodul

Gruppierungsmodul

Elemente können in OLIE auf zwei Arten gruppiert werden: als Anlagenbaustein und als Busgruppe (Abbildung 20.6). Ein Anlagenbaustein ist eine Gruppe von elektrischen Komponenten, die sich normalerweise in einem gemeinsamen Metallgehäuse befinden. Ein Anlagenbaustein wird in einem Ein-Phasen-Diagramm als Rechteck mit gestrichelter Umrandung dargestellt, das die entsprechenden Baueinheiten, Stromkreise und Busse umgibt. Eine Busgruppe ist eine Menge von Bussegmenten in einem Ein-Phasen-Diagramm. Eine Busgruppe repräsentiert ebenfalls eine physikalische Baueinheit. Anlagenbausteine und Busgruppen ähneln sich insofern, als beide Mengen mit einem oder mehreren Elementen sind. Elemente können höchstens einer Menge angehören.

Konnektivitätsmodul

Das Konnektivitätsmodul (Abbildung 20.7) stellt eine Relation zwischen den physikalischen Verbindungen im Diagramm und den elektrischen Verbindungen im Stromsystem her. Der Ein-Phasen-Diagramm-Editor und Programme zur elek-

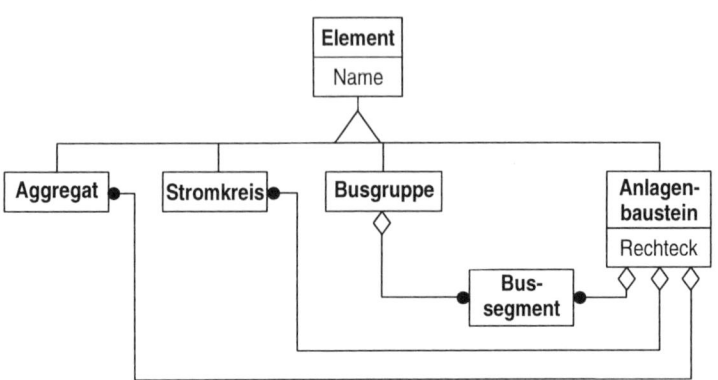

Abb. 20.6   Gruppierungsmodul

trischen Analyse haben jeweils eine etwas andere Sicht auf ein Stromsystem. Der Editor sieht ein Ein-Phasen-Diagramm als Netzwerk aus Symbolen, Bussen und Stromkreisen an. Bearbeitungsoperationen wie verschieben, kopieren und ausschneiden müssen schnell unterbrochene Verbindungen sowie Busse und Stromkreise ermitteln, die verlängert oder verkürzt werden. Dagegen sehen Programme zur elektrischen Analyse ein Stromsystem als elektrischen Stromkreis an: als Repräsentation von Stromkreis-Verzweigungen und Spannungsausgleichern, die einem Kanten-Ecken-Graph ähnelt. Eine Stromkreis-Verzweigung ist ein Schaltungselement mit zwei Ports, das elektrischen Strom durch die Verzweigung an den Spannungsunterschied jenseits der Verzweigung anpaßt. Verzweigungsports sind in einem Spannungsausgleicher verbunden. Alle Ports, die in einem Spannungsausgleicher verbunden sind, besitzen die gleiche Spannung. Die Summe der Ströme, die in einen Spannungsausgleicher hineinfließen, ist Null.

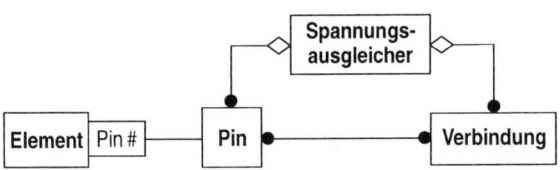

Abb. 20.7   Konnektivitätsmodul

Die Abbildung von Symbolen, Bussen und Stromkreisen in einem Ein-Phasen-Diagramm auf Verzweigungen und Spannungsausgleicher eines äquivalenten elektrischen Stromkreises ist nicht trivial. Abbildung 20.8 zeigt ein einfaches Beispiel. Wenn die Leistungsschalter geschlossen sind, ist die Spannung der beiden Busse ausgeglichen.

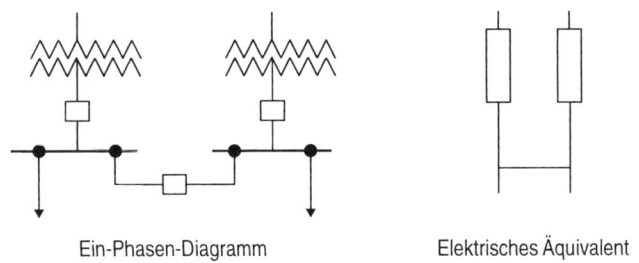

Ein-Phasen-Diagramm   Elektrisches Äquivalent

Abb. 20.8 Abbildung eines Ein-Phasen-Diagramms auf einen äquivalenten elektrischen Stromkreis

Eine Komplikation ist die Benennung von Verzweigungen und Spannungsausgleichern. Um die Ergebnisse von Analyseprogrammen zu interpretieren, ist es notwendig, Verzweigungen und Spannungsausgleicher eindeutig zu identifizieren. Es hat zunächst den Anschein, als könne dies einfach durch die Benennung von Symbolen, Stromkreisen und Bussen erreicht werden. Leider ergeben sich dabei jedoch mehrere Komplikationen. Das elektrische Modell eines Symbols hängt von dem ab, was es repräsentiert. Manche Symbole wie Transformatoren und Stromkreise repräsentieren Stromkreis-Verzweigungen, während andere, zum Beispiel Schalter und Busse, Verbindungen repräsentieren. Der Benutzer könnte einem Spannungsausgleicher versehentlich mehr als einen Namen zuweisen, indem er, wie in Abbildung 20.9, die Busse auf jeder Seite eines Schalters benennt.

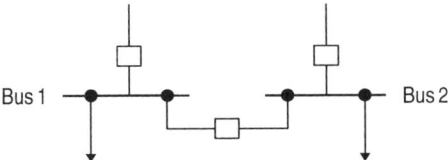

Abb. 20.9 Nicht eindeutige Benennung von Bussen

Idealerweise sollte OLIE jedesmal, wenn ein Name im Ein-Phasen-Diagramm erzeugt wird, die Eindeutigkeit der Namen im elektrischen Modell prüfen. Zumindest sollte es eine vernünftige Möglichkeit geben, das Problem zu beheben, wenn die Eingabedateien für die elektrischen Anwendungen erzeugt werden.

Im Geometriemodul in Abbildung 20.5 haben Symbole, Bussegmente und Stromkreise Pins, um Verbindungen herzustellen. Pins, die elektrisch miteinander verbunden sind, sind durch eine gemeinsame Verbindung assoziiert. Spannungsausgleicher, Pins und Verbindungen bilden die Repräsentation des Ein-Phasen-Diagramms durch Symbole, Busse und Stromkreise auf Verzweigungen und Knoten ab. Verzweigungen werden im Modell nicht explizit gezeigt, weil sie sich leicht erkennen lassen.

20.3.2 Dynamisches Modell

Weil OLIE ein interaktiver Editor ist, entspricht das dynamische Modell praktisch der Benutzerschnittstelle. Nachdem kaum mehr Änderungen am Objektmodell erforderlich waren, haben wir mit dem Entwurf der Benutzerschnittstelle begonnen. Wir haben andere Grafikeditoren analysiert und die besten Oberflächeneigenschaften ausgewählt. Wir haben Benutzerinteraktionen nach Funktionen wie Anzeigesteuerung, Bearbeiten, Durchlaufen der Projekthierarchie usw. gruppiert und Szenarios entwickelt.

Danach haben wir die Menüs entworfen und das Mausverhalten spezifiziert. Die linke Maustaste wählt Elemente aus dem Diagramm oder Befehle aus fest vorgegebenen Menüs. Die mittlere Maustaste erweitert die Auswahl. Mit der rechten Maustaste werden Befehle aus Pop-up-Menüs gewählt. Manchmal bewirkt die Auswahl eines Menüpunkts, daß ein weiteres Menü angezeigt wird. Wir haben die Tiefe der Menüverschachtelung auf drei beschränkt, um den Benutzer nicht durch allzu tiefe Verschachtelungen zu verwirren.

Wir haben elementare Operationen wie auswählen, verschieben, kopieren, löschen, spiegeln und Text anzeigen aus den Szenarios ausgewählt. Danach haben wir dynamische Modelle für jede Operation gebaut. Einige davon werden wir im folgenden vorstellen.

Bussegmente und Stromkreise hinzufügen

Der Benutzer erzeugt durch eine Folge von Mausoperationen eine Folge von abwechselnd horizontalen und vertikalen Liniensegmenten. OLIE verbindet diese automatisch mit Symbolen oder anderen Stromkreisen und Bussen. Abbildung 20.10 zeigt das dynamische Modell für das Hinzufügen von Bussegmenten und Stromkreisen. Stromkreise und Bussegmente unterscheiden sich etwas voneinander, weil Bussegmente lose Enden besitzen können und nicht unbedingt mit etwas anderem verbunden sein müssen, während jeder Stromkreis zwischen zwei Pins verläuft.

Elemente hinzufügen

Elemente können Symbole oder Makros sein. Sie werden über ihren Namen aus der Bibliothek aufgerufen. Anschließend wird die Stelle im Diagramm angegeben, an der das Bild des Elements gezeichnet werden soll (Abbildung 20.11). Mehrere Kopien eines Elements können hinzugefügt werden, indem man nacheinander auf verschiedene Punkte klickt. Der Benutzer muß angeben, wann keine Elemente mehr hinzugefügt werden sollen, indem er *fertig* wählt.

Geometrie auswählen

In Abbildung 20.12 werden Busse, Stromkreise, Symbole und Text einzeln oder in Gruppen für weitere Operationen ausgewählt. Eine neue Auswahl wird mit der linken Maustaste begonnen. Mit der mittleren Taste werden Elemente zu einer bestehenden Auswahl hinzugefügt. Wenn eine der beiden Tasten gedrückt oder losgelassen wird, wird ein (vorhandenes) Element in der Nähe des Mauszeigers ausgewählt. Wenn die Maus bei gedrückter Taste gezogen und wieder losgelassen wird, werden alle (vorhandenen) Elemente ausgewählt, die der aufgezogene

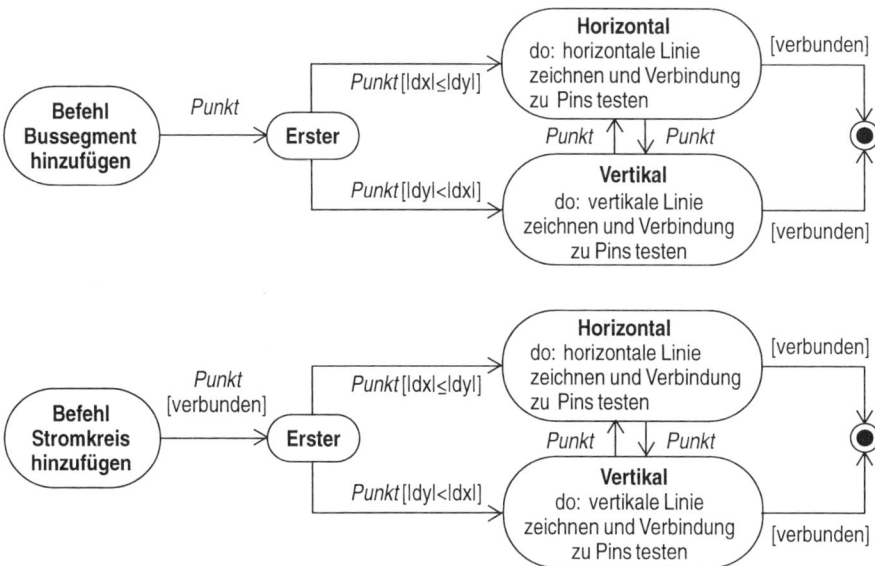

Abb. 20.10 Hinzufügen von Bussegmenten und Stromkreisen

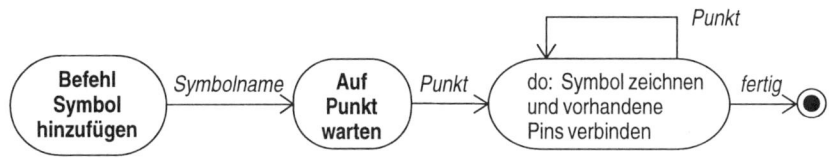

Abb. 20.11 Hinzufügen von Symbolen

Auswahlrahmen umschließt. Das dynamische Modell beschreibt nicht, wie Auswahlrahmen aufgezogen werden. Details dieser Art gehören in das Modell des Grafiktreibers, das Mausereignisse beschreibt. Stattdessen zeigt das Diagramm *links* und *Bereich links* als getrennte logische Ereignisse.

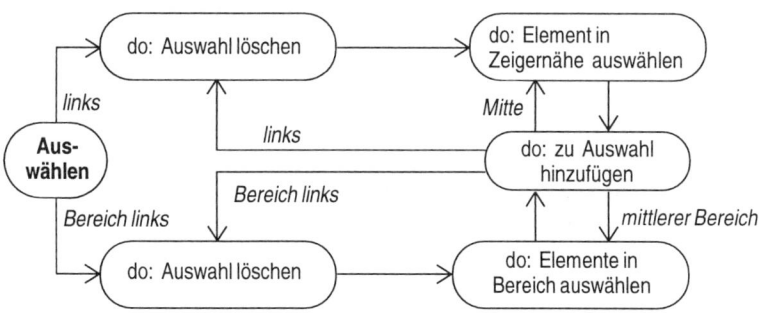

Abb. 20.12 Auswählen von Elementen

20.3.3 Funktionales Modell

Abbildung 20.13 zeigt das funktionale Modell für das OLIE-System. Wie bei vielen interaktiven Editoren sind die meisten Funktionen des Systems trivial, weil die Aufgabe des Systems darin besteht, mit dem Benutzer zu interagieren, um Datenstrukturen zu erzeugen. Es ist nicht sinnvoll, detaillierte Datenflußdiagramme für den Editor oder die Projektsteuerung zu zeichnen. Die elektrische Analyse ist der einzige wichtige Teil des funktionalen Modells. Sie wird von externen eigenständigen Programmen durchgeführt. Ein allgemeiner Zugriff auf ihre internen funktionalen Modelle ist daher nicht möglich. (Es ist jedoch nützlich, eine Liste der Eingaben an jedes der Programme zu erstellen.) Der Prozeß, die Konnektivität zu extrahieren, ist der einzige Teil der Analyse, die wirklich Teil des OLIE-Systems ist.

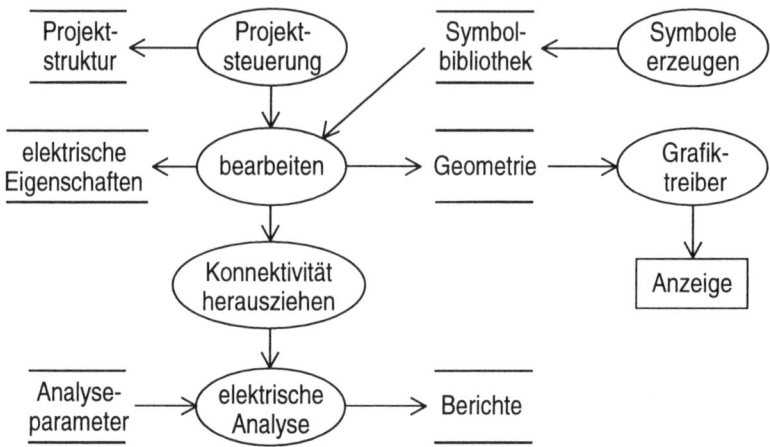

Abb. 20.13 Funktionales Modell des OLIE-Systems

Konnektivität herausziehen

Der größte Aufwand bei der Vorbereitung von Eingabedateien für Anwendungsprogramme besteht darin, Symbole, Busse, Stromkreise, Pins und Verbindungen in Verzweigungen und Spannungsausgleicher umzuwandeln (Abbildung 20.14). Der Umwandlungsalgorithmus weist zunächst jedem Pin einen Spannungsausgleicher zu. Allen Pins eines gegebenen Busses wird der gleiche Spannungsausgleicher zugewiesen. Dieser erhält den gleichen Namen wie der Bus. Symbol- und Stromkreis-Pins erhalten eigene, nicht benannte Spannungsausgleicher. Der nächste Schritt besteht darin, alle Verbindungen abzutasten und die Menge aller Spannungsausgleicher für eine Verbindung zu einem Spannungsausgleicher zusammenzufassen. Der Name des so entstehenden Spannungsausgleichers hängt davon ab, wieviele Namen zusammengeführt werden. Wenn keine Namen vorhanden sind, erhält auch der zusammengeführte Spannungsausgleicher keinen Namen. Wenn genau ein Name vorhanden ist, erhält der zusammengefaßte Spannungsausgleicher diesen Namen. Wenn mehrere Namen vorhanden sind, erhält der zusammengefaßte Spannungsausgleicher einen der Namen und eine entsprechende Meldung wird ausgegeben.

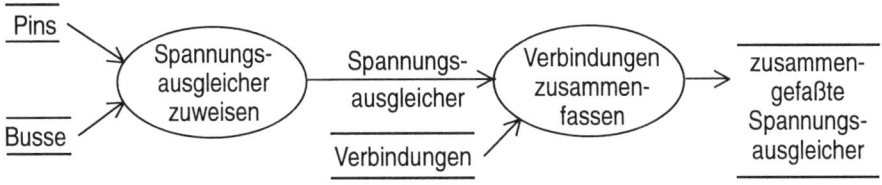

Abb. 20.14 Herausziehen von Konnektivität

20.4 Systementwurf

Wir haben zunächst befürchtet, daß es nicht möglich sein würde, die Anfoderungen, Ein-Phasen-Diagramme in einer Datenbank zu speichern, die gemeinsame Nutzung von Daten zu unterstützen und eine schnell reagierende Benutzerschnittstelle bereitzustellen, gleichzeitig zu erfüllen. Wir haben die Möglichkeit angedacht, OLIE direkt mit der Datenbank interagieren zu lassen. Die Benchmark-Tests haben jedoch gezeigt, daß die Antwortzeiten zu lang sind, um gleichzeitig eine schnell reagierende Benutzerschnittstelle zu unterstützen.

Im engen Zusammenhang damit stand das Problem der Synchronisation und des Rollback der Datenbank. Das grafische Teilsystem speichert seine Daten getrennt von der Datenbank in flachen Dateien. Es stellte sich daher die Frage, wie es möglich ist, die flachen Dateien mit der Datenbank zu synchronisieren und gleichzeitig das Problem des Datenbank-Rollback zu berücksichtigen.

Wir haben mehrere Systemarchitekturen in Betracht gezogen. Die in Abbildung 20.15 gezeigte Lösung, für die wir uns letztlich entschieden haben, verwendet ein Datenbank-Schattensystem [Premerlani-90]. Das Schattensystem fängt alle Datenbank-Operationen ab und wandelt sie, wenn möglich, in Speicheroperationen um. Es greift dabei in großen Abständen auf die relationale Datenbank zu. Wegen des Schattensystems ist es notwendig, Datenstücke aus der Datenbank auszuchecken, unter Ausnutzung der Arbeitsspeichergeschwindigkeit zu manipulieren und dann wieder in die Datenbank einzuchecken. In dieser Anwendung stellt das Auschecken aus der Datenbank keinen Nachteil dar, weil es ohnehin nicht wünschenswert ist, zwei Ingenieuren die Möglichkeit zu geben, gleichzeitig den gleichen Entwurfsteil zu bearbeiten.

Operationen greifen auf gespeicherte Daten über das Schattenmodul zu. Weil die relationale Datenbank für die Parallelitätssteuerung zuständig ist, kann jedes laufende OLIE-Programm als Ein-Benutzer-Programm arbeiten und braucht sich nicht um Parallelität zu kümmern.

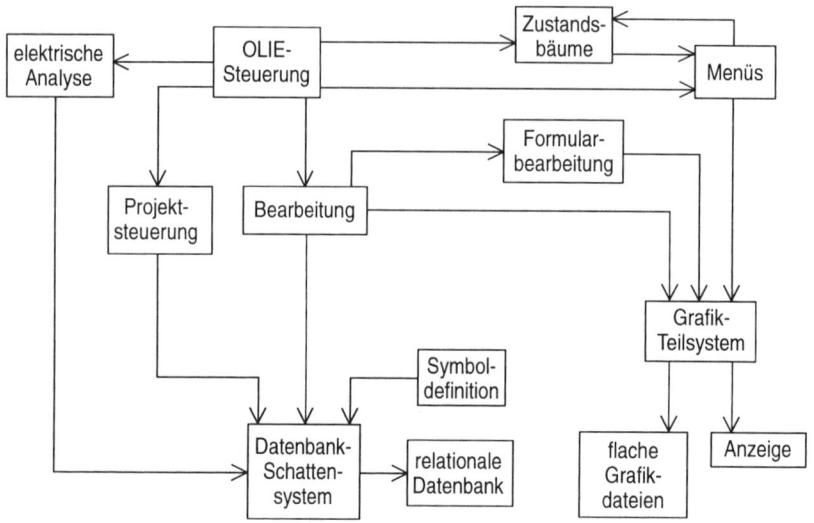

Pfeile zeigen die Abhängigkeit der Client- Moduln von den Versorger-Moduln.

Abb. 20.15   Architektur des OLIE-Systems

Operationen greifen auf die Grafikschnittstelle über das Grafikteilsystem zu, das das Ein-Phasen-Diagramm anzeigt und grafische Informationen in flachen Dateien speichert. Das Bearbeitungsmodul erhält die Konsistenz zwischen der Datenbank und den flachen Dateien. Grafische Informationen werden sowohl in der Datenbank als auch in den flachen Dateien gespeichert. Wir nehmen diese Redundanz in Kauf, um die Performance zu erhöhen. Normalerweise speichert das Grafiksystem Grafikinformationen in den flachen Dateien und das Schattensystem speichert grafische und andere Informationen in der Datenbank. Falls die Informationen in der flachen Datei nicht mehr mit den Datenbank-Informationen konsistent sind, baut das Schattensystem die flachen Dateien über das Grafiksystem neu auf.

Wir waren bereit, die Performance und Funktionalität von OLIE durch zusätzlichen Arbeits- und Plattenspeicherplatz zu unterstützen. Dieser Kompromiß ist legitim, weil die Benutzer des Systems ohnehin Hochleistungs-Workstations benötigen.

Die Namen in einem Diagramm müssen eindeutig sein. Wir haben uns entschieden, die Prüfung der Eindeutigkeit von Namen aufzuschieben, bis der Benutzer die Bearbeitung abgeschlossen hat. Eine inkrementelle Namensüberprüfung hätte die Parallelitätssteuerung im Mehrbenutzer-Betrieb sehr verkompliziert. Nachfragen bei den Benutzern haben ergeben, daß sie mit einer verzögerten Prüfung einverstanden sind.

Durch das Auschecken von Daten aus der Datenbank kann OLIE das Konzept *langer Transaktionen* unterstützen – Transaktionen, die Tage oder Wochen dauern, im Gegensatz zu normalen Datenbank-Aktivitäten, die nur wenige Sekunden in Anspruch nehmen. Die Arbeit eines Ingenieurs kann während einer langen Transaktion intern Inkonsistenzen aufweisen. Benutzer können deshalb sehr frei arbeiten und OLIE kann gleichzeitig die Datenbank-Integritätsanforderungen erfüllen.

Unsere Steuerungsimplementierung übernimmt das ereignisgesteuerte Paradigma und basiert auf einem expliziten, als Baum organisierten Zustandsdiagramm, einem sogenannten *Zustandsbaum* (siehe Kapitel 5 und Abschnitt 20.5). Alle Eingabe-Ereignisse bewirken Zustandtransitionen innerhalb des Baums. Menüs werden über die Zustandsbaum-Steuerung aktiviert und deaktiviert und Menübefehle des Benutzers generieren ihrerseits Eingabe-Ereignisse, die von der Steuerung interpretiert werden. Transitionen im Baum erzwingen die Ausführung von Aktionen wie ausschneiden, einfügen und verschieben. Wir haben bei der Steuerungsimplementierung aus historischen Gründen Zustandsbäume anstelle der von Harel eingeführten Statecharts verwendet (obwohl wir diese für den überlegenen Ansatz halten). Eine Implementierung von Zustandsbäumen stand intern zur Verfügung und OLIE wurde entwickelt, bevor wir Harels Ansatz kannten.

20.5   Objektentwurf

Der Objektentwurf konnte auf der Basis der Analyse und der Architekturentscheidungen direkt erstellt werden. Alle Teilsysteme – Grafik, Datenbank, Zustandsbaum, Menüsystem, Formularbearbeitung und elektrische Analyse – waren vordefiniert, so daß es im Prinzip nur noch darauf ankam, ihre Eingabeparameter richtig festzulegen. In das Layout der Menüs, Formulare und Elementattribute wurde viel Arbeit investiert. Wir wollen hier jedoch nicht auf die Details eingehen. Ein Großteil unserer Arbeiten hatte Auswirkungen auf den Editor: beim abstrakten interaktiven Kontrollfluß (Verfahren) und bei den maschinennahen Operationen (Implementierung).

20.5.1 Steuerung des Zustandsbaums

Wegen der Bedeutung der Benutzerschnittstelle haben wir besonderen Wert auf das dynamische Modell gelegt. Wir haben eine Variation des Zustands-Ereignis-

Modells, einen sogenannten Zustandsbaum, verwendet, um die Benutzerschnittstelle zu steuern (siehe Kapitel 5). Zustandsbäume sind eine Technik, mit der
Zustände in Bäumen organisiert und Ereignisse an Baumknoten gebunden werden
können, um Struktur und Verhalten gemeinsam zu nutzen. Dies erlaubt eine
Dekomposition von Steuerungsstrukturen in Schichten und die Beseitigung redun-
danter Informationen. An Zustände gebundene Ereignisse spezifizieren, wie Ereignisse interpretiert werden. Sie können genauso an Unterzustände vererbt werden wie Attribute und Operationen von Klassen vererbt werden können.
Eingangs- und Ausgangsaktionen, die an Zustände gebunden sind, spezifizieren
Wirkungen beim Eintritt in einen Zustand oder beim Verlassen eines Zustands.
Weil Zustände in einem Baum organisiert werden, ist ein Eintritt in einen Unterzustand nur möglich, wenn zugleich auch ein Eintritt in seinen Oberzustand
erfolgt. Eingangs- und Ausgangsoperationen können deshalb ebenfalls vererbt
werden.

Ein Zustandsbaum entspricht einem Harel-Zustandsdiagramm, in dem Unterbäu-
me verschachtelte Zustände innerhalb des Oberzustands sind, der einen Baumknoten repräsentiert. Die Eingangs- und Ausgangsaktionen auf den Baumknoten
sind zu den Eingangs- und Ausgangsaktionen auf den verschachtelten Zustands-
konturen äquivalent.

Zustandsbäume unterstützen eine menügesteuerte Schnittstelle auf natürliche
Weise. Jeder Menüeintrag verursacht eine Transition in einen gegebenen Zustand.
Jeder Menüeintrag kann in jedem Zustand ausgewählt werden, weil die Ausgangsaktionen des aktuellen Zustands das korrekte Verlassen des alten Zustands
unabhängig vom Benutzerbefehl ermöglichen.

Der für OLIE verwendete Zustandsbaum besteht aus zwei getrennten Bäumen.
Der Hauptbaum enthält Zustände, die normalerweise bei der Benutzerinteraktion
eine Rolle spielen. Alle Hauptzustände schließen sich gegenseitig aus; der Benutzer kann jeweils nur einen Hauptbefehl ausführen. Der Hilfsbaum handhabt vom
Benutzer veranlaßte Unterbrechungen, ohne den Kontext des Hauptbaums aus
den Augen zu verlieren. Beispielsweise besitzt OLIE Ausschnitts- und Zoombefehle, die jederzeit – sogar während anderer Operationen – ausgewählt werden
können. Ausschnitts- und Zoombefehle behalten die Steuerung, bis der Benutzer
sie verläßt. Erst zu diesem Zeitpunkt wird die Steuerung an den Hauptbaum
zurückgegeben.

OLIE nutzt die Eigenschaft von Zustandsbäumen aus, daß die Menüorganisation
nicht die Zustandsstruktur widerspiegeln muß. Anders als in vielen anderen
Ansätzen ist es deshalb in OLIE nicht notwendig, bei einer Änderung des Kontexts eine Reihe von "quit"- oder "exit"-Befehlen auszuführen.

20.5.2 Hauptbaum

Abbildung 20.16 zeigt einen Teil des Hauptbaums von OLIE. Der Baum ist
entsprechend der Befehlsfunktionalität organisiert, mit zusätzlichen Verzweigungen für die verschiedenen Befehlsarten.

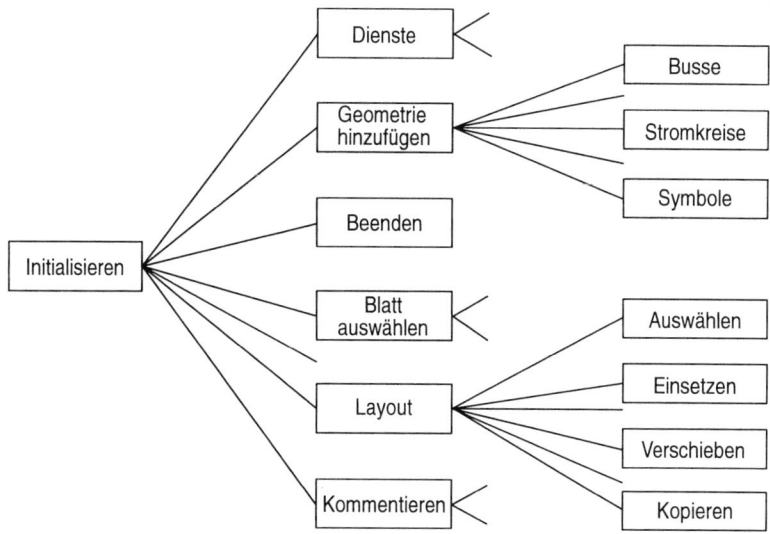

Abb. 20.16   Hauptzustandsbaum

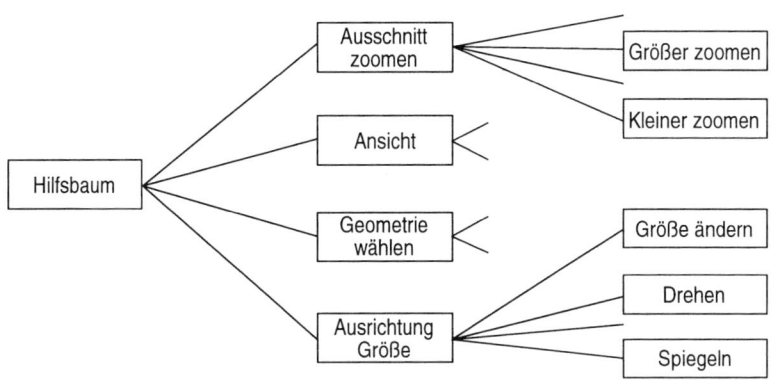

Abb. 20.17   Hilfszustandsbaum

Es werden nur einige Zustände gezeigt. Wenn das Programm startet, tritt es in den Zustand *Initialisieren* ein, der die fest vorgegebenen Menüs anzeigt, die Initialisierung durchführt und die Steuerung an den Zustand *Blatt auswählen* überträgt, in dem der Benutzer ein erstes Blatt zur Bearbeitung auswählen kann. Die Unterzustände *Dienste* erzeugen Berichte, Plot-Grafiken oder Dateien für die Programme zur elektrischen Analyse. Die Unterzustände *Geometrie hinzufügen* erzeugen Elemente in Ein-Phasen-Diagrammen. Der Zustand *Beenden* fragt den Benutzer, ob vorgenommene Änderungen gesichert werden sollen. Der Benutzer

kann den Befehl *Beenden* jederzeit wählen, weil die Ausgangsfunktionen aller
Zustände auf dem Pfad vom aktuellen Zustand in den Zustand *Beenden* ein
korrektes Verlassen jedes beteiligten Zustands ermöglichen. Die Unterzustände
Layout führen Bearbeitungsoperationen wie auswählen, einsetzen, verschieben
und kopieren durch. Die Unterzustände *Kommentieren* zeigen Textformulare zur
Eingabe von elektrischen Parameterwerten auf dem Bildschirm an.

20.5.3 Hilfsbaum

Der in Abbildung 20.17 gezeigte Hilfsbaum enthält Zustände für Befehle, die
andere Befehle unterbrechen können. *Ausschnitt-zoomen* dient dazu, die Sicht auf
das Ein-Phasen-Diagramm zu verändern. *Ansicht* ändert die Anzeigeoptionen.
Hier können Sie zum Beispiel festlegen, ob ein Gitter sichtbar sein soll. *Geometrie wählen* stellt die Steuerung bereit, über die Sie Elemente des Ein-Phasen-Diagramms auswählen. *Ausrichtung-Größe* wird verwendet, um die Ausrichtung
oder die Größe gewählter Elemente zu verändern.

20.5.4 Maschinennahe Operationen

Objekte wurden in einer objektorientierten Sprache direkt auf der Grundlage des
Analysemodells implementiert. Assoziationsobjekte wurden verwendet, um Assoziationen direkt zu implementieren. Die gleichen Objekte werden sowohl im
Speicher als auch in der Datenbank gespeichert. (Das Schattensystem verwendet
Arbeitsspeicher, um einen Cache für Datenbankinhalte zu realisieren.) Die Objekte wurden daher nicht optimiert, weil es wichtig ist, die Klarheit der Abbildung
zu erhalten. Die meisten Operationen wurden direkt auf der Grundlage des
dynamischen Modells implementiert. Eine direkte Abbildung der Analyse auf den
Entwurf kommt bei interaktiven Editoren, die normalerweise aus einer losen
Kollektion von Operationen bestehen, die direkt auf dem Objektmodell agieren,
häufig vor. Um die Analyse direkt auf den Entwurf abbilden zu können, ist es
wichtig, bei der Anforderungsanalyse Abhängigkeiten in der Reihenfolge zu
vermeiden, in der Befehle aufgerufen werden können.

20.6 Implementierung

Es war nicht immer klar, wie die Teilsysteme interagieren würden. Ursprünglich
sollte jedes Teilsystem ein Software-Produktivitätswerkzeug sein, das häufig
vorkommende Operationen kapselt. OLIE sollte als erste Anwendung alle diese
Teilsysteme gleichzeitig verwenden. Paradoxerweise nahmen die Probleme mit
der Anzahl der Softwarewerkzeuge zu. Das lag daran, daß die einzelnen Teilwerk-
zeuge für sich allein problemlos verwendet werden konnten, viele von ihnen aber
Anforderungen an Ressourcen, Einschränkungen in der Verwendung oder eine
Bedienungsphilosophie aufwiesen, die mit den anderen Teilsystemen kollidier-
ten. Beispielsweise gab es Überlappungen zwischen dem Grafik-Teilsystem, dem
Menü-Teilsystem und dem Zustandsbaum-Teilsystem. Damit jedes der Teilsysteme arbeiten konnte wie ursprünglich geplant, benötigte es exklusiven Zugriff auf
die Benutzer-Ein- und Ausgaben. Wir haben alle drei Teilsysteme verändert, um
ihre Zusammenarbeit zu ermöglichen. Solche Schwierigkeiten können kaum ver-

mieden werden, wenn externe Einschränkungen die Architektur- und Implementierungsentscheidungen beeinflussen.

OLIE umfaßt ungefähr 100.000 Codezeilen. Wir schätzen, daß der objektorientierte Ansatz die Zeit für Entwurf und Implementierung um etwa Ein-Personen-Jahr verkürzt hat. Das entwickelte System läßt sich einfach warten. Die Objektmodellierung hat uns bei der Lösung vieler anstehender Probleme unterstützt. Die Modellierung der Benutzerschnittstelle wurde durch Zustandsbäume vereinfacht.

20.7 Gelernte Lektionen

Während des Projekts haben wir unter anderem die folgenden Erfahrungen gemacht:

- Systeme werden solange verbessert, bis sie unhandlich werden; an diesem Punkt sollten sie verschrottet werden. (Einige der Teilsysteme, die wir verwenden mußten, waren Dinosaurier, die man längst hätte neu schreiben müssen.)

- Es ist möglich, bezogen auf Software-Produktivitätswerkzeuge des Guten zuviel zu haben.

- Es ist sehr viel schwieriger, interaktive Software zu entwickeln als nicht interaktive. Wir haben festgestellt, daß man den notwendigen Arbeitsaufwand leicht unterschätzt.

- Relationale Datenbanken sind zu langsam, als daß sie sich ohne weiteres mit einem CAD/CAM-System verwenden lassen. Wir haben jedoch eine gangbare Lösung gefunden, indem wir die relationale Datenbank in einer objektorientierten Sprache mit einem Schattenschema verborgen haben.

- Zwischen Software-Vision und Entwicklungsrealität liegen Welten.

20.8 Zusammenfassung

OLIE ist ein computerunterstütztes Entwurfswerkzeug (CAD) für den Entwurf von Systemen zur elektrischen Stromverteilung. OLIE unterstützt das Zeichnen von Ein-Phasen-Diagrammen, einer Notation, die Starkstromingenieuren als Standard dient. Ein-Phasen-Diagramme sind zweidimensionale Diagramme, die Verbindungen zwischen elektrischen Anlagenbausteinen zeigen. Die Hauptziele bei der Entwicklung von OLIE waren die Bereitstellung einer ausgereiften Benutzerschnittstelle und das Einfangen des Inhalts eines Ein-Phasen-Diagramms in einer Datenbank, um die darin enthaltenen Informationen auch für andere Zwecke verwenden zu können. Die OLIE-Softwareentwicklung wurde durch die politische Entscheidung behindert, intern vorhandene, aber für unsere Zwecke nicht adäquate Software-Teilsysteme einzusetzen.

OLIE besitzt ein umfangreiches Objektmodell, weil viele elektrische Komponenten spezifiziert und alle Daten in einer Datenbank gespeichert werden müssen. Das dynamische Modell spielte wegen der Wichtigkeit einer ausgereiften Benutzerschnittstelle ebenfalls eine wichtige Rolle. Dagegen war das funktionale Modell für OLIE unbedeutend. Der Systementwurf von OLIE war zu einem großen Teil von der Anforderung bestimmt, auf mehreren vorhandenen Teilsystemen aufzusetzen. Der Objektentwurf und die Implementierung verliefen für diese Anwendung direkt und ohne Umwege.

20.9   Anmerkungen zur Bibliographie

Obwohl die Starkstromtechnik ausgereift ist, werden auch weiterhin Fortschritte erzielt, insbesondere bei der Computerunterstützung. Diese sind gut in den *IEEE Transactions on PAS* dokumentiert. Einen umfassenden, wenn auch mittlerweile etwas überholten Überblick gibt [Westinghouse-64]. Dieses exzellente Nachschlagewerk wird von Zeit zu Zeit überarbeitet. Eine jüngere Einführung in Stromsysteme finden Sie in [Russell-78]. Eine vollstände Zusammenfassung der in Ein-Phasen-Diagrammen verwendeten Symbole enthält [ANSI-75]. Die Schattentechnik, die in OLIE zur Leistungsverbesserung der Datenbankschnittstelle verwendet wurde, ist detaillierter in [Premerlani-90] beschrieben.

20.10   Literaturangaben

[ANSI-75] American National Standard ANSI Y32.2-1975, Canadian Standard CSA Z99-1975 or IEEE Standard IEEE Std 315-1975. *Graphic Symbols for Electrical and Electronics Diagrams.*

[Premerlani-90] W.J. Premerlani, M.R. Blaha, J.E. Rumbaugh, T.A. Varwig. Building an object-oriented DBMS from existing software components. *Communications of the ACM 33,* 9 (September 1990).

[Russell-78] B. Don Russell and Marion E. Council. *Power System Control and Protection.* New York: Academic Press, 1978.

[Westinghouse-64] Central Station Engineers of the Westinghouse Electric Corporation, *Electrical Transmission and Distribution Reference Book,* East Pittsburgh, Pennsylvania, 1964.

20.11   Übungen

20.1   (8) Relationale Datenbank-Operationen (einfügen, löschen, akualisieren) in OLIE werden durch ein Schema für das Ein-/Auschecken im Speicher gepuffert. Wenn ein Benutzer ein Blatt bearbeiten möchte, sieht sich OLIE das Blatt an und liest alle Datensätze aus der Datenbank, die zu dem Blatt gehören. Jeder Datensatz wird in eine Objektinstanz im Speicher umgewandelt und mit einem Zustand gekennzeichnet, der dazu verwendet wird, festzustellen, was getan werden sollte, um die Datenbank zu aktualisieren, wenn der Benutzer Bearbeitungsänderungen speichert oder das Blatt wieder eincheckt. Während der Benutzer das Blatt bearbeitet, aktualisiert OLIE die Kennzeichnung. Mögliche Zustände sind *Unverändert, Verändert, Noch nicht eingefügt* und *Noch nicht gelöscht. Unverändert* gibt an, daß die Objektinstanz im Speicher die gleichen Daten enthält wie der Datensatz in der Datenbank. *Verändert* heißt, daß die Instanz andere Daten enthält als der entsprechende Datensatz. *Noch nicht eingefügt* gibt an, daß die Instanz in die Datenbank eingefügt werden soll. *Noch nicht gelöscht* heißt, daß die Instanz aus der Datenbank gelöscht werden soll. Wenn Objekte aus der Datenbank kopiert werden, kommen sie in den Zustand *Unverändert* und bleiben in diesem Zustand, wenn sie nicht aktualisiert oder gelöscht werden. Neu erzeugte Objekte befinden sich im Zustand *Noch nicht eingefügt.* Objekte, die gelöscht werden müssen, erhalten den Zustand *Noch nicht gelöscht.* Bei jedem Zugriff auf ein Objekt wird der neue Objektzustand aus der Operation und dem alten Zustand ermittelt. Die Operationen sind *einfügen*(neue

Daten), *löschen*(Objekt), *aktualisieren* (Objekt), *speichern*(Menge von Objekten)
und *laden*(Teil der Datenbank). Einige Operationen können möglicherweise andere
widerrufen. Beispielsweise kann eine Einfügung durch ein anschließendes Löschen
rückgängig gemacht werden.

Abbildung Ü20.1 zeigt ein teilweise fertiges Zustandsdiagramm zur Aktualisierung
von Kennzeichnungen. Anfangs- und Endzustände fehlen ebenso wie Aktivitäten,
Aktionen, Ereignisse usw. (Anfangs- und Endzustände werden in Kapitel 5 behandelt. Sie werden in diesem Fall verwendet, um Speicherplatz für Objekte zuzuteilen
und freizugeben.) Vervollständigen Sie das Diagramm. Zeigen Sie in jedem Fall,
was für eine Operation *sichern* zu tun ist. Dazu noch einige Hinweise: Objekte im
Zustand *Unverändert* erfordern während einer Operation *sichern* keine Aktion, weil
die Daten im Arbeitsspeicher die gleichen sind wie die Daten in der Datenbank.
Bestimmte Operationen sind auf Objekten in bestimmten Zuständen unzulässig und
müssen nicht gezeigt werden. Eine Operation *aktualisieren* auf einem Objekt im
Zustand *Noch nicht eingefügt* beläßt das Objekt im gleichen Zustand, weil das
Objekt der Datenbank noch nicht bekannt ist. Die einzige Operation, die auf ein
Objekt im Zustand *Noch nicht gelöscht* zulässig ist, ist *sichern*. Sie erfordert, daß
der entsprechende Datensatz in der Datenbank gelöscht und das Objekt terminiert
wird.

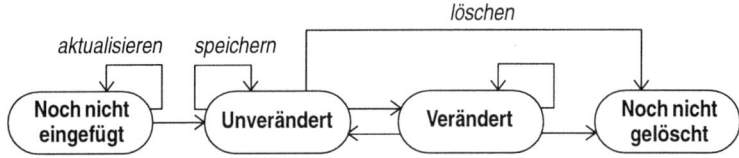

Abb. Ü20.1 Teilweise fertiges Zustandsdiagramm für ein Schattensystem, das
Datenbank-Operationen puffert

20.2 (7) Beim Entwurf von Grafikdiagramm-Editoren, die die Konnektivität erhalten,
tritt immer wieder das Problem auf, Überbrückungsnetzwerke zu entdecken. Wenn
zum Beispiel Symbole in einem Netzwerk verschoben werden, müssen möglicherweise einige Linien im Netzwerk angepaßt werden, um den Abstand zwischen
verschobenen und nicht verschobenen Symbolen zu überbrücken. Die Abbildungen
Ü20.2, Ü20.3 und Ü20.4 zeigen drei Möglichkeiten, Konnektivität zu modellieren.
In jedem Fall können Netzwerke viele Symbole verbinden und Symbole können mit
vielen Netzwerken verbunden sein. Ein gegebenes Netzwerk kann mehrmals mit
einem gegebenen Symbol verbunden sein und mehr als ein Netzwerk kann mit einem
Symbol an der gleichen Stelle verbunden sein. In Abbildung Ü20.2 bezeichnet die
Objektklasse *Port* die Stelle eines Symbols, an der eine Verbindung hergestellt wird,
oder das Ende einer Netzwerkverzweigung, an dem das Netzwerk mit einem Symbol
verbunden ist. Abbildung Ü20.3 zeigt, wie das Objektdiagramm aussieht, wenn die
Klasse *Port* eliminiert wird. Eine Verbindung ist der Berührungspunkt zwischen
einem Netzwerk und einem Symbol. Abbildung Ü20.4 zeigt eine weitere Vereinfachung.

Beschreiben Sie für jedes Diagramm, wie Sie die folgenden Operationen realisieren
würden. Falls eine Operation mit einem der Diagramme nicht ausgeführt werden
kann, nennen Sie die Gründe.

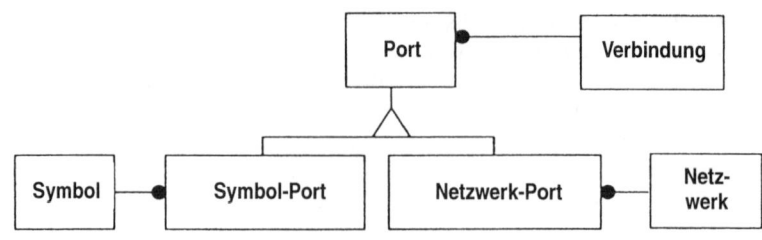

Abb. Ü20.2 Konnektivitäts-Objektdiagramm

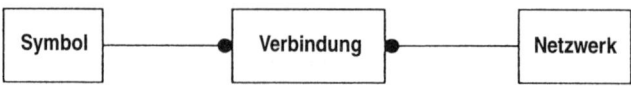

Abb. Ü20.3 Konnektivitäts-Objektdiagramm

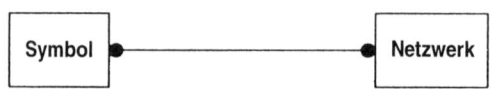

Abb. Ü20.4 Konnektivitäts-Objektdiagramm

a.   Zwei Symbolmengen sind gegeben: eine Menge aller Symbole und eine Menge von
     Symbolen, die für das Verschieben, Ausschneiden oder Kopieren ausgewählt wur-
     den. Die Ausgabe der Operation sollen drei Mengen sein, die die Menge aller
     Netzwerke unterteilen: Die Menge der Netzwerke, die nur mit ausgewählten Sym-
     bolen verbunden sind, die Menge der Netzwerke, die nur mit nicht ausgewählten
     Symbolen verbunden sind, und die Menge der Überbrückungsnetzwerke, die sowohl
     mit ausgewählten als auch mit nicht ausgewählten Symbolen verbunden sind.
b.   Finden Sie für ein gegebenes Symbol alle Netzwerke, die mehr als eine Verbindung
     mit dem Symbol aufweisen.
c.   Finden Sie alle mit einem gegebenen Netzwerk verbundenen Symbole.
d.   Kopieren Sie eine Menge ausgewählter Symbole. Kopieren Sie darüber hinaus auch
     Netzwerke, die ausschließlich mit ausgewählten Symbolen verbunden sind. Ignorie-
     ren Sie Überbrückungsnetzwerke.
e.   Finden Sie alle Symbole, die direkt oder indirekt mit einer gegebenen Menge von
     Symbolen verbunden sind (transitive Hülle).

20.3   (6) Beim Entwurf von Grafikeditoren stellt sich die Frage, wie häufig Kopien erstellt
           werden können. Man kann grob zwischen flachen und tiefen Kopien unterscheiden.
           Methoden für das flache Kopieren erzeugen einen Verweis auf das kopierte Objekt
           bzw. die kopierten Objekte. Bei einer tiefen Kopie werden dagegen der Inhalt des
           Objekts kopiert und alle Objekte, auf die das Objekt möglicherweise verweist. Die
           Wahl der Methode hängt von der Anwendung ab. Wägen Sie für jede der folgenden
           Kopier-Operationen die relativen Vorteile der beiden Ansätze gegeneinander ab:
a.   Kopieren von Bibliotheksobjekten wie Symbolen oder Makros in ein Blatt (siehe
           Abbildung 20.3).

b. Kopieren eines Blatts von einem alten Projekt in ein neues. Nach dem Kopieren wird das Blatt bearbeitet. Änderungen am neuen Blatt sollten sich nicht auf das alte Blatt auswirken.

c. Kopieren ausgewählter *Elemente* von einer Position auf dem Blatt an eine andere.

20.4 (5) Verändern Sie die Zustandsbäume in den Abbildungen 20.16 und 20.17 so, daß die Operationen *auswählen, einfügen, verschieben* und *kopieren* jederzeit ausgeführt werden können, auch während geometrische Objekte in ein Blatt eingefügt werden.

20.5 (6) Erstellen Sie eine Liste mit möglichst vielen Diagrammtypen aus vielen Anwendungsbereichen, bei denen Konnektivität eine wichtige Rolle spielt. Beispiele sind elektrische Schaltbilder, Datenflußdiagramme und Entscheidungsbäume. Erörtern Sie Ähnlichkeiten und Unterschiede der Konnektivitätsregeln. Sind Netzwerke binär oder n-är? Sind Kanten gerichtet oder nicht-gerichtet? Können von jeder Stelle eines Symbols Verbindungen ausgehen? Hat die Verbindungsstelle eines Symbols eine semantische Bedeutung? Können Netzwerke direkt mit anderen Netzwerken verbunden sein? Können Netzwerke zusammengefaßt werden? Macht es Sinn, zuzulassen, daß Netzwerkenden unverbunden sind? Gibt es Begrenzungen, wieviele Netzwerke an der gleichen Stelle verbunden sein können?

20.6 (7) Das in diesem Kapitel beschriebene System setzt auf 6 vorhandenen Teilsystemen auf: einer relationalen Datenbank, einer objektorientierten Sprache mit einer Bibliothek mit Behälterklassen, einem Fenstersystem, einem Menüsystem, einem Grafiksystem und einer C-Laufzeit-Bibliothek. Die objektorientierte Sprache war ein C-Präprozessor. Aus verschiedenen Gründen konnte keines der Teilsysteme verändert werden. Es kam zu Problemen, weil die Teilsysteme unabhängig voneinander entwickelt wurden. Diskutieren Sie, wie sich jedes der folgenden Probleme umgehen läßt:

a. Namenskonflikte. Bei der Softwareentwicklung hat der Linker wiederholt auf mehrfach definierte Symbole hingewiesen, die daher rühren, daß der gleiche Name in zwei oder mehr der Teilsystem-Bibliotheken einschließlich der C-Laufzeit-Bibliothek verwendet wurde.

b. Inkompatibilität von Präprozessoren. Einige der Teilsysteme verwenden Präprozessor-Konstrukte, die für die anderen Präprozessoren nicht zulässig sind.

c. Zuteilung von Speicherplatz. Jedes Teilsystem besitzt eine dynamische Speicherverwaltung. Mehrere unterschiedliche Strategien werden verwendet. Einige von ihnen prüfen nicht, ob tatsächlich Speicherplatz erfolgreich zugewiesen wurde. Dies führt zu Speicherplatzfehlern.

d. Interrupt-Verarbeitung. Einige Teilsysteme führen die Ein-/Ausgabe synchron durch, andere asynchron. Zwei Teilsysteme fangen Tastatur-Interrupts ab.

20.7 (7) Wiederholen Sie die vorhergehende Übung. Gehen Sie aber diesmal davon aus, daß Sie die Teilsysteme beliebig verändern können.

.

Anhang A
Grafische OMT-Notation

Auf den folgenden Seiten finden Sie eine vollständige Auflistung der grafischen Notationen, die zur Entwicklung des Objektmodells, des dynamischen Modells und des funktionalen Modells verwendet werden. Diese vier Seiten dienen dem schnellen Nachschlagen beim Schreiben oder Lesen von Diagrammen. Sie sind nicht dazu geeignet, sie einem Neuling in die Hand zu geben und zu erwarten, daß er damit zurecht kommt. Eine Einführung in die dargestellten Konzepte finden Sie in den Kapiteln des ersten Teils. In den Kapiteln des zweiten Teils erfahren Sie, wie Sie die Notation und die Konzepte im Software-Entwicklungszyklus einsetzen. Verwenden Sie den Index, um gezielt Informationen zu einem der hier grafisch dargestellten Konzepte zu finden.

Die Beschriftungen der Konstrukte und einige beschreibende Kommentare ausgenommen, sind alle gezeigten Diagrammelemente, Textnamen und Satzzeichensymbole Teil der Notation selbst. Die Namen in den Diagrammen (wie *Klasse, Attribut-1, Operation* und *Ereignis-2*) geben an, für welche Art von Element sie stehen. Sie können die Syntax der Namen und die Deklarationen von Attributen und Signaturen ändern, so daß sie konsistent mit der Syntax Ihrer Implementierungssprache sind.

Die meisten gezeigten Elemente sind optional, insbesondere während der ersten Modellierungsphasen. Sogar beim Entwurf ist es unklug, die Spezifikation allzu weit zu treiben und Namen und Notationen in die Diagramme aufzunehmen, die nicht wirklich benötigt werden. Wenn beispielsweise eine Assoziation mit ihren Rollennamen beschriftet ist, ist es normalerweise nicht erforderlich, der Assoziation selbst einen Namen zu geben. Wir haben nicht angegeben, welche Elemente optional sind, weil wir soweit möglich nur die eigentliche OMT-Notation zeigen wollten, ohne sie durch eine zusätzliche Metanotation zu überfrachten.

Ähnlich gibt es einige Konstrukte, die Sie möglicherweise niemals einsetzen werden. Wir haben die wichtigeren Konstrukte jeweils an den Seitenanfang gestellt. Wir verwenden bei unserer Arbeit fast immer nur etwa ein Drittel der Notation. Es gibt jedoch Fälle, in denen die zusätzlichen Konstrukte notwendig sind.

Notation für das Objektmodell
Grundlegende Konzepte

Klasse:

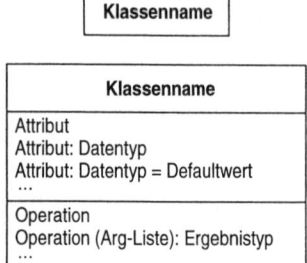

Generalisierung (Vererbung):

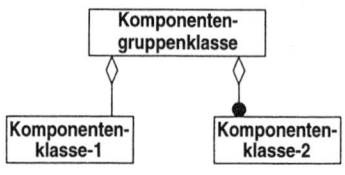

Aggregation:

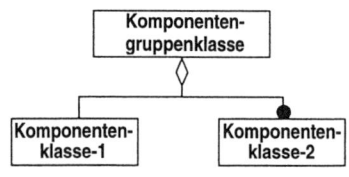

Aggregation (alternative Form):

Objektinstanzen:

Assoziation:

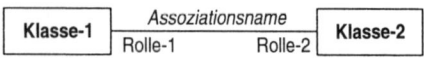

Qualifizierte Assoziation:

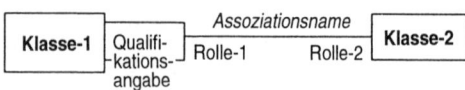

Multiplizität von Assoziationen:

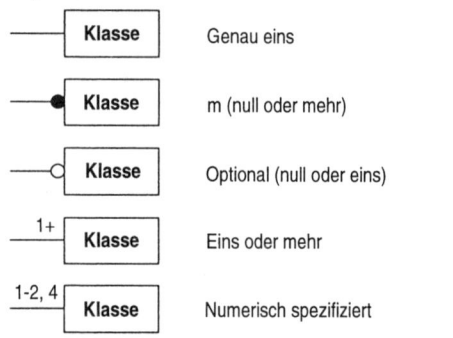

Ordnung:

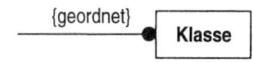

Verknüpfungsattribut:

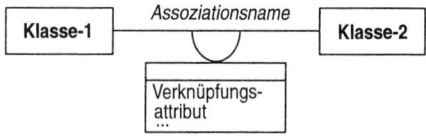

Ternäre Assoziation:

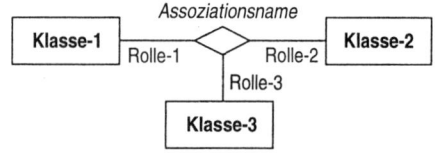

Instantiierungsrelation:

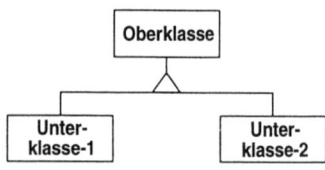

Notation für das Objektmodell
Weiterführende Konzepte

Abstrakte Operation:

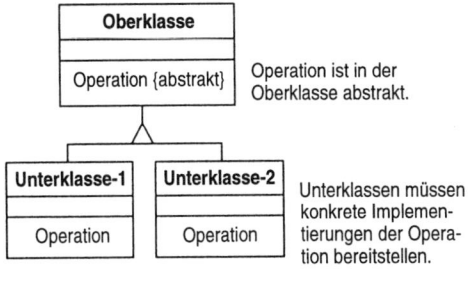

Operation ist in der
Oberklasse abstrakt.

Unterklassen müssen
konkrete Implemen-
tierungen der Opera-
tion bereitstellen.

Assoziation als Klasse:

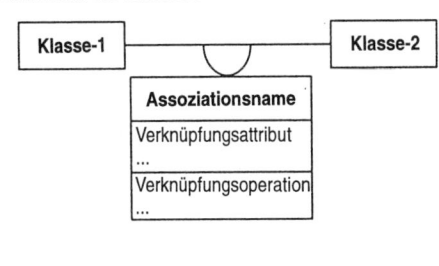

Generalisierungseigenschaften:

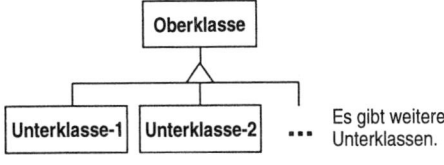

Es gibt weitere
Unterklassen.

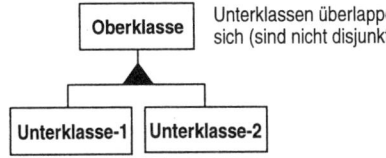

Unterklassen überlappen
sich (sind nicht disjunkt).

Mehrfachvererbung:

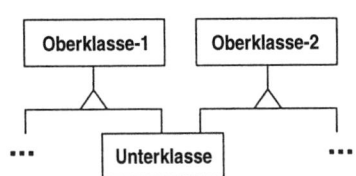

Diskriminator ist ein Attribut,
dessen Wert von Unterklasse
zu Unterklasse unterschiedlich ist.

Klassenattribute und -operationen:

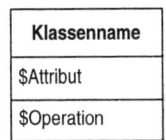

Abgeleitetes Attribut:

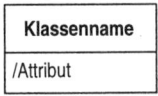

Abgeleitete Klasse:

Fortpflanzung von Operationen:

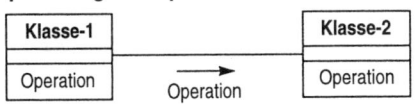

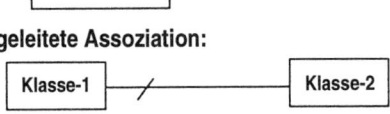

Abgeleitete Assoziation:

Einschränkungen auf Objekten:

Einschränkung zwischen Assoziationen:

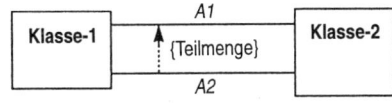

Notation für das dynamische Modell

Ereignis verursacht Transition zwischen Zuständen:

Ereignis mit Attribut:

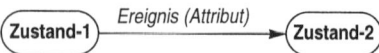

Anfangs- und Schlußzustand:

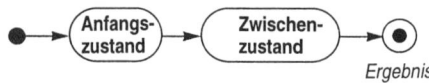

Aktion auf einer Transition:

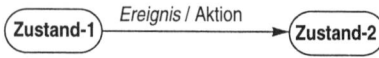

Bewachte Transition:

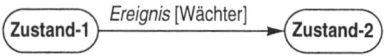

Ausgabeereignis auf einer Transition:

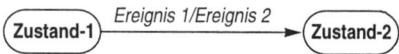

Aktionen und Aktivität in einem Zustand:

Senden eines Ereignisses an ein anderes Objekt:

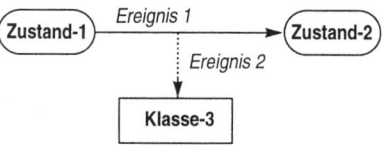

Zustandsgeneralisierung (Verschachtelung):   **Parallele Unterdiagramme:**

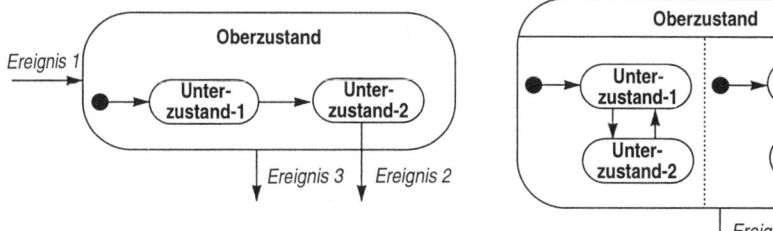

Aufspaltung von Steuerung: **Steuerungssynchronisation:**

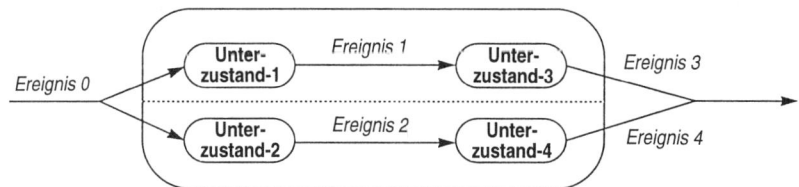

Notation für das funktionale Modell

Prozeß:

Datenspeicher oder Dateiobjekt:

**Handlungsobjekte
(als Datenquelle oder -senke)**

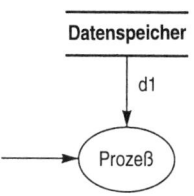

Zugriff auf Datenspeicherwert:

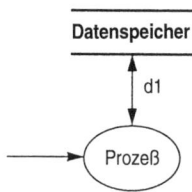

**Zugriff und Aktualisierung eines
Datenspeicherwerts:**

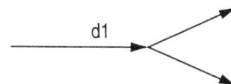

Duplizierung eines Datenwerts:

Datenfluß zwischen Prozessen:

Datenfluß in einen Datenspeicher:

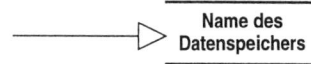

Kontrollfluß:

Aktualisierung eines Datenspeicherwerts:

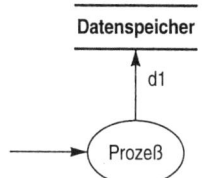

Kombination von Datenwerten:

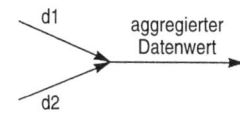

Aufspaltung in Datenwerte:

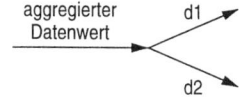

abgeleitete Assoziation Eine Assoziation, die durch andere Assoziationen definiert wird.

abgeleitetes Attribut Ein Attribut, das aus anderen Attributen berechnet wird.

abstrakte Klasse Eine Klasse, die selbst keine direkten Instanzen besitzen kann, aber deren Nachfahren Instanzen haben können.

abstrakte Operation Eine Operation, die durch eine abstrakte Klasse definiert, aber nicht implementiert wird.

Abstraktion Eine geistige Fähigkeit des Menschen, Probleme der realen Welt mehr oder weniger detailliert zu betrachten, je nach dem aktuellen Kontext des Problems.

Aggregation Eine Spezialform der Assoziation zwischen einem Ganzen und seinen Teilen, wobei sich das Ganze aus den Teilen zusammensetzt.

Aktion (in der dynamischen Modellierung) Eine auf einen Moment beschränkte Operation ohne Zeitdauer. Aktionen sind mit Ereignissen assoziiert und ihrem Wesen nach normalerweise formal.

Aktivität (in der dynamischen Modellierung) Eine Operation, deren Ausführung Zeit beansprucht. Aktivitäten sind mit Zuständen assoziiert und repräsentieren ausgeführte Aufgaben in der realen Welt.

Analyse Eine Phase im Entwicklungszyklus. Während der Analyse wird das realweltliche Problem untersucht, um seine Anforderungen zu verstehen, ohne bereits die Implementierung zu planen.

Anfrageoperation Eine Operation, die einen Wert zurückliefert oder berechnet, ohne Objekte zu verändern.

Architektur Die Gesamtstruktur eines Systems, einschließlich seiner Partitionierung in Teilsysteme und deren Zuweisung an Tasks und Prozessoren.

Assoziation Eine Relation zwischen Instanzen von zwei oder mehr Klassen. Beschreibt eine Gruppe von Verknüpfungen mit gemeinsamer Struktur und Semantik.

Attribut Eine benannte Eigenschaft einer Klasse, die einen Datenwert beschreibt, den jedes Objekt der Klasse besitzt.

automatische Transition (in der dynamischen Modellierung) Eine unbeschriftete Transition, die automatisch feuert, wenn die mit dem Quellzustand assoziierte Aktivität abgeschlossen ist.

Batch-Verarbeitung Eine sequentielle Transformation von Eingaben in Ausgaben. Eingaben werden am Anfang zur Verfügung gestellt. Das Ziel besteht darin, eine Antwort zu berechnen; es gibt keine anhaltende Interaktion mit der Außenwelt. (Siehe auch *kontinuierliche Verarbeitung*).

Bedingung (in der dynamischen Modellierung) Eine Boolesche Funktion von Objektwerten, die über ein Zeitintervall hinweg gültig sind.

Begrenzung (in einer Generalisierung) Eine Einschränkung, mit der eine Unterklasse den Wert eines Oberklassen-Attributs versieht.

Behälterklasse Ein Objekt, das eine Kollektion anderer Objekte speichert und verschiedene Operationen bereitstellt, auf den Inhalt zuzugreifen oder ihn zu überarbeiten.

bewachte Transition (in der dynamischen Modellierung) Eine Transition, die nur feuert, wenn eine Wächterbedingung wahr ist.

Blatt (in einem Objektmodell) Der Mechanismus, große Objektmodelle auf mehrere Seiten zu verteilen.

Blattklasse Eine Klasse ohne Unterklassen. Muß eine konkrete Klasse sein.

Cache-Daten Daten, die redundant sind, weil sie von anderen Daten abgeleitet werden können.

Call-by-reference Ein Sprachmechanismus, der Argumente an eine Prozedur übergibt, indem er die Adresse jedes Arguments, nicht dessen Wert, übergibt. (Siehe auch *Call-by-value*.)

Call-by-value Ein Sprachmechanismus, der Argumente an eine Prozedur übergibt, indem er eine Kopie der Datenwerte übergibt. Wenn ein Argument verändert wird, wird der neue Wert außerhalb der Unterroutine, die ihn verändert, nicht wirksam. (Siehe auch *Call-by-Reference*.)

Client Eine Systemkomponente, die die Dienste anderer Komponenten aufruft. Die Komponente, die den Dienst bereitstellt, heißt *Versorger*.

Data Dictionary Eine textuelle Beschreibung jeder Klasse, ihrer Assoziationen, Attribute und Operationen.

Datenbank-Management-System Ein Computerprogramm zur Verwaltung eines permanenten Datenspeichers, der seinen Inhalt selbst beschreibt.

Datenbank Ein permanenter Datenspeicher, der seinen Inhalt selbst beschreibt und von einem DBMS verwaltet wird.

Datenfluß (in einem Datenflußdiagramm) Die Verbindung zwischen der Ausgabe eines Objekts oder Prozesses und der Eingabe an ein anderes Objekt oder einen anderen Prozeß.

Datenflußdiagramm Eine grafische Repräsentation eines funktionalen Modells. Zeigt die Abhängigkeiten zwischen Werten und die Berechnung von Ausgabewerten aus Eingabewerten, ohne zu berücksichtigen, ob und wann die Funktionen ausgeführt werden.

Datenspeicher (in einem Datenflußdiagramm) Ein passives Objekt, das Daten für den späteren Zugriff speichert.

DBMS Abkürzung für *Datenbank-Management-System*.

Definitionsbereich (in einer Datenbank) Die Menge der zulässigen Werte für ein Datenbankattribut; (mathematisch) die Menge, über der eine Funktion oder Relation definiert ist.

Delegation Ein Implementierungsmechanismus, bei dem ein Objekt eine Operation auf sich selbst abfängt und an ein anderes Objekt weiterleitet; (in objektorientierten Sprachen) ein Mechanismus, bei dem Methoden direkt an Instanzen gebunden werden können und die Methodenresolution ausgeführt wird, indem anstelle einer Klassenhierarchie eine Kette von Instanzenzeigern durchsucht wird.

Destruktor (in C++) Eine Operation, die alle Aufräumarbeiten durchführt, die vor der Zerstörung einer nicht mehr benötigten Klasseninstanz notwendig sind.

DFD (Abkürzung) Datenflußdiagramm.

Dictionary Eine Klasse von Behälterobjekten, die einen Wert eines Typs auf einen Wert eines anderen oder auch des gleichen Typs abbildet; eine Nachschlagetabelle. Mathematisch, eine diskrete Funktion aus einem Definitionsbereich in einen Wertebereich.

Dienst Eine Gruppe verwandter Funktionen (oder Operationen), die zusammenarbeiten, um eine bestimmte Funktionalität bereitzustellen.

direkte Instanz Ein Objekt, das eine Instanz einer Klasse, nicht aber eine Instanz einer Unterklasse der Klasse ist.

Diskriminator Ein Attribut, das angibt, welche Eigenschaft eines Objekts durch eine bestimmte Generalisierungsrelation abstrahiert wird. Dazu wird ein Aufzählungstyp verwendet.

dritte Normalform (in einer relationalen Datenbank) Eigenschaft eines Schemas: Das Schema hält die zweite Normalform ein und jedes Attribut, das kein Primärschlüssel ist, hängt direkt vom Primärschlüssel ab.

dynamische Simulation Ein System, das Objekte der realen Welt modelliert oder in ihrer Entwicklung verfolgt.

dynamisches Binden Eine Form der Methodenresolution. Assoziiert zur Laufzeit eine Methode mit einer Operation in Abhängigkeit von der Klasse eines oder mehrerer Zielobjekte.

dynamisches Modell Eine Beschreibung der Steuerungsaspekte eines Systems wie Zeit, Operationsreihenfolgen und Interaktionen zwischen Objekten.

Echtzeitsystem Ein interaktives System, für das besonders enge Zeitbeschränkungen auf Aktionen gelten oder bei dem nicht der geringste zeitliche Fehler toleriert werden kann.

Einfachvererbung Eine Art von Vererbung, bei der eine Klasse nur eine einzige Oberklasse haben kann.

Einschränkung Eine funktionale Relation zwischen Objekten, Klassen, Attributen, Verknüpfungen und Assoziationen; eine Aussage über eine Bedingung oder Relation, die eingehalten werden muß. (Siehe auch *Einschränkung* und *Invariante*.)

Entitätenintegrität (in einer relationalen Datenbank) Eine Eigenschaft einer Datenbank. Jede Tabelle hat genau einen Primärschlüssel.

Entity-Relationship-(ER)-Diagramm Eine grafische Repräsentation, die Entitäten und ihre Relationen zeigt.

Ereignis (in der dynamischen Modellierung) Ein Geschehen in einem bestimmten Augenblick.

Ereignisattribute Datenwerte, die durch ein Ereignis von einem Objekt an ein anderes übermittelt werden.

Ereignispfad Ein Diagramm, das den Sender und den Empfänger von Ereignissen und Ereignisfolgen zeigt.

erste Normalform (in einer relationalen Datenbank) Eigenschaft eines Schemas. Keiner der Attributwerte kann weiter unterteilt werden.

Erweiterbarkeit Eine Eigenschaft von Software. Neue Arten von Objekten oder Funktionalität können hinzugefügt werden, ohne daß der Code wesentlich verändert werden muß.

Erweiterung (bei der Generalisierung) Hinzufügen neuer Merkmale durch eine Unterklasse.

externes Schema (in einer relationalen Datenbank) Ein Entwurf aus der Perspektive einer einzelnen Anwendung.

feuern (in der dynamischen Modellierung) Veranlassen, daß eine Transition eintritt.

Fortpflanzung Das automatische Anwenden einer Operation auf ausgewählte Objekte in einem Netzwerk, wenn die Operation an einem Anfangspunkt innerhalb des Netzwerks in Gang gesetzt wird.

Fremdschlüssel (in einer relationalen Datenbank) Ein Primärschlüssel einer Tabelle, der in eine andere (oder die gleiche) Tabelle eingebettet ist.

funktionales Modell Beschreibung der Aspekte eines Systems, die Werte transformieren. Dies geschieht mit Hilfe von Funktionen, Abbildungen, Einschränkungen und funktionalen Abhängigkeiten.

Garbage-Collection-Mechanismus Ein Sprachmechanismus, der automatisch den Speicherplatz von Datenstrukturen freigibt, auf die kein Zugriff mehr möglich ist und die daher nicht mehr benötigt werden.

Generalisierung Die Relation zwischen einer Klasse und einer oder mehreren verfeinerten oder spezialisierten Versionen dieser Klasse.

generische Klasse (siehe *parametrisierte Klassen*).

geschützt (bezogen auf ein Attribut oder eine Operation einer Klasse in C++) Zugänglich für Methoden aller Nachfahren der aktuellen Klasse. (Siehe auch *öffentlich* und *privat*.)

gleichrangig Zwei oder mehr Teilsystem-Komponenten, die gegenseitig auf ihre Dienste zugreifen. (Siehe auch *Client* und *Versorger*.)

großes Programmierprojekt Das Erzeugen großer, komplexer Programme in Programmiererteams.

Handlungsobjekt (in einem Datenflußdiagramm) Ein aktives Objekt, das den Datenflußgraphen aktiviert, indem es Werte erzeugt oder verbraucht.

hybride objektorientierte Sprache Eine Sprache, die sowohl objektorientierte Typen (Klassen) als auch nicht objektorientierte Typen (primitive Typen) besitzt.

Identität Eine charakteristische Eigenschaft eines Objekts, die eine eigenständige Existenz des Objekts ermöglicht, obwohl es möglicherweise die gleichen Datenwerte besitzt wie ein anderes Objekt.

Implementierung Eine Phase des Entwicklungszyklus, in der ein Entwurf in eine ausführbare Form, z.B. eine Programmiersprache oder Hardware, umgesetzt wird.

Implementierungsmethode (Stil) Eine Methode, die bestimmte Berechnungen auf voll-spezifizierten Argumenten implementiert, aber keine kontextabhängigen Entscheidungen trifft. (Siehe auch Verfahrensmethode.)

Index Eine Datenstruktur, die einen oder mehrere Attributwerte auf die Objekte oder die Tabellenzeilen einer Datenbank abbildet, die die Werte aufnehmen. Dient normalerweise der Optimierung.

indirekte Instanz Ein Objekt, das eine Instanz einer Klasse und zugleich eine Instanz einer Unterklasse der Klasse ist.

Information Hiding (siehe Kapselung).

inhärent parallel Zwei Objekte, die Ereignisse gleichzeitig empfangen können, ohne zu interagieren.

Instantiierung Der Prozeß, Instanzen aus Klassen zu erzeugen.

Instanz Ein von einer Klasse beschriebenes Objekt.

Instanzendiagramm Ein Objektdiagramm, das die Relationen einer bestimmten Menge von Objektinstanzen beschreibt.

Instanzenvariable (in Smalltalk) Ein Attribut.

Integrität (in einer relationalen Datenbank: siehe *Entitätenintegrität* und *referentielle Integrität*).

interaktive Schnittstelle Ein System, in dem Interaktionen zwischen dem System und externen Agenten wie Anwendern, Geräten und anderen Programmen überwiegen.

internes Schema (in einer relationalen Datenbank) Der eigentliche Code, der notwendig ist, um das konzeptuelle Schema zu implementieren.

Invariante Eine Aussage über eine Bedingung oder Relation, die immer wahr sein muß. (Siehe auch *Einschränkung* und *Zusicherung*.)

Iterator Ein Sprachkonstrukt, das die Iteration (das Durchsuchen) über einem Wertebereich oder einer Kollektion von Objekten steuert.

Kandidatenschlüssel Eine minimale Menge von Attributen, die eine Instanz oder Verknüpfung eindeutig identifiziert.

Kapselung Eine Modellierungs- und Implementierungstechnik, die die externen Aspekte eines Objekts von den internen Implementierungsdetails des Objekts trennt (Wird auch als *Information Hiding* bezeichnet.)

Klasse Eine Beschreibung einer Gruppe von Objekten mit ähnlichen Eigenschaften, gemeinsamem Verhalten, gemeinsamen Relationen und einer gemeinsamen Semantik.

Klassenattribut Ein Attribut, dessen Wert für eine ganze Klasse von Objekten gilt, im Gegensatz zu einem für jede Instanz individuellen Wert.

Klassendeskriptor Ein Objekt, das eine Klasse selbst repräsentiert und eine Liste von Attributen und Methoden sowie die Werte aller Klassenattribute enthält. Klassendeskriptoren werden in einigen, nicht in allen Sprachen implementiert. Ein Klassendeskriptor ist eine Instanz einer *Metaklasse*.

Klassendiagramm Ein Objektdiagramm, das Klassen als Schema, Muster oder Template für viele mögliche Dateninstanzen beschreibt. (Siehe auch *Instanzendiagramm.*)

Klassenoperation Eine Operation auf einer Klasse, nicht auf Instanzen der Klasse. Ein Beispiel für eine Klassenoperation ist eine Operation zur Instanzenerzeugung.

Klassenvariable (in Smalltalk) Ein Attribut eines Klassendeskriptor-Objekts; ein *Klassenattribut.*

Klassifikation Eine Gruppierung von Objekten mit der gleichen Datenstruktur und dem gleichen Verhalten.

Kohärenz Eine Eigenschaft einer Entität – einer Klasse, einer Operation oder eines Moduls. Eine Entität ist kohärent, wenn sie nach einem konsistenten Plan organisiert ist und alle ihre Teile auf ein gemeinsames Ziel hin ausgerichtet sind.

konkrete Klasse Eine Klasse, die direkte Instanzen besitzen kann.

Konstruktor (in C++) Eine Operation, die eine neu erzeugte Instanz einer Klasse initialisiert. (Siehe auch *Destruktor*).

kontinuierliche Verarbeitung Ein System, in dem die Ausgaben aktiv von sich ändernden Eingaben abhängen und periodisch aktualisiert werden müssen. (Siehe auch Batch-Verarbeitung.)

Kontrollfluß (in einem Datenflußdiagramm) Ein Boolescher Wert, der bestimmt, ob ein Prozeß ausgeführt wird.

Kontrollstrang Ein Ausführungspfad durch ein Programm, ein dynamisches Modell oder eine andere Repräsentation des Kontrollflusses.

Kontur (in einem Zustandsdiagramm) Bild eines Zustands, der Unterzustände enthalten kann. Die Kontur für einen Zustand umschließt die Konturen seiner Unterzustände vollständig.

konzeptuelles Schema (in einer relationalen Datenbank) Ein Entwurf aus der Perspektive eines ganzen Unternehmens.

Lambda-Transition (siehe *automatische Transition*).

Mehrfachvererbung Eine Art von Vererbung, die es ermöglicht, daß eine Klasse mehr als eine Oberklasse besitzt und Merkmale von allen Vorfahrenklassen erbt.

Merkmal Ein Attribut oder eine Operation einer Klasse.

Message (in Smalltalk) Aufruf einer Operation auf einem Objekt. Besteht aus einem Operationsnamen und einer Liste von Argumentwerten.

Metadaten Daten, die andere Daten beschreiben.

Metaklasse Eine Klasse, die andere Klassen beschreibt.

Methode Die Implementierung einer Operation für eine bestimmte Klasse.

Methoden-Caching Eine Optimierung der Methodensuche: die Adresse einer Methode wird bei der ersten Anwendung der Operation auf ein Objekt einer Klasse gefunden und dann in einer Tabelle gespeichert, die an die Klasse gebunden ist.

Methodenresolution (in einer Programmiersprache) Der Prozeß, eine Operation auf einem Objekt mit der korrekten Methode für die Klasse des Objekts zu matchen.

Methodologie (im Software Engineering) Ein Prozeß für die organisierte Produktion von Software unter Verwendung verschiedener vordefinierter Techniken und Notationskonventionen.

Modell Eine Abstraktion, die dazu dient, ein System zu verstehen, bevor es gebaut wird.

Modul Eine kohärente Untermenge eines Systems. Enthält eine eng gekoppelte Gruppe von Klassen und ihre Relationen.

Multiplizität Die Anzahl der Instanzen einer Klasse, die mit einer einzelnen Instanz einer assoziierten Klasse verbunden sein können. (Eine andere Bezeichnung ist Kardinalität.)

Nachbedingung Eine Bedingung, zu deren Erfüllung sich die Operation selbst verpflichtet.

Nachfahrenklasse Eine Klasse, die eine direkte oder indirekte Unterklasse einer gegebenen Klasse ist.

Normalform (in einer relationalen Datenbank) Eine Menge von Regeln, die Konsistenzprobleme reduzieren, die sich aus der Aktualisierung von Tabellen ergeben.

NULL (in einer relationalen Datenbank) Ein Spezialwert, der einen Attributwert bezeichnet, der nicht bekannt oder für eine gegebene Zeile nicht anwendbar ist.

Oberklasse (in einer Generalisierung) Eine abstraktere Version einer anderen Klasse, der Unterklasse.

Object Modeling Technique Eine objektorientierte Entwicklungsmethodologie, die Objektmodelle, dynamische Modelle und funktionale Modelle während des gesamten Lebenszyklus verwendet. Abkürzung *OMT*.

Objekt Ein Konzept, eine Abstraktion oder ein Gegenstand mit klaren Abgrenzungen und einer präzisen Bedeutung für das anstehende Problem; eine Instanz einer Klasse.

Objektdiagramm Eine grafische Repräsentation des Objektmodells, die Relationen, Attribute und Operationen zeigt. (Siehe *Instanzendiagramm* und *Klassendiagramm*, die normalerweise einen Einzelfall beschreiben. Modelle mit Metadaten erlauben diese Dichotomie jedoch nicht.)

Objektentwurf Eine Phase des Entwicklungszyklus, in der die Implementierung jeder Klasse, jeder Assoziation, jedes Attributs und jeder Operation festgelegt wird.

Objektmodell Eine Beschreibung der Struktur der Objekte in einem System einschließlich ihrer Identität, Relationen zu anderen Objekten, Attribute und Operationen.

objektorientiert Eine Software-Entwicklungsstrategie, die Software als Kollektion von Objekten organisiert, die sowohl Datenstruktur als auch Verhalten enthalten. Abkürzung *OO*.

objektorientierte Entwicklung Eine Software-Entwicklungstechnik, die Objekte als Grundlage für die Analyse, den Entwurf und die Implementierung verwendet.

objektorientierte Programmiersprache Eine Sprache, die Objekte (in denen sich Identität, Daten und Operationen verbinden), Methodenresolution und Vererbung unterstützt.

öffentlich (bezogen auf ein Attribut oder eine Operation einer Klasse) Für Methoden aller Klassen zugänglich. (Siehe auch *privat*.)

OMT (Abkürzung) *Object Modeling Technique.*

OO (Abkürzung) *objektorientiert.*

OODBMS (Abkürzung) *objektorientiertes Datenbank-Verwaltungs-System.*

OOPS (Abkürzung) *objektorientierte Programmiersprache.*

Operation Eine Funktion oder Transformation, die auf Objekte in einer Klasse angewendet werden kann.

Paket (in einer Programmiersprache wie Ada) Ein syntaktischer Block mit einer wohldefinierten Schnittstelle, über die die Sichtbarkeit des Inhalts gesteuert wird.

parallel Zwei oder mehr Tasks, Aktivitäten oder Ereignisse, deren Ausführung sich zeitlich überlappen kann.

parametrisierte Klasse Ein Template (Schablone), mit dem reale Klassen erzeugt werden können. Die Klassen können auf wohldefinierte Weise – wie von Parametern zur Erzeugungszeit spezifiziert – vom Template abweichen. Die

Parameter sind oft Datentypen oder Klassen oder aber auch andere Attribute, wie die Größe einer Kollektion. (Eine andere Bezeichnung ist *generische Klasse*.)

Partition Ein Teilsystem, das eine bestimmte Art von Dienstleistung bereitstellt. Eine Partition kann auf maschinennäheren Teilsystemen aufsetzen. (Siehe auch *Schicht*.)

persistente Daten Daten, die die Ausführung eines bestimmten Programms überdauern.

Polymorphismus Nimmt unterschiedliche Formen an; die Eigenschaft, daß eine Operation sich auf unterschiedlichen Klassen unterschiedlich verhalten kann.

Primärschlüssel (in einer relationalen Datenbank) Eine Kombination aus einem oder mehreren Attributen, deren Wert jede Zeile in einer Tabelle eindeutig lokalisiert.

privat (bezogen auf ein Attribut oder eine Operation einer Klasse) Nur für Methoden der aktuellen Klasse zugänglich. (Siehe auch *öffentlich*.)

Protokoll Spezifikation der Semantik einer Operation, einschließlich ihrer Signatur, einer Beschreibung der von der Operation durchgeführten Funktion und allen vorhandenen Vor- oder Nachbedingungen.

Prozeß (in einem Datenflußdiagramm) Etwas, das Datenwerte transformiert.

Qualifikationsangabe Ein Attribut eines Objekts, das die Objekte innerhalb der Menge von Objekten am m-Ende einer Assoziation unterscheidet.

qualifizierte Assoziation Eine Assoziation, die zwei Klassen und eine Qualifikationsangabe verbindet; eine binäre Assoziation, deren erster Teil ein Kompositum aus einer Klasse und einer Qualifikationsangabe und deren zweiter Teil eine Klasse ist.

referentielle Integrität (in einer relationalen Datenbank) Eine Eigenschaft einer Datenbank: jeder Fremdschlüssel ist mit seinem entsprechenden Primärschlüssel konsistent.

reflektiv Eine Eigenschaft eines Systems. Heißt, daß das System seine eigene Struktur dynamisch analysieren und über seinen Zustand schließen kann.

rekursives aggregiertes Objekt Ein aggregiertes Objekt, das direkt oder indirekt eine Instanz eines gleichartigen aggregierten Objekts enthält.

Relation (mathematisch) Eine Menge von Tupeln, normalerweise aus einer Liste spezifizierter Definitionsbereiche; (relationale Datenbank) eine Tabelle in der Datenbank.

relationale Datenbank Eine Datenbank, die von einem relationalen DBMS verwaltet wird.

relationales DBMS Ein Computerprogramm, das eine Abstraktion relationaler Tabellen für den Benutzer bereitstellt. Es muß drei Arten von Funktionalität bieten: Daten in Form von Tabellen darstellen, Operatoren zur Manipulation der Tabellen bereitstellen und Integritätsregeln auf Tabellen unterstützen.

robust Eine Software-Eigenschaft. Meint, daß die Software nicht völlig scheitert, wenn eine der beim Entwurf zugrundegelegten Annahmen verletzt wird.

Rolle Ein Ende einer Assoziation.

Rollenname Ein Name, der ein Ende einer Assoziation eindeutig identifiziert.

Schema Die Struktur oder das Muster der Daten in einer Datenbank.

Schicht Ein Teilsystem, das mehrere Dienste bereitstellt, die alle den gleichen Abstraktionsgrad aufweisen. Setzt auf Teilsystemen mit einem niedrigeren Abstraktionsgrad auf. (Siehe auch *Partition*.)

schwache Typbildung Eine Eigenschaft einer Programmiersprache: der Typ von Variablen muß nicht deklariert werden. (Siehe auch *strenge Typbildung*).

self (in Smalltalk) Der Standardname des Zielobjekts einer Methode. (Entspricht *this* in C++ und *Current* in Eiffel).

Sicht (in einer relationalen Datenbank) Eine virtuelle Tabelle, die von einer oder mehreren zugrundeliegenden Tabellen abgeleitet ist.

Signatur (für ein Attribut) der Typ des Attributs; (für eine Operation) die Anzahl und die Typen ihrer Argumente sowie der Ergebnistyp.

Spezialisierung Das Erzeugen von Unterklassen aus einer Oberklasse durch Verfeinern der Oberklasse.

SQL Eine Standardsprache für die Interaktion mit einem relationalen DBMS.

Steuerung Der Aspekt eines Systems, der die Folgen von Operationen beschreibt, die als Reaktion auf einen Reiz ausgeführt werden.

strenge Typbildung Eine Eigenschaft einer Programmiersprache: der Typ jeder Variable muß deklariert werden. (Siehe auch *schwache Typbildung*.)

Strukturdiagramm Ein Graph in Baumform, in dem die Knoten Prozeduren und die Kanten Relationen zwischen aufrufenden und aufgerufenen Operationen repräsentieren.

System Eine organisierte Kollektion von interagierenden Komponenten.

Systementwicklungs-Lebenszyklus Der Prozeß, ein Hardware-/Softwaresystem zu erzeugen. Umfaßt Konzeption, Analyse, Entwurf, Implementierung, Testen und Wartung.

Systementwurf Die erste Entwurfsphase, während der globale Entscheidungen über die Gesamtstruktur des Systems, seine Architektur und die Implementierungsstrategien getroffen werden.

Szenario (in der dynamischen Modellierung) Eine Folge von Ereignissen, die bei einer bestimmten Ausführung des Systems auftreten.

Tabelle (in einer relationalen Datenbank) Eine Art der Datenorganisation mit einer bestimmten Zahl von Spalten und einer beliebigen Zahl von Zeilen. Wird oft als Relation bezeichnet.

Teilsystem Eine größere Komponente eines Systems, die ein kohärentes Thema abdeckt. Ein System kann entweder durch *Partitionen* oder durch *Schichten* in Teilsysteme unterteilt werden.

ternäre Assoziation Eine Assoziation zwischen drei Klassen.

this (in C++) Der Standardname des Zielobjekts einer Methode. (Entspricht *self* in Smalltalk und *Current* in Eiffel.)

Transaktionsmanager Ein Datenbanksystem, dessen wichtigste Funktion die Speicherung von und der Zugriff auf Informationen ist.

Transition Eine Zustandsveränderung, die durch ein Ereignis verursacht wird.

Triggering (siehe Fortpflanzung).

Tupel Eine geordnete Liste von Datenwerten.

Typ Eine Menge von Werteobjekten mit ähnlichem Verhalten. Wird normalerweise durch die auf dem Typ definierten Operationen ausgedrückt, ohne Berücksichtigung der potentiellen Implementierung des Typs. Ein Typ ist eine semantische Eigenschaft.

überladen (in einer Sprache) Binden des gleichen Namens an verschiedene Operationen, deren Signaturen sich von der Anzahl der Argumente oder den Argumenttypen her unterscheiden.

überschreiben Definieren einer Methode für eine Operation, die eine geerbte Methode für die gleiche Operation ersetzt.

Unterklasse (in einer Generalisierung) Eine verfeinerte Version einer anderen Klasse, der Oberklasse. Eine Instanz der Unterklasse ist auch eine Instanz der Oberklasse.

unveränderliches aggregiertes Objekt Ein aggregiertes Objekt. Die Anzahl und die Typen der Bestandteile sind vordefiniert. (Siehe auch *variables aggregiertes Objekt*).

Ursprungsklasse Die oberste Klasse, die ein Attribut oder eine Operation definiert.

variables aggregiertes Objekt Ein aggregiertes Objekt. Besitzt eine endliche Zahl von Ebenen, während die Zahl der Bestandteile variieren kann. (Siehe auch *unveränderliches aggregiertes Objekt*).

Vereinigungsklasse (bei der Mehrfachvererbung) Eine Klasse mit mehr als einer Oberklasse.

Vererbung Ein objektorientierter Mechanismus, der es ermöglicht, daß Klassen Attribute und Operationen gemeinsam nutzen. Basiert auf einer Relation, meistens auf Generalisierung.

Verfahren Treffen kontextabhängiger Entscheidungen.

Verfahrensmethode (Stil) Eine Methode, die kontextabhängige Entscheidungen trifft, die Steuerung an andere Methoden weiterreicht, Aufrufe maschinennäherer Methoden kombiniert und parametriert und Zustände und Fehler prüft. Zur

Durchführung detaillierter Berechnungen werden dagegen andere Methoden aufgerufen. (Siehe auch *Implementierungsmethode*.)

Verknüpfung Eine Instanz einer Assoziation; eine physikalische oder konzeptuelle Verbindung zwischen Objekten.

Verknüpfungsattribut Ein benannter Datenwert jeder Verknüpfung in einer Assoziation.

Versorger Eine Systemkomponente, die einen Dienst für eine andere Komponente bereitstellt. Die Komponente, die den Dienst anfordert, heißt Client.

virtuell Etwas, das nur konzeptuell, aber nicht tatsächlich existiert; (in C++) eine Operation, die durch eine Nachfahrenklasse überschrieben werden kann.

Vorbedingung Eine Bedingung, zu deren Erfüllung sich der Aufrufer einer Operation verpflichtet.

Vorfahrenklasse Eine Klasse, die eine direkte oder indirekte Oberklasse einer gegebenen Klasse ist.

Wächterbedingung (in der dynamischen Modellierung) Ein Boolescher Ausdruck, der wahr sein muß, damit eine Transition eintreten kann.

Wertebereich (mathematisch) Die Menge, über der die Ergebnisse einer Funktion definiert sind.

Zeiger Ein Attribut in einem Objekt, das einen expliziten Verweis auf ein anderes Objekt enthält. Zeiger sind Implementierungskonstrukte, die Assoziationen entsprechen.

Zusicherung Eine Anweisung, die eine Bedingung oder Relation betrifft, die, wenn sie abgeprüft wird, entweder wahr oder falsch sein kann. (Siehe auch *Einschränkung* und *Invariante*.)

Zustand Die Werte der Attribute und Verknüpfungen eines Objekts zu einem bestimmten Zeitpunkt.

Zustandsdiagramm Ein gerichteter Graph, in dem Knoten Systemzustände und Kanten Transitionen zwischen Zuständen repräsentieren.

zweite Normalform (in einer relationalen Datenbank) Eigenschaft eines Schemas: Das Schema hält die erste Normalform ein und jede Zeile enthält einen Primärschlüssel.

Antworten zu ausgewählten Übungen

Welche Übungen beantwortet werden, richtet sich nach den folgenden Kriterien: Übungen mit kurzen Antworten in den Grundlagenkapiteln; Übungen, die kapitelübergreifend sind, weil sie neuen Stoff einführen; Schlüsselübungen bei mehreren Fragen hintereinander; Antworten, die subtile oder schwierige Punkte klären; sowie Prototypen für reale, häufig auftretende Probleme. Für die meisten Übungen sind mehrere korrekte Antworten möglich. Die hier abgedruckten Antworten verstehen sich daher als Anregung und sollten nicht zur Überprüfung der Korrektheit genutzt werden.

1.5b. Bei kriminalpolizeilichen Ermittlungen wird eine Kombination aus Photos, Fingerabdrücken, Blutgruppentests, DNA-Analyse und zahnärztlichen Krankenblättern verwendet, um lebende und/oder tote Personen zu identifizieren, die von einer kriminalpolizeilichen Ermittlung betroffen bzw. ihr Gegenstand sind.

d. Telefonnummern sind geeignet, fast jedes Telefon der Welt zu identifizieren. Im allgemeinen besteht eine Telefonnummer aus der Vorwahl des Landes plus der Ortsnetzkennzahl plus der Rufnummer plus einer optionalen Durchwahlnummer. Unternehmen verwenden möglicherweise eigene Telefonsysteme mit anderen Konventionen. In Abhängigkeit vom relativen Standort des Telefons, das Sie anrufen, werden Teile der Nummer (z.B. die Ortsnetzkennzahl) impliziert und können deshalb weggelassen werden. Dagegen können zusätzliche Ziffern erforderlich sein, um aus einem lokalen Bereich hinaus zu telefonieren. Ein Anruf in Paris erfordert eine Landesvorwahl (33) + Ortsnetzkennzahl (1) + Rufnummer (8stellig).

g. Eine Möglichkeit, Mitarbeitern nach Büroschluß begrenzt Zugang zu einem Firmengebäude zu geben, sind spezielle, elektronisch lesbare Karten. Wenn ein Mitarbeiter eine Karte verliert und dies nicht meldet, kann natürlich eine Person, die die Karte findet, sich damit unberechtigten Zutritt verschaffen. Eine andere Möglichkeit sind Ausweise mit Photos. In diesem Fall muß ein Pförtner die Kontrolle übernehmen.

1.8a. Alle aufgeführten Geräte verbessern auf die eine oder andere Weise das Sehvermögen. Mit Ausnahme des Rasterelektronenmikroskops arbeiten alle genannten Geräte, indem sie Licht reflektieren oder brechen. Brillen und Ferngläser sind für die Verwendung mit zwei Augen entworfen, die restlichen Objekte für die Verwendung mit einem Auge. Teleskope, Zielsichtgeräte und Ferngläser werden benutzt, um weit entfernt liegende Dinge zu sehen. Ein Mikroskop wird verwendet, um etwas sehr kleines zu vergrößern. Brillen können vergrößern oder verkleinern, je nachdem, ob sie für eine kurzsichtige oder weitsichtige Person bestimmt sind. Andere Klassen, die in diese Liste aufgenommen werden könnten, sind optische Mikroskope, Kameras und Vergrößerungsgläser.

b. Sowohl Rohrleitungen als auch Absperrventile, Wasserhähne, Filter und Druckmesser sind Artikel aus dem Bereich Sanitärinstallation mit bestimmten Temperatur- und Druckwerten. Darüber hinaus muß ihre Kompatibilität mit unterschiedlichen Flüssigkeiten berücksichtigt werden. Absperrventile und Wasserhähne können zur Steuerung des Durchflusses verwendet werden. Mit Ausnahme des Druckmessers haben alle aufgeführten Teile zwei Enden und legen eindeutig fest, welchen Druck eine bestimmte Flüssigkeit annehmen darf. Alle Teile sind passiv. Andere mögliche Klassen wären Pumpen, Tanks und Klemmverbindungen.

f.   Wurzel, Exponentiation, Sinus und Cosinus sind Funktionen einer einzelnen Varia-
     blen. Sowohl reelle als auch komplexe Definitionen werden verwendet. Jede der
     Funktionen bildet als reelle Funktion eine Eingabe in eine reelle Ausgabe ab. Als
     reelle Funktion ist Quadratwurzel nur für nicht-negative Zahlen definiert. Dagegen
     bildet jede der Funktionen als komplexe Funktion eine komplexe Eingabe in eine
     komplexe Ausgabe ab.

2.3a. Bei einem Transatlantikkabel ist die Salzwasserbeständigkeit die Hauptüberlegung.
     Das Kabel muß lange Zeit ungewartet auf dem Meeresgrund liegen. Das Verhältnis
     von Stärke/Gewicht ist wichtig, um einen Bruch bei der Kabelinstallation zu vermei-
     den. Die Kosten sind ein wichtiger wirtschaftlicher Faktor.

c.   Bei einem Draht, der im elektrischen System eines Flugzeugs verwendet wird,
     kommt es auf die folgenden Eigenschaften an: das Gewicht, da dieses sich auf das
     Gesamtgewicht des Flugzeugs auswirkt; die Robustheit der Isolierung, um ein
     Durchscheuern bei Vibrationen zu vermeiden; und die Feuerbeständigkeit der Iso-
     lierung, um die Entstehung elektrischer Funken während des Fluges zu verhindern.

3.2 Abbildung A3.2 zeigt ein mögliches Klassendiagramm. Für die Konstruktion eines
     Polygons sind mindestens drei Punkte erforderlich. Die Tatsache, daß Punkte sich
     in einer Reihenfolge befinden, kann durch die Angabe ausgedrückt werden, daß die
     Assoziation geordnet ist. Die Multiplizität der Assoziation hängt davon ab, wie
     Punkte identifiziert werden. Wenn ein Punkt durch seine Lage identifiziert wird,
     werden Punkte gemeinsam genutzt und die Assoziation ist eine m:m-Assoziation.
     Wenn dagegen, wie im Diagramm, jeder Punkt zu genau einem Polygon gehört, dann
     können mehrere Punkte die gleichen Koordinaten haben. Den Unterschied zwischen
     den beiden Situationen verdeutlicht die nächste Antwort.

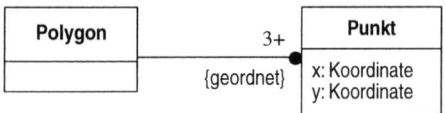

Abb. A3.2   Klassendiagramm für Polygone und Punkte

3.3a Abbildung A3.3a zeigt ein Instanzendiagramm für zwei Dreiecke mit einer gemein-
     samen Seite, bei dem ein Punkt zu genau einem Polygon gehört.

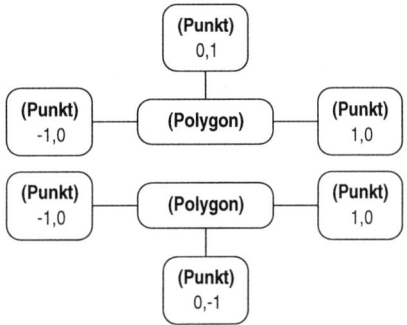

Abb. A3.3a   Instanzendiagramm, in dem jeder Punkt zu genau einem Polygon ge-
                hört.

b.   Abbildung A3.3b zeigt ein Instanzendiagramm für zwei Dreiecke mit einer gemein-
      samen Seite, bei dem Punkte gemeinsam genutzt werden können.

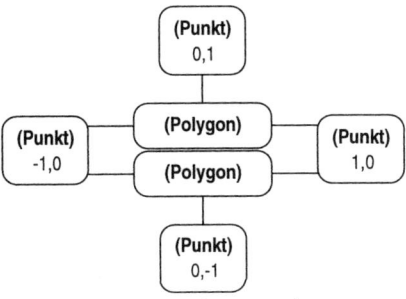

Abb. A3.3b Instanzendiagramm, bei dem jeder Punkt mehreren Polygonen angehören kann

3.8a. Ein Instanzendiagramm für den Ausdruck $(X + Y / 2) / (X / 3 + Y)$ sehen Sie in
Abbildung A3.8a. Das Objektdiagramm in der Übung ist eigentlich ein Metamodell
für binäre Ausdrücke. Klammern sind für eine Infix-Repräsentation erforderlich, sie
werden aber im Metamodell nicht benötigt. Es gibt andere Repräsentationen, z.B.
Postfix-Repräsentationen, bei denen Klammern ebenfalls nicht erforderlich sind.
Beispielsweise sieht der gleiche Ausdruck in einer Postfix-Repräsentation so aus:
$X Y 2 / + X 3 / Y + /$.

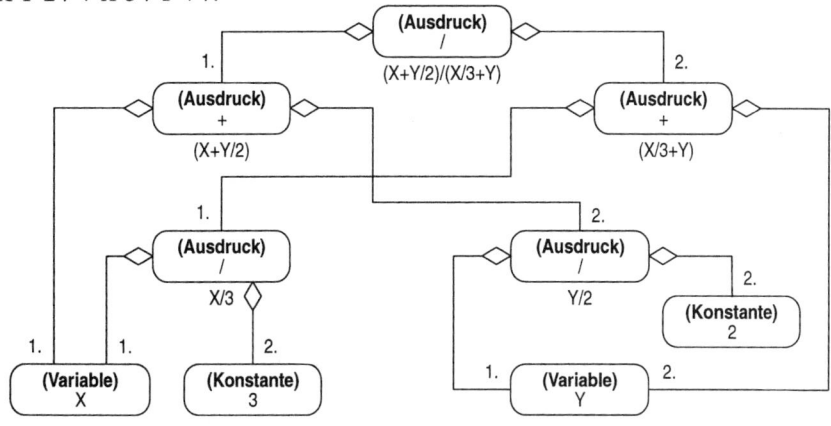

Abb. A3.8a Instanzendiagramm für den Ausdruck $(X + Y / 2) / (X / 3 + Y)$

Das Diagramm in dieser Übung enthält eine Rekursion. Ausdrücke werden aus
Termen gebildet, die ihrerseits Ausdrücke sein können. Sehr komplexe Ausdrücke
können repräsentiert werden, führen dann aber zu komplexen Instanzendiagrammen.

Abbildung Ü3.6 zeigt, daß Terme von Ausdrücken gemeinsam genutzt werden
können. Damit vergleichbar ist die gemeinsame Nutzung von Punkten in Übung 3.3.
Wenn die Richtung der Verknüpfungen in den entsprechenden Instanzendiagrammen
berücksichtigt wird, dann sind die Instanzendiagramme gerichtete azyklische Graphen.

Das in Abbildung A3.8a gezeigte Instanzendiagramm behandelt *Term* als eine abstrakte Klasse, weil nur direkte Instanzen der Klassen *Ausdruck, Variable* und *Konstante* gezeigt werden.

Die Teilausdrücke im Instanzendiagramm werden aus Gründen der Klarheit gezeigt. Um Platz zu sparen, wurden die Rollennamen *erster Operand* und *zweiter Operand* durch *1.* und *2.* ersetzt. Beachten Sie beim Lesen des Instanzendiagramms, daß sich die Rollennamen am *Term*-Ende der Assoziationen befinden.

b.   Abbildung A3.8b zeigt, wie das Klassendiagramm auf die gemeinsame Nutzung von Termen und die Zulässigkeit unärer Minusvorzeichen erweitert werden kann. Beachten Sie, daß die Multiplizität des zweiten Operanden wegen der Möglichkeit eines unären Operators null oder eins ist. Darüber hinaus drückt das Diagramm die Tatsache, daß jeder Term zu genau einem Ausdruck gehören muß, nicht besonders gut aus. Das Diagramm könnte verbessert werden, indem man die beiden Assoziationen zwischen *Term* und *Ausdruck* durch eine qualifizierte Assoziation mit der Qualifikationsangabe *Operand* ersetzt. Dies würde zu einer Multiplizität von genau 1 am *Ausdruck*-Ende der Assoziation führen. Mehrere andere Variationen sind denkbar.

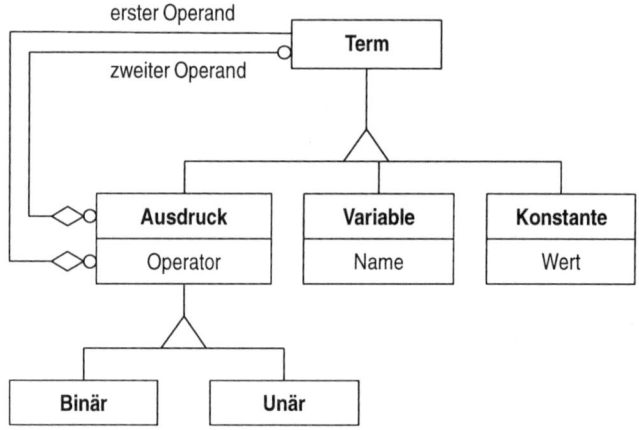

Abb. A3.8b   Erweitertes Klassendiagramm für einfache arithmetische Ausdrücke

3.22   Abbildung A3.22 zeigt ein Objektdiagramm für das Fünf-Philosophen-Problem. Die 1:1-Assoziationen beschreiben die relativen Plätze der Philosophen und Gabeln. Die *In-Verwendung*-Assoziation beschreibt, wer gerade welche Gabeln benutzt. Andere Repräsentationen sind je nach Ihrer Problemsicht möglich. Ein Instanzendiagramm kann dabei helfen, das Problem besser zu verstehen.

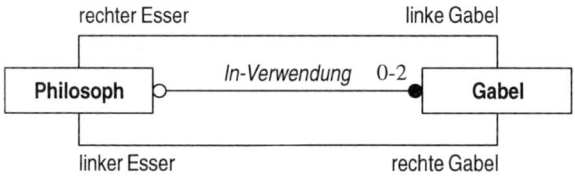

Abb. A3.22   Objektdiagramm für das Fünf-Philosophen-Problem

3.23 Diese Übung ist wichtig, weil Graphen in vielen Anwendungen vorkommen. Mehrere Variationen sind je nach Ihrer Problemsicht möglich. Abbildung A3.23a repräsentiert nicht-gerichtete Graphen exakt entsprechend der Beschreibung in der Übung. Wenn in Ihrer Antwort die Klasse *Nicht-gerichteter Graph* fehlt, so ist dies korrekt, wenn auch nicht ganz so exakt.

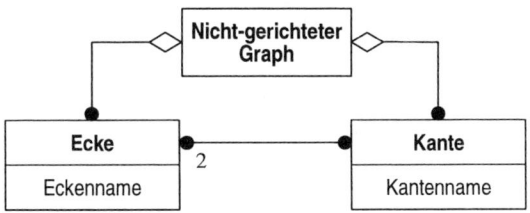

Abb. A3.23a   Objektdiagramm für nicht-gerichtete Graphen

Bei einigen mit Graphen verbundenen Problemen hat es sich als nützlich erwiesen, die Assoziation zwischen Ecken und Kanten in den Status einer Objektklasse zu erheben. Das Ergebnis sehen Sie in Abbildung A3.23b.

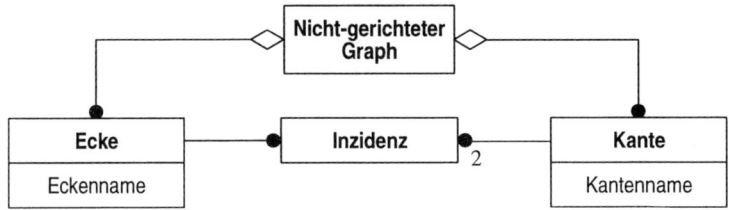

Abb. A3.23b   Objektdiagramm für nicht-gerichtete Graphen, in dem das Aufeinandertreffen von Ecken und Kanten als Objektklasse behandelt wird

3.26 Abbildung A3.26a zeigt ein mögliches Objektdiagramm, das gerichtete Graphen beschreibt. Die Unterscheidung der beiden Enden einer Kante wird durch eine qualifizierte Assoziation erreicht. Die Werte der Qualifikationsangabe *Ende* sind *von* und *zu*.

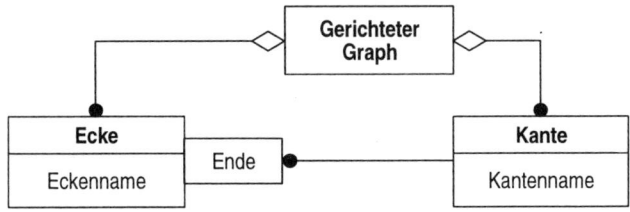

Abb. A3.26a   Objektdiagramm für gerichtete Graphen, in dem auch eine Qualifikationsangabe verwendet wird

Abbildung A3.26b zeigt eine andere Repräsentation für gerichtete Graphen. Die Kantenenden werden durch getrennte Assoziationen für die beiden Kantenenden unterschieden.

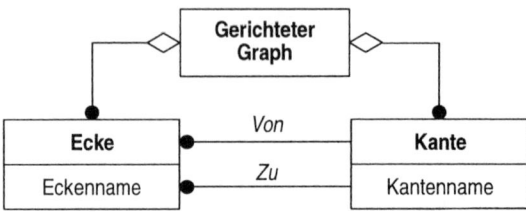

Abb. A3.26b Objektdiagramm für gerichtete Graphen, in dem zwei Assoziationen verwendet werden

Der Vorteil einer qualifizierten Assoziation besteht darin, daß nur eine Assoziation abgefragt werden muß, um eine oder beide der mit einer gegebenen Kante verbundenen Ecken zu finden. Wenn die Qualifikationsangabe nicht spezifiziert ist, können beide Ecken gefunden werden. Indem man *von* oder *zu* für die Qualifikationsangabe *Ende* spezifiziert, kann die Ecke gefunden werden, die mit einer Kante an dem gegebenen *Ende* verbunden ist.

Die Verwendung zweier getrennter Assoziationen hat den Vorteil, daß die Notwendigkeit entfällt, Werte von Aufzählungstypen für die Qualifikationsangabe *Ende* zu verwenden.

3.28 Abbildung A3.28 zeigt ein Objektdiagramm für Autokredite, in dem Zeiger durch Relationen ersetzt wurden.

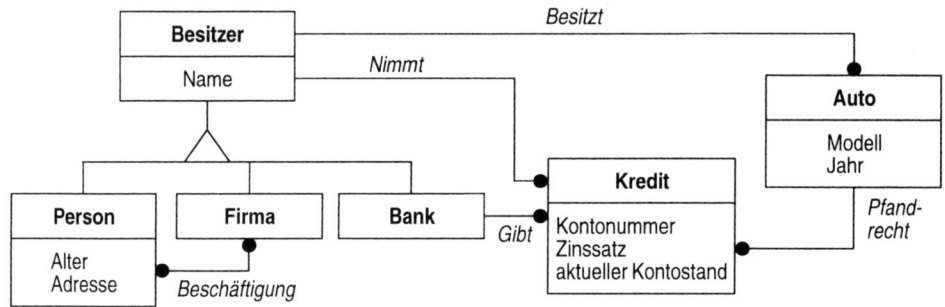

Abb. A3.28 Korrektes Objektmodell für Autokredite

In dieser Form entfällt die fragwürdige künstliche Beschränkung, daß eine Person nicht mehr als drei Arbeitgeber haben kann. Beachten Sie, daß in diesem Modell ein Besitzer mehrere Autos besitzen kann. Für ein Auto können mehrere Kredite laufen. Banken verleihen Geld an Personen, Firmen und andere Banken.

4.2   Das Objektdiagramm in Abbildung A4.2 abstrahiert die Klassen *Puffer, Auswahl* und *Blatt* zu der Oberklasse *Kollektion*. Alles in allem ist diese Überarbeitung empfehlenswert. Die Generalisierungsrelation unterstützt die Code-Wiederverwendung, weil viele Operationen für alle Unterklassen gleichermaßen gelten. Gegenüber dem ursprünglichen Diagramm wurden sechs Aggregationsrelationen mit gemeinsamen Charakteristiken auf zwei reduziert. Schließlich erfaßt die Struktur des Diagramms die Einschränkung, daß jede *Box* und jede *Verknüpfung* zu genau einer der Klassen *Puffer, Auswahl* oder *Blatt* gehören sollte.

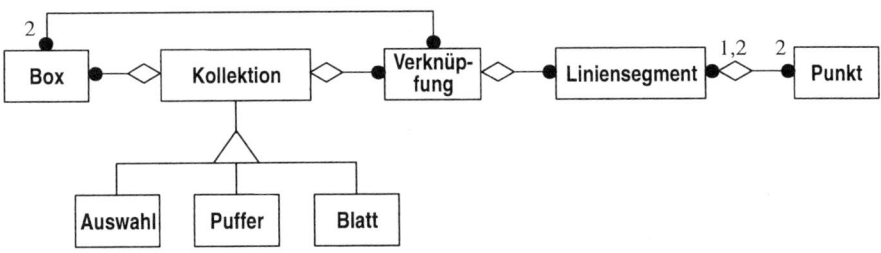

Abb. A4.2   Abstraktion der Klassen *Puffer, Auswahl* und *Blatt* zu der Klasse *Kollektion*

4.4   Abbildung A4.4 zeigt ein Objektdiagramm für einen Grafikeditor. Die Anforderung, daß eine *Gruppe* zwei oder mehr *Zeichenobjekte* enthält, wird als Multiplizität von 2+ auf *Zeichenobjekt* in der Aggregationsrelation mit *Gruppe* ausgedrückt. Die Tatsache, daß ein *Zeichenobjekt* keiner *Gruppe* anzugehören braucht, wird durch die 0:1-Multiplizität ausgedrückt.

Es ist möglich, dieses Diagramm zu überarbeiten und *Kreis* als Spezialfall von *Ellipse* und *Quadrat* als Spezialfall von *Rechteck* zu definieren.

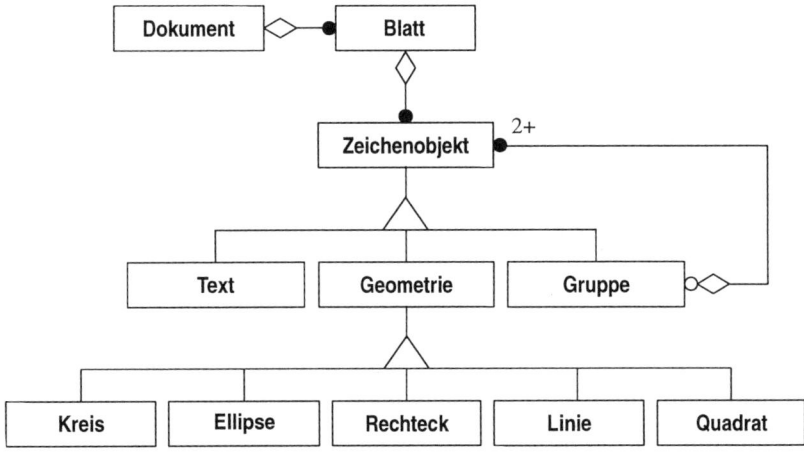

Abb. A4.4   Objektdiagramm für einen Grafikeditor, der Gruppierung unterstützt

4.8   Abbildung A4.8 zeigt ein Objektdiagramm, das die Relationen zwischen mehreren
Klassen von elektrischen Maschinen darstellt. Wir haben Attribute mit aufgenommen, dies war jedoch nicht Teil der Frage.

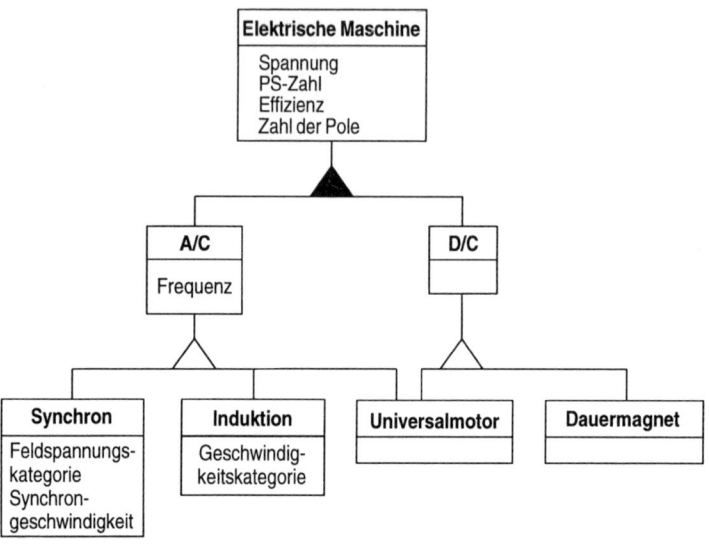

Abb. A4.8   Teil einer Taxonomie für elektrische Maschinen

4.9   Eine Möglichkeit, die Mehrfachvererbung zu entfernen, besteht darin, die Überlappung von Klassen wie in Abbildung A4.9 in eine eigene Klasse umzuwandeln.

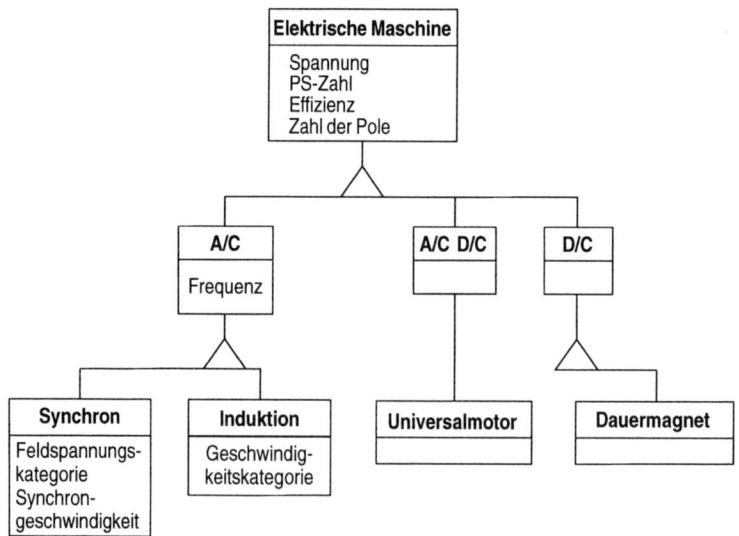

Abb. A4.9   Entfernung der Mehrfachvererbung

4.10   Das Objektdiagramm in Abbildung A4.10 ist ein Metamodell für die folgende Teilmenge der OMT-Notation: Objektklassen, Attribute und binäre Assoziationen.

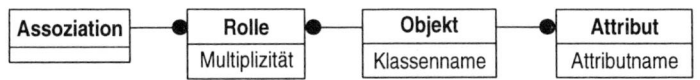

Abb. A4.10   Metamodell für eine Teilmenge der OMT-Notation

4.13   Das für die Übung angegebene Objektdiagramm unterstützt Mehrfachvererbung. Wenn eine Instanz von *Objektklasse* in mehr als einer Generalisierungsrelation eine Unterklasse ist, gibt es eine Instanz von *Generalisierungsrolle*. Dabei ist *Rollentyp* in jeder Generalisierungsrelation gleich Unterklasse.

4.14   Um mit dem angegebenen Metamodell die Oberklasse einer Generalisierung zu ermitteln, fragen Sie zunächst die Assoziation zwischen *Generalisierung* und *Generalisierungsrolle* ab, um eine Menge aller Rollen der gegebenen Instanz von *Generalisierung* zu erhalten. Danach durchsuchen Sie diese Menge von Instanzen von *Generalisierungsrolle* sequentiell, um diejenige Instanz zu finden, in der *Rollentyp* gleich *Unterklasse* ist. (Es steht zu hoffen, daß nur eine Instanz gefunden wird, in der *Rollentyp* gleich *Unterklasse* ist. Das Modell erzwingt diese Einschränkung jedoch nicht.) Schließlich überprüfen Sie die Assoziation zwischen *Generalisierungsrolle* und *Objektklasse*, um die Oberklasse zu erhalten.

Eine mögliche Überarbeitung, die die Ermittlung der Oberklasse erleichtert, zeigt Abbildung A4.14a. Um die Oberklasse einer Generalisierung zu finden, fragen Sie zunächst die Assoziation zwischen *Generalisierung* und *Oberklassenrolle* ab. Danach fragen Sie die Assoziation zwischen *Oberklassenrolle* und *Objektklasse* ab, um die entsprechende Instanz von *Objektklasse* zu finden.

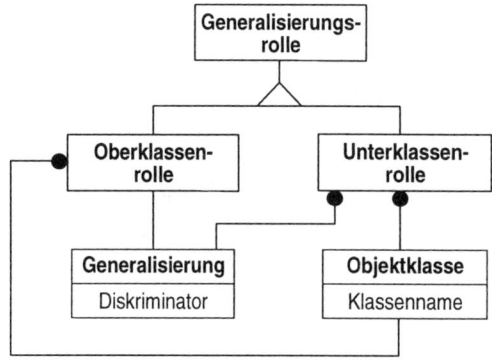

Abb. A4.14a   Metamodell einer Generalisierungsrelation mit getrennten Unterklassen- und Oberklassenrollen

Ein anderes Metamodell für Generalisierung, das Mehrfachvererbung unterstützt, sehen Sie in Abbildung A4.14b. Um die Oberklasse einer Generalisierung mit diesem Metamodell zu finden, fragen Sie einfach die Assoziation *Oberklasse* ab.

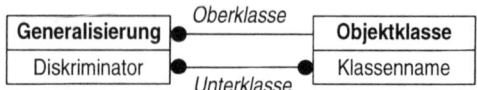

Abb. A4.14b   Vereinfachtes Metamodell für Generalisierungsrelationen

Wir behaupten nicht, daß das Metamodell in Abbildung A4.14b das bestmögliche Generalisierungsmodell ist. Es erleichtert jedoch die in der Übung gestellte Anfrage. Die Wahl eines Modells hängt darüber hinaus auch von anderen Faktoren ab.

5.3   Abbildung A5.3 zeigt das Zustandsdiagramm zur Steuerung des Scheinwerfers und der Räder einer elektrischen Eisenbahn. Das Ereignis *Strom aus-ein* ist die Folge der beiden Ereignisse *Strom aus* und – danach – *Strom ein*. Genau genommen sollte das Zustandsdiagramm vier weitere unbeschriftete Zustände für die Räder enthalten, die wir jedoch durch Einführung des Ereignisses *Strom aus-ein* umgangen haben.

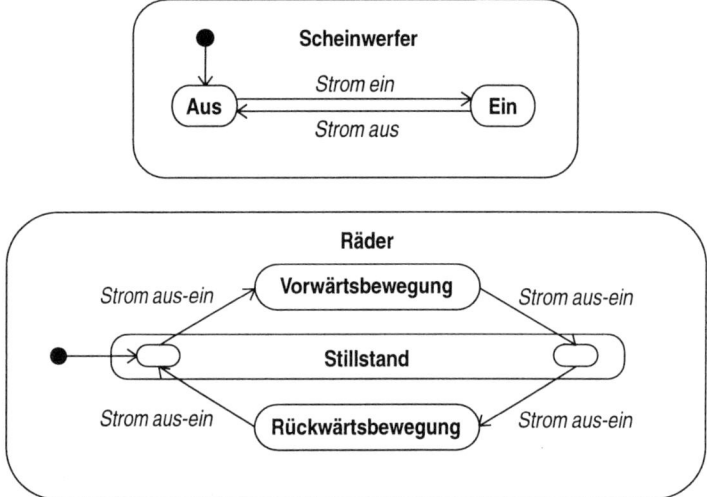

Abb. A5.3   Zustandsdiagramm für die Steuerung einer elektrischen Eisenbahn

Diese Übung wurde durch eine elektromechanische Steuerung angeregt, die ein Rad mit Kontakten besitzt. Jedes Mal, wenn Strom läuft, dreht ein mit einer Zylinderspule betriebenes Schaltrad das Rad um eine Vierteldrehung weiter. Im Stillstand ist es möglich, den Zug anzuhalten, während sich gleichzeitig Strom auf dem Gleis befindet. Wenn der Zug vorwärts gefahren ist, ehe man ihn angehalten und wegge-stellt hat, würde er beim nächsten Einschalten stillstehen.

Die Steuerung besitzt auch einen Schalter, mit dem sie unter Beibehaltung des Zustands, in dem sie sich beim Ausschalten befand, ausgeschaltet werden kann. Sie können diese Eigenschaft dem Diagramm hinzufügen. Vielleicht wollen Sie auch ein Zustandsdiagramm mit 8 Zuständen zeichnen, das zeigt, wie die Steuerung arbeitet, wenn statt des Ereignisses *Strom aus-ein* getrennte Ereignisse *Strom ein* und *Strom aus* verwendet werden.

5.5 Abbildung A5.5 zeigt ein Zustandsdiagramm für eine einfache Digitaluhr. Wir gehen davon aus, daß das Drücken eines Knopfes ein Ereignis ist und daß wir das Loslassen eines Knopfes ignorieren können. Wir bezeichnen das Drücken von Knopf A im Diagramm mit A und das Drücken von Knopf B mit B.

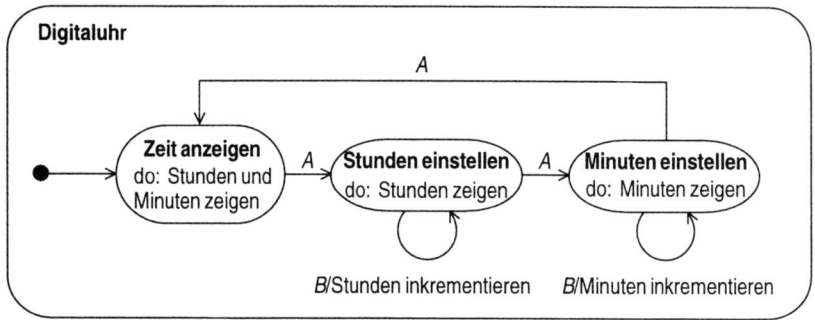

Abb. A5.5 Zustandsdiagramm für eine einfache Digitalarmbanduhr

5.10 Abbildung A5.10 zeigt das fertige Zustandsdiagramm für die in der Übung beschriebene Motorsteuerung.

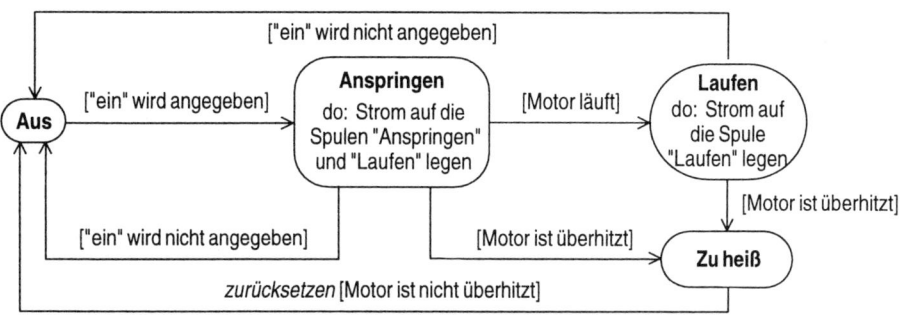

Abb. A5.10 Zustandsdiagramm für eine einfache Motorsteuerung

5.18 Diese Übung macht deutlich, daß sogar einfache Zustandsdiagramme komplexes Verhalten bewirken können. Abbildung A5.18 zeigt ein Zustandsdiagramm für das in der Übung beschriebene Szenario. Jedesmal, wenn die Kerze aus dem Halter genommen oder wieder zurückgestellt wird, tritt ein Ereignis *ändern* auf. Die Bedingung *im Norden* ist erfüllt, wenn sich das Regal hinter der Wand befindet. Die Bedingung *im Norden, Osten, Süden oder Westen* ist erfüllt, wenn das Regal nach vorne, hinten oder zur Seite schaut.

Als Sie das Regal entdeckt haben, hat es sich im Zustand *Angehalten* befunden und war nach Süden ausgerichtet. Als Ihr Freund die Kerze aus ihrem Halter genommen hat, hat ein *ändern*-Ereignis das Regal in den Zustand *Drehend* versetzt. Als das Regal nach Norden gezeigt hat, hat die Bedingung *im Norden* das Regal wieder zurück in den Zustand *Angehalten* versetzt. Als Ihr Freund die Kerze zurückgestellt hat, versetzte ein weiteres *ändern*-Ereignis das Regal in den Zustand *Drehend*, bis es wieder nach Norden gezeigt hat. Das Herausnehmen der Kerze hat ein weiteres *ändern*-Ereignis generiert, das das Regal zu einer ganzen Drehung veranlaßt hätte, wenn Sie es nicht mit Ihrem Körper blockiert hätten. Eine Unterbrechung der Drehung ist in der Steuerung nicht vorgesehen und muß nicht erklärt werden.

Als Sie die Kerze wieder zurückstellten, wurde ein weiteres *ändern*-Ereignis generiert, das das Bücherregal wieder in den Zustand *Drehend* versetzte. Das Herausnehmen der Kerze führte erneut zu einem *ändern*-Ereignis, das das Regal in den Zustand *Anhaltend* versetzte. Nach einer Vierteldrehung war die Bedingung *im Norden, Osten, Süden oder Westen* erfüllt. Das Bücherregal wurde in den Zustand *Angehalten* versetzt.

Um problemlos Einlaß zu erhalten, hätten Sie gleich am Anfang die Kerze aus dem Halter nehmen und wieder zurückstellen sollen, noch ehe das Regal die Vierteldrehung ausführen konnte.

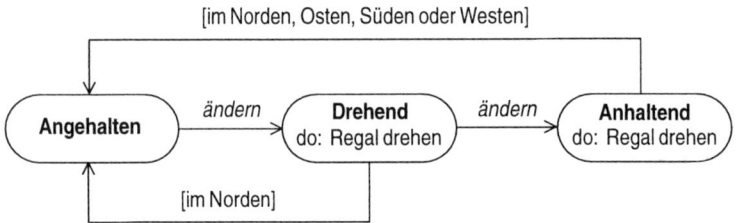

Abb. A5.20 Zustandsdiagramm, das den Eingang zu einem Geheimgang steuert

6.4   Abbildung A6.4 zeigt das Datenflußdiagramm zur Berechnung des Volumens und der Oberfläche eines Zylinders.

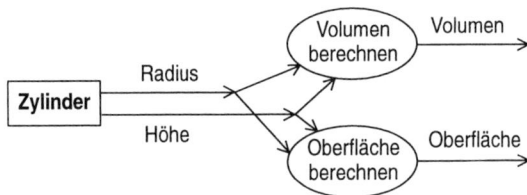

Abb. A6.4 Datenflußdiagramm zur Berechnung des Zylindervolumens und der Zylinderoberfläche

Das Volumen und die Oberfläche eines Zylinders können unter anderem berechnet werden durch:

Eine Formel. Volumen = $\pi r^2 h$. Oberfläche = $2\pi rh$. (r = Radius, h = Höhe)

Eine Nachschlagetabelle. Volumen und Oberfläche sind für Standardradien und -höhen aufgelistet.

Numerische Methoden. Berechnen Volumen und Oberfläche mit Hilfe von Differentialgleichungen.

6.5   Abbildung A6.5 zeigt das Datenflußdiagramm zur Berechnung des Mittelwerts aus einer Folge von Eingabewerten.

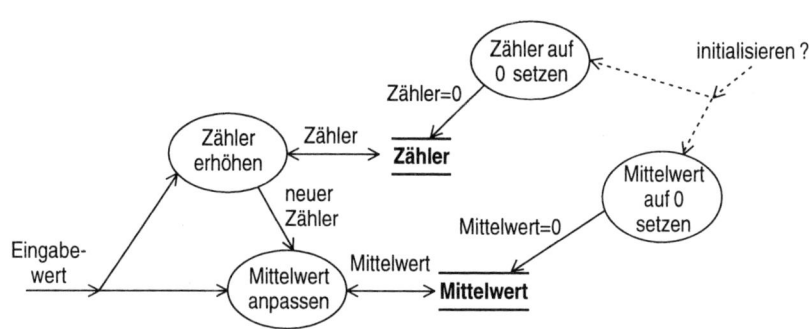

Prozeß *Mittelwert anpassen*

(Hinweis: n+1=neuer Zähler $x_n=n^{ter}$ Eingabewert $\bar{x}_n$=Durchschnitt nach n Werten)

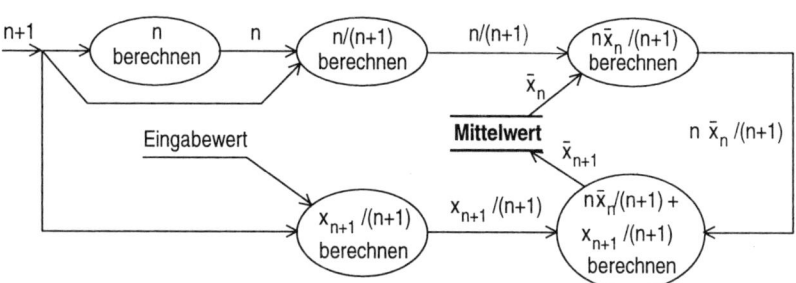

Abb. A6.5   Datenflußdiagramm zur Berechnung des Mittelwerts aus einer Folge von Werten

6.7a   Mit Bedingungsanweisungen kann der Algorithmus für $T(x)$ folgendermaßen ausgedrückt werden:

```
if (x > -3) and (x ≤ -2) then T = 3+x
else if (x ≤ -1) then T = -x-1
else if (x ≤ 0) then T = 1+x
else if (x ≤ 1) then T = 1-x
else if (x ≤ 2) then T = x-1
else if (x ≤ 3) then T = 3-x
end if
```

Dieser Pseudocode kann vereinfacht werden zu:

```
t = (x mod 2) - 1
if (t<0) then T = -t
else T = t
end if
```

c.   Das Datenflußdiagramm für $T(x)$ in Abbildung A6.7 verwendet nur Funktionen und
      Arithmetik.

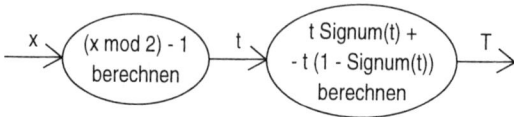

Abb. A6.7   Datenflußdiagramm für $T(x)$

6.10a. Absolutwert: wenn $x \geq 0$, dann $|x| = x$, sonst $|x| = -x$

b.   Trigonometrischer Sinus: $\sin \theta = y/r$

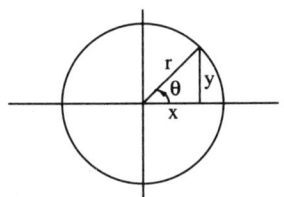

Abb. A6.10   Definition des trigonometrischen Sinus

c.   Natürlicher Logarithmus: $\ln(x) = \int_1^x (1/t)\, dt$

d.   Quadratwurzel: $y = \text{wurzel}(x)$, so daß $x = y * y$

6.11a. Pseudocode für Absolutwert

if $x \geq 0$ **then return** x
else return $-x$
end if

b,   Zwei Möglichkeiten, den trigonometrischen Sinus, den natürlichen Logarithmus
c,   und die Quadratwurzel zu implementieren, sind Potenzreihen und Festkomma-Itera-
d.   tion.

      Mathematisch kann eine unendliche Potenzreihe abgeleitet werden ($a_0x^0 + a_1x^1 +$
      $a_2x^2 + ...$), die zu der gewünschten Funktion äquivalent ist. Danach kann ein
      Näherungswert für die Funktion bestimmt werden, indem zunächst der erste Teil der
      Potenzreihe ausgewertet und danach der Rest abgeschnitten wird. Die Sinus-, Log-
      arithmus- und Quadratwurzel-Funktionen besitzen eine unendliche Zahl von Po-
      tenzreihen; eine geeignete Potenzreihe würde sich schnell den Argumenten von
      Interesse nähern und den Maximalfehler in Schranken halten. Vor der Berechnung
      einer Potenzreihe wird in der Regel der Argumentwert normalisiert, so daß er
      innerhalb eines Standardbereichs liegt. So kann zum Beispiel die folgende Eigen-

schaft verwendet werden, das Sinusargument in ein äquivalentes Argument umzuformen, das im Bereich 0° bis 360° liegt.

```
sin (θ) = sin (θ mod 360°)
```

Man könnte das Argument der Sinusfunktion sogar noch weiter normalisieren, wenn man erkennt, daß

```
sin (θ) = - sin (θ - 180°)
```

und daher das Sinusargument so umformt, daß es im Bereich 0° bis 180° liegt.

Eine andere Implementierungsmöglichkeit für die Funktionen ist die Festkomma-Iteration: Dabei wird ein Anfangswert geschätzt und dann eine Identitätsformel solange angewendet, bis eine ausreichende Näherung an die korrekte Antwort erzielt ist. Beispielsweise wäre y = (1 + x)/2 eine Anfangsschätzung von y = Quadratwurzel(x) und für Werte von x annähernd 1 sogar eine sehr gute Schätzung der Quadratwurzel. Ein neuer Wert von x kann mit der folgenden Formel berechnet werden:

```
yₙ₊₁ = (yₙ + x/yₙ) / 2
```

8.1 Es ist kein Problem, wenn Ihre Antworten nicht exakt mit unseren Lösungen übereinstimmen, weil Ihnen die funktionalen Spezifikationen nicht vorliegen. Es kommt bei dieser Übung lediglich darauf an, daß Sie die Beispiele in Hinblick auf die drei Modellierungsaspekte überdenken.

a. Für ein Programm, das Bridge spielt, sind funktionale Modellierung, Objektmodellierung und dynamische Modellierung (in dieser Reihenfolge) wichtig, weil eine intelligente Spielweise gute Algorithmen voraussetzt. Bridge ist vor allem ein Strategiespiel. Wenn Vererbung und Methodenentwurf geschickt eingesetzt werden, ist ein hohes Maß an Code-Wiederverwendung möglich. Die Schnittstelle ist nicht kompliziert. Deshalb ist das dynamische Modell einfach und könnte weggelassen werden.

c. Bei der Modellierung eines Tempomats ist die Bedeutung der drei Modellierungsaspekte wie folgt: dynamische Modellierung, Objektmodellierung und funktionale Modellierung. Weil ein Tempomat eine Steuerungsanwendung ist, steht zu erwarten, daß das dynamische Modell eine wichtige Rolle spielt. Es ist nicht notwendig, die Interaktionsszenarios und -protokolle genau zu kennen. Das funktionale Modell ist einfach, weil nur wenige Berechnungen vorkommen

e. Bei einem Rechtschreibprüfer ist die Bedeutung der drei Modellierungsaspekte wie folgt: Objektmodellierung, funktionale Modellierung, dynamische Modellierung. Wegen der Notwendigkeit, sehr viele Daten zu speichern und schnell abzurufen, kommt es vor allem auf die Objektmodellierung an. Daneben ist die funktionale Modellierung wichtig, weil ein effizienter Algorithmus zur raschen Überprüfung der Rechtschreibung benötigt wird. Das dynamische Modell ist einfach, weil die Benutzerschnittstelle einfach ist. Der Benutzer muß lediglich die Möglichkeit erhalten, jedes gefundene, falsch geschriebene Wort zu korrigieren.

8.8a Wir gehen von genau einer Instanz der Klasse *Auswahl* aus. Wenn nicht genau eine Instanz vorhanden ist, wird ein Fehler deklariert. Gehen Sie in der Klassenhierarchie nach oben zur Klasse *Kollektion*. Tasten Sie die Assoziation zwischen den Klassen *Kollektion* und *Box* ab, um eine Menge von Boxen zu erhalten. Tasten Sie die

Assoziation zwischen den Klassen *Kollektion* und *Verknüpfung* ab, um eine Menge von Verknüpfungen zu erhalten.

c. Wir gehen davon aus, daß *Boxen* eine globale Variable ist, die eine Menge enthält. Initialisieren Sie *Boxen* als leere Menge. Um alle Boxen zu finden, die direkt oder indirekt mit einer gegebenen Box verknüpft sind, rufen Sie die folgende rekursive Prozedur mit der gegebenen Box als Argument auf:

```
Hole_Boxen (gegebene_Box)
      Hole Menge der mit gegebene_Box assoziierten
      Verknüpfungen
      for each Verknüpfung
         for each Box, die mit der Verknüpfung assoziiert ist
            if box ist not in Boxen then
               Füge Box Boxen hinzu
               Hole_Boxen (Box)
            end if
         end for each Box
      end for each Verknüpfung
```

e. Nutzen Sie die Tatsache, daß eine Verknüpfung mit genau zwei Boxen assoziiert ist. Wenn *gegebene_Box* und *gegebene_Verknüpfung* nicht assoziiert sind, deklarieren Sie einen Fehler. Anderenfalls fügen Sie die beiden mit *gegebene_Verknüpfung* assoziierten Boxen einer Menge hinzu. *Gegebene_Box* wird aus der Menge entfernt.

g. Wir gehen davon aus, daß *Auswahl* eine globale Variable ist, die eine Instanz der Klasse *Auswahl* enthält. Wir gehen davon aus, daß *Überbrückungen* eine globale Variable ist, die die Menge der Überbrückungsverbindungen aufnimmt.

```
Gehen Sie in der Klassenhierarchie von der Klasse
      Auswahl nach oben zur Klasse Gruppe, um die
      Auswahlinstanz zu erhalten.
Tasten Sie die Assoziation zur Klasse Box ab, um eine
      Menge aller Boxen in der Auswahl zu erhalten.
Initialisieren Sie Überbrückungen als leere Menge.
for each Box in der Menge.
      for each Verknüpfung, die mit der Box assoziiert ist.
         Hole die Box am anderen Ende der Verknüpfung,
               unter Verwendung der Antwort zu Übung 8.8e.
         if die Box am anderen Ende ist not in Auswahl.
               Füge die Verknüpfung zu Überbrückungen hinzu.
         end if
      end for each Verknüpfung
end for each Box
```

8.9 Es gibt mehr als eine Möglichkeit, die gegebenen Anfragen zu erfüllen. Manche Leser werden Abbildung Ü8.3 leichter verstehen als Abbildung Ü8.2 und daher mit Abbildung Ü8.3 einfachere Anfragen formulieren können. Andere Benutzer werden genau das Gegenteil finden. Beide Abbildungen sind in Hinblick auf die gegebenen Anfragen nahezu äquivalent. Manche Anfragen erfordern einen zusätzlichen Schritt, wenn man Abbildung Ü8.3 verwendet. Vielleicht werden Sie feststellen, daß einer der beiden Ansätze bei der Implementierung in einer bestimmten Sprache (oder Datenbank) vorteilhafter ist – je nach den Eigenschaften der verwendeten Sprache.

8.16 Die folgenden potentiellen Klassen sind eigentlich Attribute oder redundante Attribute:
Adresse, Alter, Punktedurchschnitt, Name des Kindes, Datum, Schwierigkeitsfaktor, Endpunktezahl, Teamname.

Die folgenden potentiellen Klassen sind redundant:
Kind, Wettkampfteilnehmer, Einzelschwimmen, Person

Die folgenden potentiellen Klassen sind vage oder irrelevant:
Rücken, Karte, Ende, Ecke, Einzelpreis, Bein, Schwimmbecken, Preis, Teampreis, Versuch, Wasserballett

Die folgenden potentiellen Klassen sind eigentlich Implementierungsdetails:
Datei mit den Daten der Teammitglieder, Liste der geplanten Wettkämpfe, Startnummer, Gruppe

Die folgenden potentiellen Klassen sind eigentlich Operationen:
Durchschnitt berechnen, anmelden

Sie werden einige der potentiellen Klassen, die wir nicht gestrichen haben, nicht in Abbildung Ü8.4 finden. Das liegt daran, daß Abbildung Ü8.4 nur ein teilweise fertiges Objektdiagramm zeigt.

8.19a Nutzen Sie die Assoziation zwischen den Klassen *Team* und *Teilnehmer* und verwenden Sie das gegebene Team, um die Menge seiner Mitglieder zu erhalten.

c. Es gibt mehrere Möglichkeiten, die Endpunkte eines Teilnehmers für eine gegebene Figur in einem gegebenen Wettkampf zu ermitteln. Eine Möglichkeit ist die folgende:

Ermitteln Sie die Menge aller in einem gegebenen Wettkampf durchgeführten Durchgänge aus der Assoziation zwischen *Wettkampf* und *Durchgang*. Ermitteln Sie die Menge aller Durchgänge, die mit der gegebenen Figur assoziiert sind. Bilden Sie die Schnittmenge der beiden Mengen. Angesichts der beschriebenen Wettkampfmodalitäten sollte die Schnittmenge genau einen Durchgang enthalten. Ermitteln Sie den Start des Teilnehmers in diesem Durchgang auf ähnliche Weise, indem Sie den Durchgang und den Teilnehmer als Eingabe verwenden. Die Zahl der Endpunkte ist in *Start* enthalten.

e. Verwenden Sie die Assoziation zwischen *Wettkampf* und *Durchgang*, um alle Durchgänge zu finden, die bei einem gegebenen Wettkampf stattgefunden haben. Verwenden Sie die Assoziation zwischen *Durchgang* und *Start*, um alle Starts in allen Durchgängen bei dem gegebenen Wettkampf zu ermitteln. Verwenden Sie die Assoziation zwischen *Teilnehmer* und *Start*, um alle Starts des gegebenen Teilnehmers zu ermitteln. Bilden Sie die Schnittmenge aus der Menge aller Starts bei allen Durchgängen des gegebenen Wettkampfs und der Menge aller Starts eines gegebenen Teilnehmers. Das Ergebnis ist die Menge aller Starts des gegebebenen Teilnehmers bei dem gegebenen Wettkampf. Berechnen Sie die Zahl der Durchschnittspunkte aus den Endpunkten, die der gegebene Teilnehmer bei den einzelnen Starts in dem gegebenen Wettkampf erzielt hat.

g. Das Objektdiagramm in Abbildung Ü8.4 unterstützt diese Anfrage nicht besonders gut. Ermitteln Sie alle Wettkämpfe in der gegebenen Saison. Ermitteln Sie – ausgehend von den Wettkämpfen – alle Durchgänge in der gegebenen Saison. Ermitteln Sie – ausgehend von den Durchgängen – alle Starts in der gegebenen Saison. Nehmen Sie den mit jedem Start assoziierten Teilnehmer in die Antwortmenge auf.

8.23 Die beiden Teams sind die Delphine und die Wale. Die vier Teilnehmer sind Heide Martin, Lisa Martin, Katrin Lewis und Christine Braun. An der nordwestlichen und der südöstlichen Ecke des Pools befinden sich Stationen, an denen jeweils drei Kampfrichter eingesetzt sind. Die 4 Durchgänge heißen Ballettbein, Delphin, Vorwärtssalto und Rückwärtssalto. Heide hat die Nummer 3. In diesem Szenario gehen wir davon aus, daß sich an jeder Station ein PC befindet. Je nach der Systemarchitektur sind andere Szenarios möglich. Sobald Heide an der Station antritt, um den Vorwärtssalto vorzuführen, ruft der Computer-Operator ihre Startnummer auf, die auf dem Bildschirm angezeigt wird. Nachdem Heide ihre Startnummer überprüft hat, bestätigt der Operator diese am PC. Das Programm ist jetzt bereit, Punkte-Eingaben zu akzeptieren. Nachdem Heide den Vorwärtssalto vorgeführt hat, zeigen die drei Richter die Punktekarten: 3,8; 3,6 und 3,7. Punkte werden von einem Punkterichter vorgelesen und vom Computer-Operator am Computer eingegeben. Ein anderer Punkterichter schreibt die Punkte auf und vergleicht sie mit den Zahlen, die der Computer nach der Eingabe am Bildschirm anzeigt. In diesem Fall macht der

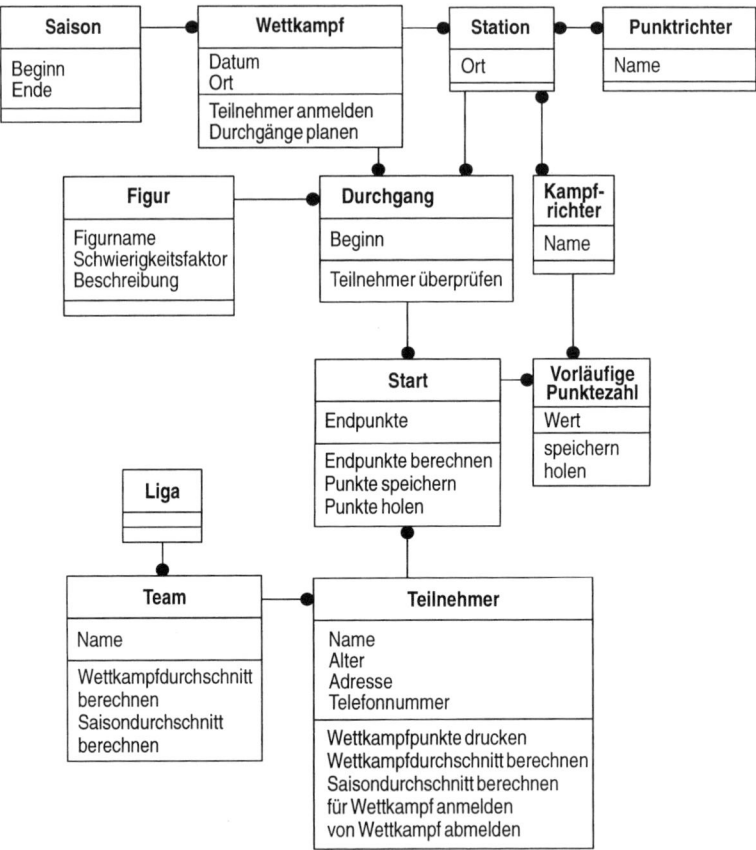

Abb. A8.26 Teilweises Objektdiagramm für ein Wettkampf-Bewertungssystem, das auch Operationen zeigt

Operator einen Fehler und die Kampfrichter werden gebeten, die Punkte nochmals anzuzeigen. Schließlich kann der Operator die Punkte überprüfen und in einer Datenbank speichern.

Am Ende aller Durchgänge wird ein Batch-Programm ausgeführt, um die Daten der beiden Stationen zu einer gemeinsamen Datenbank zu verbinden. Ein anderes Batch-Programm wird ausgeführt, um die vorläufigen Punkte in die Endpunkte für jeden Start umzuwandeln, die Gesamtpunkte für jeden Teilnehmer zu berechnen, die Teilnehmer nach der Gesamtpunktezahl zu sortieren und die Ergebnisse zu drucken. Die Ausdrucke enthalten eine geordnete Liste der Gewinner und Aufstellungen für jeden Teilnehmer. Die Aufstellungen für die Teilnehmer umfassen die vorläufigen Punkte, den Schwierigkeitsgrad und die Endpunkte für jeden Durchgang.

8.26 Abbildung A8.26 zeigt einen Teil der Shopping-List-Operationen.

8.28 Die Abbildungen A8.28a – A8.28d zeigen die überarbeiteten Diagramme. Beachten Sie, daß sich Abbildung A8.28a vereinfachen ließe, wenn man *Termin* und *Datum-Uhrzeit* zusammenfaßt und *Datum-Uhrzeit* als Attribut behandelt. Abbildung A8.28d könnte durch Zusammenfassung von *Kante* und *Inzidenz* vereinfacht werden. Im allgemeinen kann eine ternäre Assoziation immer in eine Klasse umgewandelt werden. Möglicherweise bedarf es aber einer gewissen Überlegung, um die Multiplizität zu ermitteln.

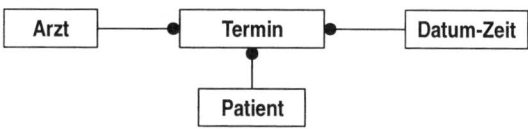

Abb. A8.28a Objektdiagramm für Arzttermine

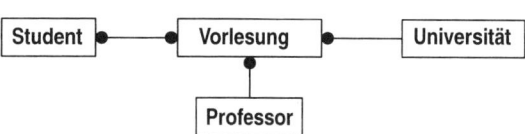

Abb. A8.28b Objektdiagramm für Vorlesungen

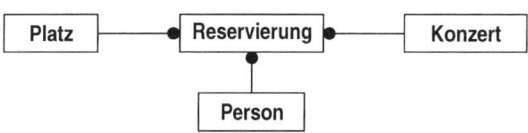

Abb. A8.28c Objektdiagramm für Reservierungen

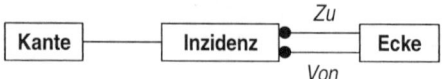

Abb. A8.28d   Objektdiagramm für Graphen

8.33a Primärschlüssel sind *Flug + Platz* und *Flug + Person*.
b.   Der einzige Primärschlüssel ist *Flug + Platz*.

9.6   Abbildung A9.6 zeigt eine mögliche Partitionierung.

Befehlsverarbeitung								
Benutzerschnittstelle	Konstruktausdruck						Dateischnittstelle	
Zeilensemantik	Operation anwenden	ersetzen	rationale Zahl umwandeln	evaluieren	speichern	laden		
Zeilensyntax								
Betriebssystem								

Abb. A9.6   Blockdiagramm für ein System zur interaktiven symbolischen Manipulation von Polynomen

9.7   Ein einzelnes Programm kann Fehler schneller entdecken und korrigieren und macht die Implementierung einer Schnittstelle zwischen zwei Programmen überflüssig. Fehler, die das System bei der Umwandlung des Objektdiagramms in ein Datenbankschema entdeckt, können dem Benutzer schnell mitgeteilt und von diesem korrigiert werden. Zudem können der Bearbeitungs- und der Umwandlungsteil des Programms die gleichen Daten nutzen, so daß sich eine Schnittstelle, z.B. eine Datei, die das Objektdiagramm von einem Programm zum anderen überträgt, erübrigt.

Die Aufspaltung der Funktionalität in zwei Programme verringert den Speicherbedarf und entkoppelt die Programmentwicklung. Der gesamte Speicherbedarf eines einzelnen Programms würde etwa der Summe des jeweiligen Speicherbedarfs von zwei getrennten Programmen entsprechen. Da wahrscheinlich beide Programme sehr viel Speicherplatz beanspruchen, können durch ihre Kombination Performance-Probleme entstehen. Zwei getrennte Programme erleichtern darüber hinaus die Programmentwicklung. Die beiden Programme können unabhängig voneinander entwickelt werden und es ist weniger wahrscheinlich, daß sich Änderungen in einem Programm auf das andere auswirken. Zudem ist die Fehlersuche in zwei getrennten Programmen einfacher als in einem monolithischen Programm. Wenn die Schnittstelle zwischen den beiden Programmen wohldefiniert ist, können Probleme im Gesamtsystem schnell auf das eine oder das andere Programm zurückgeführt werden.

9.11   Bitte beachten Sie, daß die folgenden Lösungen nicht erschöpfend sind.

a. *Ignorieren Sie das Problem. Setzen Sie die Daten bei jedem Systemstart zurück.* Dies ist der billigste, einfachste Ansatz. Er läßt sich relativ leicht programmieren, weil lediglich eine Initialisierungsroutine beim Start gebraucht wird, die es dem Benutzer erlaubt, Parameter einzugeben. Der Ansatz ist jedoch nicht für Systeme geeignet, die kontinuierlich Dienstleistungen bereitstellen müssen oder bei einem Stromausfall keine Daten verlieren dürfen.

c. *Halten Sie kritische Informationen auf einem Magnetplattenlaufwerk. Erstellen Sie in regelmäßigen Abständen volle und/oder inkrementelle Kopien auf Magnetband.* Dieser Ansatz ist nicht allzu teuer, aber recht unhandlich. Bei einem Stromausfall setzt das System aus. Ein Betriebssystem ist erforderlich, um das Platten- und Bandlaufwerk zu steuern. Ein Operator ist für die Verwaltung der Bänder erforderlich. Der Ansatz ist daher nicht für Anwendungen geeignet, die unbeaufsichtigt laufen sollen.

e. *Verwenden Sie eine spezielle Speicherkomponente.* Dieser Ansatz ist relativ preiswert und arbeitet automatisch. Das System kann jedoch nicht weiterarbeiten, wenn der Strom abgeschaltet ist. Einschränkungen in bezug auf die Häufigkeit oder den Umfang der Datenspeicherungen sind möglich. Unter Umständen ist ein Programm notwendig, das bei einem Stromausfall wichtige Parameter speichert.

9.12a *Taschenrechner mit vier Funktionen.* Es ist überflüssig, eine permanente Datenspeicherung auch nur in Erwägung zu ziehen. Alle anderen Optionen sind zu aufwendig, als daß sie in Betracht kämen. Dieser Typ von Taschenrechner kostet nur ein paar Mark. Der Speicherbedarf ist in einer Größenordnung von 10 Bytes anzusetzen.

c. *Systemuhr für einen PC.* Es sind nur wenige Bytes Speicher erforderlich, die Uhr muß aber auch bei abgeschaltetem Strom weiterlaufen. Als preiswerte Lösung dafür bietet sich ein Batteriepuffer an. Uhrschaltkreise können entworfen werden, die fünf Jahre lang batteriebetrieben laufen.

e. *Digitale Steuerungs - und Hitzeschutzeinheit für einen Motor.* Der Speicherbedarf ist in einer Größenordnung von 10 bis 100 Bytes anzusetzen. Bei dieser Anwendung spielt der Preis eine Rolle. Eine nicht unterbrechbare Stromquelle ist zu teuer, als daß sie in Betracht käme. Band- und Plattenlaufwerke sind für die unwirtliche Anwendungsumgebung zu empfindlich. Verwenden Sie eine Kombination von Schaltern, speziellen Speicherkomponenten und Batteriepufferung. Schalter stellen eine gute Möglichkeit der Parametereingabe dar, weil eine Schnittstelle ohnehin erforderlich ist. Spezielle Speicherkomponenten können berechnete Daten speichern. Eine Batterie kann verwendet werden, den Betrieb auch bei abgeschaltetem Strom aufrechtzuerhalten, stellt aber in dieser Anwendung ein Wartungsproblem dar. Wir würden diese Anforderung in Frage stellen und nach Alternativen suchen, indem wir zum Beispiel davon ausgehen, daß der Motor sofort nach dem Anlassen heiß ist, oder einen Sensor verwenden, um die Temperatur des Motors zu messen.

9.13a Wenn man davon ausgeht, daß Tabulatoren, Leerzeichen und Zeilenschaltungen ignoriert werden, könnte eine Beschreibung des Diagramms so aussehen

```
(DIAGRAMM
    (KLASSE
       (NAME  "Polygon"))
    (KLASSE
       (NAME  "Punkt")
```

```
(ATTRIBUT "x")
(ATTRIBUT "y"))
(ASSOZIATION
 (ROLLE (NAME "Polygon") EINS)
 (ROLLE (NAME "Punkt") VIELE)))
```

9.14 Der Hardwareansatz ist am schnellsten, ist aber mit Hardwarekosten verbunden. Der Softwareansatz ist am preiswertesten und flexibelsten, aber möglicherweise nicht schnell genug. Verwenden Sie grundsätzlich den Softwareansatz, wenn er schnell genug ist. Universalsysteme bevorzugen aus Flexibilitätsgründen den Softwareansatz. Spezialsysteme können normalerweise die zusätzliche Schaltungstechnik mit der restlichen Hardware integrieren.

Tatsächlich gibt es noch einen dritten Ansatz – Firmware, die in Hardwarearchitekturen verwendet werden kann. Normalerweise berechnet bei diesem Ansatz ein Hardware-Controller den zyklischen Redundanzcode, der von einem mikrocodierten Programm gesteuert wird, das in einem permanenten, nach außen hin völlig unsichtbaren Speicher abgelegt ist. Wir rechnen diesen Ansatz der Hardware zu.

a. Verwenden Sie einen Hardwareansatz für einen Diskettencontroller. Flexibilität ist nicht erforderlich, weil ein Diskettencontroller ein Spezialsystem ist. Geschwindigkeit ist wegen der hohen Datenrate nötig.

c. Verwenden Sie Hardware, um den Speicher zu prüfen. Dies ist ein Beispiel für eine sehr spezifische Anwendung, bei der die Funktion wahrscheinlich mit der Schaltungstechnik in den Speicherchips integriert werden kann. Die Datenrate ist sehr hoch.

e. Verwenden Sie einen Softwareansatz, um eine Kontonummer zu validieren. Die Datenrate ist sehr niedrig. Das System, das die Kontonummer handhabt, läuft wahrscheinlich auf einem Universalcomputer.

10.5 Abbildung A10.5 erzwingt eine Einschränkung, die in Abbildung Ü10.1 fehlt: Jeder Rahmen entspricht genau einer Ellipse oder einem Rechteck. Die Qualität eines Objektdiagramms läßt sich unter anderem daran messen, wie gut seine Struktur Einschränkungen einfängt.

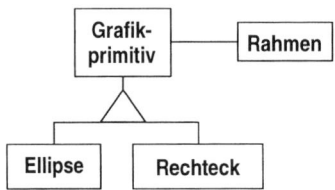

Abb. A10.5   Verbessertes Objektdiagramm für einen Teil eines CAD-Systems

10.11 Eine abgeleitete Assoziation unterstützt das direkte Durchlaufen von *Seite* zu *Zeile*. Im allgemeinen stellen abgeleitete Entitäten einen Kompromiß dar: Sie beschleunigen die Ausführung bestimmter Anfragen, verursachen jedoch Aktualisierungskosten, um die redundanten Daten mit den Basisdaten konsistent zu halten.

Die Zeile-Seite-Assoziation wird abgeleitet, indem man die Assoziationen zwischen *Zeile* und *Spalte* und zwischen *Spalte* und *Seite* zusammenfaßt. Weil die neue

Assoziation der Optimierung dient, wird sie wahrscheinlich nur von Zeilen zu Seiten durchlaufen und kann deshalb als Zeigerattribut in der Klasse *Zeile* implementiert werden.

Abb. A10.11   Objektdiagramm für eine Zeitung mit einer abgeleiteten Assoziation

10.12 Der Typ *Wert* ist eine Aufzählung von {Ass, König, Dame, 10, 9, 8, 7, 6, 5, 4, 3, 2}. Die Werte sind geordnet, die Ordnung ist jedoch von Spiel zu Spiel unterschiedlich (in manchen Spielen hat Ass den höchsten Wert, in anderen den niedrigsten). Je nach den unterstützten Spielen sollte die Aufzählung geordnet oder nicht geordnet sein. Wenn die Aufzählung nicht geordnet ist, muß eine Ordnungsfunktion bereitgestellt werden, die die Kartenwerte in einem bestimmten Spiel festlegt. Es wäre möglich, einen Kartenwert als Integerzahl zu implementieren. Der Typ *Farbe* ist eine Aufzählung von {Pik, Kreuz, Herz, Karo}. In vielen Spielen sind die Farben ungeordnet; es gibt aber auch Spiele, in denen die Farben geordnet sind, so daß es wahrscheinlich am besten ist, eine Ordnungsfunktion für Farbwerte zu verwenden. Farbe und Wert könnten auch als Objekte statt als reine Werte implementiert werden, je nach Komplexität der Ordnungsfunktionen und anderen Besonderheiten realer Kartenspiele.

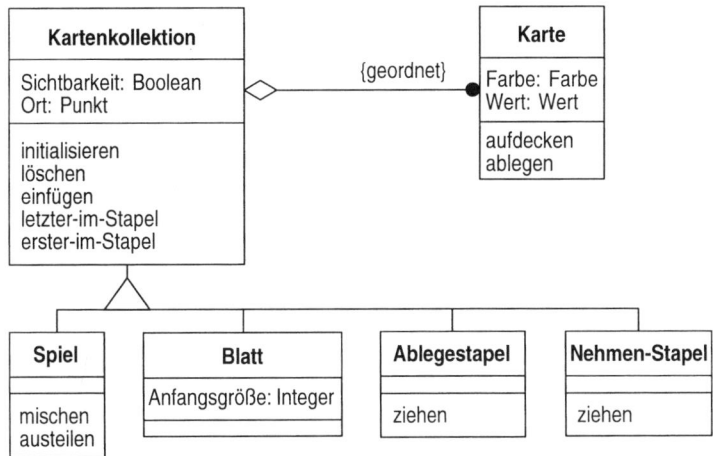

Abb. A10.12   Ausschnitt aus einem Objektdiagramm für ein Kartenspielprogramm

10.19 Der folgende Code skizziert eine Lösung. Er enthält keine internen Prüfungen, die normalerweise die Korrektheit der Metadaten sicherstellen würden. Beispielsweise sollte der Code normalerweise Fehlercode für den Fall enthalten, daß die Rolle eine Unterklasse und die Relation keine Generalisierung ist. Bei Code, der mit Benutzern oder externen Datenquellen interagiert, empfiehlt es sich, für Bedingungen, die wahr sein müssen, eine Fehlerprüfung als Else-Bedingung hinzuzufügen.

```
Vererbungspfad_verfolgen (Klasse1, Klasse2) : Pfad
{
    Pfad := neuer Pfad von Klasse;
    // versuche, einen von Klasse1 ausgehenden Pfad zu
    // finden, wenn Klasse1 Nachfahre von Klasse2 ist
    Klassex := Klasse1;
    while Klassex is not null do:
        füge Klassex vorne in Pfad ein;
        if Klassex = Klasse2 then return Pfad;
        Klassex := Klassex.hole_oberklasse
    // versuche, einen von Klasse2 ausgehenden Pfad zu
    // finden, wenn Klasse2 Nachfahre von Klasse1 ist
    Pfad.clear
    Klassex := Klasse2;
    while Klassex is not null do:
        füge Klassex vorne in Pfad ein;
        if Klassex = Klasse1 then return Pfad;
        Klassex := Klassex.hole_oberklasse
    // wenn die beiden Klassen in keiner direkten
    // Relation stehen, so gib einen leeren Pfad zurück
    Pfad.clear
    return Pfad
}
Klasse::hole_Oberklasse : Klasse
{
    for each Rolle in self.Verbindung do:
        if Rolle is a Unterklasse then:
            Relation := Rolle.Relation;
            if Relation is a Generalisierung then:
                andere_Rollen := Relation.Ende;
                for each andere_Rolle in andere_Rollen do:
                    if andere_Rolle is a Oberklasse then:
                        return andere_Rolle.Klasse
}
```

10.22 Die Mitgliedschaft in einer Partei ist keine inhärente Eigenschaft eines Wählers, sondern eine Assoziation, die sich ändern kann. Das überarbeitete Modell repräsentiert Wähler ohne Parteizugehörigkeit besser und läßt Veränderungen der Parteimitgliedschaft zu. Wenn es möglich würde, daß Wähler mehr als einer Partei angehören, so ließe sich die Multiplizität leicht verändern. Parteien sind Instanzen der Klasse *Politische Partei* und müssen nicht explizit im Modell aufgeführt werden; neue Parteien können hinzugefügt werden, ohne das Modell zu verändern, und den Parteien können Attribute zugeordnet werden.

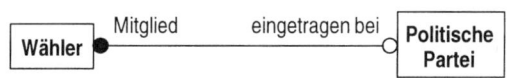

Abb. A10.22   Verbessertes Objektdiagramm für Parteimitgliedschaft

10.24 Die linke Abbildung zeigt einen Index auf Punkten, die eine doppelt qualifizierte Assoziation verwenden. Die Assoziation wird zuerst nach der Qualifikationsangabe x und danach nach der Qualifikationsangabe y sortiert. Weil der Index eine Optimierung darstellt, enthält er redundante Informationen, die ebenfalls in den Punkt-Objekten gespeichert sind. Die rechte Abbildung zeigt das gleiche Diagramm, jetzt aber mit einer einfach qualifizierten Assoziation. Wir mußten eine Platzhalter-Klasse *Streifen* einführen, um alle Punkte mit einer gegebenen x-Koordinate zu repräsentieren. Das zweite Modell ließe sich auf den meisten Systemen leichter implementieren, weil eine Datenstruktur für nur einen Sortierschlüssel mit größerer Wahrscheinlichkeit verfügbar ist. Die eigentliche Implementierung könnte B-Bäume, verkettete Listen oder Arrays verwenden, um die Assoziation zu repräsentieren.

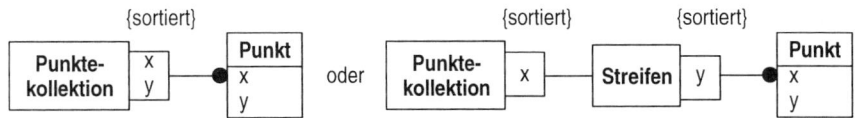

Abb. A10.24 Objektdiagramm für schnelles, zweidimensionales Suchen

Der folgende Code spezifiziert Methoden für das Suchen, Hinzufügen und Löschen.

```
Punktekollektion::suchen (Bereich: Rechteck) :
                Menge von Punkt
{
    erstelle eine neue, leere Menge von Punkten;
    taste die x-Werte in der Assoziation ab,
        until y ≥ Bereich.xmin;
    while die Qualifikationsangabe x ≤ Bereich.xmax do:
        taste die y-Werte für den x-Wert ab,
            until y ≥ Bereich.ymin;
        while die Qualifikationsangabe y ≤ Bereich.ymax do:
            füge (x,y) der Menge der Punkte hinzu;
            fahre mit dem nächsten y-Wert fort;
        fahre mit dem nächsten x-Wert fort;
    return die Menge der Punkte;
}
Punktekollektion::hinzufügen (Punkt: Punkt)
{
    taste die x-Werte in der Assoziation ab,
        until x ≥ Punkt.x;
    if x = Punkt.x then
        taste die y-Werte für den x-Wert ab,
        until y ≥ Punkt.y
    füge den Punkt in die Assoziation ein;
}
Punktekollektion::löschen (Punkt: Punkt)
{
    taste die x-Werte in der Assoziation ab,
        until x ≥ Punkt.x;
    if x = Punkt.x then
        taste die y-Werte für den x-Wert ab,
        until y ≥ Punkt.y
```

```
        if y = Punkt.y then
           für jeden Kollektionspunkt mit dem aktuellen
                                x,y-Wert:
              if Kollektionspunkt = Punkt, lösche ihn und return
        return error, Punkt nicht gefunden
}
```

Beachten Sie, das die Operation *suchen* durch eine binäre Suche implementiert werden sollte, um logarithmische statt lineare Zeiten zu erhalten. Der Übergang vom Abtasten zur nächsten Anweisung erfolgt, wenn keine Werte mehr vorhanden sind.

10.27 Im folgenden finden Sie den Pseudocode für den Garagentoröffner.

```
<geschlossen>      warten auf Ereignis niederdrücken
<öffnend>          beginne mit dem Öffnen des Tors
                   warte auf das Ereignis Tor offen
<offen>            warte auf Ereignis niederdrücken
<schließend>>      beginne mit dem Schließen des Tors
                   warte auf das Ereignis niederdrücken oder
                   auf das Ereignis Tor geschlossen:
                      if niederdrücken, then goto öffnend
                      if Tor geschlossen, then goto geschlossen
```

Sie können GOTOs hier unbedenklich verwenden! Sie sind legitim, weil sie einen Ausnahmekontrollfluß repräsentieren, zum Beispiel Ausnahmen und Interrupts.

14.3a Die Funktion ist ein Beispiel für schlechten Programmierstil. Die Vorannahme, daß die Argumente zulässig sind und daß sich die aufgerufenen Funktionen korrekt verhalten, wird beim Testen und bei der Integration des Programms Probleme verursachen. Die folgenden Anweisungen führen zum Programmabsturz, wenn das Argument von *strlen* null ist.

```
root_length = strlen(root_name);
suffix_length = strlen(suffix);
```

Die folgende Anweisung wird *sheet_name* null zuweisen, wenn das Programm keinen Speicherplatz mehr hat und dadurch einen Programmabsturz beim Aufruf von *strcpy* später in der Funktion bewirken:

```
sheet_name = malloc(root_length + suffix_length + 1);
```

Die folgenden Anweisungen werden einen Programmabsturz verursachen, wenn eines der Argumente null ist:

```
sheet_name = strcpy(sheet_name, root_name);
sheet_name = strcat(sheet_name, suffix);
```

Wenn *sheet_type* ungültig ist, wird die switch-Anweisung durchfallen, so daß *sheet* ohne einen zugewiesenen Wert bleibt. Es ist auch möglich, daß der Aufruf von *vert_sheet_new* oder der Aufruf von *horiz_sheet_new* aus irgendeinem Grund null zurückliefert. Beides könnte dazu führen, daß die folgende Anweisung abstürzt:

```
sheet -> name = sheet_name;
```

15.5a Mit einem Interpreter läßt sich schnell und komfortabel feststellen, wie sich ein Unterprogramm aus einer Bibliothek verhält, wenn der Zyklus kompilierter Sprachen – Bearbeiten, Kompilieren, Linken und Ausführen – umgangen werden soll.

Manche Sprachen besitzen sowohl einen Compiler als auch einen Interpreter. Der Interpreter wird beim Rapid Prototyping eingesetzt, der Compiler bei der Produktion einer effizienten Endversion des Programms.

b. Diese Art von Problem kann man vermeiden, wenn man einen Systemgenerator einsetzt. Ein Systemgenerator stellt sicher, daß alle zur Neugenerierung einer Anwendung notwendigen Schritte – und nur diese – ausgeführt werden, nachdem Sie eine oder mehrere der Quelldateien geändert haben. Anderenfalls stehen Sie vor der Wahl, alles neu zu generieren – dies ist zeitaufwendig – oder sich zu erinnern, welche Schritte von den Änderungen betroffen sind – dies ist fehleranfällig.

c. Diese Art von Problem läßt sich mit einem symbolischen Debugger komfortabel diagnostizieren. Er ermöglicht es ihnen, das Programm laufen zu lassen, bis die Fehlerbedingung auftritt, und dann die Zeile, in der der Fehler auftritt, und die Programmvariablen anzusehen. Das beschriebene Problem wird wahrscheinlich in der in Übung 14.3 beschriebenen Funktion auftreten. Offenbar hat das Programm nicht mehr genügend Speicher zur Verfügung.

d. Ein Änderungssteuerungs-System stellt eine ausgezeichnete Möglichkeit dar, ein großes Softwareprojekt im Team zu koordinieren.

e. Ein Systemgenerator löst dieses Problem.

f. Einige Sprachen bieten eine Lösung für dieses Problem. In C zum Beispiel gibt es ein Konstrukt #line, das ein Präprozessor in die Ausgabe einfügen könnte, um auf eine Zeile in einer anderen Datei zu verweisen.

15.6a Wegen des hohen Speicherbedarfs sollte der Speicherplatz eines nicht mehr benötigten Textsegments freigegeben werden. Das Problem liegt darin, ein einheitliches Verfahren zu entwickeln, das festlegt, wann Segmente nicht mehr benötigt werden. Klassen und Methoden bilden einen komfortablen Rahmen für eine Lösung. Eine Lösung wäre es, die Verantwortung für die Speicherrückforderung den Methoden zuzuweisen, die die Textsegmente verändern. Der Zugriff auf Textsegmente außerhalb des Objekts, das sie besitzt, sollte auf Lesen beschränkt sein. Speicherplatz für temporäre Textsegmente sollte so schnell wie möglich freigegeben werden.

Im folgenden sehen Sie eine Möglichkeit, Textsegmente zu kombinieren:

```
Stelle die Größe der Segmente fest, die kombiniert wer-
den sollen.
Teile genügend Speicherplatz für das Ergebnis zu.
Kopiere das ursprüngliche Textsegment in den zugeteilten
Speicher.
Gib den Speicherplatz der ursprünglichen Textsegmente frei.
```

b. Eine gute Strategie für einen Mehr-Phasen-Compiler besteht darin, einfach das Betriebssystem zu veranlassen, sehr viel Speicherplatz zuzuteilen. Der Speicherbedarf hängt von der Größe des kompilierten Quellcodes ab. Weil Programme in Moduln mit bescheidener Größe partitioniert werden, ist es möglich, eine vernünftige Obergrenze für den Speicherbedarf festzulegen.

c. In Systemen, die unbegrenzt lange laufen, ist es nicht möglich, das Betriebssystem zu veranlassen, Speicher in hohem Umfang zuzuteilen, und auf Garbage Collection völlig zu verzichten. Irgendwann wird der gesamte Speicher aufgebraucht sein. Der Speicher muß freigegeben werden, wenn nicht mehr auf Objekte verwiesen wird.

d. Der erste Ansatz – Freigeben des Speichers in dem Unterprogramm, das ihn zugeteilt hat – stellt sicher, daß Speicher zurückgefordert wird, ohne andere Programme mit der Verantwortung zu belasten, festzustellen, wann ein Speicherblock nicht mehr benötigt wird. Rekursive Prozeduren werden dadurch allerdings verkompliziert.

17.14 Objektdiagramm für Abbildung Ü17.9.

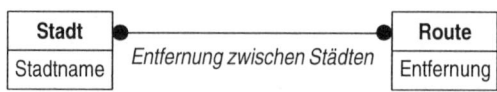

Abb. A17.14   Objektdiagramm für die Entfernung zwischen Städten

17.15 Der folgende SQL-Code bestimmt die Distanz zwischen zwei Städten für Abbildung Ü17.9.

```
select   Entfernung
from     Route, Stadt S1, Stadt S2,
         Entfernung-zwischen-Städten E1,
         Entfernung-zwischen-Städten E2
where    E1.Route-ID = E2.Route-ID and
         E1.Route-ID = Route.Route-ID and
         E1.Stadt-ID = S1.Stadt-ID and
         E2.Stadt-ID = S2.Stadt-ID and
         S1.Stadtname = :gegebener-Name1 and
         S2.Stadtname = :gegebener-Name2;
```

17.16 Objektdiagramm für Abbildung Ü17.10.

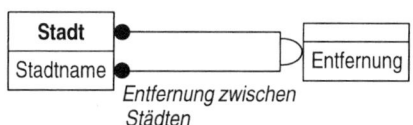

Abb. A17.16   Objektdiagramm für die Entfernung zwischen Städten

17.17 Der folgende SQL-Code bestimmt die Distanz zwischen zwei Städten für Abbildung Ü17.10.

```
select   Entfernung
from     Stadt S1, Stadt S2, Entfernung-zwischen-Städten E
where    E.Stadt1-ID = S1.Stadt-ID and
         E.Stadt2-ID = S2.Stadt-ID and
         S1.Stadtname = :gegebener-Name1 and
         S2.Stadtname = :gegebener-Name2;
```

17.18 Über Abbildung A17.14 und Abbildung A17.16 ist folgendes zu sagen:

Abbildung A17.16 ist wegen der Symmetrie zwischen Stadt1 und Stadt2 umständlich. Alle Daten müssen zweimal gespeichert werden. Das bedeutet eine Verschwendung von Speicher, längere Aktualisierungszeiten und möglicherweise Integritätsprobleme oder aber eine besondere Anwendungslogik, die eine willkürliche Einschränkung erzwingen muß.

Abbildung A17.14 enthält eine zusätzliche Tabelle.

Alles in allem ist Abbildung A17.14 der wesentlich bessere Ansatz. Wenn eine selbstbezügliche Assoziation vorliegt, ist es oft nützlich, die Assoziation zur Klasse zu erheben, um die Symmetrie aufzubrechen.

20.3 Methoden für das flache Kopieren benötigen weniger Speicherplatz als Methoden für das tiefe Kopieren. Nachfolgende Änderungen am Original werden automatisch auf die flache Kopie vererbt. Eine tiefe Kopie ist vom Original unabhängig.

a.   Für Bibliotheksobjekte ist eine flache Kopie wegen ihres wesentlich geringeren Speicherbedarfs von Vorteil, weil es wahrscheinlich viele Kopien des Originals geben wird. Wir gehen davon aus, daß es zwei Arten von Anwendungen gibt, die auf Bibliotheksobjekte zugreifen. Ein Bibliotheksprogramm kann lesend und schreibend auf das Original zugreifen. Alle anderen Anwendungen dürfen dagegen nur lesend zugreifen. Bei einer flachen Kopie wirkt sich eine Änderung des Originals automatisch auf die Kopien aus. Das mag für einige Anwendungen günstig, für andere eher ungünstig sein. Flache Kopien sind mit der Gefahr verbunden, daß ein Fehler bei der Verwendung des Bibliotheksprogramms katastrophale Auswirkungen haben kann.

b.   Weil sich die Änderungen an dem neuen Blatt nicht auf das alte Blatt auswirken dürfen, muß eine Methode für tiefes Kopieren verwendet werden.

c.   Für das Kopieren ausgewählter Elemente von einer Blattposition zu einer anderen eignen sich sowohl flache als auch tiefe Kopien, je nach dem gewünschten Verhalten. Verwenden Sie eine Methode für flaches Kopieren, wenn die Kopien Änderungen erben sollen, die am Original vorgenommen werden. Verwenden Sie eine Methode für tiefes Kopieren, um die Kopien unabhängig vom Original zu ändern.

Index

CADRE *Anforderungskarte*

Bitte senden Sie mir kostenlos und unverbindlich:

❑ Informationen über objektorientierte CASE-Werkzeuge nach:
  ❑ Rumbaugh et al
  ❑ Shlaer-Mellor

❑ Informationen über weitere Bücher zum Thema Software Engineering

>

>

CADRE *Anforderungskarte*

Bitte senden Sie mir kostenlos und unverbindlich:

❑ Informationen über CASE-Werkzeuge für strukturierte Vorgehensweisen
  ❑ Strukturierte Analyse (SA)
  ❑ Real Time Modelling (RT)
  ❑ Strukturiertes Design (SD)
  ❑ Information Modelling (IM)
  ❑ Simulation (SIM)
  ❑ Requirements Management (RqT)

❑ Informationen über "C"-Tools, den Einstieg in professionelle CASE-Techniken über "Reverse- and Forward-Engineering".

❑ Informationen über weitere Bücher zum Thema Software Engineering

ABSENDER:

_____
Firma

_____
Name

_____
Abteilung

_____
Telefon

_____
Straße/Postfach

_____
PLZ/Ort

_____
Datum/Unterschrift

POSTKARTE

Cadre Technologies GmbH
Arnikastraße 2

D-85635 Höhenkirchen

<

<

ABSENDER:

_____
Firma

_____
Name

_____
Abteilung

_____
Telefon

_____
Straße/Postfach

_____
PLZ/Ort

_____
Datum/Unterschrift

POSTKARTE

Cadre Technologies GmbH
Arnikastraße 2

D-85635 Höhenkirchen